東アジアの民族と文化の変貌

少数民族と漢族、中国と日本

鈴木正崇

風響社

Metamorphosis of Ethnic groups and Cultures in East Asia

Ethnic Minority and Han People, China and Japan

SUZUKI Masataka

Fukyosha. Tokyo 2017　　ISBN978-4-89489-229-3

序章　民族と文化の変貌

はじめに

本書は東アジアの民族と文化の変貌について、中国南部の少数民族と漢族に焦点をあてて多様な側面から考察を試みた論集である。地域としては中国が主体であるが、漢族の文化の広がりを視野に入れ、中国から日本への文化の伝播や日本での再創造の過程を歴史的展開を含めて論じた。民族という概念は近代の発明であるにもかかわらず、現代では広く定着している。文化も近代概念で生活様式から観念体系に至る幅広い分野を包摂して使われている。しかし、民族が実体化して固定化されていくと、自らは何者であるかが問われ、民族の特性や行動の再検討が試みられ、諸民族の文化が語られ実践されるようになる。本書では、「国民国家」（nation state）の中に組み込まれて「民族集団」（ethnic group）となり、国際化やグローバリゼーション（globalization）の中で急速に変貌する人々の暮らしを、東アジアという大きな視野のもとで考察する。

本書は前著『ミャオ族の歴史と文化の動態――中国南部山地民の想像力の変容』［鈴木　二〇一二］の姉妹編で、中国南部の少数民族のうち、貴州省のトン族（侗族 Dong）・ヤオ族（瑤族 Yao）・スイ族（水族 Sui）・トゥチャ族（土家族

Tujia）、広西壮族自治区のヤオ族、湖南省のヤオ族に関して、漢族の文化の影響も考慮して考察した。中国の少数民族に組み入れられ、ミャオ族（苗族 Miao）とは異なる文化を構築してきた人々が変貌を遂げてきた過程を把握する試みで、ミャオ族との共通性や差異性が明らかになる。また、少数民族と共に漢族の祭祀や演劇に注目し、福建省での戯神の変容や、儺戯や目連戯など中国大陸の漢族を担い手として展開した文化が、日本へ伝播して生じた変貌も考察した。本書は中国南部の少数民族と漢族、中国と日本の相互の文化の変貌を併せて論じることを目的とする。

少数民族の現状

公式見解としては、中国には漢族を含む五六の民族が居住し、全人口は約一二億九五三三万人で（二〇〇〇年一一月。第五次人口普査）、漢族は約九一・五九％にあたる約一一億五九四〇万人を占め、その他の五五の民族は一億六四三万の人口を有し、全体の八・四一％で少数民族とされる。中国の人口構成の特徴は圧倒的に多い漢族と、それに対する少数民族という構図であるが、少数民族とはいえ、チワン族（壮族）は一六一七万八八一一万人、満州族は一〇六八万二二六二人、回族は九八一万六八〇五人、ミャオ族は八九四万一一六人の人口を有する。少数民族は、巨大な人口を持つ漢族に対しての相対的な少数に過ぎず、実際は一国を形成できる多くの人口を持つものから、数千人に至るまで、内容は極めて多様である。しかし、現在の中国にとって、領土維持には漢族と少数民族の連携が不可欠である。少数民族の自治地域は全土の六三・九％を占め、少数民族居住地の多くは国家の「辺境」にあり、領土保全や国土防衛にとって重要である。国境地帯の九〇％に少数民族が居住しており、国家の統一にとって重要性が高い。また、居住地には、多くの天然資源が埋蔵されており、将来性が期待出来る。また、漢族の過剰人口を吸収できる地帯としても重視される。このような判断から、政府は「民族の団結、民族の平等」を掲げて、各地の実情にあった「民族区域自治」を認めてきたが、実際には中央政府は強力な行政手段によって統一的な多民族国家を構築しようと試みてきた。

中国の民族、特に少数民族について考える場合、幾つかの要点がある。第一は少数民族という枠組みは一九五〇年代以後に民族識別工作によって作られた新しい分類であるということ、第二は国家が設定した人工的で政治的な枠組みであるということ、第三は一九八〇年代には民族の帰属（民族成分）を変更する微調整が一部で行われたことである。ただし、五五の少数民族という大きな枠組みは固定して変化することはない。その点では「中国の少数民族」という概念はかなりの独自性を持つ。民族識別工作はスターリン（Iosif, Stalin）による民族の定義の四つの基準、地域、言語、経済生活、心理素質が科学的に適用されたと言われている。しかし、工作は省を単位として個別に識別が行われたために、省境を挟むと別の民族に認定されたり、政治的・経済的利害によって異なる要求を認めたこともあった。政府は一九五〇年以降、民族自治県や民族自治州を設定し、民族の名称と存在が徐々に認められるようになっていったのである。

一方、学術用語として少数民族を定義する試みは可能であり、それによって客観的に把握することも出来る。竹村卓二は、「社会科学では、ある組織のなかで相対的に劣勢な地位におかれ、組織全体の意志決定に原則として参加せず、優勢な集団とは人種・言語・宗教、あるいは生業などの相異によって、社会的帰属を区別される一団の組織構成員を『少数集団』（minority または minority group）と呼び、優勢な『多数集団』（majority または majority group）に対置させている。そして少数集団のなかで、最大の規模をもつものが、ほかならぬ『少数民族』（national minority）である」［竹村　一九八三：三二八］と定義した。「少数民族」の概念は「ナショナル」、つまり「国家」や「国民」という表象に随伴すると指摘する。現在では「少数民族」と呼ばれる人々の多くは、かつては原住民や土着民（natives）、先住民（indigenous people）、部族民（tribesmen）として類別され、居住地域は地政学上は中央の権力が及ばない「辺境」「周縁」「後背地」

であった。ところが近代になって「国民国家」が成立して、国家組織の一端に組み込まれ、まさしく「国民の中の少数集団」として登場したのである。竹村による少数民族の定義は「一つの国家を構成する国民全体のなかで、政治的・経済的に優位に立つ〝多数民族〟とは、人種・言語・宗教・生業などの相異によって、社会的・文化的アイデンティティを区別される相対的に少人数の民族集団を〝少数民族〟と呼ぶ」である。中国では「わが国は、統一的な多民族国家である」という主張が常に標語として使われている。しかし、事実上は、国内に少数民族を抱える複合社会であり、政治・経済上の格差による軋轢や摩擦や葛藤が国家統合の障害となる可能性を内包している。「少数民族」は現代的な政治状況から生み出された概念である。中国では、政治・経済・文化の全ての分野で漢族が主導権を握り、漢字というコミュニケーション媒体で巨大な影響を及ぼす。少数民族が果たすべき多元的な道筋や独自の役割の展開は重要である。

現実には、貴州や雲南など先住民の人口や種類が多かった所に漢族がきた当初は、漢族は少数者であったが、商業活動を通じての流入、戦乱・飢饉・災害による漢族の移動、意図的な漢族の大量移民の流入など様々な要因があって、次第に少数民族との人口比が逆転してきた。現在の民族区域自治の地域でも少数民族の相対的な人口割合は減少傾向が続く。

少数民族とは、あくまでも中央から周縁を見る視点で構成されており、「国民国家」の枠組みが前提となる概念であるが、劣位性と差別に抵抗し、「辺境」と「周縁」の様相を刻印された「民族集団」として生きている。多数民族の漢族と少数民族、或いは少数民族同士はこうした微妙な関係性の上で変容を重ねてきた。「辺境からの眺め」にこだわり、少数民族という用語に強い違和感を持つことで漢族との関係を考察することにしたい。

漢族と少数民族

従来、中国の民族の変貌を考える視点として、「漢化」(sinicization) という曖昧な概念が広く使われてきた。「漢化」とは多数民族である漢族の文化の影響が少数民族に浸透していく過程をいう。漢族の言語や風俗習慣の受容による非漢族の変化を捉える概念である。「漢化」と「漢族化」は異なる。「漢化」は、地域ごとに内容や意味が異なる。漢族の土着化もあれば、逆漢化もある。「漢化」に止まらず、漢族と少数民族、漢族と非漢族という二項対立を越えた多角的な考察が必要である。「漢化」の発想の根源には少数民族の独自性や本来の姿が漢族の文化によって変えられたという受動性の意味合いが含まれている。少数民族の純粋な文化が、次第に喪失してきたという「消滅の語り」である。漢族と少数民族の関係には優劣の価値観が含まれているので、一方向ではなく双方向の動き、「文化の相互変容」としてとらえ直す必要がある。従来の研究においても、中国の漢族と少数民族を接合する、あるいは中国国内の少数民族を国外の華僑・華人社会と接合する試みは幾つかあった［可児・国分・鈴木・関根（編）一九九八。吉原・鈴木（編）二〇〇二。鈴木（編）二〇一〇。愛知大学国際中国学研究センター（編）二〇〇七］。しかし、より積極的に異なる民族の「文化の相互変容」にまで踏み込むことで民族の複雑性や活力の源泉についての理解が深まるのではないだろうか。

「民族」や「少数民族」という用語は元々中国には外来語として導入された。「民族」は清末の啓蒙主義者であった梁啓超によって一八九九年に日本から中国へ紹介されて漢語として定着した［吉開　二〇〇九a：八九―一〇二］。その後、「民族」は孫文などの政治家によって五族協和といった政治キャンペーンに利用され、「民族主義」として大衆化されたが、民族については同化を前提に差異を認める思考が強かった。「少数民族」の用語は、一九二三年一一月二八日付けの共産国際決議文にロシア語からの翻訳として登場したのが初出という〔楊思機 二〇〇〇：一一六―一一七〕。一九二四年二月二三日付け『国民政府建国大綱』には「弱小民族」とあり、国共合作の時代背景のもとで「少数民族」「弱小民族」の統治が意識化された。当初から政治的な意味合いを帯びていたのである。傅斯年（中山大学、広州）の「歴史語言研究所工作之旨趣」（一九二八年五月）では、人類学の研究分野として、漢族以外に幾つかの「小民族」がいるとあり、明らかに西南辺境民族を意味する〔吉開 二〇一〇：一〇―一三〕。一九二七年一一月の中央研究院の創設に引き続き、一九二八年一月の中山大学語言歴史学研究所の設置（傅斯年と顧頡剛が中心）、同年七月『西南民族研究』特集号の発刊、シロコゴルフ（S.M.Shirokogoroff）、楊成志らを雲南の民族調査に派遣という学術活動の展開の中で生み出された概念が「小民族」であった。しかし、「小」が「少数」に変わることで意味は転換した。傅斯年は一九三九七月の講演では「『中華民族』は一つでなく、これらはみな『民族』で、自決権を持っており、漢族はこれらを『少数民族』と軽視してはならない」〔吉開 二〇一〇：一〇〇〕と述べている。当時は戦時下で領土も確定していない非常時であり、民族政策には、解放後の民族識別工作の指針のような統一性はなく、国家の政治体制に順応させるための枠組みもなく、学問的に十分に議論する余裕もなかった。しかし、「中華民族」の概念は、その後も内容を変えつつ、内容に新たな意味を与えて、歴史の曲がり角で出現することになる。費孝通の唱えた「中華民族多元一体格局」の学説は〔費孝通（編） 一九八九〕、中央政府によって見事に利用されることになった。

少数民族と漢族の区分は、一九四九年以後の社会主義化の過程で、中国全土の安定的な統治のために導入された民族識別工作の政策によって、「民族」が政治的に創出されることで大きく転換した。民族政策の根本理念は、大漢族主義（中華思想）を乗り越え、地方的民族主義（自民族中心主義）でもない、近代的な社会主義国家の建設を目指すことであった。しかし、新しい枠組みとして創られた「民族」も、ひとたび確定すれば人間集団の分類体系として強い作用を及ぼすことになる。民族識別の基準は、周知のようにスターリンによる四つの指標、地域・言語・経済生活・心理素質であったが、現地の多様性に対応しきれず、曖昧なままであった。政治的な意図のもとに民族識別工作は展開し固定化された。

社会主義の「国民国家」の下で、制度としての少数民族の概念が広く展開すれば、枠組みは実体化する。「制度化」の動きは少数民族への優遇政策で加速された。正式な手続きを踏めば、民族の帰属変更は可能であり、その場合、少数民族から漢族へという流れもあるが、優遇措置があるので、漢族から少数民族への帰属変更が多いことは言うまでもない。統計を取るごとに少数民族の人口が急激に増加した。最近では行政側が主導して、異民族間の婚姻を奨励して意図的に漢族の文化を浸透・拡大させて、均質化へ向かわせる巧妙な宣伝もなされている。中国の民族は常に政治と切り離すことが出来ないのである。

「民族」の実態は複雑であっても、相互に差異化の作用が働くことで、徐々に個別の風俗習慣は「民族文化」として再構築されるようになった。そして、国家を全体として統合するには「中華民族」という概念も便利であった。現在では悠久の昔から「民族」があったかのような言説が普及している。「民族」とは統合に向かう力と、対立を激化させる力という拮抗し相反するベクトルを内在し、人類が使う最も矛盾と葛藤に満ちた概念である。

本書の意図と構成

本書の特色は漢族の文化が少数民族に浸透するという一方的な流れではなく、少数民族の文化も漢族の中に深く浸透してきたという「文化の相互変容」の観点を基底に据えたことである。漢族と少数民族の「民族的境界」（ethnic boundary）は流動的であった。また、相互が交流する「境界文化」が各地で創造的変容を展開してきた。そもそも漢族という多数民族は様々な地域の文化や人々を包摂して巨大化したのであり、漢族自体が多様な文化を内包し換骨奪胎して多彩で豊かな文化を生成してきた。中国の文化の日本への伝播も単なる要素の流入や一方的な影響ではなく、相互交流や選択的受容によって定着した。本書では以上のような観点から民族の実態や内容を広く捉え、文化の継続・対立・変化・内旋、再構築・再創造の諸相の動態的把握を試みている。

第一章ではトン族の女神信仰が行政の介在や観光化によって大きく変化した実態を貴州省の榕江県車江郷の薩瑪節を中心に考察する。第二章は広西壮族自治区の金秀大瑤山のヤオ族の民族の動態に関して様々な変化を村ごとに描き出す。第三章は湖南省の江永に伝わる女性だけが読み書きできる文字、「女書」を取り上げ、漢族とヤオ族の交流による文化表象として把握する。第四章は貴州省のスイ族とヤオ族について祭祀・婚姻・葬制を中心として変化の様相を検討する。第五章は貴州省の徳江に伝わる「儺戯」の祭祀と仮面を考察して民族の文化の深層に迫る。第六章は福建省の人形戯や演劇などの祭祀芸能に登場する「戯神」に注目して古層を探る。第七章は「儺戯」の文化が中国・朝鮮・日本と伝播してその中核にある鬼の考え方を変えてきた過程を描く。第八章は中国に広く展開する目連の伝承や演劇が仏教と民俗のはざまで引き起こした変化を通して日本の盆行事に展開した過程を考察する。

各章の主題と地域は異なっても、一貫して探求したのは前著でのミャオ族の考察と同様に想像力の変容を多様な手法で明らかにすることであった。最終的には変容過程を焦点とする「想像力の社会史」を描き出すことを目的とした。本書の各章はそれぞれ異なる民族や文化を対象とし、方法論も相違しているので、単独で読むことが出来る。最終的には、歴史の諸相、生活世界の意味付け、社会や文化について、ここ三〇年の大きな動態的変化を、万華鏡のように多次元的に捉えることを意図した。同時代の東アジアをフィールドの人々の伴走者として生きてきた記録として残し、永遠の課題である他者理解を次の世代に託したいと思う。異文化の理解は果てしない。他者理解という遠回りの道を辿っての自己理解という人類学の使命は、究極の他者と身近な他者との終わりなき対話の旅へと導く。フィールドワークによる記憶の中の過去と現在の対話、地域の原風景や場所へのこだわりは自己省察の原点であった。地域を知る、地域で考える、地域と共に生きる。地域を越えて自己の探求に向かう。そこでの唯一の方法は、徹底して個別の事例にこだわり、究極において普遍性に到達するという手法である。その根源にある原動力は人生の生き方を探求する知的好奇心であった。

●目次

装丁＝オーバードライブ・前田幸江

東アジアの民族と文化の変貌——少数民族と漢族、中国と日本

第一章　女神信仰の現代的変容——中国貴州省トン族の薩瑪節をめぐって

はじめに

中国の西南部に住む少数民族、トン族（侗族 Dong）はサ（sax）という女神を祀る。サとはトン語では「おばあさん」（祖母）の意味で、類似音の漢字の「薩」と表記し[1]、漢語では婆神、祖母神、聖母などと訳されている。サの現地名称は地域ごとに少しずつ異なり、サマ（薩麻、薩瑪 sax mags）、サスィ（薩歳 sax sis）、サピン（薩柄 sax pingl）、サタン（薩滕、薩堂 sax danegc）、サウン（薩温 sax ungs）などという[2]。薩は最高神、母性を宿した創造神、女性の始祖神であり、人間の生活を守護し、五穀豊穣や人畜繁栄をもたらすとされる。しかし、一九四九年の中華人民共和国の成立以後、薩の信仰は政治や社会の動きに翻弄され、祭りは中止に追い込まれた。その後、一九八〇年代の改革開放を経て再生したが、現在では観光化に巻き込まれるなど、大きな変貌を遂げてきた。本章では二〇〇〇年一一月に貴州省榕江県の車江郷[3]で行われた薩の祭り、「薩瑪節」に参加した時の見聞を主に、トン族の女神信仰の薩に生じた現代的変容と、これに伴う民族意識の変動を通じて、トン族が新たな生き方を模索し創り出す様相を描くことを目的とする。

一　トン族と薩瑪節

1　トン族の概要

トン族は貴州省・湖南省・広西壮族自治区などに居住し、総人口は二九六万二九三人（二〇〇〇年現在）[4]で、貴州省に約一六三万人、湖南省に約八四万人、広西壮族自治区に約三〇万人、湖北省に約七万人が居住する。貴州省がトン族の中心居住地と見なされることが多い。民族名称の「侗族」は漢語による他称で一九五四年に名付けられた。トン族は民族識別工作によって一九五四年に創成されたと言える。それ以前には民族名としては通用していなかった。[5]自称はカム（gaeml）やチャム（jaeml）である［《侗族簡史》編写組　一九八五：九］。言語の系統はタイ系民族に属する。[6]壮侗《チワントン》語派の侗水語支に属し、広義のタイ系の言葉を話す。北部方言と南部方言に大別され、北部は貴州の天柱・剣河・三穂・錦屏・鎮遠・玉屏、湖南の新晃・靖県・芷江・合同などの地域、南部は貴州の黎平・榕江・従江、湖南の通道・城歩、広西の龍勝・三江・融水などで話される。[7]薩の信仰は南部トン族で盛んで、特色ある建築物の鼓楼（dees louc,bai,gem）は南部に集中して建てられ、[8]風雨橋（iuc wap）も南部地域にだけ分布する。

鼓楼はトン族の代表的な建築物で、合図用に叩く太鼓を安置する楼閣のことで、男性の集会所、老人の休息場、男女の交際の娯楽場、緊急時の集合場、大歌を歌う場、儀礼空間など多くの機能を持つ［楊永明・呉珂全・楊方舟　二〇〇八］。鼓楼は薩を祀る祭場でもある。一般にトン族が新しく村を立てる時には、最初に鼓楼を建てる場所と薩を祀る場所を決めてから、集落の建設に着手するという。風雨橋は涼をとる場、子授けや病気快癒の祈願の場、葬送儀礼の場などとされ、トン族の多くの村にある。風雨橋とは雨や風をしのぐことに由来した漢語表現で、形状の優雅さから花橋とも呼ばれる。橋の中間部の両側に長いベンチがあり、子供の遊び場、大人の団欒の場、大工の仕事場などになる。

トン族は文字は持たなかったが、一九五六年以後の調査や研究の結果、南部方言の榕江県章魯村の言葉を標準語としてトン語の文字を作成し、一九五八年から使用を開始した[9]。民族を範疇として設定し、言語調査を行い、標準語を確定し、文字と辞書を作り、民族の歴史を漢語で記録した。最終形は『侗族簡史』〔《侗族簡史》編写組一九八五〕としての出版である[10]。民族の枠組みと範疇を作り、徐々に実体化して集団として政府の統治に組み入れる。中国の独自の政治的な民族政策が根源にある。

トン族の多くは農民で、水田稲作に従事し、主として粳米、次いで糯米を栽培し、畑で粟、小麦、玉蜀黍、紅薯を作り、田圃では魚を飼い、山地では林業、特に杉の栽培を行う。貴州は雨が多いので広葉杉の生育に適し森林資源は豊富である。杉は多くの建築物、高床式住居、集会所の「鼓楼」、屋根つきの「風雨橋」などに使用される。トン族は「杉の民」とも呼ばれる。山地の斜面に住むことの多いミャオ族（苗族）やヤオ族（瑤族）とは異なり、平地、特に水辺近くに住む傾向がある。

2　薩瑪節と創られた伝統

薩は、貴州の黔東南の南部と、広西壮族自治区に住むトン族が村々の神壇や祠に祀る神霊で、南部方言地区を主体としており、トン族の全てが信じているわけではない。鼓楼のある村では近接して祀られることも多く、石や樹木が祭壇に据えられる。張民（貴州省民族研究所研究員）の調査では、貴州の黎平・榕江・従江、広西の三江・龍勝などで信仰されているという〔張民　一九八二：一二六〕。黔東南の北部の天柱や錦屏、湖南の通道や新晃では薩の信仰は盛んではない。薩の信仰は解放後に迷信活動とみなされるようになり、文化大革命の時期には弾圧を受けて祠は破壊されて壊滅的状況に陥ったが、一九七八年一二月以後の改革開放の展開で急速に復活した。筆者は一九九三年七月に榕江の車江郷や黎平県の肇興《ザオシン》（zhàoxìng）などのトン族の村々を訪れて調査を行った。榕江県では村内に祖母堂や聖母祠として薩を祀る神壇が再建され、黎平でも薩が祀られていて、信仰の復活を確認した。当時の車江郷は歌声や蝉しぐれが聞こえる、水辺に佇む普通の田園の村であった。

　各地の薩の祭りは、正月の春節や二月に村人が糯米飯、餅、鶏肉、油茶、酒などを供物として供えて祈願する「春迎え」の行事が多く、神壇の前や鼓楼[11]の周囲で男女が集団で舞を奉納し大歌を合唱して農耕の豊作を願うと共に、男女の交際や村々の交流を行い、闘牛や歌合戦（賽歌）で楽しむなど多彩である。薩の祭りは年間最大の行事とされる。この時は村の親族の連合による自治組織のクァン（款 kuanx）が担い手となり、相互に規約を鼓楼で確認し合う慣行もある。[12]二〇〇〇年に行われた榕江県の車江郷の民族の祭典「薩瑪節」は村々の祭りの慣行を基盤として新しく創り出された祭りである。開催に到る背景は、一九八〇年代から一九九〇年代にかけて徐々に展開してきたトン族の民族意識の高まりや観光化の推進の動きがあった。この時期、鼓楼や風雨橋[13]など有形の物質文化に止まらず、「琵琶歌[14]」や、村入りの儀礼の歌「欄路歌[15]」、集団円舞の「踩歌堂[16]」、独特の演劇の「侗戯[17]」などの歌舞や儀礼を民族独自のものとして意識し、観光開発の手段として活用する運動が展開した。自らの住む地域を「詩歌の大海原」と称して、歌の巧みさを喧伝した[18]。その流れの中で、薩の信仰を現代的に再編成して新たな意味付けを行う試みが薩瑪節として実行されたのである。

　今回の薩瑪節は政府が企画・運営の推進役となり、地元の生業のサイクルに合わせて陰暦一〇月という稲の収穫期を考慮し、一一月一八日に祭日を設定して、海外からも観光客を呼び寄せる計画を立て、祭りを新たな観光資源として開発することを目指した。トン族の団結を図るだけでなく、他の民族との交流を活発化し、文化を観光開発や地域振興の起爆剤とする意図があった。正月や二月に行う薩の祭りの時期を前年の秋に繰り上げて、祭日を統一し、村々の祭りと合同の祭りを同日に設定し、多くの来賓を招いて地域振興を図るという大胆な施策であった。更に、異なる名称を持つ薩をサマの呼称に統一し、神名の漢字表記を「薩瑪」とした。接頭辞のサに、トン語の大きいという意味のマ（瑪ma、麻ma）をつけたサマ（薩瑪）は、「おばあさん」の尊称で、「大祖母」の意味である。「瑪」の表記はトン語の「マ」の音通による漢字表記であるが、漢語の「媽ma」（母）を連想させ女性イメージを喚起させる。[19]トン語と漢語を結合した「薩媽」という新造語も現れた。薩瑪の「瑪」は「麻」とも表記し、「媽」と音通である。薩は漢語では「聖母」と訳され、拝所も聖母祠とされ、キリスト教の聖母マリアと類似して誤解を招くという批判が根強くあった。二〇〇〇年以後、「薩瑪」の表記はトン族の女神の総称として定着する様相を見せ、薩瑪節は民族の祭典に止まらず、女神信仰を新たな催事に再編成することになった。

薩瑪節の執行は当事者にも我々にも、トン族の考える伝統とは何か、今後はどのように維持されていくのか、「創られた伝統」の行方はどうなるのか、資源として活用される実態と将来の可能性はどうかなど急速に変貌する現状の課題を浮上させた。動態的な状況の中核には女神があり、その意味の再解釈や変容と拡大が、民族の生き方や在り方を考える契機になった。薩瑪節を通してトン族を中心とした民族の揺れ動く実態を探ることにする。

二　二〇〇〇年の薩瑪節

1　車江郷の概要と薩瑪節の日程

二〇〇〇年一一月に行われた第一回「薩瑪節」の正式名称は「神州世紀游　榕江中国侗族薩瑪節」である。二一世紀という新たな始まりに際しての特別の催事（イベント　event）として、多くの観光客を呼びよせる意図があった。一九九二年以降、中国旅游局は観光産業の推進のために毎年主題を設定してきたが、二〇〇〇年の「神州世紀游」というキャンペーンは、二一世紀への新たな飛躍への願いが込められていた。[20]この催事は行政側が予算を投入して主導したイベントとしての性格があった。内陸部と大陸部の格差拡大の是正のために二〇〇〇年に始まった西部大開発の一環で、農山漁村が観光推進の対象として大きく取り上げられるようになり、マス・ツーリズムの幕開けを告げる出来事であった。

しかし、榕江県の薩瑪節は単なる催事にとどまらず各村の薩の祭りが同時並行で行われたことが特色であった。

図 1-1　貴州省黔東南苗族侗族自治州の榕江・黎平・従江付近

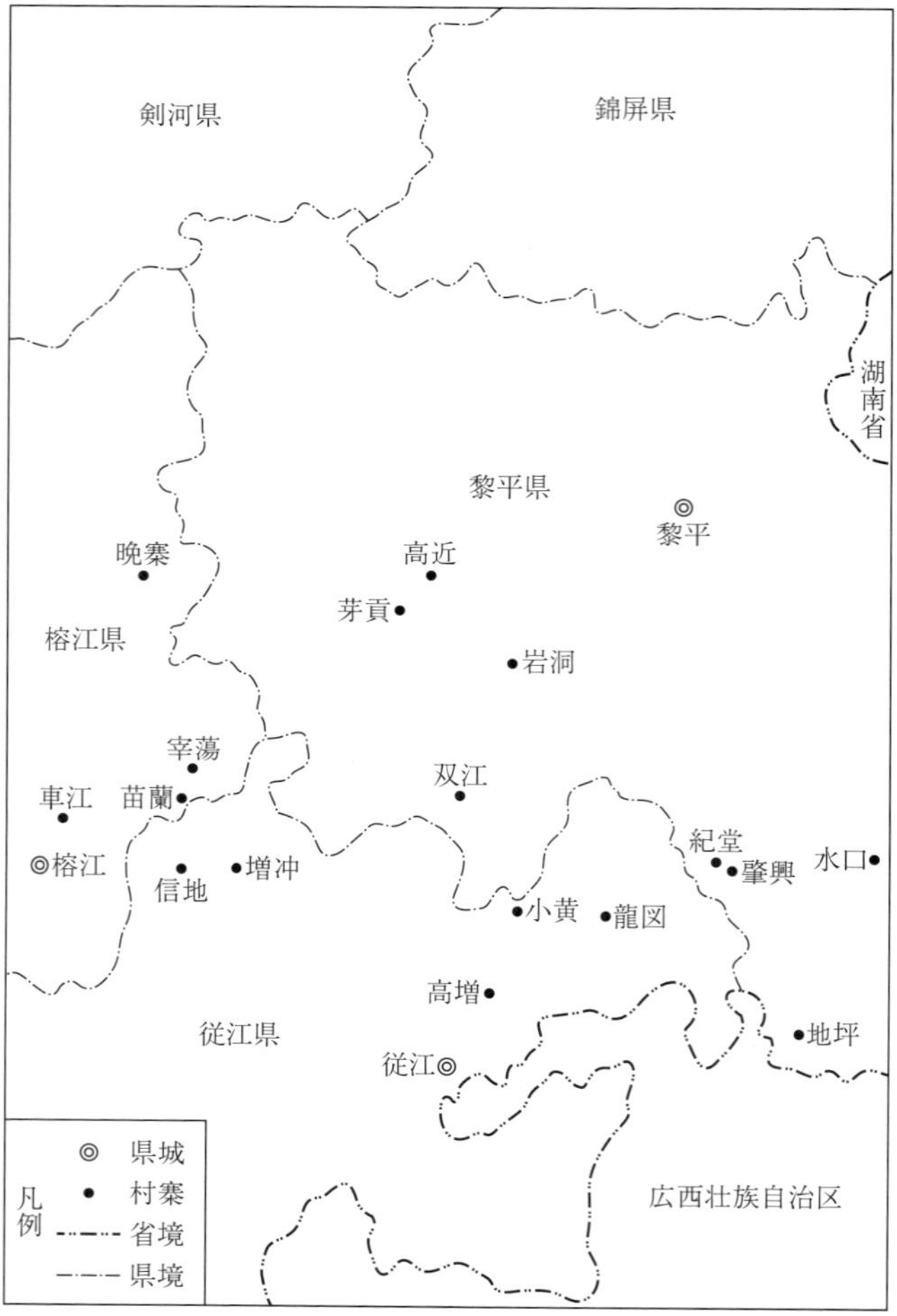

薩瑪節の主たる会場は榕江の県城（県庁所在地）の北方に位置する車江郷（車江大壩）で、人口約二五〇〇〇人、約三〇〇〇戸、「千戸侗郷」とも言われる南部トン族の最大の集住地であり、南北一五キロ、東西五キロに及ぶ（図1―1）。催事の内容の大半は政府関係者が決定したが、村ごとの薩の祭り（祭薩）は地元に委ねられて、事前に村の寨老（伝統的な村の指導者）が集まって取り決めを行った。その結果、合同の祭りの前日にあたる一一月一七日に、車江郷の一二の村々で祖母堂、聖母祠、薩壇（神壇 dangc sax、薩房 yanc sax）などで薩を個別に祀ることを決定した。一八日には各村の人々が早朝に村の薩に参拝してから、寨頭村にある薩瑪祠の前の広場に集まり「薩瑪節」を合同で執り行うことになった。上からの政府主導で進む観光化に対して、いわゆる伝統的な祭事を復活して微妙に対抗する民間からの動きである。村ごとの薩の祭りは個別の慣習を踏襲し、一八日の合同の祭りでも薩瑪祠内での儀礼には祭事を復元して取り込むなど、歴史の連続性を維持する側面があった。

トン族の村は水辺にあることが多いが、一二の村々は北から南へと流れる寨蒿河（寨彷河、車江河）の左岸の平地に位置し、榕江から黎平方面へ向かう道沿いの西側にある。寨蒿河は榕江の県城近くで平永河が合流して東方へ流れを変えて都柳江となる。榕江から都柳江にかかる橋を渡ると、村々が南から北へ、車寨、妹寨、恩容埔（蓮花嶺）、章魯、寨頭、麦寨（蘰塘）、元昌埔、月寨、口寨、王嶺、小埔と並び、麦寨の中に含まれる六百塘を独立させれば「十二村」となる。東方には馬安（ミャオ族）、打攊（ミャオ族）、嶺真（トン族）、発優（スイ族）などの村々がある。薩の祠は一村に一つと限らず、複数ある場合が多く、「十二」という数は聖数として意識されているという方が正確である。このうち、章魯から口寨までを中宝、章魯から榕江寄りを上宝、口寨から黎平寄りを下宝として、車江大壩の全体の地名を三宝とし、村々の総称を「三宝侗寨」ともいう。[21]「宝」とはパオというトン語の音写で、川の中にある大きな石を意味し、これに因む地名であるという。[22]パオには「保」の字もあてるが「宝」と同音なので、吉兆の漢字の「宝」を使用することが多い。薩瑪節は中宝にある寨頭村に位置する薩瑪祠を中心として執行され、祠の前の整

表1-1　薩瑪節の日程（11月17日～19日）

日付	時間	活動内容	場所
17日	午後	来賓を迎える	榕江：県政府大院
	20時	新聞発布会	榕江：五榕賓館会議室
18日	午前	「祭薩」	車江郷の各村寨の薩壇
	午前	「薩文化」座談会	榕江：県委員会1号会議室
	午前	美術・書法・写真の展覧会	榕江：文物所（旧紅軍部）
	14時～17時	「薩瑪之歌」（開幕式）	寨頭村の主会場
	14時～17時	項目洽談及産品展覧（物産展）	榕江：文物所
	20時～22時	「遠古山風」文芸晩会	寨頭村の主会場
19日	9時～12時	「深山蟬韵」 侗族精典音楽文化展示	寨頭村の主会場
	9時～11時30分	闘鳥比賽	河畔の古い榕樹群
	9時～11時	招商項目簽約儀式	榕江：県委員会3号会議室
	14時～18時	「虹映三江」 民族服飾表演・娘美杯乜籟大奨賽	寨頭村の主会場
	14時～16時30分	闘牛比賽	仁育村古闘牛場
	16時～18時	苗跤比賽	仁育村古闘牛場
	16時～18時	旅游精品銭座談会	榕江：県委員会1号会議室
	20時～22時	侗族婚姻恋愛習俗展示	章魯・寨頭・英堂の民家
	20時～22時	篝火晩会	寨頭村の主会場

備された大きな広場が歌舞の奉納場となり、舞台が河畔に設けられるなど祠の周辺が主会場となった。

日程は一一月一七日から一九日まで主会場は寨頭村で行った（表1―1）。但し、一八日の夜半過ぎに雨が降り出し、一八日以後の活動の大半は榕江の県城の屋内会場に変更した。

2　薩瑪節の内容

行事の内容は次の六項目に分けられる。それは、①伝統行事＝祭薩（侗寨で薩を祀る）、「薩瑪之歌」[23]（開幕式）の一部、「深山蟬韵」（侗族精典音楽文化展示）の一部、闘鳥比賽（鳥の鳴き比べ）、闘牛比賽（闘牛大会）、苗跤比賽（苗族の相撲大会）、侗族婚姻恋愛習俗展示、②学術討論＝「薩文化」座談会、③娯楽活動＝「薩瑪之歌」の一部、「遠古山風」（文芸晩会）、「虹映三江」（民族服飾表演、ファッションショー）、娘美杯乜籟大奨賽（トン族の有名な美人「娘美」に因む美人コンテスト及び合唱の競合）、「深山蟬韵」の一部、篝火晩会、④報道・宣伝＝新聞発布会、テレビ放映、パンフレット配布、⑤展覧会＝美術・書法・写真の展覧会、⑥商業活動＝物産展、招商項目簽約儀式、旅游精品銭座談会、である。

薩瑪節では伝統行事①が再構成され、行事に合わせて修復された薩瑪祠の前の広場や、古い榕樹群（ガジュマル）のある川辺を主たる舞台として行われ、祠での儀礼には宗教的職能者の関与があった。各村の入口には赤い布で飾った歓迎門が作られていたが、寨頭村を除いて、村々の祭薩の行事に観光客が訪れることはなかった。学術討論②は榕江の県城で行われ、研究者を招いて薩瑪の源流や歴史を検討することで、今回の祭りの背景、文化的意義が提示され、結果的に行事の意味を再確認して正統性が付与されることになった。しかし、人々の関心は広義の娯楽活動③にあり、歌や踊りの競い合い、華やかな民族衣装の展示、ミス侗族の選出などが多くの見物客で賑わった。開始に際しては主催者側が新聞社や放送局の関係者を呼んで説明会を開くなど④、報道機関を利用しての広報活動が盛んに行われたが、特に地方テレビ局の「榕江県広播電視局」は今回の行事を積極的に取材して、元文化局長で郷土史家の張勇氏にインタビューし、準備の様子を詳細に伝え、当日も同時中継で薩瑪節の全容を逐一伝えた。薩瑪節の期間に村々の家を訪れると、テレビをつけっぱなしにしている所が多くみられ、薩の祭りの起源や伝承、儀礼などについての膨大な情報が広く民間に浸透し、自分の村以外の地域についても認識を深めた様子が伺えた。薩の情報が榕江県一帯で共有され、トン族意識を高揚させる試みが展開されていたといえる。

一方、薩瑪節に合わせて各種の展覧会が開かれ⑤、並行して観光（旅游）に関わる物産展や商談の交渉、そして今後の観光化についての討論が開催され⑥、経済発展に向けての施策を検討し、今後の地元と外部との協力関係が確立された。『貴州日報』に掲載された一一月二三日付の記事「中国侗族薩瑪節在榕江挙行」によれば、期間中は「大型民族歌舞」の表演と商業取引が活発に行われ、浙江、湖南、重慶、福建、江西からの「客人」が訪れて、行事開催の投資金額は九九二〇万元に上ったという（当時一元は日本円で約一五円）。初日の来賓の歓迎時に渡された招待客用の土産袋には、旅行の指南書（ガイドブック）である『榕江旅游』[24]（中国侗族薩瑪節組織委員会（編）、二〇〇〇年一一月一八日刊行)と、農業、特産品、電力、交通、工業、旅游、小城鎮建設、林業、商業の概況を記した投資ハンドブック『招商引資政策及項目簡介』(榕江県招商引資局(編)、二〇〇〇年一一月一八日刊行)、更に薩瑪節のTシャツ、傘マーク入りの出席証が同封されていた(後出の写真1―39参照)。傘は薩の神壇で神が宿る所であるが、今回の行事では図案化されて、薩瑪節のポスターや土産袋に描かれる象徴的な印(シンボルマーク symbol mark)となっており、薩の祭りをトン族の民族の中核に据えようとする意図が顕著に見られた。薩瑪節では伝統という名のもとに、地域文化を活性化させて巧みに利用し、経済発展に結び付けようとする戦略が展開されていたのである。その動きの中で車江郷の各村々はどのような動きを見せたのであろうか。以下では各村の薩の祠の現況や祭りの様相を、一一月一七日から一九日の薩瑪節の参与観察と聞書に基づいて記しておく。

三 車江郷の薩の祭り

1 寨頭村

車江郷の薩の祭り(祭薩 jis sax)を合同で行う広場が設定された村であり、大きな薩瑪祠があり、薩瑪節の主会場の広場はこの西方に設置された。この祠は一九九三年の訪問時には「聖母祠」と表示されていたが、今回は「薩瑪祠」に変わり、前回とは比較不可能なほどの立派な堂に変わっていた。入口は塀に造作を加えた小さな門であったのが、巨大な屋根つき門に変わり、左右には白い石の獅子像が鎮座し、入口には対聯がかかり、漢族風のつくりに大きく変貌していた(写真1―1)。薩瑪節に合わせて大修復を行ったのである。この祠は清代の嘉慶年間(一七九六―一八二〇)に創建されたが、現在の建物は一九九八年九月三〇日の再建で整備され、今回の行事に合わせて更に修復を加えて、二〇〇〇年一〇月に竣工した。修復工事に榕江県の旅游局が二〇〇〇〇元、石材会社(石弟礦下開発公司)

が一二〇〇〇元を寄付し、[25]寨頭村では一人あたり一〇元を集めて地元の負担は五〇〇〇〇元になったという。修復工事の最大の目的は薩瑪節の開催に合わせて祠を再興して観光の振興を進める拠点を作ることであった。中庭を経て本殿に入るが、道観風の造りになり、入口の左右には「母儀庄重祀千秋」「聖徳綿長延萬世」と対聯が掛かっていて、表面的には漢化が進んでいることが伺える。隣接する英堂地区の榕樹が茂る聖母祠（写真1—2）と比べるとその違いが明確になる。

薩瑪祠の本殿の中央に祭壇があり、正面には線香台が置かれ、左右に花を飾り、果物の供物とお茶が三碗ほど上がっていた。お茶は草茶で、トン語でサオ（saop）といって芳香があり、漢訳では「祖母茶」という。飲むと魔除けになるという特別のお茶である。茶葉は千年矮（柏の一種。長青樹ともいう）の葉からとるとされ、祠の庭に植えてある。昔、女性の祖先が戦さに出た時にこのお茶を飲んだことに因むという。祈願に訪れた人々は「祖母茶」を飲んで健康祈願をする（記茶薩 jiil xeec sax）。祭壇（写真1—3）は石積みで、中央の泥土の上に白い石が円丘風に広がり、中央に竹を挿して、女性が身につける黒いスカートを巻きつけ、その上に黒い傘を掛け、白い切り紙で覆い、頂きには造花風の色鮮やかな飾り物をつけて、首飾りが掛けられる。女性の衣装の上に黒い傘をさしかけたものを薩として祀るので

写真 1-1　寨頭村の薩瑪祠

写真 1-2　英堂の聖母祠

写真 1-3　薩瑪祠内の祭壇

あり、御神体があるわけではない。傘をトン語でサンサ（撒薩　sanx sax）、「祖母の傘」という。周囲には赤、緑、紫、橙、青の五色の布で包んだ一二本の木（木椿）を挿し、色つきの小さな傘が立てられ、女性の英雄（将軍）に率いられて戦った一二人の部下の戦士を表すともいう。基盤の石積みは白石からなり、稲藁が二つ、草鞋（薩が戦いの時に履いたことに因む）が一つ、置かれている。白石は黎平の龍岩から取ってくるという（現在は少し手前の榕江から約一〇〇キロの地点で採取する）。石は元々は先祖の移動拠点であった広西の梧州から持ってきたとされ、そこの土が白石に付いて混ざっていると信じている。白石を運搬する時は他の村に立ち寄らずに、自分の村に直接運ぶのが決まりで、もし、他の村に入ると土地の薩の神が怒るという。故郷の土と石が各村々と直接に結合するという信念が祖先祭祀を支えている。祭壇の石積みの下には二四のお碗と二四枚の銀貨が埋められ、銀貨は昔のもので二両と四両があるという。女性が盛装時に身につける銀飾りや鍋釜（上に向ける）が埋められていると説明する人もいた。祭壇の管理や祭りの準備（供物の用意、傘の準備、土を入れるなど）は女性の既婚者でタンサ（登薩　dens sax）と呼ばれる責任者（漢語で祖母之主）が主体となって行う。

　祭壇の造りは華やかにして女性らしさを装う。傘は榕江付近では黒い傘を造形することが多いが、湖南の一部、貴州の黎平、広西の三江では赤い傘を祀る所もあるという。傘を祭壇に祀る慣行は広西から広まったという伝承もある。傘を立てる木の材質は竹で、外に見えないように黒色の衣装で包んでその上に傘をさしかける。傘は神様が使用するので不細工な形はよくないという。周囲に挿す一二本の木の傘は十二支、あるいは大地を表す[26]。別の説明では、奥の五本の木は東西南北中の五方の守りを意味し、正面手前の二つの木の傘は大将（daic xangk）と小将（xiuc xangk）で、周囲にめぐらす傘は壁を作って防御する意味だという。戦さの神なので一二人の従者を従えて陣地を防衛する。但し、周囲を完全に塞がずに、祭りの時に祭場にやってくる悪いものが出て行かれるように通路も作る。祭壇は丸くするように心掛け、大地の霊気が取り込まれるようにする。このような慣行を守らないと虎などの野獣が村の中に入ってきて襲われると信じられている。

　村人は薩瑪祠に参拝する時には、手に千年矮の葉と糯米の稲の茎を持って、神前に捧げて拝んでから髪に挿して持ち帰る。二種の植物は護符の役割を果たしているようだ。千年矮はトン語ではメイピン（美柄　meix biingl）といい、本来は供物はこれだけでよかったという人もいる。別名は千年銭や十二月花で、常緑樹で「千年」の寿命を持つめでたい樹木だが何年たっても小さなままなので「矮」という。一年間、葉を落とすことのない生命力にあやかり、樹木に涼しさを感じる。祭壇の脇には千年矮と共に黄楊を植えることも多い[27]。糯米の稲の茎は、メイムーミョウ（美茂猫　meix muh meeux）といい、鬼師が呪文を唱えて邪悪なものを退けるシィ（xigt）というまじないを行う時にも使われて魔除けになるとされる。村人は祭壇の前で跪き、線香をつけて祈願し、ポエと筮竹で占いをしてから、周囲の杯に油をさして灯をともしていく。普段は村の老婆たちが集まって奉仕しているが、大祭では鬼師が八卦盤や太極図を背後に掛けて儀礼を行うなど、道教の知識が組み込まれている。しかし、内容はトン族風に読み替えられているようだ。元来は正月が小祭、二月が大祭で、占いで良い日を決定して銅鑼で各村に知らせたとされ、二月の祭りが盛大であるという。寨頭村の薩は章魯村の薩の姉にあたるなど、村々の薩は姉妹関係で結ばれており、二月に一斉に祭りを行う。

　二〇〇三年に薩瑪祠を陰暦正月六日に再訪した時は、ちょうど祭りの日で村人が祈願に訪れていた。祠の後方に「観音像」が祀られて、薩瑪と観音が同一視されて漢族化の動きが進んだ様相がうかがえた。世話人の話ではもともと陰暦の正月六日が正式な祭日で、陰暦二月二日と二月三日にも祀るという。薩瑪節は二〇〇一年と二〇〇二年にも新暦の一一月に執行したが、生業の流れや季節感に合わせて次回は陰暦二月二日に戻す動きがあるとのことであった。政府主導の祭祀の生成や再編成に対する民衆側の異議申し立てとして注目されよう。

写真 1-4　妹寨の薩壇

2　妹寨

川岸の近くに小さな祠があり、その中央に薩が祀られている。堂や祠というよりも薩壇と通称される神壇である（写真1─4）。地面の泥土の上に白い石を敷き詰め、中央に傘をつぼめて立てる。傘は広げずに青、赤、黄、緑などの色布をぐるぐる巻きつけて赤い紐で縛り、頂点には飾り物を置く。傘の中には女性用の上衣と下衣を入れてある。傘の下に青と赤の扇を二枚置く。扇を置く理由は、気候が暑いのであおいで涼んで下さいという意味だという。周囲の下には色物の紙で作った沢山の傘をめぐらす。下に敷き詰める白石はここから一五〇キロほど離れた白岩村から運んできたという。妹寨の村人は先祖の女性英雄がその村で戦って亡くなったと信じている。現在使っている石は二五〇年前にとってきたと伝承されるが記録はない。明代に取って来たという説もある。白石の数は一二の倍数という決まりがあり、通常は二四で、三六にすることもある。祭りの時は、女性たちが盛装して傘の回りを歌をうたいつつ左回転に踊って三回まわる。車寨の薩は妹寨の薩の娘だという。一八日の朝は、八時頃に祭壇の前に線香を燃して祀ってから、お茶を飲んで寨頭村の薩瑪祠に行く。

3　車寨

清代の嘉慶年間（一七九六─一八二〇）の創建、光緒七年（一八八一）再建にかかる三層の立派な鼓楼があり、村の俗称は鼓楼寨という。[28] 鼓楼は塔の形状を持つ集会所で（写真1—5）、トン語はロウ（louc）といい、かつては合図を告げる太鼓が供えてあり、漢語の名称はこれに由来する。現在ではトン族の伝統的な建築物と見なされるようになっている。但し、この村の鼓楼は南部の肇興などに比べると高さが低く、屋根にそりがあるなど様相を異にしており、漢族の建築の影響も強い。毎年陰暦の正月五日にはこの前の広場で円舞が行われる。薩の祠や壇は聖母祠と表記されて、川岸に三カ所、鼓楼の近くで道路に近接する所に一か所で計四つあり、村中の薩はお互いが姉妹関係だという。祠はこの村の四つの各々の同姓の親族集団が自分たちの祖先として祀るのであり、祭祀の担い手は女性の同姓の人々である。

写真 1-5　車寨の鼓楼

写真 1-6　車寨の聖母祠（西側）

村の薩の祭りは正月か二月であるが、今回は政府の主宰する薩瑪節に合わせて特別に祭りを行った。豚を殺して捧げて祖先を祀り、皆で歌をうたい食事をするのが慣例である。川岸にある薩の祠の薩壇では（写真1—6）、背後の壁に「本境聖母之神位」と書いて土地神とし、手前に四角く区切って土盛りをした上に白い大きな石を数個敷き詰めた祭場があり、中央に黒い傘を立てる。途中の竹は五色の布を巻きつける。左右には赤い造花を飾り、向かって右脇に女性の衣装一式を籠に入れて置く。供物として林檎、蜜柑、餅を段にあげ、線香をともす。手前の地面の上には桝や容器に入れた米を置いてあり、収穫祭の様相がある。道路に近い所に

写真 1-7　車寨の聖母祠（東側）

写真 1-8　車寨の聖母（東側）の祭壇

ある祠は高い壁に囲まれており（写真1—7）、内部の祭壇は白石を積み上げた中央に黒い傘を挿して草鞋と扇を結び付け、傘上に白い紙の切り紙を載せる（写真1—8）。周囲には黄・赤・緑の色布で包んだ小さな幡を一二本置き、手前には七個の杯に茶を入れて供える。右手には巴茅草をお祓い用に置いてあった。祭壇の背後には大きい白石を一つ祀って、線香が立てられている。薩の祈願の中核には白石への信仰がある。

当地出身のトン族の研究者である張民がここで採集した「祭祖歌」には、meix xiv menc louc,xiv daml dih douc,meix xiv menc singl,unv xiv dih biingl（美去門楼、去旦堆頭、美去門正、貫去堆并）とあり、門や楼閣を作る前にティトゥ（堆頭　dih douc）を置き、寨の門を建てる前にティビン（堆并　dih biingl）を据えなさい、と述べる［張民　一九九一ａ：二七］。ティトゥやティビンは薩を祀る祭壇を指す詞で、村の始まりに際して土地の神霊である薩を祀る。この歌は薩が村にとっての根源であり始原的な意味を担っていたことを表現している。

4　恩容埔

村の中央に聖母祠がある。土を盛り上げた山型の丸い祭壇を作り（写真1—9）、奥に奇妙な形の石を載せた長方形の別の祭壇が設けられている（写真1—10）。祭壇が前と後、丸形と方形の二つに分かれている。赤と緑の紙を貼った木片が何本も土の上に点々と立ち、竹や松も挿してある。中央には黒い傘を立てて、上に赤と黄の切り紙を載せる。傘には女性が穿く黒のスカートの布を使っており、人体をかたどるようにも見える。背後の祭壇の前に「十二の杯」を置いて茶を供え、手前に線香を置く。後方の壁には、紙で作った緑・赤・白の八卦盤を貼っておく。ここの祭壇は白石が土の中に埋もれていて、豊かに盛られた土が大地との繋がりを感じさせる。奇妙な形の石にも聖性を認める意識があるのであろう。

写真 1-9　恩容埔の聖母祠の祭壇

写真 1-10　恩容埔の聖母祠の祭壇（奥）

5　月寨

村の中央広場の脇に聖母祠がある。女性は午後には村の各所をめぐって舞を奉納し、夕方になると広場にやってくる。女性たちは上下とも黒の衣装で、水色の前掛け風の衣を前につけた盛装に身に身を包んで頭飾りをつけている。千年矮の緑の木を持っている男性の長老二人がお茶を持って先導し、これに続いて傘を持った女性が広場の中央で立ち止まると舞が始まる（写真1―11）。エーハー、ヤーホヘイ、の掛け声を入れて歌をうたい、お互いに双方の手を握って円陣を描いて左まわりに回る。この集団歌舞をトン語ではトォヤー（哆耶　dos yeeh）という。漢語では「踩歌堂」と訳す。最後にヘハーホの掛け声で繋いだ手をそのまま皆で上に三回あげて終了する。広場の裏手にある祖母祠では、参拝者に対して入口

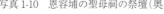

写真 1-11　月寨の女性の円舞

写真 1-12　月寨の聖母祠（北側）の祭壇

写真 1-13　月寨の聖母祠（南側）の千年矮

写真 1-14　月寨の聖母祠（南側）の祭壇

でお茶を振りまく。これは一種の清めの意味で内部の聖域性を高めているようだ。奥まった薄暗い中に祭壇が設けられており（写真1―12）、白石を積み上げて中央に挿した棒の上に女性の下衣を傘として広げ、その上に白の切り紙、さらにその上に赤の切り紙を載せる。周囲に九つの飾りものがあり、赤・緑・黄・白の四色の切り紙を三角状にして配置する。手前には一〇個の杯が置いてあり、ここにお茶をついで、必ず捧げることになっている。

月寨の南側にある聖母祠の場合は、祠の周囲の壁の内側に中庭が綺麗に整えられ、中央に千年矮が植えられて石で下を固めてある（写真1―13）。内部の祭壇には白い石が丸くしつらえられて草鞋が置かれおり（写真1―14）、祖先のたどってきた遥かな旅路を象徴する。中央には黒い傘を挿し、その上に白い切り紙と首飾り、頂点に花飾りがある。白石の上には、扇子、弓矢、槍、草鞋を置く。周囲に一二本の小さな幡が立てられて十二支を表す。茶の杯は五つの杯を二列に分けて、計一〇個ほど線香と共に前に供える。背後の壁には大きく「福」の字が書かれていた。

結婚式が一七日と一八日の二日間に行われるので、村の辻や広場では食事の用意の準備が進んでいた。薩の祭りに合わせて日程を組んだというが、薩は土地神として祈願する程度であり、結婚式は家の中の祖先棚に豚肉を供えてその前で行う。新郎の家では家内を綺麗に飾り付けて馳走が用意され、客人が次々と訪問して食事が進む。新郎新婦は李国富（二二歳）と楊遠愛（二一歳）であった。食事が済むと、祖先棚の前に男女が対面の席に座り、祝い歌がうたわれる。女性は正面に向かって左側で歌をうたい、男性が四弦の琵琶（bic bac）と、二弦の胡弓の牛腿琴（os is）を伴奏にして奏でる（写真1―15）。最初は新婦のみが正面に座り、或る程度歌をうたって途中から新郎が入ってくるが、二人は並んで座らない。しばらくたってようやく二人が隣同士で座る。女性主体の歌が次第に男女の掛け合い歌、「行坐月」に変わって深夜まで続く。月寨は李姓が九割の村で、他に楊、侯、郭、覃、周、何、鄭、路の各姓が住む。李姓の人々は広東の雷州半島から広西へ、梧州を経て貴州へ来たとされ、祖先祭祀の中核を担って祖母祠の管理を行っている。薩瑪節という二〇〇〇年から始まった新しい行事に合わせて結婚式を開催する方式は、民衆が変化に合わせて自らの伝統を再編成する動きである。(29)

写真1-15　結婚式での楽器演奏

写真 1-16　口寨での聖母祠の祭壇

6　口寨

聖母祠が村の中央にあり、内部の中央に長方形の祭壇（写真1—16）に白石を積み上げて、中央に黒い傘を立て、白い切り紙を上に掛ける。白石の上に洗面器を伏せて置く。周囲には赤・緑・黄・白の三角形の幡が棒について一二本立てられて十二支を表す。手前には八つのお茶の杯と、ご飯に豚肉が置かれていた。多数の線香に火がともされる。主に六〇歳以上の年寄りが祀るという。聖母祠には道光一八年（一八三八）建立の石碑が残り（榕江県文物管理所が保管）、「通霊祠」と表記して由来を記している。薩の祠の建立を明記した石碑としては最も古いという。「此村鶏卜神壇也。始祖浙右之粤、移徙雷州星県、沿河而上、寄迹干斯。自車魯及月墨等処、共十二姓。越元明清、固不知来自何年。……」と記し、始祖が浙江から広東に移動し、雷州の星県[30]から川に沿って移動して十二姓の人々がこの地（月寨や墨寨）に定住したという。池があり西南の角に大きな石があったので、毎年孟春にそこに集まって「鶏卜」を行って吉凶を占い平安を願ったとある。[31]この村には楊姓が多く住み、草分け筋として聖母祠の管理をする。管理者はトン語でタンサ（登薩　dens sax）といい、「祖母之主」の意味で、祠の中を常に清浄に保って、祭壇や用具を調えておき、毎月一日と一五日に祖母茶と線香を供えて祀り、正月の祭りや祭日には村内の者に通知する役目を果たす。

7　宰章村

車江郷の東方にある村であるが、薩が山に祀られているという情報があり、訪問してみた。人口約五〇〇人、戸数約一〇〇戸で、張、楊、呉、康の各姓が住む。村の守護神は土地神で現在は村の入口にあたる橋のたもとにまつられていて、祠の神位には「本境鎮江王之神位」とあった。かつては村中に祀られていたが、移動したのだという。村人に話を聞くと、薩の神というのは村の奥山の筆架山上にある巨大な岩そのものであるという。村はずれの高台に登ると遠くの谷の向こう側に三つの嶺が聳えているのが望まれる。山上の岩を薩と呼び神壇があり、筆架山の薩と呼ばれている（写真1―17）。故老の話では、山上の大きな洞窟の中には一九五〇年代には大きな鶏の卵があったとか、大きな羽が落ちていたともいう。山中で老人と妊婦が出会って、一緒に山の洞窟に泊まった時に、夜になって妊婦が鶏に変わったという伝承がある。この村の薩は山や岩そのものであり、村中で祠や壇に祀られることも、傘の伝承もなく、戦いの女性英雄にまつわる伝説もない。村の奥に聳える秀麗な山の上にある伝説に彩られた岩が薩なのである。

写真 1-17　筆架山の薩

8　考察

薩の祭りではご神体や神像はなく、多くの村では傘そのものが盛装した女性の姿のように飾り付けられて祀られる。その姿は太陽光線が各方向に散らばる様を表すともされ、薩の祭りが太陽信仰に支えられていた可能性を示唆する。正月や二月の薩の祭りは春を迎えた蘇りの時、新しい農耕期の始めにあたって豊作を祈願する作物の神の性格がある。傘も祖先の持ち物に由来するという歴史的由緒だけでなく、農耕に必要な水の恵みを得る雨乞いの意味が籠められていたようだ。(32) この地域は黒傘が多く、その下の白石と対照的である。白石、樹木、土、様々な埋蔵物、巨大な岩山そのものも薩として祀られる。特に石や土は歴史的な事件が起きた場所から取って来たと信じられ、起源の地、根源の地との繋がりが強く意識されている。歴史的事象に仮託した自然崇拝を根底に置いた祖先祭祀なのである。

榕江付近の薩の崇拝に女性的な雰囲気が濃厚なのは、祖先が女性であるだけでなく、祠の運営が女性主体で、傘を管理する祭祀責任者のタンサも既婚者で老女が多いからであろう。薩の神を招き下ろして「薩壇」の前で奉納される舞は女性が主体で、中心になるのは草分け筋の家の女性であり、男性は長老が先導役として加わる。村内の複数の薩、或いは村の外の薩との相互関係を姉妹や母娘であると説明することも多い。女性の地位が高く、役割が与えられるのは、車江郷の特色であるという。(33) しかし、大きな薩の儀礼は男性の鬼師が主宰し、八卦盤や太極図を使い、十干十二支、五行などの説明を取り込み法具を使用するなど、道教思想の影響が随所に見られる。祭壇に軍隊の兵士を配し防衛するという考えも、移住に伴う戦さの記憶の表出だけでなく、主神を神兵が護衛し祭壇を城砦に見立てるような道教儀礼が取り込まれている様相がある。しかし、単純に道教化が進んでいるとは言い切れず、受容の程度は一様ではないし、知識の再解釈を伴っている。薩の儀礼は一般には専門の職能者ではなく、村人の奉仕によることが多く、あくまでも老人の女性が主体となって運営されている。

祖母の女神であることを意識してか酒は使用せず、供物としてお茶が重視される。茶の葉に使う千年矮や黄楊の木などは祠の中庭に植えられ、樹木のある所に神壇の雰囲気がある。祭壇の由来について尋ねれば、祖先の地へのこだわりが浮かび上がり、祖先の英雄が亡くなった場所を故地とし、そこから土や石を運んできたと語る。根源には女性の始祖があり、それにまつわる土や石など自然への愛着の想いも籠められる。岩山そのものが薩である場合もある。その一方で漢族の影響が加わり、祖母堂や聖母祠の名称が一般化し、二〇〇〇年には薩瑪の表記が登場して固定化が図られて、由来伝承も情報操作により画一化されつつある。しかし、薩瑪祠の名称が今回の主会場となった寨頭村のみで使用されていることは、民衆に完全に受容されたとは言い切れない状況を表している。新築間もない漢族風の堂々たる造りの門と獅子像が立って偉容を誇る薩瑪祠は地元の人にとっては違和感が大きい。明らかに、今回の行事に際して女神信仰の内容に大きな変容が加えられ、祭祀の時期は陰暦の正月や二月から新暦の一一月へと変更されて春迎えの意味を喪失したが、榕江の周辺には陰暦一〇月頃を「侗年」として収穫を感謝し、魚を供物として先祖を祀って年越しする習俗もあり〔王勝先　一九八九：一〇八—一〇九〕、受け入れる素地はあった。(34) 正月や二月の行事は従来通り行われるというが、内容は微妙に変化していくであろう。(35) 女神信仰は行政指導のもとで、外見上は華麗な装いに整えられたが、受容と変容の相互作用の中で新たな創造性を発揮するか、支持を喪失していくか岐路に立たされていると言える。

四　薩瑪節の経過

1　薩の祭りの始まり

薩瑪節の当日の一八日には、寨頭村の薩瑪祠に沢山の参拝者が訪れた。各村で早朝に村の薩の祭りを行ってからお参りする者、午後の主会場での式典や歌舞に参加する時に合わせて参拝する者もいる。薩瑪廟は車江郷の中保にあり、各村々の薩の祠の上位に立つ。寨頭村が主体で、隣接する牽頭と英堂（トン語の村名はラピエとインテン）が合同して祀る。

薩の祠への参拝者は紙銭を焼いて線香を捧げて拝み、ポエで占いをする者もいる。終了すると、祭壇の右手に供えてある千年矮の葉と稲の茎とをとって頭に挿して帰る。千年矮は常緑の葉を持つので長命を願い、稲の茎は福をもたらすと信じられている。千年矮は祠の外庭に植えられて神霊が宿る雰囲気がある。祭壇の正面には線香台、中央に三つの杯を置き、供物は腌魚（鯉のなれ鮨）、豚肉、糯米飯、お茶を供える。お茶は漢語では草茶や祖母茶、ト

写真 1-18　盛装したトン族の中年女性

写真 1-19　欄路（榕江県車江郷寨頭村 1993 年）

写真 1-20　欄路（黎平県肇興村 2003 年）

ン語でサオプという芳香のある植物の葉を使うお茶である。お酒は供えない。祭壇の周囲にも灯がともる。

午前中は参拝者が多く訪れ、一一時過ぎから開幕式の行列に使う黒い幡が運び込まれる頃になると、見物人が多数集まってくる。盛装したトン族の女性たちも三々五々やってくるが、既婚女性の衣装は黒が基調で袖口と前掛けが青、首飾りを身につけ、頭に花飾りを挿す（写真1―18）。主会場の入口では接待役の女性たちが客人を迎えて歌をうたう。会場の入口では、トン族の村入りの儀礼である「欄路」が行われて歌を歌う。トン語はササン（sagl saenl, 寨正）で、「寨門」（dol menc）を閉じるという意味である。この慣行は外来の客人や他の村の人が来た時に行うもので、榕江では木の枝を横に渡して赤く塗った卵と布鞋（履物の底の敷物）を吊り下げて通せんぼをする（写真1―19）。南部の肇興では、梯子、糸巻車、竹竿などを置く（写真1―20）。客人が来ると娘たちは道をさえぎる歌をうたって謎掛けや質問をする。客人は即興の歌で機知に富んだ回答をして開けるように願う。相互の歌の掛け合いでうまく答えられれば、中に招き入れられて酒が振舞われる。今回も形式的に会場入口で通せんぼが行われた。客人は歓迎の印として棒に吊るした卵と布鞋を貰い受ける。女性たちは列を作って歌をうたい足を踏む「踩路」で歓迎して受け入れる。

「欄路」の慣行はトン族の村（寨）、ジャ（jaih）の空間秩序と関わる。村は川の流れる盆地に位置して周囲を山に囲まれている。入口に「寨門」が建てられ近くに土地神を祀る。集落の中心には「房族」ごとの集会と儀礼の場の「鼓楼」（dees louc）があり、近くには薩を祀る「薩壇」（dangc sax）が設けられている。侗劇を行う舞台が鼓楼の近くにあることも多い。各家は川に向かって建てられる。川が村から流れ出ていく所に「花橋」（風雨橋　jiuc wap）がかかる。花橋が村の入り口にある場合は、神樹（風水樹）が近くに祀られていることも多い(36)。周囲の山々には龍がいてその身体が村の中を貫いていると考える村もある。村は薩、土地神、神樹、龍によって守られた「小宇宙」（micro cosmos）であった。従って、よそ者が村を訪れた時には「村入り」にあたる「欄路」の儀礼を行い、「障害物」でさえぎり、主人側の「欄路歌」に対応して、客側が「開路歌」を歌えば一つ一つ取り除かれる。「歌の力」で清めてよそ者を迎え入れるのである(37)。トン族のコスモロジーの中核にある村入りの儀礼は、車江郷の薩瑪節では変形されてイベントになり、別の文脈に置き変えられた。

2　薩瑪祠での儀礼

薩瑪祠には鬼師の閭坤（五九歳、トン族、榕江県古州鎮料理組八孖組在住）がきて、午後二時過ぎから祭壇の前で薩の祭りを開始する。閭坤の家系は世襲で鬼師(38)（巫師、安壇師）を受け継いでおり、父親が八九歳の時に、八卦や打卦のやり方や符作りを習い、「千年通書」という次第書を受け継いだという［余未人　二〇〇一：一四四―一四五］。黒い衣装

写真 1-21　薩瑪節の鬼師

写真 1-22　薩瑪祠内での儀礼

写真 1-23　豚の溺死による供犠

に身を包み、太極図の文様が胸の左右に二つと裾に複数描かれ、背中に八卦図が記されている（写真1—21）。これは薩瑪節に合わせて旅游局が作ってくれた儀礼用の装束であった。本来であれば薩の祭りは鬼師が占いで吉日を決めて正月に行うのだが、今回は行政府（榕江県）が一一月中に行うことを決めたのでそれに合わせるなど、行政指導の動きが顕著で宗教性は希薄である。鬼師は通常は薩の大きい祭りには呼ばれるのだという。

花飾りを上につけた黒い傘を鬼師が開くと、女性の長老が首飾りをつけ、頭に黒い布を巻きつけてから儀礼を開始する。鬼師は手に魔よけの巴茅草を持つ。周囲では紙銭が燃やされて用意が整う。祠の外には豚、アヒル、鶏が繋がれて供犠を待つ。巴茅草でお祓いをして、黒い傘を正面に持ってきて上下に動かして呪文[39]を唱えて本日の祭りの主旨を述べて祈願する。手に稲の茎を持っている。傘を祠の管理者の女性であるタンサに渡し[40]、この傘を持つ女性を先頭にして草分け筋にあたる「乃」の姓の女性一二人が左回りで祭壇の周囲を三回めぐる（写真1―22）。同姓の女性集団が重要な役割を果たす。男性四人が巴茅草を棒状にして持って後に続く。爆竹が鳴ると、鬼師が巴茅草を持って祓いの仕草をして、その命令で黒豚を殺す。黒豚を殺す時には刀を用いず、手足を縛って水をはった桶の中に頭をつけて溺死（泪猪）させる（写真1―23）。同時にアヒルと鶏も水に入れて殺す。供犠は血を流さずに行われるが、その理由は女性の薩瑪は血を見ることを好まないからだという。また、一説ではトン族の祖先は古くは水辺に住んでおり、その当時行っていた水を使った殺し方を再現するのだという。

3　開幕式と歌舞

薩瑪祠の外が今回の主会場で、演者たちを初めとして沢山の人々が整列し、周囲には見物人が山のように集まってきた。来賓として、貴州省の人民代表大会、省政府、政治協商会議などの省政府関係者が招かれ、全国人民代表大会常務委員会委員で貴州省文聯主席の楊長槐、黔東南州人民代表大会常務委員会主任の呉才遠などもいた。開幕式では、最初に、貴州省人民代表大会常務委員会副主任の楊序順が「中国侗族薩瑪節」の開幕を宣言した。引き続き、貴州省政治協商会議副主席の楊光林の講話があり、貴州省は自然風光と民族文化を結合して「旅游」（観光）の中心地となるべきで、榕江は「民族古文化」をよく残し、「旅游資源」として開発を進めることが必要であり、「民族伝統文化」を広めて、「民族風情」と「原始生態」を「旅游資源」として生かして開発し、対外開放を拡大し、商業取引を活発化して、薩瑪節を成功させ繁栄することを期待すると述べた。更に、中国共産党黔東南州委員会常任委員、宣伝部長で副省長の楊斌の講話では、黔東南は「百節之郷、歌舞之海洋」と言われ、薩瑪節は民族の節日（祭り）の一つで一一〇〇年の歴史を持ち、「民族節日」は「民族文化旅游資源」で、「旅游産品」であり、これを機会とする文化交流により、精神文明の建設に向かうべきだという。薩瑪節を古い祭りとする一方、現在では商品としての「旅游資源」とする。中国共産党榕江県委員会書記の肖方賢の歓迎の辞では、榕江はトン族とミャオ族の「文化祖源地」、

写真1-24　盛装したトン族の若い女性

「民族歴史博物館」で「旅游」の「明珠」（宝物）であると述べた。貴州省房地産開発聯合公司の呉培勇の歓迎の辞も同様であった。

来賓の挨拶が終わると、外の主会場に黒旗を持って盛装して待機していたトン族の女性たちが爆竹と共に祠内に入る。会場では「薩瑪之歌」と題する歌舞の演目が始まり、トン族、ミャオ族（苗族）、スイ族（水族）、ヤオ族（瑤族）などが次々に踊りと歌を披露する。この名称は薩の祭りに際して初めに歌われる「祭薩歌」（薩歳歌）に因むもので、その内容は祖先がどこからきてどのような経路を経て現在の土地に定住するに至ったかを地名を挙げて述べ、薩の由来や伝説を歌うのである。[41] しかし、今回は各民族の歌舞を披露するイベントの演目名として使用され拡大解釈が施された。トン族の若い女性の集団の歌、「大歌」の大合唱から始まる。大歌は薩を喜ばせ楽しませる。トン語では「大歌」はガラオ（嘎老 gax laox,kgal laox）またはガマ（嘎媽　gax mags）と呼ばれる合唱で緩急を取り入れた歌謡である。[42] 今回の薩瑪節では未婚の女性が主体で、上衣は白、下衣が黒で、襟には黒のへりをつけ、頭髪に桃色の花飾りを挿す夏服であった（写真1―24）。着飾った男女の若者も薩を楽しませる。トン族は歌を好む。「大歌」では歌の先導役はおらず、高音・中音・低音の多層合唱の調和による大合唱が見事である。歌の内容は、動植物の生態から自然現象に至るまで身近な事柄を歌い込む。トン族は独自の文字をもたず、歌を歌い継ぐことで歴史を伝えてきた。トン族には「ご飯は身を養い、歌は心を養う」（kgoux sangx soh, kagal sangx sais）という諺がある。[43]「米は体の食物、歌は魂の食物」とも言う。「大歌」は元々は村落の守護神である薩を招いて歌をうたって楽しませ五穀豊穣や健康祈願をする祭りの歌で、参加する男女の交流だけでなく、守護神も参加者と交流する意識があった。従って、年中行事のうち正月の春節や陰暦二月二日、新穀節、闘牛節（六月六日）などの季節の区切りの神祭りの行事であった[44]。現在はイベントに多用され、固定した太陽暦の日付（一一月一八日、一一月二八日）に、舞台で披露する機会が増えてきた。観光客や政府のイベントには好都合である。

引き続いて、ミャオ族の女性の舞と男性の盧笙吹き（写真1―25）、ヤオ族の春杵舞と女性の舞（写真1―26）などが続く。従来の村の歌舞の形式と近代的な演出が複雑に交じり合っており、文芸工作隊の影響は各所に伺える。ミャオ族の木鼓打ちと女性の舞、スイ族の巨大な盧笙（莽筒）吹き（写真1―27）、トン族の演劇を仕組んだ女性の赤い傘の踊りと「欄路歌」の舞、最後はトン族女性たちが手を繋ぐ二重三重の円舞と歌になる。女性たちの円舞は観客も組み込んでの舞に展開し、最後にエイハイ、ホエイハイ、ホホホと言って手を掲げて終了する。薩瑪節はトン族の

写真 1-25　ミャオ族の女性の舞と男性の蘆笙

写真 1-26　ヤオ族の春杵舞と女性の舞

写真 1-27　スイ族の巨大蘆笙吹き

写真1-28　大型祭薩儀式

写真1-29　巴茅草の魔祓い

行事で車江郷の薩瑪祠の新築記念の様相もあるが、トン族以外の少数民族も多数参加している。この機会に民族団結と民族融和を図ろうとする上からの働きかけという政治性が陰に陽に現れているが、民衆側も受身ではなく創造性を発揮する場と考えているようだ。

4　大型祭薩儀式

歌舞が一段落すると、薩の祭り、「大型祭薩儀式」が始まり、巨大な傘の女性を先頭にした行列が登場し（写真1―28）、小さな傘の女性たちがこの後に続き、巴茅草を持った男性が従う（写真1―29）。車江の「十二村」の各代表たちである。銅鑼とラッパに合わせて会場内を回り、薩瑪祠に入り中庭を通って本殿の中に入る。鬼師を先頭に男性だけが祭壇の周囲を左回りにめぐる。黒い傘の女性たちは外で待つ。巨大な竹の筒とラッパを塀の外の男性がならして合図をすると、鬼師を先頭に全員が本殿の中に入り、鬼師は碗の中の酒を口に含み祭壇中央の傘に吹きかける「法水」の作法を行い、独特の足踏みをしながら回る。いずれも魔除けの意味で悪い鬼を祓う。祠を管理する長老の女性のタンサが傘を持って先頭に立ち、女性たちは後に続いて巡る。鬼師が正面で紙銭を燃やして火で文字を書き、巴茅草を持って中庭に出て、隊列を整えて外の会場へ出て行く。塀の外で待機していた黒い旗を持った女性たちの二列の間を通って広場の中央に向かう。盛装した女性たちも続く。中央に巨

写真 1-30　祭りの会場風景

写真 1-31　短裾苗のミャオ族の女性

大な黒い傘を据えて、周囲に多数の傘が集結すると、歌舞の奉納である「為耶薩」が始まる。トン語では歌と踊りが一体化した集団の歌舞をヤー（耶 yeeh）といい〔侗族文学史編写組　一九八八：二八―三九〕、タンヤー（堂耶 dangc yeeh）は歌掛けで漢語は「歌堂」、円陣を作り足を踏みしめて歌う集団円舞はトォヤー（哆耶 dos yeeh）といい、漢語では「踩歌堂」と訳し、トォは「唱」にあたる。女性が手を繋いでのトォヤーの大円舞から四、五重の円舞に拡大し、来賓や外国人を巻き込んで歌をうたい舞い、最後にエイハイ、エイハイ、ヘイハイヘイで締めくくる。薩の祭りの特徴は村同士が親睦を深めて歌で交流するウィヤー（月也 weex yeek, 為也 weeh yeex）であり、これに演出を加えたのである。最後は流れ解散となり、傘を挿した女性を先頭にして各村へ帰る。伝統的なものと現代的なものが渾然一体化している。

　薩の祭りの大きな枠組みは、薩を祀って、女性の祖先を称え、その前で歌舞による「踩歌堂」を行う。この形式は維持されているが、今回の薩瑪節では随所に演出が加えられ現代風に変形された。祭りの歌謡では、薩の由来や祖先のたどってきた道筋を丁寧に歌い込むことはなく、大幅な省略が加えられた。薩瑪祠で行われる供犠への人々の関心は薄い。総じて地元の人々は薩瑪節は世俗的な催事と割り切って受け止めて、歌舞と食べ歩きとお互いの交流を楽しんでいた。会場には多数のお祝いのアドバルーンがあがり（写真1―30）、地元の宣伝合戦は激しく都市の祝祭と余り変わらない。見物客、報道陣、カメラマン、観光客などが溢れ、外国人が華麗な民族衣装に群がるように写真をとる光景が各所で見られた。この場で撮影された写真やビデオが海外で出回ることで「伝統的な」少数民族像を再生産していくのであろう。物珍しさからか、外国人には超短裙苗[45]がミニスカートのミャオ族として人気があった（写真1―31）。歌と踊りと儀礼、民族衣装は「流用」されて、別の文脈の中で想像力を刺激し、新たな文化の生成を促して消費される。その中核にあるのが女性の表象である。誤解と歪曲に満ちているにせよ、伝統文化の読み替えと創造力の連鎖的拡大を止めることは不可能である。女神信仰は大きく変容して拡大し、巧みで親しみやすい演出によって、薩瑪節を今後も継続を可能にするような活力を生み出していく。

5　文芸晩会

文芸晩会「遠古山風」は寨頭村の薩瑪祠前の舞台で行われた。主な演目はトン族大歌演唱、車江琵琶歌百人大演唱、スイ族蘆笙舞、「侗郷情韵」歌舞、瑤族春杵舞、侗戯「珠郎娘美」片断、苗族木鼓舞、晩寨琵琶歌演唱、苗族蘆笙舞である。トン族の女性の合唱、「大歌」から始まり、糸繰り歌と舞、車江郷と晩寨の琵琶歌、侗戯の男女の恋愛などが披露された。「珠郎娘美《ジュランニャンメイ》」はトン族の名高い美人「娘美」と恋人の「珠郎」との恋愛の物話で、侗戯でもよく演じられる〔黔東南州文化局（編）一九八九：四六〕。「娘美」の故郷は車江郷の章魯村とされる〔《侗族文学史》編写組　一九八八：二一〇―二一四〕。あらすじは、少女の「娘美」が母方イトコと結婚させられることになって、愛していた青年の「珠郎」と駆け落ちするが、娘美を見初めた大金持ちが珠郎を殺したので、娘美は鼓楼に登って太鼓を叩いて村人を集めて復讐する。現在ではこの男女の彫像が寨頭村の河畔の広場に立てられるまでになっている[46]。演目にはミャオ族、ヤオ族、スイ族も加わり、薩瑪節をトン族だけでなく、諸民族団結の機会にしようとする政治的意図が感じられる。最後は大団円の大きな円舞でお互いが手を結び歌をうたい、見物客や外国人も円舞に加わり友好的な雰囲気が深まる。花火が次々に打ち上げられ、松明に火がたかれて男女が周囲を歌いめぐる。舞台での演出は民族歌舞団の雰囲気が濃厚であったが、今後はこうした企画や演出が増えていくのであろう。ヤオ族の舂杵舞では舞の後に「塔石瑤郷歓迎您」の垂れ幕を出して、塔石という自分たちの村を宣伝したり、舞台下部には「侗家腌魚」(47)（トン族の馴れ鮨）を食べてみて下さいという広告があるなど、薩瑪節の最大の目的が観光であることが如実に示されている。馴れ鮨は侗語でアニュといい、祖先の祭りに欠かせない供物である。

6　イベント行事の展開

一九日はあいにくの雨で寨頭村で開催予定のイベント行事は全て榕江の県城で屋内施設を利用して行われた。午前中の「深山蟬韵」（侗族精典音楽文化展示）は、トン族の代表的な音楽文化を競わせる行事（比賽）で、「車江琵琶歌、晩寨琵琶歌比賽、侗族大歌比賽」から構成されていた。琵琶歌は地元の車江郷と、琵琶歌が巧みなことで知られる晩寨の人々が競った。大歌はどの地域でも歌われているので、技の競合は大いに盛り上がった。この日は祭りの余興のような性格があった。午後に行われた「虹映三江」では二つの西欧風の催し物、「民族服飾表演」（ファッションショー）と「娘美杯乜籟大奨賽」（美人コンテスト）が行われた。「民族服飾表演」は九〇年代の初頭に少数民族地域で開始されたイベントで、大胆な意匠や装飾が目立ち、地元の衣装やデザインを換骨奪胎した奇抜なものも登場する。広西や雲南の博物館では展示と合わせて「民族服飾表演」が行われて、新しい産業を起こす契機を作り出した。「娘美杯乜籟大奨賽」では「ミス侗族」を選ぶが、地元の伝説的なヒロインに因み優勝者には「娘美杯」が与えられた。このように資本主義の権化のような催事が導入されたことには一種の感慨がある。晴天であればこの種の行事は華やかな野外イベントとして人目を惹いたであろうが、今回は残念ながら屋内での開催となった。一九日は各種行事

写真 1-32　闘牛

写真 1-33　坐夜歌

の進行と並行して、商談や契約、今後の観光のあり方の検討や運営方法についての座談会が行われたが、これを目的に薩瑪節に参加した人も多い。

午後には雨が降り続いて泥んこになりながらも、仁育村の山上で、水牛の闘牛（写真1―32）と、ミャオ族の相撲が行われた。柵など安全施設は一切ないが、擂鉢状の場所で各村から選りすぐりの水牛の活躍に熱中する。

夜には章魯、寨頭、英堂の三村の家を会場にした「侗族婚姻恋愛習俗展示」で民歌を聞かせる予定であった。しかし、榕江の県城での行事が延びて演者がなかなか帰ってこず、あわや中止の状態となったが、我々が訪問したことで予定通り開催された。さすがにこの行事に参加する観光客はいなかったのである。「行歌坐夜」と「爬窓探妹」[48]（娘探し）を主題とした歌が披露され、若者たちが娘の家の前にたって、琵琶や牛腿琴を奏でながら、目当ての女性に自分の想いをうちあけて即興の「坐夜歌」で誘う様子が歌い込まれた。[49] 今回は室内に歌い手や奏者が呼び集められ、若者だけでなく老人も含めて歌と演奏を披露したので形式的なものにとどまる（写真1―33）。本来は村の生活の中に埋め込まれている若者たちの恋愛の一部で、外部者に見せる活動ではない。共産党は九〇年代の終わりになっても建前上はこうした生活慣行を禁止する動きを見せていたので、[50] イベントとして切り取って伝統文化として容認することは大きな変化である。恋愛習俗の展示という「見せる」企画は、「文化の客体化」でもある。次回も同様な企画立案があるか否かは予測できないが、薩瑪節が定期的に行われるようになれば、生活慣行は催事に取り込まれて活性化し、再構築されていく可能性がある。村人がそれを自然に受け入れるかどうかは別にしても、過去においても現在においても祭りの夜は若者たちの楽しみの時間であり、民衆はこの機会を利用して新たな習俗として定着させていく可能性は高い。

五　現地側の考察

1　薩の信仰

一〇月一九日に張民（貴州省民族研究所研究員）の自宅を訪問して、薩についての話をきいた。車江郷の車寨出身の張民は、トン族研究の第一人者として知られ、今回の薩瑪節の企画や立案にも関与した。学者や知識人の調査資料や研究業績が、観光開発や地域振興のために部分的に切り取られて情報源として活用される傾向は従来からあったが、今回は「薩文化」座談会として公式に催事に取り込まれた。座談会は一八日の午前中に開催されたが、実際には張民と向零（元貴州省民族研究所所長）との対談に終始したという。

張民は車江郷を中心に広くトン族の居住地域を歩いて総合的調査を行ったが、榕江地区で蒐集した資料が大半を占めるという。薩については複雑な内容があるが、基本的には南部トン族が崇拝する女神で、祀る単位は家や村など様々である。車江郷の場合、村内に幾つか神壇や祠があり、傘は一つの薩に一つ必要で、薩の管理をする意味がある。傘を持つ先導役の女性（タンサ）は村の草分け筋で、当地に初めてきた人々の子孫である。薩を管理する責任者で月寨では李姓、口寨では楊姓が管理責任者である。但し、現在では占いで責任者を決める村もあり変化も生じている。祭りの日には長老の女性たちが傘を持ち、その血縁者や親戚が後に続いて村中を回り、要所では歌をうたい、壇や祠に参拝するが、村を一巡するだけで、個別に家を訪れることはない。村回りに盧笙を吹くミャオ族を雇ってきて組み入れる村もある。祠を拝んで特別の茶葉で「祖母茶」を飲む。お茶を飲むことは薩の特徴という。

薩の祠の祭壇には白石が敷きつめられているが、その下に埋めるものが大事である。大きなお碗、銀貨、曲がった鉄、女性の使う織機の一部、鳥糞、白石、虎の糞、茅草の敷物、葡萄のつる（長寿を祈る意味という）、腐った木の洞（山中で取ってくる）、水の上に浮かぶ浮き草、槍や弓などを入れる。通常は木を中央に一本立てて、四つの枝木を添えて鈴を付けて下に置いて傘の基部にする。祭壇の下には五徳を置いたり、紅鯉を三匹ほど缶に入れて埋めた所があるという。筆者の見聞を述べれば、火塘（囲炉裏）の前に酸水を入れた缶を置いて祖先の霊の宿る場所として祀る広西壮族自治区の融水県安泰郷のミャオ族の慣習［鈴木　一九九四：三六六、二〇一二：二三二］に類似する。貴州省の黔南にある小脳村のミャオ族は一三年に一度の祖先祭祀のノンニウ（nongx niel,niu nongx jangd 牯臓節、鼓社節、鼓蔵節、吃鼓蔵）で女性の祖先を祀り、火塘を祭祀場として魚を供えて女性の衣装を飾る［鈴木　二〇〇二：六六］。魚は祖先祭祀に不可欠の供物であり、スイ族も同様である［鈴木　一九九二：一九］。薩も広義の祖先祭祀であることには変わりはない。トン族はミャオ族との歴史的な繋がりが深く、相互に近接して住み、民族識別工作が行われる前は、ミャオ族との差異は大きいとは考えていなかった。水稲稲作文化を共有して、ミャオ族の居住地にトン族が移動して混住するなど、影響を与え合ったと思われる。

張民の調査では、薩を祠ではなく、家の中で祀る地域もあったという。村の草分け筋であるタンサの家の祖先棚の前に傘を立てて薩の神位を作り、草を山中から持ってきて家長の身長の長さだけ測って切り、玉状に丸めて真中に据えて、杯をその前に三つ置いて健康祈願・無病息災を祈る。従江県の九洞（増冲や信地など）では秘儀として、糯米の稲草を使って家長の身長、手、足の長さに合わせた草の人形を作って祀る。自分自身と同体のものを祖先と共に祀ることで無病息災を祈願する。祖先と家長の繋がりを具体的に確認するだけでなく、家族の健康祈願を合わせて願う。村だけでなく家、特に草分け筋で薩が家の先祖と重なり合う祖先祭祀として行われている事例である。村全体の薩の祭りは通常は春先に行われ、陰暦の正月には一五日（元宵節）より早い時期に小さな規模な祭りがあり、大きな祭りは二月に行う。村同士が交流するウィヤー（月也 weex yeek）という大規模な社交活動も行われる。祭りの参加者は女性が主体の所と、男性が主体の所とがあり、村によって異なる。腌魚（鯉のなれ鮨）を供えることが多く、アヒルもこれに加える。前述のように、魚は祖先祭祀には一番大切な供物と意識され、祝意を意味する。宋代の記録に出て来るという。腌魚は死者が出た時には食べないという禁忌があり、腐敗の意識が伴うためかもしれない。結婚の時、死ぬ直前にも腌魚を供える。

催事と儀礼を組み合わせた今回の薩瑪節は人々の意識に大きな変化をもたらした。薩の祭りは桃の花が咲く二月上旬頃の吉日に行うのが正式で、春が来たことの喜びを表す「春迎え」の行事であって、今回の薩瑪節とは感覚が異なる。祭りには薩の歌を歌うのだが、内容も新しいものに変えて、単語を入れ替えて現代風にしている。歌では薩がどこから来たか、どのようにして祀られたか、何をお願いするか、など心を籠めてうたうはずだが、今回は祝賀の気持ちを表すだけで大きく変化した。文字を持たないトン族にとって歌は歴史の記憶を保存する最良の装置であると共に、心や情を伝えるものでもあった。例えば、今でも若い男女は歌がうたえないと本当の恋愛はできないと考えており、求婚や婚約、結婚など歌なしでは成立しない。一方、薩瑪祠は祭壇をセメントで固めたり、入口に石の獅子像を作るなど、従来にない形式で整備され、祭りの内容は簡略化されて太極図も使用しないことになった。訪問する客人も黒メガネをつけて祠にきたり、中で外套を脱がないなど礼儀知らずの者がいた。張民は薩の歴史や伝説をきちんと検討しないと行事の説明はできないので、祭りの執行に研究は不可欠だと主張するが、実際には形式と内容の分離が起こっており、この傾向は益々加速化するであろう。

2　薩と女性英雄

張民は各地を調査し文献を検討した結果として、薩（薩歳）は神ではなく、原始社会の母系制や母権制の残存でもなく、梁・陳・隋の三代の時代に生きた広東の歴史上の人物で女性英雄の洗夫人であるとも主張している［張民　一九八二：一二六―一二七］。洗夫人は『広東通志』巻二二三「古垂迹略」や巻二九八「列伝三一」によれば、越人の大姓、南越の首領の家系の出身で、梁の普通元年（五二〇）に生まれ隋の仁壽年間（六〇一―六〇四）に約八〇歳で亡くなり該県に葬られた。(51) 生年は梁代武帝の天藍一二年（五一三）で九〇歳まで生きたという説もある［王興瑞　一九八四：三］。部隊を率いて軍事活動を展開し、羅州刺史の馮融に気に入られて、その子供の宝と結婚し、厳格な政治を行った。馮宝の死後に大きな戦さが起こって仲たがいしたが、百越をうまく団結させてまとめ上げて戦って秩序を確立したので、民衆に英雄視され「聖母」と呼ばれて崇敬された［徐　一九六三：一五六］。別名を錦傘夫人と称し、墓は高州県にあるという。サスィ（薩歳）のトン語は元来はシァンニュウ（憲扭）といい、シァンはシー（洗）と音が近く、ニュウ（扭）はトン語の古語で女性を意味し、薩歳は漢語の「洗女」と同じだという。更に薩歳の「歳」は漢語では死を意味するから、「民衆の犠牲になった祖母」であるという説と、十二支の「子」をトン語でスィ（歳）といい、十二支の最初で大きいという意味で、薩歳は「大祖母」だという説もある。また、シー（石）とシァン（憲）も音が近く、薩歳は「石祖母」「石奶奶」の意味にもなる。薩は祖母の意味で敬称での「夫人」と同じで、歳と洗は音が近いから、薩歳は洗夫人のトン語だともいう。民族の知識人は民間信仰の神々を歴史文献と結びつけて正統化を図ろうとする。

しかし、このように神霊名を音通で連鎖的に繋げて歴史上の人物に比定する張民の見解は、実際には真偽の確定が難しい。洗夫人に関しての特別研究会も開催されて検討を加えたというが、崇拝対象を歴史上の人物や英雄に結び付ける考察は、由緒正しい起源を主張して正統性の確立を目指す運動で、漢族とトン族を問わず文字や歴史に知識を持つ人々の好む所である。しかし、漢族側の文献の記述をトン族の口頭伝承やトン語と照合させる試みは、漢族側の史料に権威の根拠を求める以上、文献史料の批判的検討は不可欠である。

３　民間信仰としての薩

薩をめぐる民間信仰のあり方をうかがった。張民によると、祀られている所は露天の場合はタンサ（滕薩 danegc sax）と呼ばれ、意味は祖母壇、室内にある場合はティンサ（亭薩 dingc sax）、ヤサ（然薩 yac sax）、タンサ（堂薩 dangc sax）、タンチュンサ（堂間薩 dangc xenh sax）といい[52]、祖母亭、祖母屋、祖母堂、祖母堂殿などと訳され、意訳して聖母祠、威寧祠、通霊祠、歴古神壇などと表記される［張民　一九九一ａ：二八］。各地を調査して比較した結果、張民は薩の信仰は、自然、土地、女性、龍神、樹木、土などの崇拝であるとし、神壇は「原始的な土地崇拝に根ざすが、歴史的変遷の中で発展し変化してきた総合体である」と結論付ける。薩の祭りの基本要素は、①土の穴を掘る、②白石を積む、土丘を築く、井戸を掘る、③黄楊、芭蕉、千年矮（長青樹）を植える、④木椿を立てて雨傘を置く、であり、前三者は土、石、樹という土地崇拝に関わるという［張民　一九九一ａ：三〇］。一方、傘はトン語でサンサ（撒薩　sanx sax）、「祖母の傘」の意味で薩の祭りの象徴とされ、太陽光線を四方に放つ意味があり、太陽は天上での薩の化身で傘はその地上での顕現であり、傘の下にも貴いものが現れるという。これがトン族の女神信仰の中核である。張民の指摘した四つの要素のうち、前三者は大地の祭祀に関わって根源の地、始原の地との結合を強化し、傘は地上と天上を結び付けるものかもしれない。天上界と連関させる要素は、トン族の始祖神の神話的な語りと結び付く［楊保願　一九八六。長谷川　一九八九］。しかし、楊保願が整理したトン族の神話は［楊保願　一九八六］、広西の三江で採集された話を基にした創作[53]だとされて批判を受けている。

一方、人類起源の神話や祖先が移動してきた状況を述べる「念詞」や「古歌」はトン語ではトサ（斗薩、斗莎）といい、「祖源歌」（ガタンニュウ、嘎登扭）、「憶祖歌」或いは「祭祖歌」（ガトサ、嘎斗莎）、「祖公上河」（ガコンブ、嘎公補）などがあり、張民、張勇、呉定国、楊国仁などが整理している〔黔東南苗族侗族自治州文藝研究室・貴州省民間文藝研究会（編）一九八一：一—二〕。始祖神話では、亀婆の卵から生まれたソンウェン（松恩）とソンサン（松桑）の兄妹が交わって「十二の生物」が誕生し（龍、虎、蛇、熊、雷、姜良、姜妹など）、このうち人間の兄妹のチャンリン（姜良）とチャンメイ（姜妹）は雷婆（サビア　sax bias　薩叭）と争い洪水が引き起される。[54] 二人は瓢箪の船で生き延び、「十二の太陽」を射落とす冒険の後に結ばれるが、肉塊の子供が生まれ、切り刻むと人間になって繁栄したという。卵生神話、洪水神話、射日神話、兄妹始祖神話などのモチーフはミャオ族と共通するが、亀婆や雷婆など女性が登場することは独自である。トン族の祖先は、広西の梧州から都柳江に沿って遡り（祖公上河）貴州の高安にたどりついたとか、江西の吉安から来たと語る。総じてトン族は民族の由来を移動の苦難に結びつけて語る傾向を持ち外来起源を主張するが、薩の信仰での土や石への崇拝では土着志向が根強く維持されているようである。[55]

4　民族英雄としての薩

薩は英雄叙事詩のガサスィ（嘎薩歳　gax sax sis）、「薩歳の歌」によれば、昔、トン族の女性首領で杏妮（シンニィ。トン語で仙女の意味）が、過酷な統治に対して反乱を起こし、居住していた村や故郷を守ろうとして兵を率いて戦ったが、力及ばず敗走し、最後はロンタンガイ（弄塘概　longl dangc eip）という山の崖から身を投げて亡くなった。[56] 死後に人々はその勇敢さをたたえ、尊称して女性の祖先たる祖母の意味のサ（莎、薩　sax）や、サスィ[57]（莎歳、薩歳　sax sis）と呼んで、村の中央に壇を築いて祀り自分たちの守護神としたという〔《侗族文学史》編写組　一九八八：八四—八五。過偉　一九九三：三〇—三二〕。別伝では戦いに際して杏妮と共に女性四人が龍潭に身を投げ、死後は石となり、五尊石として祀られているという〔楊国仁・呉定国（編）一九八四：一—二〕。戦いに際して女性の先祖が使用していたという傘が女神の象徴となり、現在も故事に因んで祭壇になっている。亡くなった場所から石や土、そして女性の衣装を取ってきて祭壇に飾ったという伝承もある。昔は各村の薩の祭りに先立って先祖の女性英雄を偲び、代表者が死亡したとされる山の崖に赴き、供物をささげ盧笙を吹いて祀ったという。(58) 女性の祖先を祀る薩の信仰が、歴史の伝承に仮託され、社会主義の文脈に読み替えられて語られてきた様相が伺える。

六　女神信仰とトン族の行方

1　トン族についての言説

研究者の個別の研究を基盤として薩の信仰についての一般化された言説が生まれてくる。例えば、信仰の諸相を概説風に記載した『中国少数民族の信仰と習俗』には、薩について次のような説明がされている［覃等編一九九三：五七六］。

「トン族の精神上の共通の聖母であり、最高の守護神であって、その神通力はきわめて大きいと考えられてきた。トン族の人々は、サは風、雨、雷の諸神に影響を与え、それらを駆使して作物を保護することができると考え、またこれを社稷神（土地と五穀の神）として祭る。幸が多く、人畜の繁栄と五穀豊穣の加護、ひいては家の邪気祓いと安寧を守ってくれるようにこれに祈ってきた。トン族地区の各村では、いずれも聖母祠や神壇（社壇ともいう）を建てて祭った。神壇は、一般に石塊を長さ幅各一丈（三・三メートル）余、高さ約四尺（約一・四メートル）の円丘に切ってつくったもので、壇上には偶像も位牌もなく、ただ中央に紙の傘を挿すかまたは黄楊を一本植え、周囲を芭蕉、茨の類で囲む。祭日以外いかなる者も神壇に立ち入ることはできない。祭りは毎年陰暦二月七日あるいは八日に行われ、鬼師（巫師）が主宰する。供え物は鶏、家鴨、草魚などで、油茶を煮て供えるところもある。また祭祀後、子供らに鶏の脛骨の穴に針を挿させて翌年の豊凶を占うところもある」

この記述は漢族風の見方を導入した一般化された説明と、特定の村落の事例報告を強引に結び付け、薩の信仰がトン族の全てに行き渡っているように思わせる。研究者の見解や報告の都合の良い部分のみを選択し利用した具体例だが、薩瑪節を支えているのはこうした地元の知識人が作り出した民族誌的権威に基づく言説なのである。車江郷の事例を個別に検討し、張民自身から説明を聞き複数の報告を読めば、薩の多様性は一目瞭然であるが、イベント（催事）化はそれを捨象し、大きな誤解や再創造を生む。均質化された語りが、新しいイベントの知的源泉となり、再び現地に作用するのである。少数民族に関しては普遍と特殊を強引に結合して反証不可能な記述の構成を取ることが多く、この本質主義的な言説は民族像を固定化する。本や冊子など出版物だけでなく、「表演」つまりパフォーマンス（performance）を通じて複製されて流通し大きな影響力を及ぼす。更に、現在では全国各地のイベントを速報する観光の専門新聞『中国旅游報』[59]が果たす情報伝達の働きも大きい。

2　薩瑪節による変化と創造

薩瑪節と従来の薩の祭りとの違いはまとめると次のようになろう。①薩の祭りに統一した名称を与えて、日時も同一の日に固定化した。②祭りの季節を変えて、初春の祭りから収穫後の祭りへと変更した。③中核にある信仰の要素を希薄化して歌舞のような目立つもの主体の娯楽性を強めた。④同一村落内の社会的結合を図る祭りから地域の村々を結び付ける広域の祭りへと積極的に拡大した。⑤トン族だけの祭りからミャオ族・スイ族・ヤオ族などを含む諸民族の祭りへ展開し、民族団結に向かわせている。⑥村内の祭りしか知らなかった人々に、地域のテレビ局「榕江県文化広播電視局」[60]の生中継（同時直播）による放送が導入されて情報の共有化が起こった。⑦薩瑪の起源や祀り方に関する言説や実践が「模範的中心」（exemplar center）たる車江郷に収斂し画一化されて浸透した。⑧個々の行事の意味付けが研究者よって整理・提示され、これに合わせて「旅游」の内容が深みを増した。⑨不可視の神霊を送迎する祭りが再編成されて、衣装、建築、祭壇、儀礼などの可視的な媒体の新たな提示で民族の特性を浮き立たせた。⑩祭りと歌舞を通して女性の表象を意図的に増殖させて、資源として活用・操作する傾向が強まった。⑪薩の祭りは女神を降臨させて「大歌」でもてなして平安と守護を祈ることが中核にあるが、今回はこの一体性や文脈が失われた。

今回の薩瑪節による最大の変化は、薩瑪という名称のもとにトン族全体に共通する女神の行事を作り上げたことである。薩は個々の家で祀るよりも村単位や同姓の女性集団が担い手になることが多く、村落の守護神、各房族の守護神であり、トン族に共通する祖先神の性格はなかった。しかし、今回の行事を契機として、女神の性格は大きく転換していく可能性がある。中でも各地の薩の様々な名称を「薩瑪」という総称で統一したことは大きな意味を持つ。従来の漢語訳としての「聖母」は、トン語を払拭して信仰の内容を均質化して一般化する試みであったが、「薩瑪」は、漢語の「薩媽」という造語にも近似して、トン族と漢族の双方に納得がいくような概念である。従来はトン族というと風雨橋や鼓楼が民族文化を代表するもので、兼重努が論じたように、これは漢族側の働きかけで「外側からのエスニック・シンボル」として構築されたのである〔兼重　一九九八〕。これに倣って言えば、今回の薩瑪は風雨橋や鼓楼に次ぐ、第三のエスニック・シンボル（ethnic symbol）、民族的象徴の誕生と言えるのかもしれない。今回の祭りを契機として薩を祀る地域が拡大して、広範囲のトン族を統合していく象徴になることは大いに有り得る。動かないものから動くものへ、建築から祭りや歌舞へ、言い換えれば「有形文化財」から「無形文化遺産」（intangible cultural heritage　中国語訳は非物質文化遺産）へと拡大して民族の特性を提示する。薩瑪節は特定の言説に基づいて企画されたイベント風の祭りであったが、当事者や政府が思いもよらない方向に展開し、創造性が発揮され、流動化する契機となった。トン族の文化的境界を強化する一方で、自己の文化に覚醒して新たな運動を生成した。ここには自己像と他者像の固定化と流動化のせめぎあいがある。

３　女神信仰の現在

　トン族の女神信仰については現代の大きな変動を抜きにして語ることは出来ないであろう。一九四九年の解放以後の民族政策や、引き続く社会・経済の大変動、特に文化大革命は、従来は信仰という名によって把握されていた現象を大きく変貌、或いは破壊することになった。しかし、薩が女神信仰として確実に受け継がれている側面もある。薩はトン族にとってどのような意味を持つのであろうか。薩の祭壇は女性のやさしさを彷彿させるように作るとされ、黒い傘、衣装や履物で女性の身体を連想させるように工夫される。基壇には白石、多彩色の棒が置かれて、色とりどりの布や造花で飾られて華やかさがある。お酒ではなく、お茶を供える慣行も女神との関係があるらしい。従江県の龍図村の聖母祠では石を祀りながらもその上に女神を描き、傘と紡錘車が供えられて女性らしさが表されていた（写真1―34）。同じ従江県の高増村の近くでは祖公石（bial ongt bux）という大石を祀り、祖母と石が一体化して「人格神」として祀られている。

写真1-34　龍図村の薩

　祈願の内容は現世利益で、個人や共同体の具体的な祈願に応え、穀物の豊作をもたらして、健康を守護してもらい、魔よけを願う。薩は優しくて慈悲深いとされ、親しみをもって「祖母」と呼びかけられ、模倣されるべき「理想化された母の具現化」とでも言うべき存在である。また、地母神や軍神、将軍神の様相もあり、勇猛果敢な性格が語られたりもする。単独女神で配偶神がなく女性に担われるなど自立性があり、或る程度は現実の社会関係での女性の社会的地位の高さを反映し、母と娘との関係を含む女性同士の絆の高い評価との対応がある。祠には千年矮が植えられ衰えることのない生命力が示されている。そして、集団の歌舞の「踩歌堂」では、女性の歌で和められ、祭壇では傘という独特の象徴性が強調される。特に女性が使用する傘は異次元の世界へといざなう役割を果たしている。また、神名のサ（薩）は、「おばあちゃん」という呼びかけ言葉であり、家族・親族の身近な関係を感じさせる。女性特有の身体経験である月経、出産、授乳、更年期などを終了した老熟した女性、特に穢れや不浄などの負性を乗り越えて、「非性化」「性の超越」に至った「おばあちゃん」に祖先を重ね合わせて特別な聖性と力を付与しているようだ。女神信仰には女性のライフサイクルとの関係が認められ、単なる表象ではなく、現実の女性の在り方、女性性と重ね合わされている。祠には樹木が繁り、石が置かれるなど、どこかで自然のやさしさとの繋がりの大切さを教えてくれる存在でもある。

中国の民族学者は、薩のように女神信仰が中核にあり担い手として女性が大きな役割を果たすことは古代の母系社会の残存であるという単純な解釈をしてきた［《侗族簡史》編写組　一九八五：一八―一九］。しかし、埋もれた歴史の再構成を民族の現状に求める方法や、母系社会から父系社会へというモーガン、エンゲルス流の古風な進化図式の適用は［モーガン　一九六一（一八七七）。エンゲルス　一九七一（一八八四）］、全く根拠がなく受け入れられない。母系から父系への変化の普遍性は実証不可能である。中国では一九五〇年代に展開した民族識別工作を進行していく過程でスターリンの民族政策が取り入れられ、少数民族を進化主義の発展段階にあてはめてそれに対応する民族政策を構築した。進化主義の図式は、社会主義政権の一方的な見解に過ぎないのであり、漢族側の見方による偏見も含み込む。母系社会がかつて各地に多数存在し、後に父系に変化したという中国での権威ある学説は妄想に過ぎない。

4　女神信仰の変化

車江郷の事例をトン族全体の代表とするような一般化は出来ないが、この地では女性の社会的地位が比較的高く、漢族風の父系原理は和らげられた形で定着している。社会関係との対応を強調することは危険であるが、どこかに通底するものはあるようだ。今後の女神信仰の行方として、車江郷という地域で薩瑪節が開催されたことは、女性の表象を強調したトン族像が今後一般化していく可能性がある。今回もイベントとして薩瑪節を見た場合、女性らしさを意図的に表に出した演出が顕著であった。伝統的に、薩は綺麗に着飾った人々を見て、歌をきき舞をめでることで喜ぶという。基盤にある女神信仰は、改革開放後に急速に復活したが、近年の社会変動で再び大きく変貌しつつあり、老人への高い価値付けも急速に低下している。トン族の現実の生活でも、薩を信仰して願を掛けたい、豊作を感謝するという実践は影が薄くなり、現在の信者は老齢の女性が多く、出稼ぎの若者が一年に一度の薩の祭りに戻ってくることが多いとはいえ、退潮の感は否めない。

写真 1-35　筆興の薩の祭り

但し、薩には女性男性を問わず、独特の老年感覚、或いは「老人力」のようなものが結びついていることは確かである。例えば、二〇〇三年に調査した黎平県の肇興村では、[61]薩の祭りは正月元旦に行われるが、六〇歳以上の男性が集まり、中心になるのは七〇歳から八〇歳であり、薩壇（聖母壇）の前で祈願し、食事をした後に面白可笑しく性的な諧謔をまぜて歌いつつ千年矮の周囲を回る。ここでの説明はたった一人のお婆さんを沢山の男性が慰めてあげるのだという[62]（写真1—35）。祭壇の地下には鍋と銀飾りと白石が埋められ、鍋にはいつも豊富に食事が出来るようにという願いが籠められる。薩の神様は鼓楼にも招かれ、大歌で楽しませる。肇興村では、車江郷とは異なり食事から儀礼まで男性が取り仕切るが、大祭の「踩歌堂」では女性が主役であり、どこかに女性性の核を残すと共に、老人一般への信頼感がある。女性中心の車江郷との違いが漢化の進行度合いの遅速によるものなのか、根本的な地域性の違いに基づくのかは判断出来ない。

5　水口村の薩

女神信仰が衰えていないことは、二〇〇三年正月五日に黎平県水口郷の紀流村（己流村）という人口九五六人、戸数二〇五戸の村で行われた薩の祭りで実感した。この祭りは「聖母廟」の落成記念行事であったが、廟の前の広場の地面に白い布が敷き詰められて、薩の神聖視が際立っていた。長老衆が見守る中で、若い女性たちと中年の女性たちに分かれて白い布の上で円舞と歌を奉納した（写真1―36）。青草をつけた盧笙を吹く若い男性の円舞や、女性に傘を差し掛ける中年男性の登場など、劇的に変化するが、基本的には年齢ごとに区切られた集団が担い手となる歌舞であり、トン族の年齢階梯的な秩序が垣間見られた。但し、ここでの薩への儀礼執行者は男性であり、呪言を唱えたり、地面に置いた赤い呪符（写真1―37）を筆でなぞるなど道教儀礼の影響があった。しかし、女神信仰は確実に維持されて

写真 1-36　水口郷紀流村の薩の祭り

写真 1-37　赤い呪符

いる。

従来の考え方として、女神信仰と社会関係に一対一の対応があるという発想が展開されることが多かった。漢族の父系制に対してトン族の年齢階梯という対比は未だ実証的ではないが可能性として残されているとすれば、双方の女神信仰は異なるはずである。東南中国の父系社会である漢族の女神信仰の媽祖や観音と比較すると、母性を強調する点は女神一般の信仰とも共通するが［三尾　一九九八］、薩は老年という年齢が強調されて漠然とだが祖先の観念とも重なり合う。また、造像や図像に形象化されず、儒教的な倫理観の影響がないことも、薩の特徴として挙げられるであろう。トン族の薩の信仰は生活に根ざしており、トン族社会の特性とどこかに対応を持つ古くて新しい女神信仰の現代版であり、女性性を強調し、母性の肯定を通じて、人間や社会のあり方を問いかけているのかもしれない。

6　薩瑪節の歴史的背景

今回の薩瑪節が開催された事情については歴史的背景も考慮する必要がある。トン族が公式の少数民族として認定されたのは一九五四年である。それ以前は「侗族」という表記名称はなかった。宋代では仡伶・仡佬・仡僚・仡偻・貓・猺、明代では峒人・硐人・洞人・洞蛮、清代では洞苗・洞民・洞家・苗などと表記され［《侗族簡史》編写組（編）一九八五：九］、ミャオ族（苗族）との区別は曖昧であった。公式に政府から民族と認められたことで、他民族との差異の表象を求めてアイデンティティの探索と構築の動きが一九五六年頃から急速に高まり、鼓楼（塔の形状を持つ集会場）や風雨橋（社交場にもなる屋根付きの橋）が浮かび上がる。その後、一九五八年からの大躍進と一九六六年に始まった文化大革命で頓挫するが、改革開放が始まった一九七八年以後、特に八〇年代を通じて民族意識はほぼ定着した［王　一九八九：一］。かくして実在の民族として浮かび上がったが、純粋なトン族を生成させることは不可能であり、各地の差異はしばしば「漢化」（仏語 sinisation、英語 sinicization）や他民族からの影響による変化の結果であると説明されてきた。湖南を調査したベルリは様々な「漢化」の諸相を描き出したが［Berlie 1998: 224-270］、この概念自体が多義的で説明の有効性に乏しい。むしろ、トン族を意識的に創ろうとする動き、つまり「侗化」に注目し、取り込まれるものと切り捨てられるもの、差異を意識せずに異種混淆していく動きなどの様々な変化と創造の過程を突き詰めて考察するべきであろう。

兼重努は、五〇年代から八〇年代に至る新聞、雑誌、単行本を検討して、当初は風雨橋がトン族を代表する物質文化とされ、特に広西の三江の程陽橋[63]が繰り返し取り上げられたが、その後に一九八五年に北京で開催された「貴州侗族建築及風情展覧」を契機として、観光化で広西に出遅れていた貴州側が巻き返しを図り、鼓楼を売り出すことに成功した経緯を明らかにした［兼重 一九九八］。広西と貴州のトン族を差異化して地域差に優劣をつけようとする意図や、民族内での葛藤があることを読み取っている［兼重 一九九八：一四三］。長くて大型の風雨橋は広西に、高くて美しい鼓楼は貴州に多いという事情がこうした差異化の背景にある。そして、貴州ではトン族の知識人の王勝先を中心にした活動の結果[64]、「鼓楼文化」という名称さえ生まれた［王 一九八七、一九八九］。王勝先は鼓楼を古代の越文化の名残とし、トン族の歴史的連続性を主張した。トン族は古代の駱越の子孫で、土着の先住民とする見方は『侗族簡史』に基づく[65]［《侗族簡史》編写組 一九八五：一］。現在でもトン族は二五〇〇年の歴史を持つと言われるのは、王勝先などトン族研究者の学説が権威を帯びて流通した結果である。トン族の歴史を古代まで遡らせることは、「悠久の歴史」を生きる民としてのトン族のエスニック・アイデンティティの強化につながった[66]。その場合の標語が「文化」であり、一九八〇年代後半から一九九〇年代にかけて、トン族の風俗習慣が、歴史文化、語言文化、款文化、鼓楼文化、信仰文化、生活方式文化、習俗文化、医薬文化などとして提示されるようになった［張世珊・楊昌嗣（編）一九九二］。人々の日常生活を文化と読み替えることで、二〇〇〇年代の文化遺産登録への道筋が用意された。

写真 1-38　黎平・鼓楼文化芸術節への招聘状

写真 1-39　榕江・薩瑪節の出席証

7　薩と観光化

榕江の薩瑪節に先立って、黎平では二〇〇〇年一〇月一五日、一六日の両日に「神州世紀游・中国侗族鼓楼文化芸術節」が開かれ、中心となる象徴として鼓楼が選びだされて招聘状の中央に印刷され（写真1―38）、シンボルマークにも流用された。前述したように、榕江のシンボルマークは薩の祭壇と傘である（写真1―39）。黎平では、一五日は開幕式に引き続き、相撲、対歌、歌舞の鑑賞会があり、一六日には肇興の鼓楼（写真1―40）、高近の侗戯舞台、地坪の風雨橋（別称で花橋。写真1―41）など明代や清代の建造物を訪れる小旅行が企画された。榕江の薩瑪節は自然の風景や祭薩の祭りを取り込んだが、黎平では儀礼の様相はなく、「鼓楼文化」を標語としてイベント性が強まっていた。

こうした行事を開催する背景として外国での招待公演などによるネットワークの形成があった。招聘状は海外にも英文で発送され、国際的評価を得ていることが書き込まれている。例えば、黎平の招聘状には、一九八〇年代に「フランスのパリで開催された芸術祭で有名になった『歌の海』であるトン族の故郷を訪問して下さい」と誘いの言葉が書かれていた。民間の歌が「芸術」（art）として評価され、外部の権威を得て観光化に拍車がかかった。トン族とフランスとの交流は八〇年代から継続してきた。

トン族の合唱団一二名は一九八六年九月から一〇月にフランスのパリの芸術祭に招かれて好評を博し〔呉定国・鄧敏文（撰編）二〇〇五：一一—一五〕、小黄村の歌手は一九九六年にパリに「女声歌班」として招かれた。フランス人はトン族やミャオ族の儀礼や歌舞に幅広い興味を示し、現地を訪問する観光客が多い。フランス語で書かれた湖南のトン族の民族誌〔Berlie 1998〕や、歌と伝説の翻訳〔Curien 2000〕も出版された。長年にわたって黔東南の写真をとり続けているパリの写真家が今回の薩瑪節を取材しており、帰国後、直ちに写真が雑誌『野生の大地』二〇〇〇年一二月号の「中国特集」（Magazine Terre Sauvage,Tissus de Chine）に掲載された。英語によるトン族の概説書がイギリス人とスイス人のギアリィ夫妻と中国人（欧潮泉、龍耀宏、姜大仁、王継英）の共著で出版され、一九九五年から二〇〇二年の間のよい記録となっている〔Geary,D.Norman,et all 2003〕。更に欧潮泉による解放前の一九三〇年から一九四九年までの北部トン族の村の記録が英訳された〔Ou Chaoquan 2007〕。フランスだけでなく、西欧のマスコミの発信、出版による情報の流通と消費を通じて国際交流の場が広がってきた。日本では「歌垣」への関心から公演やシンポジウムに招かれることが多い。二〇〇七年一二月には「東アジア歌垣サミット」が國學院大學で開催されトン族の公演が行われた。学術交流としては民族建築の調査と研究が一九九〇年代の大きな仕事であった〔貴州トン族住居調査委員会　一九九三。

写真 1-40　肇興の鼓楼

写真 1-41　地坪の風雨橋

浅川 一九九四〕。二〇〇〇年代以降は現地での調査も容易になり、広西三江トン族をフィールドとする兼重務が民族表象、近所づきあい、風水思想、功徳観念など多岐にわたる調査を行い、現地との交流を継続している〔兼重 一九九八、二〇〇〇、二〇〇七、二〇〇八、二〇〇九〕。國學院大學のトン族調査も二〇〇四年以来、貴州省黎平県で行われている〔國學院大學二一世紀COEプログラム（編） 二〇〇五〕。

薩瑪節の開催はこうした国際化、グローバル化が本格化する初期の段階で行われたイベントであった。二〇〇〇年は貴州や雲南では新世紀の到来の記念企画として外国人観光客を呼び込む「国際旅游」の催事が続々と行われた。貴州では二〇〇〇年八月に凱里で黔東南の各民族を集めた「国際盧笙節」が、同年一〇月には再び凱里で「民族服飾節」が開かれた。トン族の場合、一九九九年に開催された「侗族経済文化協作研究会」で観光化による経済建設を促進する方針が決定され、二〇〇〇年の黔東南全体の動きと連動して二〇〇〇年一〇月の黎平「鼓楼文化芸術節」と、同年一一月の榕江の「薩瑪節」が開催され、共にトン族の文化要素を活用した文化イベントであった。

トン族の薩瑪節の事例は、各地域に合わせた個性的な文化の商品化や文化の流用が、国際化やグローバル化によって加速された状況の中で、外側から与えられたトン族という民族の枠付けに対し、鼓楼や薩などの内部の文化要素を主体的に選択して意味付けて、エスニシティ（ethnicity）を再構築する動きかもしれない。これによって他民族との文化的境界が一層明確になり、他民族、他者との関係性の中で、新たなトン族の文化的・社会的アイデンティティの構築が始まろうとしている。その中核にあったのが榕江の場合は女神信仰であった。

8 観光化の加速

寨頭村に隣接する章魯村は一九五八年にトン族の標準語を話す村と確定され、当地の発音を標準として、国際音標文字にのっとってトン族文字が作成された。(67) この地域はトン族の民族生成の中核をなす地域と見なされるようになり、薩瑪節がここを主会場として開催されたことで更に民族の原点の地としての認識を強化することになった。現在では、章魯、寨頭、英堂の三村は「車江古榕樹群侗族風情村」と名付けられて、トン族の民族文化を代表する観光地とされている。統計では一九九九年にこの地を訪れた観光客は約一万人で、外国人は一二四七人であったという。車江郷は村全体を保護して記録保存を行う生態博物館（eco-museum）の候補地にも挙がった。これはヨーロッパの野外博物館の構想を中国に適用するもので、村の現状を指定することで保護・保存を進める事業である。

村全体を生態博物館とする試みは貴州省とノルウエー政府との協力で始まった。一九九五年五月に中国博物館学会の蘇東海研究員とノルウエーのジェストラム教授（Gjestram,John）が、貴州省文化庁の招待を受けて六枝の長角苗の調査を行い、人文生態博物館の設立に関する研究報告を提出した。中国政府もこれを重視し、ノルウエー政府の無償援助で設立が可能となったことを受けて、一九九七年一〇月二三日に国家主席の江澤民とノルウエー国王が協定に調印して、黔西北の長角ミャオの村、梭戛《ソウガ》がアジア最初（中国で最初）の生態博物館として発足し、一九九八年一〇月三一日に正式に活動を開始した。一九九八年四月二日から一〇日までノルウエーの博物館の研究者が貴州省の各地を訪問して、候補地の調査に入り、六枝梭戛、安順麒麟屯、花山鎮山村、黎平天生橋、錦展隆里鎮、雷山朗徳寨などを調査し、榕江車江郷も訪問した。最終的には、黔西北のミャオ族の梭戛（六盤水市六枝）、黔東南ではトン族の堂安（黎平県）、漢族の古い町並の隆里（錦屏）、プイ族の花渓鎮（貴陽市）が指定されて、新たな観光地となった。貴州省内に国際的な生態博物館が開設され無形文化遺産の保護が進められると共に観光化の進展に寄与した。生態博物館の指定によって歌舞や暮らしの様子が記録・保存されるだけでなく、展示やCD化などでの公開は、各村の権威を高め、観光化を促進する手段ともなった。その後、二〇〇三年、「黎平肇興侗族文化生態保護区」が設立され、肇興の自然生態と農耕、住まいなどの文化生態と、祭りや歌など伝統文化を全体として保存することを目的とした。

観光化は中国の中でも経済的に貧しく、差別され蔑視されている貴州が巻き返しを図る重要な戦略である。中国

写真 1-42　小黄の侗族大歌

写真 1-43　寨頭村の河畔の水車

は内陸部と沿岸部の経済格差が年々拡大しており、貴州のような山岳地帯で豊かになるためには、鉱物の採掘や工場誘致にとどまらず、自然資源と人文資源を巧みに活用した観光開発しかない。各地の特色を掴んで、文化庁は「鼓楼之郷」の肇興、「花橋之郷」の地坪、「侗歌之郷」の小黄と命名して村々を宣伝する。トン族の大歌では、榕江の宰蕩と苗蘭、黎平の銀朝と双江、従江の高増と小黄（写真1―42）、琵琶歌では晩寨や車江郷を上手な村として、各地の公演に出演させ名声を高める機会も増えてきた。最近は道路の整備が進み、二〇〇一年五月には貴陽―都匀の高速道路が開通して広西と繋がり、途中から分岐する麻陽―凱里も二〇〇二年三月に開通した。凱里まで高速道路が通じて、ミャオ族やトン族の居住地区への到達も比較的容易になった。さらに、都匀―三都―榕江の道も整備されて、貴陽から榕江まで一日で来ることも可能になった。道が雲南に比べて不備で経済発展の大きな障害となり、観光化も出遅れた貴州省の官民一体となった巻き返しの発端が、二〇〇〇年に凱里、榕江、黎平などで開催された様々の行事であった。

今回の行事の当日に合わせて刊行された投資ハンドブック『招商引資政策及項目簡介』（二〇〇〇年一一月）の「旅游項目」の風情村の説明には、車江郷はトン族が早くに定住した土地で、伝統文化をよく保存し、高床式住居は「古代百越民族習慣」を受け継ぎ、トン族の伝統的な刺繍や布を製作して、様々な民間の伝説を伝え、多くの民俗行事を行い、村入りの行事や恋愛の習俗を残し、自然の風光も素晴らしく、古い榕樹の生い茂る名勝区であるとしている。そして、「中国侗族語言標準音所在地」であり、「侗族文化祖源地」と記されている。民族識別工作に伴いトン語の標準語と定めた章魯村が車江郷にあることで、観光化でも伝統文化の正統性を保証し、祖源の地という根拠を提示する証しとなった。こうした「公の語り」は今後さらに拡大し、修飾を加えられて言説として流通するのであろう。

現在の寨頭村は中心をなす広場に薩瑪祠があり、河畔には三八株の古い巨木の榕樹が生えて、清代の乾隆年間（一七三六―一七九六）以来、二百年余りが経つという。榕樹が枝を伸ばし、川には木橋がかかり、村の女性たちが洗濯や水を汲む光景が見られ、川辺ではギシギシと音を立てて水車が回っている（写真1―43）。この風景は外来の者にとっては一幅の絵のように、そして異郷意識を掻きたてるエキゾチックな光景として受け取られる。まさしく「風情村」の風景である。トン族を紹介する榕江の冊子類では川辺の榕樹の風景とトン族の女性がセットになって紹介されることが多く、訪問者は心の中に描いてきたトン族らしさをこの地に立つことで確認する。そして、トン族の歌舞を見ることで、言説と風景と人間は一体化し、更にトン族像を固定化する役割を果たしていく。しかし、水車は薩瑪節に際して新たに作られたものであり、薩瑪祠も新設同然で昔の面影はない。人類学者には評判の悪い本質主義的な文化の提示であるが、こうした表象や言説は多くの人々を魅了して、トン族像を広く流通させていくのであろう。

9　巨大な変化

榕江県車江郷には二〇〇一年に更に大きな変化が起こった。二〇〇一年一一月に開催された第二回薩瑪節にあたって、ここを「旅游拠点」とするために薩瑪祠の前に「三宝鼓楼」[68]（二一層、三五・一八メートル）が建立されたのである（写真1―44）。二一層の八角楼で頂点は二重の宝頂からなり、その規模や高さはトン族随一とされる〔貴州省文

写真1-44　三宝鼓楼（2001年完成）

写真1-45　古榕群寨門（2001年完成）

写真1-46　トン族の大移動の絵に描かれた薩

化庁（編）二〇〇二：二一六〕。それまで最も高いとされていたのは黎平県の義寨鼓楼（一一層、二五・八メートル）であった。ここにはトン族を「鼓楼社会」として提示しようとする強烈な意識が感じられる[69]。鼓楼のある広場と表通りを結ぶ空間には、回廊を建設して風雨橋を模した歩道を作り、道に面した入口には「古榕群寨門」が建造されて、「天下第一侗寨」の額が掛けられた（写真1―45）。一〇年前の田園は跡形も無く消えて濃密なトン族の建築空間となった。しかし、鼓楼にせよ風雨橋にせよ、榕江県の車江郷の形式ではなく、トン族地域にある各地の様式を微妙に組み合わせた新しい民族建築物なのである。そして、これらの新たな建築群の内部は、現在のトン族が何を自分達の独自のものと考えているかを示す表象によって埋め尽くされている。例えば、鼓楼の下部の周囲には、典型的なトン族の村々の風景が描かれた絵が掛けられている。絵の主題は、車江大壩、赤壁横江、晩寨瀑布、侗族婚礼行列、忠城筆架山、朗洞白塔、榕江月亮山、龍塔攬勝、三江漁火、欄路歌、五榕翠色、都柳江畔で、風景を主体として「旅游」の「自然資源」と「人文資源」が組み合わされている。一方、風雨橋の歩道の左右に掛けられた絵は、侗戯、晩寨琵琶歌、焼魚香、侗族大歌、闘雀、狩猟、春江捕魚、梯田層層、歓楽吊脚楼、紡織、爬窗探妹、行歌坐夜、車江口寨書院、薩瑪挂師、祭薩、侗族千里大遷徙で、日常生活から祭事に至る暮らしぶりが描かれている。注目されるのは、口頭伝承で伝えられてきた「祭薩歌」と「祖源歌」が漢語に訳され文字で書かれて額に納まって展示され、異伝を無視して一つに固定化されたことである。そして、薩の物語は「侗族千里大遷徙」として、苦難の道を歩む女性像として絵に描かれて展示された（写真1—46）。長い歳月のあいだ語り継がれ実践されてきた薩の信仰は、ついに単一の物語へと収斂させられたのである。

様々な文化要素が客体化され、流用を通じて新たな表象を生成する、その典型がここに見られる。鼓楼、風雨橋、薩瑪祠、榕樹、河畔、侗寨、そしてトン族の女性を配し、車江郷の年一度の大祭である薩瑪節でトン族文化の真髄を示す。「旅游資源」としてこれ以上のものが望めるであろうか。そして、「榕江薩瑪節」として、凱里盧笙節、黎平大歌節、台江姉妹節、鎮遠龍船節と並ぶ、黔東南を代表する「五大節」、つまり五大祭りとしてセット化されて喧伝されるようになった。筆者が車江郷の寨頭村を初めて訪れたのは一九九三年で、当時は全く普通のトン族の村であった。それが観光化の進展で徐々に変化し、二〇〇〇年の薩瑪節を契機として一挙に整備が進んだ。二〇〇三年二月の訪問時には公園のようになっており、民族衣装や絵葉書を売る土産物屋が出現し、記念写真をとる場所まで整備されていた。一〇年たらずの間に寨頭村を初めとする車江郷はトン族らしさを演出するテーマパークに変貌したのである。

10　トン族の今後

二〇〇〇年の薩瑪節を契機としてトン族のエスニック・アイデンティティを再編成する動きが侗族の知識人と地

方政府の双方の働きかけで加速化し、村人たちは上からの指示によって翻弄されることにもなった。今後も寨頭村の薩瑪祠を中心に、エスニック・シンボルを凝結して展示し観光客を引き寄せようとする試みは多様な次元で継続し、それに基づいて新たなイベントがこの地で企画されていくであろう。薩瑪節が定着していけば、車江郷がトン族の故郷やトン族の代表であるという言説は肥大化し、トン族内での榕江を主体とする地域の中心性が強化される。車江郷は典型的なトン族文化を提示する試みを継続していくことで自らの中心化を促進する。トン語の標準語を話すと規定された章魯村と隣接するという学術的な裏付けがあることもこの運動を正統化する。しかし、黎平や肇興や従江といった南部地域の拠点も榕江に対して対抗する言説を作り出し、伝統的とされる建築物への意味付けを強化したり、儀礼実践を活性化させるなどの「戦術」を展開するかもしれない。鼓楼に関しては黎平や肇興に華麗なものがある。記録上では最古とされる増冲鼓楼（康熙一一年・一六七二建立）は従江県に位置し、高さ二五メートル、一三層からなる。南部に対抗して北部のトン族は対応を迫られる。黔東南北部や湖南省西南部のトン族のように薩の信仰を持たず、鼓楼や風雨橋がない地域の人々は、トン族文化における中心と周縁の枠組みが固定化されれば疎外感を強めて、地域間の亀裂や葛藤は深まりを見せていくかもしれない。一九九九年、北部トン族居住地の湖南省芷江侗族自治県で世界最大とされる風雨橋、龍津橋（二五二メートル）が建造された。しかし、風雨橋は、伝統のない地域では、新しい観光施設でしかない。貴州省全体が観光客が増えたといっても、観光化で豊かになって潤う地域と、観光に無縁の地域との格差は広がる。文化は「資源」であり、その貯えは無限ではない。

　トン族の薩瑪節に見られる一連の動きは、ヤオ族が一九八四年以降に、始祖の盤瓠《パンフー》を祀る盤王節を政府の指導のもとに、陰暦一〇月一六日に統一して民族団結を図る手段としたことと類似する。ヤオ族は収穫期に合わせて村や家で個別に行っていた盤王節を上からの意向で統一した［鈴木　一九九六：九七］。広西の金秀大瑤山の場合、同じ地域に住むが、盤瓠を始祖として持たない人々にも行事が押し付けられた。金秀の五種類のヤオ族のうち、盤《パン》瑤、山《シャン》子《ツー》瑤、坳瑤《アオヤオ》は盤瓠を祀るヤオ族だが、茶山瑤と花藍瑤は、言語・信仰・習俗などから見て、前者はトン族、後者はミヤオ族であり、民族識別工作に際してヤオ族に組み込まれたのである（本書第二章）。これらの人々は同化はされないものの盤王節を他のヤオ族と共に行うことでしたたかに暮らしている。政府指導の民族団結の政策に逆らうことは出来ないのであり、相互にうまくやっていくことで可能性を見出すことが生き残りの道である。セルトーの「戦略」（strategy）と「戦術」（tactics）の区別に習って［ド・セルトー　一九八七］、上からの行政指導を強力で計画的な「戦略」とすれば、状況に応じて対応を考え新たな適応を考える「戦術」によってその意図を無化したり作り変えたり、新たに創造的すると考えることが出来よう。我々は一方向的で強引とも言える「戦略」よりも、多方向的で柔軟な「戦術」に焦点をあてて考察する必要がある。

　薩瑪節のように特定の民族色を強調する祭りが行政指導のもとで大量動員で行われることは、他民族の対抗言説を活発化させる機会を増大させ、新しい観念や構想を生み出すと肯定的に考えるべきなのだろう。トン族のアイデンティティが再構築される一方で、この機会を転機として、他の民族との「民族的境界」の再編成が行われ、新たな共存を模索する試みが始まる。黔南のミャオ族で一三年に一度行う祖先祭祀のノンニウ（nongx niel 牯臓節、鼓藏節、鼓社節）では傘を造形し衣装を着けて女性の祖先が来訪するが、やや漠然とした神霊である［鈴木　二〇〇二：七五。鈴木　二〇一二：一八四］。これと比べるとトン族の女神の薩は女性としての神格や由緒が明確で民族の独自性を強く表象する媒体となる。それゆえに民族の表象として利用されやすい。トン族とミャオ族は近接して生活し、根底において女性性を重視する文化を共有しているにもかかわらず、なぜ差異が生まれるのだろうか。トン族は水辺に、ミャオ族は山の中腹に、ヤオ族は山上に住むという言われる生態環境の影響もあるかもしれない。社会や文化の側面から表象の歴史的変化にも迫っていく必要がある。

　女神信仰の起源を求めて過去に遡及する作業は終了している。今後の方向性は社会に於ける女性の位置付けや、ジェンダー（gender）の意識化などと関連付けて、表象としての女神像の生成過程を探ることであろう。薩瑪節は薩という女神信仰に由来する女性らしさというジェンダーを戦略的に活用することで、民族意識を高揚させたり、活性化させる試みで、観光化という商業活動とも表裏一体であった。女性、服飾、歌舞、恋愛、可憐さ、優しさ、美しさといった要素を薩という世界観で包み込んで正統性を獲得する巧みな戦術であったとも言える。そして、驚くべきことに二年足らずの間に出版された紀行文や研究書や写真集［余未人 二〇〇一：一三二―一五四。貴州省文化庁（編）二〇〇二：二一六―二二九。孟雲 二〇〇二：五―二五。戴文年・楊民生・冒国安 二〇〇二：七二］の中に薩瑪節や「三宝侗寨」は書き込まれ、入れ込まれて、固定化され、トン族文化の精髄として再生産されることになった。貴州省文化庁編の写真集『侗族鼓楼』［貴州省文化庁（編）二〇〇二］は「図像人類学」と銘を打たれ、目次は「壹、侗族鼓楼的文化境域。貳、侗族：嶺表越僚之苗裔。参、侗族村寨：人文与自然互動的生態図景。肆、侗族建築：文化空間的聚合与叙事。伍、侗族鼓楼：文化境域的詩性象徴」で、トン族の鼓楼を「文化境域」と規定した上で、トン族は越族の末裔という古代からの連続を強調して正統性を誇示し、村落は人間と自然の動態的な生態風景、建築は「文化空間」の集合、鼓楼は「文化境域」の詩的な象徴とする。悠久の歴史の中で自然との調和に生きるトン族というイメージが喚起される。学術的写真集という権威付けられた表象の言説によって、魅力に満ちたトン族文化は海外に発信され（本書は繁体字で印刷）、観光客を呼び寄せる媒体となることが意図されていたのである。

こうした流れの中で浮かび上がってきたのは、意識的或いは無意識的に使用されている「文化」の概念が、どのように語られ、記述され、実践されるかという点への着目である。行政側と地元側の双方で「文化」の解釈には微妙な食い違いがある。「鼓楼文化」をトン族の根幹に据える動きに対しては地域間の緊張があり、「薩文化」として女神信仰を再構築する試みでは、薩瑪節の定着に対して民衆の反発が地元で起こった。研究者や写真家や外国人は外部から別の形で「文化」を提供して事態を一層複雑化する。そして、二〇〇〇年代にはインターネットの使用が一般化し、二〇〇六年にはかなりの僻地でも携帯電話が使えるようになり、二〇〇七年頃から携帯電話が一般の村人の間に普及した。情報革命によって人々の暮らしは激変し、今後の生活は不透明になった。

11　文化遺産への道

極左政治運動の時代には「四旧」（旧思想、旧文化、旧風俗、旧習慣）として政府が禁止し否定した風俗習慣や迷信が、現在は民族文化や伝統文化の名のもとに復興している。政府は歌舞、服装、衣食住、神話、伝説などを「民族風情」とし、市場経済振興策の資源として積極的に活用して観光業を推進した。観光業は「煙の出ない産業」として貧困からの脱出の切り札となった。トン族の村々を訪問する観光客は増大した。その内訳は、一九九〇年代までは外国人観光客中心であったが、二〇〇〇年代に入って中国経済が成長して生活水準が向上し、国内観光旅行の大衆化が進んで国内観光客が急増した。二〇〇〇年には年二回の大型連休（黄金周）が導入され[70]、これを契機に中国全土に旅行ブームが巻き起こった。中国各地で大型イベントとしての祭りが二〇〇〇年から政府の財政援助で開始されたのはこの動きと連動していた。二〇〇六年には「侗族薩瑪節」は国務院が定めた「第一批国家級非物質文化遺産」に登録された。部門は「民俗」である。二〇〇〇年の第一回薩瑪節の発足以来六年しかたっていない。「文化遺産」はブランド化に利用されるようになった。

現在では、トン族を代表するのは薩瑪節よりも「侗族大歌」である。二〇〇三年一一月二八日に第一回「侗族大歌節」が従江で開催されて、大歌もイベント化され、現在に至るまで毎年、一一月二八日に行われ、貴州省では重要な「旅游文化節日」の一つとして、観光コースに組み込まれるようになった。現在は「原生態侗族大歌節」という名称になっている。「原生態」（原始生態）とは昔のままの伝統文化が受け継がれているという意味である。二〇〇九年に「侗族大歌」はユネスコの無形文化遺産（intangible cultural heritage）に登録された[71]。これによって更にブランド化が進んだ。

大歌で名高い従江県の高増郷小黄村に行くと、村の入り口に巨大なユネスコ登録の記念碑が誇らしげに立っている。小黄村の人々は海外公演にも何度も出かけて、「侗族大歌」は外国人にも広く知られることになった。小黄は貴州の代表的な「侗寨」の一つとされ「歌的故郷、歌的海洋」と言われている。小黄村へ初めて行ったのは一九九三年であったが、泥んこ道を苦労して車と地元の車を乗り継いでようやくたどり着いた。琉球藍の匂いが充満する山間に佇む普通の村が今や観光客でごった返しているときく。「侗族大歌」は貴州省を代表する文化遺産となった。

二〇一三年一一月二八日の第一〇回「原生態侗族大歌節」は小黄村を中心に開催された[72]。一六時から開幕式で民族歌舞が披露され、一八時から一〇〇〇人に一緒に長い卓で食事が提供された。一九時過ぎに鼓楼での対歌、歌堂学歌、行歌坐月などが行われた。この時は小黄村での歌舞や大歌と食事に止まらず、近くのトン族の村の丙妹鎮銮里村で蘆笙舞を鑑賞したり、ミャオ族の岜沙村で神樹、樹葬、祖母石、建築を見て、太陽の儀礼や祭樹を観察したり、ヤオ族の高華村で村落や棚田を見て写真撮影をする観光客向けの日程もセットされていた。トン族と共にミャオ族ややヤオ族も取り込んだ観光行事になった[73]。

貧困からの脱却を目指す貴州省政府は、二〇〇六年から「貴州省旅行産業発展大会」を毎年開催することにして、観光業を同省の戦略的基軸産業に位置付け、「非物質文化遺産」を積極的に観光に利用するようになった。その効果は表れて、二〇一〇年の貴州省の旅行収入は一〇六一億元、旅行者数は延べ一億二九一三万人に達し、二〇〇五年との比較では各々が平均三四・三%、三三・八%と爆発的に増加した。

二〇一二年現在で、貴州省内には、ユネスコに登録された無形文化遺産が一項目、中国の国家クラスの無形文化遺産が六二項目一〇一か所、国家クラスの無形遺産伝承者が四六人、省クラスの無形文化遺産が四四〇項目、省クラスの無形遺産伝承者が一九八人、市クラスの無形文化遺産が八二二項目、県クラスの無形文化遺産が三四三八項目ある。全国重点保護文物は三九カ所、省重点保護文物は三四二か所、県重点保護文物は二一〇〇か所あり、遵義と鎮遠の両市は中国歴史文化都市に指定されている。貴州省では、文化生態保護区と生態博物館の設立を積極的に進め、「芸術の里」「民族村」「歴史文化都市」を指定して伝統民族文化を守る活動を全省で繰り広げている。そして、これらは豊富多彩な民族文化として、観光化の推進に利用されている。

二〇一〇年代には大きな変化が起こった。福建省廈門（アモイ）と四川省成都を結ぶ「廈榕高速道路」（G76）の開通（二〇一二年）である。福建省から江西省、湖南省を経て、広西壮族自治区の桂林から三江へ、貴州省の肇興、榕江、都匀、貴陽、そして四川省成都に達する。沿岸部と内陸部を結ぶ大動脈を作り、相互の格差を是正する効果が期待されている。高速道路はトン族を代表する美しい景観の村、肇興（黎平県）の北方を貫通し、すぐ近くに出入口が出来て参観は極めて容易になった。東方にある水口郷は高速道路の通り道となった。二〇〇三年に正月の行事を参観した懐かしい村である。そして、二〇一四年一二月一六日に貴陽と広州を四時間で結ぶ新幹線「貴広高速鉄道」が全線開通した。これによって、高速道路と高速鉄道の双方で、貴州と広西の少数民族地帯、三都・榕江・従江・三江が直結し、程陽風雨橋や桂林漓江などの観光名所とも繋がった。貴州の少数民族地域にできた駅は、黔南では三都県站（三都水族自治県普安鎮）、黔東南では榕江站（榕江県古州鎮小堡村）と従江站（従江県洛香鎮）、広西では三江南站（柳州市三江侗族自治県古宜鎮泗聯村）である。特に肇興は高速鉄道では村の南東の洛香村にある従江站から二キロメートル、高速道路では「黎洛高速公路従江東站」から三キロメートルで簡単に到達できる。近隣のトン族やミャオ族の村も容易に訪れることが可能である。押し止めようがない観光化によって村人の暮らしはどのようになってしまうのか。豊かさとか幸福とは何かを改めて考えさせられる。貨幣価値という数値で提示される「豊かさ」は人間の幸福度とは別次元である。

少数民族の村々は、瞬く間に整備されるインフラ、交通機関の高速化、押し寄せる中国内外からの旅行客、省政府肝いりの観光振興政策で大きく変わろうとしている。省全体が観光業へと大きく舵を切り、交通を旅游資源の活用のために整備したことで、適度に隔絶することで維持されてきた少数民族の伝統文化と美しい自然景観は大きく変貌することが予想される。この流れは押し止めようがない。現在では、有名な民族村では、村内の広場で定期的に歌謡ショーや踊りが披露される。こうした舞台芸に近いものを、果たして「非物質文化遺産」や「無形文化遺産」と言ってよいか疑問が残る。しかし、制度としての文化遺産の枠組みや権威は維持される以上、トン族を代表する伝統文化・民族文化として定着していくのであろう。今後は「文化」という用語が使用される多次元の文脈を腑分けしながら、現代社会での民族の新たな生き方を模索していかなければならない。

注

（1）「莎」や「撒」をあてる表記もあるが、薩と音通である。

（2）張民は音通に基づいて解釈し、神壇の千年矮をトン語でメイピン（美柄 meix biingl）というので薩柄、堂を建てて祀るので薩堂、トン語で大きいという意味のマ(麻)をつけて薩麻、莎瑪であるとした［張民　一九八二：一二六‐一二七］。「大祖母」の意味になる。「麻」は「媽」とも音通で、「薩麻」は「薩媽」、「薩瑪節」は「薩媽節」とも表記できる。

（3）行政単位は、省―州―県―郷―村の順に上から下へと構成されている。

（4）一九九〇年の統計では、総人口は二五一万四〇一四人であった。

（5）中国南部の人々は、苗、瑤、夷、蛮などと呼ばれ、漢字表記ではケモノ偏がつけられることが多かった。トン族は民族識別工作以前は、苗の一部とされていた。例えば、『百苗図』（清代、嘉慶年間、一七九六―一八二〇）の「黒楼苗」（第七七図）には鼓楼が描かれておりトン族の前身と推定される［楊庭碩・藩盛之　二〇〇四］。貴州省でも民族識別工作以前の集団のカテゴリーは苗、彝（夷）、回くらいであった。現在は四八種で、主要な民族は、苗族、布依族、侗族、土家族、彝族、仡佬族、水族、回族、白族、壮族、毛南族、瑤族、蒙古族、満族、羌族の一五種である［張民（主編）　一九九一：序］。人口の変遷は人工的であったことがわかる［張人位・石開忠　一九九二］。民族識別工作は一九五〇年以後に進行し、一九五三年の全国人口調査で人口の実態が初めて明らかになった。民族識別工作では、従来は侗家（峒家）、侗人（峒人）と呼ばれる人々をトン族の中核にしたと推定される。それ以後も工作は続いたが、文化大革命（一九六六―一九七六）で中断し、一九八二年に第三回全国人口調査が行われた時に再開されて、民族成分の回復と改正が行われ、帰属の変更が一部で認められた。少数民族への優遇政策（入学試験、幹部昇進、一人っ子政策適用除外）によって、漢族からトン族へなど、少数民族の帰属変更が相次ぎ、少数民族の人口は大幅に増加した。その中には賄賂やコネを使った不正な帰属変更もあるという。

(6) タイ系諸民族は中国国内ではチワン族、プイ族、タイ族（タイ・チワン語系）、トン族、ムーラオ族、スイ族、マオナン族（トン・スイ語系）、リー族（リー語系）など八民族で約二五〇〇万人に達する。国外では、タイ、ラオス、ベトナム、ミャンマー、インドのアッサムにも及ぶ。

(7) 両者は文法では差がないが、音韻は少し異なり、語彙の約七割が同源語だという。人口比は、南部は四割、北部は六割である。ただし、文化の差異が大きく、北部は漢族の影響が大きいのに対して、南部はトン族らしさを残すという。鼓楼、風雨橋、女神の「薩」の信仰、「侗族大歌」と称される合唱などは全て南部である［兼重　二〇〇五：三三八］。

(8) 鼓楼の現地語は様々である。トン語は、貴州省黎平県岩洞郷 dees louc（底楼）、岩洞郷・双江郷黄崗一帯 louc（楼）、榕江県一帯 beengh louc（本楼）、従江県朝利洞一帯 gemv（根）という。他の報告は全て漢語で、貴州省では榕江県車寨 bai（百）、広西壮族自治区では三江県林渓県 liang ting（亮亭）、三江県里南寨村一帯 gong peng（公棚）、龍勝県平等郷龍坪・坪甃一帯 chang lou（長楼）、龍勝県楽江郷石京・石甲一帯 jie peng（街楼）、龍勝県平等一帯 wu lou（務楼）、龍勝県平等郷広南一帯 tang shao（堂韶）、湖南省通道県一帯 liang ting（涼亭）である［牛承彪　二〇一三：七〇］。この全てを統一して「鼓楼」というのは、あくまでも外部の人間が形状と機能に基づいて名付けた他称である。現実の相互の認識の差異は大きい。張民は文献研究に基づき、トン語の音の漢語表記の「百」や「楼」が、使用目的から「羅漢楼」「聚堂」と訳されるようになり、漢族文化の影響が強まって「鼓楼」になったという説を立てている［張民　一九八六：九二—九四頁］。

(9) ラテン文字を使った「侗文方案」を制定してトン文字を作り、トン語の辞書を作成した。しかし、トン文字はほとんど普及せず、一般には漢字が使われている。

(10) トン族は文字を持たないので、歴史を書くことは困難を極めた。断片的な文献史料と口頭伝承、詩歌・故事・伝説・家譜も利用して作成し、稿本は一九六三年に完成し内部資料として発行された。文化大革命終了後に『侗族簡史』（一九八五）として刊行されている。トン族は秦漢の時代に広東・広西に住んでいた駱越の子孫で、土着の民とされた。ただし、トン族の中には漠然と「江西」から来たと語る者も多く、この説をとると外来の民になるので正史としての記述には好ましくないとされたようである。

(11) 村々で地域や集団を単位として建てられている楼屋で、その下で集会をしたり、歌を歌ったりする。合図に使う太鼓が置かれていたことから漢語で鼓楼という名称が広まった。

(12) 内容はかなり細かい。例えば、村で火事を起こした家に対しての罰則は息子たちを村から一定期間追放し、村の近くに住む場合でも何里離れることという規定があり、村の神祭りには一定の寄付が課される。火事は悪霊によって引き起こされる言われることもある。その場合には祈祷師を頼んでお祓いをする。

(13) 造作や装飾を施した橋で、渡る橋の中央部の両側に座る場所を設けて、涼をとったり話が出来る。広西の三江の程陽橋が名高く、貴州側では地坪の花橋が有名である。現在は最大規模の「程陽風雨橋」、最古の「地坪風雨橋」として観光スポットになっている。

(14) 男性が琵琶を奏でるのに合わせて男女が掛け合いの歌をうたう。

(15) よそ者が村に入る時に、棒に草や赤い色をつけたゆで卵などを吊り下げて通せんぼをし、歌での質問に応答すると中に入ることが許可される。紡錘車や箕を置く場合もある。

(16) 鼓楼や薩壇の周囲などで集団で手を繋いで輪を作り、歌をうたいながらめぐり踊る集団円舞で、トン語でトォヤー（哆耶 dos yeeh）といい、トォは唱える、ヤーは歌舞の意味である。イーイェ（以也）という掛け声を発する。女性が主体だが、男性も加わる。歌の内容は大祖母の歌（耶薩）や祖先の歌（耶公朴）など多様である［王勝先 一九八九：一三二］。トン語では歌と踊りが一体化した集団の歌舞をヤー（耶 yeeh）という。

(17) 鼓楼の近くに設定された舞台で演じる侗族の演劇で正月が多い。漢族の地戯の影響を受けているが、演出方法や歌唱法などが独特で、村人の人気も高い［黔東南州文化局（編） 一九八九］。侗語では漢族の地戯をイガ（戯嘎 yikgax）、侗族の演劇をイガミ（戯更 yikgacmil）として区別する。

(18) 苗嶺山区を「詩歌的海洋」、都柳江や清水江のトン族の村々は「歌海明珠」という。

(19) トン語の「大きい」という意味のマに漢語の「麻」を充てて表記することがある。「麻」は「媽」とは同音の ma の一声で、薩麻は薩媽と同じになる。一方、薩瑪の「瑪」は三声であるが、薩麻は薩瑪とも書くので、「薩媽」とも重なることになる。

(20) 旅游局が提示した観光キャンペーンは以下の通りである。一九九二年：中国友好観光年、一九九三年：中国山水風光游、一九九四年：中国文物古跡游、一九九五年：中国民族風情游、一九九六年：中国休閑度暇游（レジャー・ツーリズム）、一九九七年：中国旅游年、一九九八年：中国華夏城郷游、一九九九年：中国生態環境游（エコ・ツーリズム）、二〇〇〇年：中国神州世紀游、二〇〇一年：中国体育健身游（健康ツーリズム）、二〇〇二年：中国民間芸術游、二〇〇三年：中国烹飪王国游（グルメ・ツーリズム）、二〇〇四年：中国百姓生活游、二〇〇五年：中国紅色旅游年（赤いツーリズム）、二〇〇六年：中国郷村旅游年（ルーラル・ツーリズム）、二〇〇七年：中国和諧城郷游、二〇〇八年：中国奥運旅游年、二〇〇九年：中国生態旅游年（エコ・ツーリズム）、二〇一〇年：中国世博旅游年、二〇一一年：中華文化游、二〇一二年：中国歓楽健康游、二〇一三年：中国海洋旅游年、二〇一四年：美麗中国之旅―智慧旅游年、二〇一五年：糸綢之道（シルクロード）旅游年である（出典：中国国家旅游局ウェブサイト［http://www.cnta.com.cn］）。中国の解放後の時代状況については、①政治主導期（一九四九―一九七八）、②政治・経済並行期（一九七八―一九八五）、③経済優先期（一九八六―一九九一）、④経済主導期（一九九二―一九九九）に分ける説がある［松本・辻本　一九九九］。改革開放が軌道にのり、内陸部と大陸部の格差拡大の是正のために西部大開発が始まり、旅行産業、特に現地滞在型のツーリズムが始まった。農山漁村が観光推進の対象として重視されるようになった。マス・ツーリズムの幕開けである。

(21) 別の説では、北から南へと集落を三つに分け、寨頭付近を中宝、楽郷塘付近を上宝、車寨付近を下宝といい、合わせて三宝であるという［貴州省文化庁（編）　二〇〇二：二一六］。伝説によれば川の中に青龍が三匹いて各々が一つずつ円宝を持ち、口寨の近くに上宝、寨頭に中宝、車寨には下宝があったが、龍はいなくなって宝が川中に残された。この宝があるうちは豊穣で平安が保たれていると信じられていたという［孟雲　二〇〇二：七―八］。

(22) 祖先がこの地にやってきて、土地を切り開き豊かな土地に変えたので「宝地」とし、これに因んで「三宝」という説もある。

(23) 女性英雄の薩を讃える叙事詩ガサスィ（嘎薩歳 gal sax sis）に因んでつけられたのであろう。漢語では「薩歳之歌」と訳され、薩（莎）の由来を語る［《侗族文学史》編写組　一九八八：八三―八八］。

(24) 作成にあたっては福建省の黎明大学副教授の潘年英と黔東南民族師範学院副教授の傳安輝の二人が関わったことが明記されている。

(25) 功徳碑には「薩瑪節是侗族民間伝統節日、為迎接両千年中国侗族薩瑪節、由県旅游局、牽頭、寨頭五、六村群衆積極口向應、社会各界人士及部門給予大力支持、対薩瑪祠進行全面維修、於二〇〇〇年一〇月辰竣工。為表感謝、以示後人、特将芳名排列於後」とある。「楊剛（原寨頭村知青）一〇〇〇元、羅悛（原寨頭村知青）五〇〇元」と大書され、地元の責任者の負担も大きい。

(26) 鬼師（巫師）の説明では、十二地陰、十地陽、十二地兵、十二地甲を意味する。トン語では十二地（十二支）をショウニディ（首衣堆 **xebx nyih dih**）という。これを基本に二十四地、三十六地に展開する［張民　一九九一ａ：二九］。

(27) 黄楊、芭蕉、千年矮（冬青樹、長青樹）などが植えられる。

(28) 同行した範禹氏は一九五九年五月から七月までこの村に住んで、慣習調査と歌の記録をし、歌と踊りの巧い小学校一年生の少女を選んで北京へ連れて行った。この女性は歌舞団の俳優となったが、その後に貴陽に戻ったという。

(29) この村は客人を村に迎える時に村入りの儀礼である「欄路」を行うが、あわせて「稲草人」という藁人形を作ってさえぎる方式をとる。穢れを村の中に入れないという意味だという。来訪神の様相もあるが、現在は観光化されて、薩媽節にも見世物風に現れるようになった。

(30) 「雷州星県」は「祭祖歌」で歌われる地名、宜州（nyuic xul）、学信（xogl xinv）のトン語の音と類似するという［張民　一九九一ｂ：五七］。広東省の雷州半島か否か確証はない。

(31) 鶏卜はトン語ではタンカイ（登介）といい、祭りの時には必ず行ったという。

(32) トン族の陰暦二月二日の祭りでは、牛を供犠して龍を祀るという報告もある。この日、村人総出で銅鑼を鳴らして水牛を供犠して肉を家々に配る。これを「吃龍肉」といい、牛肉を龍の肉に見立てる。家では「龍肉」でもてなして招待しあい「龍王が席に着く歌」を歌う。牛の角を村の中心にある「犀牛淵」に納めると、その年の除災招福と人畜繁栄が保障されるという［百田　一九九九：二〇六］。水牛を龍の化身、吉祥や富貴の象徴とし、龍と水牛を一体とする考え方は雷山県のミャオ族には顕著にみられる［鈴木　二〇一二：七四―七五］。

(33) 車江郷在住の張勇による説明である［余未人　二〇〇一：一三五］。

(34) これとは別に地方政府の役人や研究者などの知識人が新たに民族の祝日として「侗年」を設定する動きが生まれたという。毎年陰暦一一月上旬の第一日曜日を「侗年」とし、集まって歌ったり踊ったり、糯米を食べたりして過ごす。またこれとは別に、一九八三年秋に『侗族簡史』編集討論会のために貴州省の貴陽に集まった、貴州・湖南・広西・湖北のトン族の代表が、それまでの「冬節」を「侗年」に変えることに決めた。「冬節」は陰暦一一月前後の節句で各村の同姓集団単位で別々に行われ、トン族全体の行事ではないにもかかわらず、省境を越えたトン族全体の行事に読み替えようとする［兼重　二〇〇五：三四五―三四六］。これらは都市に暮らすトン族を中心とする動きであるが、薩瑪節と同様に「民族」のエスニック・アイデンティティを求めて一体感を創り出す運動の一つである。

(35) 薩瑪節を二〇〇三年以後は二月二日に移す動きもあった。状況は流動的である。

(36) 橋はこの世とあの世を結ぶ境界として、子授けや神霊の呼び出しなどの儀礼を行う場所であり、特定の親族集団によって維持される。風水をせき止める場所ともいう。

(37) 実際の村の行事の紹介がある［牛承彪　二〇一四：一二〇―一二一］。従江県岩洞寨の事例で、他の村から親睦を深めるために訪問する行事のウィヤー（月也 weex yeek）に際しては、寨門に通じる道路を縄・長椅子・籠などの生活用具でさえぎり、これを挟んで主人側と来客側が「欄路歌」（kgal sagp kuenp）で掛け合いをする。その中では、火事など村全体の安全を脅かす時の儀礼の「忌寨」（xih xaih）や、個人の家庭に病人が出たり、問題が起こった時の儀礼の「忌家門」（xih dol）を行い、見知らぬ人は入れないと歌う。「見知らぬ人が村に入れば、村は穢れる」（Nyenc meik laos jaih/Is jav jaih kgeis wop）と表現されている。寨門では鬼師が祓いをしてよそ者を一定期間入れないようにする。もし､外の者を中に入れると､「子犬が踏まれ」「子豚は足が折れ」「声が踏まれ」「歌が踏まれ」「タウナギが踏まれ」「龍王が踏まれ」「鵞鳥が病気になり」「鶏が病気になる」と歌われている。「忌寨」「忌家門」の時は茅で作った結びを取り付けるので、よそ者は村に入らずに回避するしきたりである。ただし、歌の内容は架空のことであり、主客の応酬には遊びの要素も伴う。

(38) 安壇師はトン語でクァンコン（貫共 kuanv kongl）、鶏卜師はメマ（墨麻 megx mac）という［張民　一九九〇：一二二］。

(39) トン語ではガヤ（嘎耶）やガサ（嘎薩）、漢語では安壇巫詞、聖母呪語などと呼ばれる。

(40) ビンス（兵主 biingl xus.）とも呼ぶ。本来は世襲であったが最近は籤で選ぶ場合もある。

(41) 「祭薩歌」（kgal miot sax）は薩をほめたたえ、村人と家畜の安全を願い、五穀豊穣を祈願する内容である。祖先の由来を歌う「祭祖歌」については幾つかの報告がある［張民　一九八二：一三二］。

(42) 大歌の内容に関しては、［呉定国・鄧敏文（撰編）二〇〇五］、旋律の採譜は、［張勇・鄧敏文（撰編）二〇〇五］を参照のこと。

(43) 漢語では「飯養身、歌養心」と表現する［呉定国・鄧敏文（撰編）二〇〇五：三］。

(44) 主な年中行事としては、正月春節、二月二日大歌節、三月三日花炮節、六月六日新禾節、八月一五日闘牛節、九月九日重陽節（敬孝節）、一一月一日や二二日の冬節がある。

(45) 自称はガノウ（嘎鬧 Gha Nao、短裙苗）というミャオ族の支系の人々で雷山県の中でも高山地帯に住む。

(46) 「珠朗娘美」は二〇〇六年に国務院が定めた「第一批国家級非物質文化遺産」に登録された。部門は「民間文学」である。

(47) 魚は主に田圃で飼っている鯉をとってきて、米飯に塩をまぶし、花椒など五種類の調味料を糊のようにペースト状にして合わせて腹に詰める。発酵すると独特の鮨になる。日本の滋賀県一帯で作る馴れ鮨と類似している。

(48) 「走寨」とも訳し女性のもとに通うことをいう。トン語では娘の所へ行くことをカムラミィ（甲臘乜 qamt lagx miegs）、娘と遊ぶことをリラミイ（倆臘乜 liax lagx miegs）という［《侗族簡史》編写組　一九八五：一五〇］。

(49) 坐夜歌の内容については、［楊国仁（編）一九八八］を参照されたい。

(50) 一九九七年に榕江県麦寨を訪れた薛羅軍は、当地での琵琶歌は盛んであるが、共産党の支部長は禁止する意向であったと伝えている。しかし、観光用の民族村では仕事として行われており、一筋縄ではいかない［薛羅軍　二〇〇一：二一―三］。

(51) 伝記などに関しては、［王興瑞　一九八四］に詳しい。

(52) 湖南省通道県では薩間、貴州省従江県では堂薩、榕江県では然薩か堂間薩という。通道では解放以前は薩は村人の最高の信仰対象であったという報告［薛羅軍　二〇〇三：三六―三七］もあるが未調査である。

(53) トン族にはガマンベンタオシチヤ（嘎茫奔道時嘉）という長編叙事詩「侗族遠祖歌」が伝わっているという［楊保願　一九八六］。創作がまじるとされるが、参考までに紹介しておく。蜘蛛になぞらえたサテェンバ（薩天巴）という女神が、二人の天神の協力で混沌の闇の中に柱を建てて天地を分離し、猿たちに自分の黒子《ほくろ》を与えて天上に戻る。黒子は卵に変化して孵化し、ソンウェン（松恩）とソンサン（松桑）という男女の人類始祖が生まれる。二人は夫婦となり次々と子孫が誕生するが、チャンリン（姜良）とチャンメイ（姜妹）の兄妹の時に大洪水が起こり、雷の好意で葫蘆《ひょうたん》に乗って助かる。サテェンバは太陽を九個つくって洪水を蒸発させて治め、皇蜂が九つの太陽を射落とす。兄妹は一緒になるが肉塊が生まれ、山上から切り刻んで撒き散らすと三六〇の姓氏が発生し、この中から六〇種をまとめて渾水河のほとりに居住させたのがトン族だという。天地創造から洪水神話、射日神話から兄妹婚という、ミャオ族を初めとするこの地域の人々の創世神話と共通した内容である。蜘蛛の女神、太陽崇拝、天や地への信仰などが複雑に混淆して、「薩」、つまり祖母に収斂し、究極の始祖の女神となっている。薩と結びつける冒頭部が創作ではないかと言われている。

(54) 堂安寨に伝わる「讃鼓楼」では「シャンリャンはわたしたちに命を与えてくれた」(Jaangv liangc daengv banc saip saemh naih) と兄妹始祖神話を冒頭の一句とし、老人や大工が鼓楼を建築する過程を歌い、鼓楼と協力者を誉め讃える[牛承彪　二〇一三：七四―七六]。鼓楼を讃えることは村人を讃えることと同じである。村と鼓楼と村人は一体なのである。

(55) 日本の國學院大學が二〇〇四年に、黎平県茅貢郷地扪村や黎平県岩洞鎮四洲寨で薩の調査を行って現地での詳しい報告書を刊行しており参考になる[國學院大學二一世紀COEプログラム(編)　二〇〇五]。地扪は生態博物館に認定された。二〇〇九年に「侗族大歌」がユネスコの無形文化遺産に登録されて以後、観光化が進んだ。この村の人々も二〇一三年六月にはアメリカに招かれて、「侗族大歌」を披露した。

(56) 場所は広西と貴州の境界に近い黎平県内だという[楊国仁　一九八九：九七]。原文は従江の梁松年などの口述による(『侗族民間故事集』一)。現在では、南部漢族の各地にほぼ同じ話が伝わっている。黎平九龍寨も同様の事例だが、杏妮の父の名前は「呉杜囊」といい、父とその兄弟が李家王朝の官兵と戦って戦死し、その意志を継いでトン族の村で「大款」(親族の連合の自治組織)を組織して戦ったが敗れて崖から身を投げて死に、民族英雄として祀られたという[劉鋒・龍耀宏(編)　二〇〇四：五五九]。祭日は春節の期間の正月一日から正月一五日である。

(57) シィ(sis)の意味は色々な解釈があるが、「死」を意味しサシィとは亡くなった祖母の意味ではないかという[《侗族文学史》編写組　一九八八：八三]。

(58) ここは鵝崖洞《オーヤートン》村ともいい、祖先の霊魂が集まる源郷とされる。

(59) 中国旅游協会が週に三回発行する。ホームページはhttp://www.ctnews.com.cnである。

(60) 榕江、凱里、黎平、三都など各地域ごとにテレビ局があり、生活に密着した情報を流し、大量の広告を供給している。榕江では地元の榕江局と「凱里新聞」が受信できる。

(61) 肇興村は景観の美しいトン族の代表的な村とされている。標高は七〇〇メートル、八四〇年を越える歴史があるとされる。二〇一二年現在では一〇〇〇戸、四〇〇〇人が暮らしていてトン族最大の村である。上寨、中寨、下寨に分かれる。鼓楼は五つあり、各々が異なる親族集団の集会場で儀礼や歌舞の場でもある。鼓楼は上流から下流へ、仁・義・礼・智・信と名付けられている。風雨橋は四つ、寨門は三つある。

（62）二〇〇三年の調査時では宗教的職能者の関与はなかったが、別の報告では専門の男性が儀礼を執行しており［石干成二〇〇二：三九—七三］、男性も女性も関与していた。
（63）一九六三年に広西の重点文物保護単位、一九八二年に国指定の文化財にあたる全国重点文物保護単位に指定された。しかし、風雨橋はトン族の固有文化ではないという意見も多い。
（64）一九八八年一月に貴州省従江県の西北部山中にある、康熙一一年（一六七二）建立の増沖鼓楼が第三次全国重点文物保護単位の指定を受け、同年九月に全国侗族鼓楼文化研究会が開催されたことの影響が大きい。この鼓楼は年代のわかるものとしては最古という。
（65）最古の鼓楼は、伝承上では貴州省玉屏県街頭鼓楼（一四〇三—一四二四）、次いで貴州省岩洞述洞独柱鼓楼（一六三六）、湖南省通道県馬田寨鼓楼（一六四四—一六六一）とされるが、記録で確定できる現存最古の鼓楼は、貴州省従江県増冲鼓楼（一六七二）で高さ二五メートル、一三層からなる。一八世紀が三〇棟、一九世紀が九五棟で、大半が二〇世紀の建造という［楊永明・呉珂全・楊方舟　二〇〇八］。鼓楼の文献上の初見は、明末の鄺露（一六〇四—一六五〇）編の『赤雅』記載の「羅漢楼」とされる。羅漢とはトン語で若い男性を意味するという［牛承彪　二〇一三：七一］。
（66）鼓楼の研究書は数多いが［石開忠　二〇〇一］が簡潔である。内容は鼓楼の環境、分布、類型、装飾、建築、伝説、社会機能、象徴、絵画、民家・戯楼・寨門・風雨橋などである。
（67）トン語の声調は九声で語尾にアルファベット表記で声調符号 **l,p,c,s,t,x,v,k,h** がつく。
（68）ここには漢族の楼閣建築と同じ技法を使って清代の光緒三年（一八七七）に建立された鼓楼があったが破壊され、今回再建したのだという。三宝鼓楼のある公園に入る門票は五元で、鼓楼に登るのは三元をとる。
（69）二〇〇二年には広西三江侗族自治県では三江鼓楼（二七層、四二・六〇メートル）を建設して最も高い鼓楼となった。黎平県、榕江県、三江県と各地域の鼓楼建築競争が展開されている。風雨橋も同様で、三江県の程陽橋（七七メートル）に対して、従来は文化伝統がない北部トン族の湖南省芷江侗族自治県で、世界最大とされる風雨橋、龍津橋（二五二メートル）を一九九九年に建造した。いずれも県の中心地や、観光スポットに建てられていて、儀礼を行う集会場としての鼓楼や、納涼の語らいの場の風雨橋といった実用価値はなく、観光施設としての建築物の建造ラッシュが続いている。これは文脈を違えて新たな意味と機能を持たせる「再埋め込み」とも言える。まさしく近代の現象である。
（70）正式には一九九九年一〇月一日から導入された。春節から始まる一週間と、国慶節から始まる一週間で、三日間の法定休日と、二日間の振替休日に、土曜日曜を加えた。
（71）ユネスコの無形文化遺産は、世界遺産とは別の条約によって定められ、選定基準も異なるにもかかわらず、中国では「世界無形文化遺産」として両者を混同していることが多い。これによって権威が高まるからだと考えられる。文化遺産をめぐる政治・経済・文化・社会の動態については、［鈴木（編）二〇一五］の諸論考を参照されたい。

(72) 二〇一三年の状況はhttp://www.9tour.cn/info/info_18655.htmlで知ることが出来る。

(73) 貴州省の隣の広西壮族自治区三江侗族自治県でも「侗族大歌節」が行われている。梅林郷では伝統的な祭日である陰暦二月二日である。二〇一四年の状況は「現地の各村の侗族住民は盛装して中国風の笛を吹き、村の中で盛大なパレードを行い、千人以上が侗族大歌節に参加した。侗族大歌節は現地の侗族住民の生産や生活、労働の中で生まれた民族歌曲で、世代を超えて口承で受け継がれ、すでに二五〇〇年以上の歴史を持つ世界無形文化遺産だ」（人民網日本語版二〇一四三月四日http://j.people.com.cn/94638/94659/8552268.html、最終アクセス。二〇一五年七月二五日）と報告されている。三江のトン族は在来の行事の日を守り、トン族だけのイベント行事に再編成している。しかし、二五〇〇年以上という誇大な言説には「悠久の民族」という古代からの連続性が語られ、「世界無形文化遺産」と表記して世界遺産と無形文化遺産を混同して権威を高めている。

第二章　ヤオ族の民族動態に関する諸考察――広西大瑤山の調査から

はじめに

中国南部の少数民族のうち、ミャオ族（苗族）と並んで広範囲に分布する山住みの民の代表として挙げられるのがヤオ族（瑤族）である。彼らは漢族に吸収・同化されることなく自らのアイデンティティを保持し、集団の内部と外部との文化的境界を維持してきたとされる［竹村　一九八一：六―七］。中国のヤオ族の人口は、一九九〇年の統計では二一三万四〇一三人で、そのうち約六二・一%が広西壮族自治区、湖南省に二一・五%が住み、その他は雲南省、広東省、貴州省に居住し、東南アジアの大陸部では、ベトナム、タイ、ラオスの山岳地帯にも同系統の民がいる(1)。ヤオ族の伝承の多くは故地を長江（揚子江）流域に求め、漢族の南下の圧迫を受けて、平地部から山間部へ移動して、各地に散らばったと伝える。ミャオ族が焼畑耕作と水田農耕を併用し、貴州など内陸部の石灰岩地帯に多く分布して漢族と対立する傾向を帯びたのに対し、ヤオ族は広西・広東・湖南など沿岸部に近い海洋モンスーンの影響を受ける地域を中心に居住し、豊富な森林地帯で狩猟・焼畑に林業を合わせ営み、かつては移動性が高かった。一方、ヤオ族の中にも天水による棚田での稲作栽培や田畑でトウモロコシ栽培を主として生活する人々もいる。

竹村卓二は、ヤオ族は平地の漢族と生態系を異にすることで、生産物の交換による共生関係を確立し、「客民」として、「主民」たる漢族から保護されて生き延びたという［竹村　一九八一：八四］。ミャオ族は「漢化」はしたが「漢族化」はせず、ヤオ族は「漢化」を不断に進めたと対比的に捉えている［竹村（編）一九九四：三］。「漢化」は漢族の言語や風俗習慣の受容による非漢族の変化を捉える概念である。しかし、「漢化」の内容は複雑で多義的で、地域ごとに内容や意味が異なる。漢族がヤオ族の影響を受ける逆漢化もある。ミャオ族との対比で「漢化」の概念を使用する場合、ヤオ族の「漢化」の浸透の度合いが深いことはわかる。ただし、もう一歩進めて「漢化」という一方向の流れではなく、ヤオ族と漢族の双方向の関係を重視して、「文化の相互変容」の視点をいれるべきではないだろうか。

一九八八年三月に短期間、広西壮族自治区のヤオ族の集住地域である金秀瑶族自治県、通称、大瑶山で調査を行い幾つかの村で聞書をとった(2)。調査は短期で不十分だが、この時の報告を主体に、ヤオ族の民族の動態に関して考察を加えてみたい(3)。

一　歴史

ヤオ族の歴史は文献上では古代の「西南夷」に源流が求められるとされる［瑤族簡史編写組　一九八三：一二］。古代の状況を検討すると、中国南部の諸集団の情報が具体性を帯びて正史に登場するのは、司馬遷の『史記』（紀元前一世紀）以後で、班固の『漢書』（『前漢書』紀元後一世紀）がこれに次ぎ、当時の諸集団の地理的位置と漢族側から見た歴史的事件が叙述されている。その後、第二の正史である范曄の『後漢書』（五世紀）の記述では大きく変化し、史実の記録に先立って各集団の起源を語る神話や伝説が記されている。『漢書』から『後漢書』までの四〇〇年の間は華南の情報は空白であったが、五世紀の時点で始祖神話が正史に記録されたことの意義は大きい。『後漢書』巻一一六、列伝七六の「南蛮西南夷」の条に記された「長沙武陵蛮」「夜郎」「哀牢」は、それぞれが現在の湖南西部、貴州西北部、雲南西部に居住していた部族と推定される。このうち「長沙武陵蛮」は犬祖神話を伝え、後世には変形や脚色が加わったが、文献上の命脈を保ち、「生きた神話」として現在も、広西・湖南・貴州のヤオ族の始祖神話として語り継がれ、山わたらいを保証する文書『過山榜』にも記されている。浙江や福建に住むショオ族（畬族 Shē）の『祖図』も同系統で神話の内容を図化して説明が加えられている。ミャオ族（苗族）でも湖南省の麻陽県に住む人々の間で犬祖神話は口頭伝承で伝えられ、盤瓠が村の守護神として祀られている。神話から伝説へ、そして史実へと展開した状況がうかがえる［鈴木　二〇一五a］。

　ヤオ族の犬祖神話の文献上の初出とされる「長沙武陵蛮」の記述では、盤瓠という犬が敵を退治した勲功により皇女を娶って山に住み、子供たちは十二姓に分かれて山中で暮らしたとある。現在のヤオ族も同様の犬祖神話を伝える。しかし、長い歴史を遡って「長沙・武陵蛮」から現在までの連続性を探ることは困難である。五世紀頃、長沙・武陵にあたる長江（揚子江）中流域は「荊楚」といわれ、住民は「荊蛮」と呼ばれた[4]。中原からは未開野蛮な人の住む土地とされていたが、貴州や雲南[5]に比べると漢族と非漢族との接触・交渉ははるかに密であったと推定されている［竹村　一九八一：二三八―二三九］。

『後漢書』以後の西南夷の記録としては『梁書』（姚思廉撰、六二九年）に洞庭湖付近に住んでいた「莫徭《モウヤオ》」の記述が残る[6]。唐代の正史『隋書』巻三一（唐・魏徴等勅撰、六三六年）は具体的に「莫徭」を記述する。それによれば、この地の諸蛮はみな盤瓠の子孫で衣服を斑紋様の布で飾る。長沙には雑多な「夷蜒」がいて「莫徭」という。これは先祖に手柄があったので、常に故事に因んで瑤役を免除されていると記す[7]。当時の湖南の地に漢族側から「莫徭」と呼ばれる蛮がいた。「徭役がない」という意味の「徭」が「猺」になり、「傜」や「瑤」に変化してきた［竹

村　一九八一：二四四。姚　一九九一：四〕。しかし、徭役を免除された人々という一般化を「瑤族」のみに限定することはできない〔岡田　一九九三：四一四―四一五〕。集団が持つ機能の記録に過ぎない。

『隋書』以後、南方の「蛮」の記述は四〇〇年の長い空白がある。現代の民族との連続性を推定できる記述は宋代の朱輔『渓蠻叢笑』（一二世紀末）である。それによると揚子江（長江）中流域に「五渓蛮」がいて貓、猺、獠、獞、犵の五種の集団で、「皆盤瓠種也」と記す。(8)「五渓」の名称は、沅江が五つの支流に分かれていることに由来する。沅江は長江右岸の支流で、貴州に源を発し洞庭湖に注ぐ。貴州から湖南へと貫流する川で、内陸と長江を結ぶ交通路であった。集団の名称は南宋時代の大きな変化であり、(9)それまでは「蛮」の表記で「地名と蛮の組み合わせ」であったが、これ以後は「個別名」に変化し、蛮の中の下位集団として位置付けられた。北宋（九六〇―一一二七）から南宋（一一二七―一二七九）にかけての漢族の南下政策によって、南方の民に関する詳細な情報が得られるようになってきた。現代の少数民族との連続性が推定されるのはこの時期以降である〔竹村　一九八一：二四五〕。南宋時代（一一二七―一二七九）には蛮族討伐を名目とする漢族の南部への進出が顕著になり、非漢族の山地への移動が促進されたとみられる。漢族との接触により中国南部の民に関する詳細な情報が得られるようになった。漢籍に残された記録は漢族側の視点で書かれていて、内容が偏るとしても歴史的な転換であったことは否めない。恐らく同時期に非漢族の山地への移動が推進されたと推定される。山地での移動を皇帝が保証したとされる文書『過山榜』の年代も、宋代の景定元年（一二六〇）が多いのは時代状況をある程度は反映しているとみられる。実年代とは言い難いが、宋代の転換を示唆する。ヤオ族に深く浸透した民間道教の梅山教の成立も正史の『宋史』では北宋の熙寧五年（一〇七二）である〔饒宗頤　一九八七：一六〇―一六二〕。宋代にヤオ族の祖型となる集団への分化と、儀礼の構築が同時並行で生じたと推定される。

時代が下って清代になると『皇清職貢図』（乾隆二六年・一七六一）の記述が詳しい。巻四「広東省」と「広西省」

の条には県ごとに「猺人」が共に八集団ずつ記されている。名称も様々でヤオ族は、集落の立地（山地猺・高山猺）、服飾（白褲猺）、結髪・頭飾（狗頭猺・紅頭猺）、信仰（盤古猺・狗猺）、生産[10]（藍靛猺）など文化的特質で識別しようとしていた［劉錫蕃　一九三四：一二］。「猺」とケモノ偏をつけて記されていたように、漢族からは人間よりは動物に近いと蔑まれていた。国民党政府は一九四〇年に「蟲獣偏旁」の使用の禁止令を出して、人偏を使うように指導した。共産党政権成立以後、一九五一年に周恩来総理は少数民族を侮蔑する呼称や地名の使用を禁止する通達を出した。民族識別工作（一九五〇年―一九五二年）によって、漢字表記が「瑤族」に統一され総称として確定した。

二　大瑤山の概況

大瑤山は、桂林の南、約一〇〇キロに位置する山岳地帯で、桂江・柳江・尋江の水源地であり、最高峰は聖唐山（海抜一九七九メートル）で、海抜一三〇〇メートル以上の山が六〇以上ある。山容は険しく森林に覆われ、川の流れも激しいので、ヤオ族はこの地では漢族の統治に屈することなく、独立して生活を営んできた（図2―1）。現在では金秀（標高六〇〇メートル）を県城とする金秀瑤族自治県（一九五二年五月二八日に大瑤山瑤族自治区として成立、一九五五年より自治県、一九六六年に名称変更）に含まれ、面積は二五〇四平方キロ（ほぼ神奈川県と同じ）で、七郷、二鎮、一区の計一〇行政区からなる（写真2―1）。

金秀瑤族自治県にはヤオ族だけでなく、漢族やチワン族（壮族）が住んでいる。一九八七年現在の統計ではヤオ族の人口は四五一六四人で、総人口の三三・五一％を占めていた（民族事務委員会の資料）。ヤオ族は山間部に居住し、多様な民族移動が積み重なっていて、様相は複雑である。言語・服装・社会組織・信仰などを異にする五種類のヤオ族に類別され、人口が最も多いのが盤瑤《パンヤオ》[11]、次いで茶山瑤《チャーシャンヤオ》、坳瑤《アオヤオ》、山子瑤《シャンツーヤオ》、花籃瑤《ホワランヤオ》の順である（表2―1）。

図 2-1　広西壮族自治区金秀瑤族自治県

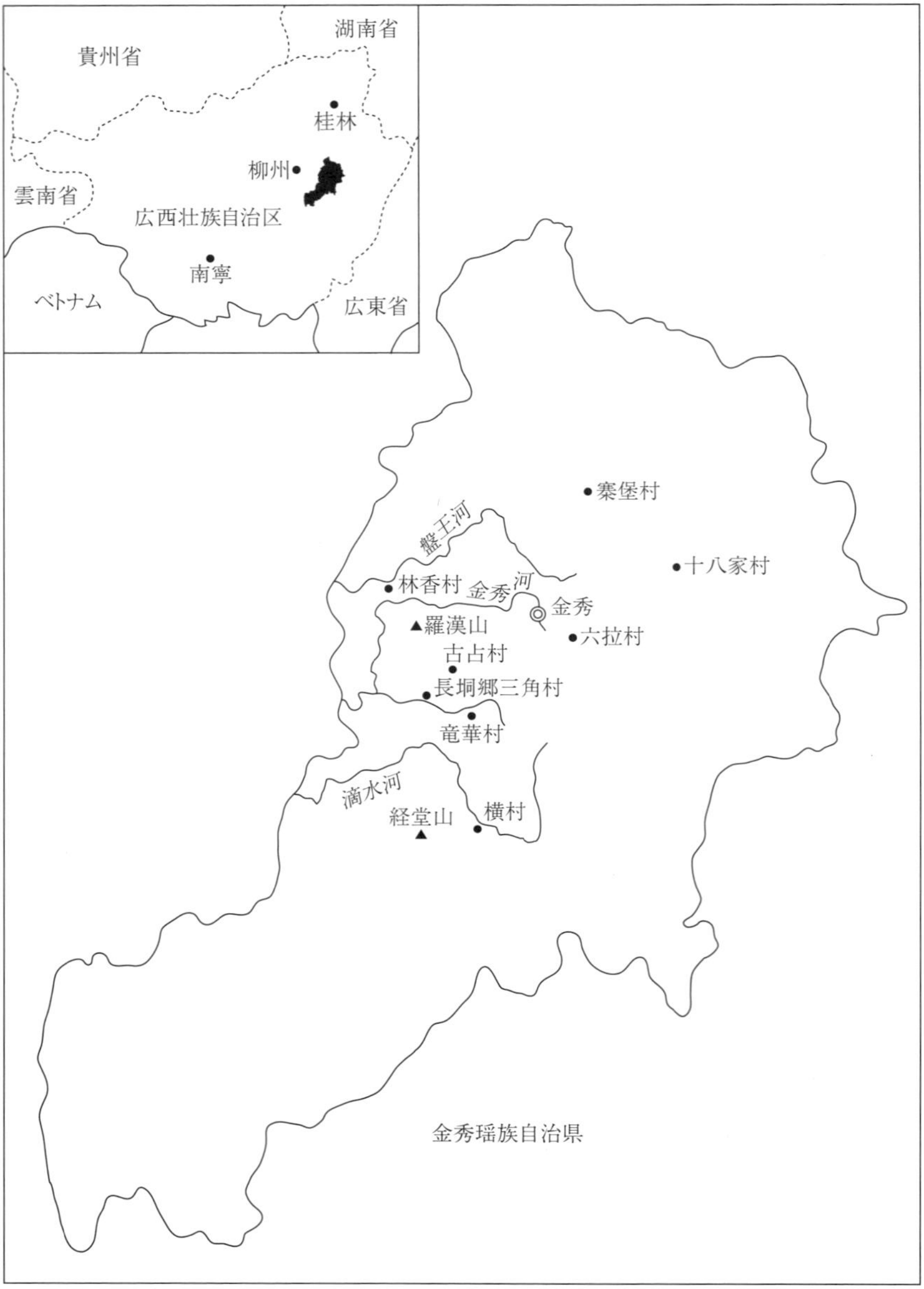

表2- 1　金秀瑶族自治県のヤオ族の内訳（1987年）

漢語名称	自称	社会的地位	人口	言語	居住地	主な姓
盤　瑶	ミエン（勉）	過山瑶 山丁	21,895（48.48%）	苗瑶語派 瑤語支	金秀・三角忠良・長垌	盤、黄、李、趙、鄧、馮、鄭、龐
山子瑶	ケムテイムン（甘迪門）	過山瑶 山丁	3,145（6.96%）	苗瑶語派 瑤語支	長垌・六巷	盤、黄、趙、李 鄧、馮、蔣
坳　瑶	ピヤオムン（標門、門）	長毛瑶 山主	6,814（15.09%）	苗瑶語派 瑤語支	大樟・六巷 羅香	盤、趙
花籃瑶	キャンネイ（炯奈）	長毛瑶 山主	1,660（3.60%）	苗瑶語派 苗語支	六巷・大樟	藍、胡、侯、馮、相
茶山瑶	ラキア（拉珈）	長毛瑶 山主	11,650（25.79%）	壮侗語派 侗水語支	金秀・三角 忠良・長垌	陶、蘇、劉、金、全、田、龔、藍、龍、英

写真2-1　大瑤山の山波

写真2-2　山住みの民の集落

金秀のヤオ族の自称は、盤瑶はミエン（mjen あるいはユーミエン iu-mien）で「人[12]」、山子瑶はケムティムン（kem di mun、あるいはムン mun）で「山里の人[13]」である。[14] 坳瑶はピヤオムン（bjau mun）で「山の中の人」、花籃瑶はキャンネイ（kiong nai）で「山に住む人」、茶山瑶はラキア（lak kja）で「山に住む人」の意味だという。自称から判断すると、総じて山の民の意識が共有されているといえる（写真2—2）。

五種のヤオ族の分類について示唆的なのは吉野晃が二〇〇二年以後断続的に行った調査報告である。それによると、この地域の漢族はカン（kan）といわれるが、茶山瑶も同様にカンに属するとされ、チワン族もカンチワン（kan-tsoang）と呼ばれる。これに対し坳瑶、山子瑤、花籃瑤はカンを（kan）つけず、ユー（iu）をつける［吉野　二〇〇五：四九］。従って、「漢族」と、三つの集団「茶山瑤・壮族」「坳瑤・山子瑤・花籃瑤」「盤瑤」から成り立つ。言語の観点からいうと、漢族から最も遠いのがユーミエン（Iu-Mien）の盤瑤となる。

言語系統は漢チベット語族であるが、盤瑤、山子瑤、坳瑤は苗瑤派の瑤語支でヤオ語、花籃瑤は苗瑤語派の苗語支でミャオ語、茶山瑤は壮侗語派の侗水語支でトン語である。これらの人々は時期や経路を違えて大瑤山にきたと推定され、族譜や口頭伝承に基づいて茶山瑤が約六〇〇年前、坳瑤と花籃瑤が約四〇〇年前、盤瑤が約三〇〇年前、山子瑤が約二〇〇年前と推定されているが確定的ではない。花籃瑤の伝承では、大瑤山への入山は明代初頭（一四世紀末）という説もある［王同恵　一九三六：二七］。ヤオ族は比較的漢字に習熟しているが、固有の文字は持たず、基本的には口頭伝承で歴史を伝えてきた。

各ヤオ族のうち、坳瑤、花籃瑤、茶山瑤は地主で、川の畔や狭い平地を利用したり、棚田を作って水稲耕作を営み、山林・田畑・河川流域などを所有する地主で「山主」という。特に茶山瑤は漢族との商品作物の交易で利益を得て社会階層の最上位を占めた[15]。この三種の瑤族は男性が頭髪を長く伸ばして頭の上で束ねて髷にしていたので「長毛瑤」とも呼ばれる[16]。灌漑による棚田（梯田）の水田耕作を主体として土地の所有権を確立し、大規模な集村を形成していた。これに対して、盤瑤と山子瑤は「長毛瑤」の土地を小作して焼畑と狩猟を営み移動が前提で、「過山瑤」ともいう。一定の土地を耕作すると三～五年で別の場所に移動する生活であった。彼らは遅れて大瑤山に移住してきたので、土地を余り所有せず、田畑や山林を「山主」から借り受けて税を支払い小作として生活し「山丁」（山民）と呼ばれた。耕作だけでなく山菜の採集にも課税されたという。「過山瑤」は焼畑への依存度が高く村落は分散的で、戸数も二〇戸以下で規模は小さい。「過山瑤」は「山主」から高額の「山租」を取り立てられて「種木還山」と呼ばれる請負作業をさせられていた。戦前の報告には「過山瑤」が「長毛瑤」に隷属して苦しい生活をしいられた状況が描かれている［王同恵　一九三六：四六］。漢族商人からも略奪に近い扱いをされていたようである［唐兆民　一九四八：一〇一―一〇六］。現在の盤瑤の生活を見てみると、住居は竹や木で作り、簡単に移動できるような暮らしでかつての面影を濃厚に留めている。「過山瑤」は現在では政府の定住化推進政策が進められ、高度の低い所に移住させられて、棚田で水稲耕作を営み常畑でトウモロコシを栽培して暮らすようになった。経済的に困窮した場合は政府から穀物の援助が届けられるなど優遇措置が与えられる。歴史的には、大瑤山のヤオ族は定着型の「長毛瑤」と移動型の「過山瑤」に分かれ、前者は低地の「水村」、後者は高地の「山村」と棲み分け、相互は支配・従属関係に基づく階層分化をなしていて、優位劣位、地位の上下が明確であった。社会主義政権下では大きな転換が生じ、漢族との社会的経済的関係が濃いか薄いかによって、個々の瑤族の状況が異なることになった。

以上を社会的地位、言語系統、漢族との距離の三つの観点からまとめておく。

「過山瑤（山丁）＝盤瑤＋山子瑤」⇕「長毛瑤（山主）＝坳瑤＋茶山瑤＋花籃瑤」

「瑤語支＝盤瑤＋山子瑤＋坳瑤」⇕「苗語支＝花籃瑤、侗水語支＝茶山瑤」

「ユーミエン＝盤瑤」「ユー＝坳瑤・山子瑤・花籃瑤」⇕「カン＝漢≒茶山瑤・壮族」

大瑤山のヤオ族の内実は複雑であり、多くの移住の波の重層的な累積によって形成されてきたと推定される。そして、現在では定住を移動より優れているとみなす潜在意識が横溢する。これは大きな変化である。移動するヤオ族、特に『過山榜』を携えて、盤瓠からの出自を誇り、皇族の子孫としての矜持を維持してきた盤瑤は本質的に動く民であった。しかし、政府は焼畑耕作を禁じ、定住化を促進させてきた。現代に生きる戦略として定住の重視へと価値観を転換したのであろうか。いずれにせよ、総称としてヤオ族と名付けられた集団は決して固定したものではなく流動性の中で形成されてきた。現在の状況は解放後の民族政策、特に一九五〇年から一九五二年にかけて行われた民族識別工作で一元化され固定化されてきた結果であり、その到達点である。

三　神話世界との連続性

ヤオ族の犬祖神話は文書に書き写されるようになった。焼畑による移動を盛んに行ってきた「過山瑤」は『評皇巻牒』、俗称『過山榜《かざんぼう》』という文書に由緒を記して伝えてきた[17]〔黄鈺　一九八八：四六〕。皇帝が与えた契約書の意味で、ヤオ族の山地での移動生活を保証する身分保証書の意味合いがあった〔竹村　一九八一：二六〇〕。所有者はほぼ盤瑤、つまりミエン（ユーミエン）の有力者に限られ秘蔵されていて外来者には見せない[18]。この文書によれば、ヤオ族の始祖は犬の盤瓠（盤護）で皇族の娘を娶って山中で生活したが、高貴の血筋ゆえに時の権力者から山地を移動する特権を得たと明記している。内容は具体的で、租税を納めないで田を耕してもよい、川を渡る時にお金を払わなくてもよい、役人に会っても跪かなくてもよい、ヤオ族の女性は漢族に嫁ぐことを禁じるなどである。中国国内だけでなくベトナム[19]やタイのミエン系統の人々も所蔵しており、特に北タイに住むユーミエンについては詳細な報告がある[20]〔白鳥（編）一九七五、一九七八〕。文書の奥書の年号は宋代が多いが、大半は清朝以後の文書である。

中核をなす犬祖神話は五世紀の『後漢書』「南蛮西南夷」の「長沙武陵蛮」の条の記述に遡るとされる。その概略は[21]、「昔、高辛帝の時に、犬戎が侵攻してきた。帝は討伐にあたったが撃破できず、天下に布令を発して犬戎の大将・呉将軍の首を獲ったものには、沢山の黄金と一万の采邑とともに、年少の公主を妻として与えようと公約した。これを五色の体毛を持つ犬の盤瓠が聞いており、敵方へ忍び込み見事に呉将軍の首を取って帰ってきた。まさか畜生に公主をめあわせるわけにはいかず、封地や爵位を下賜できないとして協議したがまとまらなかった。逆に公主は一旦公にした布令に違背してはいけないとして犬に随行することを懇請した。そこで公主は盤瓠に嫁した。盤瓠は山中に赴き絶壁の中の石室に新居を構え、公主は髪型も衣服も変えた。三年ののち、二人の間には六男六女併せて一二人の子どもが生まれた。盤瓠の死後はお互いに婚を結んだ。彼らは樹皮を織り紡ぎ、草の実で染色し、盤瓠の体毛に因んで五色の衣服を着用し、犬の尾の形状を施した。後に公主は故郷に戻って帝に子供たちを引見させたが、着衣はけばけばしく（斑蘭）、言語の意味が通じなかった（侏離）。山や谷で生活することを好み、平地の生活を潔しとしなかったので、皇帝は由緒ある山岳と豊かな沼沢を下賜した。彼らは『蛮夷』と称した。外面は痴呆を装い内実は狡知にたけている。その地に安住して旧慣を遵守する。父祖の勲功と公主出自のおかげで、田畑の耕作や商業を営むにあたっても、通関手形や営業手形の必要がなく、租税の義務も免除された。蛮夷の村邑には、それぞれ君長が居て、朝廷から印綬を賜り、獺の皮の冠を被っている。その頭目を『精夫』といい、仲間内では互いに姎徒と呼び合っている。今日の長沙武陵蛮がこれである」と記されている。

内容は犬祖神話であると共に、子ども六人ずつの兄妹による近親相姦神話で、それによって発生した十二姓が現在のヤオ族の祖先であると説く始祖神話である。ただし、兄妹婚は創世に関わる神婚の色彩が強い。神話は根幹においては山中で暮らしているが朝廷の血筋という貴種を主張し、平地民に対する山地民の優越を説く。朝廷側から見ると衣装も言葉も異なり、独自の慣習を維持していたと当時の状況が記されている。盤瓠神話には異伝がある。『後漢書』よりも一世紀遡る干寶撰『捜神記』（四世紀。二〇巻本の巻一四「蛮夷」の条）の記述では、犬祖神話は『後漢書』とほぼ同一だが、冒頭では盤瓠の出生譚や盤瓠の名称の謂れを述べていて神話の性格が顕著である。この部分は散逸した魚豢の『魏略』（三世紀）が『後漢書』「南蛮伝」の注に引かれている部分と一致し、年代は更に古くなる。『捜神記』が記す盤瓠の出生譚は神話の性格が顕著である。[22] 皇帝によって山中往来の特権や山中での生活の保証を得て、租税も免除されていたとして生活を正統化する言説は、ヤオ族では長い間「生きた神話」として機能し持続してきた。犬祖神話は古代の非漢族の有力者たちの創世神話であったが、その後も長い歴史を生き延びて来た。[23]

盤瓠神話の特徴に関して竹村卓二は六点にまとめた［竹村　一九八一：二三八］。それは、①蛮夷の始祖となるべき異類（虫→犬）の異常な出生の顛末と隷属的な地位（中国帝王の畜犬）、②政治的主権者への勲功（中国の権威を脅かす有力な外敵の将軍の首級の獲得）に対する代償（公主の降嫁）に基づく異なる社会体系の間の縁組関係の成立、③蛮夷の各クラン（氏族clan）の鼻祖（六男六女）の誕生と種族内婚、④〈漢〉と〈夷〉との文化的境界の画定（特異な言語・習俗）、⑤居住環境（山地）の限定（棲み分けの原則）、⑥政治的主権者（漢民族）からの身分と特権（山地の自由な用益権、諸種の租税の免除）の保障とする。ヤオ族の存立に関わる地位や権利を漢民族の支配社会との関係において秩序付け、正当化する。要を得たまとめで、移動を常態とする人々の存在理由の根拠を説く言説となった[24]。

犬祖神話は姿を変えつつも口頭伝承として、古代から現在に至るまで命脈を保ち、ヤオ族の系統の人々の間では「生きた神話」であり続けている。また、ミャオ族も貴州省黔東南雷山県では犬を祀っており[25]、湖南省麻陽のミャオ族では盤瓠廟を建てて祀る[26]。広西の大瑤山の盤瑤は、盤瓠の子孫であると自称し、金秀には盤瓠の子どもの六男六女に因む十二姓のうち、現在でも六姓が残るという[27]。ヤオ族が現在も所持する『過山榜』はかつて夷族を討伐した功績で、山地を渡り歩く特権を保障され、山林開拓の自由と租税の免除の特権を保証した証書とされる[28]。ヤオ族の女性が漢族に嫁ぐことを禁じる規定を記すものもある。漢族が平地を居住地するのに対してヤオ族が山地に居住するという「棲み分け」を正統化し、相互の境界を設定するというイデオロギーが垣間見られる。文書に記される最古の年号は唐の貞観二年（六二八）であるが史実とは言えない。最も多い年号は正忠景定元年（一二六〇）で、南宋の理宗元年にあたる[29]。清の康熙五三年（一七一四）正月重修などの表記もある[30]［《過山榜》編輯組　一九八四］。漢族の支配者、つまり皇帝から賜与される證明書類と目されてきたが、実際はヤオ族側が作成した偽文書である。景定元年という年号の由来は、南宋の後期にあたり中国南方への漢族の展開に伴って、ヤオ族が大挙して移動を開始した時期かもしれないが［饒宗頤　一九八七：一五八］、史料上で確定することはできない。皇帝の交代に合わせての賜与という形式をとっている。日付は中国の事例は同年一〇月二一日が多く、現行の盤王節の祭日、一〇月一六日はこれに近づけた可能性がある。ただし、祭日は四月八日、一一月一一日、一二月一二日など様々である。『過山榜』は、日本の山地に住み轆轤を使用して木工製品を作ってきた木地屋の持つ文書（惟喬親王を祖先とし、自らの山地での生業の由来を権威付けて平地民に対しての優越を説く文書）との類似性が指摘されている［竹村　一九八一：一二五］。偽文書であるが自ら血筋の高貴さの権威を説き、課税をされない特権を主張する点でも共通する。『過山榜』は平地民から蔑視されがちであったヤオ族が山地での生活の維持と繁栄のために、自らの生活様式を正当化して権利を確保すると共に、漢族への対抗として「文字」を逆利用して後世に受け継いで、民族の矜持を支える精神的支柱とした。『過山榜』はヤオ族の独自性が強い。これと類似しているのはショオ族（畲族）の『祖図』である。ショオ族は湖南・貴州の山地から広東へ、そして福建省や浙江省に移住して焼畑耕作に従事した。元々漢語の「畲」は焼畑耕作の意味で、自称はシャンハー（山哈）、ハー（哈）の原語の意味は「客人」で、「山に居るよそ者」である［《畲族簡史編写組》一九八〇：七］。焼畑と狩猟を生業とし、山地の移動を常態としていた。

『過山榜』は口頭伝承の文字化という以上に大きな意味を持つ。通常は非漢族に関する記述は漢族が文字で書き記すので偏見や差別も多く含まれるのに対し、『過山榜』はヤオ族が漢字を使って自己の主張を行いしかも皇帝の証書という権威性を帯びさせている。或る意味で漢族への抵抗文書であり、自らの「移動生活」の正統性を主張し権威の維持につながった。

四　盤王節

ヤオ族の源郷は『過山榜』によれば、浙江の会稽山という記載があるが、後世の付会であろう。盤瑤の古記録では先祖は南京の十宝殿（十宝店）を故地とする文献もある［《過山榜》編輯組（編）一九八四：一〇八―一一六］。湖南ヤオ族の古歌『盤王大歌』は武昌府から移動して景定元年に海辺に達し海を渡って[31]、広東の韶州府楽昌県に移動して、その後に湖南の千家峒へ至ったが、漢族に追われて散らばったという[32]〔湖南少数民族古籍辨公室（主編）一九八八：一六二、二一七〕。海をわたって移動して特定の土地に定住し、その後、漢族に追われて散り散りになったという記載は多い。金秀大瑤山の伝承では四〇〇年前の明代にこの地に至ったと伝えられている。盤瑤は、その由来を神話に遡って系譜上に位置付け、始祖の盤瓠に由来する十二姓として、盤・黄・趙・李・馮・鄧・胡・龐・包・瀋・周・雷などが続いてきたと主張する。毎年三月三日に黄花、紅藍、楓葉、石榴で染めた黄・藍・黒・紅の米と白米からなる五色の糯米飯を食べるのは、十二姓のうちの有力な五大姓の団結を表すためだという伝承もある。これは海南島の「苗族」（元来は広西の百色から移住させられたヤオ族）の伝承とも共通する〔鈴木　一九八五：三九―四〇〕。

始祖の盤瓠は古代の帝王と同格とされ尊称で「盤王」とよばれて、始祖を祀る盤王節を毎年一〇月頃の収穫終了後に執行してきた。祭日は吉日を師公（法師）に占っていたので固定した日付はなかった。また祭祀の単位も、盤瑤は一軒ごとに家の祭り、坳瑤は一村か数村が中心で、山子瑤は他の神々の祭りと合わせて盤王を祀った。伝説によれば瑤族の先祖が離散して旅を続けて海を渡っていた時に、大嵐に遭遇し、盤王（盤護）に願をかけて天候の回復と航海の無事を祈ったところ、願い事が通じて穏やかになり、海を無事に越えて現在地にたどりついたという。その御礼として盤王を祀る。「盤王大歌」がうたわれて、天地開闢や盤王の事績、先祖の移動の歴史が語られた[33]。数年に一度大きな「還盤王願」を行う。基本は盤瑤、ミエンの祭りである。花籃瑤と茶山瑤は盤王を祀らない。

しかし、一九八四年以降は国家民族委員会からの指令で盤王節は一〇月一六日に統一され、民族団結の祭典として祝われるようになった[34]。祭日の固定化にあたっては、広東省の連南排ヤオ族[35]の「要歌堂」の祭り、湖南のヤオ族の祭りなど過山瑤系の人々の日付を考慮したようである。かつては盤王節は盤瑤の始祖神を祀る重要な儀礼で、盤瑤を主体とし、山子瑤・坳瑤も祀っていたが〔張　一九八六：九三〕、現在では金秀大瑤山に住む五種類のヤオ族が共同で祭りを行う。大瑤山に居住して民族識別工作でヤオ族と認定された人々は、政治的にだけでなく、文化的にも「瑤族」として纏まりを持たせられたのである。実際には内部にトン族（侗族）やミャオ族（苗族）に近い者を含むにも拘わらず、民衆側も大瑤山に住む限りはお互いがヤオ族として協力しあうことが好ましいと判断して、あえて民族帰属の変更をする動きは見せない。むしろ、上からの政治的意図を意識的に利用しながら、下からは「ヤオ族になる」ことで団結を誇示し、自らの主張を行う。このような経過に見られるように、「創られた民族」［鈴木　一九九三］が、新たに自らを形成し直す動きが中国各地に起こってきている。

五　過山瑤

1　十八家村

盤瑤の住む十八家村は、谷あいに面した傾斜地に立地し、標高は一一〇〇メートルあり、周囲の険しい山稜には所々に焼畑の耕作地が広がっている（訪問日は三月一八日）。戸数は三六戸で人口は一九八人（男一〇一、女九七）だが、かつては一八戸だったので村名はこれに由来する。村人の姓は趙・肖・馮・黄の四姓で始祖から発した一二姓のうちに含まれると主張し、この村では趙氏の勢力が強いという。訪問時の村長は趙有福氏（五四歳）で選挙で選ばれている。村長の役職は三年交代で指名制であったが選挙に変わった。それ以前は人望のある人が寨老に自然となって統率する、平等性を重んじる民主的な方式であったという。いわゆる「瑤老制」である。かつては村自体の独立性が強く、寨老は村を代表して対外的交渉にあたった。移動性も高かったために、村相互を結び付けるような人々の活動はなかったらしい。婚姻は盤瑤内部で通婚することが原則で、祖先が同姓同士の者は結婚出来ず、村内部での通婚は姓が異なれば構わない。

写真 2-3　盤瑶の村。十八家村の女性

写真 2-4　簡素な作りの盤瑶の集落

村に近付くと歓迎の銅羅が叩かれ哨吶《スオナー》が吹き鳴らされ、シンバル一組と太鼓も加わる。女性たちは盛装の衣装で出迎える。女性の未婚者は平型頭巾で既婚者は尖型頭巾をかぶる（写真2―3）。村の中に先導され、中央部の大きな家に導かれ、お茶を勧められて、飲み干すと村に入る資格を得たことになる。女性の歌い手が歓迎の歌をうたい始める。「遠くからよくいらっしゃいました」「一緒にお茶を飲んでうれしい」「よく私の家に来てくださいました」「遠い所から来てご苦労様。お茶を準備しました。どうぞ召し上がってください」などと即興で歌い込む。

畑は四六八ムー（一ムー＝六・六七アール）だが、水田は四〇ムーで、畑作を主体にしており、林業が盛んで植林も行われている。米、玉蜀黍、大豆、キャッサバ[36]（木藷）などがとれる。暦日でいえば、米は穀雨から清明迄に種播、霜降頃に収穫する。四月から一〇月が農耕期にあたる。玉蜀黍は立夏から芒種に種播し、霜降頃に収穫する。年中行事は二十四季があるという漢族風の表現をしていたが、主な行事は春節、清明節（四月五日）、鬼節（七月一四日）、盤王節（一〇月一六日）である。基本的な生業は焼畑で、四年位を循環の単位にして、一年目に玉蜀黍、二年目に陸稲（粳米）、三年目に里芋やキャッサバ、四年目には植林（杉、八角など）というやり方が多く、粟や大豆なども作る。火入れは、四月の清明節の頃の晴れの天気が続いている時期に行う。火を止める道を五～六メートル幅に作り、上から下へと焼いていく。焼畑だけでなく狩猟も盛んで家々には獣の頭や角が飾られている。

訪問した日は陰暦二月一日で「鳥の祭り」にあたり、一日中村人は畑仕事を休み、鳥を獲らずに家にいて歌や踊りを楽しむ。もしこの日に禁忌を破って仕事をすると鳥がとれないという。[37] 仕事休みの日、いわゆる日本風に言えば物忌みの休み日は、正月一日、二月一日の鳥の祭り（鳥のため）、三月一日の雷公祭（洪水など天災よけ）、八月の鼠の日の祭り（鼠のため）があり、魚、風、雨、虫、獣の日も設定されているという。その日に禁忌を破れば、洪水にあう、鼠の被害を蒙る、魚がとれない、雨が降らない、虫害を受ける、獣が襲うなど村人にとって好ましくない出来事が起こると信じられている。自然を人間と切り離して対象化するのではなく、人間を自然の一部として、全体の調和や一体感を大切にして生活を律していくヤオ族の考え方の一端を窺うことが出来る。

家々は木材を豊富に使って建てられている。竹を編んで壁を作り、杉の樹皮を剥いで屋根をふく（写真2—4）。山の斜面にそって高床式住居（干欄式）とし、一階で豚を飼い二階を住居とする。移住を繰り返す生活であったので煉瓦や瓦を焼く技術を持たない。瓦屋根が一部にあっても漢族の職人を頼んで焼いてもらうのである。内部は三間構成で中央の堂屋に炉と祖先祭祀の祭壇がある。最近亡くなった女性がいて、祖先の祭壇に画像を置いて装飾品の銀の飾りを掛けてあった。半屋外の部分に台所と炊事場を設定し、山の上手から湧水を引く技術に優れていて太い竹を真っ二つに割って節を抜いて筧を作り、これをつないで小道をたどり家の中に引き込む。美味しい水が筧からふんだんにこぼれ落ち、屋内の桶にも新鮮な水が蓄えられている。そして毎晩湯桶で沐浴する習慣がある。豊かな水で水車を使って水力で水碓を回して籾の脱

写真2-5　竈で調理する女性。肉は燻製にする

写真 2-6　豪華な食事

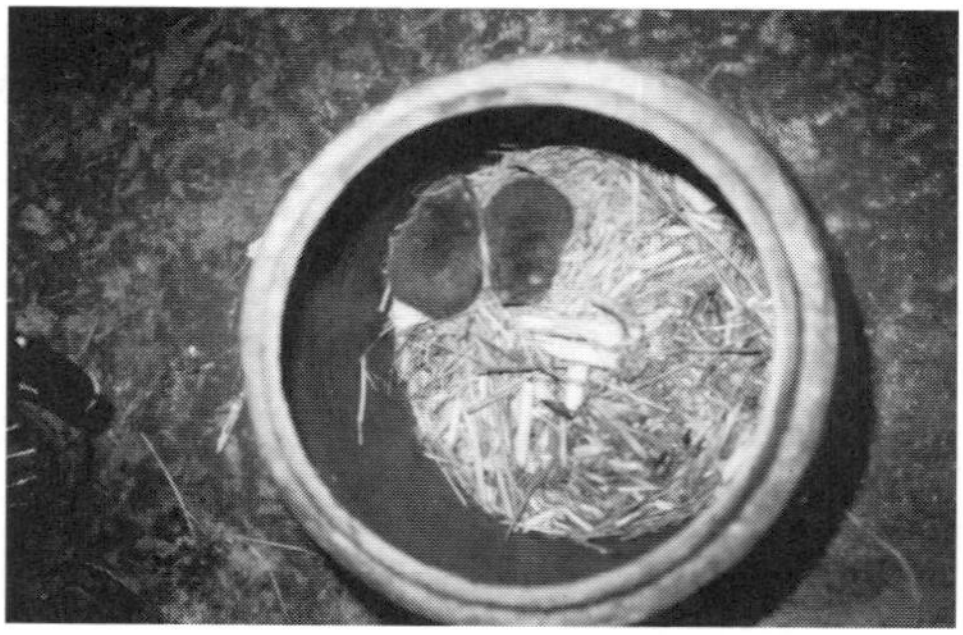

写真 2-7　食用のネズミ。甕の中で飼う

穀をしていたが、現在では機械化されて使われなくなった。背負い籠一杯の籾を水碓で搗くと一家の一日の食用となっていた。伝統的な道具類は日一日と失われつつある。台所には土の竈があり、薪を燃やして料理を作り、その上には保存用の豚肉を吊して薫製にしている所が多い（写真2―5）。

歓迎の歌がひとしきり歌われると豪華な食事が始まる（写真2―6）。料理は米酒（蒸留酒）、塩蔵魚、豚肉、生姜煮、塩漬豚肉、キャベツ、細い筍の炒め物、スープ（茸と大豆と葱）が出る。豚肉と山菜が主体で、鼠も料理される。鼠と言っても甕の中に入れて竹の根など植物性の餌を与えて養っている（写真2―7）。調理法は首をひねって火の中に投げ込み、毛を焼いてから取り出してそぎ、その後に煮込んで食べる。食料の竹は、野外の竹藪から調達する。所有権を示すには、草を結って結び付けて自分の家の鼠用の食料を確保するという慣行がある。草を結ぶことは所有権を示すのである。草の結び方を変えて危険を知らせるやり方もある。

村の守護神である社王は通常は「集落の前面」にある大きな樹木（香信木）の下に祀られていた。場所は道路からかなり下り、谷を流れる大きな川に、二つの小さな支流が合わさる合流点の三角形状の地帯であった。古い樹木の下に平らな石が左右に二つ、中央に尖った石があった。社王は供物が少ないと怒って人々を病気に陥れるという。

村に病人が出たら沢山の供物を供えて鶏を殺して祀り、健康の回復を祈願する。かつては毎月、陰暦の一日と一五日の二回、お参りにきて香を焚いて鶏や酒を供え、紙銭を焼いて、お祈りをしたという。付近の木は伐ってはいけないとされ、御神木としての意識がある。社王は村ごとにあって木を祀ることが多い。社王は村を社会的にまとめる役割も果たしていたようである。

祭りは師公（ヤオ語はポー・プライ）や道公（タオ・プライ）という二種類の宗教的職能者が執行する。道公が師公より上に見られ、社王の祭りは師公が、ヤオ族の始祖の盤王の祭りや葬式、遊神の儀礼は道公の担当という機能分化が見られる。師公が在地に密着した儀礼を行い神霊との直接交流を行うシャーマン的存在で巫師とも呼ばれるのに対して、道公は道教の影響を受けて儀礼を執行する祭師と見做されている。葬式は師公が執り行う。棺を前にして、祖先棚に向かって二人の師公が舞を奉納する。亡くなった晩から始めて、普通は二日二晩、長い時は七日七夜行う。師公は卜占と悪霊祓いを主とし、男性も女性もいるという。村入りの時に師公が行った簡単な儀礼は、机を使って祭壇を設け、五つの小碗に酒を入れて供えてその前で行った。右手に小さな鉦、左手に神像が描かれた木剣を持ち、銅羅に合わせて舞う。師公と道公を在地系と外来系、小伝統と大伝統に分けることは短絡的だが、漢族の知識を再編成して巧みに使い分けている。「過山瑤」は「長毛瑤」に比べて儀礼をよく発達させているという。移動する民であったがゆえに儀礼を通じていつでもどこでも相互の同一性を保とうとしている。

2　古占村

盤瑤と同様に「過山瑤」に属する山子瑤がすむ古占村は、金秀から南西に二五キロ、標高五五〇メートルの地にある。この村の先祖たちは遠い所から海を渡って広東を経て、三〇〇年ほど前にこの地に着き、初めは三戸だったが、解放後は三〇戸になり、現在の人口は一八七人だという。移動性を持つ民であり、『過山榜』も持っているという

写真 2-8　古占村の校倉造りの貯蔵藏

写真 2-9　山子瑤。右端は同行した萱野茂氏（アイヌ）

が確認はしていない。焼畑の場合、三年から四年ごとに新しい土地へ移動する。地味が衰えて土壌が流出するからである。移動には二種あって、大きな山区の中で山から山へと移り住み、何年か後には元の村に戻る循環型と、山から山へ統治勢力の弱い場所で、農業生産に適する土地を求めて移動していく長距離型に分けられる。最近では政府主導の定住化政策が進められ、焼畑を中止させて平地に強制的に移住させて、水田稲作、茶の栽培、紙の生産などに従事するように転換させ、穀物が不足すれば援助するというやり方が採られている。

山腹の斜面に覆い被さるように土壁の家が立ち並び、村人は家から張りだした竹製のベランダに出て外来者を眺める。竹の筒による落差利用の給水路が巧妙に活用されている。村の上の台地は少ないながらも水田になっている。水田は一〇〇ムー、畑は三〇〇ムーである。水稲は四月に種蒔き、一〇月頃が収穫であるが、陸稲は三月から播種して焼畑で作る。椎茸、筍、八角などを換金作物として栽培し、植林で木を育てて材木として売りに出すという積極策により、かなりの現金収入を得て、生活は豊かになっている。自家用としてコウリャン、粟、薩摩芋、キャッサバ、サトイモ、大豆などを作る。畑作では三月からキャッサバと糯米、五月から薩摩芋や粟、七月から玉蜀黍を植え付ける。現在では各戸に電気が通り、自転車も一台ずつ持ち、テレビも村に六台あり、テープレコーダーが各家に普及してきた。倉庫には校倉風で鼠返しがついている（写真2—8）。穀物が貯蔵されるだけでなく、各種の道具、桐油絞り器、精米用の石臼、唐箕などが納められ、伝統文化の諸相を知ることが出来る。十八家村と同様に歓迎には歌と銅羅と喇叭で迎えられる。歌の内容は「わざわざ遠い日本から来ていただいたのに、天気が悪いので残念です。一緒に友情を深めあって、遠慮なく滞在して下さい」「ヤオ族の娘は綺麗な服装をしていると日本の方々は誉めた。日本の女性も伝統的な衣裳をきることを楽しみにしています」といったことである（写真2—9）。歌の中に実際の体験を詠み込みながら感情を吐露する。家の中の構成は三間で、正面の部屋の中央に祖先棚がおかれることは盤瑶と共通である。この村で出された食事は、祭りの日に食べるようなご馳走で、手つかみで食べる香ばしい糯米飯、筍の煮付け（筝包）、川海老の漬物、白菜、食用の鼠（山老鼠と白肚鼠）、檳榔芋、椎茸（香菇）、狸の肉（果子狸）、塩漬け豚肉、魚などが出て、豪華な山菜料理である。野菜よりも山菜が主である。

村には師公や道公の儀礼と舞が伝わる。師公は武官、道公は文官にあたる。師公はヤオ族の元来の宗教的職能者、道公は道教の影響を強く受けた宗教的職能者で、共に世襲で儀礼と知識を伝える。師公は武官で剣を持ち、道公は文官で呪文を唱えると説明される。師公は病気直しや呪いをかける。太鼓、吊り太鼓、シンバル、銅鑼を伴奏にしていくつかが舞われた（写真2—10）。第一の舞は師公が舞う請師舞で神迎えをする。遠い海を渡ってきたので、四つの神を迎えて生活を守るように祈願する。右回りで短剣を右手に持って、右足と左足を交互に踏み出す。手を振って回り跳躍する。第二は駆鬼舞で悪魔祓いにあたり道公が担当する。右手に木刀（ツゥ）を持って舞う。刀を下に置いてスカーフを両手に持って舞う。第三は「三元舞」で上元・

写真2-10　山子瑤の師公が銅鑼を打つ

写真 2-11　三元舞の紙の仮面

中元・下元の神々を祀り、各人が紙で作った仮面を頭上につける。各々が盤古王、社王、土地公にあたり、村の重要な神々である[38]（写真2―11）。師公の担当で武術の練習をしている光景だとも説かれる。右旋回で木刀を持って舞い、途中で刀を置き、帯を後ろで結ぶ。右手に木刀をとり左手に振鈴を持つ。二人が向き合い上半身をくねらせて舞う。再び帯を解いて被り物も外す。帯をたたんで両手に持つ。再び仮面をつける。師公は両手で印（手決）を結ぶ（写真2―12）。親指、小指、人差し指の三本をたてて後は曲げる（写真2―13）。刀を持ち、もう一方の手は親指と小指を軽くつけ人差し指は伸ばす。両手で刀の両端を持って体をくねらせる。刀をたばさみ両手を腰に当てて回る。三神に合わせて三つの所作に大別される。師公が生徒たちの頭上に神像を描いた紙をかぶせて呪語に合わせて舞わせる。

写真 2-12　師公の舞

主役の法名は李法清で技法は親から息子へと継承された。三元舞の後に「五海舞」が続き、道公が五海の龍王を招いて雨が沢山降り、作物がよく稔るように祈願する。道公は布を肩に掛けて木剣を手にして打ち振り、三本の指で印を結ぶ。三元舞は度戒に際して家の中の祖先棚の香炉の前で舞うという。三元舞のうち盤古王は中国古代の文献とされる『述異記』『三五歴紀』『五運歴年紀』などに記されている[39]、天地分離によって生じた巨人の創造神であるが、この地ではヤオ族の先祖の犬祖の盤瓠と混淆して、漢字では盤古と表記しても盤瓠を祀ることが多いという。[40] 発音上は殆ど同じで観念的には盤瓠も盤古も創世神と考えられている。正月の前後にほとんど毎晩、盤古を拝んで踊りをするという。ヤオ族の儀礼は道教の影響が強いが、ヤオ族が伝えて来た古い要素を保持し、道教的表現をとりながらも独自の意味を付与している。

度戒は男子の成年式で、今回の舞は家の中で行う儀礼に組み込まれる。「度戒をすれば死後に天に昇れるが、度戒を受けないと死後は地に入る」と言われている。度戒は一人前になる成年儀礼の様相が強いが、儀礼は道教の影響だという説明を明確にうけた。この村では一六歳（一説では一五歳）になると集団で度戒を受けることが、道公や師公になる条件とされている。度戒は一〇種ある儀礼の一つで、通常は農暦の八月から九月の農閑期に行い、時には一二月にも執行する。掛灯という灯をともす儀礼に始まり、星を踏む儀礼が三星、七星、九星、一二星に分かれ、次第に階梯を上がる。北斗七星を踏む儀礼は秘儀として重視される。[41] 途中で集団の神懸かりで睡眠状態のトランス（意識変容）に入ることもあるという。いずれも祖先と神々を祀る中で執行される。全員が度戒を受けるのではなく、世襲的色彩が強い。男子の全員が度戒を受ける北タイのヤオ族のミエンとは異なる。しかし、解放前の状況は不明である。また山子瑤のみは師公が複数の生徒を持ち、多い時は二〇人にも達するが、他のヤオ族の度戒では師公に一人の生徒がつくだけであるという。

写真 2-13　頭上で印を結ぶ

一〇種の儀礼のうち、現在も確実に行うのは「雲山法」で、広場に五メートル位の高い櫓を組み、下方に網を張り、掛け布団を地上に置く。師公は上から生徒を後向きにして突き落とす。高い所から飛び下ろさせ、巴茅草で生徒を打ち、芭蕉で包んだお握りを食べさせて魔物を追い祓う。明らかにイニシエーションである。

また、高い柱を作り、階段状に剣の刃を渡した梯子を裸足のまま踏みしめ、刀を交差させつつ天上へ昇る刃渡り「刀山法」や、真っ赤に焼いた煉瓦を裸足で踏ませる火渡り「火磚法」なども行う。「刀山火海」ともいう。

儀礼執行の間に自らの祖先の由来や神々についての秘密の知識が伝授された。最後は各人は「法名」（盤瑤は三字、山子瑤は五字）を与えられて法師となって、あの世での地位を確立して守護霊を獲得するという。彼らは七～八歳までの子供の時の幼名（両親がつける「小名」）と、それ以後に付ける署名用の成人名（知識人がつける「大名」）、それにあの世での地位を保証する法名という三つの名前を持つ。家譜に法名が記載されるのは一八歳以上で、結婚しない場合は家譜（漢族のものとは異なる）に載せない。一般にヤオ族の結婚年令は男女共に一六～一八歳位とされるので、原則は結婚してから家譜に載せる。また子供は祭祀の継承に必要なので、恵まれない場合は養子をとるが、その場合は漢族でもチワン族（壮族）でも構わない。

北タイのヤオ族の支系、ミエン（ユーミエン）の場合、民間道教の形式による功徳造成儀礼（掛灯、度戒、加職、加太と続く）により霊界の守護兵が与えられる。特に掛灯は全員が受ける成年式の意味が強く、家譜にあたる家先単に記されるのはこの式を受けた者に限定される〔吉野　一九九四：五九〕。ルモアンはこれを「集合的祭司制（collective priesthood）」[Lemoine 1982:33] としてヤオ族の特色であると指摘し、制度化されて民族的境界の維持に寄与したと示唆する。盤瑤は度戒によって法師になることが重要な人生儀礼として組み込まれている〔張国明　一九九二〕。複雑な儀礼が執行され、創世以来の歴史が語られ、始祖を祀る。(42) 金秀の盤瑤の度戒については全員が受ける義務がないことは、タイのミエンとの差異のように思える。いずれにせよ、各地に散らばっているヤオ族が、共通した宗教儀礼を執行して世界観を共有し、いつでもどこにあっても、ヤオ族の共通の民族精神の拠り所を確立することが出来る。

山子瑤は張天師を祖師として尊敬し、梅山の法主の大聖九郎を教主と仰いで自らの民間道教を梅山教と称していた。(43) 山子瑤が伝える『師公経』の記述や民間伝説によれば、梅山九郎が廬山（江西省九江県）に行って張天師に法を学んだという〔饒宗頤　一九八七：一六二〕。張天師の法統を維持するという意識が強い。[44] 山子瑤は大瑤山とは別に十萬大山（江西西南部。欽州県貴臺からベトナム国境へと走る山脈）に住み、師公が梅山教を実践している〔張有雋　一九八八：七五―九〇〕。広西のチワン族の師公も梅山教を実践していた。タイのミエンの『瑤人文書』に梅山の記述が出て来るのは広西との歴史的関係によるものかもしれない。梅山は現在の湖南省新化県・安化県一帯で、宋代の朱輔『渓蠻叢笑』（一二世紀末）に記されている盤瓠の末裔としての「五渓蛮」の居住地の沅江流域とも近接する。この記述では「五渓蛮」の一つ、下位集団として「猺」が「苗」と共に登場する。[45] 当時の記述はケモノ偏がつく「猺」で、「苗」の原文も「貓」で蔑称であった。一二―一三世紀は漢族による辺境の民への認識が大きく転換した時代であった。実年代とは言い難いが、『過山榜』に記されることが最も多い景定元年（一二六〇）の年号も同時代である。梅山教の成立とヤオ族の祖型の形成が宋代になされ、それ以後の連続性の中に現在のヤオ族が位置付けられる。集団への分化と儀礼の確立がこの時代に同時並行で生じたことが推定される。

３　六拉村奮戦屯

政府が一九六四年に移動生活を続けていた盤瑤を集めて定住化を計り、新しく開拓村として出来たのが金秀から五キロの所にある六拉村奮戦屯である。戸数二九戸、人口一四五人で、その主体は昆林から移ってきたが、平林・馬安・強仰・三角の闘地沖・長垌の新平などの人々からなるという。姓は趙・黄・龐・李である。村人の説明では一九五〇年代に貧乏であったヤオ族を、一九六〇年代に金秀に集めて幾つかの村を作った村のうちの一つというが、これには政治的意図もあったらしい。生産暦は稲は一二月に田起こし、四月清明に種蒔き、四月に田植え、七月に草取り、九月に収穫で、玉蜀黍・芋・稗は九～一〇月に収穫する。焼畑では玉蜀黍・芋・粟を作る。水田は六〇ムー、畑は三〇〇ムーで、収量は前者がムーあたりで二〇〇キログラム、後者は一〇〇キログラムである。家畜は豚は一

写真2-14　漢族商人が盤瑤の女性が運搬した筍を吟味する

家平均三頭、牛は一家平均一頭で、その他は鶏・家鴨・犬である。この時期は焼畑の火入れにあたり、村の山側一帯は全て焼き尽くされていた。

この村の特色はヤオ族と漢族の交易の場になっていたことである。村の奥に別の村にいく道があり、この日は丁度平地から山地にかかる場所に筍が山のように積み上げられていた（写真2―14）。そこへ山の奥から次々に竹の棒の天秤棒の双方に筍をいっぱい袋に詰めて籠に入れて、両肩にかけてヤオ族の女性達が下ってくる。そこには漢族の商人が待ち構えており、その作物を買い上げるのである。値段は筍が一キログラムあたり三角（一九八八年当時は約一二円）で漢族がヤオ族から買い、彼らは町の加工場へもっていって六角で売る。ここは平地のどん詰まりで、車の入る最も奥であったので、集めた筍はここから車に積んで出荷する。山を越えてやってくるヤオ族は二〇キロの道程を辿って共和村や昆林村から出てきたという。担ぎ手は殆どが女性である。狭い細道であるのに驚くほど人の行き来が激しく山の中の幹線であることがよくわかる。漢族との交渉は秤で計った重量の数字と相当価格を漢語で確認し合うくらいで、余り言葉は通じていない。各々が特定の顧客と取引するように決まっている。まさにここには小さな市が発生しているのであり、その現場に立ち合っているという状況であった。

交易品は三～四月は筍、六月は茸が多く、七～八月になると籐など加工材料を運び込んだりもする。更に秋になると薬草（黄柏皮・千金草・天花粉・羅漢果・桂皮・金耳環・茶香草・腹股藍など）が取引される。漢方薬の材料になるものは、山中の豊富な動植物の知識に堪能なヤオ族が持ち込んでいることが多いのである。ヤオ族は長い間、山の中に暮らしていて、病気や怪我に対して、豊富な植物を利用して治療を施した。植物の花・茎・枝・根・実などを利用して

写真2-15　金秀の町中のヤオ族の薬売り

病気を直す。この長い経験を生かして「瑤族医学」を形成してきた。金秀の町には路端で効能書きを垂れ幕に書いて店を出し、薬草や獣の皮などを売るヤオ族の女性が多く見られるが（写真2―15）、彼女達は広東・湖南・福建などの都市にまで出掛けていく。ヤオ族の民族衣装は権威の証しになる。この地では交易により年収で三〇〇〇元位の人が多く、薬草を扱う場合には、一〇〇〇〇元近く稼ぐ人もいるという。山の中を辿る道は、よく踏まれた道で、驚くほど人通りが多く、交易路としての機能を十分に果たしている。一般的にはヤオ族は筍、茸、香草、薬草、木材（特に杉）、木工品、籐、棕皮を売り、漢族からは塩、衣類、銀製品、茶碗、工業製品を得るという。ヤオ族は自らの生業だけでなく、漢族やチワンなどとの交易を通じて現金を得たり、物を交換するなどして、異民族との共存関係によって生活を成り立たせているのである。竹村卓二は、「過山瑤」は焼畑主体であり「畑作の多角的利用によって山地の特産物を生産輸出し、平地の漢民族との交易の原資に充当する」［竹村　一九八一：二八］「同時併行的に、なるべく広範囲に耕地を分散し、できるだけ多品目の作物を輪作することによって、稲米の一毛作に伴うリスクを保障しようとする」［竹村　一九八一：二九］という。これによって人口の極度の集中を避けると共に、生態系の異なる平地への特産物を安定的に供給して社会・政治上の自律性を堅持するという見方は、ほぼ正しいであろう。

山手に延びる道には橋がかかっていたが、その幾つかは儀礼による奉納である。これを「架橋」と呼び、老人が長生きするようにと神に祈願して名前を書いた木（杉が多い）を橋に一本加える。これにより功徳を積むことになり長寿が約束されるという。ここで見た祈願文は村側に「架起橋尾長生接命大利」、山側に「架起橋頭長生接命大吉」とあり（写真2―16）、山側が頭になっていて祈願の

写真 2-16　架橋により祈願

方向性が暗示される。架橋は年寄が病気になった時の病気平癒にも行うが、病気は「霊魂（ウェン）を落とした」と考えられるので、異界との連絡をつけることで、霊魂を呼び戻すということであるらしい。また三歳以下の子供が病気になった場合、花婆神《ファポー》（ウォーパー）という子供の守り神に頼んで回復を祈るが、その時も師公を頼んで、鶏を殺し、橋に木を一本加える。これを「架橋」という。老人と子供はいずれもあの世や異界と近く霊魂が不安定なので、橋を掛けることでこの世とあの世を結ぶ霊魂の交流を復活或いは強化することで健康が回復したり、寿命が延びたりすると考えられている。橋の多義的な意味づけは、貴州の黔東南や広西の融水のミヤオ族とも共通する考え方である。

4　洪水神話

この村では洪水神話の語りを聞いた。話者は趙成安氏（当時五一歳）で近くの村から婿入りしてきた農民で盤瑤であった。同行した百田弥栄子の翻訳があるので以下に紹介する［百田　一九九九：一〇一―一〇三］。

むかし、張天師は地上に、雷王《レイワン》は天上に住んでいた。張天師は雷王に「私が天に住んで雷王になろう」といったが、雷王は聞き入れなかった。それどころか、天から張天師を打とうとやって来る。そこで張天師は屋根に青苔をいっぱい敷いて待ち構えていた。降りて来た雷王は青苔に滑ってころがり落ち、張天師はそこをすかさず竹籠を伏せて、つかまえた。それから張天師は雷王を塩漬けにしようと思ったが、ちょうど塩がきれていたので、子どもたちを呼んで「雷王に水を飲ませてはいけないよ」といいつけて、でかけていった。雷王はなにしろ喉がからからだったから、兄妹に「水をおくれ」と頼んだ。けれども兄妹は「とうさまから水や食物をあげてはだめって言われた」と、とりあわなかった。それでも少しかわいそうになってきて、茶碗や瓜を洗うへちまならかまわないだろうと、へちまをあげた。雷王はへちまに残っていたほんのわずかな水気を吸った。するとたちまち体じゅうに力がみなぎって、生き返ったようになった。お礼に兄妹に瓜の種を与えると、雷王は雲に変じてさっと天に昇り、そのついでにあらゆる水門を閉めて地上の水をみんな天に上げていってしまった。その時、一羽の小鳥が兄妹のところに飛んで来て、「その瓜の種をまいて瓜を作れ」と教えた。兄妹はその通りにした。張天師が帰って来たころには、雷王はとっくに天に逃げ帰っていた。そこで傘をひらいて天へ行き、傘の先で天紋を開けて天宮に入って雷王をみつけた。雷王は怒り、すぐさま水門を開け放ったからたいへん、地上はどうーっと大水に見舞われた。張天師は傘を開いて地上に降りて来たが、途中で松の枝にひっかかって死んでしまった。人々は大水で溺れ死に、無事だったのは瓜に籠った兄妹だけだった。

兄妹は水がひくと、外に出ていった。それから地上をくまなく歩いたのに、人っ子一人出会わなかった。兄は妹に「結婚しよう」といったが、妹には少しもその気はなかった。それでも一人ずつ碾臼の上下を持って二つの山に登ってころがしてみると、麓で上下はぴったり重なった。妹はまだ結婚はだめと言う。兄は「もう一度だけ」と言って一振りの刀を取り、妹には鞘を持たせて二つの山に登って同時に投げてみると、麓で刀は鞘にすっきり収まった。妹はそれでもだまったまま。ある時、二人は川の両岸に竹を植えた。すると竹はみる間に伸びて、川の中空で二つの鞘が絡まった。これを見て、兄妹は結婚するのが二人の定めだと悟った。

兄妹は結婚し、やがて瓜が生まれた。兄妹は刀で瓜を二つに割ると、瓜の種がびっしり入っていたので、あちこち蒔いた。すると翌日、そこから煙が立ち昇った。種は人に変じて山子瑤、坳瑤、茶山瑤となった。

この話は典型的な洪水型兄妹始祖神話である。兄と妹は瓜やヒョウタンなど中空に霊力が籠る植物に籠って洪水を生き延びる。兄と妹は逡巡の末に、臼合わせや刀と鞘の合わせなどの占いによって結婚する。いわゆる神婚である。しかし、初生児は人間ではなく、切り刻んで人間になるという異常出生によって人類始祖となる。要所にでてくる竹の話は、ヤオ族の村落の立地にあたって竹を重視することとも関連しているのかもしれない(46)。竹の信仰については各地からの報告がある(47)。またこの話では冒頭の創世では当初から張天師が地神の性格を帯びて登場して、天神としての雷王と対立して敗北したと語られることもヤオ族の独自の創世神話である。道教では張天師は正一教《しょういっきょう》の教祖の尊称で、後漢末の五斗米道《ごとべいどう》の創始者張陵に遡るとされる(48)。しかし、ヤオ族は自分たちの聖地であった梅山に居住していた大聖九郎が張天師に習って梅山教を始めたと伝え、現在行っている儀礼の中核に梅山教があると考えている。漢族の民間道教を深く受け入れたヤオ族らしい展開で、漢族がもたらした道教と習合しつつ境界を設けたり、読み替えたりしている。

一方、雷山県のミャオ族の場合、洪水神話は天地の創世を説く神聖な物語なので、簡単には語らず、語る時は必ず屋外に行ってアヒルかニワトリを供犠して祖先を和めた。兄妹婚の伝承を後世に伝えることが目的で、祖先を嘲らないようにして、家の中では歌わない［馬学良・今旦（編）一九八三：三〇二］。まさしく「生きた神話」として機能していた。創世神話は一三年に一度の祖先祭祀のノンニウ（鼓社節、鼓蔵節）や葬儀であの世に祖先の霊魂を送る時に語る。現在では祝事でも祖先を祀る場合、新年にあたる陰暦一〇月頃の苗年（ノンニャン）や婚礼などで語られ唱えられる。ヤオ族の場合は、ミャオ族に比べると神聖性はさほど顕著ではなく、日常生活でも唱え語られることになったようだ。

5 林香村

金秀の西方にある林香村は盤瑤が住んでおり、戸数一五戸、人口七四人、水田四一ムー、畑一〇〇〇ムーである。主な姓は趙・黄・龐・盤・馮である。水田の稲は年間七〇〇斤とれる。これは金秀のダムから水を引く用水路が一九六九年に完成して、水が豊富にあるからだという。その他には玉蜀黍・芋（キャッサバ・薩摩芋・ビンロウ芋など）などを作る。換金作物としては、杉（一立方あたり四〇〇元）・八角（一キロあたり六元）・生姜（一キロあたり六角）・薬草（一キロあたり一四元）などがある。村の成立は一五〇年前に長垌から移住してきた龐文官、龐文秀、龐文票の三兄弟と黄春貴が開拓したという。最初の寨老は龐文官であったが、世襲制ではない。主な年中行事には正月一五日、二月清明、五月分龍、六月六日、七月一四日、九月九日、冬至、一二月三〇日などがある。十八家村と同様に、自然に対する物忌みの行事が行われている。正月一〇日敬風節（風を迎える日）、正月二〇日敬風節（風を送る日）、二月一日敬馬節（馬を大切にする日）、三月一日敬雷公生小孩節（雷公が子供を生む日）、五月小暑敬鼠節（鼠を大切にする日）、六月大暑野猪節（豚を大切にする日）などがあり、その日は仕事を休み町に遊びにいったりする。もし仕事をすれば大風が吹いたり、雷の被害にあったり、鼠の害にあったりする。自然との調和や共生を重んずると共に、村の休み日を野生への畏怖感を背景にした意味ある時間として設定しているようである。

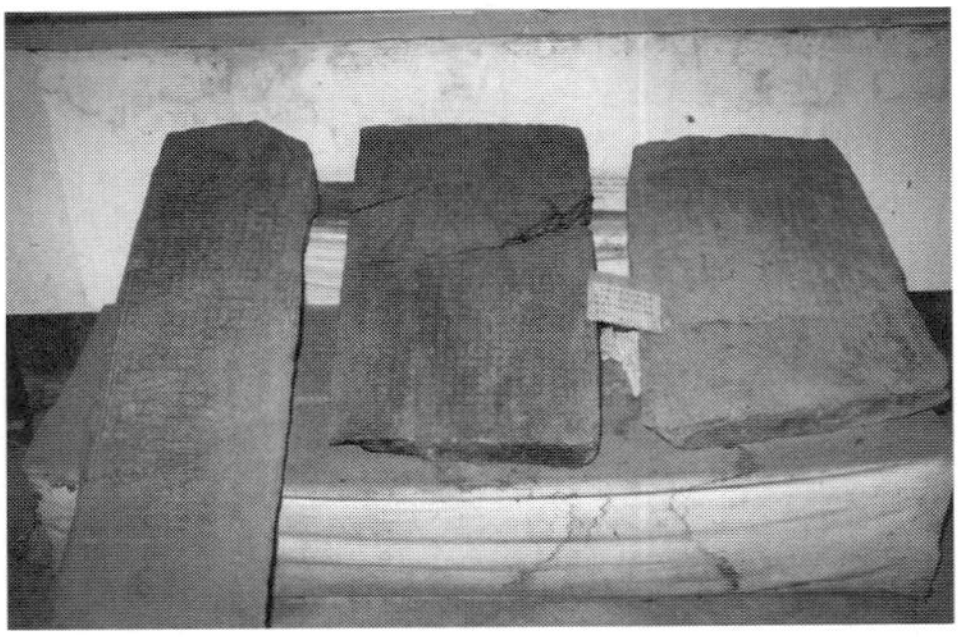
写真 2-17　金秀の博物館収蔵の石牌

　ここでは社会紛争の仲裁や制裁の制度である「石牌制」を中心に話を聞いた。かつて大瑤山では農業・土地・婚姻などについての規則が村ごとに決まっており、それを石に刻んで石牌として立てておき、社会秩序を確認する慣行があった（写真2—17）。石牌の条文は、「石牌頭人」が起草した農耕生産や社会秩序についての規則で村の集会で可決した案件である。土地紛争、強盗、放蠱、殺人、姦淫、離婚、賭博、窃盗など何かの問題が生じると、寨老に頼む。通常は「小石排」に照らして裁定を下した。これを「立石排」という。排はヤオ語で村落を意味する。寨老は、長老格の者が自然に選ばれて、秩序の維持だけでなく、儀礼の執行・農作業の期日の決定・村落間の調停にあたった。村内部で解決しない場合は、金秀の陶道旺に解放前まであった「大石排」に基づく裁定を依頼し、更に重要な大瑤山全体に関わる場合は、全てに優先する金秀鎮の総元締めの「大石牌」（総石牌）の規則に照らして、その維持に責任を持つ「石牌頭人」が寄り集まって決定を下した[49]。人望がある正直な人々のうち、先輩が賢くて有能で弁が立つ候補者を選んで次第に養成して「頭人」にしていく。「石牌制」の担い手の多くは「長毛瑤」である。契約の範囲は規模の小さいものから大きいものへ、小石排―大石排―石牌の規律の序列に従い、村落―村落間―大瑤山という三段階の地域の積み上げで紛争処理や意志決定がなされていた。この地には地方の行政官である土司が置かれたことはなく、「石牌制」で政治的統合が内部的に成り立っていた。石牌の加入者は通常は一〇村程度であった。盤瑤の最大の契約は「七十二村石牌」で、盤瑤に止まらず茶山瑤・山子瑤・漢族を含む。「石牌制」は治安維持や紛争処理に効果を発揮した。次第に特権化し一部の者が役職を世襲して権力の統治の道具にされることもあったが、解放前までは自律性を保っていた[50]。一九五〇年の解放後は、この組織は崩れたが、かつての石牌を基にして新たに「大瑤山団結公約」を作って石に彫り、その前でこれを守ることを誓ったという。解放前は、石それ自体が崇拝対象であり、誓約を破ったり虚偽をいうと神罰が下ると信じられ、絶対的な拘束性を保持した。これはミャオ族のゴウラン（議榔）、漢語でいう「埋岩会議」とも類似する[51]［鈴木 二〇一二：一二五］。

　処理する問題は、他村との紛争が多く、山林・土地の所有をめぐる揉めごとや盗みなどの事件を扱い、村では寨老が調停役となって自分の家へ当事者同士を呼んで言い分を聞き、一つずつ道理にあうかどうかを照合した。言い分ごとに道理に合うと判断した方へ稲藁を一つ置き、最終的に双方の言い分ごとの稲藁の数を数え、その差が五以上あれば、多い側を正当と認め、罰金を銀で支払い決着をつけた。一般に地域の治安、森林の保持、魚捕りの毒の扱いなどのもめごとを扱った。離婚については、銀による罰金で決着させ、女性の場合は他村へ嫁に行くことを条件として再婚のあっせんもしたが、子供は総じて男性側がとる裁定が多かったという。

ヤオ族の血縁関係は自由度が高く、胡起望らの盤瑤の報告［胡起望・范宏貴　一九八三：一五三―一五九］にもあるように、双方制（bilateral）の様相が強い。通常は第一子は母方の姓、第二子は父方の姓を名乗る。(52) 父系・母系のいずれも選択可能な選系出自集団（ambilineal descent group）である。結婚後、夫が妻の姓を名乗るか、妻が夫の姓を名乗るか、生まれた子供の姓をどうするかを結婚にあたって取り決める。原則は父方居住だが、妻方居住になった場合は、母方の姓を名乗るなど流動性ももっている。子供が生まれないことは不幸とされ、その場合には養子をとるので、元の姓がつけられることもある。養子はヤオ族に限らないことが特色で、チワン族や漢族でもよいとされ、生後数か月のうちにもらい受けて育てる。総じて女の子が好まれる。その理由はやさしくて勤勉だからだという。世代の区別は厳格で漢族の輩行制と類似した「世代別命名制」をとる。各姓が命名用に決められた文字を「八字」か「十二字」持ち、同世代が自分の名前の中に同じ文字を必ずいれて、同じ世代であることがわかるようにする。また、年齢が同じくらいのヤオ族同士、あるいはヤオ族と漢族が「同年」の関係を結び、「同年兄」「同年弟」と呼び合って助け合う擬制的兄弟関係を結ぶこともある。文字の使用や世代別の明示など漢族の影響が色濃いが、父系制ではない独自のやり方である。婚姻後の居住は夫が妻方に行って住むことが多い。しかし、最近になって変化が生じ、父方居住も増えてきた。かつては村ごとに寨老がいて社王を祀りしばしば師公を兼ねたので、村の地縁結合は祭祀と連関して高かったようである。ただし、村を越えた組織は明確ではない。大瑤山全体では「長毛瑤」と「過山瑤」の階層化と、秩序維持の合議制による「石牌制」が解放以前は強かった。自律性を持ち外部に対して強い政治的まとまりをもってきた。解放後は社会主義化によって伝統的な社会は崩壊した。しかし、その根源には強固な社会組織を巧みに作り変えて変動に対応させてきた智慧の原理が残り続けているのであろう。

六　長毛瑤

1　龍華村

花籃瑤は大瑤山から山塊を一つ隔てた六巷地区に集住しているが、大瑤山側にも点々と集落がある。花籃瑤が居住する龍華村は金秀鎮から南へ一山越えて長垌に至り、更に登った山上の尾根上に立地する村である。村落の在り方には風水の影響が強く見られる。村名はヤオ語でいうとギィヤンワ、龍の背中という意味で、この村は龍の口の上で生活していることになる。龍脈の上に乗って中腹に位置する村は栄えるという。ここへは一五〇年ほど前に金秀の金村という茶山瑤の村から移住し、始めは茶山瑤の村であったが、その後に花籃瑤が定住して、今は花籃瑤の村になっている。(53) 花籃瑤は古くは貴州からやって来たのだという伝承がある。言語は苗語支に属しミャオ族の支系とされる。今回の案内を務めてくれた盤瑤の龐有明氏も全く言葉が通じない。花籃という俗称は赤色主体とした女性の衣装が花模様の刺繍であることに因む。衣服の基本は藍で、虫を寄せ付けず汚れが目立たないので労働着としてすぐれている。蜜蠟や樹脂を使って白布に図案を描き、藍で染める。布を乾かし湯で煮て蜜蠟や樹脂を落とすと藍に染まらずに白抜き模様が出来る。いわゆる蠟結染めで、素材は色を染めるのに適した木綿が主体である。一方、女性の髪形は独特で豚脂を使って「盔」(かぶと)の形に髪の毛を結ぶ(写真2—18)。戸数は二四戸で、侯・馮・藍・金の各姓の人々が住む。作物は稲・粟・芋(キャッサバ・薩摩芋・檳榔芋)・玉蜀黍・八角を栽培する。稲は一ムーあたり四〇〇キログラムで、自家消費にあて、八角は陰暦七~八月頃に町へもっていって三グラム七元で売る。竹や家具や建築用の木材(特に杉。一㎡あたり三六〇~四〇〇元)を出し、木製品、農具などを作って現金収入を得る。(54)

　年中行事には春節、正月一五日、春社日、四月清明、七月七日、七月一四日、八月秋社日がある。この村の特色は、清明節の四月五日、五月五日、六月六日には劉王廟、甘王廟、大星公廟、皇星廟の順に村内の廟を巡って祀ることである。訪問した日は陰暦二月六日で春の社王の祭りの日であった。村の守護神で土地神でもあり、農作物の豊饒と暮らしの安寧を司るという。特に穀物に関連が深いようである。祭りは二日間で当日は大社、翌日は小社といい、長男と次男の兄弟神を祀り、大社は藍立田氏、小社は馮宝生氏の家を祭場とする。この二つの家は村の創設時からあったとされる。社王はその祠まで行って祀るのが本来だが、村から遠く離れた川のそばの大きな木の根元に祀られており、そこに尊敬の念を表して石を置いたのが現在の祭場である二軒の家の先祖なのだという。村中の由縁のある家に神を招いて祀るといえる。祭りは年に二回で、春社日は二月六日、秋社日は八月六日に行われる。この日の朝九時に村の人々は燭灯と線香、豚肉を持って社王を祀る家に集まり、紙銭を焼いて、村の安寧と、食料や生産物が沢山とれるようにとお願いする。前もって師公を頼んで、その前で占いをしてもらい守護を願うこともする。供物は鶏、豚、魚肉と卵はよいが、牛、犬、猫と蛇の肉と七星魚は供えてはいけないという禁忌がある。犬は犬祖神話から言って当然である[55]。この日は赤米のおこわを作って各家でもお祭りをする。龍華村の社王の祭祀は、特定の家が世襲的に村の守護神を祀る形式をとり、家の権威と祭祀が結び付いて秩序を保っていると言える。

写真 2-18　花藍瑤の女性

　この村での葬制は二重葬法である。人が亡くなると葬式の後、死体を棺桶に入れ、少し離れた台地上の丘に喪屋を作って地上に安置しておき、三年後に死体が朽ち果てた後に棺を開けて骨を拾う。良い場所を占い、土の中へ埋葬するのである。但し、一部に

写真 2-19　改葬された死者の墓の墓標。白旗は師公を表す

写真 2-20　村はずれに葬られた死者の棺桶

は火葬の習慣もあり、その場合は骨を拾って師公に占ってもらってから、場所を選んで埋めることになる。死者は清明節には墓で供養され、七月七日から一四日までは家で祀り、祖先に供物をあげて共食する。死者が師公の場合には墓に白い旗をたて、普通の人であれば、旗を立てない（写真2―19）。その理由は、師公は度戒を受けているので、あの世の守護霊（陰兵）を獲得しており、その権利を表す為だという。この説明ではミヤオの要素が強いとされる花籃瑤が、盤瑤系の文化の中核にある度戒の影響を受け入れていたという複雑な状況を意味する。幼名・成人名・法名の三種類の名前を持つとも言われており、習合度が高いのかもしれない。二重葬法による死者の墓所は、集落から少し離れた尾根上にあり、遥か下方に谷を望み、向かいの山を見はるかす地点にあった。棺桶は白い旗を立てた喪屋の屋根の下におかれ、側にある傘、籠、帽子がまるで死者の旅立ちの様子を表しているようであった（写真2―20）。死後二年を経過しているので、腐臭はない。しかし、死亡後しばらくの間は風にのって、死臭が漂うという。隣接する丘には、既に死後三年以上を経過して棺桶を埋めた師公の墓があり、丸盛りの土に墓標を立て、そこに白い旗が風にはためいていた。こうした雄大な大自然の中で、堂々と眠る死者達の墓群は印象的であった。沿岸部の福建や広東の漢族にもある二重葬法がこの内陸部も行われていることは、移動にあたっての漢族の影響か、それと

も土着的な慣行なのかは不明である。

金秀鎮で識者にきいてみると、大瑤山のヤオ族の葬法は三種類あるという。第一に火葬は金秀鎮周辺（但し事故死や子供の死者は土葬）に限られる。第二に土葬については、ヤオ族の間で広範囲に行われているが、風水の善悪により死後三〜五年後に掘りだして骨を拾い、新しい棺に納めて別の場所に再埋葬することもあるという。第三が花籃瑤の場合で、一般には定棺葬あるいは放葬と呼ばれて棺を地面の上に置いて屋根を作りそのまま置くというやり方をとる。大瑤山の花籃瑤の場合は、葬法から見る限りでは、岩陰や洞窟に棺を安置する洞窟葬（岩洞葬）による風葬に近い[56]。

花籃瑤の場合は同じくミャオ系の言語を話す貴州の黔南の茘波県や広西の南丹県の白褲瑤、黔南の茘波県瑤麓の青瑤に近いのかもしれない[57]。瑤麓の村で聞き書きした時（一九九〇年一一月一六日）、「天寿を全うした人が亡くなると、二日から三日、銅鼓を叩いた。それから死者を木棺におさめて山洞にかついで行って葬った」と語っていた。しかし、銅鼓は大躍進（一九五八―一九六〇）の時に国家に供出してしまい、現在では高くて買えないとのことであった。白褲瑤の場合はミャオ系であり言語的にも花籃瑤と近いと見られる。白褲瑤の銅鼓は父系血縁集団（リネージ lineage）のポーブー（popu 破卜）の共有である。漢訳では「油鍋」、ユーグオ（youguo）という。この血縁集団は一定の土地を共有して共同耕作を行い収益を共同で管理して分配するだけなく、銅鼓も共有していた。死者の魂をあの世に送り込むためにポーブーが銅鼓を持ち寄り、四〇も五〇も銅鼓を連ねて叩いて音で送る。桶を片側にあてがって音を共鳴させる。あの世ではこの世と同じような生活を先祖は送っていて、豊かだとされる。田圃の耕作に欠かせない水牛は必ず供犠してあの世に送る［鈴木　二〇一二：四四一―四四二］。ただし、花籃瑤は水牛の供犠は行わない。ヤオ族とミャオ族の影響関係は錯綜し漢族の風俗習慣も混淆して、相互の類似と差異は一概に決められないのである。

2　横村

坳瑤が住む横村は龍華村から更に南へ一山越えた別の流域にある。正確には羅香郷臘河公所、現地名はウェンガンで、それを直訳すると横に延びた村、横村となる。川の対岸なので、雨で増水中の川を飛び石伝いに渡渉してようやく辿りつく。戸数は一五戸、人口は一〇一人で、水田が五四・四ムー、畑が三〇〇ムーで、一ムーあたりの収量は水田三〇〇キログラム、畑八〇キログラムである。畑では玉蜀黍と芋を作る。焼畑の周期は一年目二年目が陸稲、三年目はキャッサバなどの芋類と粟、四年目はキャッサバと薩摩芋で、一年目から杉の苗木や八角も植え始める。平地に立地し、本来は水田農耕が主体であった。

この村では他の村と同様に社王を守護神としており、村の下手の川の畔に祀られている。そのほかにも数多くの神々を祀っているが、主神にあたる神は、馮吉公神、劉大姑娘神の二神で、廟は前者は社王の少し手前、後者は村の後方一・五キロのいずれも山上にあるという。その祭りは大掛りで、三年に一度（一九八九、一九九三、一九九七年と続く）この男女二神を、村の広場に特別に祭壇（ギーユーという）をしつらえて招き降ろし、正月四日から三日間にわたって神遊びをして、再び送り返す。祭りでは五穀豊穣・人間と家畜の安寧を祈願して焼香し、道公が神々の仮面を付けて舞う。これが「遊神」と呼ばれる行事である。[58]仮面は鬼面と表現され、ヤオ語では神はムン、鬼はドゥムンだが、漢族の神鬼と異なり、同じものと説明される。その時の神々の内容は多彩で、馮吉公[59]（人間・家畜・穀物の豊饒と安寧を祈る）、劉大姑娘（穀物の豊饒祈願）の他に、土地公、社王、盤古王、梅山（法師の祖。ヤオ族の聖地、梅山に住む大聖九郎が張天師に道教を習ったので教主とする）、白馬姑娘（貿易をして自己の知識を得る）、陳洪卯（学問の神）、進武（法術の神）、海龍王（海の底にいる）、猪嘴雷（斧を持つ）、三郎と師匠（赤と黒の面、陰兵を管理、黒は暗探とも言う）、馮二（馮吉公の弟）、五官と九官（白と赤、馮吉公の子供）、劉二姐（劉大姑娘の妹、穀物の豊饒祈願）、劉元帥（力が強く何でも出来る）、瑤将（盤古王の子）、点兵（一陣）など二〇ほどもある（写真2—21～写真2—33）。

写真 2-27　白馬姑娘

写真 2-24　社王

写真 2-21　馮吉公

写真 2-28　陳洪卯

写真 2-25　盤古王

写真 2-22　劉大姑娘

写真 2-29　進武

写真 2-26　梅山

写真 2-23　土地公

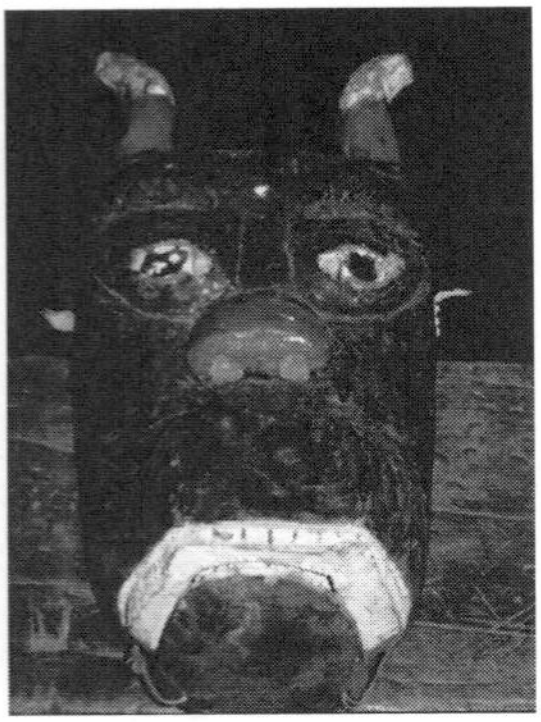

写真 2-30　海龍王

写真 2-33　点兵

写真 2-31　馮二

写真 2-32　劉二姐

神々の名称は道教風で漢族の影響は強いものの、自然界の様々な神霊を村の中へ招き入れ、人々と交感しあい、作物の豊饒と人々の平和を祈る意図が強い。坳瑤の家の作りの特色は、正面と裏側の脇の二つの入り口があり、儀礼に際しては裏の方から神々が入って正面から外へ出るという。三年という祭祀のサイクルは、恐らく彼らの生業である焼畑耕作の周期と関連があり、豊かさの源泉である大地の活性化と再生を祈ることが意図されていたのであろう。この村では「遊神」は正月に行うが、一般には秋の収穫後に行うことも多く、主役の道公は甘王の面を背負って各家々をまわり、最後には畑をまわってから廟へ行く[60]。沢山の舞踊を奉納し、一月から一二月までの仕事の内容を歌に入れ込んで歌う。坳瑤は「長毛瑤」だが「過山瑤」の盤瑤や山子瑤と同じく盤王を祀る。盤王節には始祖を祀る黄泥鼓舞を舞う。黄泥鼓の由来は『過山榜』が記す。それによると、盤王（盤護）は子どもと一緒に狩猟にいって山羊を追ったが、足を滑らせて崖から落ちて死んだ。崖が深かったので死んだ場所のそばの木を切り倒して長鼓を作り、こらしめとして山羊の皮を張って叩いて盤王を偲ぶのだという［広西壮族自治区編輯組（編）

写真 2-34　村の守護神の社王を祀る

写真 2-35　坳瑤の女性

一九八四：四〇九」。樹木（梓、桐）にぶつかり樹股に挟まって死んだとも伝える。盤瓠の子孫は盤王廟を建て、祭りの日には「盤王歌」を歌いながら、黄泥鼓を叩いて祖先を偲んで功績を讃え、五穀豊穣を祈願する。長鼓の皮面に黄色い泥を塗りつけて音を調節して打つ(61)。長鼓舞は独特の仕草である(62)。盤瑤の「盤王舞」は祖先神を祀り、盤王が着ていた花柄模様の「五色斑爛」の着物を着て、天地創世の歌にあわせて舞う(63)。六巷の東の山上に位置する坳瑤の村の上古陳と下古陳村には盤王廟があり、毎年の盤王節には横村も協力してこれらの村と交流する。一九八七年陰暦一〇月一六日の六巷の盤王節では坳瑤が主役のようであった(64)。

横村を訪問した日は陰暦二月七日で、村の社王の祭りの当日であり、家の主婦達は供物の糯米飯入りの粽作りに励み、午後の行事に備えていた。社王（ヤオ語はティヤー）は村の南西方向、約五〇〇メートルほど川沿いにたどった先の山側に樹木があり、その下の平たい石が祭壇になっていた。祭りは午後一時から始まった。盛装した道公が正面に朱紙と紙銭、洗米、豚肉、爆竹を置き、鶏、粽、酒、おこわを供えてから、中央に社王の朱印を置き、五つの茶碗に酒をついで、前方に線香をたてて祈り始める（写真2―34）。各家の者は茶碗の米を入れて持って集まる（写真2―35）。道公は木剣を持ち、呪語を唱え、鈴つきの槍で祈念した後に大地へ突き立て、木剣に米をとって撒き、鈴を鳴らし銭を供え、紙銭を焼いて祈願する。最後に村人が手を振って大地に額をつけて拝み、爆竹を鳴らして終了する。一五戸全てが供物を持ち寄り、各家からの男の代表者が一人ずつ参加するのが正式なやり方だという。費用は村の人全員がお金を出しあう。道公は三八歳の李日生氏であった。家へ戻ると早速に神への供物を調理し、粽を分け合って酒と共に皆でいただくが、この共食によって相互の連帯を確認し合うことに、村人は大きな意義を見出しているようであった。

3　寨保村

寨保という茶山瑤の村は、金秀の北方にある。訪問時期は、丁度焼畑の火入れの目安になる「開春」の日の後であったらしく、村に至る道は全山焼畑で、その雄大さに度胆を抜かれた。しかし、山を下っていくと、灌漑を利用した梯田（段々畑）が展開し、麓には水田が広がる村々が点在し始めた。寨保もその中の一つである。茶山瑤は大瑤山の五種のヤオ族のうち、水稲耕作の比重が高いという。この村も水田六七二ムーに対して畑が八四ムーであった。一人あたりでは水田二・四ムー、畑は〇・三ムーである。田植えに際しては、沢山のご馳走を作って、三本の線香をつけて五穀豊穣を穀物の神（稲魂）に祈るなど稲作指向が強い様相を窺うことが出来る。戸数は五〇戸、人口は二八〇人である。芋の栽培も盛んで、ヤツガシラ（里芋風）、甘藷（紅藷）、キャッサバ（木藷）などを作る。主な年中行事は春節、二月社、四月清明、四月田植え、五月社（保苗）、六月六日（虫の祭り）、七月一四日（鬼節）、八月社である。社王の祭りは年間三回行われる。衣装の特徴は上方に湾曲した銀釵を頭上につけることである。

寨保村の成立は二〇〇年前で、皇帝の太監が来て住んだことから太保と名付けたと伝える（保は村の意味）。村名は一九三〇年代に国民党が来て統治した時に寨保に変更させられたという。家と家とが隣接し、村全体が大きな家のようになっているのが村の特色で、その理由は戦闘が起きた時に、丸太畳の道を木の門で閉じて要塞化して、防衛を図るためだという（写真2―36）。村落での統合性の高さを示す。茶山瑤は早くから商品経済に巻き込まれて漢族との交渉が頻繁で紛争も多かったので、防衛機能が発達したのであろう。解放以前は墟市（market）の漢族商人と商品作物や杉材の交易を行って大きな利益をあげ、大瑤山の五種のヤオ族の中では最上位であった［唐兆民 一九四八：五八―六三］。五種のヤオ族のうちで最も漢化が進んでいるとされる。

村は同一の姓、莫からなり、伝承では寨保村の祖先は莫金一（男）、隣村の将軍村は莫金二（男）、楊柳村は莫金葉（女）といい、兄弟姉妹が創設したと伝え、各村が血縁集団をなしている。村の守護神の社王の祠は約一キロ離れた三つの村の中間地点にあり、毎年二月と八月に祭りを行う。茶山瑤には「社王の祭り」（吃社）という由来譚が伝わり、以下のようである。五穀神で守護神とされ、民間道教の影響を受けている。

写真 2-36　丸太畳が続く茶山瑤の村

社王は李という姓なので、李社と呼ばれる。誕生してすぐに笑うので、父母は怪物と思って山に捨てた。それを白牛が呑んでしまった。牛は瑤山に来てトウモロコシを食べて、瑤人に矢で射られて死んでしまった。人々は牛肉を分けようとすると、牛のお腹に人の姿のような石がある。おまけに言葉をしゃべり出した。この時、つむじ風が吹いてきて、この石は玉皇大帝の前に落ちた。玉皇大帝は石を社王に任じ、下界に遣わして、人々に五穀の作り方を教えさせた。こうして人々は腹いっぱい食べることができるようになった。人々は社王を五穀神と認め、村々に廟を建てた。社王の神像を安置し、毎年陰暦の二月と八月に社日を設けて祭祀するようになった［百田　一九九九：二九三―二九四］。

写真 2-37　茶山瑤の道公の舞

社王の祠では一二年に一回は大祭を行う。三村の人々は、中間地点にある社王の祠の近くに祭壇を作り、そこに集まって祖先を祀り、悪霊を祓って病気退散、健康・豊作祈願をする。これを「做洪門」（做功徳、プ・ホンマンとプ・コンタッ）といい三日間にわたって執行した。寨保から二人、他村から一人ずつ計四人が集まって相談する。二匹の豚を殺し、一戸から代表者が集まって鶏・鴨・小鳥・卵・酒等を供えて、儀礼の後に供物を共食する。祭壇には一二の人形を祀るが、これを見ることは禁忌だという。馬の絵を描き左右に日月を描いたものもある。この時は「肉を食べる」と言ってはならず、「田植えをする」という言い方をする。その理由は肉を食べるとは自分を食べることになるからだという。「做洪門」は祟りをなす山の霊や病気の霊を追い払い、健康祈願・五穀豊穣を祈ることで、師公が儀礼を司どる。同時に事故や病気で死んだ人を供養するための「做功徳」を行う。これはあの世に行っても、普通の死者と同じ生活が出来ない霊のための供養で、村へ来る道の三方の各所に黄龍・青龍・黒龍の橋を掛け、その橋を霊が無事に渡れば成仏すると考えられていた「奮戦屯の架橋」の習俗と同じく、橋が霊界との境界と観念される。ここでは龍に因んで辰年ごとに行っていて、一九八八年が実施年にあたっていた。しかし、中断してから六〇年たつという。[65] 茶山瑤だけが行う行事である。この村は龍の尾にあたるとされ、風水の影響が見られ、漢族風の要素を取り込んでいる。漢族商人との相互交渉が密にあったことが「文化の相互変容」をもたらしたとみられる。

祭祀に使う一二の人形とは、神像の掛け軸のことであり、村の年老いた師公が保存していたが、現在ではボロボロになっており、かなりの警戒心を示しながら見せてくれた。師公は神々への信仰心が強く写真をとることは許可してくれなかったが、多くの神々が描かれていた。その内訳は張天師神、威徳雷王（左方の守護）、上清仏、李天師神、法三郎（右方の守護）、太清公、玉清仏、天界水界（鳳凰と龍）、地界陰界であり、かつての儀礼に使用した「十八神像」の一部らしい。使用する神像は道教の神々で、外見上は道教ではあるが、内容はヤオ流に換骨奪胎したヤオ民間道教である。[66] 漢字を駆使し経典や呪文を朗誦する。ヤオ族は漢字の使用にたけた人々であり、若い頃からの厳格な修行がその体系を支えてきた。度戒の儀礼でもこの神像は使用して、あの世の守護霊を身につけさせる。修行は一二歳から始まり、堂屋で師公から儀礼や舞や唱え言を習得し、四九日間は家の中に閉じ籠って菜食で過ごした。神像は做道（プタウ）という葬式の時に行われる、死者の霊をあの世に導く儀礼でも掛けられるという（写真2―37）。村には数多くの神々を祀る廟があり、社王の他は劉三廟、雷祖廟、金星廟、張天師廟、李天師廟、韋天師廟、陳洪卯廟、陶金明廟、潘林勝廟、韋金明廟などがあったが、悉く破壊され尽くした。文化大革命など数多くの政治変動を潜りぬけ、復活の兆しを見せたヤオ族の精神文化は、かろうじてその命脈を止めているに過ぎない（写真2―38）。

写真 2-38　茶山瑤の女性の舞

多様に分化するヤオ族は、漢族という巨大な「外部」の多数勢力や他の民族と交易や養子取りを通じて多様な民族間関係を結ぶ一方で、自らの「内部」勢力と微妙に拮抗しながら生活を維持してきた。漢族との交流で漢字や道教を受容して読み替えて独自の神話や儀礼を生成してきた。しかし、漢族とヤオ族との関係性は微妙で、解放前の金秀の「大石牌」の碑文にはヤオ族が漢族より優位に立つことが記されていたという。[67] 共生や共存、相互の変容や優劣も単純ではない。解放後に生活は激変して、行政による介入が強まり、大きな変動が生じた。

七　今後の行方

一九八〇年代に入り、民族間関係は新たな局面を迎え、ヤオ族は国家によって作り出された民族を、更に自らの手で創り変えつつ、新たに生きる道の模索を始めようとしていた。水力発電のために政府がダムを作り、村が水没するようなことも起っている。一九九〇年代は経済的にも豊かになり基盤整備が進んで、観光化も本格化した。そして、国際的なつながりも構築されようとしている。一九七五年にラオスの内戦が終結して、パテート・ラーオ（Pathet Lao）政権が樹立されると、ラオス国内で反共産活動を行っていたヤオ族（ミエン）は、モン族（Hmong ミャオ族の支系）とともにタイに逃れて政治難民となった。その後、アメリカ、カナダ、フランスに散らばり、各地の「国民国家」の中の「民族集団」となった。アメリカではサンフランシスコ州、オレゴン州、カリフォルニア州に居住している。離散する人々の間をつなぐためにアメリカでは一九八二年に「ラオ・ユーミエン文化協会」（Lao Iu Mien Culture Association）が設立されて活動を始めた。現在、ヤオ族のうちのユーミエンは活発に世界的なネットワークを構築している。実は我々が訪れた十八家村にはすでにアメリカのユーミエンが集団で訪問しており、中国のヤオ族とアメリカのヤオ族の交流が始まっていた。グローバル化の中で、アメリカのモン族も同様な動きを展開して、雲南の文山のモン族との交流を活発化している［鈴木　二〇一二：四七三—四七五］。大瑤山では、伝統保持と開発促進の間を揺れ動きながらも、ヤオ族という範疇を国家と民衆の意識の中間に創りだそうという試みが、五種類のヤオ族の間で多様な展開を見せてきた。今後は海外とのネットワークの展開がより重要性を増してくる。その過程の中でヤオ族の民族像がさまざまに再構築されていくとみられる。

注

（1）一九七五年以降、ラオスから脱出して政治難民となったヤオ族の支系のユーミエンがアメリカ、カナダ、フランスなどに定住して、相互に国を超えたネットワークを構築しつつある。ラオスのヤオ族に関する先駆的な調査としては、岩田慶治の報告［岩田　一九六〇］がある。

（2）本調査はトヨタ財団の一九八七年の研究助成に基づいた共同研究の成果である。現地では龐有明氏（民族事務委員会主任）、覃義生氏（広西博物館助理研究員）、範禹氏（黔南文学藝術研究室研究員）をはじめ多くの方々にお世話になった。記して感謝したい。最初の調査記録は［鈴木　一九八八］として公にし、改訂版は［鈴木　一九九六］である。

（3）ヤオ族の日本人による現地調査として田畑久夫と金丸良子の報告がある［田畑・金丸　一九九五］。一九八五年から一九九四年の記録で貴重だが、場所は貴州で生業の調査が中心である。

（4）紀元前三世紀に秦によって滅ぼされた楚に対して秦がつけた呼称である。

（5）『後漢書』巻一一六、列伝七六「南蛮西南夷」には盤瓠の犬祖神話を伝える「長沙武陵蛮」（現在の湖南）の由来と共に、竹中生誕譚の「竹王竹三郎」の神話を伝える夜郎（現在の貴州）、龍の子供の「九隆」の神話を伝える哀牢（現在の雲南）の由来に関する記述がある。当時の非漢族の有力者たちの創世神話である。このうち現代まで命脈を伝えるのは犬祖神話で、現在ではヤオ族の始祖神話として語られている。竹王伝説は貴州の西南部鎮寧県革邦村で、九隆伝説は雲南の西部の保山や永勝県合慶村で口頭伝承として語られているが［百田　二〇〇四：六〇―六八、一〇二―一一二］、古代からの歴史的連続性は確証できない。

（6）原文では「零陵・衡陽等郡、有莫徭蛮者、依山險為居、歴政不賓服」と記されている。

（7）『隋書』巻三一、志二六の原文は「諸蛮本其所承盤瓠之後、故郷章多以班布為飾。‥‥長沙郡又雑有夷蜒、名曰莫徭。自云。其先祖有功、常免徭役、故以為名…武陵、巴陵、零陵、桂陽、澧陽、衡山、熙平皆同」とある。

（8）原文は「五渓之蛮、皆盤瓠種也。聚落区分、名亦随異。沅其故壌、環四封而居者、今有五、曰貓、曰猺、曰獠、曰犵狫、風気習大約相似、不巾不履、語言服飾率異乎人」と記して、『後漢書』の犬祖の盤瓠の末裔とする。

（9）北宋（九六〇―一一二七）から南宋（一一二七―一二七九）にかけての漢族の南下政策によって、南方の詳細な情報が得られるようになった可能性が高い。

（10）藍靛とは木綿に藍染めする技法に優れていたことに由来する呼称である。

（11）盤古瑤とも呼ばれ盤瓠あるいは盤王を始祖として崇拝する意識が強い。この人々は結婚式にあたって女性の被るターバンが板状でプパン（bu bian、卜扁）と呼ばれ、板と盤は同音のパンなので「板瑤」や「盤瑤」と漢字をあてるのだという。

（12）ミエンの呼称の起源は、漢族からの他称である「蛮」に由来していた可能性がある。

(13) ケムは山、ティは下、ムンは人の意味である。

(14) ベトナムやラオスでランテン・ダオ（藍靛瑤、LantienDao）と呼ばれる人々と共通する［菊池　一九八九：五八―六〇］。自称はムンである。

(15) 吉野晃の報告では、この地の漢族はカン（kan）といわれ、茶山瑤も同様にカンに属するとされる。チワン族（壮族）も同様にカンチアン（kan-tsoang）と呼ばれる。これに対し坳瑤、山子瑤、花籃瑤はカン（kan）はつかないがユー（iu）をつける場合がある［吉野　二〇〇五：四九］。従って、近縁性で言えば、漢族に最も近いのは茶山瑤でチワン族も近く、これと異なる言語を話すのが坳瑤、山子瑤、花籃瑤で、最も遠いのがユーミエン（iu-mien）の盤瑤となる。

(16) 茶山瑤は髪の毛の前方で結び、花籃瑤は後方で結ぶ。坳瑤は頭の頂点で結ぶという。

(17) 名称は多様で、『評皇券牒』や『過山榜』の他にも盤古皇聖牒、過山牒、白録敕帖、瑤人榜文、祖途来歴など二〇種の名称があるという［黄鈺　一九八八：四六］。『過山榜』の報告書［広西壮族自治区編輯組（編）一九八五］には、聖牒榜文、平王牒榜、盤古瑤榜牒、過山黄榜、過山榜文、盤皇聖牒などの名称が挙げられている。この文書は秘蔵されていて外部の者に見せることはほとんどなく調査は難しい。黄鈺は大瑤山では一九五七年春に共和郷坤林村で楮（コウゾ）の木の皮に書かれた『評皇券牒』の残欠を発見し、一九六一年の臨桂県廟坪山区では、絵入りで焼畑を描き、巻末に盤王と六男六女、楽隊などを描く券牒を見たという［黄鈺　一九八八：四七］。黄鈺の論文は評皇券牒に関する簡潔な情報を伝える。資料の集成としては［《過山榜》編輯組（編）一九八四。広西壮族自治区編輯組（編）一九八五。黄鈺　一九九〇］がある。

(18) 貴州省従江県斗里郷台里村高留組の盤家に伝わる『過山榜』は詳細な移動経路を記している。原文は［田畑・金丸　一九九五：二一五―二一六］に翻刻された。拝見にあたっては鄭重な拝礼が行われ、保管場所は秘密とされた。内容は、盤古聖皇の天地開闢に始まり、その六男六女が平王によって山林での居住を許可され、十二姓を形成して、洪水を乗り越えて各地を移動した。焼畑（刀耕火種）によって山を切り開く許可と租税の免除が券牒の榜文として記され、景定元年四月八日の日付がある。記載は洪武五年（一三七二）あるが、明代の記録ではない。盤瓠の名称や犬祖神話は記されていない。

(19) ベトナムでヤオ族と同系統の人々はマン族（蠻族）と呼ばれ、『過山榜』にあたる文書があった。慶應義塾大学の松本信廣は、一九三三年にハノイのフランス国立極東学院を訪問し、収蔵されていた書籍集成「安南本」の中にトンキン（Tonking）の山地に居住していた蠻《マン》族の所有にかかる『諒山省平州蠻書』が存在し、その中の小冊子「世代源流刀耕火種、評皇巻牒」に、盤瓠伝説が記されていたことを発見して報告した［松本　一九四一］。洪水伝説が記載されていて、ミャオ族との類縁性を示唆する資料と考えた。後に文書目録を作成している［松本　一九四三］。その後、山本達郎がパリのアジア協会（Société Asiatique）に保存されていたマスペロ（Maspero,H）教授の収集本で画架番号2235のCartes des Mansを「山関簿」として紹介して盤瓠伝説と洪水伝説を報告して分析した［山本　一九五五］。蠻族は現在はベトナム北部ではダオ族（dao, 以前はザオ zao）と呼ばれている［菊池　一九八九：五五―五九］。

(20)『瑤人文書』は一九七〇年一二月に上智大学教授白鳥芳郎が調査した時に発見した。この時に収集した文書は、評皇券牒、家先単、超度書、大堂魂像（十八神像）など多数に上る。白鳥芳郎、竹村卓二の研究は、吉野晃によって引き継がれている。

(21)ここには抄訳を載せる。全訳は［竹村　一九八一：二三二―二三三］を参照されたい。

(22)『捜神記』によると、盤瓠の由来は以下の通りである。「高辛氏に年老いた婦人がいた。王宮に住んでいたが、耳の病気にかかって長い間苦しんだのを、医者が治療して、繭ほどの大きさの虫をほじり出した。婦人が帰ったあと、その虫を瓠の種子を収めるざるの中にいれ、盤をかぶせておいたところ、たちまち犬に変わってしまった。その毛並みには五色の色があった。そこで盤瓠と名づけて飼っておいたのである」。この部分は『後漢書』「南蛮西南夷」の注に引く『魏略』断片とほぼ同文である。犬祖神話の部分はほぼ『後漢書』と同文だが、『捜神記』の最後の部分は生活状況の記述が詳しくなっている。それによると「村の酋長があり、全て朝廷の綬が授けられている。冠には獺の皮を用いているが、それはこの獣が水を泳いで食べ物を取ることからきている。いま梁漢、巴蜀、武陵、長沙、廬江の諸郡に住む蛮族がそれである。米の粉のあつものに魚や肉をまぜ、樋を叩いて呼びながら盤瓠を祭る。その風習は今でも続いている。だから世のことわざに、〈赤髀横裙、盤瓠子孫〉という」と記されている。盤瓠は「虫が犬に変わった」、「獺にたとえる」、冠には「獺の皮を用いる」など、昆虫や魚類など自然のメタモルフォーゼである。盤瓠は奥が深い。

(23)『後漢書』「南蛮西南夷」（五世紀）は竹中生誕譚の「竹王竹三郎」の神話を伝える夜郎（現在の貴州西部）、龍の子供の「九隆」の神話を伝える哀牢（現在の雲南西部）も記すが、その後は夜郎と九隆は歴史文献からは消える。話の骨子は、優れた才能を発揮する王が、空ろな容器から生まれる、あるいは龍による水中での感精という起源神話として霊性を帯びた存在として語られるのである。王権という権力の正統性を保証する権威の源泉を霊的な力や自然力に求める。しかし、「生きた神話」としては継続しなかった。『史記』が記す夜郎の尊大さは、後世まで「夜郎自大」という自信過剰の比喩に使われた。竹中生誕譚は貴州西部に戦国時代から前漢末期（紀元前二七年）まであったと推定される夜郎《イエラン》国の始祖神話である。『華陽国史』「南中伝」（四世紀）に「因新竹王、置牂牁郡」とあり、『後漢書』「南蛮西南夷」に夜郎王の竹中生誕譚を記す。夜郎国は古くは『史記』と『漢書』の西南夷伝に登場し、貴州西部の赫章県の可楽遺跡付近と推定される国で、発掘も行われている。ただし、その後の記録は残っていない。竹王の話は五世紀以後、一七世紀まで一二〇〇年空白が続く。『黔游記』（康熙一〇年・一六七一）は、『後漢書』を引用しつつ、清平県の県城から一六里の楊老駅（現在の福泉県東部鳳山・興隆街）に竹王祠、黄絲駅（現在の福泉県西部）に竹王廟があると伝える。双方の祠は現存する［尤中　一九八三：一四二―一四三］。解放後の調査で各地から竹王の儀礼や伝説が報告されている。湖南省邵陽地区新寧県の八峒瑤山の阿黎人（ヤオ族の一支系）では祖先を祀る竹王祭が行われ、巫師が天地開闢・人類起源・遷徙と歴史について語り先祖を祀る。竹根の面具の仮装が出て巫師は竹王や盤王に扮して魔物を村境に送り、その後に盤古大王を祀る［林河　一九九七：四九四―五〇四］。貴州北西部のイ族（彝族）は竹を先祖として崇拝する。個人的な体験として、二〇〇六年三月一三日に訪れた威寧県龍街区の馬街村では森の中に竹筒を三本置いて祀り、先祖を竹の出生とする伝承を聞いた。各地で語られているのは現代化した夜郎の伝説で、記念碑や族譜で史実にしようとする力も働いている。貴州の西南部鎮寧県革邦村の金姓は夜郎王「多同《タートン》」の子孫と伝える［百田　二〇〇四：六〇―六四］。夜郎王の末裔と称する人々は、貴州の貴陽市金竹鎮のプイ族の金氏、長順県広順鎮のプイ族の金氏など多くいて、「竹王送子」という儀礼を執行しているという報告もある［弋良俊　二〇〇一］。

(24) 始祖神話の比較に関しては、［鈴木　二〇一五b］を参照されたい。

(25) 雷山県のミャオ族の一部では自らの先祖は犬であると伝える人々がおり、解放前までは犬の尻尾をかたどった紐をつけていたが、解放後は周囲の他の民族から侮辱されたためにつけなくなったという（雷山県での聞き書き、一九八三年）。

(26) 盤瓠廟は湖南省麻陽県高村郷の錦江流域には一八か所あるという。ミャオ族がすむ漫水村には明代の永楽二年（一四〇八）建立と伝える盤瓠廟があり、陰暦五月一一日の龍船節には盤瓠を祀って、舳先に犬頭を頂く龍船を出し、接龍歌、謁見歌、根源歌、謝茶歌、送神歌を歌って祭祀する［譚子美・李宜仁　一九九一：五三―五六］。一九九八年八月二九日に現地の盤瓠廟を訪問した時には、祭壇正面に「本祭盤瓠大王位」、左右に「本新息大王位」と「本祭四官大王位」の神位が据えられていた。祭日ではなかったが、我々の訪問の為に供物を供えて飾った。三六個の盃を天神地神と観音に捧げ、三人兄弟には豚が一頭と粽があげられて「接龍歌」が歌われた。田連炎（支部書記）が話した由来譚では「高辛王は娘を龍犬に与えると、娘と婿を湘西地方に住まわせた。夫婦はここにきて三男三女に恵まれた。長男が盤瓠《バンフー》、次男が新意《シンイー》、三男が四官《スークワン》という。後に沅江一帯で戦闘があり、三兄弟は雄々しく闘ったが戦死した。彼らの子供たちが父親を偲んで龍船祭祀をはじめ、一代一代と受け継がれていった」という。三つの神位は三兄弟であった。皇帝の娘をめとったのは龍犬で、子供の三兄弟の長男が盤瓠とされていた。五月一一日が盤瓠の誕生日で祭祀の日、龍船を水上に浮かべてゆっくり往来する「試船」を一一、一二、一三日に行う。一四日から一六日が龍船の日であるという。漕ぎ手は四八人、太鼓打ち・銅鑼打ち・指揮官、舵取りが一人ずつ、喇叭二人が乗り、総勢五四人が乗る。錦江の沿岸には一五の郷があり百艘余りの龍船を所有し、高村鎮は八艘を所持している。龍船は山神を祀ってから杉木で作るといい、祭祀には色々な神々が混淆しているようだ。中国南部では龍船の祭りが多い。由来譚の文献上の初出は『周處風土記』（三世紀後半）が記す端午の節句の競渡の記事に遡る［君島　一九七七］。梁代の宗懍撰『荊楚歳時記』（六世紀）の五月五日の条には競渡の記事を載せ、注釈に楚の屈原が汨羅（現在の湖南省北東部、洞庭湖の南方）に恨みをのんで入水し、祟りを恐れ、死霊を和める行事として始まったと説く。貴州黔東南の台江県施洞区のミャオ族では龍退治の伝承を龍船競渡で再現するが、龍の根源には山神と水神の信仰がある［鈴木　二〇一二：三五三］。湖南省麻陽の漫水村のミャオ族では水界の霊を慰撫する様相が希薄化して、祖先の祭りになっている。

(27)　金秀での聞書きでは、盤、黄、趙、李、馮、鄧、胡、包、周、雷、瀋、唐が十二姓で、盤、黄、李、鄧、趙、馮が金秀に住んでいるという。その後、鄭と龐が加わったが漢族がヤオ族の女性と結婚してできた新しい姓である。人数は盤、黄、趙、馮が多いが、盤と張が優勢で古いという。ただし、『過山榜』には、盤・黄・趙・李・馮・鄧・胡・龐・包・瀋・周・雷を十二姓という記述もあり対応が異なる。地方によっては鳳や奉があり、類似音の馮が変化したのだという。基本は文字を持たない人々なので、融通無碍に漢字を活用する。瀋が現在はいない理由としては、移住の途中、川を船に乗っていた時に遭難して沈んだので失われたという説明が聞かれる。瀋と沈は同音の shen なので関連付けたと推定される。

(28)　内容は具体的で、租税を納めないで田を耕作してよい、川を渡る時にお金を払わなくてもよい、役人に会っても跪かなくてもよい、田から三尺以上離れて水を引いていない所は自由に耕してよいなどの規定があり、非現実的な事項も多く含まれる。

(29)　タイの文書では、巻頭に「景定元宗巽」とあり、「元年」という表記ではない。中国では「景定元年」と記載されたものが多い。

(30)　中国国内で発見された一〇〇以上の『過山榜』のうち、八九件は『広西瑤族社会歴史調査』第八冊に収録され［広西壮族自治区編輯組（編）　一九八五］、代表的なものが『瑤族《過山榜》選編』［《過山榜》編輯組（編）　一九八四］に収録されている。

(31)　実際に大海を渡ったのではなく、故地に近い洞庭湖を渡って移住した記憶が伝えられているのではないかと推定されている。

(32)　千家峒の場所については、諸説あり、特に湖南省に多いが、そのうちの一つの湖南省江永県の現地での具体的な状況については本書第三章で述べる。

(33)　湖南省の瑤族の盤王大歌については［湖南少数民族古籍辨公室（主編）　一九八八］が詳細である。主として湖南、広西、広東に所在があり、雲南は一件のみである。

(34)　最終的に毎年陰暦一〇月一六日を盤王節を行うことに決定したのは一九八四年八月一七日から八月二〇日まで南寧で開催された「全国瑤族幹部代表座談会」においてであった。伝統的祭日を娯楽活動にする動きが始まり、第一回目は一九八五年一一月二七日（陰暦一〇月一六日）に金秀で行われた。一四〇人ほどの参加者があり、招待客には全国政治協商会議副主席で一九三〇年代にヤオ族の調査を行った人類学者の費孝通も呼ばれていた。功徳橋をかけ盤王の大きな画像が掲げられた［蘇勝興一九九〇：二二五—二二九］。行事の内容は黄泥鼓舞、狩猟舞、耕山舞、白馬舞、出兵収兵舞、釣魚舞、捉亀舞、花王舞、双刀舞、招兵舞、女游舞、三元舞など三〇演目であった。ただし、「盤王歌」を歌うことは不可とされた。

(35)　八排瑤といい盤瑤と並ぶ典型的なユーミエンである。広東省西北部の珠江流域に住み、「深山瑤」に属するとされ、海抜高度の高い急峻な尾根筋や山頂に居住して定着している。「排」とは集落のことで住み着いた時に八か所の集落を形成したことに由来する。自らがヤオ族の正統だという強い自負を持つ［連南瑤族自治県地方志編集委員会（編） 一九九六：一八六］。

(36) キャッサバは比較的最近に導入されたようである。

(37) 鳥の捕獲の禁止は非日常の行為である。日常生活では「鳥盤」を利用して鳥を獲ることが多く、獲った鳥を酢肉にして出すのがお客への最高の接待方法であった。これと「油茶《ヨーチャ》」のもてなしが家庭料理の粋であった。油茶は油で茶葉を炒めて水を入れて煮て、茶葉をとった後に残る汁を塩・生姜・唐辛子で調味し、炒め米と炒め豆と一緒に茶碗に入れて飲む。

(38) 金秀で聞いた茶山瑤の話者の説明は異なる（一九八八年三月二〇日）。師公によれば、三元舞とはプラウ・ファン・ユン（踊る・三・元）という。伝説では、昔、三兄弟がいてが西天へ行って、長男は茅山教、次男は梅山教、三男は仏山教を習って戻ってきて一緒に舞ってみせた。誰が一番上手かを競って舞ったら、皆同じようであった。度戒の時の前後に舞い、その他は舞わない。茅山教は金秀付近には少ないが、平南県玉林地区の羅郷にあるという。この時は三元舞、女遊舞、遊元舞を見学した。三元舞は帽子をかぶり腰に箱を下げての一人舞で、箱の中に漢字の経文が入っていて、箱の上には虎、下には龍の絵が書いてある。女遊舞は茶山瑤のみに伝わる対照的な振りの二人舞である。如来仏を祀るとされ、龍王の娘が祭りにやってきて人間の形になって一緒に踊った。その縁で老若男女全てが踊る。功徳節、ポラ・コム・タ（功徳・沢山・作る）の祭りで舞う。遊元舞はプラウ・ユ・ユン（舞・遊・元）といい、収穫後に天神に感謝して舞う。二年に一回、陰暦一一月で日程は道公が決める。基本は四人舞である。演者は全て金秀鎮の人で、蘇徳意（昔地村。小鼓と舞手、六六歳）、金維建（金秀村、舞手、五五歳）、蘇玉龍（白砂村、舞手、七〇歳）、金勝雲（金秀村、蜂鼓、七四歳）、蘇建明（白砂村、舞手、六〇歳）であった。いずれも村の寨老を務めた経験者で、宗教的職能者が社会の運営の中核にいたことになる。

(39) いずれも散逸し清代の『繹史』巻一に引用されているが、原本は三国時代の成立ともされる。巨人化生による天地創造の神話は『述異記』巻上（南朝の斉代、五世紀）にも記されている［伊藤 一九九六：二九―三〇］。

(40) チワン語（壮語）では砥石をパン、ヒョウタンをクオという説があり、漢字の盤古は中空で空虚な神霊の籠る容器を、石と結びつけた神名になり、創世神の様相を帯びる。

(41) 北斗七星を踏む儀礼については『盤王経』に基づいた詳細な状況が報告されている［黄海・邢淑芳 二〇〇六：九八―一一一］。

(42) 儀礼の全容や、度戒については、［黄海・邢淑芳 二〇〇六］で概要がわかる。

(43) 吉野晃による調査（二〇〇二年、二〇〇三年、二〇〇四年）によれば山子瑤は「茅山教」だと主張する話者が多かった。長洞郷の六架に住む馮姓の祭司二名（一九一九年生と一九四六年生）によれば、盤瑤は「太上老人君教」であり「老君人」といい「梅山教」、山子瑤は「茅山教」、漢族は「閭山教」であるという。盤瑤の度戒は姓ごとに行い山子瑤は姓を問わず共同で行うという。また、金秀鎮の黄姓の祭司（一九二一年生）によれば、盤瑤は梅山教、山子瑤・坳瑤・花藍瑤は茅山教で、茶山瑤は不明だが、一般に漢族は茅山教だとこたえた。逆に忠良郷六千の黄姓の祭司（一九三六年生）は盤瑤は梅山教（老君教）、山子瑤と茶山瑤は茅山教だという［吉野　二〇〇五：五二］。ただし、梅山教と茅山教の違いを儀礼や経典を通じて検討しておらず結論は出ない。共通するのは、盤瑤と山子瑤が相互に異なる法流を伝える集団だという意識を共有していることである。

(44) 梅山の史料は『宋史』巻一六「神宗紀」に「熙寧五年一一月、…章惇開梅山、置安化縣」とあり、巻四九四「梅山峒蠻」、巻四七一「章惇傳」などに記述が見える。開梅山は、北宋が熙寧五年（一〇七二）が傜蠻に対処した大きな出来事で歴史的な史実である［饒宗頤　一九八七：一六〇―一六二］。

(45) 原文は「五渓之蛮、皆盤瓠種也。聚落区分、名亦随異。沅其故壌、環四封而居者、今有五、曰貓、曰猺、曰獠、曰獞、曰犵狫、風声気習、大約相似、不巾不履、語言服飾率異乎人」と記して、盤瓠の子孫であるとして『後漢書』の犬祖神話に触れる。本書の内容は政情の推移が主体で民族誌的情報は乏しい。五種のうち犬祖神話はヤオ族に受け継がれた。漫水では、永楽二年（一四〇四）建立の盤瓠廟があり、毎年五月には犬と龍が混淆した狗頭を舳先につけて龍船の競渡を行う［譚子美・李宜仁　一九九一］。ヤオ族とミャオ族は遡れば同系統の流れから派生したと見られる。

(46) ヤオ族の場合も竹に重要な役割を与える。瑤人の来山と金秀の名称の由来に関しての伝承「金笋和銀笋」によれば［黄革（編）　一九八五：二〇四―二〇七］、「むかし金秀の山に瑤人が移って来て村をつくり焼畑を開いた。暮らしは貧しかった。ある晩、龐《パン》啓全《チーチュワン》（後の指導者）の夢枕に白髪白鬚の老人が立って『香炉山の金竹銀竹を移植せよ』と教えた。香炉山は野獣や山姥が出没する所。龐啓全は剣を帯び鋤をかつぎ竹筒を持って出発した。香炉山に着き中腹まで登ると山姥が現れたから、すばやく竹筒を腕に通した。山姥は腕の竹筒をつかんで高笑い。龐は竹筒からそろりと腕を抜いて山をかけ登った。山姥は二つの竹筒をつかんだまま笑っている。龐は山頂近くで金竹銀竹をみつけ、竹根を負って村へ戻った。翌日村人たちと山へ行き、大勢で移植した。こうして春になると笋が伸びる里になった。村の名前を金秀とした」［百田　二〇〇四：五三］。スイ族にも腕が大好きな山姥から身を守るために腕輪を竹筒の形に打ってもらうという伝承がある（「載手触鐲台的来歴」）［岱年・世杰（主編）　一九八四：九四～九五］。ミャオ族は竹を天と地をつなぐ木として霊性を認める。スイ族も同様である。

(47) 湖南省邵陽地区新寧県の八峒瑤山の阿黎人（ヤオ族の一支系）では祖先を祀る竹王祭が行われ、巫師が天地開闢・人類起源・遷徙と歴史などについて語り先祖を祀る。竹根の面具の仮装が出て巫師は竹王や盤王に扮して魔物を村境に送り、その後に盤古大王を祀る［林河　一九九七：四九四―五〇四］。竹の信仰はミャオ族と共通する。

(48) 正一教は全真教と並ぶ道教の宗派の一つで、北宋の時代には、龍虎山を本山とする天師道が朝廷の庇護の下に入り、元代の華北では金の時代に興った全真教が勢いを得て、正一教は華南、全真教は華北と、南北の二大宗派となった。遅くとも唐末五代には、張天師を教主として龍虎山を本拠とした天師道が成立していた［窪　一九七七］。金秀大瑤山に正一教の影響がどの程度残っているかは不明である。

(49) 石牌頭人は寨老を兼務したことも多かったようである［黄鈺　一九八八：四七］。

(50) 清朝は光緒三四年（一九〇八）に、太平天国の乱の中心勢力であった天地会の一派の三点会の残党を鎮圧したが、「長毛苗」の石牌頭人に「功牌」を与えて懐柔した［唐兆民　一九四八：四五―五三］。これは他の地域で言えば土司に近い様相があり、基本的には漢族に妥協的ではなく、監視される立場であった。

(51) 貴州の従江や広西の融水では「埋岩会議」と漢訳される。詳細や実態については［張震声（主編）　一九九四］を参照されたい。

(52) 成人名（七歳でつける大名）は父方の姓を名乗る場合が多いという報告もある。

(53) 貴州の榕江から来たという説もある。

(54) 花籃瑤の社会組織については、戦前の王同恵の報告が詳細である。ピア（pia）と呼ばれる所帯（household）が基本で、夫婦とその子供から構成され嫡子は分居しないので最大では五世代であった。ピアは農作業の単位で水田はピアごとに所有される［王同恵　一九三六：一―九］。ピアが集まって出自集団のゾン（zon）を形成する。ゾンは同一の出自集団であり、一部は系譜をたどれない者を含む。漢字で同一の姓で表記される。山丁に出租する山地はゾンの共有地で、族長が管理して利益はゾンの共有となる。村落は原則は同姓村で同じゾンから形成される。しかし、複数のゾンの村も報告されている［王同恵　一九三六：二七―三一］。

(55) 吃新節という初穂の祭りには犬にご馳走をする慣行がある。禁忌の食べ物としては亀、蛇、鰻がある。ミロト神（密洛陀）を信仰する布努瑤《プーヌーヤオ》は雌豚と鷹を禁忌とする。布努瑤は広西の河池地区の都安や巴馬に集住する人口三〇万人のヤオ族だが、言語は苗語系で白褲瑤にも近い。ミロトの神話の全容は［藍懐昌・藍書京・蒙通順（捜集翻訳整理）　一九八八］参照。

(56) ヤオ族の葬制は土葬と火葬であるという報告がある。紅頭瑤は老人の場合、「木棺で土葬にし、三、四年後再び掘り出して焼く。骨灰を拾って甕に入れ、日を選んで土に埋められる。藍靛瑤は「人が死ぬと死者の誕生日、年齢によって日を選び、火葬する。そのあとで骨灰を拾って甕に納め、火葬を行った所に土を盛り上げて墓とする」［李国文　一九九〇：一七二］。花籃瑤はこれとことなる

(57) 貴州のヤオ族に関しては［柏果成・史継忠・石海波　一九九〇］に詳しい。瑤麓については、一九九〇年三月に行った日本人の現地調査の報告がある［田畑・金丸　一九九五：一七六―一八二］。私の瑤麓の調査は一九九〇年一一月であった

(58) 本来の「遊神」は人が重い病気になった時や、稲が不作の時に臨時に行う祭りであった。

(59) 馮神とも白馬神ともいう。坳瑤が貴州から移住してきた時に一緒に携えてきた神だという。廟の祭日は陰暦八月で神は白馬に乗って出現するという。病気になると臨時に祀る。

(60) 病人が出ると甘王廟の神々を家に移し運んで「遊神」をして病気直しをする。劉大娘と共に人気がある。花籃瑤も疫病の流行や稲作が不順であると、廟内の神々を各家ごとに巡回して祀る。解放前の「遊神」は一か月や三か月も続き、豚やニワトリを殺し大酒を飲んだので一切の生産活動は停止したという［広西壮族自治区編輯組　一九八四：四〇七］。

(61) 打ち手は二種で丸型の女鼓と細長い男鼓があり、後方から片足を交互に動かす単脚舞の歌い手がつく。併せて慶豊舞という豊作を祈る仮面の舞となる。単脚舞は片足立ちになる独特の形式で神がかりを誘発する動きかもしれない。一本足の踊りは山地民に多いともいう。

(62) 長鼓舞は二〇〇六年に「第一批国家級非物質文化遺産」の「瑤族長鼓舞」として登録された。しかし、ここには広西大瑤山金秀自治県は含まれず、指定地は湖南省江華瑤族自治県、広東省連南瑤族自治県、広西壮族自治区富川瑤族自治県である。登録をめぐる差異化は相互の関係に微妙な影を落とす。文化遺産のもつ政治的なイデオロギーの負の側面である。

(63) 舞手は師公で六人、黒の尖がり帽子を被った盤王を中心に舞う。右手に鈴、左手に宝剣を持つ。度戒の儀礼で舞うという。舞に合わせて師公が主導して、未婚の男女三組が盤王歌をうたい、天地開闢の物語をする［広西壮族自治区編輯組　一九八四：四〇九―四一〇］。

(64) 一九八七年一二月六日（陰暦一〇月一六日）に六巷郷で行われた盤王節の内容は、民族団結舞、鎖吶（盤瑤）、盤王舞（盤瑤）、干王舞（花籃瑤）、祖公舞（花籃瑤）、花籃山歌対唱（花籃瑤）、花王舞（山子瑤）、二刀舞（山子瑤）、八四秧枚（山子舞）、甘王舞（坳瑤）、釣魚舞（坳瑤）、白馬舞（坳瑤）、坳瑤大歌（坳瑤）、双刀舞（坳瑤）、四人舞（坳瑤）、三獅舞（坳瑤）、黄泥鼓舞（坳瑤）、慶豊舞（坳瑤）、胡蝶舞（坳瑤）、民族団結舞［星野　一九八八：六九］であった。盤王節は一九八四年に再編成されて以後、新しい祭りとなり、民族団結の精神がスローガンとして打ち出され政治的意図は明瞭である。「創られた伝統」を越えて意図的に再構築されている。六巷ではこの地に多く住む坳瑤を主体として盤王を偲ぶという黄泥鼓舞を頂点に据え、盤瑤の盤王舞と組み合わせる。言語系統の異なる花籃瑤からは祖先を祀る祖公舞、山子瑤は人気のある花王舞（花婆舞。子授け子どもの守護）を代表の舞とした。なお花籃瑤の干王舞は元はチワン族の人間の法術遣いが神に祀られたもので、チワン語の歌をうたう。茶山瑤は六巷には一一人しか居住していないので参加しなかった。

(65) 茶山瑤の「做功徳」は一二年（一五年、一八年もある）ごとに秋に三日間行ったという。架橋、設神壇、請神、師公舞からなり、劇も演じられ、人々の交流、男女の恋愛なども行う大規模な祭りであった［藍克寛・金瑞榮　一九八七：二六六―二八〇］。

(66) ヤオ族の道教の研究に関しては、神奈川大学のヤオ族文化研究所が廣田律子を中心として、湖南省藍山県で行われた度戒儀礼の調査成果を刊行中であり、今後の期待が大きい。道教との関連についての成果は、［廣田　二〇〇七］を参照されたい。

（67）大石牌の前文には、「盤古が天地を開闢してから伏羲女媧が人民を造り神農皇帝が穀米を造り、先に傜が有り後に朝（漢族王朝）有」と記されていた［唐兆民　一九四八：二一二］。

第三章　漢族とヤオ族の交流による文化表象
――湖南省の「女書」を中心として

はじめに

湖南省の西南部に位置する江永県の上江墟郷を中心に、女性だけが読み書き出来る女文字、「女書」（ニュウシュウ nü shu）が伝承されていることが一般に明らかにされたのは一九八〇年代であった。文字数は四〇〇から五〇〇字、数え方では一〇〇〇字で、形は漢字由来と推定される文字も多いが、象形や自然物なども含む。従来、日本語訳では「女文字」とされてきた。「女書」は単なる文字を意味するだけでなく、女性が文字を見て歌うこと、想いを籠めて書くこと、自伝などに作品化することなどの総合的な営みである。「女書」に関して、一九九七年九月の現地での調査や聞書きに基づいて検討する。

「女書」についての情報が一般に広がったのは一九八三年である。解放後、しばらくの間、地元の知識人である周硯沂が収集していたが、宮哲兵《コンジャビン》が現地で調査を行った一九八二年に地元の案内で訪れた白水村で大量の「女書」を発見して感動し[1]、周硯沂などの助力を得て一九八三年に論文として発表すると「女書」は忽ち注目を浴びた［宮哲兵　一九八三］。宮哲兵は「女書」を漢字を基盤とした文字と推定し、用法や文字の形などから清代の発生を説き、女性の伝承文化として高く評価した［宮哲兵　一九八三、一九九五。宮哲兵（編）　一九八六、一九九一］。この後、一九八〇年代は資料の収集が進められ、伝承者の記録作成や文化的社会的背景が明らかにされた。文字の起源を巡っては、甲骨文字と漢字の間を埋める独自の文字、漢字から転用して女性が作成した文字、平地瑤の文字などの説が提示された。謝志民は「女書」には甲骨文字や金文などが含まれ古代の商代に遡ると主張した［謝志民　一九八七、一九九一］。しかし、古代への遡及は困難である。一方、ヤオ族（瑤族 yao）が漢字を借用して作りだしたという説もあり、漢語の方言をヤオ族が「女書」の文字を使って表現したとする説も謝志民は提唱している。趙麗明《チョウリミン》は一九八六年以来、言語学の立場から、「女書」に取り組んで漢字への翻字を行ってきたが、最終的には「女書」は漢字由来の文字が八割で、漢族の方言を表す文字であると結論付けた［趙麗明　一九八九：六八］。趙麗明は「女書」の読みや構文の研究を集大成し、「女書」は宋代以降の成立と考えた［趙麗明（編）　一九九二。趙麗明　一九九四］。しかし、宋代明代の確実な史料はなく、清代中期に漢字を基に女性が生成したと考えるのが無難であろう［宮哲兵　一九九二：六九］。研究者は当初は文字の起源に関心が集中したが、次第に女性の文化として評価する方向へと、議論を深めていった[2]。

一九九〇年代には伝承者が数少なくなり、「世界唯一の女文字の危機」などと喧伝され、学界に留まらず、マスコミでも紹介されて、ジェンダーやフェミニズムの研究者の間で関心が高まり、多くのシンポジウムが開催された[3]。日本側も遠藤織枝が一九九三年以来、頻繁に現地調査を試みて「女書」の多彩な機能を明らかにし［遠藤　一九九六］、成立は清代中期と考えている［遠藤　二〇〇二］。遠藤は一九九七年一一月には伝承者を日本に招いて、シンポジウム「中国女文字と女性文化」を東京と大阪で開催して広い関心を巻き起こした[4]。その後も消滅に向かう「女書」の記録と考察を続けている［遠藤・黄雪貞（編）　二〇〇九］。二〇〇二年には、一一月一九日から二一日まで、江永県で「江永女書国際研討会」が開催され、その成果は［宮哲兵（編）　二〇〇三］に収録された。当時の現地での状況は「女書の現況と女書シンポジウムの報告」としてネット上で公開されている[5]［遠藤・黄雪貞（主編）　二〇〇三］。

地元の政府は二〇〇〇年以降、「女書」を観光化に繋げて地域経済の活性化を図る施策を次々に打ち出し、シンポジウムでも地域社会との葛藤や乖離が表面化してきた。二〇〇四年には北京でシンポジウム「女書――歴史・現状・未来」が開催された〔遠藤・黄（主編）二〇〇五〕。「女書」の研究は広く深く展開している。しかし、「女書」を地域の社会や文化の中に位置付けて考察する作業は十分とは言えない。(6) 筆者は一九九七年九月に現地を訪れて伝承者に会った。(7) 同行した百田弥栄子の報告〔百田　二〇〇〇〕でも指摘されているが、従来は漢族文化の変化と考える傾向が強かった「女書」には、ヤオ族の文化の影響がかなりある。女書の伝承者の多くはヤオ族の女性であるという事実は重い。ヤオ族は漢族と歴史的に深く関係を持って相互に影響を与えあっただけでなく、ヤオ族の文化には漢字の使用が深く浸透し組み込まれてきた。ヤオ文字ではないにしても、漢字に馴染んでいる生活文化の土壌の上に、「女書」が新たな「文字文化」として作りだされた可能性はある。(8)「女書」の文体が押韻なしで声調の規則があるのはヤオ族の歌の影響ではないかという。男性の文字と女性の口承の融合、漢族とヤオ族の「文化の相互変容」など複雑に交流しあう文化の動態という視点を根底に持っておきたい。

「女書」が伝わる江永県は、東は湖南省江華瑤族自治県、南は広西壮族自治区の富川瑤族自治県、西は広西の恭城瑤族自治県、北は湖南省道県に接していて、江永県内は漢族とヤオ族の混住地域が多い。ヤオ族が自らの故郷と伝承する集住地の「千家峒《チエンチヤトン》」（大遠瑤族郷）は「女書」が伝わる江永県の上江墟に隣接している（図3―1）。女性の擬制的親族関係、特に義理の姉妹の強い結び付きの「結拝姐妹《チエパイチエメイ》」（結拝姉妹、結交姉妹）の慣行が「女書」を維持する原動力であったが、この社会関係は漢族とヤオ族の双方で広く行われていた。「女書」の生成にあたって、漢族とヤオ族の文化の融合が起こり、社会関係の在り方が相互に影響を与えたのではないだろうか。「女書」は独自の文字を持たないヤオ族、特に平地瑤の間で、女性同士の社会的絆を構築する必要から創出された可能性もある。本章では百田の見解を更に推し進め、「女書」に関わる慣行が漢族とヤオ族の混淆や相互交流から生成された文化である可能性を探る。

図 3-1　湖南省江永県上江墟郷

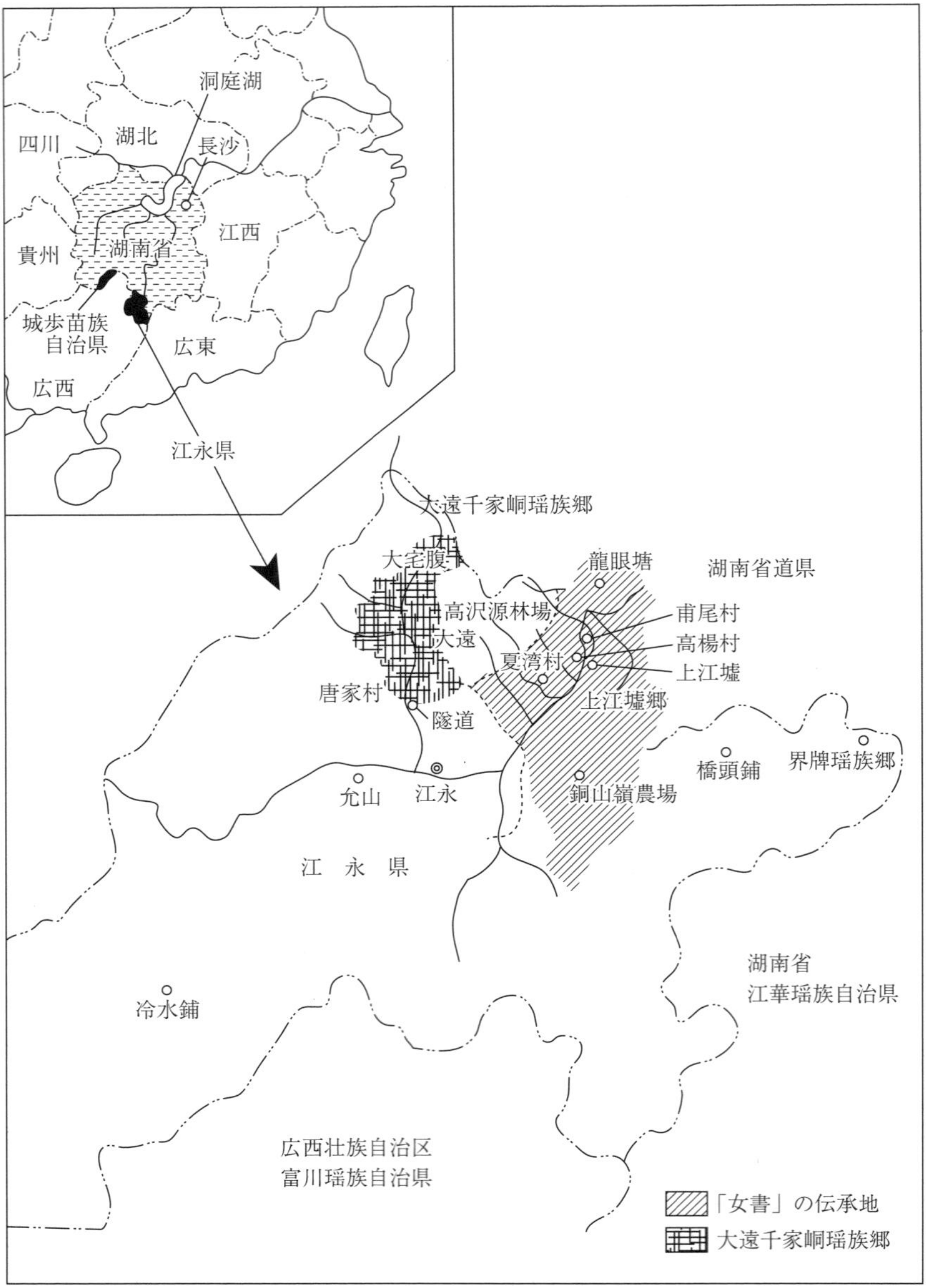

一　江永県の概況と「女書」

「女書」の伝承の中心地は江永県の上江墟で、婚姻などによって周囲に広まったと推定され、隣接する道県の一部にも伝わっていた。上江墟は瀟水（消江、下流は永明河）流域の土地で、「墟」とは市場の意味で交通網の要衝で、河川交通を通じて商業が発達した豊かな土地であった。歴史的に遡ると、唐代の文人の柳宗元が『永州八記』に江永（当時は永明）の繁栄を記している。一方、ここはヤオ族の勢力圏で、上江墟の西方には集住地「千家峒」があり、伝説ではヤオ族は長江（揚子江）中流域から移住してこの地に留まったという。ヤオ族の始祖は犬の盤瓠で、その子孫の十二姓が住み、唐代には漢族と対抗する勢力があったが、元の大徳九年（一三〇五）に大軍が押し寄せてヤオ族は各地に散らばったとされる。この出来事は史実か否か微妙であるが、ヤオ族は千家峒から逃れて上江墟に定住したとか、他地域に逃れたと語られている。上江墟とその周辺の村々では漢族、ヤオ族を問わず、収穫期の一〇月には盤瓠を祀る盤王節を行う村が多く、ヤオ族の文化的影響が今でも強い。ヤオ族は明代の石碑には扶雲瑤、清渓瑤、古調瑤、勾蘭瑤とあり、清代以降は平地のヤオ族は民瑤、熟瑤、平地瑤と表記されてきた。一方、山地のヤオ族は通称は高山瑤、自称ミエン（勉 mien）の盤瑤が主流で、森林を焼畑で開いて耕地を作り、陸稲やトウモロコシ（玉蜀黍）を栽培して山々を移動する「過山瑤」であり、龍犬の盤瓠の直系という。他方、上江墟の漢族は山西、山東、江西、浙江から移住した役人や兵士の末裔、広西、広東、四川からの移住者も混ざる複雑な構成を持つ。先住民文化の上に、ヤオ族と漢族などの融合が重なり、変容と創造の過程が継続してきた。江永県のヤオ族の人口は一九四九年の解放時には一〇万人と伝えられているが、一九九一年現在では三万四九五〇人で、県内の四七・二％を占めていた（表1）。千家峒はヤオ族の集住率が高く、解放時は五〇〇〇〇人であったが、一九九一年現在では七八七九人で地域

表3-1　江永県の人口とヤオ族の割合（1991年現在）

行政区画	総戸数	総人口	ヤオ族戸数	ヤオ族人口	ヤオ族人口比％
上江墟	4955	18798	1760	7130	37・9
黄甲嶺	3242	14579	1894	7636	52・4
千家峒	1839	8095	1712	7879	97・3
城関鎮	8125	30523	2558	10875	35・6
銅山嶺農場	566	2049	346	1430	69・8
総　計	18727	74044	8270	34950	47・2

の九七・三％がヤオ族であった。「女書」が伝わる上江墟では三七・九％がヤオ族である。ただし、中国の少数民族に対しては優遇政策が実施されているため、漢族からヤオ族への帰属変更を行う者が増加して、ヤオ族の人口は急速に増えてきた〔湖南省江永県誌編纂委員会　一九九五：九六〕。いずれにせよ漢族とヤオ族の接触が頻繁であった地域である。

「女書」の伝承者の言葉は江永土話（江永方言）であるが、ヤオ語の話し手もおり、漢語の西南官話は広く使用されている。声調は、五声、六声、七声の三種で、通婚は同じ声調の者同士が多い[9]〔謝志民　一九九一：一八七〕。「女書」は江永土話の音節を表記できる表音文字で、数は四〇〇から五〇〇、あるいは一〇〇〇という説もある。右上から左下へ傾斜状に細く記され、基本単位は筆画で点、斜線、弧、縦線、丸からなる。漢字からの転用もあるが表意文字ではない。図案風の文字は刺繍に似たところもあり、女性の手仕事、「女《ニュイ》紅《ホン》」の影響がある。「女紅」とは糸紡ぎ、機織り、刺繍、縫い物、布靴作り、染色など女性の手作業の総称であり、「女書」もこの中に含まれる。文字を書く場合は、筆は使わずに竹簽に鍋墨や墨をつけて、紙、布、絹布、ハンカチ、扇子、小冊子に書く（写真3―1）。筆記具は現在では毛筆を使う機会が増えて伝統から逸脱した。「女書」は七言句の韻文が多く、女性同士が集まって書いた文字を見つめながら節をつけて歌うように吟唱する[10]。独特の旋律で気持ちを相手に伝える。「歌う文字」の意識が強く、吟唱し創作し、歌って伝承する。伝承の中核に女性同士で意志を伝えあおうとする意識がある。文字と口頭伝承のはざまで、ヨムこととウタウことが微妙に混合する。「女書」は読むというよりも独特の節回しで歌うことで女性同士に共有される。また、文字を書く時に特定の想いを籠めて書

写真3-1　扇子に描かれた女書

写真3-2　三朝書

き記すことも「女書」の特徴である。文字を知らず歌だけうたえる人は、後で「女書」を書ける者に頼んで書いてもらったりしたという。

　内容は祭祀から娯楽まで広範にわたる。形態について地元の研究者は、創作・記録・翻訳の三つとした［楊仁里・陳其光・周碩沂（編）一九九五：七］。趙麗明は、賀三朝書、自伝訴苦歌、結交老同書、伝説叙事歌、祭祀歌、婚嫁歌、民歌、謎語、翻訳作品、手紙文の十種としている［趙麗明（主編）一九九二］。描写は、人生儀礼、神仏への祈願、男女の恋愛、友人の慰問、善悪報慶など、形式は日常的な手紙、祝賀文や祭文、創作に近い作品の自伝、出来事を記す歴史的記述、義理の姉妹の契約文「結交書」など多岐にわたる［趙麗明・宮哲兵　一九九〇］。「結交書」とは「結拝姐妹」の契約を決めた時に作る書面で、承認のしるしとして「女書」の作品を作り、互いに歌いあって冊子にして渡す。また、婚礼後の三日目は「賀三朝《フーサンジャオ》」といい、花嫁の親族や友人が「女書」で祝いの歌を書いて花嫁に贈る習慣がある。これを「三朝書《サンジャオシュウ》」といい（写真3—2）、花嫁が花婿の家でうまく暮らすことへの不安で揺れ動く心、女性同士の同情の慰め、どこかに残る深い悲しみなどの感情が「女書」で表現される（写真3—3）。「女書」と女性の歌の伝統はこの地方の特色であった。(11)

　「女書」は所持者の死亡時に一緒に葬られることが多く資料は多くない。(12)あの世に持っていって読んでもらうには、「女書」の

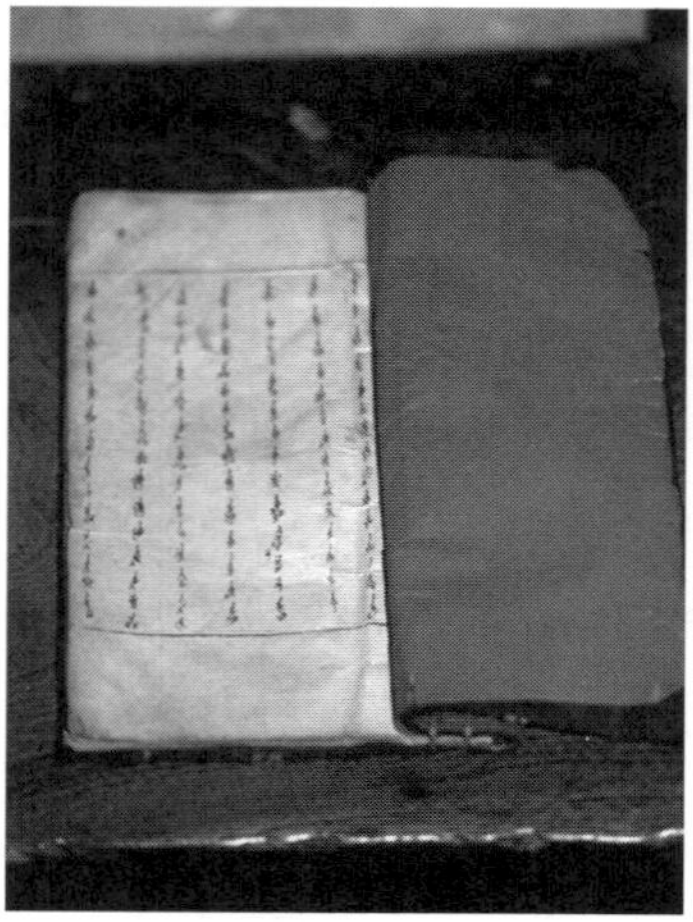
写真 3-3　三朝書に描かれた女書

冊子は焼かなければならないと信じていた。これは民間信仰の神々への儀礼での「焼紙」の習俗と同じで霊界との繋がりを託す。もう一つ「女書」が残らなかった理由としては政治変動の大きな影響がある。一九四九年の解放以後、「女書」は迷信活動とされ、「妖字」「妖言」として反革命分子の符号と疑われて禁止命令を受け、文化大革命（一九六六～一九七六）の時に大量に廃棄された。伝承者の死去と「女書」の稀少性により、「女書」の研究は最終段階に来ていた［楊仁里・陳其光・周硯沂（編）一九九五］。

一九九七年現在では「女書」を読み書き出来る女性は高齢となり、わずかの伝承者が残るだけであった。二〇〇四年には陽煥宜が亡くなって、生活の中で受け継がれてきた「女書」の伝統は絶えた。現在は、かつての伝承者を介して間接的に細々と伝えられた技法を受け継いだ人々や、自習によって「女書」を書く人々が主体になっている。行政の働きかけで国家級の非物質文化遺産への登録がなされたり、ユネスコの記憶遺産への登録という動きがあり、「創られた伝統」の様相を一層色濃く生成しつつ存続している。

二　「女書」についての聞書

1　周硯沂の話

「女書」研究の基礎造りは江永の周硯沂《チョウシオチン》（漢族。一九二六年生）によって行われた。その経緯を数回にわたって伺った[13]（写真3―4）。生まれは允山《ユンシャン》郷で錦江《ジインジアン》村で育ち、父の妹を通じて「女書」を知った。当時は小学校の教師をしていたので情報が集まった。一九五四年に県文化館に勤めることになって、それ以来「女書」の研究に没頭し、特に葛覃《ガタン》村の胡慈珠《ホーツジェ》を話者として一九五四年から一九五七年まで集中的に資料を集めた。一九五六年には北京の社会科学院に報告して中央文字改革委員会主任の周有光の好意的な反応を得た。しかし、一九五七年から一九七九年までは、大躍進や文化大革命の激動によって研究は中断された。改革開放後の一九七九年から県文化館に復帰して研究を再開し、「女書」の資料を収集して記録や収集にあたった。『江永県文物誌』に「蚊形字」の一節を書いて、「女書之歌」を付録につけて紹介した。一九八二年に中南民族学院の宮哲兵が来て「女書」に驚嘆し、一九八三年に学報に報告を出して以来、一般に広く知られるようになった。現在は成果を一般に公表する機会が増えて知名度が高まった。「女書」の研究の意義を一般に理解してもらうには時間がかかったという。

写真 3-4　周硯沂と著者

「女書」を支えているのは、女性の異なる年齢の者が義理の姉妹関係になる「結拝姐妹《チエバイチエメイ》」であるという。この慣行を「結老」や「結老庚」ともいう。基本的には異姓の間だが、四代以上離れれば同じ姓の場合もあり、年齢差がある一〇歳から四〇歳までの間が多く、最低三人、上限は七人で、「七姉妹」（七姐妹）が好ましい。七は聖数で特別なまとまりを表す意味もある。血縁・非血縁を問わず、当事者の相互の気持、特に「友誼」の気持が通じることで成立するという。「結拝姐妹」がお互いの兄弟と結婚すると、更に親しい間柄になり、田植えの手伝いでも夫たちが協力して実の兄弟のようである。妻が夫に殴られると、「結拝姐妹」が協力して味方になり、役所に突き出したり、追放して謝罪させた。一方、同年齢同士が結び付く「老同」もあり、多くは親戚関係で父母が決め、特に占いで悪いと出ると、助け合うために、「命運」として「老同」を設けることが多い。

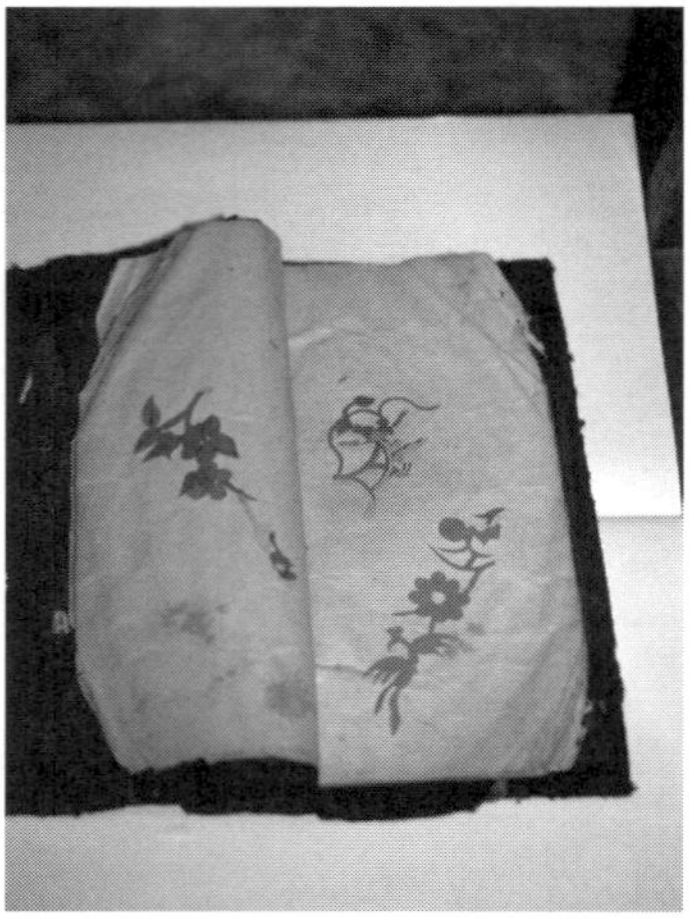

写真 3-5　型紙の入った三朝書

「結拝姐妹」の誰かの結婚が決まると、婚礼の前の半月、長い時は一か月から二か月もその娘の家に駆けつけて泊り込んで婚礼の用意の手伝いをする。別れの悲しみや人生の辛さを「女書」で「三朝書《サンチャオシュー》」（三日目に届ける書）に記す。結婚に際しては「嫁泣き」の慣習があるのでその練習も行う。婚礼当日は花嫁には伴娘が介添えとなり、花婿の側の「侍娘」（夫方の女性）を待って夫方の家に行く。「三朝書」は、花嫁の婚礼後、三日目に「結拝姐妹」が一人一冊ずつ花嫁に届ける。この日は「賀三朝」の祝いという。

花嫁は結婚後五日以降に吉日を選んで、「侍娘」の家でご馳走になって実家に帰る。これ以後は夫が妻の元に通う「不落夫家《プールオフーチャ》」となり、子供が出来ると夫方の家に引き移る。周硯沂が白水村で収集した清代の「三朝書」は、表紙に布を張った手製で、縦二二センチ、横一三センチ、右端を和綴じにして表紙は錦である。表紙は中央から左に四分の三程度の偏った位置で布を切り替える。手に触れることの多い四分の一を丈夫に作るという細かい技法をとる。最初の頁は赤紙（祝意を表す）、次の頁は青紙で、七行ずつ、三枚で六頁ほど「女書」が書かれる。余白が一四頁、最後に青紙と赤紙の頁があって裏表紙となる。この余白には花嫁が贈呈者に返事を書く。途中の頁に刺繍用の型紙、裁縫糸、切紙などが挟んであり、丹念に作られた心の籠った作品のようである（写真3―5）。「三朝書」は花嫁の一生の持物となり葬式に際して一緒に埋葬されたり焼かれたりした。

結婚後も大きな行事には実家に戻って「結拝姐妹」と交流した。特に四月八日は大祭の「闘牛節」で男性は闘牛で楽しんだが今は行わない。ただし、女性たちはこの日には御飯や肉や豆の料理を持ち寄って、特定の家に集まって楽しむ。「結拝姐妹」が顔を揃え「女書」を交換し、祠堂に供物を供えて先祖を祀り、一緒に会食して感謝する。

これを「娘娘会」という。特に結婚して間もない女性は必ず招く決まりであった。野外の静かな場所や、山上の綺麗な場所で料理を食べることもあった。「女書」だけでなく、刺繍や袋物など「女紅」の仕事の成果を交換しあってお互いの腕前を披露したり、教え合ったりした。「結拝姐妹」のつきあいは一生続き、夫の死亡や人生の困難に遭遇した場合は、お互いに慰めあった。「女書」は女性同士の親密な社会関係を基盤として、相互の意志を伝え表現する手段であった。

なお、周碩沂は二〇〇六年に享年八〇歳で亡くなった。晩年は女書研究者としての名声を得た。特に「女書」の辞書を編集して刊行したことは大きな業績であった［周硯沂（編）二〇〇二］。

2　陽煥宜の話

一九九七年の訪問時には、「女書」の伝承者は銅山嶺《トンシャンリン》農場に住む陽煥宜《ヤンホアンイ》（ヤオ族。一九〇九年生）が唯一の人物となっていた。[14] 生まれは上江墟郷楊家村で、新宅村に嫁いだが、夫と死に別れた。再婚して河淵《フーヤン》村の何家に嫁いで来たが、二番目の夫も亡くなり、現在は銅山嶺農場の息子の家に住む（写真3—6）。平地瑤のヤオ族で元々の姓は「欧陽」だが漢族風に陽姓に改めた。口頭伝承では、欧陽とは、先祖が浙江の会稽山にいた時、[15] 一族出身の官職の役人を欧陽亭に祀ったことに因んでおり、湖南に来て有力な大姓となったという。言語は江永土話を話すが、纏足をしており、清朝の支配の影響が残っている。

写真 3-6　女書を広げる陽煥宜

「結拝姐妹」の契りを結んだのは一六歳で、元宵節（陰暦正月一五日）の時であった。村の会食の時に参加者が次第に帰って行って最後に四人が残り、相談して「結拝姐妹」となった。他の三人は高銀仙（当時二〇歳）、高金義（一九歳）、陽圓圓（一八歳）、自分が一番下で、[16]四人は平地瑤が住む高楊村（高家村と楊家村からなる）の出身であった。[17]元々がお互い仲良しであったという。自分には姉と弟がいたが、「結拝姐妹」同士は実姉よりも近しく、誕生日も共に祝った。「女書」は「結拝姐妹」の関係を結ぶと間もなく興福村の義早早《イチャオチャオ》（当時四八歳）に習い、他の三人は高家村や楊家村の別の先生に師事した。一年ほどで五〇〇から六〇〇の文字を習得し終えて、御礼として気持ちだけのお金をあげた。義早早は平地瑤、元の姓は蘇で、ヤオ族とわかると殺されたりしたので改姓したという。「結拝姐妹」は時間があればお互いの家の二階（楼上）に毎日のように四人で集まって話をし、「女書」の練習も行ったので「楼上女《ロウシャンニュイ》」と呼ばれた。「女書」はお互いの枕元に置いて一緒に寝ることもあった。活動資金はお互いが穀物を二五斤（一斤は五〇〇グラム）ずつ持ち寄って一〇〇斤として穀物不足の人に貸し出し、秋の収穫期に一五〇斤返済させて利ざやを取り、刺繡糸や扇子を購入した。女性は「女紅《ニュイホン》」という糸紡ぎ、機織り、裁縫、刺繡、布鞋作りなどの手仕事もした。「女書」の表記には、五言、七言、九言があり、七言が多い。「女書」は歌うことを前提として書くのであり、文字を「読む」のではないという。そこには特定の想いが籠められる。

村に住む娘が婚約した話が伝わると、元宵節に村の娘たちが米一升と銅貨六枚を送る習慣がある。「結拝姐妹」の場合は更に煙草を「紅包《ホンパオ》」で包んで、婚礼の三日目に「女書」を「三朝書」に書いて一緒に贈った。結婚後も女性たちが集まって江永土語で「女書」を歌う。「結拝姐妹」の夫が暴力をふるうと、他の姉妹たちが協力して助けてくれる。夫が辛くあたっても義理の姉妹が協力するので離婚は少ないという。「結拝姐妹」の一人が亡くなると、葬儀には蠟燭一対、線香一束、紙銭一束を贈る慣行がある。但し、遠くに離れている場合は知らせない。結婚後も、村の祭り、特に正月（過年）と八月の「廟会《ミャオフィ》」（祭り。村ごとに祭日は異なる）には、女性は婚家から故郷に数日間戻ってきて参加し、「結拝姐妹」同士にも会える。廟にはヤオ族の先祖の盤王（盤瓠。盤古や大禹も合わせ祀る）が祀られ、「廟会」では神像を輿に載せて村中を練り歩く。宗族の族長と房老、廟田の頭首、巫師などが、長鼓や楽隊と共に神像に供奉して村の入口へ、次いで村内の祠堂に安置して後、村を巡る。廟には春に願をかけ秋に願を解く。また、四月八日の闘牛節には女性同士が集まって参加する「娘娘会」があり、食物や刺繍を持ち寄って楽しんだ。元宵節にも同様な機会があったという。女性同士の交流する機会が数多く年中行事に組み込まれていた。

　村外の廟として有名で、「女書」も多く奉納されていたのは江永県の郷鎮の西南七キロの允山郷にある花山（標高二五〇メートル）の花山廟《ホアシャンミャオ》と、上江墟郷の北方で道県にある龍眼塘《ロンイエンタン》村の娘娘廟《ニョンニャンミャオ》だという。花山廟は姑婆廟とも言い、二月一日と五月一〇日が廟会で、毎月一日と一五日が縁日である。唐代の建立とされ、譚氏の妹が山に薬草取りに登って坐ったまま亡くなり（尸解）、探しに行った姉も仙人となったので、二人の姉妹を姑婆神として祀る。この伝説は江永県の地方史の『湖南各県調査筆記』（一九三一）に記され、扇子を奉納した記事があり、「女書」の文献上では最も古い記録とされる(18)［楊仁里・陳其光・周硯沂（編）一九九五：五］。姑婆神は「女書」をはじめとして「女紅」が得意で、これにあやかって綺麗な「女書」が書けるように、「女紅」がうまくなるようにとお願いをした。特に、扇子に願い事を「女書」で書いて廟前で歌うと希望がかなえられたという。現在でも花山から木や草をとると腹痛に襲われるとされ、禁忌が伴う聖地である。

写真 3-7　娘娘廟

　龍眼塘村の娘娘廟は一九九三年に再建されたが、譚氏二人姉妹を祀り、二月一日と八月一五日に廟会がある（写真3―7）。陽煥宜は若い頃に娘娘廟には参拝したことがあるという（写真3―8）。一九二〇年代の話である。二月一日の廟会に高銀仙などと一緒に一〇人ほどで出かけた。「女書」で願い事を扇子や

写真 3-8　譚氏姉妹を祀る

紙に書いてもっていって奉納する。子授けや金儲けを願うことが多かった。「女書」を書いた扇子や紙が奉納されて箱一杯に溢れていたという。線香と紙銭を買うと「女書」の紙をもらう。これを持って帰って「女書」が綺麗に書けたら次の参拝の時に持っていく。「女書」は「結拝姐妹」という個人的な繋がりを通して広い信仰圏に接合していたのである。(19)

なお、陽煥宜《ヤンホアンイ》は二〇〇四年九月二〇日に亡くなり、生活の中で受け継がれてきた「女書」の伝承は廃絶することになった。これ以後の伝承は形式と技法が表面的に残るに過ぎない。

3　唐功暐の話

夏湾《シャワン》村出身の平地瑤の唐功暐《タングンウィ》（ヤオ族。一九三二年生）は「女書」の資料の収集や伝承者の聞書きを独自に行ってきた。上江墟の中学校で働き校長を務めて退職し、謝志民（中南民族学院）の資料収集に協力し、現在は江永に居住する。幼い頃の記憶では夏湾村には一〇人程度「女書」の出来る女性がいて、男性で読める人は三人だった。夏湾村（写真3―9）の人々はヤオ族の集住地の千家峒から移住してきたとされ、『村譜』に記されているという。唐功暐は裕福な広い家に育ち、姉二人、兄四人の末子である。男性は一階で仕事をし、女性は纏足なので、農作業を免除され二階（楼上）で「女書」の練習や「女紅」で過ごし「楼上女」と呼ばれた（写真3―10）。寝室は二階にあり男女別々の部屋をあてがわれた。炊事は母が全て行う。女性は楼上で集まることが多く、「過楼」（家と家を繋ぐ路上の楼閣）も集会場で、暑い季節の六月から七月は「吹涼節」といい、嫁に行った女性が実家に一か月間ほど戻って涼しい所で「女紅」をしたので「吹涼時女只愛玩」（吹涼節には女性は遊ぶのみ）と揶揄的に言

写真 3-9　夏湾村

写真 3-10　甫尾村の楼上

われた。結婚後の里帰りの時にも、「結拝姐妹」は一階の祖先を祀る「堂屋《タンウー》」に集まるが、男性は干渉しない。「結拝姐妹」は結婚後も子供が生まれる迄は、「楼上女」の生活を続けて交流した。「女書」はこうした背景から生まれたのである。女性は学校教育の機会に恵まれず文字を知らない者が大半であったから、「女書」は男性への対抗文化ともいえる側面を持つ。男女が平等に教育を受ける機会が増大すると「女書」の意味は徐々に薄れていった。江永には一九一三年に「江永県立女学校」が成立し書き手は減少した[20]。

「結拝姐妹」は年齢差のある女性同士の結び付きで、「姐妹上門《チエメンシャンメン》」、年上の家から順番に回って挨拶して、各家で家族を交えて会食して、ひとまわりすると承認される。一方、同年齢で二人が助け合う関係になるのは「老同《ラオトン》」で「命運」によるとされて、同様の手続きをした。一、二歳違う者同士は「假老同」という。「老同」の多くは男性間で結ばれ、慶弔時には助け合った。母親が「老同」関係か仲良しの場合、娘同士の「老同」も多い。但し、実の姉妹に比べると「老同」は弱い。この関係は生涯継続する。

「結拝姐妹」の誰かが結婚する場合、自分の布団を持参してその娘の家に泊り込んで、長くて二月、短くても四〇日ほど、「女書」の練習をして、「三朝書」を仕上げる。毎晩のように歌声が響いて近所の人々は夜眠れないくらいであった。花嫁は夫方の家族全員の衣装と、刺繍入りの布靴を揃える決まりで、「結拝姐妹」

はその手伝いもした。婚礼に際しては、花嫁と同じ「房」（父系リネージ）に属する女性たちが役割を持ち、婚礼の三日前に家に集まって「哭嫁歌《クーチャコー》」（嫁泣き歌）を独唱、斉唱、合唱して歌う「坐歌堂《ツオコータン》」、いわゆる歌の集まりがある。婚礼の二日前には、花嫁の家で「哭嫁歌」を歌い、「嘈屋《ツアオウー》」「愁屋《チオウー》」など楽隊の馬鹿騒ぎがある。婚礼の前日には「房」の「分祠堂」前で「哭嫁歌」を歌い「小歌堂」といい、婚礼当日は「総祠堂」で「哭嫁歌」を歌う「大歌堂」がある。夏湾村には唐家の祖先を祀る四つの祠堂があり、古いものを総祠堂、分かれを分祠堂といった。総祠堂での歌が終わると花嫁は花婿の家に出立する。婚礼で花嫁に付き添う「伴娘《バンニャン》」は親戚の娘が担当し、「結拝姐妹」は務めない。花婿は実家で待機し、花嫁は行列を組んでいく。当日は男女が新婚夫婦の部屋「洞房」に押しかけて歌の掛け合いをする。三日目まで花嫁は食事をとらないこともある。三日目に「結拝姐妹」が女友達や親戚の女性と共に花婿の家に行き、「三朝書」を花嫁に贈る。初めの三頁に「女書」を書き他の頁は余白とし、頁の間には刺繍針、五色の糸、刺繍用の型紙、扇子、ハンカチも挟む。携帯用の裁縫箱や便利箱でもあり、女性の細かな日常生活への配慮が溢れていた。「三朝書」は母から娘へ、村の同じ年齢の娘（同じ輩行）からも贈られて大量に集まり、友情や思いやりと共に、女性の仕事の実用知識が凝縮され、新たな生活の支えとなった。なお、唐功暐が一九九一年に調査した時には、一八の村で「女書」を読める女性は四九名で、全てが七〇歳以上の老人で書くことも出来たという。

4　唐宝珍の話

瀟水（消江）の中洲にある甫尾村《ブーウエ》（現在の大甫尾。浦尾、普尾、普美とも）の唐宝珍《タンポオツエン》（ヤオ族、一九一二年生）は唐功暐の叔母で、夏湾村出身で白巡村へ嫁ぎ、夫の死後は再婚して甫尾村に住む（写真3―11）。纏足であったので農作業はやらなかった。故郷の夏湾村ではヤオ族が千家峒から来て定住したと伝え、本人はヤオ族と考えている。「老同」を、唐珠文、唐早仙、唐珠珠、唐長華の唐姓同士の同姓間で構成した。一二歳の時に母方祖母の生家で同じ部屋で蒲団にくるまって寝る機会があり、同年の清明節にも四人が一緒になって互いに気があった。そこで全員の家を順に回って食事をして「老同」になり、婚礼や祭りで相互に交流した。「老同」は結婚には援助を惜しまないが、病気や困った時の助け合いはない。

「老同」と共に「結拝姐妹」の関係も結んでいた。一九七〇年一〇月二四日に姪（四番目の姉の娘）の結婚式があり、錦の旗を持ってお祝いした時に一緒になった者が「結拝姐妹」の約束をした。高銀仙（高家村生まれ。甫尾村に嫁ぐ）が一番の年上で、二姉は蘆月英（桐口村。呼家村に嫁ぐ）、三姉は蘆樹宜（桐口村。棠尾村に嫁ぐ）、四姉は胡茲珠（甫尾村。葛覃村に嫁ぐ）、五姉は高金月（高家村。葛覃村に嫁ぐ）、六姉は欧陽珊珊（棠尾村。葛覃村に嫁ぐ）、七姉は唐宝珍（夏湾村。白巡村・甫尾村に嫁ぐ）の七姉妹で、自分は最も年下で、当時五八歳であった[21]。数日後に親戚の家で誕生日祝いがあり、この機会に「女書」を刺繍して赤い布に縫いこんだものを持っていき、各家を訪ねて食事をする「上門」の儀礼で「結拝姐妹」が成立した。どこへいくにもお互いを誘い合わせて出かけ、病気の時にはお互いに介抱しあい、結婚に際しては助け合い、夫が亡くなった時にはお悔やみをする。「女書」は一二、一三歳の頃に、姉の唐珠文が紙の上に書いて教えた。「老同」に比べて「結拝姐妹」のつきあいは濃密である。

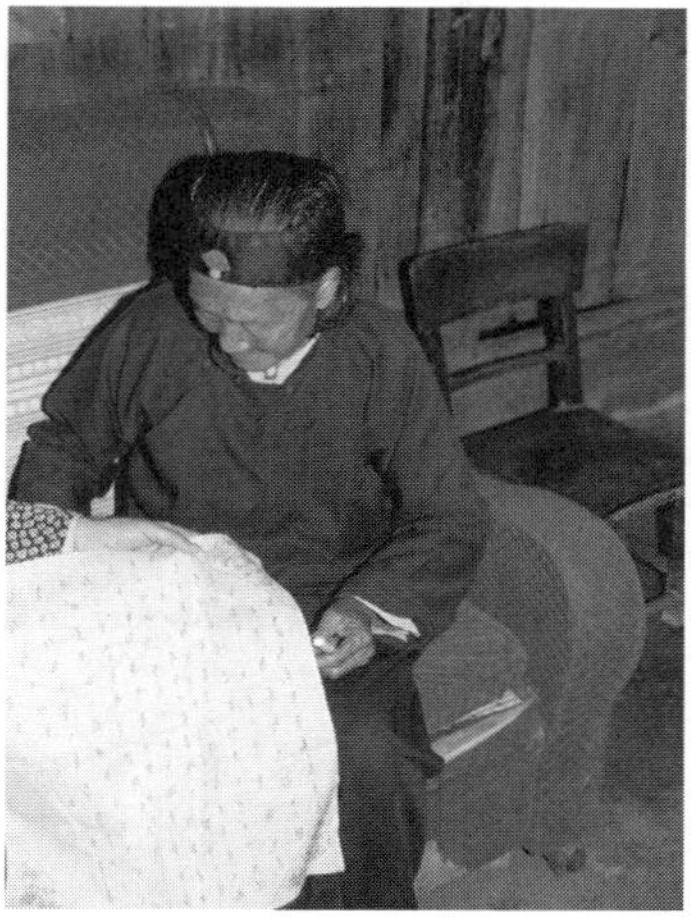

写真 3-11　唐宝珍

「結拝姐妹」の誰かの結婚が決まると、「三朝書」を作り、「女書」を書いて、色糸や型紙を挟む。婚礼後の三日目に贈る「三朝書」を、男性側の年上の女性が歌って聞かせた。「三朝書」は実の姉妹や従姉妹の間、村の同年齢の者が贈り合う習慣もあり大量に集まるが、輩行（世代）が違うと贈らない。「三朝書」の贈答は、女性同士、同世代、血縁・非血縁を問わないという三点が特色である。年中行事でも、特に二月一日の鳥節と四月八日の闘牛節に交流した。

写真 3-12　甫尾村の家

「結拝姐妹」は、贈答の機会が多く物入りで、忙しく、わずらわしく感じることもある。ある程度豊かで、教養があって、時間の余裕が必要だという。そこで物入りを避け同一の父系リネージ内の同世代での女性の血縁の結び付きの「姑孫姐妹」を重視する人々もいる。

最近は「結拝姐妹」でない者や男性が「女書」を覚えるという変化が現われてきた。甫尾村には「女書」の伝承者の高銀仙が晩年を過ごした家があり（写真3―12）、唐宝珍が親密になって面倒をみて、唐宝珍の刺繍した布に「女書」を書いた。高銀仙は刺繍もうまく「女紅」の全てに優れていて尊敬を集めていたという。唐宝珍は「女書」を歌うことはできたが、書く技法は習得しなかった。高銀仙と義年華も親密で共に「結拝姐妹」の関係であった[22]。高銀仙の孫娘の胡美月（一九六二年生）は、二二歳の時に祖母から「女書」を習い二年ほどで覚えた。二七歳の時（一九九〇年）に祖母は亡くなったが、今でも書くことができ、要望があれば個人的に書いてあげて、若い女性に教えている。「女紅」がうまかった祖母と母の薫陶を受けて、刺繍や袋物作りなども作ってきたという。弟の胡常志（二五歳）も「女書」を覚えて短冊に書いている。「女書」は女性から男性に広がり一人歩きをし始めたのである。なお、唐宝珍は訪問時には、高銀仙の七姉妹のうちただ一人の存命者であったが、お会いして間もなく一九九八年に亡くなった。

5　何艶新の話

河淵村に居住する何艶新《ホエンシン》（一九四〇年生）は「女書」を幼少時に祖母から習って習得していた。その後は中断し、四〇年の空白の後、一九九三年に記憶を甦らせたて再度書き始めた伝承者である（写真3―13）。江永県の湖水の生まれで、一歳半の時に父は地主に殺され、母の実家である祖母の楊陽崇を頼みとして道県の田広洞村に逃れ、母と同居して祖母の家に一二年住んだ。一〇歳から一三歳まで祖母について「女書」を習う。祖母は「三朝書」を四冊持っており興味を持っていてそれを教本として習い始めた。解放後、地主が打倒されて小作人に田地が与えられたので、一三歳で河淵村に来た。「女書」は祖母が掌に書いて教えてくれ、一緒に「三朝書」を読んだりした。祖母が歌うとしばしば涙声になったりしたが、母が娘と別れる辛さが書いてあったからだという。祖母は古いものが批判されるようになって「女書」を書くことは止めたという。娘時代には「三朝書」を七冊書いていて、祖母が亡くなった時に一緒に埋めた。何艶新は母の勧めで結婚を勧められたが抵抗し、結局は嫁に行ったが結婚生活は不幸であった。夫は病弱で罵声を浴びせるなど家庭的には恵まれなかった。

写真 3-13　何艶新

一九九三年に趙麗明が「女書」の調査に訪れたことをきっかけにして、記憶をよみがえらせて再び書き始めた。一九九四年には遠藤織枝が訪問して、徐々に記憶を回復し、現在は四〇〇字程度は書ける。結婚後三日目に「三朝書」を贈るなどという伝統的なやり方の経験はなく、「結拝姐妹」を作ってお互いに教えあった経験もない。新しい形態の伝承者で研究者が「再創造」したと言える。しかし、本人自身は遠藤織枝の問いに答えて「女書を書くと気持ちがよくないから書きたくない、教えたくない」〔遠藤　二〇〇五：八二〕と語っている。「女書」は特に「三朝書」に顕著なように人生の大事である嫁入りに関わる複雑な想いが託されていて、女性の感情が書き込まれ歌いこまれる。「女書」を見ると辛い記憶が甦るという感情には伝統の根強さを感じる。

一方、河淵村にはヤオ族の文化の名残があり、石碑に「乾隆四四年一一月望月立」とある盤王廟（崩壊）や山上の鵝王廟がある。ヤオ族文化もまた深い根を持っている。現在、「結拝姐妹」の慣行はなく、伝統的な「女書」は消滅しつつある。学習で復活する試みは細々と始まっているが、伝統文化として浮上する道筋はほとんど残されていない。

三 「女書」を伝える村々

1 高家村

「女書」の伝承者の高銀仙《ゴオインシエン》（漢族。一九〇二～一九九〇）の故郷である高家村《ゴオジア》は、瀟水の西岸にあり堅固な作りの住居が密集する村であった。高銀仙は二一歳で甫尾村に嫁いだが、その生家は残っている。(23) 家々は二階建ての日干し煉瓦造りで近接して建て混んでおり、その間を煉瓦を敷いた狭い道路が通る。盗賊に備えての自衛のためで要塞風の造りにしているという。広西壮族自治区金秀瑤族自治県の大瑤山に住む茶山瑤の村落にも同様な伝えがある［鈴木 一九九六：一一〇。本書第二章］。治安面での不安は日常茶飯事と思われる。村々に巨大な祠堂があり、かつては父系血縁による宗族を形成し、同年齢集団や擬制的親族など様々な社会的結合を組み合わせていた。その理由は、国家の庇護をあてに出来ず、組織的な自己防衛のためであろう。石造りの家屋は巨大で、豊かさを感じさせる。張り出した二階は「屋楼」で、娘たちの集会所となり、「楼上女」として「女書」の練習を行い、手仕事の「女紅」も一緒にした。家々には娘たちが集まった「過廊」も多い。隣接する楊家村は「女書」を伝える陽煥宜（ヤオ族）の故郷で、高家村との間に盤瓠を祀る盤王廟がありヤオ族の信仰も根づくなど、漢族とヤオ族の文化は混淆していた。

2　夏湾村

唐功暐の故郷である夏湾村《シャワン》は山裾にあって平地瑤が多く居住し、元代に千家峒からヤオ族が移住してきたと伝える。村には広い水田と畑、養魚池があり、生産力の余剰がある。村には先祖祭祀を行う祠堂が四つあったが文化大革命で破壊された。祠堂の形態を見ると、漢族とヤオ族の祖先祭祀が融合していることがわかる。正面に左門と右門、「照墻屏風《チャオチャンピンフォン》」(風水の殺気よけ)という影壁があり、中には広場の「祭坪」、中央の大門楼、回廊を経て奥に小門楼、再び回廊、奥に祠の祭壇があり、「三進式」と呼ぶ。千家峒出身の唐家の始祖を祀る祠堂を「総祠《ツオンツー》」、その三兄弟を祀る祠堂を年上から順に「長祠」「二祠」「三祠」という。唐功暐と唐宝珍は「長祠」に属する。「結拝姐妹」でなくても、同じ祠堂に属する女性たちや、年齢の近い者同士の「姑孫姐妹《クーソエンチエメイ》」は相互に助け合った。「長祠」に属する人々は、「二祠」「三祠」の人々とは関係が薄いが、同一の祠に属する人々は同じ「房」(父系リネージ)の集団で、分節レベルでの統合度が高いと見られる。「祠堂」は漢族の父系出自集団である宗族の祖先祭祀を行う施設であるが、ヤオ族はそれを受容した上で独自の祖先祭祀を行っていた。

写真 3-14　洞窟の崗子廟

夏湾村では裏手の奥に洞窟があり、「崗子廟」(崗子は大きな岩のこと。八月廟ともいう)といい、五種の神々が祀られていた(写真3—14)。それは、①盤王(盤瓠。右側に五穀婆婆を祀る)、②雷王(雷公)と両王(参天大王。玉皇上帝の女婿で、旱魃の時に近隣四村で担ぎ廻した。三霄の一人)、③山神(中公豹ともいう。後方岩洞の北側、小岩洞の中に祀られる狩猟の守護神)、④社壇(土地神。山の尾根道にあり社公伯を祀る)、⑤娘娘(玉皇大帝の妻の玉母娘娘を祀る。子授けの祈願をする)。更に奥の都龐嶺の山上に沇川廟(禹王廟)、萬歳廟(盤王廟)が山下にあった。沇川廟は水源地に鎮座あって禹を祀り、神像は木の葉を着ていた。崗子廟の前には鬱蒼と茂る「参天樹」（参天大王祠の前の高く聳える木）があり、ヤオ族の祖先の盤瓠がこの大樹の股に引っかかって死んだという。毎年八月一六日が祭祖の廟会で、「崗子廟」に安置した盤瓠像を花轎に載せて担ぎ出し、旗を立てて行列を組んで祠堂の前の広場に出して置き、その前で長鼓舞などを奉納して村中でお祝いした。長鼓舞には盤瓠の追悼や祖先祭祀の意味もある。葛覃村や湾頭村にも盤王廟があり同形式で祀られていた。村の南方を流れる瀟水では毎年五月五日の端午節には龍船の競渡が行われ、村の壁には魔よけの「泰山石敢当」がはめ込まれるなど、ヤオ族と漢族の祭祀や習俗は混じり合っている。

主な年中行事は、正月一日（過新年）、正月一五日（元宵節）、二月一日（鳥節）、二月一九日（萬歳廟会）、三月（清明節）、四月八日（女人闘牛節）、五月五日（端午節）、七月七日（牛郎節）、七月一二日（沆川廟会）、七月一五日（鬼節、中元節）、八月一五日（中秋節）、八月一六日（崗子廟会）、九月一九日（倒牛廟会、牛廟会）、一〇月（盤王節）、一二月二三日（祭竈王節）、一二月二九日（小年夜、過小年）、一二月三〇日（大年夜、過大年）である。女性は行事ごとに実家に帰ることが多い。六月は家ごとに嘗新節といって稲穂が熟すと一緒にご飯にいれて炊き、最初に犬に食べさせてから家人が食す。犬祭りとも言い、稲をもたらした犬に感謝する。一〇月には収穫感謝で祖先の盤瓠を祀る盤王節を祝った。両者とも犬に関わる祭祖の行事である。また、四月八日は男性が牛を連れ出して容姿を競い闘牛をしたが現在は消滅し、女性が当日に集まって祝う牛の祭祀は継続してきた。この日は男女の歌掛けも行われた。七月七日の牛郎節も女性の祭事で大豆と桃の芯を一緒に炒めて牛に差し上げ、九月の牛廟会は興福村と共同でかつては牛を殺して祀った。一連の牛の祭りは女性と関連が深く、ヤオ族の供犠や牛祭祀の連続上にある。村の廟は道教の影響があるとはいえ、盤瓠や山神、水神、女神を祀り、土地の神霊祭祀と、ヤオ族・漢族の信仰が融合している。

写真 3-15　桐口村の鳴鳳閣

3　桐口村

桐口《トンコウ》村は、上江墟の最北、道県に近い所にある。村の中央に蘆氏の「祠堂」が建てられ、造りは漢族風であるが、盤瓠をかたどった龍犬が柱に彫り込まれヤオ族の祖先祭祀が習合している。正面には「蘆氏門中歴代先祖考妣三神柱」という額がかかり、「三進式」で、奥が大庁、その前に過道と門楼、広場を経て「照墻屏風」があって、外に出る。盤王節には広場（長鼓坪）で盤瓠に因む長鼓舞が奉納されたという(24)。村の東方に楼塔の「鳴鳳閣」があり、女性たちが集まって「女書」を書き、歌をうたったので、「女書楼」ともいう（写真3―15）。その脇に女性のための「鳴鳳祠」があり、現在は死者の命日を書いた赤紙を貼り、蠟燭があがっている。「女書」の伝承者として名高い義年華《イニインホア》（一九〇七―一九九一）は晩年はこの村に住んでいたが不幸な暮らしであった。彼女は夏湾村の西方にある小村の棠下村で生まれ、生涯に二度結婚し、一九八三年から当村に住み、一七人の娘に「女書」を教えたが後継者は育たなかった。生涯の出来事は「女書」の自伝に詳しく描かれ［遠藤　二〇〇二：一八四―二〇九］、生前に義年華に会った時のシルバーの聞書には、「老同」や「結拝姐妹」の様相が克明に記録されている［Silber 1994］。女性が「自伝」を書いて感情を吐露する表現的行為は女性の自立性の高さを示すともいえる。旧宅は現在では蘆金全宅となっており、家の入口の石に盤瓠が刻まれ、ヤオ族の文化の影響が見られた。漢族とヤオ族の「文化の相互変容」と言える。

四　漢族とヤオ族

「女書」の伝承者にはヤオ族が多い。例えば、胡慈珠（甫尾村）、義年華（棠下村）、蘆八女（龍陽村）、唐宝珍（夏湾村）、陽煥宜（楊家村）はヤオ族で、高銀仙（高家村、後に甫尾村、晩年に夏湾村）は漢族だが養女の義海仙はヤオ族という。盤瓠の末裔の十二姓は「狗頭瑤」と呼ばれ漢族からさげすまれ、漢族風に改姓した者も多い。欧陽は陽に、蘇は義に、任は義に、盤は潘に変えた。唐、蘆、楊はそのままであった。上江墟では義姓が最も多いという。ヤオ族の村は立派な祠堂を祀り、漢族風の宗族の祖先祭祀を受け継いで、漢族文化と巧みに融合している。しかし、祠堂の前に盤瓠の神像を据えて祀り、祠堂の棟飾りに盤瓠をかたどった犬の彫り物を入れる所もある。盤瓠は犬という認識はあるが、地元では余り強調しないのは、犬の子孫と見られると蔑視されるためであろう。伝承では昼間は犬であっても、夜になると凛々しい若者に変身し、これを見て王女は一緒になって六男六女を生んだとも言う。ヤオ族は漢族の蔑視を覆して、独自の盤瓠信仰と祖先祭祀を中核に置いていたのである。

これに対して、日常生活の慣行や社会関係の構築に関しては漢族の慣行と類似するものが多い。ヤオ族の女性も纏足し、清朝の風習（実際には満州族の風習）が取り込まれた。謝志民は漢族の社会関係がこの地に根付いたことを指摘した［謝志民一九九一：一八七六―七八］。例えば、婚姻は父と母が決めることが多く、媒酌人が大きな権限を持ち、家同士の釣り合いが重視され、相性は生辰八字（誕生の年月日と時刻の干支）で見る。子供の誕生以前から親同士で婚約を取り決める「指腹婚《チーフー》」という幼児婚約や、幼ない女子を養女にして下女として働かせて、成人した時に息子の嫁にする「童養媳《トンヤンシー》」の慣行があった。これは大人の嫁を取ると家に馴染まないとか、成人した嫁をもらうと経済的負担が増えるという理由であった。一方、ヤオ族風の慣行もあり、祭りや廟会では歌掛けをして、これを機会に配偶者を見つける。女性の再婚や再々婚も許容され自由度が高かったという。

漢族とヤオ族の双方共に、養子を取り、擬制的親族関係、同年齢者の相互扶助などの流動性があった。特に、義理の姉妹関係を構築する「結拝姐妹」は、この地域の特色で、「女書」と共に他地域との違いが際立っている。「結拝姐妹」や「老同」という擬制的親族関係は、「離婚」を食い止める働きもあり女性の社会的基盤の強化の機能を持つ。また、「結拝姐妹」を七姉妹までとする決まりは、聖数の七の重視や、ヤオ族の北斗七星の信仰、漢族の道教儀礼の北斗信仰とも関連があるだろう。地位が保証され時間的に余裕があった女性たちは、独自の文字を創り出して、人生の機微や歴史の記憶を記録化する場を形成したと思われる。ヤオ族の姓を漢族風に変える一方で、「女書」を習得することは、ヤオ族であり女性であるという二重の劣位性や差別視を乗り越え漢族に対抗する社会的地位を保つ意図があった。

親族関係は父系出自集団がよく発達し、『族譜』や『家譜』に記録を残して由緒と出自を誇り、祖先祭祀の祠堂や神霊祭祀の廟を建てた。漢族風の宗族が発達し、漢族の祖先祭祀とヤオ族の先祖である盤瓠の祭祀が習合していたのである。経済的基盤は、清明節のための「清明田」、廟の祭祀と維持のための「廟田」、宗族の中の貧しい子供の学費にあてる「学田」、集団の成員の伐木や薪の利用に用いられる「公山」などの共有財産にあった。漢文化を受容するという意味での「漢化」は起こったが、帰属意識には大きな変更はなく、漢ヤオ連合の融合集団であったと言えるかもしれない。「民族」概念は近代に創出された「和製漢語」で、一九四九年の中華人共和国成立以後、中央からの統治政策の一環として導入され、現地の人々には馴染みはなかった。しかし、五〇年代の民族識別工作でヤオ族としての認識は顕在化して、ヤオ族か漢族かの二者択一が進み、少数民族政策の展開に伴い漢族からヤオ族に民族変更した者もいる。「漢族化」や「瑤族化」により、差異の体系に変容が見られた。「漢族化」とは周星によれば、「漢化・通婚・改姓・入籍などにより、漢族でない人が漢族になる過程」である〔周星　二〇〇一：三二〕。漢族とヤオ族の関係は、解放以前は流動性と可塑性に富み、言語、習俗、伝承などを緩やかに共有しつつ、隔絶せず、影響しあい、通婚も可能であった。「結拝姐妹」は漢族とヤオ族の内部に止まらず各族間でも結ばれた。平地瑤は「結拝姐妹」をチーペーツメイと呼ぶが、漢語の訛りでヤオ語の独自の名称はない。漢族から取り込んだと推定されるが、漢族独自とも言えない微妙さがある。地元の人は、漢族とヤオ族は「私の中にあなたがあり、あなたの中に私がある」という関係だという。

この思考には費孝通の「中華民族多元一体格局」〔費孝通（編）一九八九〕の考え方の影響が見られる。[25] しかし、この思考の根底には漢族を主体に中国の歴史を見るという考え方があり、民族相互の変容の諸相に注目することが不可欠である。現地の様相の実態は複雑で、「女書」も漢族主体に考えるのではなく、ヤオ族との「文化の相互変容」の視点を入れて、漢族やヤオ族など民族の枠組みも再検討すべきである。以下ではその考察を簡単に試みる。

五　ヤオ族の移住伝説

1　移住の経路

江永県のヤオ族は先祖として盤瓠を祀る。盤瓠の記録は『後漢書』（五世紀）巻一一六、列伝七六の「南蛮西南夷」の条の犬祖神話に遡る〔白鳥一九八五：三六七―三九三〕。概略は、高辛帝の御世に犬戎の侵入を受けた時に、敵の将軍の首を獲った者に褒賞として黄金と采邑と共に、自分の娘（公主）を妻として与えるという布令を出すと、これを聞いた盤瓠という犬が敵の首を取ってきた。結局、盤瓠は公主と共に南山に入り、六男六女の一二人の子供を授かった。盤瓠の死後、子供達は互いに婚を結んだ。山の暮らしを好んだので、皇帝は彼らに山地を自由に移動する特権を与え、租税も免除し、「長沙武陵蛮」となる、という内容である。類似の記述は『捜神記』（四～五世紀）巻一四蛮夷の条にも見える。記録上では後漢時代には洞庭湖南部の湖南の長沙郡や武陵郡に盤瓠の後裔が居住していた。南北朝時代の『梁書』（七〜八世紀）巻三四列伝二八では「零陵・衡陽等郡、有莫傜蛮者、依山険為居、歴政不賓服」と記され、『隋書』巻一三一、志二六（地理下）にも湖南での居住を記す。但し、莫傜《モヤオ》は「傜役を免れる」ことでヤオ族に限定されない［岡田　一九九三：四一四―四一五］。宋代（一一〜一三世紀）以降は「猺」の名称が史書に現れる。『渓蛮叢笑』序文には、「五渓之蛮、皆盤瓠種也」で、猫、猺、獠、獞、犵狫の五種がいたとある。現在の地域で言えば、湖南西南部及び南部、広西東北部、広東北部に居住し［河原　一九八四：二〇六］、その中にヤオ族の遠祖も含まれていたと推定される。宋代は漢族の南下で非漢族が山地へ移動した時代で、元明時代（一三〜一七世紀）には更に圧迫を受けて、広西や広東の奥地に広がった。

現在でもヤオ族は、皇帝からヤオ族に給付した恩賜の公文書、『評皇券牒』や『過山榜』を伝え、移動する先々で山地を開墾して耕作する自由が与えられ、子々孫々まで傜役と租税が免除されるとされた[26]。盤瓠の犬祖神話や、移動の経路や十二姓の由来も記載されている。発布は宋代の景定元年（一二六〇）が多いが、皇帝に仮託した偽文書の特許状である。但し、宋代はヤオ族の祖先達が「我々意識」を持ち始め、文書類に生き方の正当化の根拠を求めた時代と推定される。竹村卓二はヤオ族は独自の神話や儀礼を保持しつつも、漢族文化を選択的に受容し、漢語や漢字を駆使して、状況に適応し、外部との文化的境界を維持して、漢族に同化吸収されず、共生して生き延びてきたと主張する［竹村　一九八一：ⅱ―ⅳ］。漢族の『族譜』をヤオ族風に改変して『家先単』を作成し、祠堂を拠り所とする宗族を独自の祖先祭祀体系に再構成して、移動性に適応した社会を形成した［竹村　一九八一］。宋代以後の漢族との熾烈な軋轢や、密度の濃い相互交渉から生成された戦略と見られる。

焼畑耕作を営み山々を移動し南下したヤオ族には、数々の伝承がある［竹村　一九八一：二二一―二三〇］。ヤオ族の源郷は『評皇券牒』や『過山榜』では浙江の会稽山の記載が多い。一方、古記録では南京十宝殿（十宝店）を故地とする記録もある〔《過山榜》編輯組　一九八四：一〇八―一一六〕。その後に、千家峒に集結して平和な生活を営んでいたが、突然に襲撃してきた元の大軍に敗れ再会を期して散り散りになったという。湖南ヤオ族の古歌『盤王大歌』は武昌府から移動して景定元年に海辺に達し海を渡って千家峒に至ったといい〔少数民族古籍辨公室（主編）一九八八：一六二、二一七〕、同様の伝承は寧遠県〔宮哲兵（編）一九八六：二六五〕、江華県、藍山県にある〔広西壮族自治区編輯組一九八六：一〕。広西、広東、雲南のヤオ族にも千家峒伝説は広がる。ヤオ族は源郷としての千家峒に愛着を持ち各地で故地回復の動きを起こし、一八四四年に雲南蒙自県、一九三三年に湖南紅華県、一九四一年に広西金秀大瑤山、一九五七年に広西恭城県のヤオ族が千家峒の発見を試みた。千家峒伝説の記録は江永県では手稿本『千家峒』（大遠郷趙徳彪宅蔵）、『千家峒源流記』（橋頭舗郷瑤族蔵）、『千家峒源流記』（界牌瑤族郷水口営村李姓蔵）、『千家峒永遠流水部』（上江墟郷葛塘村）など二〇種が残るが年代の確定は難しい[27]〔宮哲兵（編）一九八六：二一四。宮哲兵　二〇〇一：一八四―二二七〕。千家峒候補地は湖南では江永県以外は、道県、江華県、零陵県にある。千家峒は実在するのか、架空の土地なのか、長期の議論が続いていた。この運動は基本的には土地の人々が現地で新しい生き方を発見する「土着主義的運動（nativistic movements）」で、地域社会の自省化による「再活性化運動（revitalization movement）」でもある[28]。中心から周縁へという一方向的な流れではなく、文化の異なるものの相互変容を通じての再創造とも言える。

2　千家峒の「発見」

江永県（古くは道州府）の県城の北方の大遠郷は、都龐山を始め山々に囲まれた盆地状の土地「峒」で、唐代にはヤオ族が千戸ほど集住し「千家峒」と呼ばれたと伝える（写真3―16）。北は広西の灌陽、湖南の道県に接し、五嶺山系中の水源地帯で、上木源、杉木源、苦竹冲、大白水、米渓源、潘家源、龍冬源、大里源、牛欄源の九流が集まって千家峒で消水（淹江）となって外に流れ出し、中流は永明河や蕭水といい湘江に至る。大遠郷を千家峒に同定し

写真 3-16　千家峒の下洞の風景

写真 3-17　ヤオ族の女性

写真 3-18　ヤオ族の男性

たのは宮哲兵で、一九八二年から八五年まで調査して結論を出した。一九八六年五月一八日から二二日まで江永県で「瑤族千家峒故地問題シンポジウム」が開催され、各地から四三名のヤオ族研究者が集まり現地踏査と討論を重ねて決定事項となる。この知らせは東南アジア（ベトナム、ラオス、タイ）のヤオ族に広まり、アメリカのヤオ族（ラオス難民）も一九九六年に千家峒を訪問した。一九七五年にラオスでパテート・ラーオ政権が成立したことで、共産主義の政権下での生活を望まないヤオ族は、タイに逃れて政治難民となり、それ以後、アメリカを初め世界の各地に散った。その子孫が現地で適応して豊かになり、故地を求めて戻ってきた。一九八六年に江永県大遠郷はヤオ族の故地として「発見」され、これ以降、徐々に既定事実としてかたまり、ヤオ族にとっては有名な場所になった（写真3―17、写真3―18）。

現在の土地の伝承では、ヤオ族は中原で黄帝と戦って敗れた蚩尤の子孫で、洞庭湖付近に落ちのびて「長沙武陵蛮」となり、南方に移動して千家峒のヤオ族になったという。しかし、古代との連続性は実証出来ず、蚩尤の伝承は漢族が打ち出した「黄帝の子孫」という伝承への対抗伝説と見られ、後世の文献の知識による補強がある。黄帝を漢族の始祖とする伝説は清末以降に華僑など海外に出た漢族の間で広まった。大きな転換は一九九四年に中国共産党の中央宣伝部が起草した「愛国主義教育要綱」に基づいて、全国的に愛国主義教育が制度化されて以後である。黄帝に関する伝説が愛国教育に利用され、黄帝陵は「全国愛国主義教育模範基地」（二〇〇八年に無料開放）に登録され、「民族聖地」と呼ばれるようになった。[29]

貴州のミャオ族（苗族）の知識人は、ヤオ族と同様に「黄帝始祖」に対抗するために、黄帝と戦って負けた蚩尤を民族の始祖とする伝承を、一九九五年以降に展開するようになった。蚩尤に類似した音表記の始祖の伝承「格蚩爺老」が黔西北に伝わることを根拠に、[30]現在のミャオ族が蚩尤の子孫であるという主張を行っている［鈴木二〇一二：八一―九七］。

黄帝伝説は清末以降に華僑など海外に出た漢族の間で広まった。また、ヤオ族は長江（揚子江）中流域にいた可能性は高いが、中原にいた記録はない。現代の伝承は様々な知識で過去を再構築しようとする。千家峒はヤオ族の拠点であったことは確実視されているが、史料上からは確定できない。また、焼畑が主体であれば千家峒のような定住地は必要ないはずである。千家峒伝説はシェ族や客家や広東の漢族に伝わる移住伝説と共通した枠組みを持ち、移動という行動形態を正当化する論理を基軸に、漢族との関係の中で生成された伝説とも考えられる。牧野巽は「祖先同郷伝説」として、「広汎な地方の住民のなかに、その祖先が元来、同一の地方から移住して来たという伝説」［牧野　一九八五：四］が同じ言語集団（客家、広東人、閩南人）に伝わることに注目した。この伝説は移住や文化の伝播の方向を示すが、史実というよりも、「過去において祖先が同じ故郷から移住してきたという、共通の歴史を有することによって、二重の同郷観念」［同：一六二］を持ち（二重とは現在の定住地と過去の故地）、過去に遡及して作り出された伝承だと考える。瀬川昌久も客家の族譜に記された、祖先を同郷とする移住伝説を検討し、共通の災厄を生き延びた子孫と語ることで連帯意識を作り出す働きがあり、故地は「漢族世界の周縁に位置する最前線の場」［瀬川一九九六：二二八］という境界上の地点（客家の福建省寧化県石壁、広東人の南雄珠璣巷など）であるという。千家峒も類似する場所である。恐らく、同類型のこれらの移住伝説は、実際の移動の記憶を基盤に置きながらも、漢族を焦点として中原と周縁の差異を際立たせる、或いは結び付けることで正当性を主張し、自らの社会的紐帯を強化しようとする伝承であろう。しかし、研究と調査の結果、江永の千家峒はヤオ族の故地として「発見」され、実在化されて、定説になろうとしている。

六　千家峒の伝説

1　離散の記憶

江永では様々な千家峒の記録があり伝説が語られているが[31]、代表的なものは次のようである［百田　二〇〇〇：三四七〜三四八］。「ヤオ族の十二姓の人々はいっしょに道州の峒に住んでいた。千戸あったので、千家峒と呼ばれていた。そこは四方を山々に囲まれ、世間と隔絶した所だった。峒内にはみわたす限りの良畑が広がり、まるで鶏卵のような大きさの穀物ができた。たった七粒の米で鍋一杯の粥ができるほどだった。人々は幸せで安らいだ暮らしを送っていた。けれどもある年、天下に飢饉が発生した。峒内にも人が住んでいることが知れて、皇帝は千家峒からも年貢を取れと役人をよこした。お客好きの村人たちは、その役人を心からもてなした。一軒一軒鶏をしめてふるまっているうちに一年が過ぎ去ったが、役人はまだ全部の家を回りきれなかった。一方、皇帝は派遣した役人がいつまでも戻って来ないので不測の事態が起こったと思い、もう一人の役人を千家峒にやった。ところがこの役人も千家峒に足を踏み入れるなり、前の役人と同じ歓待攻めにあった。千軒の家を回るうちにいつの間にか三年が過ぎていったのである。結局役人たちはずっと役所には戻らなかった。皇帝はとうとう二人の役人は殺されたと思い、真相を調べもせずに大軍を集めてどっとばかり千家峒に押し入った。突如災難が降ってきた千家峒のヤオ族は、とうてい防ぎきれず、切迫した状況になった。十二姓の首領たちは盤王廟に集まって分かれて囲いを突破することに決め、水牛の角を十二節に切ってそれぞれに一首の詩を彫り、将来再び相まみえる時の印とした。それからヤオ族は各地にちりぢりに散っていった」。

この出来事は元の大徳九年（一三〇五）であったとされる。当時ヤオ族は江永に五万人、千家峒には四〇〇〇人いたが追われて広西、広東、雲南に移住したという。従って、千家峒はヤオ族が各地に散らばる以前の故地であり、中央の朝廷との悲劇的な邂逅の場と語られている。別伝では旱魃や水害のために七年続きの年貢の滞納が起こって皇帝の怒りをかって逃げ出したとか、役所の搾取と迫害に耐えかねたヤオ族が、盤宅妹という女王のもとで納税拒否に出たが大軍を派遣されて敗れて逃亡したという。宋代以後の漢族や元の蒙古族との確執があり、様々の原因や理由で移住を余儀なくされた過去の歴史が刻まれている。

2　各地の伝承

千家峒は高山瑤の拠点であった可能性が高い。千家峒は上洞・中洞・下洞に分かれており伝承の地が点在する。今回はその幾つかを訪ねて伝承を聞き取ったので紹介しておく。

①千家峒口（下洞）。外界との境界地点で、石洞があって旧道はトンネルで抜ける。東側に穿岩、西側に鬼岩があり、

川幅が狭まっている。かつては周囲は鬱蒼たる森林で、脇の消水は、解放前は水量豊かで筏が流せるほど広かった。魚も多く水深も深く要害の地で外部からの防御に適する。岸を通る道の完成は一九六七年で、それまでは山越えであった。

②馬山（中洞）。盤瓠など六体の神の銅像を埋めた洞窟があるとされ、入口に「石童子」像を目印として置き、内部に大きな石柱があり財宝を守っているという。山麓は牛の角を一二に分割して、十二姓の人々が再会を誓って別れた場所とされ、盤瓠を祀る「聖会廟」があったという。[32] 現在は娘娘廟が残り隣接地が昔の廟の跡らしい。数百年の後、子孫が戻って一二の牛角を合わせて吹くと洞門が開き盤瓠を祀ることになっていた。

③狗頭山（中洞）。馬山から北に獅子嶺、狗頭山、子竹山と連なり、狗頭山麓の大宅腹村に盤王廟があった。東方に泉が湧き出し、その奥に聳える狗頭山の中腹の洞窟の中に犬の形をした鍾乳石があり盤瓠の化身だという。伝説によれば盤瓠は山羊を追ってこの洞窟に入って「石狗」になったが、大徳八年にヤオ族の女王、盤宅妹が殺され亡骸を子竹山に葬った時に石の犬が突然吠え、声が道県の役所にまで聞こえた。これを蜂起の声と勘違いして征伐の大軍が送られ、一年間抵抗したが遂に大徳九年に攻め滅ぼされた。

④唐家村（下洞）。千家峒のヤオ族の八割は逃亡したが、唐姓の人々は踏みとどまりその子孫が残って形成した村で八八戸、三九七人が住む。伝説によれば源郷は霊陵で、宋代にここに定住した。元代初めの官軍の来襲時に一部は上江墟郷へ逃げ「夏湾村」を建てた。『村譜』に記録があるという。一方、唐姓の四人は白鵝山に逃げ二年間も苦労して留まった後、烏山の下方の肥沃な土地に戻り、現在の鳳下塘村の所に定着し、更に風水先生の判断で鳳渓に来た。ここが現在の「唐家村」である。烏山山麓の唐家村と鳳下塘村に唐姓が住み、対峙する東方の風岩山麓に何、蘆、徐の各姓が住んだ。村の守護神を霊頭廟に祀り八月九日が廟会である。

⑤桑木園（上洞）。千家峒最大のヤオ族集落があった所という。姓は李、趙、盤である。近くに「羅平廟」があり、

羅は鳥、平は神聖の意味である。糯米を造る臼型の石が見つかったので、糯米で鳥神を祀る。廟の正面に中洞の馬山の「聖会廟」（十二姓が別れた場所）を望む。官軍は道県から大渓源に入り九牛戦水という曲折する渓谷を血で赤く染めつつ退却し、上洞と下洞の境でヤオ族の首領は亡くなり、「覇王祖」として埋葬された。墳墓は現在では農民の趙順仁の家の裏山にあり、十二姓が再会を誓ったという馬山を見おろす。この村には一九九六年にアメリカのヤオ族が訪問したが、写真では訪問の前後で民族衣装が全く変わっていた。外部との接触により民族は大きく変貌する。

⑥烏山（下洞）。白鵝山ともいう。田圃の中央に聳える岩山で霊鳥の白鵝として神聖視され、嘴を上洞と中洞に向け、物を食べお尻を下洞に向けて糞をする姿である。下洞の土が肥沃であることを意味する。上洞と中洞が怒って口の部分を壊したので岩が欠けたという（明清代に銃で打って壊したともいう）。尻下は洞窟で鳥が沢山住みつき卵を産んでいる。山麓に白鵝洞や白鵝寺があり、脇の田は肥沃で鵝脛大田と呼ばれた。

千家峒の伝承は全てを史実とするわけにはいかない。民族事務委員会の楊仁里は、⑤や⑥の伝承は古代の百越人（駱越）鳥崇拝の名残りというが確証はない。史実か否かはともかく、土地の伝説にはヤオ族と漢族の葛藤や悲劇の出来事の記憶が凝結している。

七　平地瑤の村々

1　蘭渓郷黄家村

「女書」の伝承者が住む村では、千家峒からの移動を伝え、盤瓠を祀るヤオ族が多く居住しているので、平地瑤の村々を幾つか訪ねて年中行事の概要を把握した。江永の県城から南西に三〇キロに位置する蘭渓郷黄家村の場合、千家峒から来たとされ、村の創始は宋代後期かと推定されている（写真3―19）。漢族からは匂蘭瑤《コウランヤオ》と呼ばれ、「山匂連透水蘭」（山がつらなり水があって青々としている）という地形に基づくという。『正堂示諭』（道光二九年五月）には「匂藍瑤」と記録がある。人口九三〇人、水田六〇〇ムー、畑四〇〇ムー、経済作物は煙草と甘藷、家畜は羊と水牛を飼う。居住者の姓は黄（三割）、何（二・五割）、欧陽（二・五割）、楊（二割）である。かつては上村と下村に分かれて、現在の黄家村は下村をいう。主な年中行事には、趙鳥節（二月一日）、牛王節（四月八日）、関公節（五月一三日）、鬼節（七月八日）、中秋節（八月一五日）、砍牛節（八月、祖先を記念、三年一回）、盤王節（一〇月一六日）がある。文化大革命以前は六四の祠があって祭祀活動が盛んであったという。正確には四六廟、八庵、五寺、二観、一宮などで道教の影響が強い。村の東側、後方の山に龍岩庵（尼僧が居住）、水源の近くに清水庵、南側の岩山に天帝廟（現存せず。碑文のみ）があった。西側の道沿いの盤王廟は破壊されたが、明代の『黄族祠堂記』（萬暦四五年・一六一七）には「鼎建秦王廟」と記す。有力者の黄氏は洪武九年（一三七六）に漢化して入籍したと伝えるが、盤瓠の子孫と称してヤオ族の意識が強い。村には「女書」は伝わらないが、ヤオ族と漢族の文化が混淆している。

写真 3-19　黄家村

2　松柏郷

江永の県城から南に約三〇キロの松柏《スンペエ》瑤族郷には六〇余の自然村があり、人口は一一八九三人で、ヤオ族は九七・五％を占める（一九九〇年現在）。平地瑤が多数だが、儺戯《ヌオシ》が盛んな地域であったという。儺戯は仮面の神霊祭祀で漢族を主体に伝承されたが各地で多様に展開した。現在でも松柏郷の棠錦村、松柏村、建新村、大同村、富素村、及び上江墟郷の呼家村で定期的に行う。演者の大儺壇戯班（劇団）は大同村、王家村、棠錦村、風亭村、杏菊村、粗田村に住み、王家村と棠錦村が主体となる。三〜四人の頭人を中心に、春節、特に正月三日以降、一五日まで演じる。使用言語は平地瑤語と西南官話である。

棠錦村（古くは棠景村）の場合、儺戯は「要五嶽」、或いは「要旗頭」「要判官」ともいう。秋の収穫後に報賽として祀る。現在では盤王節に合わせて一〇月一六日にも行われる。担い手は巫師（師公、ヤオ語では翁師）であり、「坐歌堂」に際しては、盤王歌、梅山歌、山歌などヤオ族の歌と共に漢族風の対子調もうたう。儺戯の場合、祭壇の五嶽壇には、五嶽図を掛け、羅漢、菩薩、真武、三清、山神、土地、孔子などを祀る。祭場に掛ける書軸は「一百多位神鬼」である。神像などの塑像は六〇体余り、面具は三六あり四つの色で性格を違える。その種類は、①五嶽山川神（東嶽、南嶽、西嶽、北嶽、中嶽）、②鬼頭神怪（盤王、判官、小鬼。盤王は「船老板」、盤は船）、③獣頭神霊（牛頭馬面、猴頭）、④歴代戦将、一般人物（関羽、兵頭、叫化、金花、銀花、千歳公公、萬歳婆婆）、に分けられる。祭壇の中央には精武神像、両脇には五嶽諸神、五方将軍を祀り、中壇には盤王、鍾馗、小鬼、楊戯、雷震子を置き、左右に獅子一対、龍首一対を据える。低い壇には五方雄兵、童子図、五供などを置く。法具には六種、楽器が八種あって、法衣を着て行う。儺戯の内容は大別して正戯と小戯があり、元旦「兄弟拝年」は小戯で「開洞拝田」「焼炭」「興工」「嫁女」「看女」（情歌、山歌入る）を行う。小還願（小さな願解き）ともいい、「還土地神願」である。正戯は大還願（大きな願解き）で「還盤王願」といい、盤瓠を祀る。儺戯の演目としては、五嶽獅喜迎嘉賓、李総兵献芸、関刀湜雄威、双刀鎮邪魔、判官出巡、猴王採果、大拝年、小拝年、五嶽嫁女、送子求学、還願などがある。儺戯と言いながらも、実際には山岳を拝み、大還願では盤瓠を祀るなど、漢族の祭祀をヤオ族風に読み替えている。

王家村の場合、五嶽壇で、正月二日に儺戯を演じ、五嶽神過山、開天門、各路神霊、差兵出外、三次三眼銃（俗称「地雷公」）などを行う。経板木刻で紙に印刷して護符として配布する「盤王祭瓠図」が伝わる。言語は「水美土話」で梧州瑤語と平地瑤語の混合という。

写真 3-20　壙井村の五嶽堂と儺戯の面

翁在村の場合、祠堂があって、師公が五~七人で「還盤王願」という盤王の願ほどきを一夜で行っていた。内容は「大開門」「聖駕」「聖木」「開光儀式」と続き、竜虎率隊となる。「大還願」の中程から「下馬庫」「請聖」「送聖」と続いて終了した。

壙井村の場合、人口三二〇人、水田一〇〇ムー、乾田五〇〇ムー、何姓のみの村で、七都瑤と称し、宋代以来の歴史があり七つの村に区分して住んでいる。儺戯は「五嶽堂」(五嶽廟)で行われ、中央に玄武大帝(左脚鳥亀、上に蛇)を祀る(写真3—20)。神像を入れて三三体の面具があり、左右に獅子を置く。面具は文化大革命で破壊されたが一九九〇年に再び作成した。封神檀には中央に狩猟神の梅山菩薩(翻天張五郎、動物を警護)、右に開山二体(石を担ぐ)、左に山神二体(木材を担ぐ)、手前に孟公神(全て山神)を祀る。廟会は二月一日であるという。儺戯の班はかつては、連新、花楼、水義、水賓壙、湖水、棠錦、秀甲、大同、符素などの村々をまわった。法術も行い刀梯山(刃渡り)、撈油鍋(煮立った油に手を入れて神意を問う)、過火海(火渡り)を行う。演目の主な役に、判官(生産の大権を持ち人間の善悪を看る)、猴王(開山の様子を表し、手に玉蜀黍を持ち、農作業の過程を演じる)、開山(刀耕火種、つまり焼畑の様式を演じて、山地民の暮らしを演じる)がある。師公が主宰者となって各役は土地の人が演じ、よそ者にはやらせない。春に願掛けし秋に願解きするが、「大還願」(大きい願解き)には三霄娘娘(雲霄、凌霄、瓊霄)を招く。道教的だが、内容は狩猟・焼畑・農耕など山地民の習俗を演じるなどヤオ族風に整えられている。

松柏村の場合、二〇〇戸、一〇〇〇人、全てヤオ族で、姓は王、任、欧陽、何、胡、呉である。乾隆二九年に流行病がはやったので平安を祈念して儒教・仏教・

道教三教合一の廟である三教院が建立されて隆盛を極めたが、現在は破壊されて学校になった。村には盤王廟、武婆廟、五嶽祠などがある。王姓の家に木刻で印刷する「経板」（経呪）が伝わり、これで作成した盤王の画像を毎年一〇月一六日の盤王節で焚やした。一方、江永の県城から七キロ、黄甲嶺郷《ホアンジアリン》の杏菊《シェジュ》村という九〇戸で五〇〇人の莫姓のみの村には莫花得という数十代三百年続いた家系の巫師（師公）がいる。莫迪貴作と伝える「経板」があり、「盤古像」には犬の盤王（盤瓠）と長鼓舞や渡海伝説が描かれている〔政治協商江永文史委員会　一九九二〕。これは紙馬として、儺鈴、朝笏、竹卦、牛角、勅令と共に使う法具である。同村には桐口村の生まれで「女書」の伝承者、蘆閏池（一九一六年生）がおり、七人の「結拜姐妹」の一人で「三朝書」も作った〔遠藤　二〇〇二：六四―六五〕。但し、黄甲嶺郷生まれの「女書」伝承者はいない。

以上、平地瑶の村々では複雑な儺戯の儀礼が盛んに行われる一方で、盤瓠の祭祀が中核部で伝承されてきた。執行には文字の知識が必須で、漢族とヤオ族の文化は融合している。

八「女書」の成立

漢族とヤオ族の関係について様々な角度から融合や文化の読み替えを見てきた。それを踏まえて、なぜ「女書」はこの地域に成立したかを、仮説的に述べておきたい。

最初に「女書」の起源についての伝承を紹介する〔楊仁里・陳其光・周硯沂（編）　一九九五：二〕。第一の伝承は胡玉秀（別称は胡秀英。道県荊田村生まれと伝える）という才智に優れた女性が作ったという伝承である。胡は皇帝に召されて王妃となったが、宮中では冷遇されたので、監視を潜り抜けて窮状を吐露するために、自分だけが認識できるように漢字に変形を加えて文字を作り、絹のハンカチに書いて実家に伝えた。親しい人に斜めに見てもらい、土地の言葉で音読したので事情が伝わった。この時以来文字が女性の間に伝わったという。第二の伝承は、桐口村出身の手仕事に巧みな盤巧（panqiao）という名の女性がいた。聡明で三歳で歌を歌い、七歳で刺繍ができた。歌をうたうと人々は陶酔し、刺繍は見事な出来であった。官府に召されて道州に行ったが苦労を重ねた。実家に実状を伝えるために図案の文字を作って封書にして愛犬に帯に仕込んで帰らせた。村の女友達は長時間を費やして内容を解読して理解した。この時以来、この文字が代々伝えられてきた。

　この二つの伝承の共通性は、女性が独自に文字を作り、女性だけが読めるように工夫したこと、嫁ぎ先や移住先で苦難を重ねること、男性の監視を逃れるために女性しか読めない文字を作り出したこと、文字の解読には女性の友達があたったこと、女性の間で伝承されることになったことである。いずれも道県という隣接する漢族地域が舞台になっていて、宮中や官府など男性が活躍する政治の場に、才能ある女性が呼び寄せられて抑圧・差別される状況が描かれる。伝承の基調は、女性の生活体験が投影されていることであり、劣位にある女性が男性を一時的に逆転して非日常の世界に没入するのが「女書」だというメッセージを伝える。男性が独占してきた文字の世界を女性側が読み変えて自らの意志伝達の道具にして、女性相互の絆を創り上げたともいえる。「女書」には男性が一切関与できず、女性の創意工夫で、女性同士だけのコミュニケーションの手段にするという男女の役割の逆転を語っている。女性による「文化的へゲモニー」の奪還であり、新たな「文字文化」の創造であった。しかし、二つの伝承は微妙に異なる。主人公の名前の胡は漢族風、盤はヤオ族風なのである。もちろん、胡も遡れば西域へと繋がり漢族からずれていく。しかし、盤巧という名称は、ヤオ族のうち「過山瑤」という移住する生活を常態とするユーミエンの代表的な姓である。ヤオ族の始祖である盤瓠（panhu）を連想させる女性主人公に仮託して「女書」の成立が語られる。この二つの伝承は、漢族とヤオ族の相互交流の中から「女書」が生成した経緯を語っているのではないだろうか。

伝承の世界から再び現実の世界に戻って「女書」の成り立ちを考えてみたい。女性が独自の文字を持つには、これを許容する社会・文化的基盤があるはずであり、六つくらいの事情が勘案できよう。第一には地域経済の豊かさがある。基本は農業で、河川沿いの土地は肥沃で二期作が可能であり、土地の生産性が高く経済的にも精神的にも余裕があって、教育に時間を振り向けることが出来た。農作業と共に読書を好む風土が醸成され、宋代以後の漢化の進展に伴い祖先祭祀のための祠堂と士大夫養成用の書院が建てられ、教育重視の環境が整っていた。この基盤に立って女性にも読み書き能力の重要性を自覚する機運が生まれ、自立化の動きが生じた。

第二には漢族とヤオ族が融合して生成された平地瑤の社会的基盤である。平地瑤は父系重視の男性中心志向の影響が強く、女性は纏足を余儀なくされるなど漢族や清朝の影響を受けた。男性への従属性の現れでもあるが、農作業をしない状況を逆手にとって、女性の家内の楼上での「女書」の手習いや手仕事の「女紅」に振り向けた。女性の社会的地位の保証と行動の自由の許容があり、ヤオ族の文化と社会の在り方が影響していた可能性が高い。例えば、千家峒などのヤオ族は「過山瑤」で焼畑耕作が盛んであり、伐採、穴突き、刈入れは男女共同、その後の作業は女性の担当で、男女分業が明確で平等性を志向していた。しかし、平地での定住化が進んで水田や畑作が主体になり、漢族の社会構成を基盤に祠堂中心の父系の祖先祭祀が定着すると、女性の役割は従属的になり地位は低下する。漢化過程での女性の劣位性を克服する試みとして、「結拝姐妹」の関係や、「女書」の取り交わしが生まれたのでないだろうか。ヤオ族の女性観が基調として連続していた可能性を考慮したい。

第三にヤオ族は独自の文字を持たないが、漢字を許容する度合が深いことである。ヤオ族の男子は漢字の読み書き能力が生活に必須で［竹村 一九八一：一一三。吉野 一九九四：六六］、移住の歴史や始祖神話を記す『評皇巻牒』や、儀礼の次第書（科儀書）や祖先の系譜の記録『家先単』など文書類が多数残され、道教の受容も深みに達している。男性は生きているうちに自己の死後の霊界での地位の上昇を決める通過儀礼の「度戒」（掛燈を含む）を受ける義務があり、漢字の知識が必須で「儀礼言語」として重要であった。文字の知識は巫師や族長等の特定の家系に独占されず男性に行き渡った。女性への漢字の直接伝達は考えにくいが、女性も文字に親しむ機会はあった。高山瑤から平地瑤へ、そして定住化や漢化が進むという社会の流動化で、男性への対抗文化として「女書」が生まれた可能性はある。

第四に最も重要な要因と思われるのが、間身体性の共有とでも呼ぶべき深い絆を持つ擬制的な姉妹関係が基盤にあることである。各地の話を総合すると、①男性が義兄弟になる「結拝兄弟」や女性が義姉妹になる「結拝姐妹」があり、男女ともに行う「老同」では、「女書」の慣行は見られない。②「老同」は一般的で、「結拝兄弟」の慣行もあるが、男性同士の結び付きの方が女性よりも強く、「女書」の伝承者は多くない。③「老同」は男性に多いが女性も行い、「結拝兄弟」の慣行はない。「結拝姐妹」の結び付きが強く、「女書」が伝わり、女性の相互連帯の意識が強い、という三種となろう。①はヤオ族居住地、②は漢族居住地、③は漢族とヤオ族の混住地域が多い。ヤオ族では男女の平等性が維持されるのに対して、漢族では男性優位の様相がある。混住地域では男女は同性同士で義理の関係を取り結ぶが、女性の連帯が顕著で、「女書」が中核として重要な役割を果たす。シルバー（Cathy, Silber）は「老同」は非漢族、「結拝姐妹」は漢族の慣行とするが［Silber 1994:58］、双方は分けられるものではない。「女書」は移動性の高い高山瑤ではなく、漢族の影響を受けて定住化を進めた平地瑤の居住地域に伝えられてきた。「過山瑤」には「女書」の慣行がない。城歩《チエンプ》苗族自治県の「過山瑤」が母から娘へと伝える「搬娘屋《プアンニヤンウ》」は表意文字だが符号である。ヤオ族の漢化、或いは漢文化への適応過程で「女書」が生まれた可能性は高い。「女書」を男性は読めないので、女性同士の意思伝達の秘匿性が保証され個人の想いが綴られて相互の連帯意識を高める。特に、女性の大きな人生の転機で不安な状態に贈られる「三朝書」は、所持するだけで安心する護符の役割を持っていた。結婚後も生家にしばらく住み続ける「不落夫家」の慣行があっても、「村外婚」が通常で、最終的には夫方に移る女性は義理の姉妹関係を頼りにした。

第五には女性たちがよく参詣した允山郷の花山廟や道県の娘娘廟のように、二人の姉妹を神格化して祀る神霊との繋がりである。ここに参詣すると、道士が「女書」を書いた紙をくれる慣行があり、家で文字を練習して祈禱文や願文を清書して参詣し上達を願ったという〔遠藤　一九九六：四九〕。姉妹神は女性、特に「結拝姐妹」や「老同」を結ぶ女性達の守護神とも考えられ、女性の絆の強固さを再確認させ、娘娘廟は身近な存在であった。

第六に一般化してみると、男尊女卑が強い社会を、女性側から中和するような独自のコミュニケーション・ネットワークを構築する試みが「女書」である。日常生活での男性優位社会への対抗文化として部分的に男性の優位をくつがえす。女性は自らの生き様や記憶を「女書」に凝結して男性文化に対抗し、漢字を「男書」と呼んで差異化する。そして、「三朝書」のように婚礼に「女書」を効果的に組み込み、女性のイニシェーション（initiation）、つまり「成女式」の一過程として劇的に構成することで自立化を促し人生を生き抜く自覚を持たせた。「不落夫家」はヤオ族から漢族への影響と思うが、女性の自律性を保証していた。「女書」を受容する要因としてヤオ族側の諸要因と合わせて華南の漢族の特性も考慮すべきかもしれない。華南の漢族には、父系血縁の基礎単位たる家（jia）を乗り越える流動性、M・ウルフ〔Wolf 1972:34-41〕の言う女系家族（uterine family）の重視、姻戚関係を補完する擬制的親族の活発化などがある。「女書」は記憶の可視的な媒体として、ヤオ族と漢族の女性の意志が交錯する焦点となり、「女縁」による社会関係を再編成して強固な連帯を形成する中核となった。「女書」はヤオ族と漢族の「文化の相互変容」で生成された「境界文化」といえよう。

九　「女書」の行方

「女書」成立に関わる大きな動きは、ヤオ族の側からみれば、①ヤオ族の過山瑤から平地瑤へ、移動から定住へという変化、②ヤオ族の広義の漢化と漢族側の適応の二つの動きが関連する。さらに、③漢族のヤオ文化の取り込みと、④漢族の多様な土着化、の二つが加わって、総計で四つの方向性が錯綜する。漢化の概念は余りに多義的で、説明概念の有効性は高くないが、漢族の文化的影響と考えれば、四つの方向性のうち、ヤオ族の漢化、特に漢字の使用が焦点である。ヤオ族の漢化と並行して、漢族も土地の習俗や言語を深く取り込み、漢族とヤオ族は錯綜する文化融合の連続線上にあった。土地の人々は相互を「私の中にあなたがあり、あなたの中に私がある」という関係だという。この言説は費孝通の用法であるが、実体験としても語られる。相互の「民族的境界」の顕在化は、民族識別工作が行われ「民族」として固定化された民族政策の展開以後で、漢化は「漢族化」に変わる。一方、帰属変更によって「瑤族化」も生じた。しかし、ヤオ族と漢族の規定内容を比べれば、漢族は多義的で曖昧で包括的であり、ヤオ族も多様だが細かな独自性が付与されるという不均等性がある。かくして漢族の拡大と同化が継続し、これに対抗するヤオ族という構図が生成されて、差異の意識化をめぐる「民族的境界」の再構築と維持の試みが活発化する。

漢族とヤオ族の接する地域は数多くあるのに、なぜ江永で「女書」が生まれたかについては決定的なことは言えない。地域の特色として義理の姉妹関係が大事だが、地元の人々が漢字を敢えて「男書」というように、文字のもつ機能や意味が男女で異なるとするジェンダー（gender）の意識を重視すべきであろう。「女書」は実生活に則して生成され生活意識や実用性と密着して多機能的に広がり、男性の文字たる漢字は政治権力の構築（科挙など）や経済圏の進展などの知的独占に関わるという対照的な展開を見せた。「女書」は何よりも女性のための文字であり、男性は読めないし読む必要もなかった。女性には「女書」の持つ美的感性、流麗な文字を習い歌うことの魅力もあった。そして、人生の転機となる婚姻では、三日目の「三朝書」贈呈で試練が乗り越えられることを確証させ、「女書」は決定的な役割を果たした。内容はお祝いの言葉や、娘時代の出来事、人生訓、物語などを記すだけでなく、型紙や裁縫糸を仕組んだ手仕事用の実用道具で、女性同士が心を通わせる証しで護符のような役割も果たした。婚礼は女性には社会的認知に関わる人生最大の通過儀礼で、劇的な演出が挿入された。「三朝書」という記念のモノと、「女書」という心を籠めたカタチが、「結拝姐妹」という「女縁」を再確認させて、人生の辛さを乗り越える勇気を湧き立たせた。「女書」は歌声と文字が合体した「歌う文字」であり、ヤオ族の女性たちが主体的に参加する「対歌」つまり、歌掛けの慣行と漢族の文字文化の融合から生まれた可能性もある。婚礼前に行う「歌堂」も歌の集団的掛け合いである。「歌堂」とは婚礼の三日前から女性たちが祠堂に集まって、季節の歌・祭りの歌・哭嫁歌などを三日間歌い続けて、別れを惜しんだ。「女書」は歌う文字であるが、押韻せず声調の規則があり、ヤオ族の歌に類似しているという。「女書」は漢族とヤオ族の「文化の相互変容」による再創造と考えてみたい。

「女書」が読めない女性でも、文字がわかる女性の指導で一緒に歌うことは出来た。また、「女書」は個人の生涯を述べる「語る文字」「歌う文字」であり、記憶のかたちとして日記や叙事詩にもなる。「女書」は表現力を飛翔させ感性に富むコミュニケーションを創造したのであり、歌いかつ語る吟唱文字は女性による女性のための独自の文化表象かもしれない。男性の漢字の知識を換骨奪胎し、自らの生活に想いを潜めつつ独自の文字を創り出した「女書」は女性の自立化の過程とも言える。事実、「女書」を書ける女性は「君子女《ジュンズーニウ》」と自称して誇らしい存在だったという。これを男性側は「蚊文字」や「長足文字」と皮肉って馬鹿にしていた。男女の見方は真っ向から食い違っていたのである。

「女書」は伝承者が絶えようとする現在、皮肉にも「世界唯一の女文字」と喧伝されて内外の注目を集めている。そして、「女書」は平地瑤の間では「ヤオ族の文字」であるという主張を生み出し、ヤオ族に自文化の再発見を迫る動きも始まった。その急先鋒は、「女書」研究に先鞭をつけ、中南民族学院（現在は中南民族大学）の女書研究センター（一九九二年発足、二〇〇〇年再興）所属の謝志民で、「女書」の辞書の編纂を進めると共に、「女書」はヤオ族の文字という主張を梃子に海外のヤオ族にも呼びかけ、文化的価値を付与して向上を図ろうとする。ただし、ヤオ文字とする見解には否定的な意見が多く、ヤオ族の支持も得られていない。

ヤオ族の故地の千家峒と「女書」を結び付けて観光開発の文化資源とし、多くの旅行客を江永県に呼び寄せる動きも始まりつつある。伝承で受け継がれてきた「女書」と千家峒伝説が、共に固定化され利用されるという逆説的な文化創造である。学者や知識人の言説が地元に還元され新たな実践を生成するという世界大の現象が、この地でも人々の運命を変えようとしていた。

一〇　資源化への道

二〇〇〇年代以降、「女書」は大きな転換を遂げた。観光開発に政府が積極的に関与し、様々なイベントを仕掛けて経済開発に結び付ける試みが始まったのである。二〇〇〇年に始まった西部大開発により、内陸部と大陸部の格差拡大の是正のために、農山漁村が郷村観光推進の対象として大きく取り上げられ、マス・ツーリズムへ展開する動きが各地で起こったが、江永にもその影響が及んできた。「女書」は一九九〇年代は少数民族の伝統とはみなされていなかったので、国や省の援助を得られず、地方政府も積極的な動きは見せなかった。しかし、二〇〇二年四月に、江永県政府は「江永女書の救済と保護に関する意見」（関于搶救和保護江女書文化的意見）を布告し、「女書文化救済プログラム」（女書文化搶救工程）の実施を決定して、「女書」を利用した観光化によって地域経済の活性化を図り、「女書」を保護・救済して再び地域内で伝承されるようにする試みを開始した[33]。ただし、本音は観光開発であり、「女書」を文化資源として活用して経済的に豊かになる施策を導入したのである。同年には江永県委員会宣伝部内に、「『三千文化』研究センター」を発足させ、「千年の謎——女書」、「千年古村——上甘棠[34]」、「瑤族故地——千家峒」という三つの「千」を含む観光地を「三千文化」と総称して事業展開を行おうとした。まさしく、研究者が行ってきた調査や研究の成果を生かして、漢族とヤオ族の文化を「女書」を介して結合させる試みであった。宣伝部の支部、「江永県女書文化研究管理センター」は「女書」の救済と保護を専門とする組織で、事実上は「女書」の実践的活用が主眼であった〔丁育華　二〇〇七：四八〕。

女書の保護と伝承の維持に関しては、県政府が二〇〇一年に「女書伝人」（女文字伝承者）を選定して、毎月二〇元の生活補助金を支給することにした。陽煥宜（一九〇九―二〇〇四）、何艶新（一九四〇年生）、何静華（一九四〇年生）、胡美月（一九六二年生）、義運娟（一九六九年生）の五人が選ばれて、毎月二〇元（当時一元＝一五円）の生活補助金を与えられることになった〔丁育華　二〇〇七：四八〕。二〇〇三年からは陽煥宜は一〇〇元を受け取ることになった。何艶新は二〇元から始まり、五〇元へ、二〇一〇年には一〇〇元となった。[35] 選択基準は「女書」の読み書き能力、歌唱力、創造力、手工芸品の技巧であった。しかし、「女書伝人」のうち、本当の生活体験に根差した伝承者は陽煥宜だけである。何艶新は幼い頃に祖母に習っていて四〇年ぶりに記憶を甦らせた。自分の想いを文字で表現できる力はある。何静華は允山県渓州村生まれで、二四歳で瀟鋪鎮蒲家村に嫁ぐ。[36] 研究者の周碩沂の指導で一九九七年から本を見ながら書き始めた新しい伝承者である。筆で「女書」を書くという手法も周の指示で何静華が始めた。[37] 胡美月は有名な高銀仙の孫娘で二年間学んだが使命感で書いているので、生活体験として習得したのではない。ただし、熱心で「女書学堂」で文字を教えている。義運娟は遠藤織枝の報告では義遠絹とあり、高銀仙の孫の嫁というが情報がない〔遠藤　二〇〇五：七五〕。

二〇〇二年には政府は「女書」の伝承地域として、小普美村を「女書文化村」として保護地区に指定した。「甫尾村」を同音で綺麗な文字の「普美村」に変えた。これも文化政策の一環なのであろう。甫尾は女書伝承者として尊敬されていた高銀仙が嫁いだ村で、周碩沂に多くの情報を提供した胡慈珠を輩出するなど「女書」で有名な村であった。村内に「女書園」を整備して造成し、園内に女書の教育センターとして「女書学堂」を八〇万元で建築した。費用は江永県政府の負担で、背後で省政府も動いた。二〇〇四年一一月に現地を訪問した遠藤織枝によれば、(38)船で渡って到達した村に橋がかかり、畑地が整備されて文化村が出現した。「女書学堂」の右側は工芸品売店、二階は女書研究の先駆者である周碩沂の女書展示室になっている。実演室では若い娘たちがヤオ族の真っ赤な衣装を着て、花嫁役の娘を中心に昔の嫁入り習俗の「坐歌堂」を再現する。漢族の女性が「女紅」する光景の踊りも披露される。奥の調理室では特産品の芋を揚げたり、粽を作ったりしている。二階の実作室では胡美月が女書を書き、弟子が刺繍をして見せ、花帯を織る人もいる。ここを「女紅室」とも言う。現在では「女紅」は花帯・玩具・箭紙などの土産物の工芸品に活用されて、単なる技法に過ぎなくなった。(39)「女書」は日常生活や人生儀礼での機能を失って装飾や図案など「工芸」や「芸術」として使用されている。

階下の総合室では高銀仙の生涯が描かれ、作品が展示されている。三冊の「三朝書」が置かれて、一冊は明代の紙が添えられていた。階下中央の「女書学堂」では「女書」の教室を開催する。(40)女書を教える教室を主宰している胡美月によれば、実際に教えるのは土曜と日曜で、生徒数は二〇人から三〇人、(41)年齢は一〇歳から五〇歳まで全て女性の村人という。(42)学校を卒業すると出稼ぎに行ってしまうので継続が難しい。ただし、遠藤織枝によれば、教授法は従来の縦書きではなく横書きであり、若い娘に「文化を伝承する」という理念があるのかどうかについて疑義を呈している［遠藤　二〇〇五：七二］。

「女書学堂」の前身は二〇〇一年に江永県政府と小江墟郷政府が提案して、小普美村の幹部が主体となって「祠堂」を改装して手作りで創った「普美女書学堂」である。「女書」を学習するために手作りで整備し、教師には胡美月を選任して「女書」の伝承を継承する準備が整えられた。しかし、二〇〇四年と二〇〇五年に現地調査を行った丁育華によれば、「女書学堂」は二〇〇四年には四〇人ほどが地元から土曜と日曜に習いに来ていると管理者から聞いたが、二〇〇五年には一人もいなかったという［丁育華　二〇〇七：五〇］。マスコミの宣伝で当初は「女書」を学ぶことは誇りとなったが、「お金にならない」「実用的でない」という理由で廃れてしまったという。

江永県政府は二〇〇四年にK社という旅行会社と契約を結んで、「三千文化」に関する観光開発権を売却した〔丁育華　二〇〇七：五二〕。さらに毎年、土地占有料として一〇〇〇元納めれば、「女書園」の入園料をはじめとする現金収入の全てが企業の取り分になるという契約を結んだ。「女書」の教師の給料も企業の負担とするのが条件であった。しかし、企業による「女書園」の整備は進まなかった。企業は県城に建築したホテル、「江永大酒店」での稼ぎが中心のようである。現在は毎年二万元の税金を納付させて「女書園」の管理を完全に委託している[43]。K社は県政府の指示で、「女書伝人」の胡美月を引き続き「女書学堂」の教師に指定した。ただし、「女書園」の入場券販売、女書民俗の上演、資産管理、警備員として四人の女性と一人の男性を雇って、女性にはヤオ族の民族衣装を制服として着せた。女性職員の雇用資格は女書を読み書きして歌うことが条件で、普通語で観光客と会話できる能力が求められた。従って、「江永土話」しか話せない本当の伝承者は雇用しない。

丁育華は女書の伝承者を三つに分類して理解しようとした〔丁育華　二〇〇七：五六〕。それは「旧伝承者」（伝統的な方式で女書を習得し実生活の中で使用した経験があるもの。陽煥宜）、「新伝承者」（伝統的な伝承方式で習ったことはあるが実際に生活の中で使用した経験はない。何艶新、何静華、義運娟、胡美月）、「新新伝承者」（女書の文化財課・観光文化の展開で、自習や「女書学堂」の教育など従来の伝承方式以外の方法で習った者。女書園での雇用者）である。各々のインタヴューから、「新伝承者」の間に様々な意見があり政府が進める女書文化の維持・保存の政策との間に齟齬があること、観光開発に関わる「新新伝承者」は女書への関心は高いが、自分たちの文化としての意識は薄く、伝承の意味も理解せず、政府の開発のみに期待するという傾向であることがわかった。まさしく「文化は誰のものか」という問いが生まれているのである。

「女書園」では女性にヤオ族の民族衣装を着せて、「女書」の筆記の実演、ヤオ族の踊りなどを見せる。女書展示室の他に女書工芸品販売館があり、新しい工芸品として、「女書」を刺繍した布カバン、「女書」入りのハンケチ、小銭入れ、「女書」入りの木製プレート、「三千文化」の絵ハガキなどを販売している。特に、ヤオ族の民族衣装を着たガイドが、「女書」を歌うという奇妙なパフォーマンスには驚嘆する。本来の「女書」のあり方とは根本的に異なり逸脱に近い。ここでは文化の「真正性」（authenticity）はどこかに吹き込んでしまった。

二〇〇五年には女書とは関係のない「竹杵舞」が上演されていたという。これは各地の少数民族の観光地で演じられている、数人が並行に並べた竹の双方にいて竹を開閉している間を、直交する形で女性が入り込み、竹に挟まれないようにリズミカル踊りつつ渡る。舞の起源は海南島のリー族（黎族 Li）とも言われている。筆者が一九八一年四月に海南島のリー族の村を訪問した時に現地で見たことがあり［鈴木　一九八五：二三―二四］、チュン・チェック（chun shek）、「竹を飛ぶ」という名称であった。ただし、同様の舞はフィリピンのタガログ族やボルネオのダヤック族にも伝わっていて、現在はどこが起源かはよくわからない。ヤオ族や江永と全く関係がない単なる見世物で、観光客を喜ばすだけに演じられていたのであろう。ただし、「女書園」の運営はうまくいっていないようだ[44]。ここでの試みは、少数民族の「民族村」などをモデルにして新たなテーマパークを作ることを目的とした。テーマパークとは「文化・民族・キャラクター・時代など特定のテーマに合わせて全体を演出する大規模な観光施設」であり、江永では「女書」をテーマにしたが、「旅游資源」としては魅力に乏しい。「生きた文化」でない状況を的確に把握していなかった。テーマパークの入場の柱は、入園料、お土産品販売、飲食代、アトラクション代であるが、どれもうまくいっていない[45]。文化の伝承は必ずしも、開発のための資源にはならない。

二〇〇九年には「女書文化村」は名称を「女書生態博物館」と改名して改編され、文字の保護保存に力を注ぐことになった。これは毎年、国家旅游局が繰り広げる観光年の主題が、二〇〇九年が「中国生態旅游年」[46]であったことに合わせたのであり、エコ・ツーリズムの拠点に変貌させる試みでもあった。現在は、「女書」が伝わっていたとされる一四の村のうち、五つを重点保護村として、「坐歌堂」「闘牛節」「結拝姉妹」などの民間習俗を復活させようとしている。二〇一一年には台湾の旅行会社が「女書ツアー」を企画するなど、ある程度は反応があったが、観光化は成功していない。

二 文化遺産と現代的活用

ユネスコの無形文化遺産への登録を目指し、県政府は中央政府に上申して、「女書」は二〇〇二年四月には「中国檔案文献遺産名録」に登録された。二〇〇五年には中国民間文藝協会と連携して、報告書〔白庚勝・向雲駒二〇〇五〕を出版し、資料を整理して提示した[47]。これはユネスコへの登録申請の基礎資料であった。二〇〇六年五月二〇日には、「女書習俗」として「第一批国家級非物質文化遺産名録」に登録された。しかし、ユネスコへの申請の動きは停滞した。二〇一〇年八月二八日に江永県政府はユネスコの「記憶遺産[48]」への申請を目的とする「中国『女書習俗』保護シンポジウム」（中国〝女書習俗〟搶救 保護研討会）を北京の崑崙飯店で開催した[49]。その内容は午前中は「女書習俗原生態展示」で、伝承者の実演として六人が長い横長の紙に毛筆で女書を何文字か大きく書き、書き終ると両手で広げて見せる「文字ショー」であった。引き続き、三人ずつ左右に分かれて掛け合い歌をした。これは何静華による創作であったという[50]。「女書」は竹箋で書くのが本来で筆は使わず字体も細長い。「女書」は歌うことはあっても掛け合いはやらない。全てが創作であった。午後は研究発表が行われ、「女書」の研究の現状や価値、今後の保護について報告がなされた。最後に世界遺産推薦専門家と国家級非物質文化遺産保護委員会の発言があった。この席上で各委員から、「本来の姿を保つ」ことが重要なのに守っていない、「女書」は本来公的なものではなく「文字ショー」は好ましくない、女書文化の伝統と旅行開発との結合は文化遺産の申請には逆効果になる、文化と習俗の関係が不明確である、歌や踊りの単独の演出は「女書」と関係はないなど批判的意見が相次いだという。

二〇一四年現在、ユネスコの無形文化遺産あるいは記憶遺産への登録運動は続けられているが未登録である。文化遺産を観光化に使うことは文化の破壊に繋がることを肝に銘じておく必要があるだろう。ユネスコの世界遺産や無形文化遺産は、権威付けに利用され、文化の資源化や文化の操作の動きに巻き込まれやすく、地元の生活への配慮に欠けることが多い。急速に進む「遺産化」の中で、遺産との付き合い方を真剣に考える時期が到来していると言える［鈴木（編）二〇一五］。

「女書」には更なる展開がある。書道家は繊細な形の「女書」に注目して創作書道に取り込み、音楽界では吟唱と舞踊を結びつけ現代風に再創造する動きが生まれた。二〇一一年には「女書」を題材とした映画『雪花与密扇』（王穎監督。二〇一〇年製作）がアメリカ・中国・台湾で公開された。一九世紀半ばの清代の江永を舞台として封建社会に生きる女性たちが「老同」の関係を結び、女性だけが解する神秘的な文字「女書」で意志を通じさせて逞しく生きていくという話である。[51]二〇一二年一一月一五日には、湖南女子学院の学生五人が「女書」の「旗袍」を着て現れた。周京晶の製作による紅・黄・青・藍・紫の旗袍で、「女書」をデザインとして取り入れて五行の色になぞらえた完全な創作である。これはファッション界への進出と言える。そして、二〇一三年には音楽作品になって現れた。中国の著名な作曲家の譚盾（タン・ドゥン。一九五七〜）が「女書」の吟唱を取り入れた管弦楽作品を作り、NHK交響楽団によるコンサート（於：サントリーホール）で、二〇一三年五月二三日に演奏された。[52]これは世界初演であった。[53]題名は「女書――The Secret Songs of Women ――13のマイクロフィルム、ハープ、オーケストラのための交響曲」という。現地の映像による歌と文字に、演奏を組みあわせた作品で、「女書」は現代音楽で新たないのちを吹き込まれることになった。[54]譚盾は現代中国の著名な作曲家で、映画音楽の作曲で知られ、グラミー賞やアカデミー賞を受賞している。[55]今回の交響曲の演奏に先立って江永県の現地で取材したドキュメンタリー『涙の書――作曲家タン・ドゥンの世界』もテレビで放映された。[56]「女書」は広く芸術（art）の世界と繋がって再創造を重ねている。

「女書」は女性だけが読み書きできる世界唯一の文字として喧伝されてきた。物珍しさから多くの研究者や芸術家たちの強い関心を集めることになった。しかし、「女書」を生み出した社会と文化の文脈に立ち返り、なぜこの地域で独特の文化が育まれてきたかを考察して、その中に内包される時間の累積の中の記憶と追憶の表現に関わる智慧を読み取ることが大切である。ただし、時代の流れは全てのものを過去に押し去ろうとしている。生活に根差した「女書」の伝承の継承は不可能である。「女書」は想いを籠めて書く文字であり、相手に感情を伝える歌う文字であったが、現在では単なる記号と化しつつある。口頭伝承と文字、吟唱と創作、記憶と記述、これらの「境界文化」として「女書」はある。「女書」は「境界性」を究極にまで突き詰めていくことで、更に新たな伝承形態の在り方を発見していくのであろう。

注

（1）中南民族学院の政治学の講師、宮哲兵が一九八二年に民族調査で現地を訪れた時に、県の書記が自分の出身地、江永県の白水村に女性の文字があると教えてくれたので現地に向かった。そこで何西静という女性に出会い、箱の中に大量の青い布があり、文字が書かれているのを発見した。宮哲兵は武漢に戻って学院の報告を書いて学報に投稿したが、当時は「女書」は文字とは認められず、図案やデザインとみなされて、掲載は許可されなかった。言語学の呉譚霖教授が、後に文字だと認め、北京で発表して公に知られることになった。

（2）宮哲兵は武漢大学教授人文学院教授、謝志民は中南民族大学教授となってそれぞれ自説を展開した。趙麗民は華北師範大学院生の当時、現地を訪れて、先行研究を踏まえて言語の調査を行い、後に精華大学教授となる。

（3）「女書」をめぐっては、一九八五年に武漢大学、一九八六年に北京大学と江永県、一九九〇年に武漢大学、一九九一年に江永県、一九九五年に北京大学でシンポジウムが開催され、多くの考察や問題提起があり、保存や保護の緊急性が訴えられた。その後、二〇〇二年一一月一九日から二二日まで、江永県で「江永女書国際研討会」が開催された。その内容は「女書の現況と女書シンポジウムの報告」としてネット上で公開されている（http://homepage3.nifty.com/nushu/symposiumJ.htm。最終アクセス二〇一四年九月三〇日）。

（4）東京は一九九七年一一月一六日、大阪は一一月一八日で、東京の集会に筆者は参加した（於：東京ウイメンズプラザ）。その概要については遠藤教授の報告［遠藤　一九九七］がある。二〇〇〇年代には、映像メディアでの紹介が増え、二〇〇六年二月二六日放映北京テレビ放送「走進紅艶〝女書〞的隠密世界」を皮切りに、幾つかの番組で取り上げられ、二〇一一年九月一八日放映の毎日放送「映像′11」で「悲しみ綴る　中国の女文字」として紹介された。

（5）遠藤織枝のＨＰ「女書の世界」http://homepage3.nifty.com/nushu/symposiumJ.htm　最終アクセス：二〇一四年九月三〇日。

（6）地元の文献としては、［政治協商江永県文史委員会　一九八六。江永県民族調査組　一九九一］がある。

（7）同行者は百田弥栄子氏と林河氏（本名、李鳴高、トン族。文学学術界聯合会湖南省主席）で、現地での案内は楊仁里氏（匂藍瑤。民族事務委員会主任）にお願いした。

（8）ヤオ族の研究者も自分たちの独自のヤオ文字とは認めていない。ただし、漢語の文字を変形して新しい文字を創造した可能性は、漢語の知識があるヤオ族ではありうるのではないか。平地瑤語と江永土話の共通性にも注目して、漢族とヤオ族の「文化の相互変容」を考える視点が重要であると考える。

（9）江永方言に関する言語学の研究としては［黄雪貞　一九九三］が詳細である。女書の歌い方や言語の変容、作品研究については［劉穎　二〇〇〇、二〇〇一、二〇〇五、二〇〇七、二〇〇九、二〇一〇］の考察がある。

（10）これを「読紙読扇」といい、独特の旋律で感情を相手に伝える［劉穎　二〇〇一、二〇〇五］。

（11）「三朝書」にはお祝いの歌だけでなく別れの辛さや悲しみの歌が書かれていて、切々たる想いや人生の困難さが記されて、感動を呼ぶ［遠藤　二〇〇二：一七―二二］。

（12）死者はあの世で「女書」を読んで友人を思い出して楽しむという。

（13）遠藤織枝の聞書もあり一部は重なる。［遠藤　一九九六、二〇〇二］を参照されたい。

（14）厳格に言えば、現在の伝承者には、田広洞村で育った何艶新（一九四〇年生）と允山鎮出身の何静華（一九四〇年生）がいるが、前者は祖母から、後者は自習で習得し、結拝姐妹によるものではない［遠藤　二〇〇二：八五、九一］。

（15）ヤオ族の故郷を会稽山とする伝承は『評皇券牒』の記載に多く見える。

（16）高銀仙は一九〇二年生まれで四歳違いならば計算があわないが、聞いたまま記しておく。陽煥宜が一四歳の時に五人で「女書」を習い始めたとある［趙麗明（編）　一九九二：一九］。

（17）高銀仙は一九〇二年生まれなので、二〇歳というと一九二二年のことになる。

（18）永明県（江永県の旧称）部の花山条に、原文では、「花山、在層山嶺之麓、石玲瓏若花然。相伝唐時、譚姓姉妹学佛修真、入山採薬、相与坐化于此、土人于山巓立廟祀之。毎歳五月、各郷婦女焚香膜拝。持歌扇同声高唱、以追悼之。其歌扇所蝿頭細字、似蒙古文、

全県男子能識此字者余未之見」とある。唐代に譚という姉妹が仏道を修行し、薬草を採りに山に入ったが、共に座ったまま亡くなっていた。人々は山頂に廟を作って祀った。毎年五月には、各郷の女性が香を焚いて礼拝し、歌扇を持参して声を合わせて歌唱して悼む。歌扇に書かれた蝿の頭のような細い文字は蒙古の文字に似ている。県内の男性でこの文字を読める者はいないという。ここが、現在の花山廟で、この縁起は現在も語り伝えられている。

(19) 同じ道県には龍母寺があって、二月一日と五月一〇日が廟会で参拝客で賑わったという記録もある。

(20) 一九四九年の解放以後、社会主義の下で国民教育が始まり、男女平等の理念は強まった。標準語の中国語が教育の中核に据えられると、江永土話の話者人口は減少し、「女書」の持つ意味が失われていった。文化大革命（一九六六―一九七六年）はこの動きを更に加速させ、「女書」にとどめをさした。特に「破四旧運動」（一九六六―一九六八年）、つまり古い慣行の「四旧」（思想・文化・風俗・習慣）を打破する運動は激烈であった。

(21) 「結拝姐妹」の慣行は一生の間、継続する。いつも親密で同じ母親から生まれた姉妹のようであり、慶弔の催事ごとに集まって慰めたり励ましたりした。蘆月英の七〇歳の誕生日には胡慈珠が刺繍布を贈り、蘆月英が世を去った時には高銀仙が「女書」で書いた紙を奉じて弔ったというような濃密なつきあいである。

(22) 一九八〇年代に研究者が「女書」の調査に入った時、高銀仙と義年華の二人が「女書」について豊富な知識を持ち、歌や民間故事にも詳しく、多くの文字と音声の資料を残して、後世の研究に大きな貢献をした。

(23) 高銀仙については、[宮哲兵（編）一九九一]に詳しい。一九〇二年一〇月八日に高家村に生まれ、一九九〇年二月四日に享年八八歳で亡くなった。二一歳で結婚して甫尾村（現在の小普美村）の胡新明のもとに嫁ぎ、二女一男をもうけた。

(24) 盤瓠を崖から突き落として死亡させた山羊の懲らしめに、山羊皮を叩いたことに因むという。盤王節では、黄泥鼓舞としてその情景が再現される。

(25) 「中華民族多元一体格局」とは一九八八年に人類学者の費孝通が香港の中文大学で行った講演で提唱した概念である。この新しい学説は中国のナショナリズムの昂揚と国民統合の推進に大きな役割を果たすことになった。内容は、①漢族は歴史的に中国領域内で生きてきた諸民族の接触・混合・融合の複雑な過程を通して、中華民族の「凝集的核心」となってきた、②中国領域内の諸民族は多元的に形成されてきたが一体をなし、中華民族は多元一体である、③中華民族は「自然発生的な民族実体」として数千年前から徐々に作られ、一九世紀半ばから西欧列強と接触し対抗する中で高次の次元の「自覚的な民族実体」になった、とする。この理論は多民族国家の現状を過去に投影するイデオロギーとしての色彩が強い。しかし、一九九〇年代の中国では学説に基づいて、民族の平等と民族団結が強調され、特に一九九四年に中国共産党の中央宣伝部が「愛国主義教育実施要綱」を起草して愛国教育を制度化してから事態が転換し、漢族を中心とする中国的ナショナリズムの高揚に結びついた。

(26)『評皇券牒』とは各地の深い山を自由に行動でき、適当な場所で焼畑を行うことができることを皇帝から保障されたとされる文書である。山での行動で得られたものに租税を課さず、山間部を自由に移動できるということは、焼畑を生業として山地の移動を日常生活としてきた人々にとっての保証書となった。収集資料としては［白鳥（編）一九七五、一九七八。《過山榜》編輯組一九八四。広西壮族自治区編輯組　一九八五。黄鈺　一九九〇］などがある。論稿にはいとまがないが湖南からの考察としては［李本高　一九九五］がある。

(27)史料のうち、「過山榜」（景定元年十月二日付。江永県夏層舗郷唐家村）、「千家峒永遠流水部」（原件存上江墟郷葛塘村）、「千家峒源流記」（江永県松柏郷花楼村源頭任家保存）、「千家峒源流記」（趙徳彪現住江永県大遠瑤族郷大渓源一組保存）については、［政治協商江永県文史委員会　一九九一：六―一二］に収録され、一九八六年五月一八日から二二日まで江永県で開催された「瑤族千家峒故地問題座談会」の記録も載っている［同　二三―二五］。

(28)このような状況を外来の影響による文化変容として説明する概念はリントンが提唱した「土着主義的運動」であり、「自分たちの文化の選択した一部分を、再活性化したり持続させたりする意識的で組織化された人々の運動」と定義できる［Linton and Hallowell 1943:230-240.］。ウオーレスはこれを展開して「再活性化運動」として、五段階に分けてモデル化して内容を明確化した［Wallace 1956:264-281］。「女書」の運動もこうした流れにあることは確かである。しかし、こうした安定状態から危機を経て、再組織化に至り均衡を回復するという静態的な見方ではなく、異なる文化の相互変容による再創造として、相互がお互いの部分や文脈を読み替える過程である。

(29)黄帝は初代皇帝で、中国北部の華夏の繁栄の礎を築いたとされる。陝西省の黄陵は一九六一年に国務院公布によって第一次全国重点文物保護単位となり、古墓の第一号が黄陵である。一九九四年以後の愛国主義の展開に伴って、第一次全国愛国主義教育模範基地とされ、国家第一次五A観光区に指定されて、炎黄子孫、つまり中華民族が参拝して始祖を祀る民族聖地となった。黄帝は「人文始祖」で、文明や人倫の秩序を作ったとされる。『史記』五帝本紀によれば、当初は神農氏（炎帝の子孫）が天下をとっていたが、諸侯の横暴を鎮められなかったので、黄帝が鎮定して神農氏を支えた。しかし、炎帝が諸侯を侵したので、黄帝は炎帝と戦って勝利した。最大の敵は蚩尤で、涿鹿の野の戦いに勝利して、神農氏に代わって天子の位についたとされる。現在の中華民族は「炎黄子孫」と呼ばれている。河南省新鄭市の黄帝祭典と陝西省の炎帝祭典は、ともに二〇〇六年に第一批国家級非物質文化遺産に登録されている。「創られた伝統」の極限ともいえる。

(30)報告は［楊漢先　一九八〇］に基づいているが、これ以前の文字記録はなく口頭伝承である。ミャオ族にとって黔西北は中心地ではなく、長くイ族の支配下にあった。ミャオ族が集住する黔東南での伝承ではないことに留意する必要がある。

(31)基本は『千家峒源流記』と『千家峒永遠流水部』である［政治協商江永県文史委員会　一九九一：一〇―一一、一三］。

(32) 金の香炉を打ち壊して一二片にして分け与えたという伝説も伝えられている。この場所を「盤王大廟」ともいう。盤瓠は皇帝の姻族であり、古代の王統の系譜に属するので、盤王と尊称で呼ばれている。

(33) 公式の意見としては、これによって「持続可能な開発」が達成されるとしていた。しかし、あくまでも国際的な目標に迎合した形式的な動きに過ぎない。

(34) 上甘棠は江永県の県城の西南二五キロに位置し、現在は四五三戸、一八六五人、大半が周姓で宋代以後、住み続けているとされる。明清代の建築が多数残存する。「千年古村落」の一つとされている。ここは漢族の村である。

(35) 二〇一〇年四月に何静華と胡美月を江永県は国家伝承者に推薦した。何は三〇〇〇元、胡は二〇〇〇元をもらうことになったという。

(36) 結婚前の言葉は江永土語で、結婚後に西南官話を習得した［劉穎　二〇〇〇：一四九］。

(37) 現代中国語を並べて「女書」にしたような歌になっていて、江永土話ではない。字形に装飾が施されているという。しかし、生活に余裕があるので公の場に出て来ることが多く、県城に住んでいて役人と連絡がつきやすいので行事の先頭に立つようになっている。

(38) 引用は「女書の現況と女書シンポジウムの報告」二〇〇三（遠藤織枝）からである。http://homepage3.nifty.com/nushu/symposiumJ.htm 最終アクセス二〇一四年九月三〇日。

(39) かつては女性は、「女紅」として針仕事、紡織、編み物などで、生活用品の帽子・鞄・靴・枕などを作り、図案を刺繍して付けた。染色は麻や木綿に藍染めをほどこした。現在は、日用品よりも玩具作り、特に少数民族人形作りが盛んで、切り紙の箭紙を切ることも多い。「女書」は日常生活や人生儀礼での機能を失って装飾や図案として使用されている。

(40) この部屋の掲示板には、「女書学堂教学計画」として「教学目的」「時間割」「教学内容」が以下のように書かれていたという。教学目的：①女書文化を学ぶ女性を組織することを通じて、女書文化の起源、発展過程とその歴史的意義と独特の芸術価値を理解させ、学習者の民族へのプライドを強めさせる。②学習者に女書作品を読むこと、女書文字を書くことができるようにし、女書の後継者を確保する。③女書文化を広く宣伝し、女書の貴重な芸術風格を高め、観光価値を十分に発揮させる。④実際と関連づけて、学習者の愛国心・集団主義を教育し、学習者の民族のプライドを高めさせる。時間割：①女性グループ：農閑期の夜を利用して集中授業と自習を組み合わせる方式を組織する。②青少年女子グループ：土曜日と日曜日の二日の休日を利用して授業を組織し、義務教育制を行う。教学内容：①哭嫁歌、三朝書 ②四字女経 ③季節歌 ④梁山伯と祝英台など中国語文女書翻訳作品 ⑤瑤族恋歌 ⑥童謡 ⑦旧社会の女性の訴苦歌。引用は「女書の現況と女書シンポジウムの報告」二〇〇三（遠藤織枝）http://homepage3.nifty.com/nushu/symposiumJ.htm 最終アクセス二〇一四年九月三〇日。

(41) 後の報告では学習者は四〇人とある［遠藤　二〇〇五：七二］。しかし、同時期に何静華は生徒は皆無といっており、情報はさまざまである。

(42) 同行していた政府の人によれば、胡美月の講師料は三〇〇元であったという。

(43) K社は「女書園」の経営を開始したが、園内を整備せず、村にわたる鉄橋も修理せず、ダムの修理も行わないなど村人との間に葛藤を生んでいるという［丁育華　二〇〇七：五一―五三］。その後、フォード財団が介入して援助するという話があったが、うまくいかなかった。

(44) 「三千文化」の根拠が明確でないことと魅力に乏しいことが問題点である。

(45) 女書展示室の他に女書工芸品販売館があり、「女書」の文字を刺繍した布カバン、「女書」をデザインした小銭入れ、「女書」入りの木製プレート、「女書」を書く様相や風景を写した絵葉書などが新たに土産物として考え出された。掲示の左右に生徒達の作品が置かれている。

(46) 一九九二年の「中国友好観光年」を第一回として、国家旅游局は、毎年、特定の主題を掲げてキャンペーンを展開してきた。生態を主題としたのは一九九九年の「中国生態環境游年」に次ぐ。近年の中国は「生態観光」、エコ・ツーリズムを正面に強く押し出している。

(47) 二〇〇五年からはアメリカのフォードも援助を開始し、県政府は江永を「生態文化生態保護区」とする方針を立てて整備を目指した。

(48) 正確には「世界の記憶」（Memory of the World：MOW）でユネスコがデジタル技術を駆使して保全して、研究者や一般人に広く公開することを目的とする。

(49) 遠藤織枝のHPに詳しい。http://homepage3.nifty.com/nushu/symposiumJ.htm。

(50) 何静華は娘の蒲麗娟《プーリーチュン》と組んで「女紅の踊り」を創作したり、歌の掛け合いを作るなど新しい女書の活用に熱心である。この活動は二〇〇二年の「女書園」の開園と共に始まった。江永県の県城に住む何静華は政府が「女書」を活用する時のキーパーソンになっている。

(51) 中国での公開は二〇一一年七月一五日で、題名は「雪花秘扇」となった。原作は中国系アメリカ人の女流作家Lisa Seeの小説Snow Flower and the Secret Fanである［Lisa See 2005］。

(52) 第一七五六回定期公演Bプログラムで、全体は「日本の津波犠牲者の追憶に」を趣旨とし、「The Tears of Nature――マリンバとオーケストラのための」と題されていた。

(53) この後、二〇一三年五月二九日に、管弦楽曲『女書』は深圳で費城交響楽団の演奏で中国での初回演奏を行った。

(54) 遠藤織枝の紹介では、「この交響曲は、『涙の扇』『母の歌』『嫁入りを泣く歌』『涙の書』『心の橋』『女書と水のロックンロール』など13の曲からなっています。タン氏が現地で撮影した、女書の伝わる湖南省江永県の風景・現地の女性たちの歌・文字そのもの、などの映像とともに演奏される新しい手法の交響曲です」http://homepage3.nifty.com/nushu/jp/ とある。ただし、強い批判も加えられ、「母の歌」の出嫁に際して母と娘が歌を掛けあう場面、「嫁入りを泣く歌」の母と娘の別れで布を持って涙をぬぐいつつ歌い踊る場面はいずれも創作で、何静華と娘の蒲麗娟の演出だということ、若い伝承者の胡欣《フーチン》が文字を左から右に書いていて、右上から左下へ書く本来の技法を遵守していないことを指摘した。「生活そのものが音楽になる」という作曲者の創作の意図は面白いが、歴史的な展開や現状を踏まえてほしいものだ。

(55) 湖南省の長沙の生まれで幼少時代に村で過ごした時にシャーマンの儀礼をみて強い興味を持ったという。中国音楽院で学び武満徹の影響を受ける。一九八五年にアメリカに渡り、コロンビア大学の博士課程で前衛的な現代音楽に触れる。一九九七年七月一日の香港返還式典のために中国政府から依頼されて「交響曲一九九七　天地人」を作曲した。映画音楽『グリーン・デスティニー』(二〇〇〇)や『HERO』(二〇〇二)の作曲で知られる。

(56) NHKのBSプレミアムで二〇一三年三月二七日、総合テレビで五月一八日に放映された。番組の最後に譚盾は小さな石橋に座って川を見つめながら「女書には女の情け、ほほえみ、涙が詰まっている。それは永遠に流れ出している」と語る。「女書」も「音楽」も「水」のように絶え間なく流れ、始りがなく終わりもなく、いつまでも続くのだという。

第四章　貴州省のスイ族とヤオ族——祭祀・婚姻・葬制

一　銅鼓と魚と馬——スイ族の端節にみる世界観

貴州省南部の黔南を一九九〇年に訪問してスイ族（水族 sui）とヤオ族（瑤族 yao）の調査を行った。本章では各民族が独自性として主張する幾つかの事象をとりあげて、民族の文化の実態について考察する。特に祭祀・婚姻・葬制を中心に考えてみたい。

1　スイ族の概要

スイ族の人口は一九九〇年の統計では三四万五九九三人であった(1)。スイ族の八割は貴州省に住み、大半が黔南布依《ブイ》族苗《ミャオ》族自治州の三都水族自治県に居住する（図4—1）。貴州省以外では雲南省に一つの村があり、広西壮族自治区にも若干住んでいる。三洞、三都、中和、周覃、九阡などが居住地で、中和、周覃、九阡が古いという。明代になって他の地域から移住してきたとされ(2)、清代半ばから「水家苗」「水家」と記されるようになり一九五六年に「水族」と確定された。自称はスイ（睢、雖 sui）である(3)。文化的特徴としては、「水書」という独特の文字が伝えられ、占いや託宣を行う水書先生が使用していた。「水書」の原語はルスイ（泐睢 lesui）である。「水書」は漢字を変形したり、

図 4-1　貴州省黔南三都水族自治県

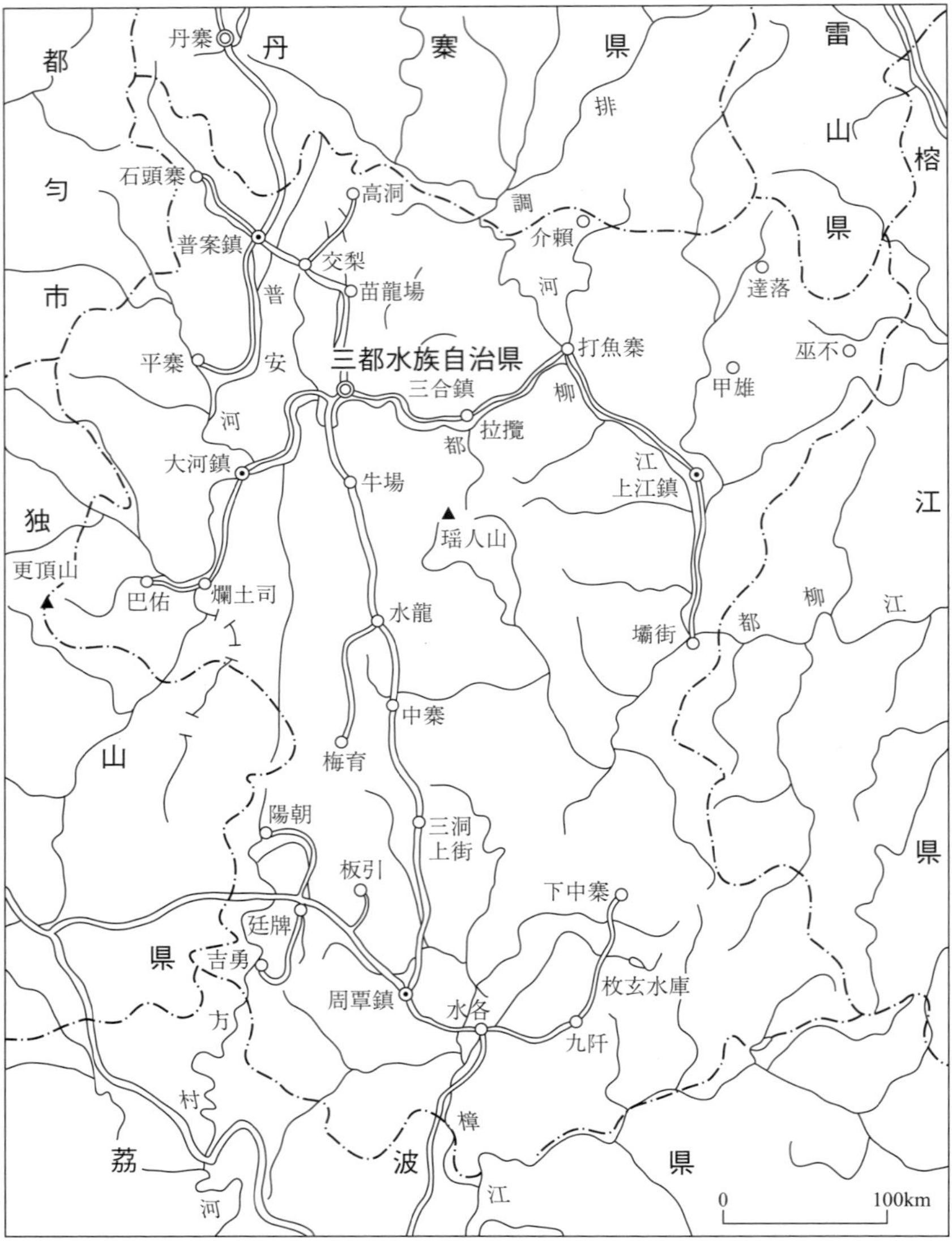

独自の記号化を試みて創りだされた文字で、スイ族にしか伝わっていない。

スイ族の言語はトン族（侗族 Tóngg）に近いと言われ、スイ語は侗傣《トンタイ》語派の侗水《トンスイ》語系に属し、黔東南に住むトン族とはかなり話が通じるという[4]。しかし、トン族に特有の鼓楼は見られないし、逆にトン族にはない銅鼓の儀礼を豊富にもつという違いが見られる。範禹氏（黔南文学藝術研究室研究員。当時）によれば、祖先は江西や湖南から移住してきたと伝える人々と、昔はシーヤー（西雅 xiya）という所にいたが、広東の広州から都柳江を経て貴州に入り三都に来たと伝える人々の二種がいるという[5]。時代で言えば、明代に他の地域から移り住んだと伝承されているが、故郷については曖昧である。移動経路は都柳江沿いが有力で、漢族商人の行商路でもあった。かつては豊富な木材の取引を通して交流が盛んで、社会的経済的に漢族とは深いつながりが出来あがっていった。都柳江の中流域はトン族の集住地でもあり、接触する機会はかなり多く影響は各所に見られる。

この地域の少数民族はヤオ族（瑤族）にせよミャオ族（苗族）にせよ、類似した移動伝説を伝えており、故地は海辺や河辺と語られ、長江（揚子江）の中・下流域へと遡る。源郷の地を豊かな地に設定しようとする想いが籠められている。広東から来たという言い方は、ヤオ族に多く、その前は江南にいたといい、積極的に長江流域からの移住を主張する。三都の県城近くに住むスイ族の村人の話では、スイ族の死者の魂は死後は三つに分かれて、一つは家の中の祖先の祭壇、一つは祖先の墓、もう一つは祖先の故地であるシーヤーに行くと信じているという。しかし、シーヤーがどこにあるのか誰もわからない。この地域の少数民族に共通して見られる源郷意識は、事実と伝承の間を揺れ動く動態的な歴史意識である。

スイ族の居住地は谷沿いが多く、生業としては水稲耕作を営み、生活形態はトン族やプイ族（布依族 Bùyi）との共通性を示す。一方、ミャオ族やヤオ族は、スイ族・トン族・プイ族よりは標高が高い所に住む。本章では一九九〇年にスイ族の年間最大の祭りである端節（トゥワンチェ duanjie）に参加した時の記録を主体として、祭祀・婚姻・葬制を軸にしてスイ族の文化の諸相を検討する。

2　端節の諸相

端節とはスイ語ではチェトゥワ（借端 tsje twa）、チェは水語で「食べる」、トゥワは「新たな時の始まり」（開端、歳首）の意味で、食事を一緒に食べて楽しむ年越しの行事である。端節は年の変わり目の儀礼で、行われる時期は、稲の収穫期に合わせて村ごとに日付が異なり、陰暦八月の初めから九月いっぱいで、遅くとも一〇月初めには終了する。現在では順番が決まっており、最初に都匀市の王司地区の統領（別の説では灯頭）で始まり、最後は三都県九阡区で終る。この理由はスイ族の祖先は初めに現在の三洞に来て、そこで一緒に住んでいたが次第に人口が増えて分かれて住むことになった。しかし、最大の祭りの端節の時には皆が交流しあえるように日付けを違えて祝うことにして籤を引いて、移り住んだそれぞれの地区の祭りの順番を決めたのだという。別の伝承によるとスイ族の祖先のうち一番上の兄が住んでいた所が王司の統領でそこを祭りの始めの地とし、二番目以下の兄弟達はそれぞれに分かれて住む時に籤を引いて、定住した場所の祭りの順番を決めたとされる。総じてこの伝承には、スイ族の社会が端節をめぐって大きく再構成された状況が投影されているとみられる。宗教的基盤は父系血縁集団による祖先祭祀で、社会・経済・文化の中核にある。時代の変化に伴ない、地縁や血縁を超えて広域のつながりを構築し、全体を一つに統合する意識が次第に生成されてきたのであろう。ただし、一年の区切りの大祭として端節（水暦一二月から二月、陰暦八月から一〇月）を行わず、「卯節」（借卯 tsje mau）を異なる時期（水暦九月から一〇月、陰暦五月から六月）に行う村落や血縁集団もあり、複合的になっている。[6] 双方とも祭りの日付自体はスイ族独自の暦に従って決定される。

一九九〇年の主な端節は八か所で行われ、①九月一九日（陰暦八月一日、丁亥）、都匀市王司地区、②一〇月一日（陰暦八月一三日、巳亥）、三都県拉佑村、③一〇月一三日（陰暦八月二五日、辛亥）、三都県水東郷、④一〇月二五日（陰暦九

月八日、癸亥）、三都県連牌・恒豊、⑤一一月一日（陰暦九月一五日、庚午）、三都県塘州郷、⑥一一月六日（陰暦九月二〇日、乙亥）、三都県三洞・地祥・中和、⑦一一月一四日（陰暦九月二八日、癸未）、三都県牛場郷（堯麓郷）、⑧一一月一八日（陰暦一〇月二日、丁亥）、三都県九阡区水昂村であった。祖先や同姓、居住地によって異なる。一九九〇年に筆者が参加したのは、三都県牛場郷と三都県九阡区水昂村の端節であった。端節の集中する時期は陰暦八月の半ばから後半で、亥の日を主体に行われ、小さな端節もこの時期に多く執行される。毎年日付が固定しているのは、④の連牌・恒豊で陰暦九月の第一の亥の日に決まっている。スイ族の居住地は陰暦八月が収穫の季節で、これを終えた陰暦九月を水暦の正月とする。新しい年の最初の亥の日を端節の始まりとすることが最も好ましいという人もいる。[7]

端節は年越しの行事で、祖先祭祀を行い収穫祭の様相もある。祖先や家族が一緒に集い、豪華なご馳走を「食べる」（スイ語でチェ）ことが祭りの中核である。[8] 各家ごとに前の日の夜に祖先を迎える用意を整え、祖先を祀る棚の前に、綺麗に洗い清めた器を置いて供物の品々を盛り合わせる。魚を主体として、野菜と果物、特にカボチャを沢山盛り付けて、酒と糯米飯も供える。衣装や首飾りや農具まで陳列して、現在の幸福な状況を示す村もあるという。深夜になって家族が集まり、銅鼓を叩いて祖先をお迎えし、家族の繁栄と安寧を祈願して祀る。翌日になって、年越しの慶びを祝い合い、供物を供え直して皆でいただく。祭祀が終了すると、砂糖菓子や干魚などは子供に与えられる。その後に屋外に出て、祭場の「端坡」へ行き、沢山の村から集まって来た人々と一緒に馬を飛ばして競い合う競馬（賽馬。地元は跑馬という）を挙行する。「端坡」とは端節の祭場で、「坡」はなだらかな斜面の坂の意味である。「端坡」には沢山の成人の男女が集まり、歌の掛け合いをして恋愛する。一六歳以上であれば結婚できるというのがスイ族の慣習である。端節は年越しの祖先祭祀で、祖先の霊を慰めて子孫の繁栄を祈る。若者にとっては良き配偶者を見つける絶好の機会となる。スイ族は魚を供物として捧げ、馬を使う行事に参加して相互の一体性を再確認する。なぜ魚と馬なのか、その意味を解明することがスイ族の心性を理解する鍵になると言えよう。

3 龍台村下台寨の端節

三都県牛場郷（標高は約四〇〇メートル）の端節は気持ち良く晴れわたった日に行われた。一一月一四日であった。場所は三都の県庁から南に行ったさほど遠くない所で、午前九時頃から行事が開始された。到着するとバス道は一時通行止めになり、沿道に色とりどりの小旗をもった歓迎の人々がずらりと並び爆竹がけたたましく鳴らされる。道の両側には露店が並び、ピーナッツ、お菓子、蕎麦、おこしなど食物を売る店が目立ち、保険の勧誘屋もいる。現地の人の話では、牛場という地名は市場に因む新しい名称で、一九八九年に元の地名である「堯麓郷」に戻したという。全人口は七五六七人、戸数は一七〇一戸、スイ族が全体の八九・七六％を占め、その他はミャオ族、プイ族、漢族であるという。郷は八か村（その中の組は五四）から構成され、中納・牛場・龍台・姑掛・中楽・夭寨・行償・順河である。案内されて訪問した村は龍台村で、更に下台寨（一・二組）、上台寨（三組）、姑龍寨（四組）、茅毛寨（五組）にわかれ、今回の端節は下台寨の主宰である（写真4―1）。寨の人口は三四六人（男一五九、女一八七）、戸数は八六戸で、王姓の人が九〇％を占め、後は呉、張、李であるがいずれも少数である。王姓の人は相互に結婚できないので、通常は他の寨の他姓と結婚することが多い。父系血縁で族外婚（exogamy）の規則を遵守しているが、近隣での結婚が多いので結果的には近い血縁の者同士が近接して住んでいることになる。下台寨は王姓の人々が祖先を別にする二つの集団（父系リネージ patrilineal lineage）からなる複雑な形態をとっている。この日の午後の競馬を主宰するのは王姓の家の人々で、端節は社会的立場や同姓集団の結束の強さを公の場で示す絶好の機会になるといえよう。この日は王姓の人々の祖先を祀る端節で、他姓は加わらない。

民族事務委員会の潘朝豊氏（主任。スイ族）と陸清水氏（スイ族）、保険公司経理の熊慶康氏、郷書記の李小祥氏などが先導役になって村の中に案内された。寨の入り口には土地神の小さな祠があり、供犠した鶏の白い羽が散乱していて、儀礼が行われたことがわかる。土地神は村に悪いことが起こらないように守ってくれる神でご神体は石であるという。寨の内外の境界認識は明確で、寨が一つのまとまりを持つことが分かる。賑やかな楽隊（銅鑼、太鼓、シンバル）の出迎えをうけ、爆竹がたかれる。寨の入口で歓迎の挨拶と酒の振舞があり、簡単な村入りの儀礼を行う。道の中央に台が置かれ、魚を二匹入れたお椀が正面にあり、真ん中に豚の血を入れたお椀と赤白の糯米飯、手前にカボチャが供えられている。魚は田圃に水を張って飼っていて鯉であるという。集落は山を背にして正面が山でさえぎられないような平地に立地する。前面が開けて背後に山を背負うという漢族の風水の考え方の影響もあるようだが、自然な立地とも言える。各家はかなり密集して建てられ、二階建てで下は物置の高床式である。居住する場所が上部にあるのは、湿気を防ぐためで、多雨地帯で生活する知恵である。

細い路地のような道路をたどっていくと、家の中から銅鼓の響きが聞こえてきて、そのうちの一軒の王興業《ワンシンイエ》氏の家に導かれた。家の中の中央、堂屋の正面に祖先を祀る棚があってご馳走が沢山供えられていた。正面に香炉があり、供物台には、酒壺、糯米酒、魚、乾燥煙草、豆腐、赤白の糯米飯、カボチャを供え、盃と箸が五組並べられている（写真4—2）。祖先への供物としては魚が重要で、腹の中にはズイキ芋が入っている。カボチャ（南瓜）を重視して沢山供えるので端節を「瓜節」と呼ぶ地域もある。(9)トウモロコシと粟も脇に掛けて供えられる。酒は二か月前から仕込む。右手

写真 4-1　スイ族の村、下台寨

写真 4-2　祖先への供物

写真 4-3　銅鼓を叩く女性

には祖先が使った衣類や道具、帽子・靴・上衣・ズボン・キセルが籠に入れて置かれる。年寄りは煙草が好きなので喫煙用具一式を置くことが多い。一年間以内に亡くなった人がいれば、霊堂（香亭）という特別な祭壇を造って祀るが、この家にはなかった。[10] 祖先祭祀は午前〇時過ぎから始まり、祖先を招く祈願をする。「ご先祖様は家の入口からまっすぐ入って来たよ。祖先はもう来ていて私たちと一緒に食べている」といった声が聴かれた。祖先が招かれると一緒に食事をする。祖先は魚、特に酸っぱく味付けした煮魚とカボチャを好み、肉類と脂物は食べない。基本は魚と野菜だという。祖先が招かれた深夜以降は、精進が解けるので一般の人は肉を食べてよい。深夜から酒が飲み続けられて多くの人は酔っぱらっている。

銅鼓（ニャウ）は祖先棚の左手の部屋の中央部にあり、専用の鼓杵を使って、太い丸太の梁から釣り下げられていた。稲穂がたわわに掛けられたその下に銅鼓があった。女性が盛装して右手に持った棒で平面を叩き、左手で細い棒を扱って縁を打っていた（写真4―3）。押さえたような低い音とやや甲高い音が微妙に交錯する中で、後から男性が桶を銅鼓の空洞部分に近づけたり離したりして共鳴させ、異様に盛り上がった音に変えていく。このやり方はスイ族に限らずミャオ族やヤオ族にも共通した手法である。[11] その脇の玄関寄りの所には、男性が控えていて牛皮をはった大ぶりの木鼓（縦置きの円筒型単面鼓。泡桐樹か馬桑樹を使う）を、銅鼓に合わせて撥で叩く。決して変化に富んでいるとは言いがたいのだが、単調な音はいつまで聞いていても飽きがこない。叩いていたのは雄の銅鼓で一個しかないが、一九八九年に雌の銅鼓が盗まれてしまったためだという（噂ではベトナムに流れたという）。この寨の端節で銅鼓を叩くのは、端節の前日・当日・翌日の三日間と決まっている。銅鼓を叩く期間は収穫の後から翌年の清明節までと定められていて、端節は収穫後にあたるので、この日が叩き初めの日になる。水稲の種まきは四月の清明節の頃で収穫は八月なので、銅鼓を叩いてはいけない期間は農繁期にあたり、生業の暦と連動している。銅鼓はこの地区には九つあったが、二つ盗まれて現在は雄ばかりで七つ残る。銅鼓を叩くのは男でも女でもよいが、かつては雄と雌の銅鼓がそろっていて、雌は二人の女、雄は二人の男で一緒に叩くのが正式なやり方であった（さらに昔は男性だけが叩いたという話もある）。雌は平面に月の文様を描き柔らかい音を出すのに対して、雄は太陽を描き甲高い音を出す。売買する場合には雌の方が高くなるので、盗人は雌を狙うらしい。

4　銅鼓による交流

スイ族は膨大な数の銅鼓を所有することで知られ、三都県文化館の調査では三都水族自治県では三一四個の銅鼓が確認されているという[12]。解放後の大躍進で大量の銅鼓が供出されて鋳つぶされ、その後の文化大革命では使用が禁止されて没収されたりしたのでかなりの銅鼓が失われた。推定では解放前は一〇〇〇以上もあったのではないかとされる。銅鼓は神聖視され、取り出す時や叩き初めの時には決まった儀礼や作法がある。端節では銅鼓は深夜の祖先招きの時に初めて叩く。日中は祝祭的な気分で楽しげに打ち、後から後から人が交替していつ果てることもなく続く。銅鼓は四月の清明節から収穫の終わるまでは叩いてはいけないという禁忌があり、端節は叩き始めの機会となる[13]。叩くことが禁じられている期間は穀物を収納する倉に保管して稲で覆っておく。農繁期に銅鼓を叩くと雷が鳴るとされ、禁忌である。金属と水は合わないとか、銅鼓と龍や雷が喧嘩をした話が幾つか語られている[14]。

銅鼓は雷鼓とも呼ばれ雷神との関わりは深かった。元々は雷神（天神）の太鼓であったが天から下賜されたという伝承や、雷神の息子の蛙を造形するなど雷には様々な言い伝えがある[15]。スイ族の結婚式に際しては、花嫁が行列を作って花婿の家に向かう時に雷が鳴ると一三日間は実家に戻ってはいけないとされる。花婿は水書先生（フーカイ

fu kai）を呼んで鬼や雷を祓う厄落としの儀礼を行わないといけない。結婚式の時に雷が鳴ることは不幸をもたらす。一方、春の初めの雷は吉兆だという。雷が木を倒すことや落雷で山を壊すことは神の降臨で吉事である。落雷は雷神の出現であり、人間にも憑依すると考えている。雷は作物の豊穣をもたらす雨を降らすので作物や人間にとっては「母の兄弟」（母方のオジ）のようにいつも頼りになる存在だが、[16]雨を恵む一方で、気に障れば大洪水を引き起こす。山中での豪雨は時には鉄砲水や土砂崩れなどで、人を溺死させたり、村落を破壊するなど甚大な被害をもたらす。山中での恐ろしい体験、特に自然の脅威が雷に集約されてイメージ化されているのかもしれない。茘波の近くでプイ族が住む水春村を訪れた時には「雷よけの御札」が家にあることを発見し民衆の畏れを実感した。

銅鼓はその音に特別な力が宿り、霊界に働きかけて、祖先、神、霊を招き、草木に宿る魂が呼び覚まされる。稲の魂にも働きかけて作物の豊穣をもたらし人々の生活を幸せにすると信じられている。しかし、銅鼓の取り扱いは慎重である。使用を特定の時間に限定すると音の力が効果的に発揮されるらしい。銅鼓は霊や呪力の宿る神聖な器として神や祖先であるかのように崇められ、生命体と考えられている。悪龍や虎を退治した話も伝わる。音を主体とした多義的な作用やその力への信頼は、無文字社会にとっては想像以上に大きかった。農作業が継続し日常生活が続いている間は、できるだけ音を出さずにおいておき、収穫の終わった後に一斉に銅鼓を出して、祖先と交流し、収穫を感謝して幸せを祈る。その鮮やかな生活リズムの転換が彼らの暮らしを生き生きとしたものにした。銅鼓の保管法は定まっていることが多い。スイ族でも連牌地区は厳格で手続きが細かく決められていた。普段は倉の中に銅鼓を置いて、内部を米の籾で満たして保管し、人を寄せ付けないようにする。取り出す時は村の巫師（フーチャイ fu chai）を頼んで呪文を唱えてもらい、酒を捧げて稲穂をお祓いのように銅鼓の上で振ってから叩くことが許される。黔東南のミャオ族の格細村《ケーシー》で見た保管方法も、銅鼓の中に籾をいれて、その上を稲束で覆っていた［鈴木二〇一二：六四］。しかし、よそ者の我々は保管場所に立ち入ることは許されなかった。

銅鼓は貴重な財産で保持すること自体が大きな誇りになっている。スイ族は銅鼓の製作技術をもたず、購入は現金なので、普段からお金を貯めて備えをしておく。購入する場合は、広西にある銅鼓の製作地に依頼する。時には市に売りに出されるので、品質や由緒を吟味して購入を検討する。使用方法は雌雄を組にするので購入は雌雄一対で手に入れるのが望ましい。銅鼓の所有権は下台寨の場合は王氏の祖先が購入したので私有であるという。貴州省西南部の鎮寧県のプイ族の村、石頭寨で聞いた時も原則は私有とのことであった［鈴木　一九八五：二〇九―二一〇］。これに対して、荔波県の瑤麓の青瑤の銅鼓は村の共有で、広西の南丹県の白褲瑤の銅鼓は、系譜上の祖先を共通とする父系血縁集団のリネージ（lineage）でポープー（破不 po bu）やユーグォ「油鍋」と俗称される人々が共有する［鈴木　二〇一二：四四一―四四四］。銅鼓は民族を超えて共通して使われてきているが、担い手は様々である。

銅鼓はスイ族では結婚式、葬式、端節などかなり頻繁に使われる。黔東南や黔南のミャオ族は陰暦一〇月の苗年（ノンニャン。年越し）や一三年に一回の祖先祭祀のノンニウ（鼓社節、鼓蔵節）など大きな行事に使用し、白褲瑤は葬式にしか使わないなど、それぞれに異なる。銅鼓を叩く場所は、スイ族は家の中だけでなく田圃など外でも良いという。家の中では、昔の祖先や最近の先祖を祀る祖先棚がある堂屋で叩く。堂屋には家族を病気から守る竹も祀られる[17]。銅鼓は様々の霊の発動を呼び覚まし、祖先や先祖を招いて子孫と交流する祭具で、死者供養や祖先祭祀だけでなく祝い事にも使われる。銅鼓は社会の外部からもたらされ、神秘的な音をたてる貴重な宝と見なされ、「異音性」「外部性」「装飾性」などで象徴効果が発揮される。異なる言語や習俗を持つ人々が、古代以来の祭具として長期にわたって継続・維持してきた精神史を基盤として、単なる物質としてのモノではない複雑な意味と機能を変化させつつ伝えてきた。

5　祖先を祀る供物の魚

祖先を祀る棚には香炉があり、その下に机を置いて供物を並べておく。下台寨の王氏の家では端節の祭壇は全体が四列になっていて、一番奥の列は酒壺（二か月前に糯米から醸した酒、甜酒）と線香立て、二番目の列は酒盃、魚を茎で縛って奥へ向けたもの（中には魚の味を良くするというズイキの葉が入っている）、乾燥した葉煙草が沢山あがっているのは、年寄は煙草が好きだからだという。一番手前の列は酒をついだ茶碗が五つと箸が五膳あり、これは五代前までということなのであろうが、個々の先祖の名前を唱えるということは特に行われない。

机に向かって右脇には、先祖が使うもの一式を籠の中にいれてあり、帽子・靴・上着・ズボン・キセル・雨傘で、実際に使用できる状態にしておき、先祖との密接な交流をする感情を表す。雰囲気としては、日本のお盆によく似ている。祭壇の祀り方は家ごとに異なるようである。供物は前日に用意して、供物を載せる皿や鍋は念入りに洗ってから盛り付ける。先祖を祀るのは端節当日の真夜中の一時過ぎぐらいからで、線香に灯をともすと、先祖は玄関から入ってくるといい、酒を捧げてお迎えして食物を食べさせる。先祖は魚と野菜に手を付けると観念される。祭りが始まって先祖を迎え終わるまでは肉類や脂物は食べてはいけないとされ精進を守る。ここ一年間のうちに亡くなった人は霊堂を作って祀る。端節には祖先や先祖一般がお迎えを受けることになる。この区別の仕方も日本のお盆に類似していて興味深い。もてなし方は丁寧で、実際に人間がやってきたかのようであり、血縁の繋がり、特に父系の系統がいかに大切にされているかがわかる。

先祖の供物の特徴は、魚、カボチャ、赤と白の糯米飯で、特に魚とカボチャが先祖の最も好むものなのだという。この三種の供物は寨の入り口の祭壇と家の中の祭壇の供物に共通する。赤白の糯米飯は特別な日の食物で目出度さを表す。魚には酸味を付けて煮るのが最高で、食べるととても気持が良くなるのだという。ご馳走としては、一番重要なのは子豚、次が魚、その次が鶏だという人もいる。なぜ魚が供物として重要なのかについては、スイ族の祖先は昔大河の流域か海の近くにいて魚をとって暮らしていて魚を大切にしていたので、祖先を忘れるなという意味で大事な供物にするのだという。同様の考えはスイ族ほど魚にこだわらないが、ミャオ族にも同様の習俗があり、魚を供物にするのはかつて祖先が長江中流に住んでいた時の食べ物と同じものを食べさせて祖先を偲ぶからだという。また、魚は活力旺盛で繁殖力が強いので子孫繁栄をもたらす願いを籠めるとされる。

スイ族の結婚式に至る過程でも魚が大きな役割を果たす。男性側と女性側が双方から二人ずつでて古酒で四杯ずつ交換して飲んで結婚を承認し、次の段階の接親では結婚の日取りを、水書先生か寨老が持つ「水書」に基づいて選ぶ。吉日は男女の「生辰八字」（生年月日の時間）で決まる。式の前日に花婿側が花嫁側に使わす使者四人（男性二、女性二）を中年の女性が連れて、豚肉と糯米飯と共に「魚筌」（うけ）を持って女性の家に行く。これは魚を採る道具だが、祖先を忘れないという意味と実際に魚をとって食べることと、祖先を片時も忘れるなという想いが籠められている。この時に山に生えている魚の形をした木の葉「金網籐葉」を六枚持参する。これは魚に似た葉っぱである。このように結婚式という親族の再編成をする重要な機会に、祖先からの繋がりを確認する手段として魚を表す象徴が多用される。魚の繁殖力にあやかり子孫に恵まれ、子供が逞しく成長するようにという想いも籠める。学者の中には魚を先祖とするトーテミズム（totemism）の名残りと考える人もいるが、トーテムは分類体系に過ぎず説明にはならない。総じて端節は血縁集団の祖先祭祀の性格が強いが、お椀や箸で示され五代といった世代数で表される具体性を帯びた「先祖」と、魚に代表されるような源郷を漠然と意識させる「祖先」とが、同時に含まれているのではないだろうか。

近い先祖と遠い祖先、具象的な先祖と抽象的な祖先を祀り、一年の間に亡くなった生々しい死霊は「霊堂」を作り形見の品や写真、そして絵などを添えて祭祀する。先祖・祖先・死霊という三層にわたるスイ族の霊的存在の認識がある。下台寨の端節は王姓の人々の祭祀で、あくまでも一族の祭りという閉じられた様相で、供物としての魚や馬の儀礼に託して、各家や一族を超えた地域共同の繋がりも確認するという開かれた性格をもっている。ただし父系血縁集団の意識は強く、下台寨では王姓の次に人口の多い楊姓やそれに次ぐ張姓の人々は別の日付に端節を行っていた。一九九〇年は王姓の端節が最後であった。姓、祖先、居住地によって端節は別々に執行され、干支により日付が決められている。漢族の慣行である干支で、祖先祭祀の日付が決まるが、祭祀の日程は祖先が定めたことだという。スイ族の端節は収穫の終了後に別々に行っていたが、おそらくある時期に暦を使って特定地域の祭日をずらしながら再編成したと推定される。それは、端節を精神的な統合の機会とするスイ族の「祭祀圏」の意識の生成と関わっていたのであろう。その原点には祖先に代表される血縁集団の繋がりを、祭祀を通して自らの生き方を再確認する機会とする意図がある。同時に地縁や血縁を越えて広く相互に交流しあい、特に若者同士を結び付ける機会を提供する「婚姻圏」を再構築したとも言える。

6　社会の諸相と馬

家の中では客人や親戚、友人などが集まると宴会が始まる。お迎えした祖先や先祖達と子孫が一緒になって年頭の食事をする。祭壇から供物がおろされて、盛装した娘達が席をまわって大きな瓶から酒をついでまわる。お互いが酒を飲ませ合う場合には、みんなが手を繋いで手渡しで飲ませるのがスイ族独自のやりかたである。宴席に案内されてご馳走に預かる。供物としては子豚が最上位、次いで魚、そしてニワトリの順とされ全てが用意されていた。子豚の血、子豚の心臓、子豚の腸詰め、水牛の肉、水牛の肝、魚、鶏、南京豆、胡麻、糯米飯、瓜などである（写真4―4）。普段の食事は白米や粟やイモなどが中心であるからこの食事がいかに豪華なものであるかがわかる。

家の戸主の王興業氏の年齢は四三歳、子供は男二人女二人で、長女は結婚して夫方に婚出している。奥さんの楊花さんは上台寨（三組）の出身である。寨ごとに近い血縁の人々がまとまって住んでいてるので、嫁は別の寨からもらう典型例である。下台寨の景観は谷間にあって前に田畑が広がり、現在は水稲耕作が中心であるが、一九六〇年代までは焼畑耕作も行っていた。そのやり方は三月に樹木を伐採して火入れを行い、灰を肥料にして四月の清明節の頃に種を播く。栽培する作物は一年目は粟、トウモロコシ、イモ、陸稲で、一九七〇年代からは菜の花（油菜）が加わった（写真4―5）。二年目も同じ作物を植えるが、夏に沢山植えるようにして粟、菜の花、エンドウなどを多くとる。三年目くらいが栽培の限度で、その後しばらくの間は放棄して地味の回復を待つのである。現在の状況は寨の水田は八五ムー（畝。一ムーは六・六六七アール）、畑は二六ムー、森林は三三平方キロメートルあり、主な作物は水稲、トウモロコシ（家畜用）、ダイズ、生姜、ササゲ、サトイモ、菜の花、トウガラシ、タバコを作る。水稲は一ムーあたり七二四グラムで、よくとれるとされる量は一〇〇〇グラムなので標準以下である。家畜は馬で小型馬、その他は山羊・黄牛・家鴨などで、家では蜜蜂を飼い蜜をとって現金収入を得る。市場は県城の三都に行くか、六日ごとに市が開かれる牛場へ行く。かつては牛場の賑わいはたいしたもので三都からもやってくる程だったという。

写真 4-4　端節のご馳走

写真 4-5　トウモロコシを干すスイ族の家

水稲耕作の重視は信仰の諸相にも表われ、収穫後に水田の真ん中に茅やススキの穂を立てて稲の再生と豊作を祈る習俗が各地にある。大事な銅鼓を叩くときに稲穂を添えて吊り下げたり、稲でお祓いをしたり、稲倉に保存したりするなど稲との繋がりが濃厚である。しかし山地と平地という異なる生態系が交錯するこの地では、違う種類の作物を栽培して、他の産品と合わせて交換する市の働きも重要であって、特にこの村は、町に近いためか市の果たす機能も組み

写真 4-6　競馬。子どもたちも参加する

入れた農業を行い、経済的にはかなり豊かな暮らしをしているといえよう。

午後二時頃からは集落から少し離れた田畑の中で競馬（賽馬）が行われる（写真4―6）。各集落から飾り立てた馬に乗ったり、引いたりしながら、軽やかな鈴の音をたて、三々五々集まってくる。馬は貴州省に多い小型馬で、山地で暮らす人々にとって斜面を縦横に往来するこの馬は欠くことができない。祭場には西から東に向かって一直線の馬の駆ける道を整備して作りあげている。本来はなだらかな山の斜面、「端坡」で行われるべきで、その地形は風水により龍脈を見て決定する。スイ族はかつて三洞あたりにいたが人口が増えて各地に広がり、その時に各地の端節の日をずらして行うことにして、競馬をする「端坡」も全部で一六か所設定してお互いに楽しめるようにしたという。地元の人は「坡賽馬」であるべきなのが、今は「田賽馬」になったと嘆いていた。黔東南のミャオ族の祭祀で、陰暦六月一九日に行われる凱里郊外の香炉山での祭り、爬坡節《パーポーチェ》では山上で競馬が行われる。きれいに飾り付けられて額に鏡をつけた馬が屋根の上を山上めがけて疾駆する［鈴木　一九八五：一九七―一九八］。本来は山を信仰対象とした祭祀であったのかもしれない。

開始の時が近付くと、沢山の見物人が詰め掛けてくる。祭場のなだらかな斜面の「端坡」は、丁度浅い谷間になっていて、斜面には盛装した少女達がきらびやかに腰掛けて花がさいたように華やかになる。他の少数民族と同様に、衣装で未婚と既婚の区別がつくようになっていて、未婚者は足にまとう布が長く、衣装の腕の部分に縁取りがあり、髷を結って櫛をさし、とんがりのある白色の被り物をつけるという[18]。既婚者は白色の平たい被り物、年寄りは青色や黒色の被り物を使う。端節は若い男女が公の場で自由に交際できる時であり、若者にとってはよき配偶者を見つける絶好の機会である。

写真 4-7　菩薩像の帽子

写真 4-8　見事な刺繍の背負い帯

若い男女の交際の場なので、若者は特に装いを凝らして祭りの場に臨む。市と祭り、これが男女の交際の場であり、うまく結婚にまで発展するように活動する。「端坡」は男女の若者のためにあると言ってもよい。一方、小さな子供たちは魔よけのアルミ製の小さな菩薩を巡らした帽子を被っているのが印象的である（写真4―7）。これはミャオ族とも共通した習俗で土地菩薩を縫い込んである。スイ族独自の衣装としては、子供の背負い布が立派で、見事な刺繍が縫い込まれている。特に馬の尻尾の毛を絢いこむことが特徴で馬と人とのつながりの強さを感じさせる（写真4―8）。交通事情の良くない山の中であるが、この日ばかりは遠方からも沢山の人がやってきて祭場の周囲を埋め尽くし、思い思いに祭りを楽しむのである。

　競馬が始まる前に、白い線の引いてある出発点には、手前に藁を敷いて、巴茅草（茅）を一本立てておく。そこに寨老という村の長老で、祭りを執り仕切る司祭役の人物が出て、唱え言をしてから巴茅草を抜いて四方に投げる（写真4―9）。これを「開馬道」という。この行事に参加する人々の無事を祈ると共に神に感謝する意味があるという。茅はこの地方では祭りに欠かせない儀礼植物で、とんがっていて切れることから剣にみたてられ、魔除けに効果があるとされる。決勝点には目立つ赤布を二本の杉の木に掛け渡した門があり、ここを目がけての短距離決戦である（写真4―10）。競い合うのは狭い道なので、二～三頭が並ぶといっぱいになってしまい、時には土手を越えて

写真 4-9　巴茅草の御祓い

写真 4-10　競馬の決勝点

見物人の中に突っ込んでいったりして近くで見ているとかなり危険である。参加者は子供から大人まで様々であった。勝敗は各回ごとに勝負をつけていく勝ち抜き戦方式だというが、今一つ規則がはっきりせず、優勝馬を確かめることができなかったのが残念である。馬はスイ族の日常生活に欠かせない動物であるだけでなく、馬の尻尾の毛を綯いこんで刺繍した見事な子供の背負い帯を作るなど生活道具にも用いられ身近な存在になっている。

儀礼でも魚と並んで馬が重要な役割を果たす。例えば葬式の埋葬にあたって死者が男性の時は馬を供犠し、埋葬後に家に戻ってきてから肉を共食する。次の日に、死者の息子はお酒と殺した馬の首を「母の兄弟」の所に贈り物として持っていき、巫師（sjaman）には馬の腿部をあげるという。他の民族では、馬の供犠はあまり聞いたことがなく、スイ族の独自性を表しているようだ。霊界や他界へ導く馬のイメージがある。山のなだらかな斜面で馬を走らせてかけ上がる競馬はかつては「山裾から頂きにかけ登った」といわれた。山上は霊界との接点であり、天翔ける馬へと変容していくのではないか。

7　水昂村の端節

三都県九阡区水昂《スイアン》村（標高は約七〇〇メートル）で行われた端節は、堯麓郷下台寨の端節とはうって変わって雨のそぼ降る肌寒い天候のもとで行われた（一一月一八日）。場所は三都水族自治県のかなり南で、三都から七五キロメートル、茘波の町に近い山の中である。正確には楊拱郷水昂村で五八戸、六八〇人を数える。郷には永陽（楊姓）、新陽（韋姓）、高農（潘姓）、藍董（潘姓、石姓、韋姓）、系大（石姓、潘姓、韋姓、楊姓）、水少（韋姓）、水昂（石姓）の七つの村がある。[19] 水昂村は全て石姓で端節も石姓の人々の祖先祭祀である。端節は水暦で一二月から一月・二月（陰暦八月から一〇月）にかけて行われ、この村は最も遅い端節である。一方、近くに住む潘姓の人々は端節を祝うことはなく、卯節を陰暦六月六日に行うという。ここには石姓は加わらない。卯節は九阡地区で多く行われ、水暦九月から一〇月（陰暦五・六月）の卯日に祖先を祀るという。[20] 年間最大の行事として、「端節」を盛大に行う村と、「卯節」を祝う村があり、血縁が異なる。稲の収穫期（陰暦八月）を重視するか、成長期（陰暦五月）を重視するかの違いともいえる。さらに、卯節も端節も行わず水暦で四月（陰暦一二月）丑日に「蘇寧喜節」（sunjeienci）、俗称では「娘娘節」を行う三都県和勇郷の呉姓の事例もある。[21] この日は、ニーハン（尼杭 nihang）と呼ばれる女神（漢語では生母娘娘）が子授けに来るという。[22] また、春節を「荐節」として最大の行事とする村もあり、それぞれの血縁の系統が異なるようである。[23]

写真 4-11　死者供養の祭壇（水昂村）

石国義氏（スイ族。一九三八年生。当時五〇歳）に案内して頂いたが、水昂村はご自身の故郷で実家に案内された。石国義氏と弟の石国仁氏が住む家であった。石国義氏は一九九〇年一〇月に三都で発足した「水族自治県民族研究所」の所長を務めておりスイ族の研究の第一人者で、村の知識人である。

家の中央の祭壇には一九九〇年の四月三日に九一歳で亡くなった母親の潘醒さんが祀られていた。正面の祖先棚の上に故人を偲ぶ追悼文が掲げられ、その下に作られた祭壇には死者の

写真4-12　盛装した女性の銀の首飾り

写真と、女性の盛装した時に首に掛ける銀の飾り物（銀項圏）が形見として置かれていた（写真4—11）。供物は最前列に子豚の肉、魚二皿、白菜と魚の内臓、二列目は柚子、林檎、蜜柑、柚子など果物類、三列目はゆで卵、豆、独山塩酸菜、四列目はピータン、葱、生姜である。手前には、子豚の血、酒、糯米飯、六つのご飯の椀と酒入りの茶碗が六つ供えられていた。料理は全て奥さんが作り前日の午後八時には整えた。石国義氏の奥さんは韋愛英さん（四二歳）で、子供は女性三人（一七歳、一五歳、一二歳）と、末っ子に男の子（一〇歳）がいる（写真4—12）。この家は系譜に従って一〇代は確実に遡れる旧家で、清の道光年間（一八二一—一八五〇）に三洞から水昂村に移って来たという。さらにその前は中和にいて、遡ると広西にいたとされる。

家の中に通されると銅鼓の音が鳴り響く。かつてはこの村には銅鼓が一〇個ほどあったが大躍進や文化大革命の時期にかなり鋳潰させられたり供出させられたりして、現在は三個残り、いずれも雄だという。祖先の祭壇の下には供物が五列になって供えられていた。一番上手の列には豚肉（血の固まりを煮たもの）、魚が二皿、白菜の中に魚の内臓を入れたもの、次の列は柚子、林檎、蜜柑、柿といった果物類、その手前の列は南京豆とゆで卵が三皿にこの地の名物の独山塩酸菜（辛くて甘酸っぱい漬物）三皿、更にその手前にはピータンとネギと生姜に豚肉のそぼろ状の盛り合わせがつく。ここでは先祖のために四つの酒杯と四膳の箸があげられていた。酒は糯米を発酵させた甘い酒、甜酒である。端節の行事は前日の夜八時頃暗くなってから、祭壇を造り果物を供え付けて線香に火を灯し、紙銭を燃やして先祖迎えをする。料理は韋愛英さんが、主人の弟の王国仁氏の奥さんに手伝ってもらって早朝から作ったという。朝食を食べてから銅鼓を叩き始める。親族の人が入れ替わり立ち代わり訪問して祖先を拝む。銅鼓を叩いて死者の霊を慰める。

端節には村の神々にも供物を捧げて祈願する。村の入り口に独特の形の石と木があり、土地神として祀る。石の形は人形《ひとがた》であり、虎に食べられないように祈願する。この地域の人々は人食い虎を恐れていて、実際に被害も出ているという。石家の土地神も木の根元に祀られていて線香と紙銭が供えられていた。山神土地ともいい、山の神とも混淆している。端節には早朝から石姓の人々が祈願にきていた。日常では子供が病気になった時に祈願する。この日は背後にある守護神を祀った土地神の祠にも参拝する。ここも山の神だという人もいて端節には必ず参拝する。[24] 祠は石家のものだが、よその家の者も春節と端節には拝みにくるといい、この日も線香と酒と紙銭が供えられていた。

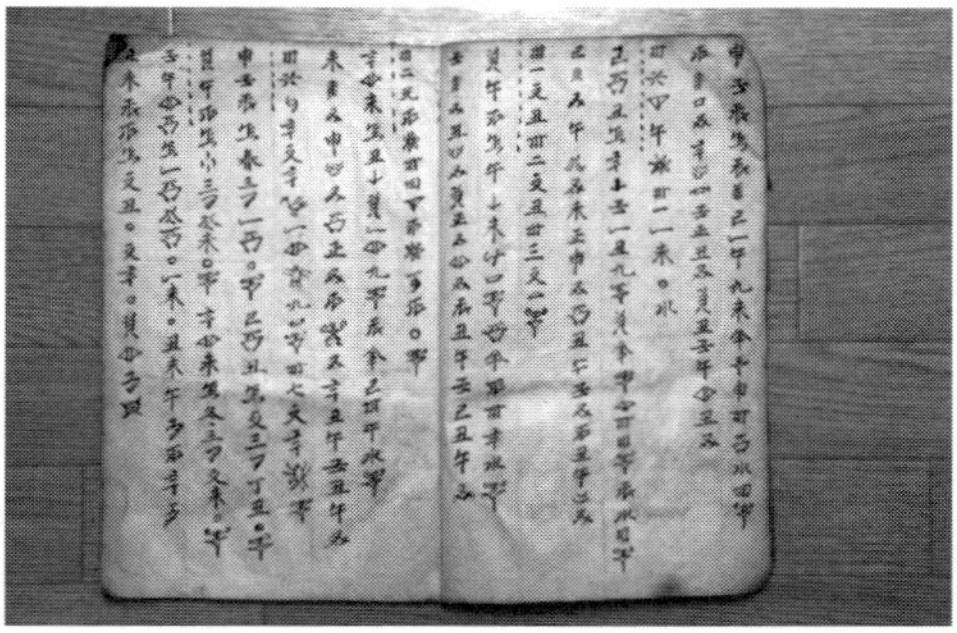

写真 4-13　水書

この村では競馬（賽馬《サイマー》）の行事は一〇〇年程前までは行っていたという伝承がある。競馬をする出発点に井戸があって龍が住んでおり、龍が銅鼓の音を嫌って競馬の道を再三にわたって壊したので中止したのだという。金属は水界にとって相容れないという禁忌があるようだ。馬と龍、そして水は関連があり、馬は山に住む神馬という伝承がある。[25] 龍と馬は同一視されて龍馬とみなされることもある。この村には風水をみる水書先生が二〜三人いて、風水の良い所には善龍、悪い所には悪龍がいると判断し、この井戸は善い龍だったのだと伝えている。馬の走る道は龍脈を選んで決定するので、悪い場所とは何かの差し障りがあったのかもしれない。水書先生は独自の文字によって書かれた「水書」に通じた宗教的職能者である。「水書」の文字は四〇〇余りで、水書先生が使うだけで日常生活では使用しない（写真4—13）。象形、指事、会意、仮借など様々な原理で作られていて、明代の墓碑まで遡る[26]〔《水族民俗探幽》編集委員会　一九九二：二五八—二七一二六〕。水書先生は毎年、収穫後の吉日を選んで、稲と「水書」を祭壇に置いて、豚と酒と飯を捧げて拝む。この時は祭文を読んで、「水書」の創始者で祖先ともされる「陸鐸」（ルートゥオ）神を祀る（写真4—14）。

写真 4-14　水書先生の祭祀

水書先生は「水書」に基づいて様々な教示をする。現地での話をまとめると、①風水をみること、②病気直し、③結婚など縁談をみる、④葬式の日取りを決める、⑤建築・祭祀の日取りを決める、⑥祭りの日を決めるなどである。水書先生は基本的には世襲であるが、師匠に習って修行して認められてなる者も少数いる。水書先生は人生儀礼に大きく関与するだけでなく、農耕の作業日（鋤起こし、種まき、田植え）も決定する。個人の願い事、病気直し、子授け、災害の予知（山崩れ、洪水、大風）、悪い兆しや異常時の吉凶判断（蛇との出会い、虎の叫び声、鼠の騒動、蛇の抜け殻をみる）をするという。個人の願い事に対応する宗教的職能者で、共同体全体には関わらないが、水書先生と巫師（shaman）の機能は重なっている。水書先生の権威であった王品魁氏[27]（三都県政治協商会議副主席）の説明では風水先生とは重なるが、巫師は学識の程度が低いという[28]。ただし、水書先生は、託宣を行い、占いをして、時には病人の体に取り憑いてる魔物を特定して追い出すという悪霊祓いも行う。また、通常の「水書」は「白書」というが、これとは別に「黒書」（leman ルマン）があって、相手を攻撃する呪法も書かれていて、意図的に呪いをかける「邪術師」（sorcerer）とも言える[29]。

水書先生は大きな祭祀を主宰する役は果たさない。スイ族は七年か一三年に一度各村が連合して霞節《シャージェ》あるいは、敬霞節拝や霞と呼ばれる大きな祭祀を行う。スイ語ではフェシャー（feca）やティンシャー（tinca）という雨乞いの

写真 4-15　巨石の祭場

写真 4-16　子授けを願う（九阡区）

行事である。シャー（霞）とはスイ語で「水神」の意味で、秘密の場所に隠してある石を動かして雨を呼ぶ行事を行う。この場合は水書先生ではなく寨老が主宰したという。霞節は最近では近くの木息村で一三年目に一度の行事として一九九〇年六月に行われた。通常はスイ族の暦の一〇月（陰暦六月）頃に行われる[30]。石は雨乞いに効力を発揮するという。スイ族は巨石や奇岩を崇拝する習俗が強い。ミャオ族が一三年に一回行う大規模な祖先祭祀のノンニウ（鼓社節、鼓蔵節）は楓香樹という樹木の崇拝を基盤にしているが、形式は類似しても内容は異なる。しかし長い定期的な循環によって社会秩序を再構築する長期波動が組み込まれた社会であったことは確かである。水書先生の権威が高く巫師の機能も一部は包摂する。巨石や変わった形の石の信仰が根強い（写真4―15）。寨老は婚姻や葬制や年中行事など、世俗の紛争処理や調整と同様に様々な場面で重要な役割を果たす。

　一一月一九日に訪問した中和郷把妙寨（戸数一〇〇、人口七〇〇）では村の中央に見事な石が祀られていた[31]。子授けを巨石に祈る信仰があり、その脇に先端に刻み目を入れた長い棒を立て、上部に四方形の木の枠を付けて、そこに長・福・貴・平、あるいは佑・保・平・安の文字を書いて祈願する（写真4―16）。スイ族が立派な石造りの墓を造ることは漢族の影響と考えられるが、石への信仰に支えられている。墓を巨大にして凝った造形を作

写真 4-18　魚や龍の図柄をかたどった墓

写真 4-17　水浦村の墓石群

写真 4-19　画像石の龍と水中生物

ることも石の信仰に支えられて世界観を表現している。[32] 三都の県城から南に二三キロの引朗寨の後方にある石板墓は道光己酉年（一八四九）、咸豊辛酉年（一八六一）の年号が入った墓があり、ある墓には真ん中に瓢箪を描き、左側上段に草・人物・銅鼓・刀・槍、左側下段に麒麟と水牛、右側上段に人物と樹木、右手下段に人面獅子が描かれていた。荔波の町から一七キロの荔波県玉屛区時来郷水浦村の板本寨の石板墓（写真4―17）には明末に遡る画像入りの墓石が多数彫刻され、上部の屋根は魚の尾の形になっていて（写真4―18）、壁面には龍が描かれ、死後の世界と水界との繋がりがよくわかる（写真4―19）。水辺の土地はかつて祖先が暮らしていた故里であり、源郷回帰の意識が濃厚に滲み出ている。墓は死者の世界と生者の世界の空間的な境界であり多義的を帯びる。

8　墓と犬と雷

水昂村の入口には村の開拓者の石氏の古い墓があり、道光年間の建造と伝えられ、この地に来た始祖以来のものだという（写真4―20）。スイ族の墓は大きな石造りで知られ、その造形も見事であるが、石氏の墓石は彫り物が素晴らしかった。両脇には紋様が刻まれており、左手端に雷神（写真4―21）、右手端には鳳凰が描かれ、墓石の左右上に龍頭が出ている。雷神は太陽紋のような円の中に描かれ、手足と翼をもつ鶏で、[33]この世とあの世を結びつける。百田弥栄子はこうした考えをオンドリが雷神（雷公）と合体した「オンドリ雷神」として把握して中国南部の各地の事例を紹介しているが〔百田　一九九九：九二―一〇〇〕、鶏としてあの世に霊魂を導く機能を持つとすれば墓石の造形としてふさわしい。[34]ただし、雷神は鶏を好むという所と、[35]他方で、鶏や塩を嫌うという禁忌もあり単純化はできない。[36]墓石の右下に描かれた人間は八仙女の一人とされ、漢族の影響が色濃い。スイ族の墓石には漢族の考え方が混入している。一方、中央部は三部分に分かれて左から右へ鶏・陰陽（太極）・動物と獅子が描かれ、上部には天の犬が三匹いて中央は月を食べている図柄が描かれている。黔南のスイ族にはムカデが月を咬むという話が伝わる。また、犬が月蝕や日蝕を起こす話や太陽を弓で射る射日神話は黔南ではスイ族と白褲瑤と青瑤に伝わっている。[37]犬の伝承は多様で、雨乞いの時に村内をひっぱりまわし犬を打つという儀礼

写真4-20　石氏の古墓（水昴村）

写真4-21　墓の雷神

がおこなわれる。調査時に黄長和氏（プイ族。茘波県専史弁公室。五七歳）は、雨乞いについて「貴州省のプイ族に、犬の手足をしばり、二人でかついで村を一周する習俗がある。広西チワン族、そして海南島のリー族（黎族）にもある」と答えた(38)。また、犬が畑を耕していると太陽がたくさんのぼってきて暑くて仕方がない。犬の盤瓠がワンワンと吠えて天上の雷を誘き出した。雷は地上に降りて来てヤオ族の黎家八人兄弟に捕まった。すきを見て逃げ出して大洪水を引き起こしたという話（「盤王開天」）も伝わる。李寿華氏（ミャオ族。民族事務委員会。五三歳）は「解放前、私が八歳のころ、見たことがある。柳の枝を犬の形に編んで、一人の男が肩に背負って村々を回る。その後を、銅鑼や鉦を叩いたりする鼓笛隊が一〇人ほど続く。人々はその犬めがけて水を（手ではじくようにして）かける。村を回り終えた頃には、柳の枝の犬は原型をとどめていない」［百田　一九九九：一八四―一八五］と述べて犬を象徴的にいたぶることで雨乞いを祈願したという(39)。犬は雨乞いだけでなく、穀物を天上から盗んで地上にもたらしたり、鋼鉄の体を持っていて日月をかじったり、鍛冶を始めるなど、犬祖神話に止まらず、特別な霊力を持つ霊獣とされている。

　雷神は大洪水を引き起こして人類を危機に陥れたと創世神話で語られ、洪水を生き延びた兄と妹が近親婚で結ばれて、その子孫が自分たちだという伝承は、貴州省・雲南省・湖南省のミャオ族やヤオ族などを中心に広く語られていた［百田　二〇〇四：一一三―一七八］。一九八八年三月に訪問した広西大瑤山金秀瑤族自治県での六拉村奮戦屯では実際に村人から「雷王」の話として洪水神話をきいたことがあり、記録も残る［百田　一九九九：一〇一―一〇三］。スイ族はミャオ族やヤオ族とは系統や言語が異なるが、雷神の伝承は共通している。先祖や霊界とのつながりを神話世界に遡って記憶にとどめようとしたのかもしれない。

9　霊界との繋がり

水昂村の端節には都柳江流域の都江の近くの村から銅鼓舞が奉納される予定になっていたが、悪天候で来られなくなってしまった。銅鼓舞は銅鼓に合わせて、鶏の羽毛をつけたスカート状の下衣をまとう二~四人の男性が一緒になって舞う。スイ族が受け継いできた独自の舞である。今はこの舞をできる人は風柳村、拉攢郷董俗村、交徳村、甲雄郷塔石村など少数になり、住んでいる所も都江から二〇から三〇キロの山の中に位置する。都江のスイ族の他、この近くの丹寨の東南に住むミャオ族が同様の舞を伝えていて葬式にも舞うという（写真4―22）。ミャオ族は鶏が霊魂をあの世に運ぶ、あるいは祖先の住んでいた土地に送り届けると信じており、スイ族とミャオ族に共に共通する考え方かもしれない。銅鼓の紋様は音と一体になってあの世と交流する。音は死者の魂をあの世に導く、特に「山」や「洞窟」に送り出す時に強い力を発揮する。銅鼓は考古学の成果に基づけば、紀元前四~五世紀に遡る青銅器で[40]、貯貝器や祭具であり、王権の権威の象徴となり、太陽紋・雲雷紋・飛鳥紋などの紋様で世界観を表出する。雲南の石寨山から出土した銅鼓には、船にのった「鳥人」が描かれ、死者を霊界に送る様相を描いたと考えられる。人身供犠の状況を造形した銅鼓も発掘されている。現在の民俗との対応は時空を越えるので難しいが、鳥が霊魂をあの世に運ぶという信仰は現在もミャオ族には顕著であり、スイ族の鳥人の銅鼓舞も同じ信仰基盤に支えられていたのであろう。銅鼓は民族や地域によって使用法が異なり、葬儀、祝い事、祭りから娯楽まで幅広い。

写真4-22　ミャオ族の銅鼓舞（都江鎮）

船や馬などの乗り物は霊魂の運搬具として意味付けられやすい。水昂村からあまり離れていない荔波県瑶麓の青瑶は死者の棺を船に似せて造り、その上に魚の造形を付けて洞窟に入れて風葬にする。かつては銅鼓を二日から三日打ち鳴らしてから、棺を担いで洞窟に行ったという。九阡出身の石国義氏によれば、死者の霊魂は龍に乗って海に行くと信じており、かつて祖先が

写真 4-23　祭りのお土産の赤い卵

生活していたという海のそばか河の近くが源郷として意識されているのだという。スイ族の重視する馬は龍と同一視され水に関連が深く、源郷回帰の意識は強い。スイ族は海の近くの源郷への憧憬と、暮らしを営む現在の土地での山の信仰を結びつけて、独自の祖先祭祀を作り上げてきた。地域による差異があるものの、総じてスイ族は水との繋がりを強く持ち、魚や龍や馬などと霊界との関わりを強調する。他方、大地には龍脈が走っていて、龍の身体とみなし、馬を龍と同一視する龍馬の観念もある。龍が馬に姿を借りて龍脈をたどることは究極的には山頂に至る。山は水の源泉で、水神の龍が大地を走る。龍は馬を介して山神に結びつく。水は実り豊かな大地の形成には欠かせない。龍は銅鼓とも結びつく。銅鼓が蔵の中で保存されている時に、洪水を引き起こす悪い龍と戦って勝ったという。また、銅鼓が龍に変わるという伝説もあり、「龍の銅鼓」と呼ばれている。「虎の銅鼓」もあって虎の吠え声の音を出すので虎が来なくなるという。[41] 銅鼓は何世代にも亘って家が保持してきたもので、もし売り払ったりするとたちまちのうちに落ちぶれてしまうという伝承もある。銅鼓は生命体であり、様々な変身をする能力を持つ。

端節の終わりにお土産として、糯米を粽風に葉に包み、三角形の糯米の包みを垂らして、中央から糸で赤く塗った卵をさげるという縁起物を頂いた（写真4—23）。これには新たな再生を祈る意図が籠められているようである。端節を中心に銅鼓、魚、馬、鶏、墓、石などスイ族の世界観を表す幾つかの象徴を紹介してきた。そこから浮かび上がってくるのは周囲の諸民族との意味付けに共通性があるにもかかわらず、独特の意味付けを施して、霊界との結び付きを維持しようとする想像力である。

10　スイ族の婚姻

三都に戻ってからスイ族の婚姻と葬制について、石国義氏（スイ族。三都民族研究所副所長）を中心に聞き書きをした。[42]以下はその時の婚姻に関する概要である。結婚に至る過程は、問親、定婚、飲酒の三段階から構成されるという。男女の双方がお互いに気に入ればその意志を両親に知らせる。交渉がうまくいかない時は寨老に相談する。娘の結婚相手としては「母の兄弟」の息子が優先されているので「母の兄弟」の了解を取る必要もある。万事がうまくいくとなれば仲人を頼んで、男性側が砂糖と煙草の葉、銀の首飾りを持って女性の家に行く。最初は贈り物は拒否される。仲人が女性側の親を説得して別の日に贈り物をする。受け取ると女性側の受諾の意志となり第一段階の「問親」が終わる。男性の両親と叔父叔母、親戚は子豚、糸、肉、砂糖、糯米飯、煙草、銀の首飾り、銀の腕飾りを持って女性の家に行く。賛意が得られれば子豚を殺して共食する。二人の関係は公開され、祭りや市では相互の家の訪問も出来る。女性側の両親が全て賛成して第二段階の「定婚」が終わる。次に男性側は大きな豚（二〇〇キロ）と何匹かの子豚、銀（五〇両）、ニワトリを女性側に贈る。女性側の父の兄弟にニワトリと豚を贈る。女性側から見ているととても賑やかに見える。女性側は親戚や村人を呼んで肉と酒でもてなす。女性が幸せになるようにと願う。昔は女の子が生まれると酒を用意して土の中に埋めて発酵させておきこの時に出してもてなした（媒子酒）。花嫁が生まれた時からこれまで開けたことがない酒である。双方から二人ずつ男女の代表が出て、四つのどんぶりで酒を飲ませあう。酒を飲むと結婚の証人になったことになる。これで第三段階の「飲酒」は終わる。

次は第四段階の「接親」である。男性側と女性側から男女二人ずつ総計で四人が選ばれて相互の家族の調整役となる。彼らはフイティン（輝定）と呼ばれ、嫁を出迎える人の意味で、歌と踊りが上手な人を選ぶ。四人は男性側の家から先導役の女性と一緒に出発して女性側の家に向かう。この時は肉・酒・魚、そして魚を捕獲する「魚筌」

と、魚に似た葉「金網篠葉」を六枚持参する（この葉は四人がとってくる）。先祖は源郷で魚をとって暮らしていたので、魚を通じて先祖のことを忘れないという記憶を確認する意味だという。四人は女性側の家の中で掛け合いの対歌をして、夜から朝までうたい続ける。この時は二〇〇人くらいが集まって来て周囲を取り巻くが、花嫁は隠れていて出てこない。対歌は質問形式で、難問に答えられないと罰則として鍋墨を顔につけられる。

花嫁は朝方に盛装して昼時に花婿の家に出発する。花嫁は出発にあたって紙で作った傘を差し掛けられる。家を出てから、すぐに傘をやぶって「破れ傘」にして持っていく。これは花婿の家に行く途中で受けるかもしれない雷や鬼の攻撃を防ぐためである。途中で雷に会ったら花嫁は花婿の家について以後、一三日間は家の中にいて自分の実家には戻れない。その日が「卯日」であれば次の「卯日」までである。この間に花婿は水書先生に頼んで、鬼や雷に出て行って下さいと祈願してもらう。つまり、雷や鬼に会うことは憑依されたと考えているのである。行列は迎えに来た五人（四人と先導役の女性）が先頭に立ち、村人が続くので総勢で一〇〇人となる。花婿の家の入口に到着すると魔よけの巴茅草を持って花嫁の後ろからお祓いをしつつ中へ進む。この時、家の中に誰も居てはならない。ただし、これは昔のやり方で、現在は傘を持っていれば憑りつかれないとされている。花嫁と花婿に続いて、男性側の年寄りが中へ入り、親戚を招き入れる。二人は炉の周囲を巡る。炉には祖先の霊が宿るので、新たな生活にあたって敬意を表し、報告するのである。新郎の両親も中へ入る。花嫁は炉の周囲を巡った後は、花婿の部屋に入って出てこない。花婿と花嫁は家の中では顔をあわせない。夜は掛け合い歌が堂屋で始まり、御飯を食べ酒を飲み、翌日まで続く。ここには村人も招かれるので別の若者が知り合う機会になる。早朝になると、花嫁は部屋から出て御飯を食べて実家に戻る。この時は仲介役の五人が付き添う。花嫁は実家で普段着に着替える。午後になると花嫁は花婿の家に戻り、台所に入って家事を開始して夜から一緒に暮らし始める。

11　スイ族の葬制

葬制については以下の通りである。人が亡くなるとその息子は「母の兄弟」に知らせ、次いで全家族にも知らせる。これ以後、しばらくの間、肉類と脂物を食べることは禁忌となる。酒も一切飲まない。「母の兄弟」がきて死体を見て確認してから「寿衣」を着せて棺に入れ、祖先棚の前に据える。水書先生を呼んで葬式の日の日取り決める。早い時で二日から三日、遅いと七日間死体を家におくこともある。[43] 死者の供養のために「孝歌」が家の外で歌われる。歌の専門家がいて外から呼んでくるのが恒例で、最近は民間の人気歌手に頼む。「孝歌」は翌日の朝まで続く。親戚は米と酒を持ってくる。

「母の兄弟」は弔問に際して紙で作った傘を持参する。死者の息子は跪いて拝むので、「母の兄弟」が立ち上がらせる。夜間は花灯の劇をする（漢族の習慣）。演じ手は村人で、悲しみの気持ちを表わす。家の中では棺の前に魚・酒を供えて、「母の兄弟」を招いて家祭をする。家族は祖先棚に置いた死者の霊位を拝んで追悼する。息子が自分の親を追悼する祭文を書き、寨老に読んでもらう。息子は涙を流す。祭文読みが終了すると、親戚や友人が「祭帳」を持ってくる。「母の兄弟」が「祭帳」を最初に贈る。六尺から七尺の白い紙で贈呈者の名前が書いてあり、一人一枚ずつで三〇〇から四〇〇にもなる。少ない人でも五〇くらいはもらう。部屋の中に掛けておき、翌朝、墓所に埋めに行く時に持参する。全ての追悼の儀礼は前日の夜までで済ます。

朝早く出発して埋めに行く。棺が家を出る時は、家の中で巫師による儀礼が始まる。黒い鍋を頭の上にかぶり、アヒルを一匹もって棺の周囲を回る。この時の唱え語は、「海の龍たちよ、ここにきてこの人たちを保護してください」という火事にならないようにする祈願である。木造建築が多いスイ族の村では火事が一番こわいが、龍王が来ると火事が起こらないと信じられている。この時の巫師は水書先生が務める。棺を置いた堂屋の隣に特別にきれいな部屋をしつらえて、巫師が助手を六人ほど使って儀礼を執行する。神壇に魚・糯米飯・豆腐を供えて、「陸鐸神」

の祭りを行う。「陸鐸」とはスイ語のルートゥオの当て字で、スイ族が信頼する独自の神で六体からなる。陸鐸神は「水書」の伝説的な創始者で、[44]水書先生は自分の究極の祖先を祀って助力を得ることで死者を無事にあの世に送り届けようとしていたのだ。唱え語をして特定の方向を拝む。神送りの後、神壇を壊して儀礼は終了する。

早朝、占いで決めた墓に向かう時間になると、爆竹を鳴らし、棺が家族の人々に担がれて墓に向かう。子供たちは「母の兄弟」が贈った紙の傘と祭帳を持って先頭に立つ。祭帳は竿の上につけてはためかす。先頭は子供たち、紙の傘の後方に棺が続き、蘆笙[45]と哨吶[46]の音が先導する。全ての親戚と友人がついていく。息子は棺の先に立って、杖を一本持ち亡くなった死者の霊位を運ぶ。隣にお供の人がついていく。霊位を持つと杖が持てず、杖を持つと霊位を持てない。棺の上に長い布をかけ、息子の奥さんと孫はその布を握って一緒についていく。墓に到着すると、埋葬する所の上部は布で覆われてテントのようになっている。これを布蓬《ブーペン》（帳蓬）という。そばには「霊塔」が置かれていてその中に棺を置く。別働隊が土を掘り返していて、墓穴ができると人々が家族を手伝って、棺を穴の中に入れて土中に埋める。傘を墓の上に差し掛ける。土の中に埋める時に再び蘆笙と哨吶を吹く。昔は銅鼓を叩いたが現在は使わないことが多い。石の板を先に入れ、その中に木の棺を入れる。死体は木の棺の中に入れる。上部には大きな石の板を立てかけておく。これで一人で一つの墓が出来る。この形式は「石板墓」で昔のやり方である。現在は「圓墓」が普及してきた。これは宮廷圓墓の略で丸い墓で死者の家を表わす。漢族の宮廷の城をかたどるともいう。墓から帰ってくると、葬列に参加した人々は、祖先棚に供えて置いたお椀の水を飲む。清めの意味でこれ以後は精進が解けて肉を食べることが許される。死者への供犠として、男性の場合は馬を一匹、女性の場合は豚を一匹供犠する。供犠は葬列が出た後の埋葬前に家の外で行う。馬と豚の肉は全てが終わった後に、家族と親戚が集まって家の中で食べる。葬送の野辺送りの夜に龍の舞を行う村もある。龍は福や寿をもたらすという。

埋葬後、三日目に家族は母の兄弟と親戚と共に墓へいく。墓前でニワトリと豚を供犠する。墓には紅鶏を供える。

特に大紅公鶏が好まれ白鶏は使わない。白鶏の血が墓に触れると死者の魂はあの世に行けない。家に戻って来て、葬式の期間に手伝ってくれた人に対して感謝して一緒に食事をする。母の兄弟は家に帰る。死者の息子はお酒と、葬式当日に供犠した馬の頭を持って、母の兄弟の家に持って行く。巫師にも馬の腿肉を贈る。春の四月の墓参りである清明節に先立って、三月にスイ族独自の祖先祭り「掛社節」を行い死者を供養する。「掛」とはスイ語の「クワ」の当て字で祖先の意味である。豚を供犠して、墓の上に細長い白紙を掛ける。母の兄弟はこなくてもよい。清明節には漢族風の墓参り「添坆」を行う。

死後も死者を祀る「霊堂」（香亭《シャンティン》）を作り、(47)朝と晩は線香と御飯を供えて三年間継続する。服喪の期間である。死後三年を経過すると、水書先生に頼んで日取りを選んでもらい、葬式の時に作成した、死者の事績を漢文で書いてある「祭文」と、家屋の入口の両側に貼っておいた白い「対聯」を焼く。これを漢語で「除孝」といい、これ以後、対聯を赤紙に張り替える。喪明けの儀礼である。祭文の焼却にあたっては「母の兄弟」が必ず来ることになっている。死者の霊魂は死後三年を経過すると家の守護神になるといわれる。(48)スイ族と漢族の習慣が混淆し再解釈が施されている。

スイ族の葬制では魚が供物として重視され、馬の供犠が行われて、魚と馬が重要な役割を果たす。そして死後にはスイ族の守護神で「水書」の創始者のルートゥオ（陸鐸）を拝む。墓参りも漢族とは異なる方式で行うが微妙に習俗が混淆して三年間の喪に服した後に家の守護神になる。スイ族は他の民族と比べて独自の慣行を維持してきた。一方、他の民族、特にミャオ族との共通性は社会的には「母の兄弟」が重要な役割を担当し、家長に次ぐ大きな役割を与えられていること、宗教的には銅鼓の音を通して霊界との交流を図ること、一三年といった大きな循環サイクルで社会を再構築する長期波動を組み込んでいることなどであろう。スイ族は平地のチワン（壮）・タイ（傣）系の文化と山地のミャオ（苗）・ヤオ（瑤）系の文化の交錯する貴州の一角で、漢族の文化も巧みに取り込んだ混淆文化を生み出しており、人口は少ないが独自に生きていく道を模索する人々である。

12　民族文化の行方

本章はスイ族の文化について、祭祀や葬制や婚姻に関して考察してきた。そのうちでも、スイ族の「端節」「銅鼓」「水書」に関しては、他の民族と比較して独自性がある「民族文化」と言えるかもしれない。スイ族は人口が少ないので、積極的に他の民族とは異なる特徴を持つことを強調する傾向がある。特に「水書」は独自とされ、二〇〇六年に国務院から「第一批　国家級非物質文化遺産」の「水書習俗」として登録され、文化遺産として保護されることになった［潘朝霖　二〇〇九：三四九―三五六］。湖南省江永県の「女書習俗」（本書第三章）と同時登録で、民間に伝わる独自の文字としての評価である。西南中国の少数民族で独自の文字を持っているのは、スイ族の他にイ族（彝族 Yi）、ナシ族（納西族 Nashi）、タイ族（傣族 Dai）であり、スイ族の人口はこれらの民族に比べて遥かに少ないにも拘わらず、独自の文字を持つことで注目を集めた。古代の越系の文化に遡る「生きた化石」の古い文字という評価も出現した。黔南民族師範学院は二〇〇五年四月に「水族文化研究中心」を、貴州民族学院は「水書文化研究院」を創設し調査研究の中核拠点として共同して作業を展開している。二〇〇六年からは一三五三本の「水書」の手書き本の影印をとって『中国水書』全一六〇巻の刊行を行った［羅春寒　二〇〇九：二九二］。現在はインターネットによる成果の紹介も盛んである。スイ族が自らの独自性を「水書」を通じて主張する時代が到来し、多数の討論会や出版事業が行われ、芸術活動にも「水書」の文字が活用されるようになった。しかし、「水書」は極めて限定された人々が読み書きできる特殊な文字であり、秘儀性を帯びた神霊との交流の手段であった。現在では「文化の資源化」によって「水書」は大きな変貌を遂げた。ただし、スイ族にとっては「水書」だけが文化資源ではない。端節も二〇〇六年に「第一批国家級非物質文化遺産」に登録された。そして、幾つかの村々は観光用に民族村として活用されるようになり、(49)

今後は「民族文化」が大きく変貌することが予想される。

「文化」の概念は曖昧である。中国語の「文化」は文献上では漢代の劉向の『説苑』の用例がよく引かれるが、天下の民を教化する手段の意味で、その後も影響を大きく及ぼした。これに対して、現代社会の「文化」は明らかに英語のcultureの翻訳で、中国では古語の「文化」[50]と日本語の翻訳語としての「文化」が融合している。中国での「文化」概念は、科学性や普遍性を強調して「文明」に近いニュアンスがあるという〔長谷　二〇〇七：一〇三〕。文化人類学が長い時間をかけて行ってきた「文化」の定義、例えばギアツ（Clifford, Geertz）のように「意味と象徴の体系」として議論するとか、文化相対主義の立場に立って使用するといった見方は希薄である〔ギアツ　一九八七：二〇〇二〕。中国での「文化」概念は余りに多義的だが、広い意味の「生活様式」で、文化の優劣を含み込む。中国では「文化」の概念は「創られた民族」が自らは何者なのかを問う枠組みとして使用され、学術用語と政治用語と民俗語彙が微妙に入り混じっている。「文化」は文脈に応じて意味や内容を変え、生成と変化を通じて持続や継承の試みがなされてきた。

中国共産党は建国当初は少数民族の「風俗習慣」を尊重するという基本方針をとっていたが、大躍進や文化大革命など政治の大変動で大きく路線が変更された。しかし、一九七八年一二月以降の改革開放政策の展開で、再び「風俗習慣」が見直され、特に「祭り」（節日）が好ましい精神文明を養う場として注目されるようになった。一九八〇年代半ば以降は、風俗習慣は「民族伝統文化」と名付けられ、民族の一体感や団結を養う機会として利用できるという政治的意図が表面化した。交通機関の整備によって少数民族の観光化が推進され、民衆の経済的状況の上昇、インターネットの普及により、更にこの傾向は増大した。二〇〇〇年代以降は世界遺産や非物質文化遺産の認定や登録に伴い、「文化」のブランド化、資源化の傾向が加速された。現代では暮らしの全てが、「文化」という名のもとに操作され「商品化」される様相が顕在化してきた。少数民族にこの傾向は顕著である。

二　人生の移ろい――青瑤の婚姻と葬制

1　貴州省黔南のヤオ族

一九九〇年の貴州省の黔南の調査に関してはスイ族だけでなく、ヤオ族の集落を訪問して聞書をした。青瑤と白褲瑤の短期の調査であったが、その折の記録を提示して民俗の深層に迫る。スイ族とヤオ族は共に稲作を生業の主体とするが、ヤオ族のほうが標高の高い所に住んで天水利用の棚田灌漑による水稲耕作を行うのに対して、スイ族は標高の低い所で河川灌漑を利用した水稲耕作を営む。ヤオ族は、以前は焼畑を盛んにおこない陸稲の栽培を行っていたが、徐々に消滅してきた。

ヤオ族は広西壮族自治区には多く居住しているが、貴州省では人口も少なく居住地も限られている。荔波県には二つの瑤族郷、瑤麓と瑤山がある。荔波県全体の総人口は一四万三〇〇〇人（一九九〇年）で、民族構成はプイ族六〇％、スイ族二〇％、漢族一〇％、その他一〇％である。南部の要衝の荔波（標高四二〇メートル）の周辺では、青瑤が瑤麓（標高七〇〇メートル）を中心に、長衫瑤《チャンシャンヤオ》が茂蘭（標高六五〇メートル）の近くに、白褲瑤《ペークーヤオ》が瑤山（標高六五〇メートル）を中心として居住していた[51]。青瑤は青い藍で染めた木綿のズボン（褲）を穿くので青褲瑤とも呼ばれるが[52]、自称はヌーマウ（nu mau）である。長衫瑤の自称はペイ・トン・ノウ（pei tong nou）あるいはトゥンムー（tug mug）で、漢族風の青色の上着（衫）を着ていることに由来し、長袍瑤ともいう[53]。白褲瑤は男性が白い麻のズボンをはいているのが名称の由来で、自称はドンモー（dong mo）である［柏果成・史継忠・石海波　一九九〇：二二、七二、一四二］。言語系統で言えば、三種のヤオ族は全て苗瑤語族苗語支で、言語上ではミャオ族である。

伝承によれば青瑤の中で最も古いとされる賈姓は江西から広西に移り、明代に荔波に来たという。江西を祖地とする伝承は近隣のミャオ族やスイ族でも同様の伝えがある。瑤麓では洞窟葬を継続している。青瑤の後に白褲瑤が明代に南丹から移動し、更に長衫瑤が明代末期から清代初期に南寧から移動してきたとされる。茂蘭の近くにある長衫瑤の村で高地にある瑤亜村（戸数一二八）を訪問した時には、南寧からの移住という伝承を聞いたが、青瑤とは言葉が通じないとのことであった。青瑤と長衫瑤は別系統のヤオ族かもしれない。長衫瑤の名称は「長い上着」に由来し、漢族の衣装と類似する。男性は長い被り物の布を使うが、祖先を表す人形の図柄を刺繍し、上下それぞれに五匹の魚を描いて祖先を偲んでいた。故老の話では長衫瑤は一九二〇年代頃まで、約三代前までは洞窟葬（風葬）であったが現在では土葬に変わったという。葬式には銅鼓を叩いていたとの伝承も残る。

白褲瑤は言語や習俗の上では広西の西部に住む布努瑤《プーヌーヤオ》に近く[54]、先祖同士は広西北部で分枝したともいう。白褲瑤と布努瑤は共に漢族からの影響は弱い[55]。一九八八年に広西の南丹で白褲瑤を訪問した。死者を葬る時には水牛を供犠して、多くの銅鼓を叩いて死者の魂をあの世に送る。音の力への信頼は衰えていない。遺体は棺に入れて山の中にある洞窟に運んで放置する風葬で洞窟葬の形式であった[56]。いずれにせよ、茘波の周辺に居住する青瑤、長衫瑤、白褲瑤は、江西や広西からきたという伝承を持ち、魚を祖先への供物とし、犬は食べないという禁忌があり、葬式は洞窟葬を行っていて銅鼓を使用して霊魂をあの世に送る。言語もミャオ語の系列である。相互に差異はあるものの共通性は高い。

2　瑤麓の概況

河の畔の町、茘波から東へ、一気に高度をあげて急坂を上ると、次第に石灰岩の奇岩や巨岩が立ち並ぶ台地へ到達し、日曜日ごと（一九五八年以前は子の日と午の日）に小さな市が開かれている茂蘭までは約二六キロ、そこから九キロ辿ると瑤麓《ヤオルー》に到達する。市では大豆、落花生、豚、薪、塩、衣類などの生活用品を買う。集まる民族はヤオ族

写真4-24　瑤麓の全景

の他は、スイ族、プイ族、漢族である。瑤麓の集落は集村形式で、木造の二階屋を主体とした建物が寄り添い合って建つ。広場には米などの穀物類が収穫期とあって敷き並べられ、女性たちが乾燥や脱穀の作業にあたっていた。貴州省荔波県瑤麓瑤族郷で、戸数は二二〇、人口は一四〇〇人[57]、瑤麓は行政村でその中の自然村は欧家寨、賈家寨、蘆家寨、上韋寨、下韋寨、打里寨、洞悶寨、洞干寨[58]の八つからなり、打里、洞悶、洞干の三つは少し離れ、他の五つは近接している（写真4―24）。石灰岩地形で保水力が低く、土地はやせていて生産力は低い。水田は三〇〇ムー、畑は五〇〇ムーで畑作が主体である。栽培作物は水稲、トウモロコシ、落花生、サトイモ、蕎麦、小麦、粟、コーリャン、大豆、綿などである。家畜は水牛、豚、ニワトリ、ガチョウ、アヒル、犬などである。蜜蜂も飼って養蜂業を営む。村内の池では鯉を飼って蛋白源としている。水田での労働や水利の慣行は厳格で、村の中央の広場の脇に一九八七年に取決めを記した石牌が建っていた。

　村の生業について深く聞いてみると、本格的な焼畑は一九六〇年代まで継続していたらしい。現在でも焼畑を少し行っているが政府からは好ましいとはみられていない。従来の焼畑は春の三月頃に山の斜面に火をつけて焼いた後に粟を植えて、野菜類も作るなどして、二、三年で別の土地に移るという生活をしていた。狩猟も盛んで現在も継続しており、家々の中には必ず鉄砲が柱に立てかけられている。最大の祭りは過卯で、陰暦六月の卯日に大樹が生えている広場に集まり、酒を供えてオンドリを供犠して血を樹木に塗り付ける。この日は魚の解禁日で田圃で一斉に捕獲する。祭日には春節、七月半（鬼節）、小年（陰暦一一月二九日・三〇日）がある。春節がもっとも賑やかで、男性は狩猟の舞を行う。長い棒で地面を叩きながら舞うという。ただし、春節は一九八〇年代に入って政府側が組織運営を行うようになって大きく変化した。バスケットボール大会も行われるなど現代的なイベントに変わってしまったという。

村内の姓は、韋・賈、欧、蘆、寞、常の六つで、現在は姓が異なれば通婚可能とされている。一九七九年までは婚姻規制があり、賈姓と蘆姓は結婚できず、打里寨の賈姓と韋姓、下韋寨の人と欧姓は結婚できないという決まりがあったという。その理由は複雑で、先祖が同じで兄弟同士だからと説明される。韋姓と蘆姓は共に江西から来た同じ地域の出身者で先祖も同じなので規制されるという。婚姻規制は現在は大幅に緩和された。婚姻の変遷がわかるのは、広場にある清代同治二年（一八六三）建立の「婚姻改革碑」である。[59]青瑤は文字を使って記録を残したり、石碑を建立して改革の事実を明文化するなど、漢族の影響が大きい。[60]

3　婚姻の実態

婚姻の規制は許容の範囲内であればかなり自由であるという。配偶者を見つける方法としては、女性が一六歳以上の適齢期になると、家の表側に近い部屋に移される。男性が通ってきてもよいという意味である。男性は女性と市や祭りで知り合った後、ある夜に村を訪れ、自分が来たことを女性に知らせるために、独弦琴（二胡）を家の女性の部屋の外でひいて歌をうたい、自分の想いを告げる。歌は即興であるが、自分は今、この村にきていて恋人を探し求めているという直接的で情感を籠めた内容である。これによって自分が泥棒でないことを村人に確認してもらう。部屋の入口の木の壁に小さな穴があいていて、男性は穴に木の枝棒を差し込んで、相手が応じると中へ招きいれる。女性の寝室は外に近い所にあり、ベッドの枕は外からの連絡用の穴のそばにある。女性は目を覚まして男性を導き入れる。棒で壁を叩いたりすることもあり、その場合は符牒があって、相手を確認してからでないと中に入れてもらえない。こうして頻繁に会って情交を重ねてお互いが気に入ると結婚へと向かうが、この段階は流動的である。お互いが一緒に暮らすことに合意すると、男性は自分の両親に結婚する意志のあることを伝え、賛成してもらうと直接に女性に知らせる。当事者は何度かあって結婚の段取りを取り決めるが、女性の側の両親には全く知らせない。結婚式当日に男性が自分の友人二人と共に女性側の両親の家を訪問して、結婚する意志があることを報せ、女性も結婚の希望を伝えて、今晩結婚式を行う旨を告げる。女性側の両親が賛成すると、女性の母親は自分が結婚した時に使った首飾りを娘に贈って祝福し、結婚に関する諸々の注意を与える。こうして二人の婚姻が正式に承認されることになる。

結婚式は夜に行われる（現在は朝方に変わった）。花嫁側の家から贈り物を持つ行列が編成され、花婿側の家へ向かう。花婿を先頭にして、女性を真ん中にして、男性の友達が最後からついていく。松明に火をつけて先導する。花婿の母親は杵の音を大きく響かせて、村の家々に結婚について報せる。花嫁は花婿の家に着くと祖先に供物を捧げて報告をして祝いの宴が始まる。翌日の朝、花婿は自分の側の女性血縁者、姉や妹などと共に特別の食事をする機会を設定し、終了すると一連の結婚式は終わり、二人が夫婦になったことが認められる。ただし、もう一つ重要なことが残っている。男性側の両親は使いを頼んで花嫁側の「母の兄弟」（叔父、舅舅）に知らせて、姪はまるで息子のようになったと告げる。これは親戚になったという意味である。この後、「母の兄弟」は花嫁の両親と相談して、花婿の家へ日時を相談して訪問する。花婿側の家へは酒と糯米と水牛の皮を持参し、女性用の衣類や収納箱なども持っていく。これは全て花婿の家への贈り物となる。花婿の家は「母の兄弟」をもてなして、花婿は自分の村の寨老を呼び、親戚と共に、花嫁の両親と「母の兄弟」をもてなす。食事をしてから花婿の側は、酒、糯米、豚肉を花嫁の両親にあげて全てが終了する。この一連のやりとりは、本来は自分の娘は「母の兄弟」の息子に嫁がせる優先権があるので了解を求める意味がある。息子からみれば父方交差イトコ婚が推奨されているのである。「母の兄弟」は娘の相談役・後見役として重視され、人生の重要な場面で特定の役割を演じる。かつてはヤオ族は移動性が高く、社会の存続や安定のために親族の絆が果たす役割が大きかった。厳格な規則が親族間関係を規定してきた。

4　葬制の現在

死者の葬り方は洞窟葬（岩洞葬）である。人が亡くなるとその家の入口の前に五、六個の銅鼓を吊るして一晩中眠らずに打つ。死者への供養であり、村中の人々に葬式を告げ知らせることになる。棺の準備を始める。作成前に六つのお椀を並べて御飯を供え、寨老が死者に哀悼の唱え事をする。寨老は五〇歳以上の話上手の有能な人物で、人々から信頼される理想的な人がなる。ただし、この村の中核は代々賈姓の人で占められてきた。準備が整い親戚などに知らせて皆がそろうと、木の棺に遺体を安置して三日間は家に置く。親戚は米を持って集まるのが慣行である。棺の中に入れるものは、布団、お金、着物、米で、煙草を吸う人は煙草を入れる。帽子、菅笠、竹筒（水筒）を添える。その後で村の周辺部にある山の中の洞窟に持って行ってそのまま置いておき、朽ちるに任せる、いわゆる風葬の形式である。死者が金持ちや年寄り（五〇歳以上）の場合は水牛を供犠して稲を供物として捧げる。銅鼓を叩いてその音で死者の魂をあの世に送り届けるのが慣例であったが、大躍進の時代（一九五八―一九六〇）に銅鼓は供出させられて中断した。通常は一〇〇〇元以上の銅鼓を四〇元くらいで売るはめになった。大躍進に際して鉄を出す必要があったが、代わりに銅鼓をということで泣く泣く安価で売却したという[61]。しかし、その後に取り戻して、現在は銅鼓を五つ保管し、雄二つ雌三つだという。銅鼓は村の共有で山の洞窟に保管してあり、村の長老が相談して合意が得られれば運んできて叩く[62]。銅鼓は老人の葬式の時だけに使う。葬式の他に銅鼓を叩くのは春節と七月半（鬼節）の祖先祭祀である。

棺には魚を描いた板や牛角の板、三角紋様の板などが取り付けられる（写真4―25）。棺は船をかたどり、死者の魂は船に乗ってあの世に送られる。昔は死者は一年間は家の近くの地面を掘って安置しておき、正式に準備が整うと掘り出して葬儀を行っていたという。更に別の人の話では、秋に収穫してから洞窟に入れるので、秋の前に亡く

写真4-25　船をかたどる棺と魚や牛角の板

なった死者は自分の家の下に埋めておいて、葬儀の季節が到来すると掘り出して正式に洞窟に安置した。特に五〇歳以上は陰暦一〇月に水牛を供犠して高価な紅木の棺に入れて葬った。葬儀の準備にはかなりの時間がかかり、執行する季節が決まっていたことがわかる。この方式は広西の南丹の白褲瑤と同じで、移住の経緯から見て同系統の人々であることが推定される。

葬制に関しては六姓のうち常姓の人々は土葬である。他の五つの姓は洞窟葬を行う。洞窟がある山は村はずれにある。賈姓の洞窟は村の近くで、俗称で「銅鼓坡」（別称は銅鼓坳）という。坳や坡は斜面の意味である。「銅鼓坡」へは、欧家寨、賈家寨、蘆家寨、上韋寨、下韋寨と続く集村のはずれの大樹が立つ場所から山の斜面を登っていく。ここは水慶村（スイ族）と佳榮村（プイ族）へと道が分かれる三叉路で村はずれにあたる。この場所は女性が来てもよい。もう一つは四姓（欧、蘆、莫、韋）の合同の洞窟で、佳榮村に通じる道を三キロほどたどった先の瑤几にあり、男性のみが行くことを許される。俗称は「仙人洞」である。「銅鼓坡」の洞窟は、賈姓の人々のみが使用を許されている。賈姓はこの村では最も古い人々で、田地もよい所を持っていて豊かである。「仙人洞」は村から遠い険しい地形の山中にある。洞窟への道は、途中の道沿いにも頭蓋骨が無造作に置かれていて不気味であった。雨がふり続くと棺が腐敗してその中から人骨がこぼれ落ちることもよくあると聞いた。岩峰が頭上に迫ると洞窟は間近である。一登りの後に、累々と積み重なった棺の山が見えて息を呑むようであった（写真4—26）。洞窟の中に納めるのに少し外に出ていたりするのは、棺を担いできた人々が、この恐ろしい場所に長く留まることを嫌って、棺をほおりだすようにして下山してしまうからだという。訪問時は秋であったのでさほど死臭はなかったが、夏ともなれば匂いが充満して近寄れないという。洞窟の先は道がないと観念される。もし道がついていると死者に引きずり込まれて死んでしまうので先に進まない。そこには死者たちの生々しい世界が広がっていた。洞窟に埋葬される死者は自然死の場合に限られる。山の斜面から落ちて無くなった人のような事故死の場合は死体を棺の中で下向きにして洞窟の外で葬る。通常はあおむけなので正反対である。お産で亡くなった女性の場合も同様にする。未婚の女性も洞窟の外に置く。また、一〇歳くらいまでに亡くなった子供は洞窟近くには葬らずに、家の畑を深く掘って埋めるのだという。まさしく洞窟は完全な生を全うした人の安住の地であった。

葬儀は夜に行われる。松明を持った男が先頭に立ち、竹筒に水を入れた男が続く。多くの村人が棺をかついできて洞窟の一〇〇メートルほど前にくると立ち止まる。そこからは特別に選ばれた死者の親族が主体になって少数で棺をかつぎ、道のない藪状の斜面を通って洞窟へ登り、そこに棺を置いてくる。人々は棺の前に酒・糯米・肉を供えて、棺と洞窟の方向を拝む。寨老も一緒で、死者を拝む時には自分たちの先祖はかつてどこからやってきて、どのようなことをしたのかを呟くように話し、死者が亡くなった後、祖先のいた故郷へ帰るように祈願する。故郷とは江西にある別の「大瑤山」だという。死者のたどるべき道を示した後、供物は全てその場で平らげて村には持ち帰らない。死者との交流はここまでである。親族だけが登るのだという。人々はこの洞窟を極度に恐れていて、滅多に近寄ったりはしない。山に葬った後に、死者の魂は死後三日目に自分の家へ帰ってくるとも言う。その時には音がするので必ずわかるという。その日には豆腐・アヒル・糯米・豚肉を捧げて死者を供養することになっている。

写真 4-26　死者の棺を納める洞窟

洞窟の中に入ってみると、最近に葬られた死者の棺があった。棺の周囲には左右に三つずつ長方形の板がくくりつけられ、そこには三角や四角や円、あるいは細かな線状の文様が茶色や黒色で施されている。更に棺の中央部には魚の形に切り取られた板が彩色され、薄暗い闇の中に不気味な彩りを示していた。棺の中は黒い布でおおわれ、手前の所には菅笠が立てかけてあって、あの世への旅立ちを表わしていた。ヤオ族の人々は故郷で魚をとる生活をしていたので、祖先や死者を祀る時には必ず棺に魚を造形し、魚を供えるのだという。棺自体は船に見立てられあの世に旅する乗り物になっている。日本の古代の装飾古墳の壁画に描かれている「天の鳥船」が連想されるが、日本への文化の伝播を考えるよりも人間の普遍的な発想として考えたい。棺には鳥も描かれていて、あの世に導く役割をする。ミャオ族の場合も同様の観念がある。三都水族自治県の各地ではミャオ族、ヤオ族、スイ族などの民族の枠を越えて銅鼓舞が伝えられ、三都、都江、丹寨などでの舞では、舞手が鳥の白い羽を頭上に飾り、腰のまわりに白い羽をびっしりと身に着ける。その姿は銅鼓の鼓身に描かれる鳥人や羽人を髣髴させる。銅鼓の文様である太陽紋・雲雷紋・飛鳥紋、そして鳥人・羽人・蛙などには、長い歴史の中で形成された世界観が凝結しているのだろう。鳥人が単なる造型としてではなく、生きている民俗事象として継続されている。口頭伝承による長期の持続に想いを馳せる。ヤオ族の洞窟葬の村には生と死を結ぶ多様な表象が展開しているのである。

5　歴史の遡行

青瑤の洞窟葬（崖洞葬、岩洞葬）と関連する習俗は懸崖葬（懸棺葬、懸洞葬）で、急な断崖の中腹の岩穴に棺に入れて葬ったり、岩壁に穴を穿ち、木杭を打ち込んで棺を置く。懸崖葬は人間が到達できないような場所の洞窟に棺を納める。現在では習俗は廃れていて遺物として残る。懸崖葬は船形の棺を用いる場合も多く、副葬品があったり、人間の乗馬や雑技や紋様を描いた岩画が伴うこともある。貴州省では黔東北の松桃、南部の黔南の独山などで見つかり［席克定　一九九〇］、隣接する湖南省西部の湘西にも残る。広義のミャオ族の居住地と対応する。棺の形が「船」の形をとり、川沿いの断崖に位置することは死者の霊魂を無事に他界、特に祖先の故地に送り届ける願いが籠められていたと見られる。懸崖葬は、貴州省だけでなく、四川省南部に多く、岷江上流の宜賓市の南部、珙県、高県、慶符、長寧、興文などに分布する。担い手は明代の史書に現れる僰族と推定する説もある。(63) 古代の記録『史記』『漢書』『後漢書』が記す蛮や夷との連続性の実証は難しい。

懸崖葬の分布は、長江の流域や支流に濃厚で、沿岸から内陸に移動した人々の痕跡であるという仮説が提唱され、海洋民族の山地への流入経路の指標ともいう。この説の実証は難しいが、長江の中・下流域はミャオ族の故地として有力で、宋代の朱輔『渓蠻叢笑』（一二世紀末）が記す「五渓蛮」(64) の居住地とも重なる。「五渓蛮」の一つは犬祖神話の盤瓠の末裔で、五種の蛮の中には「苗」（原文：貓、猫）も含まれている。歴史史料が乏しい中で、ミャオ族の源流や移動を照合できる事例である。ミャオ族は口頭伝承で故地は大河の畔や海の近くと伝えており、儀礼や神話の中に見られる海洋性の要素は古い移動の記憶を留めているのかもしれない［鈴木　二〇一五］。但し、懸崖葬の分布は四川省・貴州省・湖南省などの長江の支流域に留まらず、広西壮族自治区の柳江・紅水河・左江・右江流域に濃厚に分布し［陳明芳　一九九二：二六―一〇七、二二六―二五四］、江西省の貴渓、福建省の武夷山にもあって、地域は広大である。記録上は武夷山が古く、『太平御覧』巻四七条「武夷山」の条に引かれた籥子開『建安記』に記述があり、(65) 南北朝期に遡る可能性がある。ここは川の断崖の上部の洞窟が葬所で、船型の棺を用いる懸崖葬である。船型の棺の使用は、海と関連が深かった古代の百越や濮人などの子孫が、祖先を偲んで造形したという説も提唱された［梅華全　一九八八］。間接的だが海の民、川の民の移動との関連が推定される。

古代の様々な人々の系統を、社会主義体制下で民族識別工作を経て成立した現代の民族と対応させることは難しい。しかし、現在の民族のあり方は本来は流動的で移動・移住を繰り返した結果であり、次第に固定されてきたことだけは推定できる。共通性だけでなく差異性に目を向けること、憶測的な歴史の構築をやめること、彼らの生き方を地元の文脈にそって理解することが求められる。

三　小さな少数民族――白褌瑤再訪

1　民族の生き方

青瑤とは別の生き方をしているヤオ族がいる。白褌瑤《ペークーヤオ》である。数ある少数民族の中で最も誇り高く生きている人々はと問うと、大抵の人々は白褌瑤を挙げる。白褌とは男性が履く白いズボンの意味で、そこに赤い血の跡のような文様がついていて、彼らの抵抗の血を流した謂れが語られ、歴史の証しになっている。彼らは貴州省南部では、南部の要衝の地である茘波から南西に三二キロ、カルスト地形の痩せた土地、瑤族瑤山郷を中心として居住し、人口は二三〇〇人ほどである[66]（一九九〇年現在）。白褌瑤は貴州省の瑤山と、南方の広西壮族自治区の南丹郷、及び八墟郷に主として居住し、人口は全体で二万人くらいになる。貴州側へは明代に南丹から移り住んだと伝える。白褌瑤は現在でも行政区画とは関係なく自由に往来を続けている。広西側では一九八八年に南丹から二六キロほど入った里《リー》湖《フー》を訪問して白褌瑤の銅鼓についての調査を行ったが［鈴木　二〇一二：四一一―四五二］、一九九〇年には貴州側から入って再会を果たすことになった。行政職の人に言わせれば、白褌瑤はとても貧しいので外国人を村まで案内して見学させることは出来ないとし、案内を躊躇する。他方、白褌瑤はかたくなに自らの慣習を守り、衣装は伝来のものを身に着け、漢族には激しい敵対意識をもって干渉をはねのけようとする。

白褌瑤の農作物は畑作主体で粟・トウモロコシ・サツマイモ・綿・麻・大豆・稗などを栽培する。焼畑で陸稲を作る。杉の木を育て、桑を植えて蚕を飼って絹を織る。家畜は黄牛、水牛、豚、ニワトリ、アヒルで、耕作用には馬を使用する。収入は豊かな家で月に一人あたり三〇〇から五〇〇元、貧しい家は一〇〇元から二〇〇元であるという。カルスト地形なので保水力が弱く土地は痩せている。「半山半石山」と言われ、ここで生きていくには狩猟と焼畑以外に道はなかったが[67]、国家の定住政策が進み低い土地への移動や、集落の再編成が行われるようにもなってきた。

白褲瑤の特徴は、葬式では五〇個にも達する沢山の銅鼓を打ち鳴らし、その音によって死者の霊魂をあの世に送り届ける儀礼を丹念に行うことである。銅鼓の音は桶を使って共鳴させる。彼らの民族としての特徴と言えば、まさしく銅鼓であり、独特の民族衣装と共に、自らの独自性やまとまりを顕示する。銅鼓をリードするのは大きな木鼓で、猿の仕草を真似た猴鼓舞をまう[68]。この仕草については広西の南丹では、自分たちの祖先は猿で、祖先の母猿が川を渡る時に子どもと別れ別れになったのを悲しんで飛び回っている所作だという説明があった［鈴木二〇一二：四三五―四三六］。貴州側ではこの伝承は聞いていない。

銅鼓の製作技術を持たない彼らは外部の人から銅鼓を買う。その値段は一〇〇〇元から一五〇〇元もする。銅鼓は個人所有ではなく、系譜上で祖先を共通とする父系血縁集団（父系リネージ lineage）が共有する。広西の南丹ではその集団をポープー（破卜 popu）、ユーグオ（油鍋 youguo）と俗称する。銅鼓を購入する場合は、お互いのお金を出し合うので個人負担はさほど多くはないが、現金収入に乏しい彼らにとって銅鼓の購入は途方もない高額の出費を伴う消費と言える。それまでしてなぜ銅鼓に執着するのか、このあたりに彼らの民族性を解く大きな鍵が隠されているのだろう。白褲瑤はヤオ族に分類されているが、実質的には言語や習俗はミャオ族の系統である。民族識別工作に際してヤオ族に組み込まれた経緯は明確には不明だが、決定に際しては政治的な駆け引きがあったと見られる。

2　紋様の意味

貴州側のヤオ族の集住地、瑤山郷には戸数一〇戸以上の白褲瑤の村が一六、全体の村の総数は三〇くらいあるとのことであった。直接に村に入る許可が出ず、手前五キロばかりの小さな町、王蒙（標高五五〇メートル）を市のたつ日に訪れ、山から下りてくる白褲瑤を待ち受けることになった。この付近の定期市は貴州側の王蒙は土曜日、捞村は日曜日、翁昂は五がつく日、そして広西側の里湖・八墟は三・六・九のつく日で月九回と定められていた。王蒙を訪問した日は雨天であったが、お昼時の市場はごったがえしており、店は肉、野菜売り、藍染屋、木地師、床屋、木綿屋など種々雑多であった。プイ族も集まって来て野菜、米、糯米飯、布、酒などを売る。白褲瑤は山菜、野生薬、乾燥煙草、蜂蜜、小鳥、竹籠などを売る。漢族は日用品雑貨を持ち込み、瓶や椀、漁網などを売る。白褲瑤の女性たちは襟なしの貫頭衣をまとっており、その上に冬服の上着を身に着け、スカートは襞の多い刺繍入りの藍染めである（写真4―27）。藍は虫を寄せ付けず汚れが目立たないので労働着として勝れている。蜜蠟や樹脂を使って白布に図案を描き、藍で染める。布を乾かし湯で煮て蜜蠟や樹脂を落とすと藍に染まらずに、白抜き模様が出来る。いわゆる蠟結染めである。素材は色を染めるのに適した木綿が主体で、綿花の栽培から織布、刺繍、縫い合わせまで全て手作りであり、女性は若い頃から藍染めの技法を母から教わっていないといけない。女性たちは市に来ると藍の店で持参した布を染める。ただし、女性の貫頭衣は脇が開いているために、横から見るともろ肌ぬぎとなり、乳房が見えるので、漢族や他の民族からみると軽蔑の対象ともなる。しかし、山棲みの民にとっては両手が自由になるという便利さがあり、暑熱の風土には適した衣装である。天候の変化に対しては上着の着脱で調節する。

写真 4-27　白褲瑤の女性

女性の貫頭衣の背中には藍の蠟結染めの上に朱色の糸で独特の文様を施す。広西側ではこれはかつての彼らの王が娘を漢族（一説には壮族）に嫁がせたが、だまし討ちにあって殺され、その時の血の海になった跡を後々まで忘れないために紋様として残したのだと伝える。これ以後、他の民族との通婚を禁じることになったという。貴州省の南丹の説明では二つの意味があり、第一は「盤王」と呼ばれる自分たちの祖先の神を表わす、第二は自分たちが棲んでいる山・大地・河などの景観を表わしているのだという。盤王とは何かと聞いてみると、漢語でいう彼らの主神であり祖先にあたると考えられている。白褲瑤は毎年六月六日に瑤王節の祭りを行い、この時に盤王を祀る。ニワトリと豚を殺し、子供たちは銅鑼を叩き鼻管を吹き、大人は踊ったり歌ったりして楽しむ。その中には盤王舞という祖先を偲ぶ舞もあるという。この時は太鼓などの鳴り物は叩かない。盤王の祠は村々にあったというが、現在では少なくなっている。夏の旱魃には雨乞いをする。盤瓠の伝承もある。

男性の衣装は、襟なしの上着に白褲瑤の名称の謂れとなった白いズボン（白褲）をはき、裾に五本の赤い線を刺繍する。ズボンは麻で染色に適さないので白地に刺繍をする（写真4―28）。紋様の謂れは広西では漢族に滅ぼされた彼らの王が、殺害された時に血に染まった五本の指を膝について死んだことに因むという。しかし、貴州側では彼らの先祖は龍であると伝え、五本の線は龍の爪を表わし、彼らをいつも守護してくれるようにと願いをこめたのだとされる。いわゆる龍のトーテミズムである。伝説によれば、昔、洪水があってほとんどの人間たちは死滅したが、この地方では一人の子どもだけが龍に助けられて生き残った。龍は子供を小さい時から育てて自分の乳を飲ませておおきくしたので、この子は自分の親は龍であると思った。そして成長してから別の山に住んでいた女性（どの民族かは不明）と結婚して、男の子を授かり、この子が白褲瑤の

写真 4-28　白褲瑤の男性

先祖になったとされる。龍と盤王の関係はどうなのかと問い直してみると、龍は信仰の対象であり、盤王は人々の領袖で自分たちを引き連れて他の民族と戦ったのだという。

衣装の文様に関して、貴州側の伝承では男性の衣装のズボンには龍、女性の衣装の背中には盤王か自然の風景が描かれ、広西の伝承では男性の場合は五本の血塗られた指の跡、女性の場合は王妃が殺された後の血の海という大きな食い違いがある。瑤山から南丹までは五〇キロの距離だというのに伝承はなぜこれほどまでに異なるのか。それはなぜなのだろうか。恐らく広西側では漢族や壮族など多数の有力な他の民族がいて、白褲瑤は劣勢に立たされ常に虐げられていたのに対し、貴州側では強力な対立勢力がなく、他のヤオ族、そして数では多いプイ族と共存関係にあり、微妙な均衡を保つことに成功していたのであろう。伝承の違いは、歴史的状況や政治の動き、他の民族との相互関係の在り方など社会的・文化的・経済的状況によって大きく異なるのである。(69)

3　婚姻の実態

白褲瑤の婚姻について茘波の蒙明儒氏から話を伺った。それによると婚姻の在り方はかなり自由であり、男女とも知り合って愛情が芽生えれば、双方の両親の所へ行って各々がその意志を伝える。場合によっては村の年寄りに聞いてもらう。男女が知り合う機会は、年に二度の大きな祭り、春節（正月）と瑤王節（六月六日）や、市の時などで、瑤山の人々は南丹の人々と結婚する者が多く親戚がかなりいるという。結婚適齢期は男性は一九歳、女性は一七歳か一八歳である。成人は一六歳か一七歳で、男女とも頭の髪の毛を一部を剃る儀礼を行って成人と見なされる。これ以後まもなく結婚することが多い。或る程度の規則があり、イトコ婚が望ましいとされ、交差イトコはよいが平行イトコは許されていない。女性にとっては父方のオバが重要な役割を果たす。これは母方交差イトコ婚の優先を示唆するものであろう。

結婚式は男性が日取りを決め、仲人を頼んで、女性側の家に知らせる。衣装や飾り物を作る準備が始まる。結婚式の当日は村の寨老か歌の一番上手な人を頼んで嫁方の家へ行き、祝い唄をうたってもらう。その内容は嫁さんは刺繍が上手で勤勉であると褒めて、新しい主人の家にいって幸せになりますようにという内容である。歌の力によって嫁側の両親にこの新しい結婚はきっと幸せで成功するということを確信させる。かくして両親は娘の結婚に全面的に賛成して婿の家に向かうことになる。婿の家に着くと酒が沢山準備されていて、村全体の人々を招待してお祝いの宴席が開かれる。結婚式そのものは簡単に行われて、夫方に住むようになるが、気に入らなければ実家に戻っても構わないという。別れる場合には、双方が賛成すればすぐにでも離婚が成立するが、他方が納得しない場合、寨老が出てきて裁定をする。つまり、厳格な結婚という発想それ自体が、白褲瑤にはないのである。日本でもかつては対馬などでは結婚式は簡単なもので、テボカライ嫁といって、テボ（籠）を担いでいって同棲する単純な形式であった。それはタメシにやるとも言われ、気に入らなければ、すぐに帰ってきて別の相手を見つけることが出来た。人間の気持ちはそんなに簡単にわかるものではないという人生への達観があるのではないだろうか。しかし、相手が固定してもう変わらないと決めると、「結髪」して身の固まったことを白褲瑤は示したという。完全な自由恋愛ではなく決められた倫理感の下で男女関係を律しているのである。

4　葬制の行方

葬制については、両親のいずれかが亡くなると息子が自分の「母の兄弟」つまり母方オジに最初に知らせることになっている。もし該当者がいない場合は、母の母の兄弟でもよい。息子はこの挨拶に際して三尺から五尺くらいの白い布（孝帕）を鉢巻のようにして身に着けていくので、人々はこれを見て不幸があったことを知るのである。その他の普通の親戚には別の人を頼んで死者の出たことを知らせる。このようにして親戚は死者の家へ集まってきて葬式の支度にとりかかる。亡くなった人には新しい衣服を着せて家の中央にしつらえられた喪屋の真ん中に置いた棺の中に安置し、親戚にも見られるようにしておく。親戚は集まってきて死体の前で泣き始める。この時は必ず線香に火をともし紙銭を置く。甕の中に入った酒を捧げる。死者を埋葬する前までは、肉は一切食べてはいけないという禁忌がある。親戚は母方の者は必ず来る義務があり、特に「母の兄弟」が重要で、この人が来るまでは死体を埋めてはいけないとされる。こうした母方親族、特に「母の兄弟」の重視を、中国の学者の多くは「母系制の残存」と解釈する。この説は進化主義の人類学者のモーガン（Lewis Henry Morgan）がエンゲルス（Friedrich Engels）に与えた影響で、それに基づいて構築された社会主義の家族進化の図式が、母系制から父系制への変化を前提に議論しているからである。白褲瑤の場合、財産の継承や相続は父系が基本であるが、常に母方からの援助が期待される。父方母方が共に役割を果たす双方制（bilateral）の様相もある。資料が乏しいのと、漢族側からの調査に頼らざるを得ないので断定はできないが、社会構造の在り方は東南アジアの山地民や平地民の双方制社会との共通性が高いのかもしれない。

死者を埋葬する山は南面している所を選ぶという。人が亡くなるとすぐに銅鼓を叩き始める。最初は玄関前に吊るし台を作り、五個か六個さげて叩く。村の中の若者が一晩中打ちならす。この場合は親戚には限らない。埋葬する日も銅鼓を叩く。死者の娘の主人が酒瓶に酒を入れてもっており、これをお椀に注いで棺を持つ人に飲ませ、そのまま墓場まで飲ませながらついていく。先導役は「母の兄弟」が務めて皮太鼓を叩く。山に送る時は鉄砲を一〇挺から二〇挺くらい持っていき、爆竹のように打ちならしながら行く。魔除けの意味を持つ。死者の棺は洞窟に放置するのが元来のやり方だが土葬も増えてきた。死者を送り届けて、家に戻ってくるとようやく肉を食べることが出来る。ここまでは全て精進である。豊かな家の場合は水牛を供犠してあの世に送って死者と共に過ごすようにと願う。供犠の後はその肉を飽食する。広西の南丹の白褲瑤で聞いた話では、水牛は重要な家畜なので、死者があの世での生活に困らないように、供犠して死者の世界に送り届けるのであり、その時には稲穂も捧げて食べ物に困らないようにするのだという。水牛の供犠に際して初めの一撃を加えるのは「母の兄弟」である。日常の生活でも重要な指南役で、儀礼に際しても重要な役割を演じるのが「母の兄弟」である。水牛を供犠する理由は祖先は死後もあの世で現世と同じ生活を営んでいる。田畑の耕作には水牛が必要なので、供犠してあの世に送り込む必要があるという。南丹で聞いた伝承では、かつては死者が出たら子孫はその肉を分けて食べて自分の肉体を継承する慣行があった。しかし、ある時、村の有力者が人肉の代わりに人間とほぼ変わらない水牛の肉に代えてはどうかと提案して水牛供犠を始めたという話が伝わっていた。貴州側でも母親の肉を食べ父親の肉は食べないという慣行が変化したという伝承が残るという（荔波県専史辨公室の黄長和氏の話）。

貴州側の白褲瑤では銅鼓を叩く季節は三月から八月までと決まっている。その理由は雷が鳴る月は叩かないことになっているのだという。その理由については明確に示されなかったが、銅鼓と雷が喧嘩をしたという伝承があり相性が悪いとされることが想い起される。銅鼓の音は雷の音と同じなので一緒に鳴らすことは禁忌だとも言う。銅鼓を叩いてはいけない時期に死者が出た場合は、仮埋葬して、家の玄関の外に銅鼓を出して吊るしておくだけにする。そして、叩く季節が廻って来ると、銅鼓を出して正式な葬式を行う。南丹では正月一三日から九月三日が銅鼓を叩くことが出来る期間にしている。ただし、場所によっては八月一五日までという所がある。また、特定の月日ではなく、収穫後の一定期間に限るという伝承を持つ村もある。銅鼓を叩かない季節は、山上に死者を葬るための洞窟に保管していたという。白褲瑤は洞窟葬が正式なやり方であり、銅鼓は死者との連想が強いために、保管場所も家よりは洞窟が好ましかった。現在では銅鼓は村の人気がある年寄の家の倉庫に納めておくといい、もし盗まれたら村人はどこまでも追いかけて行って犯人をやっつけるのだという。本格的な葬式の場合は、銅鼓を一〇個から二〇個用意して、田圃の中に設定した祭場に、刈り取り後の稲の乾燥に使う木の枠組みを用意して、その桟から吊るす。大きな木鼓の音に合わせて、銅鼓の平面と側面を交互に叩き、一方に桶をあてがって共鳴させて音を轟かす。銅鼓の音は死者の魂をあの世に送り届けると考えられている。スイ族やミャオ族の銅鼓と同様に、銅鼓には雄雌の区別があり、音色は雄の銅鼓（公鼓）はあらっぽく、雌の銅鼓（母鼓）はするどいと形容される。雌雄を併用して叩くのが正式である。銅鼓を叩くのは男性に限られている。女性も叩くことはできるが稀な機会であるという。禁忌かどうかは確かめていない。この点では女性が銅鼓を叩くスイ族とは異なるし、ミャオ族も場所によっては女性も叩けるので、白褲瑤の銅鼓は男性中心という特色があると言える。ただし、銅鼓を使う正式な葬儀は、大人に限られ、成人と見なされる一六歳以上で、天寿を全うした者だけである。子供が亡くなった場合は対応が異なる。関係する友人を頼んで板で簡単な棺を作ってその中に死体を収め、山の中の谷に埋めてしまう。また、お産で亡くなった女性の場合は、小さな木の棺を作り、亡くなった子供と共に一緒に納めて、母子共に村から遠く離れた場所で火葬にする。この場合、骨は拾わずにそのまま置いておく。正式な葬式を出すのは正常死でしかも大人に限られる。

葬式の儀礼を執行する者は、人々の人望を集める寨老である。人が病気になってなかなか治らない場合、両親・兄弟・姉妹が集まって天の神、木の神、水の神を拝むが、このときには「道公」を頼む。病気になったら木を拝んで、直ったら願成就の証しとして自分の子供に木の漢字の名をつけることで願返しをする。「道公」は巫師のように憑依して霊界との橋渡しをするのではなく、儀礼を通して祈願の達成を神に祈る。両親が病気の場合、線香をつけて願い事をいい、助けて下さい、早く治るようにと願をかけ、願が成就するとニワトリを一羽供犠して神に捧げてお返しをする。酒を祠に注ぐことも慣行である。井戸のそばに立ってひたすら水を拝んで願い事がうまくいくようにと祈願してもらうこともある。宗教的職能者の「巫師」は文化大革命などの政治の変動で弾圧されてわずかしかいない。昔ながらの関係を持ち特定の個人の相談事や祈願に応えるのは「道公」である。

白褲瑤については民族の帰属が曖昧である。民族識別工作ではヤオ族に分類されるが、言語上では苗語の系統とされ慣習もミャオ族に近い。犬を食べる習慣があるので犬を先祖とするヤオ族とすることは不適切かもしれない。ミャオ族でもヤオ族でもなく、先住民に近いとされるコーラオ族（仡佬族 Gēlǎo）と考える学者もいる。しかし、民族の系統について論じるよりも、彼ら自身の生き方の独自性を明らかにすることが望ましい。たとえ数は少なくても、白褲瑤は自らの在り方を力強く主張し、喜怒哀楽を豊かに見せて、生と死の対照を鮮やかに示そうとする。小さな少数民族の個性的な生き方を「存在の哲学」として、より深く理解することが望まれる。

本章は文化の客体化や資源化が始まる以前の状況を伝えた。現在は再定義され、再埋め込みされ、再配置されつつある新たな「文化」の文脈を考慮し、どのように「文化」とつきあっていくかが問われる。貴州省は二〇〇〇年代以降は、貴陽と凱里、貴陽と安順などをつなぐ幹線に高速道路ができ、少数民族の村々への到達が容易になって観光化が進んだ。特に二〇一二年に開通した「廈蓉高速公路」（G七六）は決定的であった。福建省の廈門《アモイ》と四川省の成都を結ぶ道で、貴州と広西に関しては、貴陽—都匀—榕江—肇興—三江と、少数民族地帯の核心部を貫いた。そして、二〇一四年一二月二六日、貴陽と沿岸部の広東省の広州を結ぶ「貴広高速鉄道」が開通し、四時間で結ばれることになった。かつて辺境地帯とされた貴州省に大きな変化が訪れている。今後は時間と空間が圧縮されたグローバリゼーションの中で、スイ族や白褲瑤を初めとして各民族がどのように文化資源を活用していくか、その生き方が問われている。

注

（1）過去に遡ると一九八二年の人口統計では全国では二八万六四八七人で、貴州省は二七万四七〇〇人、主な居住地は黔南に三都水族自治県に一四万〇九九八人で、全県総人口の六〇・八％を占めていた［三都水族自治県志編纂委員会（編）一九九二：一四三］。その後の二〇〇〇年の国勢調査では人口は、四〇万六九〇二人でかなりの増加がみられた。少数民族の優遇策に伴い漢族からの帰属変更が増えたためである。なお、本章は一九九〇年の調査当時の記録［鈴木　一九九二］とその後の収集資料に基づいている。

（2）スイ族の文献上の初出は明代の王陽明（王守仁）『月潭寺公館記』に記す「俅」、鄺露『赤雅』（一七世紀）が記す「俅」に遡るというが［《水族簡史》編写組　一九八五：六］、確証はない。

（3）スイ族に関する研究は一九五〇年代の状況については潘一志の内部資料［潘一志（編）　一九八一］が優れている。後に［貴州民族学院・貴州水書文化研究院（編）　二〇〇九］として再編集されたが、内容に改変が加えられた。一九九〇年代までの調査の集大成としては、［潘朝霖・韋宗林（主編）　二〇〇四］があり、代表的な論文は［潘朝霖・唐建榮（主編）　二〇〇九］に収録されている。

（4）トン族の最近の状況については、［鈴木　二〇一二］を参照されたい（本書第一章）。

（5）人類起源神話や移動の伝説、文学の概況などについては［範禹（主編）　一九八七］を参照されたい。

（6）暦日については様々の暦の変遷と混在が推定されている。宋代までの暦は無閏水暦で一年が三六〇日でずれが生じ、明代に是正した新水暦が作られた。新水暦は三五四日を一年とし、一九年間に七つの閏月を九月の後の十月に置く。新水暦では陰暦の九月が水暦の一月なので、水稲稲作では八月に穀物を収穫した後に年変わりとなり、端節はこの時期に行われる［韋忠仕　一九九一：四五—四八］。

（7）端節の概況は［《水族民俗探幽》編集委員会　一九九二：二八一—二八八］にまとまっている。

（8）銅鼓舞、闘牛舞、蘆笙舞も行われる。蘆笙舞はミャオ族の影響があり鳥の衣を身に着ける。羽毛で飾ったスカートをはいて舞う。都江近くのミャオ族の男性の舞と同じである［鈴木　二〇一二：一八四］。

（9）端節はスイ語でチェトゥワ（tsje twa）で、漢字では「借端」をあてる。「端」の音と「瓜」の音が近いので「瓜節」になったという説もある。カボチャ（南瓜）を供えるので「瓜節」と俗称するともいう。

（10）死後三年間は朝と晩に線香を灯して拝み、三年後に喪明けの儀礼を行って廃棄する。

（11）民国時代の記録では『貴州省八寨県志稿』［郭輔相修・王世鑫等纂　一九六八］に「一人執槌力撃、一人以木桶合之、一撃一合、故声洪而応遠」と記載がある。

（12）三一四個の内訳は、九阡に三七、周覃に九一、水龍に七八、都江に七八、城関二一八、大河に五、普安に六、城美鎮に一で、このうち苗族は二〇、プイ族は六、文化館は一で、その他は全てスイ族である。文化大革命の時期に故老が地面に埋めて所在がわからなくなったという話も伝わっている。

（13）広西壮族自治区の南丹県に住む白褲瑤も播種から収穫までの農作業の時期には叩いてはいけないという禁忌を伝える［鈴木　一九九五］。

(14) 端節に現われた悪龍を銅鼓が退治する話が三都の水友寨に伝わる［岱年・世杰（主編）一九八四：一一八—一二〇］。「昔むかしのこと。秋の取り入れがすんで端節が近づいた。村人たちは村はずれに立つ榕樹の太い枝に、大きな銅鼓を吊るした。大晦日、あたりの村々から若者や老人たち男ばかりがやって来た。女たちはまだそれぞれの家で、端節のしたくに追われている。端節の朝、突然村の前を流れる川に悪龍が現れて、大水を出した。川にたった一本かかる石橋はたちまち水の下に沈み、女たちは橋を渡って来られなくなった。次の日、川の方で山々を揺るがすような音がした。村人たちがかけつけると悪龍と丸い物が組んずほぐれつ闘っている。どれほどの時間、闘いが続いたことか。丸い物はいきなりさーと天高く昇って行った、と思う間もなく、悪龍めがけて勢いよく落下した。悪龍はすさまじい悲鳴を残して姿を消した。川面はみる間に静かになって、丸い物もどこかに消えた。天は晴れ上がり、石橋が水面に現れた。その向こうから、女たちの笑いさざめく声が伝わってくる。村人たちは歓迎の銅鼓を叩こうと、村はずれの榕樹の方へすっとんだ。見ると、綱が切れ、銅鼓はびっしょりぬれて地面にころがっている。悪龍を退治したあの丸い物はこの銅鼓だったと、村人たちは悟った。その年の端節は、いつもの年にも増してにぎやかだった」［百田　一九九一a：二〇—二一］。

(15) 銅鼓に造形される蛙は雷神の息子だという伝承がチワン族（壮族）に伝わっている［大橋・松平　一九九二：二五八］。広西壮族自治区の紅河流域の東蘭や鳳山一帯のチワン族は春節の間、螞拐（マークワイ）節を行う。マークワイは壮語（ムーラオ語ともいう）で蛙祭りの意味である。蛙を供犠して銅鼓を叩いて一二日間供養し最後の日に葬儀を行って埋葬し、前年の蛙の骨を掘り出して占いをする。子孫繁栄と作物の豊穣祈願を蛙を通して雷神に願うのである。雷神の息子が蛙だからという。一方、蛙を土地神や山神の息子という説も流布している［覃剣萍　一九八八：七一。大橋・松平　一九九二］。

(16) 湖南省のミャオ族が神判の場で唱える「焼湯理詞《シャオタンリーツー》」では射日神話が語られている。天神（雷神）の天地開闢ののち、二四個の日月が出て大地は焼け焦がれたので、二人の神が弓矢を作って射たので真っ暗闇になった。一日一月は岩洞に身を隠した。そこで「月はオンドリの母方オバ、日はオンドリの母方オジ、オンドリに日月を呼び出してもらう」という［百田　二〇〇四：一一］（初出は『楚風』一九八三年第一期）。

(17) 堂屋の隅には笹竹が立てかけてあり、家族の健康を守る神を祀る。特に年寄が長生きするように祈願を籠めるという。繁原央の調査では漢語で「福高壽」、スイ語でフーミン（fu ming）という。これは、一二月丑日（水暦四月）に馬上の牙花散（yahuasan生母娘娘）が人間界に子どもを授けるとされるスイ族の祭り、蘇稔喜節（蘇寧喜節。スイ語では四月丑日の意味）の時に、水書先生に来てもらって作る［繁原　二〇〇四：三一三］。竹は節が沢山あるので寿命が長くなるように祈る。首飾りを新調して身に着け魔物よけの護符とする。病気はしばしば悪霊の憑依で起こるからである。身体が不調になると再度行い、併せて首飾りを新調する。竹はスイ族にとって特別な意味を持つ。黔東南のミャオも同様で、長い竹と短い竹を堂屋の中柱の前に建てて健康を守る「花樹」「保命竹」とする。ミャオ語はデシナン（det xix nang）である。

(18) 銀匠に腕輪を竹筒の形にするように頼むのは、山に住んで悪さをする山姥が竹筒をとって逃げるからだという伝承もある「戴手鐲的来歴」［岱年・世杰（主編）一九八四：九四―九五］。竹の持つ魔よけの効果を示す伝承である。

(19) 一九九八年に村の社会調査が行われ記録が公刊されている［石国義・韋仕通・石昌安　二〇〇七：二五六―二八九］。この報告は、家族親族の調査が中心である。

(20) 卯節は作物の成長期に合わせた年変わりで、焼畑の収穫との関連もあるかもしれない。卯節の起源や実態については［《水族民俗探幽》編集委員会　一九九二：二八九―二九一］に詳しい。一九九三年八月一四日（陰暦六月六日）に九阡鎮の水各郷大寨で行われた卯節については、［繁原　二〇〇四：三二〇―三二二］の記録がある。

(21) 蘇寧喜節は、水暦で「四月丑日」の意味で、女神のニーハン（尼杭 nihang）が子授けをするという［《水族民俗探幽》編集委員会　一九九二：二九一―二九三］。水暦の四月は、陰暦では一二月頃にあたる。女神は漢語では生母娘娘、祭りを「娘娘節」という。なお、ニー（尼 ni）とはスイ語で母親を意味し、雷もニーガンナ（尼扛娜 nigangna）といい女性である［同　二二九］。

(22) 漢語では蘇稔喜節とも表記する。神話や伝説では牙花散（yahuasan）、牙花離（yaahuali）、牙花術（yahuashu）などと同様の子授けの神だという［潘朝霖　一九九一：二八二―二八四］。

(23) 実施地域は、端節は三都、独山、都匀で盛大、卯節は三都、荔波で盛大、荐節は都匀、独山、三都で少数、蘇寧喜節は三都県和勇郷呉姓のみという報告がある［劉之侠・石国義　一九九九：一〇四］。分布状況は概略に留まる。

(24) 年の変わり目の新年に山神を祀ることは他の民族でも共通する。一九九〇年一一月三〇日に三都水族自治県の龍泉鎮の排牙村（ミャオ族）を訪ねた。村の入口には人形の石が五体あり、山神を祀るという。祖先神でもあり三年に一回、苗年に水牛を供犠して祀る。五体の石は五人の祖先がこの村の開拓者であったという。山神と祖先神も融合している。漢語は社王にあたる。

(25) 貴州ミャオ族の伝承「秀味と紅い鬣の馬」では山に住む馬について語られている。「三人の息子がいる家の畑で、トウモロコシが豊かに実った。ある朝のこと、トウモロコシは馬になぎ倒されていた。長男、次男、それに父がその晩から見張るが、誰も馬を捕えることはできなかった。三男が物陰に隠れてみていると、真夜中、大音響とともに赤い光が走ったかと思うと、向かいの山から馬が駆け下りて来た。三男はおくせず馬の背に跳び乗って、暴れる馬を巧みに乗りこなした。馬は『私はあなたのもの、助けが必要な時には向かいの岩を三度たたいてください』といって去った。ある年、皇帝はこの九階建ての宮殿を馬で跳び越せた者を娘婿にすると布告した。三男は馬を呼び、見事に宮殿を跳び越して婿になった」［百田　一九九九：二〇〇］。

(26) 最も古い「水書」は王品魁氏の見解では、拉下村にある明代の一六世紀の墓碑ではないかという［潘朝霖・韋宗林（主編）二〇〇四：二五六］。スイ族研究の第一人者で一九五〇年代に調査を行った潘一志によれば、手書き本は清代の光緒年間（一八七五

～一九〇八）以降である［潘一志（編）一九八一：三八八］。「水書」は明代の墓碑が古く、清代の嘉慶、道光、同治、光緒年間に最盛期を迎え、民国年間に多量の手抄本が現われたと考えられる［王品魁　二〇〇九：五九］。中国側の水書研究は一九四三年九月の岑家梧の三都・荔波の調査で始まった。日本人による最初の本格的な研究は［西田　一九八〇］である。

(27) 王品魁氏（一九三一―二〇〇五）は中央民族学院に学んで、三都では県の政治経協商会議副主席を務めたが、晩年は水書研究に打ち込んで重要な水書に関して貴重な訳注を書いた［王品魁（訳注）一九九四。王品魁・潘朝霖（訳注）二〇〇五］。一九九〇年にお会いした時に多大の教示を受けた。

(28) 風水先生は主に墓に関わり、水書先生は葬制・婚姻・建築など生活一般に関わるという説明もある。しかし、単純な比較対照はできない。

(29) 『黒書』の内容は悪霊を放ったり収めたり、時には防御する方法などが書いてある。密かに敵対する人物の靴や衣服を取ってきて、誕生日の干支（生辰八字）を知って、『黒書』の方法で悪霊を放つ時間や方向を見定める。靴や衣服を縛り付けで呪いを掛けるという［《水族民俗探幽編集委員会》一九九二：二六六］。

(30) 霞節については［《水族民俗探幽》編集委員会　一九九二：二九三―二九九］に詳しい。霞節は一九四九年の解放後は「迷信活動」とみなされて事実上禁止されていたが、一部では隠れて行っていた。一九九七年の夏には学術的資料として保存するという観点で、九阡地区の拍撮で霞節が行われ、四川峨眉電影制片廠が撮影班を組織して映像記録を作成した。その内容の一部が紹介されている［潘朝霖・韋宗林（主編）二〇〇四：五一一―五一三］。

(31) 明代の創設と伝える。端節は陰暦九月九日で銅鼓（ニャウ）を叩いて先祖を祀る。現在は一つしかないが、元は八個ほどあった。銅鼓を叩くときは音を共鳴させるために銅鼓の空口に桶をあてがって共鳴させる。

(32) 中和郷の板廟村にある明代末期とされる古墓はよく知られているが訪問していない。

(33) 鶏が太陽を導き出すという意味あいが籠められている。村々で日々をおくれば、早朝にけたたましく鳴き出す鶏が太陽を先導することは感覚的に受け入れられる。

(34) 雷神と対抗するムカデについては「月を咬むムカデ」（蜈蚣吃月亮）という話が三都水族自治県のスイ族に伝わる［祖岱年・周隆淵（編）一九八八：五〇七―五〇八］。「ムカデは子どもたちのために食べ物を探しに岩陰を出たとたん、人に見つかって打たれた。これも月夜のせいだと月を恨んで、ムカデは馬桑樹を上って梢から月に咬みついた。月が悲鳴をあげると、その声に雷神がかけつけてきて、天宮にいたムカデを追った。地上では人々が血に染まった月に気づいて、銅鑼や太鼓をたたき銃を放った。ムカデは必死に馬桑樹をつたって地上に逃れたが、雷神はムカデを見つけて雷を落とした。ムカデは今でも雷が鳴ると、畏れて岩陰に隠れる」［百田　一九九九：一六四］。この話によればムカデは雷神にかなわない。ムカデは山神や土地神とされる。鐘涛は台江県清水江のミャオ族にはムカデ龍もあると報告している［百田　一九九九：一七二］。水神の龍とは異なる山神の龍である。龍船のへさきの角は龍もあれば、鶏のトサカの場合もあるとすればオンドリ龍も加わる。雷神は天と地をつなぐので「オンドリ雷神」が龍と習合したともいえる。さらに、湖南省湘西の高村のミャオ族の先祖は犬で、龍船のへさきに犬の頭を造形していた。このことを「犬は龍に勝つ」とも言う。相互に連関しつつ神話世界は現実の儀礼で再現される。

（35）雷神が鶏を嫌うことは湖南省湘西のミャオ族（自称コーション）で語られ、鳳凰県東郷での「洪水伝説」の記録がある［芮逸夫　一九三八］。一九九八年八月に訪問した湘西の鳳凰県都里郷都里での龍金橋氏（六四歳。ミャオ族）の語りでは「この土地では、鏡にはオンドリの絵を描く習慣がある。もしも雷がゴロゴロ鳴っても、雷公はこの鏡のある家には、オンドリを恐れて来ない。でもオンドリの絵が描いてなければ雷は落ちて来るから、急いで裏返しにしなければならない。そうすれば雷公は、鏡にオンドリがいるかどうかわからないから、やっぱり落ちては来ない」［百田　一九九九：二四一―二四二］と述べた。鶏を恐れる雷神の様子が鏡の造形を通じて語られた。

（36）湖南省の旧乾城県の小龍洞の淵の傍らにある雷公洞（乾洞）の伝説では雷神は鶏と塩を嫌うと伝えていた。「この洞に雷神が住んでいる。雷神は清廉な尊神であり、むかしからずっと鶏とは仇どうしであった。付近の村人はこの雷神を尊敬して、家では決して養鶏しない。養鶏すると雷に打たれるからである。また日照りの年には、村人たちは雷公洞に行って豚や羊を殺して備えて雨乞いする。けれども雷神は塩を憎んでいるので、雷神の怒りに触れぬように、お供え物には決して塩を入れない」［石啓貴　一九八六：四八〇］。一九九八年八月二日に龍海清氏（中国民間文藝協会）の案内でこの地を訪問した。雷公洞の上部に王岩村（現在は花垣県排碧郷。標高七一〇メートル）があり、当地の龍成公氏（六六歳。ミャオ族）によれば鶏は飼わないし、塩も禁忌だという。かつて大旱魃に行った「雷神祭祀」は土地廟で執行したが、「日照りが続いて稲やトウモロコシなどが枯れてしまったら、その激しさによっていくつかの村、もしくは郷ほどの単位で寄付をつのり、村ごとに二人ずつ代表を出す。この村の代表は心根の良い人に限る。雷神の好みだからである。村人から選ばれた心のきれいな代表たちは、土地廟に集まって二頭の煮豚を捧げる。その鍋には塩をいれてはいけないので、かわりにトウガラシを入れた。おしゃべりするのは禁忌で、とりわけ〝塩《イエン》〟といってはいけない。雷神は塩を恐れるからね。剃刀といってもいけない」と語った［百田　一九九九：二四八］。そして、独特の祭具、シュンを持ち出して雨乞いのやり方を教示してくれた。太い竹で長い節の一節を縦に割り、二か所の節の下側に牛の蹄の足をつけて固定化する。上部に竹の繊維にそって細長い孔を二本あけて、横に二弦の弦を張っている。これを木槌で叩いて音を出して念じて雨乞いをした。巫師の役目である。

（37）白褲瑤の「天の犬を射る」（射天狗）という射日神話は以下の通りである［周隆淵（主編）　一九八七：一九―二〇］。「むかし、昼夜が分かれたころのこと。天に現れた黒犬が昼は太陽を、夜は月を咬んであたりを暗くした。この犬はもともとは天の蟠桃園を守る哈蚣（ハコン）という名の役人だったが、腿をもぎに来た天女たちに悪さをしたために天母によって黒犬にされて地上に降ろされ、長者の家の番犬になった。ところがそこでも主人の権勢をかさにきて人々を咬んだから、人々は天母を恨んだ。そこで天母は黒犬を天に戻して天門の番をさせたが、黒犬はこんどは日月に咬みつくしまつ。人々は複数の太陽を射落とした弓の名人の里丹に、天の犬を射て日月を救うようにと頼んだ。里丹は臘巴山に登って犬に向けて矢を射ると犬の尻に三本の矢がささり、犬は痛さで日月を吐き出して天門の隅に隠れた。そこで若者たちは里丹に弓術を学び、犬が日月を咬むと、ただちに臘巴山に登って天の犬に矢を放った」［百田　一九九九ｂ：一七五―一七六］。ミャオ族の創世神話で黔東南の台江県から採集された創世神話では、太陽は雷神（天神）が金を鋳造し、月は銀を鋳造し、日月を噛むには金銀よりも固い歯の持ち主とされ、犬は鋼鉄の体をしているので咬むことができるという［馬学良・今旦（編）一九八三］。オンドリの招日に続けて、「日月が負傷して、天の犬の家に洗ってもらいに来た。日月はお米を五十斤あげると約束したのに、傷が癒えたら与えなかった。そこで犬は方策の年は稲を食べ、不作の年は日月を食べて飢えを満たした。この日月を食う天の犬は、銀の高炉の底から生まれた。高炉が育てた天の犬には、上下に並ぶ歯があった。だから天の日月を食らうことができるのだ」という。ここでは鍛冶文化と犬の関連も登場する。

(38)　茘波での座談会での発言である（一九九〇年一一月一七日）。

(39)　三都での座談会での発言による（一九九〇年一一月一九日）。

(40)　銅鼓が発掘されたことで名高い北ベトナムのドンソン遺跡は一九二四年に発掘され、紀元前四世紀から三世紀の成立と推定されている。銅鼓と稲作を結び付けたり、日本の銅鐸との関連性を説く説があらわれるなど古代史研究者には興味が尽きない。

(41)　銅鼓が虎を食べる伝承もスイ族に伝わる［岱年・世杰（主編）一九八四：一二二―一二三］。「甲仿寨のまわりを人食い虎がうろついている。村人たちは村の門を閉ざしたまま、畑仕事に出られない。村長は虎銅鼓を借りに使いを出し、使いは銅鼓を背に戻って来る。村人たちは銅鼓が虎を食うとは信じられなかったが、村長の家の穀物倉に置く。それから数日、虎は姿を見せず、人畜も無事だった。その日、村長は村人たちといっしょに倉を開けた。銅鼓は根が生えたように動かない。銅鼓の耳に鉄棒を通して、若者数人がかりで担ぎ上げてみると、虎の骨が現れたではないか。銅鼓の内側には虎の毛もいっぱいついている。銅鼓がどうやって虎を食ったかは謎だったが、それ以来、銅鼓は宝物になった」［百田　一九九一ｂ：一一六］。

(42)　一九九〇年一一月一九日のことで、出席者は石国義氏の他は、潘永行氏（スイ族。貴州省三都民族中学、スイ族研究家。三四歳）、潘朝豊氏（スイ族。貴州省水家学会。五八歳）、李寿華氏（ミャオ族。三都県民族事務委員会主任。五三歳）であった。

(43)　昔は一年間ということもあったというが、特殊な事例かもしれない。

(44)　陸鐸公、洪陸鐸、陸奇公ともいう。伝説によれば、「水書」は陸鐸公など六人の老人が仙人の所へ文字の勉強にいって習った。

そこでは造字・講書を学び、仙人がスイ族の獣や鳥や道具の姿を図形化した文字を描かせて「水書」とした。従って「水書」には獣や鳥をかたどったものがある。六人は六年間勉強して帰ることになったが、途中で五人が病死し、陸鐸公だけが「水書」を持って帰ってきた。ところが哎任《アイニン》党（スイ語で認識不明の人）の悪人に「水書」を奪われ、一本だけ残った。陸鐸公は文字を記憶していたが、それでも文字は少なくなった。現在は四〇〇文字しかないという。哎任党の妨害を避けるために、左手で書いたので「水書」の字が横や逆さになったり、画数が少なくなったという。［《水族民俗探幽》編集委員会　一九九二：二五八—二五九］。伝説については［韋章炳　二〇〇七：四七—五六］が詳しい。水書先生は毎年年初めに陸鐸公を祀るという。現在では民間信仰の対象で、九阡地区では春になって雷が落ちた後の第二月に祭祀を行う。農耕儀礼や祖先祭祀と重なっている［《水族民俗探幽》編集委員会　一九九二：二四九—二五〇］。スイ族が祀る神霊の呼称はマン（mang 忙）が多い。

(45) ミャオ族が最も愛着を持つ吹奏器で、気室は元々は瓢箪で人類始祖が洪水を乗り切った時の船に使用したと伝えられ、神話世界と直結している。子宮や母体とも観念され管を挿すことは性交を象徴して豊穣多産が願われる。蘆笙は男性が吹き、女性は舞うことの意味は男女の役割分担と象徴的効果に関連するとみられる。

(46) ダブルリードの管楽器で日本のチャルメラやインドのシャーナイも同系統である。

(47) 親が亡くなった後、水書先生に良い日を選んでもらって作る。極楽宮の額を掲げて中に霊位を納める。繁原央が一九九三年に三都県恒豊郷和勇村吉祐寨で見た「香亭」は三階建ての建物で屋根に瓢箪風の飾りをつけ、下部の右に「青都」、左に「紫府」と書いてあった。後ろには「孝祭」（孝祭文か）という白布があり、親が亡くなった時に嫁に行った娘が嫁ぎ先から届けるもので、死者の事績を漢文で書いてあったという［繁原　二〇〇四：三二二—三二三］。

(48) スイ族は亡父の霊「公忙干」(gongmangan) を一番大切にする。それは子孫を守る力が大きいからだという。祖父を「三華干神」、曾祖父を「四華干神」といい三代は特別の名称で呼ぶ。祖父以上の一般名称は「公干神」(gongan) という。曾祖父までは祖先祭祀の対象である［《水族民俗探幽》編集委員会　一九九二：二四七］。

(49) 三都県の県城郊外の 咕嚕村ではスイ族の歌や踊りによる歓迎式で出迎える演出を行っている。

(50) 中国では「文化」は中華思想と結びついていた。中央に高度な文化の中心があり、皇帝が徳を以って治め、周辺を「文を以って化す」ことで教化するという考え方である。

(51) 一九八二年の統計では、青瑤が一二〇〇人、長衫瑤《チャンシャンヤオ》四〇〇人、白褲瑤《ベークーヤオ》が二〇六〇人ほど居住していた。同年の全国統計では貴州省のヤオ族は総計で一万九四三二人、自治州単位で言えば黔東南苗族侗族自治州一三六五六人（黎平県四二七七人、従江県四七六三人、榕江県三八六四人）、黔南布依族苗族自治州四八一七人（茘波県三八三二人、羅甸県四一二人、三都水族自治県四五三人）、黔西南布依族苗族自治州（貞豊県二四三人、安順地区四九七人）、紫雲苗族布依族自治権二九六である［柏果成・史継忠・石海波　一九九〇：一五一―一五二]。盤瑤は榕江、従江、羅甸、三都、紫雲、紅瑤は黎平、瑤従江、油邁瑤は貞豊、青瑶・長衫瑶・白褲瑶は荔波に住む。言語は盤瑤はヤオ語のミエン語であるが、他は苗語系の言葉を話す。長衫瑶には漢族やトン族の影響、油邁瑤にはトン族の影響がある。

(52)　黒褲瑤とも呼ばれるが地元住民はこの名称に反発して使用しない。藍作りの技法は失われていて、市が立つときに染めにいく。藍靛瑤と俗称される人々は藍染めの技法に優れているが、ベトナム国境に近い所に住んでいて別の系統である。

(53)　言語的には苗瑤語族苗語支でミャオ族である。解放後、民族の帰属が未確定であったが、一九八三年に瑤族に組込まれた[柏果成・史継忠・石海波　一九九〇：一四三]。

(54)　言語は白褲瑤と同じ苗語系で、ミロト（密洛陀）という万物の母神が先祖だという。天地山水を創造し、漢族、チワン族、ミャオ族、ヤオ族を作った。ヤオ族は年少であったために良い場所は兄たちに占領され、仕方なく山区で生活していたが、獣や山鳥が作物を食い荒らすのを防ぐようにと、ミロトは一面の銅鼓をヤオ族に与え、それで鳥獣を追うことを教えた。ミロトは死ぬ前に自分の誕生日は五月二九日なのでこの日に長寿を祝ってくれれば永遠に人の世に止まれるといった。そこで毎年、五月二九日には村はずれの大きな石を女神として祀り、銅鼓をたたいて「達努節《ダーヌーチエ》」の祝いをする。ミロトの話は洪水神話や射日神話を含む壮大な語りである[藍懐昌・藍書京・蒙通順　捜集翻訳整理　一九八八]。

(55)　布努瑤についての概況は[韋標亮（主編）二〇〇三]でえられる。

(56)　南丹については洞窟葬は土葬に変わったという報告もあるが[黄海　一九九七：四二一―四三九]、確認はしていない。

(57)　一九八五年の統計では戸数二五一戸、人口一二三九人という記録がある。一九九四年は二二四戸、一四四八人であった[彭兆榮・牟小磊・劉朝暉　一九九七：二一一]。

(58)　洞干寨については、田畑久夫と金丸良子による一九九〇年三月の報告がある[田畑・金丸　一九九五：一七六―一八二]。それによると洞窟葬は三か所で欧姓と韋姓と蘆姓が利用する場所と、賈姓が利用する二か所（カイジュウとカイダイ）だという。洞干寨は賈姓なので後者を利用する[同　一八二]。我々の情報は、賈姓単独の洞窟と、欧姓、韋姓、蘆姓、莫姓合同の洞窟の総計で二つである。常姓は土葬する。

(59)　瑤麓の婚姻の変遷や個々の碑文の解読については、[黄海　一九九八]に詳しい。

(60)　有名な華僑の胡文虎（一八八二―一九五四）、胡文豹の兄弟が一九三八年に建てた民族小学校が村内にある。胡文虎は医業としては軟膏のタイガーバーム（Tiger Balm 虎標万金油）で成功し、新聞業にも乗り出した。戦前はシンガポール、戦後は香港を根拠地にした。故郷は福建省永定近くの中川である。

(61)　近くの長衫瑤の村の瑤亜では、たった一個の銅鼓を供出したという話を聞いた。

(62) 洞窟に置くと盗難にあう恐れがあるということで、寨老の倉で預かるようになったという。

(63) 調査は一九四六年に石鍾健らが行った［石鍾健　一九八二］。一九七〇年代に調査が再開され、一九八一年三月には黄現璠や霍巍などが本格的な調査をした。分布は、珙県の洛表鎮の西南に位置する麻塘壩に集中している。霍巍による一九九六年の龍洞溝や呉家溝などの調査報告が詳しい［霍巍　一九九九：四二～五三］。考古学者は『華陽国志』（永和一一年（三五五）編纂）の「死して石棺・石椁を作る」という記事を引いて四川省の巴蜀文化（紀元前五〇〇年―三〇〇年）と結びつけ、祖先は長江下流域から遡行したという説も出ている。しかし、元代の李京による『雲南志略』の懸崖葬の記録は確実な史料で、当時の「土僚蛮」（仡佬族と対応か）が担い手とみられる。その後、明代の萬歴年間（一五七三―一六二〇）に当地の「都掌蛮」が滅ぼされた時に百個の銅鼓を持っていたという記録がある。岩画の銅鼓は死者の埋葬場に描いたという説も提唱されている［霍巍　一九九九：四九］。しかし、この地域の記録は、実質的には元代・明代にまでしか遡らず、古代に結びつけることは難しい。NHK製作の番組「中国　天空の棺――断崖に消えた民族の謎」（二〇〇四年一月三一日放映）では、懸棺葬の担い手は古代における海からの移住者で、歴史の変遷を潜り抜けて生き残ったと説明した。現在も銅鼓や木鼓の儀礼を執行している地元民は「都掌蛮」の末裔とする。しかし、これは実証できない仮説である。

(64) 原文は「五渓之蛮、皆盤瓠種也。聚落区分、名亦随異。沅其故壌、環四封而居者、今有五、曰貓、曰猺、曰獠、曰犵狫、風声気習大約相似、不巾不履、語言服飾率異乎人」と記して、「蛮」人には「犭」偏がつき野蛮な民とみなされていた。この記述では『後漢書』以来の犬祖神話に触れているが、龍犬の盤瓠を始祖とする伝承はその後はヤオ族とショオ族に受け継がれた。黔東南のミャオ族の一部も犬祖神話を伝承していたが、現在では隠蔽しようとしていた。一部にはかつて狗頭をかたどる髪型を結う習俗があったが、解放後、急速に廃れた。理由は「犬の子孫」への蔑視があったからだという。燕宝氏（ミャオ族）によれば、黔東南で犬をかたどる「狗頭帽」は各地で見られ、一九八〇年に中興寨の蘆笙舞で女性が被っていたのを見たという。盤瓠（Banggua）の話も台江県で語られていた（一九九〇年一一月二三日の貴陽での談話会にて）。

(65) 武夷山に関しては「地仙の宅と謂い、半巌に懸棺数千有り」と顧野王（五一九―五八一）が記した文献の記録があるという。

(66) 一九九三年以降の瑤山の詳細な記録として、［黄海　一九九七］がある。付録として一九四三年の調査記録、岑家悟「瑤族社会」（一九四六）が収録されていて貴重である。

(67) 一部では大規模ではないが、茶の栽培や製紙業を行って商業に打って出るヤオ族もいる。この点は他地域との交流が薄かったミャオ族とは異なる。

(68) 二〇〇六年に「第一批　国家級非物質文化遺産」に登録された。しかし、銅鼓と一体となって用いられるので単独では保護はしにくいと思われる。

（69）貴州のヤオ族の生業に関しては一九八五年から一九九四年まで調査を行った田畑久夫と金丸良子の記録［田畑・金丸 一九九五］が詳細である。主たる調査地は、黔東南苗族侗族自治州では従江県雍里郷大塘村五里坡（盤瑤）、従江県西山区斗里郷台里村高留組（盤瑤）、黎平県永従村今則組・六沖村大榜組（紅瑤）、黎平県水口区雷洞ヤオ族自治郷金城村金城寨第二組（紅苗）で、黔南布依族苗族自治州では荔波県瑤麓瑤族郷洞干組（青褲瑤）、荔波県捞村郷巴平村弄拉寨（白褲瑤）、荔波県拉曹村白臘坳組（白褲瑤）であった。紅苗は女性の上衣が紅色であることに由来する。別の名称は「狗頭瑤」で、女性のスカートの上のエプロンの帯を後ろでゆるく結んで垂れ下げる。この帯の先が犬（狗）の爪先に類似していることに因む名称だという。

第五章　貴州省の祭祀と仮面——徳江儺堂戯の考察

はじめに

東アジア各地の祭祀芸能に大きな影響を与えた儀礼に、中国古代に淵源を持つ儺《ヌオ》がある。儺は人々の生活を脅かす病い、不作、火事、天変地異などの原因を神霊や鬼、死霊の祟りや作用に求め、それを慰撫、鎮送、或いは駆逐し、豊穣祈願や生活の安寧を祈願する広い意味での悪疫退散の儀礼である。儺の名称や祭祀の形式の発生は文献上では古代に遡る。その特徴は仮面の登場にあり、『周禮』巻三一「夏官・司馬」方相氏の条に「掌蒙熊皮、黄金四目。玄衣朱裳、執戈揚盾」［本田　一九七九：一一四］とあり、黄金の四つ目の仮面をつけ黒衣に朱の裳を着た方相氏が、熊皮をかぶり戈と盾を持って悪疫を駆逐したとある。儺は宮中民間を問わずに展開して、次第に儺戯と呼ばれる仮面劇へと展開し、地域の個性を取り込み民衆の想像力を表現する媒体となった。その影響は長期の変遷を経て中国で広く行われ、朝鮮や日本に及び、独自の身体技法や鬼の観念を変容させ、仮面劇として広く受容された(1)。日本の中世に盛んになった能の源流を、儺に求めようとする人も多い。一方、中国大陸では長い変化を経て維持されてきたが、一九四九年の中華人民共和国成立以後、社会主義政策の進展や文化大革命による変革で、儺のような神霊の祭祀や鬼の駆逐に関わる宗教儀礼は中断された。しかし、一九七八年以後の改革開放以後、多くの儺が復活し、中国全土での調査研究が進んで、貴州省でも儺や儺戯の実態が明らかになり［顧樸光・潘朝霖・柏果成（編）一九九二。度修明・顧樸光・潘朝霖（編）一九八七。銅仁儺文化博物館（編）一九九三］、仮面の図録も多く出版されている。(2) 但し、この背景には、改革開放の結果、多くの祭祀や儀礼が儺《ヌオ》や儺戯《ヌオシ》の名称の下で復活したという事情がある。儺文化として評価し直され、中国儺戯学会が組織されて国際会議も定期的に開かれ、儺に対する評価は一九七〇年代以前とは全く逆転した。しかし、一九九〇年代に入り、大きな社会変化が進み、儺や儺戯は急速に変貌した。儀礼の担い手の代替わりによって、二〇〇〇年代以降はさらに変化が加速した。

二〇〇一年に「昆曲」が国際機関であるユネスコ（UNESCO）の「人類の口承および無形遺産の傑作」に選定されて以降、儀礼・演劇・舞踊・歌謡などが非物質文化遺産に登録されて「資源化」「客体化」の傾向が著しくなった。(3) 儺戯は二〇〇六年に「第一批国家級非物質文化遺産」に登録された。しかし、貴州省の儺戯では道真仡佬族苗族自治県の仡佬族儺戯が選ばれ、徳江儺戯は含まれていない。(4) 多くの儺戯が行われているにもかかわらず、特定のものが選ばれると地域社会に葛藤が生まれる。無形文化遺産、中国での非物質文化遺産は「生きられる文化」から「語られる文化」へ、そして「主張する文化」に変貌して、政治性を帯びて流通し、文化が評価され価値付けられる時代が到来した。文化遺産をめぐって地域社会の変貌は今後さらに加速するであろう。その火付け役はユネスコが世界大に流通させている「文化」の概念にあり、今後の大きな研究課題である。

研究動向に関しては、中国の研究者は、各地に伝わる儺やこれに類する儀礼を、古代との連続性の中で見ていく傾向が強い。この発想は古代に中原に住んでいた漢族が儺の祭祀を育み、それが各地へ伝播したとする前提に立つことが多く、古代文献に記された儺を原型として各地の祭祀はその残存とする思考を含んでいる。その結果として、漢族側からの一方的な文化の流れが想定され、地域の独自の変容や複雑な受容過程、更には儺の形式を受容しつつも内容を換骨奪胎する動態的状況の把握が不十分となる。様々な祭祀形式を一括して儺と括ることで、個々の多様性を見えにくくする。また、儺に古代や原始を見出し、少数民族の儀礼にその残存があるとする中国の民族学の発想は、少数民族を遅れた人々と見なして古い原始的な習俗を残すという進化主義的な発想を前提としており、多くの問題点を残す。儺は政府側が宗教や迷信活動と見なしてきたために、解放後には中断を余儀なくされ、海外の研究者による研究は難しかった。しかし、一九八〇年代後半から徐々に現地での調査が可能になり、海外からの研究も少しずつ進んできた。日本側では演劇学・民俗学・文化人類学・宗教学の成果が蓄積されてきた〔田仲一九八九、一九九三。廣田　一九九七。黄強　一九九八。日本ナショナルトラスト（編）一九九六。後藤・廣田（編）一九九一。廣田・余（編）一九九七〕。特に田仲一成が一九八〇年代後半から一九九〇年代前半にかけて中国大陸の各地で現地調査を行った儺戯の記録は重要である。[5]一方、台湾の調査団は歴史的経緯があるために、大きな関心を儺戯に寄せて現地調査を行い、『民俗曲芸叢書』として大部の報告を刊行するなど研究を進めてきた。本章で取り上げる徳江の儺堂戯についても詳細な報告書が出版されている[6]〔度修明・王秋桂　一九九四〕。しかし、一つの儀礼に焦点をあてて、徹底的に解釈する試みはなされていない。本章では中国の貴州省で一九九五年一一月に野村伸一と共同調査を行った徳江県の儺堂戯を取り上げて、[7]儀礼の中で駆使される独自な身体技法の諸相や、仮面と身体との複雑な相互の関係性を検討する。更に、儀礼を通じて仮面戯の世界がどのように構築され認識されているかを考察して、儺を総合的に解釈する試みを提示したい。その場合、漢族と少数民族との文化習合を視野に入れ、文化の融合と再創造に注目し、最後には日本の祭祀芸能との比較研究の可能性も示唆する。この試みの中で各地域に共通して表れる鬼の表象の変容も明らかになるであろう。本章は儺の現状を歴史的視野の中で、東アジアの祭祀の中に位置付ける試みでもある。

一　儺の現在

1　貴州省東北部の儺堂戯

貴州省東北部で儺堂戯を行っている人々は、漢族、トゥチャ族（土家族）、ミャオ族（苗族）、イ族（彝族）、トン族（侗族）、コーラオ族（仡佬族）などで、民族を越えて伝わっており、その内容も変化に富む。儀礼の名称は儺堂戯とは限らないが、特定の宗教的職能者が担い手で、漢語を多く使用し、法術を駆使するとされ、仮面を多用し、演劇が組み込まれ、鬼を追い遣って平安や健康を願うなど相互に共通性がある。徳江県は四川省との境界に近い山岳地帯で（図5―1）、最高峰の羊角脳は海抜一五三四メートル、最も低い場所は三二〇メートルで、平均は七五〇メートルである。[8] 総人口は一九八一年現在では三七万九九八八人、そのうちトゥチャ族が二二万九七二〇人、ミャオ族が八三二三人、その他九二六人であった。生業は水稲、小麦、玉蜀黍などを作るが、土地がやせていて生産は豊かではない。この地は古代の秦・前漢時代の巴国にあたる地域とされている。[9] 研究者の間には、古代巴人の習俗が現在も残存していると主張する人々もいるが、論証は出来ない。徳江県は文献上の記録は宋代に遡り、務川県と呼ばれ、元代は水特姜、明代には水徳江に改められ、後に安化県となって清代には思南府に属した［徳江県民族志編纂辦公室（編）一九九一：一、二五］。徳江の名称は民国二年（一九一三）から使われている。

貴州省の儺堂戯についての最も古い記録は、明代の嘉靖年間（一六世紀半ば）の『貴州通志』巻三に記された、鬼を追う「古儺」の記載に遡る。同時代の『思南府志・風俗篇』には「祭鬼」、清代の『思南府續志・風俗篇』には「禱神」として断片的に記され［《徳江儺堂戯》資料採編組（編）一九九三：二］、鬼の駆除が焦点になる祭りであった。儺堂戯は、穏坪郷の儀礼執行者で張金遼が保有する『師壇図』（祖師からの系譜を記載）では二七代とあり、毎代二〇年とすれば、

図 5-1　貴州省徳江県

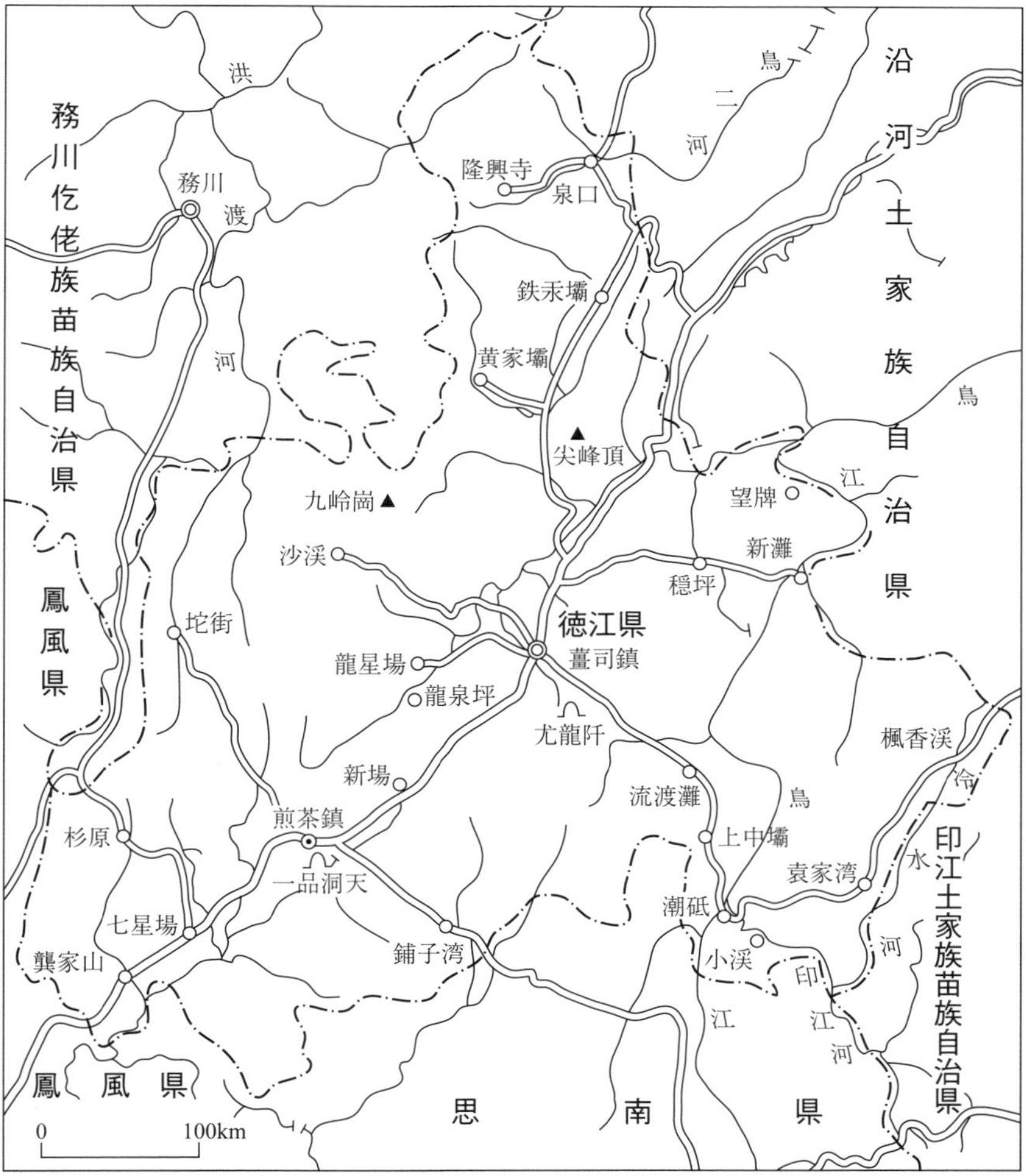
洪
務川仡佬族苗族自治県
務川
渡
河
隆興寺
泉口
烏
二
河
沿河土家族自治県
鉄汞壩
黄家壩
尖峰頂
九嶺崗
沙渓
望牌
江
新灘
烏
穏坪
徳江県
薑司鎮
坨街
鳳凰県
龍星場
龍泉坪
尤龍阡
楓香渓
新場
流渡灘
烏
冷
煎茶鎮
杉原
上中壩
印江土家族苗族自治県
水
一品洞天
袁家湾
七星場
潮砥
河
龔家山
鋪子湾
小渓
印
江
江
河
鳳凰県
思南県
0
100km

五〇〇～六〇〇年前に遡り、明代中期以降に始まったことになる。

本章の基礎になる調査は、儺堂戯に関しては、一九九五年に貴州省東北部の徳江を皮切りに、同年に印江と思南（トゥチャ族とミャオ族）、一九九六年に松桃や銅仁（ミャオ族とトン族）などで行い、一九九八年に湖南省の湘西（ミャオ族）、一九九九年に広西壮族自治区の環江（マオナン族、毛南族 Maonan）で行った。本章で取り上げるのは、貴州省徳江県の儺堂戯で、徳江県県城（標高五二五メートル）の郊外、青龍鎮橋頭村香樹園の冉氏宅（トゥチャ族）において、一九九五年一一月一八日から三日間かけて執行された。担い手は、トゥチャ族、自称ビージカ[10]（bizika 畢茲卡）であるが、漢族の影響を大きく受けている。今回の目的は九歳になる息子の冉瑞強の健康祈願で、儀礼は「過関煞《グオグゥアンシャー》」（過関願、度関、打関、禳関ともいう）であった。成長期の子供が病弱多病の時に、その原因を神霊の障り、特に「関煞神」が子供に害を加えていると考えて、家族が施主として「土老師」を招き、子供に「関」を通過させて健康の回復を願う儀礼である。茶碗で一二の「関」を造り、これを打ち壊して「関」を突破する。儀礼の頂点では、一二の関になぞらえた茶碗を地面に伏せ、子供がその上を歩いて一つずつ茶碗を壊す。これによって障害を破壊し、子供の身体に霊魂（魂魄。漢族の観念では死後に魂は浮遊し、魄は死体の骨に宿るとされる）をしっかりと取り戻して健康になるという。最後に子供に樽の中を潜らせて再生する。「過関煞」は、三歳以上で一二歳以下の子供を対象とし、多くは一二歳になった時に無事に成長した御礼として行い、守護してくれた神霊への願ほどきの意味もあるとされる。この地域では、一二歳までは身体が丈夫でなく魂も不安定で身体から抜け出るので、病いにとりつかれやすいと信じられており、それを「煞」、つまり目に見えないものの祟りとする考えがある。「過関煞」は、結果的に子供から大人になることを承認するイニシエーション（成人儀礼 initiation）の様相もある。

2　儀礼の担い手

儀礼を執行する宗教的職能者は、「土老師」と称する。その中でも優れた技能を持つ者は「掌壇師」と呼ばれる。穏平郷のトゥチャ族は、土老師をティマーと呼び、指導者の意味だという。「端公」と呼ぶ地域もある。道教の影響が強いが、道士というよりは、法術を駆使する法師に似た役割を果たす。今回の場合は張毓福《チャンユーフー》氏を初めとする六人が担当した。指導者格の張氏は穏平郷鐵坑村在住、一九五〇年生まれで四五歳、自称六二代目だという。この地域で第一の掌壇師とされる張金遼を祖師とする。張氏は法名を法霊といい、一九二九年生まれで穏坪郷三角村に在住し、師壇図に基づいて二七代目と称している。経歴を尋ねると、一四歳から勉強して師匠を探して回り、二二歳から本格的に始めた。正式に土老師になるには、豚、羊、鶏を殺して、三牲で自分の師匠をもてなす。特別の儀礼が一週間行われ、漢語では「跳神」と表現され憑依に類似した体験を伴うらしい。世襲が多いが、弟子を希望して能力次第で土老師になることが出来る。主に男性が担い手で宗派があり、道教の各派の流れを引いて上壇教・中壇教・下壇教・天師教・中和教・玄黄教などに分かれる。上壇教は茅山教[11]ともいい、全体の六割を占め、今回の土老師は上壇教に属する。一方、少数であるが、女性が行う派は師娘教と称し、梅山教とも言う。梅山教は湖南の梅山を発祥の地とする民間道教とされる〔饒宗頤　一九八七：一六二〕。張天師の法統を維持するという意識が強い[12]。

儀礼の担い手は一二～一三人くらいで「儺壇班子」という組を形成する。その編成は流動的で毎回組みかえることもある。報酬はさほど多いとは言えず、経済的には恵まれない。徳江県内の班子は一〇三壇、掌壇師一〇三（トゥチャ族五六人、漢族四一人、ミャオ族六人）、土老師五一四、そのうち茅山教九六壇、土老師四八二、師娘教七壇で土老師三二である（一九八五年現在）。一般に、儺堂戯は個人の依頼で行い、家を祭場とするが、その主神の儺神を祀る場所、「堂」が村ごとに一つあり、そこを担当する土老師が決まっている。数か村でこの場所を維持することもある。彼らの特徴は、複雑な身体の動きと膨大な唱え言の使用であり、複雑な漢字の読み書きができ、かなりの専門職である。資格を得るには長期間の養成修行を経て、正式な承認儀礼を経ないと一人前とは見なされない。修行の間には守護神を獲得する体験が必要で、シャーマン（shaman）になる成巫過程と似たような経過をたどる。土老師は漢語でいう巫者にあたるが、神がかり、つまりトランス（trance）のような変性意識状態には陥らない。しかし、彼らは法衣をまとうことで自由に神霊と交流し、神霊の顕現とも見なされ、通常の人では行えないような超能力を発揮するなど、実際に行うことはシャーマンに近い。「掌壇師」は祭場を興奮の場に変えるような身体技法を持ち、巧みな演技力も駆使する。

儺堂戯は一九四九年の解放後も続いたが、文化大革命（一九六六―一九七六）の時には中断し、改革・開放政策の開始後、一九八一年頃から復活したという。現在では行う時期は一〇月から一二月までの三か月間で、年間で多い時は六〇回くらい執行する。少ない年は一〇～三〇回のこともある。家々の祈願の依頼に応える形で行うので年により多い少ないがある。儀礼は少なくとも三日間続き、一般的には一週間行う。但し、日程は依頼者の経済状態に左右される。執行の目的は、大きな願の場合、①病気が重い時に直るための祈願をする（急救儺）、②老人が長寿になった時に祝う（六〇～七〇歳、または古希を喜ぶ壽願）、③子供の成長の祈願で、病気にならないように願う過関願、④子供が生まれるように願をかけて行う子願、⑤家に災難が続いた時に厄祓いをする、などがある。[13] こういう時に儺堂戯を行うと、天上の神々は喜び、祖先は満足して、子孫の願いをかなえるとされる。今回は③の場合である。各家から依頼や要請を受けて行うので個人中心となり、村全体のために実施することは少ない。但し、村が火事で焼けてしまった場合などに、全村を清める「掃寨」として行うことはあるという。病気直しの場合はすぐに執行して、一日か二日で直す。神に願を掛けてその願いがかなった、つまり成就したので感謝のために大きな儺堂戯を行うのであり、「還願」（願ほどき）が基本である。具体的には、①父か母が長寿を祈っていて八〇歳まで生きたら恩返しをする、②病気になって願を掛け治ったら行う、③特定の願い事、結婚・失せ物探し・豊作祈願などに願を掛けてそれがかなったら行う、といったことが多い。病気直しの場合は、合わせて先祖祀りを行うこともあるが、一般には祈願は特定の個人に関わる。彼の日常生活は、大半が農業で暮らしをたてており、依頼されれば薬を処方し、呪文を唱えて病気直しの儀礼を行う。

3　儺堂と祭具

儀礼の場所、いわゆる儺堂（儺壇ともいう）は家屋正面の入口である大門を入った屋内の堂屋に祭場をしつらえる（図5―2）。人が多い場合は屋外のこともある。正面には三清殿の祭壇を作り、道教の最高神や天上界の神々の住みかとされる三天、三清境として、神々を招く。道教の思想では究極は無であったが、そこから妙一、三元、三気、三才と変化し、万物が生まれたとされる［窪一九八六：六八］。三元からは三人の神々、玉清、上清、太清があらわれたが、元来は一つで元始天尊であった。祭壇には三牲（豚、魚、雄鶏）を供えて、法水、糯米の餅、豆腐、酒杯を置き、香と燭台、紙銭、願い事を書いた牒文（発文）を配する。この上には令牌、師刀、牛角、神鞭などの祭具も置く。祭壇の中央部に三清図を掛ける。その内容は正面から見て中央に中岳（太清）、左に東岳（上清）、右に南岳（玉

図 5-2　祭場の構成

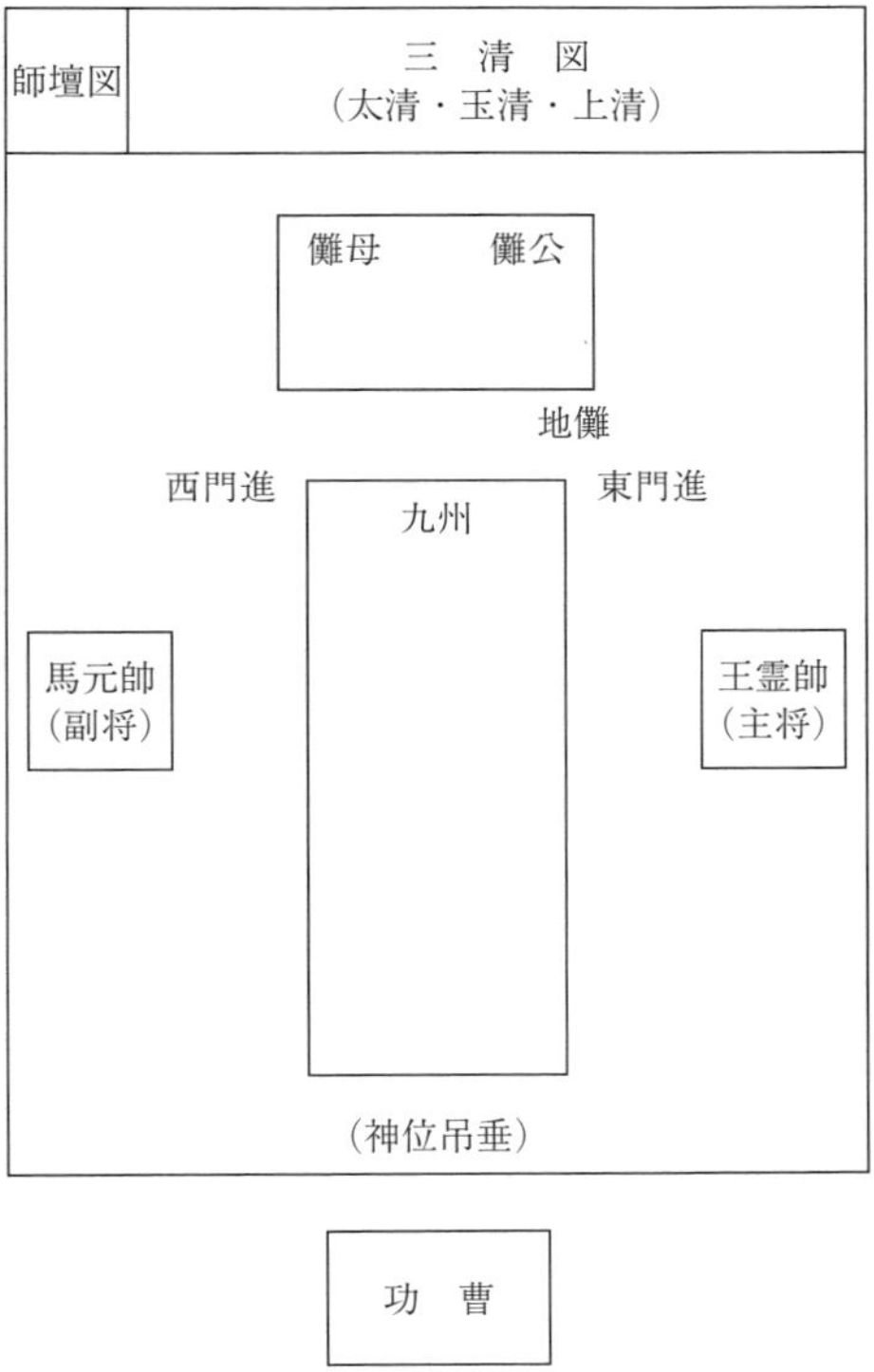

清）であり、元始天尊を中央に道教の神々の世界が描かれている。漢族の道教儀礼でしつらえる祭壇と基本的には変わらない。手前の壇上には上中下三元の「法主三人」（晏三郎、劉三郎、黄三郎）の牌位、五嶽（泰山、衡山、華山、恒山、崇山）の牌位を置く。家の先祖（家先）の牌位も安置する。主神の儺公・儺母は、三清図の手前に米を入れた枡を置き、そこに左に儺公、右側に儺母の木像に衣装を着せて挿して安置する。それぞれ東山聖公、南山聖母とも呼ばれる。この神に仕える手兵で魔物を追い払う主将と副将の祭壇は、中央の手前の左右に別に設ける。左側に霊官殿、右側に馬元帥で、図像を掲げる。これと祭壇の間には門を作り、各々「東進」、「西出」の文字額を掛ける（写真5—1）。壇の下の向かって右側の地面の所に地儺を置く（写真5—2）。これは地儺小三とその妻子のY角娘子或いは小三娘を祀る。実際には男女の人形で箕の上におく。地儺小三は地儺小山、小山神ともいい、鬼をつかまえる役目をする。別の伝承では、男女二対はY角将軍と小三娘、五猖と魍山（地番）であるともいう。

写真 5-1　開壇

写真 5-2　地儺。祭壇の下に地儺を祀る

一方、祭壇に向かって左奥には、土老師や掌壇師の歴代の儺班での師匠を描いた師壇図（司壇図）が掛けられる。師壇図は五壇からなり、上二層は天師と歴代の師、第三層は歴代祖師の諱名、第四層は陰兵陰将、第五層は五猖が描かれる（田仲一成氏が徳江で見た図は、上から祖師、巫師、師名、五猖の順であった）。歴代の祖師（師匠）たちが儀礼の成功を願うとされ、一部の地域では鶏を供犠して、そ

の血を羽と共になすりつけて祈願する。五猖は使役霊のような存在で、三清図の下方にも描かれている。師壇図の反対側で相対する場所に「収禁」を設ける。ここは「邪魔鬼怪」を収めるところである。祭場の中央には莫蓙を敷いて九洲と見なす。これは八卦の各々を一卦一洲としてそれに中央を加えて九洲とする説と、古代中国の世界領域が九洲であったとする説がある。堂内の上には神位吊垂が三列に垂れ下り、神名と家族の生辰八字が書かれている。壇には連がさがり独特の文字が書いてある。火（一番下に仏視堂）、石（南海岸）、日（通、堂）、月（鎮乾）、木（普陀山）、水（龍宮殿）を、一、二、三、四字ずつ組み合わせて、通常は使用しないような文字を書く。呪力を持つ文字であり、これで魔物を封じることが出来る。

門前の外側には功曹殿を作る。功曹は中接功曹、宮曹とも呼ばれ、天上界と地上界をつなぐ伝令の役割であり、その上中下に神像を描いた功曹図を掛ける。功曹は願い事を書いた発文を天上界に届けるのである。これは道教儀礼の三界壇と類似する。その下に孤魂の座を設けて、神霊と合わせて供養し、祀られない祟りなすものに供物を与えて鎮めておく。図案としては三清図、師壇図、功曹図の三つが必要で、これによって文字の知識を駆使する土老師の意図を民衆にわかりやすく伝達出来るので、神秘性に満ちた絵として祭壇のように神聖視されることもある。

儀礼に使用される祭具は、「法器」と呼ばれ、師匠から弟子へ、或いは親から子へと秘伝で伝えられる。法器には様々な由来譚がある。[14] その役割は、祭場を清め、魔物を祓い、神を招いて交流し、神を無事送り届ける。しかし、その源泉は法にあり、この儀礼では法器によって、神霊や神兵を使役する能力が重視される。主なものは以下の通りである。

第一は、手に持つものは、師刀（八卦刀ともいう。吉凶を占う。輪鈴を入れた円形状で柄に平刀がついて音がでる）、牌帯（排帯ともいう。肩に背負う長方形の箱器で祖師の魂を入れておく。掌壇師を守護する。彩色された布がつく）、神鞭（地面を打つ鞭で、不正を行う鬼神を打って追い出す）、令牌（壇上に打ちつけて天に報せる。上に三清大帝、下に勅令と刻んである。鬼を祓い玉皇大帝に告げる)、令旗(師旗、神旗、令旗、先鋒旗などがあり、用途は異なるが、神の兵隊を統率する)、笏(降りてきた神を迎える)、神棍棒(祖師棍杖ともいい上位の土老師が使用する)、竹卦(封子ともいう。竹で作った吉凶占いの用具)、寶剣(古代に軒轅[15]が蚩尤を打った剣とされ妖魔を退治する)、鏈子(妖魔鬼怪を追うときに使う鎖状のもの)などがある。儀礼には、科儀本(法事や演戯の時に使用する書物)と神印(神の承認を与える印で、魔物を封じることも出来る)が必要になる。第二は音を出すもので、神鼓(牛皮の太鼓)、銅羅(大と小)、鈸を主として使う。牛角(号令を発する時に吹く。神霊を呼び兵隊を統率する)、木魚も合わせ用いる。第三は衣装で、法衣(五龍捧塔衣、太極八卦衣の二種)、法裾(下衣で八幅に分かれた色布。トゥチャ族の八つの集落が侵略者に対抗して戦った団結の証だという)、法冠(頭紮、頭札ともいう。五片の尖った矛状の形がつき、日月や五嶽をあらわす。後ろに紙を垂らす)などを使用する。いずれも法力の顕示には欠かせない。第四は面具、つまり仮面で種類はきわめて多い。色や目の形、顔の表情が異なる。かつては儺戯を行う者が彫ったが現在は少ない。新しく作ったものは、開光の儀礼を行う。総じて、これらの祭具は、仮面は別として、祭場の中央で着脱することに特徴があり、九州に見たてられた筵の上が特別に神聖視されていることがわかる。この空間を呪術的な所作で踏みしめることで大地と感応する。そこでの神霊との交流は、通常の人間でない状態になる必要があり、法衣・法冠・法裾の着用と、法器の使用が条件で、法の顕現を土老師が担う。そして、彼らは儀礼の場では俗名ではなく「法名」を名乗る。神霊との複雑な交流は、インド伝来の「法」(dharma)の概念を読み替えた独自の呪力を源泉として発揮される。

4 儺公・儺母の伝承

祭壇の中央に安置される儺公・儺母には様々な伝承が伝わっており、それを検討すると儀礼の特徴がわかってくる。そこで主な伝承を取り上げて考察してみたい。地元の調査資料〔貴州省徳江県民族事務委員会(編) 一九八六:七一—七四〕、「儺堂戯是咋个興起来的」〔度修明 一九九一:二三〕が記す伝承は以下のようである。[16]

伝承①

昔、腕白な牛飼いの牧童（放牛娃）がいた。牛番をしていた牧童は、山中を歩きまわり、野生の木の実を取って食べて牛をほおっておいたので、牛は勝手に歩き回って村の作物を荒らして人々に迷惑をかけていた。ある時、牧童が川で身体を洗っていると、水面に浮かぶ竹の杭の先端に山のようなものがついて回っているのを見た。これは男女の頭で、長い間、水に浸かっていたのに、顔色は赤みがさし臭くもなかった。牧童は不思議に思って、これを山の洞窟へ持っていって祀り、泥の固まりで作った沢山の子どもを両脇に並べ、木の実をお供えし、牛番をしてくれるように祈って洞窟の前で歌ったり踊ったりした。祀られた頭は、神の力を発揮して牧童を守護し、牛はおとなしく山の斜面で草を食べるようなった。皆、このことを不思議に思った。次の年の春、多くの赤ん坊が腹下しやひきつけの病気になって、手のほどこしようがなく、この頭に願を掛けて祈ると、赤ん坊は元気になった。そこで酒を飲んで神に感謝し歌をうたい踊った。牧童は自分たちが天の神を呼んできて、福を人間に齎したと考え、そこに祭壇と拝所を作った。ここに李老君という神が通りかかり、人々が祈願に来ているが、祭りのきまりがないのを見て、天上から儺堂戯の経典を落とした。人々は彼に感謝し、祭りごとに祭壇に李老君の絵を掛けて、二殿君主と尊称することになった。この時は、まだ洞窟で祭りを続けていた。その状況が変わったのは皇帝の命令によってであった。ある年の秋に、王宮の人々が腹下しとなり、多くの人は薬で回復したが、皇后と三人の王女はよくならず、半年が過ぎて骨と皮ばかりになった。そこで皇帝は伝え聞いた人頭の祭り（儺の茅山戯）を行うことを要請し、人々は人頭を動かすのは不安であったが、命令には逆らえず、人頭と泥人形を運んで王宮で劇を演じた。翌日から病気は快方に向かった。皇帝が舞台をのぞくと、二つの男女の首は自分が命令して斬首したものだった。そこで皇帝は人頭に謝り、二人は「人を生き返らせた始祖」であり、東山聖公、南山聖母の神として祀ることとし、幸福を齎し災いを取り除くようにと願った。また、皇帝はこの劇を村で演じることを許し、その場所を与えた。劇は「儺堂戯」と名づけられた。皇帝が人頭を神として祀ると、二人は青い光となって昇天した。人々は木を彫って二つの人頭を作り、祭壇の中央に据えて、頭も沢山作って劇を演じ、これが今日まで伝えられているという。

この伝承は男女の人頭を祀るかつての首狩りの習俗を思わせる光景で始まる。山を生活の場とする牧童は、作物を耕して作る人々と対立関係にある。牛が穀物を食べないようにしてくれたとする伝承は、両者の葛藤を伝えている。その背景には、牧畜から農耕へ、移牧から定住へと移行する社会の動きがあるのかもしれない。その中で血なまぐさい人頭は木彫りの人形に変わる。かつての首狩や人身供犠の習俗は消滅し、男女二神を始祖とする村の家での祈願が、祭式の手続きを「書物」として与えられて儀礼として整備される。この伝承には文字を持たないトゥチャ族の中に漢族の文化が組み込まれ、次第に圧倒してきた歴史的背景も投影されているのかもしれない。かつて山の洞窟で行われたとされる「生首《なまくび》」と泥人形の祭祀は、権力者の皇帝を介して家の中でその場を与えられるようになった。村の外部から内部へ、そして形式が整えられて、儀礼に名称がついて制御され、人々に共有される祭祀となる。儀礼の目的の基調は病気直しである。しかし、全体の流れをみると、村の将来を担う赤ん坊全体が病いになるという共同体を脅かす危機から、皇帝をめぐる特定の血縁者を対象とする個人の病気直しに変わった。ただし、男女二体の首は権力への反抗によって斬首されたのであり、死後に残る怨念が祟りを引き起こすことへの恐れがあるのだろう。皇帝はそのことを当初は意識しなかったが、次第に怨念を越えた人頭による救済によって気づくのである。素直に首を祀った牧童、それとやや距離をおいた村人、支配の権力の網の目を操る皇帝という三者の関係が、全体社会の変化と対応して変わってきたことが伝承を通じて推定される。また、当初は口頭伝承の祭祀であったが、文字を記した書物が導入されて再構成され、主神を儺公・儺母という漢語名に変え、生首を木彫の人形として祀ったという経緯は、外部世界の漢族や儀礼の専門家が、土地の祭祀を作り変えた歴史を語っているとも言える。儀礼の生成と変容には多くの担い手の複雑な関与があった。

伝承①と類似した伝承は各地に伝わっている[17]〔汪育江　一九九三：九一―九二〕。著名な土老師であった魏観躍や張金遼の語った伝承には五種類あった〔度修明・王秋桂　一九九四：七―九〕。そのうちの第一は伝承①と同じで、やや異なるのは儺公・儺母は青年の男女が恋愛を阻まれて川に身を投げて死んだのを、後に牛飼いが見つけて洞窟に祀って人形を遊ばせて、牛が穀物を荒らさないように祈願してかなえられたという筋である。その後、村人の病気直しと皇帝の娘の治病に効能を発揮し、儺公・儺母として祀られたという。これとは異なる第二以下の伝承は以下のようである[18]。

伝承②

古い昔に洪水があり、人類が滅亡しかかった時、伏羲と女媧の兄妹が瓢箪（葫蘆）に乗って漂流して生き残った。この兄と妹が結婚して子孫が沢山でき、二人は人類の始祖となった。後世の人々はこれを記念して木に二人の頭を刻んで家の中に供えた。災難をのがれ、病いを直し、神に祈り、鬼を退治し、子授け、長寿を願い、平安を祈るなど様々な願い事の時に、この前で祈ると、必ずかなえられて霊験あらたかであった。そこで人々は神に酬いるために、楽しませる儀礼を行い、二人を祖先として祀り、これが伝えられて儺堂戯となった[19]。

伝承③

かつてトゥチャ族の牛飼いの子供たちが泥をこねて一対の男女の頭を作って、竹の杭の上に挿し、それを洞窟に置いて周りを茅草の樹皮でおおい、その前で歌をうたい舞をまって毎日遊んだ。そして、よそに遊びに行く時には、この泥の人形に牛の番を頼むと、霊験があった。やがて、天災や不幸にあった家がこれを祀るようになり、願がかなってよくなった。そこで、この泥人を村里で神として祀り、儺公・儺母として敬った。

伝承④

儺公は国の大臣であったが、皇后に想いを寄せ、これが皇帝に発覚して斬首されて川に投げ込まれた。この首は水に浮かんで漂い、茅山に至り、そこで牛飼いに見つけられて山の洞窟に安置された。そこで牛飼いは牛を見てもらい、周囲の人々の災難や病いは直った。そこで、人々はこれ儺公・儺母として祀った。

伝承⑤

儺公・儺母は楊公と水琴という男女であった。二人はトゥチャ族で生活にたいそう苦しんでいた。彼らは朝廷の残酷な圧迫に対して不満を持ち、村民を率いて反乱を起こしたが、敗北に終わり、二人は斬られてその頭は洞庭湖に捨てられた。これが後にふるさとの人々によって発見されて、山の洞窟に納められた。人頭は人々の災難や不幸を救ったので、儺神として祀った。困ったことがあると、人々はこれに願を掛け、それにかなえてくれたので、以後は演劇を奉納して感謝するようになった。

伝承②に見られるように、儺公・儺母は始祖神であった。洪水を瓢箪に乗って生き残った兄妹が人類の始祖となるとする伝承は、貴州省に居住するミャオ族やイ族（彝族）に共通する神話である。トゥチャ族の儺戯の伝承では、漢族との歴史的な交渉を踏まえて、歴史的な出来事に仮託された斬首の伝説が接合していることが特徴である。いずれにしても、トゥチャ族の儺堂戯は、究極的には始祖や祖先を祀る儀礼であり、原初への立ち返りを試みられると言える。伝承の中に出てくる朝廷への抵抗伝説、反乱の失敗、理不尽な皇帝による処刑、流され捨てられる首、といった要素は、恐らく漢族との抗争の歴史的経緯を踏まえて語られるようになったのであろう。この伝承では、神話的な過去への回帰の意識と、現在の危機を打開しようとする相互に相反する方向性が共存している。病気や不幸などへの対処は、歴史的な出来事を間接的に反映して、非業の死を遂げたものの怨念を、自らの危機に際して強い力として反転させようとする。怨念や祟りの源泉を守護神霊にしようとする意思が顕著である。しかし、全てが政治的な背景を持ったものではない。牛飼いの守護という牧畜民への想い入れ、人頭の祭りや山の洞窟や泥人形の祭祀などは、漢族とは別の世界に生きる民の様相を表している。形式は漢族の儀礼を踏襲しながら、内容はトゥチャ族の祭りである。人頭祭祀は、人身供犠や首狩りを思い起こさせ、泥人形や洞窟は、山・土・穴・水などと結びついて大地の祭りの様相を持つ。神霊には、漢族の道教の影響があって、天上界に住まいする観念はあるが、実は大地の祭祀であり、大地から生成される神々こそが、祭祀の本質、或いは起源により強く関わっている。儀礼における身体の動きの特徴は、大地を九洲に見立てた独自の踏みしめかたで舞うことである。大地と身体、大宇宙（macro cosmos）と小宇宙（micro cosmos）が一体化する。しかし、大地を踏みしめることが基本である。

5　全体の構成

儺戯の構成は「法事」と「劇目」に分かれる（図5―3）。大きな区切りは、開壇、開洞、閉壇（掃壇、掃宅、掃邪）である。「法事」は「正壇」ともいい開壇にはじまり閉壇でおわる。「劇目」は「正戯」ともいい、その最初は開洞で仮面が登場する。開洞では、天上界から仮面が地上界に仮面がもたらされる様子が演じられる。この方式は貴州省東北部の独自のやり方である可能性が高い。全てを演じる場合は「全堂戯」あるいは「正戯」といい二四面を使用する。半分の場合は「半堂戯」といって一二面を使用する。一二の数に意味があり、これをひとまとまり、一つ

図5-3　儺堂戯の構成

法事	
	神霊を迎える
	1. 開壇　2. 發文敬竈
	神霊を安置する施設の構築
	3. 塔橋　4. 立樓　5. 舗羅撤網　6. 造席　7. 安營紮寨（扎寨）
	祭壇の主神と眷属の饗応
	8. 和會交標　9. 差發五猖兵馬　10. 大游儺
	法術の誇示
	11. 開紅山
	供物の献呈
	14. 判牲　16. 膛白

劇目	開洞	将軍	世俗劇
	17. 開洞	12. 開山猛将 13. 開路将軍	18. 秦童
		余興と娯楽　15. 花燈	

法事	
	悪霊祓い
	19. 造船清次
	法術の誇示
	20. 殺鏵

劇目	先師	人神
	21. 押兵先師	22. 梁山土地 23. 李龍

法事	
	供物の献呈
	24. 上熱
	厄除け・法術の誇示
	25. 上刀（梯）　26. 過関
	神送り
	27. 游樂渉海　28. 安息火　29. 掃邪（清宅）

の世界とする見方があるようだ。「劇目」には貴州の他の地方で行われている儺戯と共通する題目が多く、漢族の影響も濃厚に見られるが、地域の暮らしぶりや民族独自のものを演じることもある。但し、「法事」の中にも仮面を使用する演劇的な所作を含む「和会交標」のような演目があり、「劇目」の仮面を別扱いにする理由が別にあるのかもしれない。[20] 仮面を上洞、中洞、下洞に分ける慣行は各地にあるが、徳江の東に位置する銅仁の事例を参考までに記すと〔汪育江　一九九三：九一〕、上洞は掃地和尚・地盤・唐氏太婆・引兵土地・押兵先師・関聖帝君・周倉猛将・先鋒小姐、中洞は甘生赴考・秦童挑担・王婆・牛皐・打菜娘子、下洞は勾愿判官・柳三・楊四・李龍神・金科銀弟・

深山土地・二郎神・開山・鞠躬老師・算命郎君などだという。[21] 更に、全体の各所には、流れにこだわらずに、演じ手の呪力を誇示する法術が挿入され、火渡り、刃渡り、火なめ、神判（油鍋に手を入れる）などが行われる。これは法力を顕示し、巫者の性格をよく示している。

今回の儀礼の構成は以下の通りであった。

一日目

1、開壇　9:45〜10:45　　2、発文敬竈　11:00〜11:40
3、塔橋　14:15〜15:05　　4、立樓　16:30〜17:00
5、舗羅撤網　17:00〜17:50　　6、造席　20:00〜20:25
7、安営紮寨（扎寨）　20:40〜21:15

二日目

8、和会交標　9:40〜9:50　　9、差発五猖兵馬　10:00〜11:00
10、大游儺　14:00〜14:20　　11、開紅山　14:25〜15:30
12、開山猛将　16:00〜16:15　　13、開路将軍　16:20〜16:40
14、判牲　17:14〜18:30　　15、花燈　20:00〜20:15
16、膛白　20:15〜20:25　　17、開洞　20:30〜22:00
18、秦童　22:00〜23:06　　19、造船清次　23:25〜23:40
20、殺鏵《サーホク》　23:40〜23:50

三日目

21、押兵先師　10：10～10：35　22、梁山土地　10：35～10：55

23、李龍　10：55～11：25　24、上熟　14：00～15：05

25、上刀（梯）　15：00～15：50　26、過関　16：00～16：10

27、游楽渉海　16：12～16：25　28、安息火　16：30～16：40

29、掃邪（清宅）　16：50～17：10

今回の儀礼と比較するために、一九九二年二月一八日（陰暦正月一五日）一八時三〇分から二月二〇日一六時まで、徳江県穏健坪郷黄土村のトゥチャ族で張金泰が父の張羽生のために行った長寿を祈願する「衝壽儺」の記録を参考までに以下に記載する〔度修明・王秋桂　一九九四：五七―一二七〕。開壇で神霊を招き法事が展開し、開洞以下は「正戯」で仮面戯となって神人の交流を果たし、送神上馬（閉壇）で神送りとなる。正戯の中にも供物をそなえるなど、一部に法事が組み込まれる。「正戯」は勾簿判官で終わるのが、本来の形であるという。

一日目

1、開壇禮請　18：30～20：25　2、傳文　20：25～21：10

3、立樓下羅網（舗羅撤網）　21：15～22：00　4、祭兵　22：05～22：15

5、上熟　22：50～23：50

二日目

6、造船請火	0：00〜0：50	7、投玉皇表	1：16〜2：00
8、請神下馬・押牲	7：50〜8：50	9、中文五嶽・安営紮寨	8：50〜9：45
10、躺白（淌白）	10：00〜10：10	11、迎鑾接駕（大塔橋）	11：35〜13：25
12、請水・滴壇・敬灶	13：30〜14：45	13、交標和会（和神交標）	15：00〜15：35
14、傳花紅（交標和会と連続）		15、差発五猖	18：50〜19：30
16、祭兵・拝法王		17、開洞	20：00
18、関爺	21：30		

三日目

19、秦童（甘生赴考）		20、開山猛将	2：00
21、引兵土地	3：00	22、撤願（上大熟）	明け方（法事）
23、勸羊湯（法事）		24、梁山土地	6：15
25、勾願先鋒	6：45	26、九洲和尚・十洲道士	9：00
27、上刀		28、李龍	
29、勾簿判官		30、送神上馬（法事）	

6　儀礼の内容

以下、今回の次第を順番に記述する。

写真5-3　令牌で神を招く

［一日目］

①開壇

法事の開始である。土老師（法弟子として言及される）が牛角を吹き鳴らし師刀をとって「牛角師刀舞」を行う。牌帯を身に付けて、銅鑼や鉦の音に合わせて舞う。令碑で神霊の招きと出現を確認し（写真5―3）、意思を問うために竹卦（卦子）で占いつつ儀礼を進行する。十二種の印を結び、水を口に含み、吐いて清める。馬に乗ってくる神霊を迎えて、祭場の儺堂に鎮座させて、法事が滞りなく行われることを要請し、九洲（楊洲・荊洲・梁洲・雍洲・冀洲・袞洲・青洲・徐洲・豫洲。各々を乾・巽・坎・艮・坤・震・离・兌の八卦と中に充てる）の城内に神の連れてきた兵馬を安住させる。引言（太鼓と銅鑼を鳴らし牛角を吹き牌帯をつけ手に卦を持ち拝礼、神々や先祖の名前を唱える）、招神（神霊の加護を願って招く）、発鑼報門（家の入口で銅鑼を鳴らし儺壇で奉る神霊兵馬に土老師の由来を述べ、邪悪なものを鎮める）、開壇（坤宮に向かい神を乾宮に向かい地儺を供養）、迎山王（崑崙山の山王神を迎える）、請法水（七張紙を壇上の椀内で燃やし竹蓆の乾坤位に隠す、法水の由来を唱える）、献諱（日月を祀り呪符の文字を書く）、献法（訣ともいう。妖魔を祓うために印を結び、九歩罡を踏む）、穿衣件（法衣、法冠などの由来を説く）、迎三元法（三元法主を招く）、上香（香を点して神霊を供養）、解穢（儺堂を清めて水を撒き神鞭と杖を使い崋山を招く）、踏九洲（五方を定位し九洲を踏む）、観師（請師ともいう。牌帯を額にあて歴代の師姓名生辰を念じ、歌を唱えて名前を出す）、占卦（先師が見にきたことを確認するために占う、家の吉凶も占う）、下装（迎神下馬、神霊が訪れたことを確認し、衣装を解く）、である。特に、踏九洲の作法は丁寧で、呪的な足踏みである。[22] 開壇の次第を広く解して、開壇・発文敬竈・判牲・立楼・造橋・傳花紅（開洞とも類似）・交標・放兵、差発五猖までを総称して言うこともある。

②発文敬竈

祈願内容を天の神に伝えて、竈神を祀る。正確には天曹地府に施主の願い事を伝える。施主は手に発文（疏文、傳文とも言う。願い事を書いた手紙）を捧げて土老師と一緒に三清殿の前に跪いて功曹が五嶽聖帝に届けるように願う。最初に衣装を付けて神を拝み、兵と師を要請し、三元法主を念じ、上下壇師尊、兵馬を整える。これは牛角師刀舞である。功曹を拝む、三界神聖に祈願し、香の由来、紙銭の由来、皮紙の由来を説き、功曹に頼む。五位功曹、五嶽を拝するともいう。儺堂戯の趣旨を述べた発文（疏文）は宣文書で、儀礼の目的が書いてあり、天上界の神霊に伝えることが願われる。これを口で念じる。台の上に発文を黄色い箱に入れ、青い布に包んで乗せて舞う。旗を持ち出す。合わせて長生きを願い、よく子供が育つように、玉皇に伝える。発文は郵便のようなもので、神霊は悪いものを退治する警察に似ているとされる。最後に、竈へ行って神を祀る。天地を祀り、竈神（五方）に祈願し、家の繁栄、家畜の安泰を願い、災厄が去るようにと念じる。

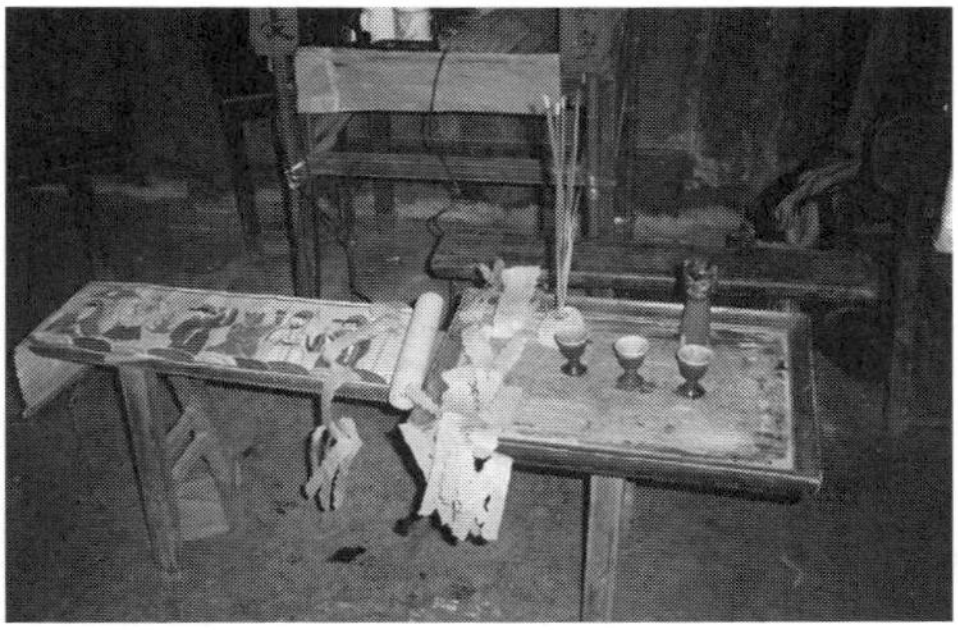
写真5-4　塔橋。異界から神霊を招く

③塔橋

造橋とも言う。神霊がやってくるための橋を作り神を招く（写真5―4）。神々が船に乗る巻き絵が引き伸べられる（虎に乗っている場合もある）。神は天から海へ、山へそして儺堂へとやってくる。橋にお金を一二元置き、線香をたてる。酒をまわりの者に振舞う。儺公・儺母が牌の供位のところから取り出されて橋の所にやってくる。神をお迎えし下界におりてきてもらって着座させる。神は橋の入り口にあたる門から迎え入れられて、神が来臨すると門を閉める。一緒に悪さをする鬼もやってくるので、これは追い祓う。土老師は祭具の由来とその作用について述べ、神々に祈願する。神送りの時に再び門を開け、神が帰ると橋は撤去される。表に祀っていた功曹の祭壇の絵は巻き上げてしまう。儺神は常に天からやってくると観念され、三元にも来臨を願う。順番でいうと、陳設（祭壇の右手に白布を用意し、橋を掛ける準備をする）、採木（木をきり橋を整える）、鋪橋（架橋とも言う。橋を掛ける）、鎖橋（両端の鎖をとめて固定し神霊が通行できるようにする。各所に門を設定する）、報橋（四方に報せる、神のみが渡ることを）、亮橋（明かりを灯す）、掃橋（雄鶏のとさかの血を用いて橋の図の上に符を書いて神兵の絶えないこと、つまり法事の永続を希求する。掛号ともいう）、発鑼報門、坐橋、諱橋、迎神下馬、游儺、撤橋、卸装からなる。一九九二年の報告では、天仙橋（先祖、神、仙人が通る）、地仙橋（五営兵馬、地儺小山、Y角小娘が通る）、水仙橋（龍子龍孫が通る）の三種の橋を掛ける。これによって天神地将、先祖神霊、兵馬が分かれて儺堂へ入る。別称は迎鑾接駕である。この場合、神霊の階層が三つに分かれていることがわかる。

写真5-5　立楼。祭壇に神霊を招く

④立楼

神霊とそれに仕える兵士の住む城楼を作る。二人舞で寨を構築し兵士を点呼する。初めに神霊が降りてくる前に木をきってきて楼閣を造る。その様相を述べて演じる（写真5—5）。祖師の棍棒を使用する。土老師の科儀書の作法では、①上装、②観師、③排楼鎮座（楼房を建てる）、④報楼報寨（歌舞で神々の住まいを定める）、⑤執旗執号（各路の兵馬を整える）、⑥舗儺下網（邪鬼を網で捕らえる）、⑦収邪蓋鬼（法壇の中にいる邪鬼を捕らえて家から出す）、⑧下装、からなる。作り終えると土老師が五嶽に祈願し五方兵馬（五営兵馬）に営寨に入るように促す。

⑤舗羅撤網

立樓と連続しており網を被せる所作をする。網の威力で邪悪な妖怪や鬼、獣を追い祓い施主の家の安泰を祈願する。その一方で、もし妖魔がいれば網を使って祭壇の下に封じ込める。いわゆる一網打尽である。羅は被せるものの意味である。不安定そうな枝がぶらぶらしている木をもって来て、これでものをつかむような所作をする。神兵を遣わして敵を捕えて包囲する時に、神秘的な網をかけて外に出られないように出来ると考えられていたらしい。別名を下鑼網ともいう。

写真 5-6　造席。茣蓙舞

⑥造席

神霊の収まる席を作る一人舞である。最初に鞭で祭場を打って鬼がこないようにする。沢山の兵隊を、外から次々に呼び寄せる。敷いてあった茣蓙を携えて舞い、これを巻いて棒状にして軽快に振り回し、男根風にして足の間に挟んだりして、性的所作のようにも見える。途中で印を結ぶ。足を踏みしめる場に敷くものを清めて神聖なものにする。日本で似たものを探せば、中国地方の備後の比婆荒神神楽の七座神事での茣蓙舞の動きに類似する（写真5―6）。

⑦安営紮寨（扎寨）

五営兵馬（天兵）を招いて、五方に軍営を設ける。二人舞で戦いに近い所作を演じ五方位を巡る。最後には、二人が旗を持って舞う形をとり、これによって五方の席が完成して鬼がこないようにする。火を莫蓙の下に入れて消して二十八宿を鎮める。総じて神霊の保護を祈願する意図がある。

［三日目］

⑧和会交標

この演目は、和神交標、或いは「三元和会」という。神々を和ます（和神、和会）内容である。儀礼に招かれる六十神の由来を説いて招く。六十神とは、上元の三十六支（三十六神）と下元の二十四支（二十四神）である。上元と下元の神々の和会、人間たちの和会を説く。神霊は赤紙をつけた細い棒（紅標）で表される。二人舞である。初めに儺公・儺母の由来や、儒教・道教・仏教の三教について各々の教えを代表して話す。祭壇の三清図を元始天尊、釈迦、孔子として、この儀礼はその和合が目的だという。盤古が天地（乾坤）を開き、軒轅が九洲城を置き、女媧が天を補い、伏羲の姉妹が人類を増やし、神農が五穀をもたらし、禹が洪水を治めた神話について語り、その後に三教が伝わった経緯を述べる。天地日月について語り、洪水が起こって伏羲と女媧の兄妹が瓢箪に乗って生き残り、二人が結ばれて子孫が生まれて人類を繁栄した次第を語る。別称にある三元とは、天・地・水の三界を意味して、天地創成の由来を語ると共に、三教にも掛かっている。初めに外の祭壇に仮面を祀るが、これは白い面（白旗を持つ）と赤い面（棒を持つ）である。これに竹卦（封子。占い道具）を持つ滑稽な和尚の面が出る。唱え事の後で、外から仮面をつけて「交標童子」（白い面）と「交標小姐」（赤い面）が祭場に現われ、男女二人が遊んで問い掛けをしている所に、「和尚」が割り込んで会話が急展開する。交標童

写真 5-7　和合交標。交標童子（白）と交標小姐（赤）

子が赤色の紅標を交標小妲に渡して神を拝しその来歴を述べ、小妲が崋山の神々に勧めて、花紅酒を盆の上に出して賞味させる（写真5―7）。この後半は「傳花紅」とも呼ばれる。これは献供の儀礼で、儺公・儺母と五猖に頼んで、邪悪のものを駆逐するように依頼内容を書いた表文を捧げる。交標童子が紅標を納めて「花紅表文」を献じて願の趣旨を伝え健康祈願をする。こうして儺堂に招かれた大小神霊、正神、邪神が互いに仲良くして法事を無事に完成するように祈願する。

⑨差発五猖兵馬

地儺（小山神、地儺小三）を祀り五猖を招く。五猖は地儺小山神の配下にあって五営兵馬を統率し、儺堂にあって邪悪なものや妖魔を駆逐し陰陽の霊魂を鎮める。地儺と五猖が同一視されることもある。莫蓙の前方の地面に供物を供える。線香を立てて、細長く紙銭を並べて置く。旗を持って舞い、刀を取り、次いで槍をとって、最後に前方の木の株に突き立てる。杯をとり、口にあてがい、自分はひっくりかえって回転し、正面入り口の地面に据えて神を祀る。祭壇下の小さな人形である小山地儺を正面に飾り、左に旗、右にポエを持って打ち、次に地儺を持って舞って遊ばせる。神の兵馬の派遣を要請し、五方の軍隊（兵隊）を呼ぶ。地儺は猛々しい兵馬を統率して、鬼を祓うことを指揮する役割があるという。道教の教説に組み込まれて太上老君の嫁の婿ともされる。五方の軍隊は五猖とも言い鬼と戦う。兵馬が何処へ行くか、どのように動くかなど、うまく行動出来るようにする。雄鶏を槍の棒の上におとなしく立たせる法術を駆使して力を誇

写真5-8　差発五猖兵馬。鶏を棒上に金縛りにする

写真 5-9　大游儺。神体の人形を遊ばせる

写真 5-10　替人に魂を預ける

写真 5-11　開紅山

示する（写真5—8）。鶏は土老師の祖先を祀って兵隊を守護させる意味もあるという。鶏の血を捧げて鶏を殺す供犠は、土老師の家の土間で祖先を祀る時にも行う。

⑩大游儺

主神である儺公・儺母の男女神を遊ばせる。大遊儺の前には、必ず兵隊を呼んで鬼を管理しておくのが前提となる。赤布を祭壇に向って左側の上方に横長に張り、その上に塔橋の時に使用した神々の船の絵を広げて乗せる。紙銭を下げる。正面の祭壇とは別に赤布の下にも作り、三つの杯、線香、紙銭を並べて祀る。舞手は、右に鈴、左に角笛を持ち、頭に紙銭を結びつける。祭壇の下に地儺の人形（白と赤）を二つ作って供養する。入り口から出る。台にのった者と女装の二人が現われる。女装の方が儺公・儺母の人形を背負って舞う（写真5—9）。舞手と人形使いがお互い離れることなく歌を謡い、主神を迎えて送る所作をする。

⑪開紅山

土老師が頭頂に小刀を打ち込んで舞って力を誇示する。安国儒氏が行う。莫蓙の前に顔を書いた小さな替人という人形を一体置く（写真5―10）。その前に酒瓶、紙銭、線香、杯三つ、八卦、ビスケットを供える。十二元も置く。師父に祈ってから、頭に刀を突き立てる。そのまま酒を大地に注いでから舞う（写真5―11）。最後に刀をとると、血が大地に流れ出る。この間、自分の魂は人形に預けておく。人形は替人（茅人）といい、魂を預けて身代わりにするので刀を頭に突き刺しても身体に影響はないという。最後は坐して願い事をして竹卦（卦子）で占う。人形は外の功曹のところに出す。溢れる血は紙の上に落とし、その形で占いをする。紙の下には八卦を置く。占いの結果が良ければ終了する。これは法術の一つとされる。

自分の血を頭から出して民衆を救う意図があると説明されたが、人身供犠の名残りかもしれない。この演目は極めて重要な法事とされ、その目的は鬼神に血を捧げて講和と盟約を結ぶことで、災厄をのぞき病気を直すことにある。[23] 主に「急救儺」の時に行われ、魂が身体から遊離して生死をさ迷う人のために、魂を招きかえして元気を回復させるのだという。

写真 5-12　開山猛将。後方は功曹

⑫開山猛将

鬼を追い払う劇目で、本来は正戯のはじめに執行するという。開洞を行ってから後に行うが、時間の都合で入れ替わった。開山は遥か彼方から山を越え川を越えてはるばるやってくると観念する。演者は後に鶏の羽を付け、一旦は外に出て面を付けてから入ってくる。赤い面で額に一角牙（尖角）の出た獰猛な形相をしている（写真5—12）。斧をもっているのが特色で、山の岩を砕く様を、戸口に令牌を打ちつけたりして演じるが、これは鬼を追い払ったり切り刻んだりする所作とも言う。兵馬の軍隊である五猖と並び称される威力を持つ将軍で、五方の鬼を追い払う。伝説［度修明　一九九二：三六］によれば、姓は崔、名は洪といい、翼州の崔家荘に住んでいた。ここの桃園洞（桃源洞）には上洞、中洞、下洞の三つの洞があり、宋姓が洞主をつとめ、崔洪はその手下の武将であった。凶悪な顔立ちをして、頭には角が生え、長い耳、怒りに満ちた目、長い牙を持っていた。妖怪退治に優れて、鉞や斧で退治した。特別に鍛冶屋に造ってもらった斧を持つ。徳江では、病気になったときに鬼や魔物がついたと考えると、特別に土老師に頼んでこの演技をしてもらうこともあるという。

写真 5-13　開路将軍

⑬開路将軍

路を開いて通れるようにする劇目である。支度を整えて大門の外から入ってくる（写真5—13）。赤い面をつけ刀を振り祓い来臨の道を作り、先導者として災いを払う。開山と類似した性格を持つ。神霊は洞窟の中に入っており、そこから路を開いて出てくると観念されている。特に、仮面が納められている場所を桃園洞といい、そこから儀礼の行われている「儺堂」へと来る路を開くとされる。開路将軍は一説では三国志で名高い関羽にあてる伝承もある。五方兵馬の道を開き、儺堂に障礙をなす者を追い祓い儺堂戯がうまくいくようにする。別の説明では、開山猛将が魂を探してくるのに対して、開路将軍は神々の住まいを定めるのだともいう。他の地域で「関爺」と呼ばれる関羽の戯に近いようであるが、相棒の周倉は出てこない。文献上では、『三教源流捜神大全』の開路神君に遡り、開山と共に、方相氏の末裔とされるが明確ではない。

⑭判牲
儺公・儺母に対して犠牲として豚を差し上げてもてなす。地面に紙銭を敷き、その上に家の主人と土老師が坐り、刀を紙銭にあてて祈願する。豚を殺す前に酒が各人に配られる。豚を殺す台の上に紙銭を敷き、煙草、酒、金を供物として置く。外から生きたままの豚を持ち込み、豚殺し役が一突きで殺す（写真5―14）。血を盥に受け、それを祭壇などになすりつけていく。供犠が終了すると、土老師が舞う。最後に土老師が祖先に対して祈る。

⑮花燈
余興の舞で、祝い事に際して行われる娯楽風の舞である。女二人、男一人が平服で扇を持って舞う。弦琴がつく。旗を持つ舞もある。最後に舞手が紙銭を豚の上に持ってきて、それに火を付けて回して終了する。

写真 5-14　判牲。豚の供犠

⑯膛白
犠牲にした豚を神に供える。膛白とは腹を開くという意味である。豚の頭に殺牲刀をたてて倒れる方向で占いをする。躺白ともいう。

⑰開洞
仮面を天上界から取り出して降ろしてくる演目である。仮面は

写真 5-15　開洞。仮面を出して祀る

写真 5-16　尖角将軍と唐氏仙娘

桃園洞（桃源洞。桃源は湖南の常徳府に実在する）にあるといわれ、正戯二十四演目を演じるには仮面をもらい受けなければならない。ここの三つの洞を、唐氏太婆は蔣氏太婆・戴氏太婆と共に鍵を管理しているとされる。三つのうち、上洞は天仙洞といい、江陽神、江正戯と五支挿戯の面、中洞は地仙洞といい、二十四正戯中の下堂十二戯、陽神仙道と十二擂戯の面が納められている。下洞は水仙洞で陰神魔君が住み、通常は閉鎖されている。仮面を得るために尖角将軍は把壇老師の命令を受けて、唐氏太婆（仙女或いは仙娘）に願って洞を金の鍵で開けてもらう。かくして、仮面が引き出されて劇の執行が要請され、同時に神の兵隊が出て、祭壇に送り込まれる（写真5—15）。

最初に祭壇の前に笊を伏せその上に仮面を置いておき、その上に更に紙銭を重ねて見えなくする。そこに大門の外から顔を化粧した（花瞼を描く。黒と白）尖角将軍が現われる。旗と羽を後に挿し、牙を持つ。将軍は中へ入る時に入り口で手を突っ張ったり、足をばたばたさせたりして力を誇示する。中に入って自分の横に家の主人を置いて祭壇を拝ませ、何度も礼を繰り返させる。祭壇に向かって左側の幕の内側に隠れている娘（仙女）が将軍に呼び掛ける。これが唐氏太婆（仙娘）で女装した男性が声色をつかう。扇を牌で叩きけたたましく笑う。何者かと尋ねる。月日はいつか、どこから来たかなどと聞き、戯れ事をいう。二人は仲良くなりうたを歌い、跳びはねる（写真5—16）。その後、別の男が一人加わって取り囲み茶々を入れるがすぐに引っ込む。仙娘と将軍が残ったところに和尚とお婆さんが入ってきて、愉快に笑いの渦に包まれ、男女の恋愛の話になる。最後に和尚が仙娘に言い寄るが拒絶される。銅羅が叩かれる。仙娘は銅羅で口を押さえるようにして笑う。三人のからみが続く。次に医者が出てくる。帰る時には紙銭を燃やす。二人（将軍と仙娘）は残る。仮面の所で竹卦（封子）を投げ、酒を注ぐ。最後に三回竹卦を打ち、仙娘と将軍は一緒に桃園洞にいく。桃園洞の門を開けて二十四の仮面がもたらされて使えるようになり、神々の仮面戯が始まるのである。仮面の所在とその由来が説き明かされて、大きな転換点になる。ここからは「正戯」になって娯楽的な様相が強まり、個々の神々にまつわる伝承を演じる。人間は面を被れば神になると観念される。神々と一体化することで祝福を得て願の成就を感謝する。

写真 5-17　秦童と甘生

⑱秦童

観衆に人気のある地位逆転の物語である。甘生赴考ともいう。甘生が都に行って科挙の試験を受けることになり人足を頼もうとする。軟童と硬童に依頼するがうまくいかずに秦童を雇う。人足代の値切りが行われ秦童子三娘（娘子）が甘生とやりとりをするが結局はついていくことになる。試験には頭の固い甘生は落ち、機転のきく秦童が「状元」に合格する。そこで主の家に戻り、供物の三牲を整えて御礼の儀礼を行うという物語である。最初に、祭場の中央、祭壇の前方に豚を置く。主人役の甘生が傘を左肩に載せて右に佩帯、背中に荷物を持って登場する。後から道化役の者が豚の膀胱を持ってくる。ここで硬童と軟童で双方のからみがある。召使で下僕の秦童が最後に登場する。後に羽をつけ、豚の膀胱を持つ。荷物があまりに重いので道化役に荷物を担いでもらおうとする（写真5—17）。宿屋でも泊めてもらうつもりだったが断られるなど苦労する。甘生と秦童が対話して試験を受けるために都までついていくことに同意する。秦童の家内（三娘。靴と糸と針を持つ）が現われて、二人は別れを惜しむ。途中で王小二の酒屋で酒を飲んで騒ぐ。秦童は甘生と都に上る。秦童は試験に受かり役人になるが、甘生は落ちる。秦童が試験に受かった時、甘生が膀胱を踏みつぶす。ここでパオの音が出れば「受かった」という意味になる。パオは「火包」に通じているので祝砲の音でもある。本来は三回音を立てる三つ砲で祝意を表わすべきだが、膀胱が必要なので三匹の豚を殺さないといけないので負担が大きい。今回は一頭しか殺さない。甘生は豚殺しになり、実際の豚を使って殺害の状況が演じられる。豚の前で紙銭を持って字を書き、外では爆竹が鳴る。皆が頭を下げる。最後に豚の頭をとって終了する。甘生を皆の前に立たせて誉め讃える。豚を犠牲にして神々に捧げることが究極的な目的である。

⑲造船清次

悪いもの、特に疫病をもたらす瘟神を船に乗せて追い祓う。瘟神には五方にいる男女の孤魂も含まれる。竹と茅で船を作り、その前に線香を立てて紙銭を乗せる。供物は鶏を供えて神を和める。羽をむしり取ったり撫でたりしてから船に乗せてはなす。法諱を用いて唱え言をいい、五方瘟神を追い出し船に入れて外に出す。船には地儺の所にあった灰を乗せる。銅羅をけたたましく鳴らしながら、家の中の各部屋ごとに火で清めて回る。松脂に火をつけて、各部屋の扉を閉めて鬼を払ってから外に出る（写真5—18）。各部屋を回った後に、最後は火を持って堂屋を回る。「五方男女孤魂」に供物をあげて外に置いてあった船に乗せ、家から遠く離れた場所に捨てる。人々はそのあとを追い掛けてはいけない。緊張した雰囲気の中で行われる悪霊祓いで、孤魂への人々の恐れがわかる。

写真 5-18　造船清次。船送り

⑳殺鏵

鉄製の鏵を火で焼いて熱して、その上に素足を乗せたり触ったりする。鉄鋏で挟んで舌で舐めてみて火傷をしないことを誇示する（写真5—19）。迫力のある法術である。安国儒氏が行う。

［三日目］

㉑押兵先師

五方の兵馬を配して、うまく儺堂内に収め、家の主人の安泰を祈る仮面の一人舞である。団扇と棒を持つ。この祭場には千百万の神兵馬がくるとされ、その兵を点呼して率いる様を演じ、儺の威力あることを示す。邪悪なものを駆逐する。

写真 5-19　殺鏵。鉄製の鏵を蹴散らす

㉒梁山土地

五穀の実りを司る土地神で豊饒を祈る仮面の一人舞で、道化の趣きがあり滑稽さが漂う（写真5—20）。生前は農夫であったが死後に神に祀られたとされる。所作では、田畑を鏵ですき、土を起こし、種蒔き、草むしり、野鳥の祓い、獣を撃つなど生活の状況を演じる。豊作を祈願し、鳥獣の害を防ぎ、山での食物を確保して、生育中の稲がよく育つように祈願する。伝説によれば㉔［貴州省徳江

写真 5-20　梁山土地

写真 5-21　李龍。物乞いにきて台所を訪れる

県民族事務委員会（編）一九八六：七八。度修明　一九九二：八七）、姓は肖、名は雄進、南陽に住み、九人兄弟の末子であった。父母の亡くなった後は生活が苦しく、食べ物に恵まれなかったがよく働いた。天上の九曜星が兄弟全てを招いて下級官吏にしたが、天上の規則を知らなかったので機嫌を損ねて、下界に降ろされた。肖は仕事熱心で、誰と仕事をしても満足した。傳洪連が、彼を気に入り田畑の耕作をさせた。その土地は梁山の坂の上に集中していたが、農作業を巧みにやり、傳は皇帝に上奏した。皇帝は梁山の土地を与えた。天上の天帝はこのことを聞いて驚いて、兄弟がまじめで肖は最も成果が大きいことを知り、九人を天上に呼び戻して、九つの土地を与えた。肖は桃園三洞の梁山の土地神とされ、農業に携わる家は、この神の劇を沢山見ると、収穫が多くなるという。儺神は農耕の守護神として信仰されているのである。

㉓李龍

物乞に訪れる来訪者の舞で仮面をつけて三人が演じる。儺堂の災いを減らす働きをするといわれ、連れを率いて物乞いを行う。門から入るが、左ならば娘、右ならば息子が生まれると信じられている。最初に、上半身裸で現れて槍を振り回す。一旦は大門から外へ出て仮面をつけて蓑の衣を背負ってみすぼらしげにして中に入る。李龍に二人の御伴がつく。竹卦（卦子）を持つ。持ち物は槍・

鍋・鈴で、乞食風の格好で出る（写真5—21）。人々に物乞いをして、竈のある部屋に入り食物や酒にありつく（王小二の店になぞらえる）。竈神を祀る。再び堂屋に戻り金銭をもらっていく。一人一二元ずつだすと、各人の前で祈願をして、長生きして健康を保ち家族に良い事があるようにと願い、人々の前では跪くようにする。外へ出ると、もらった食物や酒を道々に投げて孤魂や鬼をもてなす。李龍は唐王叫化ともいい、その前身は唐代の人で福徳があり、人間界の苦難を全て引き受けると信じられている。天子が乞食に身をやつした姿が李龍だという。異人としての滑稽さが印象に残る。「正堂戯」や「半堂戯」の後半部に行うことが多いようである。

㉔上熟

供物を献上して祈願する。豚の脂身を調理して供える。熟とは出来上がったものの意味である。祭壇には茶碗に脂身と三つの杯を供え、手前の地面に紙銭を置き、家の主人と土老師が並んで跪いて祈願する。殺した豚を調理して神に捧げることである。最後に、外に向って紙銭を投げる。これで供物が完全に供えられたことになる。

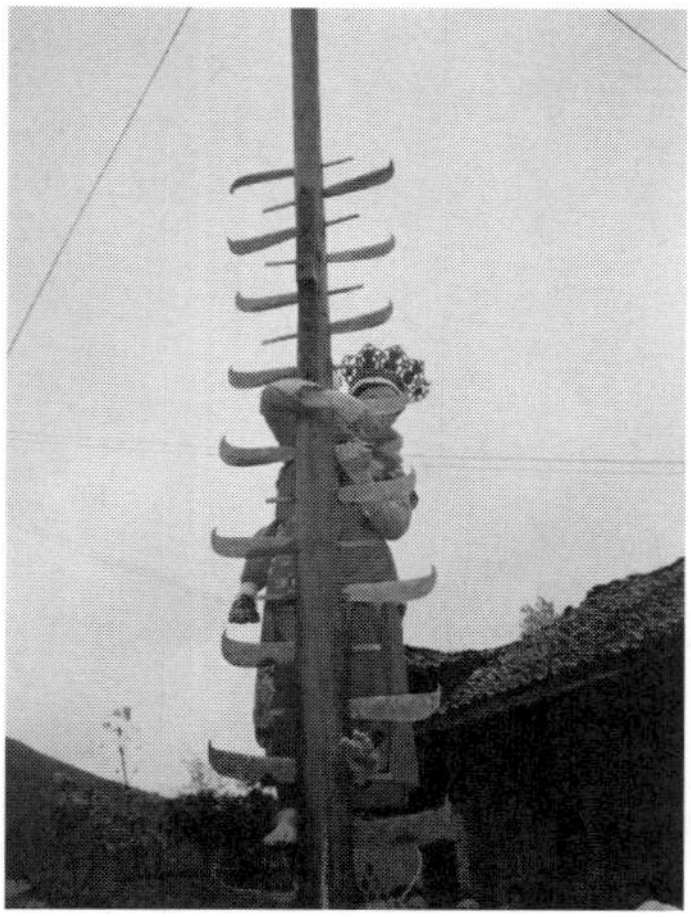
写真 5-22　上刀。梯子の刃渡り

㉕上刀（梯

高い竿を立ててそこに刃が上をむいた梯子を取り付ける。この梯子を登って自分の法術の力を見せる。祈願者の息子である冉瑞強を背負ったまま素足で登る。二回目は自分一人が登って、足が刀でも切れないことを誇示する（写真5—22）。いわゆる法術の一つであるが、願掛けの成就を感謝する意味合いもある。つまり、子供を背負ってのぼることで、魂魄を取り戻して、その身体に病

写真 5-23　過関。伏せた椀を踏みつけていく

いをもたらす関の「煞」が消えうせると信じられているのである。

㉖過関

今回の儀礼の主要な目的である子供の成長祈願の儀礼である。最初に鬼が憑依しないように服を脱がせて着替えさせる。祭壇の前に樽を出して横に置き、赤い布をその上に掛けて、紙銭を供える。[25] 周囲に十二の碗を伏せて地面に置く。十二の碗は十二霊関を表わし、それぞれに鬼がすむ。これは閻魔王の居住する閻王殿でもあり、この地府十二閻君（地府十殿に東岳と南岳を加える）の関門を無事通過すれば、子供は魂魄を身体に取り戻せると信じられている。「関」は障害物のように考えられている。日本の十三仏に似た発想である。祭壇の中央に祀られている五岳のうち東岳が、閻魔王の十二関を管轄しているともいう。張毓福氏が先導役になり冉瑞強の手を引いて渡っていく。碗の中には陰間と陽間があるとされ、陰を壊すことになる。陰は二つとも伏せた状態、陽は二つとも仰向いた状態である。実際には左まわりで全ての碗を次々に踏みつけて壊していった（写真5―23）。ひとつ壊すと占いをして先に進むのが正式で、陰の卦が出ると碗を壊すというやり方もある。これを「関を開く」とも言う。次に、碗を壊し終わると、樽を土間の中央に、入口側から祭壇側に向けて置き、その中に色々なものを通す。最初に占い用のポエを投げ、ついで鶏を通して、最後に子供を通す。出た所はちょうど祭壇の前である。樽の筒の中を「通過」すると、祭壇の前で今まで着ていたものを全て破棄して、新しい衣服に着替せる。これによって生まれ変わって再生したことを実体験させるのである。このようにして、関によって起こされた「煞」は消えて、病弱の子供に魂魄（三魂七魄）を取り戻すことができる。田仲一成が集めた過関牒文に、「過関、免除三災八難、東南二岳金輪上、運転三魂，銀輪七魄、帰身赴体」〔田仲　一九九三：一一〇四〕とあるのはまさにこのことで、その結果として病いや災難から逃れて無事に成人することが出来る。

㉗游楽渉海

儺公と儺母の神送りである。送神上馬ともいう。祭壇に据えて置いた儺神二体を抜き取りそれを一人で手にもって舞う（写真5―24）。別の一人はその前に立って舞う。最後に両脇にかかえるようにして、スーと首を抜き取る。そのままで大門と呼ばれる入口の敷居でしばし止まったままでいる。胴体の方は下に引き上げて、占いをする。神送りの成就を確認する。

㉘安息火

松明の火を持って祭場や家の各部屋を清めて回る。

写真 5-24　神送りの游楽渉海

㉙掃邪（掃邪、清宅）

飾り物を全て壊していく。祭壇を全て壊した後に、師壇図をまつり、正面の家の祖先棚に祈願をこめとお祓いをする。最後にいったん扉をしめて中を清めて、鬼を追い出す。これは閉壇で、儀礼を完結させると共に、全ての神霊を元の在所に送り返す。

以上であるが今回は過関が主体であったので、行われなかった重要な演目もある。その主なものは、先鋒・和尚・勾簿判官である。先鋒は、先鋒小姐ともいい、玉皇から主人のもとに遣わされ、途中で見聞したことを述べ、儺堂戯のために先頭をきって旗を振り、主人の願い事の成就を祈願する。開山とは兄妹の関係で、崔良玉といい、二龍山で兄と知らずに開山と出会うという話もある〔度修明一九八七：二〇三〕。和尚は笑和尚ともいい、儺堂戯を行ったので驚いた龍神を、道士と共に鎮める役を担う。勾簿判官は願をかなえる神で、最も大事な最終演目と見なされ最後に行う決まりである。判官は官吏の装束を着て、独特の帽子を被り、役所で仕事でもするように、祭祀の活動と劇目の内容を全て勾簿牒に書き込んで完成を祈願し、最後に判断を下して願が達成されることを表す。伝承では、勾簿判官は歴史上の人物で、堯、黄帝の時代の人とされ崋山に住んでいたとされるが、後世の仮託であろう。判官を鍾馗と見なす所もあり、最後に威厳に満ちた姿であらわれて、邪悪なものを追い祓う願いが託される。

二　儺についての考察

1　神霊

儺堂戯について最初に検討するのは、祀られる神霊の構成である。位階の上位から下位へ暫定的に整理してみると、①玉皇上帝（五嶽）、②儺公・儺母（兄妹の人類始祖、伏義・女禍ともいう）、③地儺（小山神、地儺小三とY角娘子の人形二対）、④祟る五猖（五方兵馬を統率）、⑤孤魂、ということになるであろう。五つに階層化され、上位が下位を神兵として使うことで世界や宇宙の秩序を維持する。その中は大きく二分され、上位の玉皇や五嶽には守護や加護を願い、下位に儺公・儺母、その配下の神霊に「煞」や鬼のような祟りなすものを駆逐させる。祭事の基本は精神的な秩序の再構築であり、天兵神兵、五方兵馬を駆使して見えない鬼を駆逐するというように、政治的・軍事的な統制の比喩を用いつつ行われる。身体の所作は軍隊の兵士になぞらえられて小気味よい。秩序化にあたって五つの要素が重視される。中央の祭壇は、三清殿で最高神は玉皇上帝であるが、これに合わせて中国の代表的な聖地の五嶽を祀る。祭祀にあたっては、五猖や五方兵馬を使って鬼を五方に駆逐するなど、五方（東・南・西・北・中）の重視は全体を通底している。土老師の師匠の系譜を描く師壇図は、祭壇の一種だが、これも五層が基本である。神霊の場合、中央に祀られる神々は、道教の教義に由来し、茅山教に属するといい、道教儀礼を形式的には踏襲する。しかし、実際の主神は儺公・儺母で、この男女はトゥチャ族の先祖であり、同時に人類始祖でもある兄妹として祀られ、主宰者の願い事の成就に関わる。儺堂戯は、トゥチャ族によって、「始祖神」の祭祀に読み替えられ、儺公・儺母は現在、この地で生活する人々と繋がりを持つ祖先と意識されている。非漢族であるトゥチャ族やミャオ族は、漢族の道教の祭祀形式である儺堂戯を借りて、或いは換骨奪胎して自分たちの始祖を祀り祈願しようと試みている。儺堂戯には、これに併せて主宰者の家の祖先（家先）の加護も願うが、漢族の祖先観とは異なり、神話的な始祖をも含めた深みのある祖先祭祀のように思われる。一般に漢族の儺は災厄の除去、悪霊祓いを主たる特徴とするが、この地の儺堂戯はそれを読み替えて広い意味での招福を願い、病気平癒や人生の危機の克服を願うと共に、祖先祭祀を含み込み、更に成人を確証させる個人の人生儀礼の一部にも展開している。

2　地儺と鬼

祭壇の下に祀られる地儺、小三（小山神）とY角娘子は、小さな男女の人形で、儺公・儺母と相似形である。大地の上に直接置かれて位階では下位であるが、陰兵陰将を統率し、霊魂（正確には魂魄）が遊離した人のために霊魂を取り戻すという。判牲では供物の献呈に先立って、地儺に邪悪なものを抑え込ませる。それは九宮八卦の形に折った羊皮紙を地儺の脇に置き、火の灰を入れた碗を火箸で運んで、紙の上に伏せて火箸で押さえる。羊皮紙は火で燃えないが、是は法術によって祭場に祟りなすものを鎮圧した（収邪精）ことを意味するのである。地儺は土地の神霊の様相も帯びており、これは祟る地霊の鎮めでもあるようだ。

　地儺の由来についての地元での伝承によれば、[26]地儺小三はかつては小三郎といい、桃園の宝山に住み、父は武官の将真君、母は金花聖母であった。相貌が凶悪で角があり牙を持っていたので人々は皆恐れた。彼は領主である桃柳公の娘の桃花仙姐と恋仲になったが、それが知れて殺される。その死んだ魂が玉皇上帝の宝殿に到達したので、神は儺堂の陰兵陰将を統括させ、昼間は魂をとらえ、夜は魄をとらえる役目を与えて民衆が幸せに平安になるようにした。かつての武将が死後に祀られたという伝承が基調となり、怨念を秘めた荒々しさや獰猛さを内包する。神霊の由来伝承は、歴史上の人物に仮託されているが、多くは後世の変形であろう。

　五猖は地儺の使役霊とも見られ、神霊の手先の軍団として悪鬼を駆逐する。由来譚は、[27]湖北の武昌府竹陽県に住み、上界の神仙女を母とし、父は下界の張三郎と言った。四人兄弟で、長男は東岳の主、次男は赤帝、三男は西岳の主、四男は白帝で蛮兵を官吏していた。五猖は一六歳から読書を始め、茅山の李老君に正しい教えを学ぼうと志した。五猖は兄弟と共に出掛け、途中で神通力を発揮して老虎を馴化させた。その後も修行を続けて桃園に到達したが、後に神によって封じ込められて、儺堂の五路五営の陰司を管轄する兵馬の凶神とされた。家の人々の平安を司り、陽魂と陰魂を管理し、もし失せることがあれば元に戻して、家族の平安を保つという。地儺は五猖とは同一視されることもある。

　五猖は神像ではあらわされないが、師壇図に描かれることはあり、逆立ちや芸をするような仕草で描かれて、秩序を撹乱ないしは逆転するような様相があり、善悪の両義性を帯びる。その描写は恐ろしげで、その名称は「含毛吐血五猖」「追生逼死五猖」「翻行倒走五猖」「拿魂追鬼五猖」「開腸破肚五猖」といい、[28]黒毛をはやすなど形相に恐ろしげなものもいる。その出現に際してはしばしば神がかりに近い騒擾状況が作り出され、妖気が漂うような中で招かれる。異様な雰囲気が醸し出されて、鬼が退治されるのである。五猖は内に荒々しさを秘めて、高位の神霊、特に将軍によって使役されて鬼を追い払う。その位置付けは神霊の下位で地霊と近接性があるだけでなく、鬼や悪神と共有する性格を持つ。むしろ五猖は鬼と属性を同じくするゆえに鬼を駆逐できるのではないだろうか。

一方、対抗する鬼は形象化されることはない。これは日本との大きな違いである。祭場の外部には、彷徨し目に見えない孤魂がおり、祀り手のいない恨みで人々を不幸に陥れる。その怨恨は根深く常に幸福な人々を付け狙い、たびたび力を復活して人々に災いをもたらすという。孤魂は造船清火で、船にのせて丁重に送り出される。この孤魂に供物を与える役をするのは、劇目では李龍であり、来訪神のような外来者であるゆえに、外の孤魂に対応できるのかもしれない。土老師が剣で追い祓うのは、鬼や魔物であるが、孤魂にも真剣に対処する。鬼と直接に対抗するのはあくまでも五猖であり、五営兵将（天兵）や五方兵馬と同じに見なされる。彼らを招いて東西南北中に軍営を設け、二人舞で戦いに近い所作を演じて五方位を巡る。五方位という空間秩序の確立が重要である。しかし、その五方には祟り霊にも転化するような五猖がいて複雑である。祭場の神聖性は中央部に九洲という秩序ある世界を構築して、魔物をその外に追い出すことで保たれる。

3　仮面

神霊迎えの後に面具、つまり仮面の神霊が登場する。基本的には開洞以後で、桃園洞という道教的な意味付けを持った仙界から仮面がもたらされる。儺堂戯は、これ以後、情景が大きく転換して、人々に親しみやすいものになる。桃園とは道教の神仙世界という意味合いが強いが、この地域の巫者が現世と神霊の世界を往復する時に、神霊世界を花園に見立てていることとの関連もあるかもしれない。仮面は、別の世界に所属して、彼岸からもたらされるもの、境界を越えてやってくると考えられている。この空間上の観念的遠隔はこの地方の特色かもしれない。桃園洞という別世界への源郷意識が強い。また、仮面をかぶることで別の存在、異界に属するものになるという意識がある。仮面は、笊の上に置いて紙銭や線香で祀るが、それ自体を聖化し神聖視する度合いはやや薄い。仮面の扱い方は丁寧ではなく、仮面は太鼓や鈴と同様に単なる祭具で、神霊が異界から出現するための道具や手段に過ぎないのかもしれない。隔絶した聖性を持たないことは、神と霊と人の関係が連続的で流動的であることを意味している。仮面戯は、せりふと演技を交えて見られるものとして、娯楽性を強め視覚に強く訴えかけ、劇的構成と対話のやり取りで進行する。

一方、興味深いことは仮面として出現するのは、①から⑤の五種の神霊以外であり、その中も桃園洞の三洞に対応して、上洞・中洞・下洞の三種にわけられて階層化され、全体の進行もほぼこの上中下の順番である。下位のものは鬼と霊性を共有するものも含まれ、それゆえに強力な厄祓いが要請されるのであろう。仮面を被ったものは通常は不可視の存在である。その形相は憤怒の相、恐ろしげな相、穏やかな相とがある。悪霊退散のためには恐ろしげな面（特に開山）が使われることが多い。高倫はかつて仮面戯を以下の三種に分けて考えた。それによると［高倫一九八七：八二―八三］、①単独の神が儺堂に来て、主人の家のために吉を齎らして祝福し、五方の妖怪を祓う（開山、土地、関羽・周倉、李龍、九洲道人、泗洲和尚、和尚、霊官、算命、判官、柳三、楊泗、掃地童子、先鋒、開路将軍など）、②単独の演劇を連結し、登場人物を次第に増加させて物語を展開する（開洞、引兵土地、押兵土地、甘生、秦童、梁山土地など）、③民間唱本或いは故事を儺堂戯にした演劇を演じる（鍾馗、王婆買蛋、李氏買酒、牛皐買薬、陳氏休息など）、である。余り整合的ではないが、概要は把握できる。戯曲の多くが漢族から伝えられたにせよ、細かな土地ごとの違いはかなりの再解釈を施される。題名は同じだが内容が異なるものもある。

4　法事と劇目

儺の全体構成は法事と劇目（正戯）が交互に入る形をとり、神霊を迎えてもてなし丁重に送り出す形式である（図

5―3）。つまり、最初の法事では、神霊を迎える（言語と所作）、神霊を安置する施設の構築、祭壇の主神と眷属の饗応、の三つが主たる内容で神霊の鎮座に焦点があり、その中に法術の誇示と供物の奉献がある。劇目については、今回は全ての劇目を見たわけではないので、やや偏りがあるが、将軍（悪鬼退治）、世俗劇（社会風刺）、先師（開拓作業）、人神（土地神と来訪神）とに分けてみた。劇目の前半は開洞と将軍で鬼を鎮圧し、世俗劇で人々を楽しませる。開洞では仮面が地上にもたらされて情景は天から地へと大きく移行する。開山猛将や開路将軍の使命は「開く」ことにあり、邪悪なものを打ち懲らして世界を再生させる。その後に続く将軍は武器を持って強力な悪鬼退治を行う。過関で祟りなすものを祓う場合も、「関を開く」という。

劇目では、全てが悪鬼への対抗を目的とするわけでなく娯楽性に富んでいる。秦童は社会風刺がきき笑い飛ばして体制を批判する。その中で秦童と対になる甘生が豚殺しとなるという筋書きがあり、いつのまにか豚の供犠につながっていく。劇中劇が実際の法事になる。その後、中ほどの法事は悪霊祓いで、鬼を追い出すことに特化する。劇目の後半は先師と人神が主題で、押兵先師のように土地開拓を主題にするもの、梁山土地のような人神だが土地を豊かにするものが出現し、農耕儀礼の様相がある。人間臭い生活に密着した内容で、土地に豊かさを齎し、不幸を追放し、滑稽さも増す。来訪の形態が際立つのが李龍で、魅力的な来訪者として人々のエゴイズムを風刺し神霊の威力を表すが、親しみやすさを演じて、厄を祓い富をもたらす。最後の法事は、供物の奉献、厄除けと法術の誇示、そして神送りである。総じて儺堂戯の神霊は臨時の祭場に来訪する。その時に発せられる神霊の言葉を通じて、作物の豊穣や家畜の増殖、子授けや病気直しなどを祈願する。常に占いで神霊の意志が確認される。儺堂戯に限らず、神霊との交流で一貫して重要なのは供物の奉献である。前半は法事の終了後、後半は劇目の展開の後で法事の開始時という二回であり、最上のご馳走である豚を供犠して十分に神霊をもてなして願成就の恩返しをする。

全体の構成を言語に注目すれば、法事は通常の人々にはわからない、漢語を主体に使い文語調であるのに対して、劇目の仮面戯は土地の言葉であるトゥチャ語を使った口語による対話が主体で、土地神、唐氏太婆、和尚、判官など登場人物が人々を笑わせる。その中には社会風刺を含み、性的なあてこすりや冗談、語呂合わせが多用される。内容は多岐にわたり、家庭劇で親族の倫理を問う、科挙になぞらえての政治批判、男女の恋愛などが演じられる。現在では政治風刺はきつくないが、かつては滑稽さを伴って好んで題材に取り入れられていたようだ。仮面は人々の認識に亀裂を入れて常識を脅かし、その違和感を通じて、日常生活や社会のありようを批判的に見ることを可能にするが、最後は願成就に結びつけて現世の幸福を祈願する方向に導く。一方、各所に法術が挟みこまれて、変化に富むが、その時には通常では考えられない火渡りや刃渡りで超能力の法力の誇示がなされる。これは言葉がいらない、まさに身体そのもののコミュニケーションの世界である。身体の矯正や痛めつけを通じて強靭さを示し、肉体が不死身であるかのような状況を人々に見せる。見られることを過剰に意識して、身体を変形させ、通常の身体からの隔たりの意識を喚起させる。それが人々にとっては目に見えない法の力と、これに対抗する鬼の力の拮抗を痛烈に認識させるのであろう。このように儺堂戯では、言語では、文語と口語、そして非言語の身体技法という三種の異なる位相が交錯する。

5　異界の様相

神霊のいる異界のイメージには漢族の影響が強く、世俗的色彩が色濃い。神霊の住まいは、観念上は人間が住むような楼閣であり、軍隊の兵営とも見なされる。また、中央には「當今皇帝萬歳牌」という紅牌が置かれて、皇帝の王座（龍位）がしつらえられ、将軍がその命令を受ける形になっている。その背後には元始天尊が祀られて王と神が重ねあわされる。祭場が戦場になぞらえられるだけでなく、そこは観念的には王宮であり、皇帝の絶対的な権威の下で、神兵が武器を持って魔物を追い散らす。このように政治と軍事と祭事が重ね合わされ、武官が大きな働きをする。漢族の文化の影響が強く、陰界についての現世的な思考様式を反映している。最後に判官は威厳ある恐ろしげな官吏の姿で登場する。彼は政治を司る文官を代表し、印鑑を押すという役所仕事になぞらえて、儀礼を成就させ、邪悪なものを退散させて、祭事を完結させるのである。

異界との境界は明確に設定される。神霊の迎え入れにあたっては、念入りに「橋」を構築し、「門」を通過するという形をとり境界性を色濃く意識する。「橋」や「門」には漢族の習俗と土地の人々の意識が混淆する。ミャオ族やヤオ族では子授けを願う時に小さな板で橋を掛ける。子供を他界から迎え入れるのである。橋は異界と現世を繋ぐ装置として各地で使われる。橋には神々が船に乗ってくる様相が描かれ、水界は現世と異界を隔てるとともに繋ぎ合わす。水についてのイメージが隔たりを越えてくる情景を豊かにする。劇的な神霊の迎え入れに続いて、主神と眷属への饗応があり、特に大游儺は人形の神像を操る神遊びで祝祭的な雰囲気に溢れる。最後は神送りで元の場所に戻っていく。橋や門の儀礼のうち、特に橋を清め障害物を取り除く所作は丁寧である。朝鮮の済州島の巫者のシンバン（神判）がクッにおいて、霊界との間の道を作って龍王を祀る「龍王迎え《ヨワンマジ》」の儀礼や、死霊を丁寧に供養する「十王招き《シワンマジ》」を想い起させる。

6　道教との関係と儺の性格付け

総じてトゥチャ族の儺堂戯には道教的な作法が身体技法や祭壇のしつらえに色濃く見られ、法師の技法に展開し荒ぶる神霊に効果的に対抗する。漢族の道教の祭祀を受容し、作り変えたのである。この地の多くの土老師が所属する茅山教の淵源は、文字通り受け取れば、江蘇省句容県近くの茅山を根拠地とし、三世紀頃の魏華存を開祖する茅山派（茅山道）、別称、上清派に求められる。この派は南岳衡山を支配し、九代の陶弘景の時に発展した［窪一九八六：八七―八八］。唐代や五代には茅山派は王室と結びついて栄えたが宋代には衰えた。徳江の場合、明代にまでしか遡れないので途中の経緯は不明だが、元始天尊を最高神とする点は共通する。道教でも法師の駆使する紅頭巫術や五猖巫術が効果的に使われ、病気をもたらす鬼を祓うだけでなく、健康祈願、豊饒祈願、家畜の増殖、家族の安泰などを願う広い意味の祭りを生成し、伝統的な儺を換骨奪胎する方向へ向かった。トゥチャ族は、漢族の道教儀礼の形式を使って、地元の人々の願成就を独自の方法で追究している。法衣や祭具、科儀書、身体技法（特に足踏みや手の使用）など外部から伝来した多くの儀礼形式が、在地の人々の世界観に表現にかたちを与え、その思想を儀礼を通じて表現している。儒教や仏教の影響もあるが、仏教的な色彩は薄く、華人社会や台湾で行われている「打城」のような死霊を地獄から救い出す儀礼はない。日本では仏教が在地の慣習や民間信仰と習合して、儀礼を通して土地の世界観を新たに読み変えていったように、この地域では古い観念の形象化や表現化を道教の形式を借りて表象しなおし儀礼や演劇を創造していると言えそうである。道教儀礼を外被としたトゥチャ族やミャオ族の個性的な生き方が見えてくる。

儺堂戯の目的は災厄をもたらす悪霊を祓い福を招いて生活を豊かにすることにあるが、村落の全体に関わるよりも個人の依頼による願掛けや願解きが基本である。この儀礼はある程度の階層分化があり富の蓄積と偏在がある社会を基盤とし、そこに生活する富裕層を担い手とする。かつては特定の家族や親族集団がパトロンとなって維持してきた形跡があり、田仲一成が示唆するように支配者層や商人達によって取り入れられた可能性が高い。彼によれば、儺は基本的には郷村社会を基盤とする「郷儺」（春祈の社祭に由来か）と、宋元以降に富裕家族が演技者を家堂に招く「堂儺」、農村市場で発達した「市儺」に分けられるという［田仲　一九九八：七〇］。「郷儺」は地縁社会、「堂儺」は血縁社会を基盤とし、前者は社会の基層部から生成されるので他民族・他地域への伝播は困難だが、後者は富裕者の結合の中に成立して、官僚や商人を媒介として比較的容易に伝播しうるとした。社会的な背景から、「郷儺」には追儺形式が多いという。貴州の事例では依頼者は家族で、子供の健康を願うのであるから「堂儺」にあたる。「堂儺」の目的は駆邪逐疫で、題材は破地獄（死者の亡魂を地獄から救出）や病気直し（原因の病魔病鬼を駆逐）が主体となる。田仲一成によれば、執行者である「儺人が奴僕身分として大姓に拘束されている」ので、儺人を招いて儀礼を行うことは容易だったという［田仲　一九九八：九〇］、漢族から少数民族への儺戯の伝播は、富裕者や上層部を通じて、支配層から下降して受容された。しかし、ひとたび定着すれば各地で個性的な展開を遂げたことは、多くの報告事例から明らかである。受容形態は各地で異なり、その変容の状況も劇的であった。一九四九年の解放による社会主義政権下では、「迷信活動」と見なされて大きな制限が加えられ、文化大革命によって「郷儺」は不可能になった。個人の祈願をする「堂儺」は隠れて行うことも多かったが、試練が続いた。一九七八年一二月の改革開放への政策転換により、一九八一年頃から徐々に復活し、春節前後には「郷儺」を行う所が増加し、「堂儺」を行うことも増えてきた。執行する目的の多くは、生活の安定を願い、病気治しの祈願をすることである。

一方、海外に移住した華僑・華人による「堂儺」との比較は興味深い。田仲一成は、打城（台湾、シンガポール）、破獄（シンガポールの海南人など）の事例を取り上げて貴州との比較も試みている［田仲　一九九三］。漢族に根強い亡魂の救済という意図が、貴州ではどのように表れているのか。今後の課題である。

7　土老師

担い手の土老師についてであるが、高度な専門職と言える。技法の継承は世襲が多い。基本は男性の師資相承で、親子で受け継ぐ場合は父方の系譜との連続性が意識される。血縁や法統の系譜によって連続性を意識化することは、師壇図を祀ることに表れている。師壇図は崇拝対象となり、供犠の鶏の血が塗りつけられる。儀礼の中では師匠筋の土老師の加護を得る祈願をする。師壇図には男性主体の系譜意識が見られ漢族の影響を広範に受容しているが、巫者には女性もおり徹底した父系の貫徹があるわけではない。これがトゥチャ族やミャオ族の特徴とも言える。

儺堂戯では、文字をもたない人々が、儀礼執行にあたって「読み書き能力」を重視し、漢語の使用の習熟が求められるというややねじれた状況がある。儺では文字の使用、特に漢字が多用され、地元の言語であるミャオ語やトゥチャ語は「儀礼言語」としては余り使わず、知識は漢字や漢語に造詣が深い特定の人々に独占される。地元の人々には意味不明で外来性を持つ漢語の使用は、かえって強い呪力を持つと見られた。そして、漢字は読み書き唱えるだけでなく、呪符や結界の記号としても使用され、外来の儀礼という文脈の中で強い効果を発揮したと思われる。彼らはトゥチャ族やミャオ族の社会の中で、漢語と漢字を縦横に操り、法術で呪的に高めていく能力を持つ。特に法事は漢語が多用されるが、半ばからのややくだけた仮面戯の劇目では、土地の言葉を使いながら、身近な話題と風刺で人々を魅了する。その結果、法事と劇目は対照性を持ち、「異化効果」があって強い印象を受ける。

土老師たちはアクロバチックな所作と見事な舞、印の操作、太鼓の乱打など高度な身体技法を身につけた秘儀的な儀礼集団、そして演劇集団として、家から家を渡り歩いて「境界性」を維持する。精神と身体の双方にわたる知識の偏在性によって、儺の担い手の権威が維持されている。法事や法術は師資相承である。漢語の圧倒的な使用力により、人々の彼らに対する信頼は強い。広域に亘るリンガフランカとしての言語と文字、つまり漢語と漢字は、多様な民族の思考形式に表現手段を与え、民族を越えて広がるという開かれた可能性を持つ。そこに更に再解釈を施して想像力を発揮することもできる。

儀礼を執行する職能者は修練を通じて会得した法術を駆使出来る特別な力のある者でなければならない。彼らの使用する言葉と演技の技法の根底にあるのは、法への信頼であり、法衣を着て普通の人に出来ないような技法を法術として各所で誇示することで儀礼の効果が保証される。彼らが働きかけるのは、「浮遊する霊魂」である。自らの霊魂たる魂魄を茅人に移して身体をうつろにすることで祈願する開紅山や、子供を「煞」から逃れさせて魂魄を取り戻すという過関に、魂の統御者としての性格が表れている。「浮遊する霊魂」を身体に取り戻すということは、折口信夫のいう外来魂（タマ）の付着に近い［折口　一九九五（一九二八）：一八九―一九〇、折口　一九九六（一九四四）：三三］。いわばこれは日本風にいえばタマフリ、鎮魂の祭儀であった。

土老師は神霊になり変わる、つまり一体化して能力を発揮すると信じられている。法事においては法力を誇示して神霊と交流し、法術では身体を極限まで使用して神秘さを顕示するが、神がかりにはならない。しかし、ところどころで祭場に喧騒状態を引き起こし、人々を熱狂させる能力は持っている。このような儺堂戯の担い手は、厳格な意味ではシャーマンではないが、地元でいう巫師である。神がかりしない霊的能力者として、法師の役割を再認識する必要に迫られる。

8　宇宙の再生

仮面によって形象化される差異、異界への想いは、外来者（漢族と非漢族の違いが明確化される。来訪神、乞食、科挙に落ちた人々、土地の開拓者）のイメージが重なることで増幅する。地元でなぜこの儀礼があえて漢語表現で「儺戯」やそれに近い名称で呼ばれているのだろうか。儺を「やらう」、「追い出す」意味の儺としてとるのは狭いのではないかという疑問も浮かんでくる。その答えは幾つか考えられるが、根本には対象とされる悪が、漢族では鬼と表現されて否定的であるのに対して、非漢族にとっては両義的で流動的である点が挙げられる。漢族では鬼は余り可視化されないが、非漢族では部分的にせよ可視化することで多様な認識がそこから醸し出される。漢族文化が流入した結果、トゥチャ族、ミャオ族、トン族など現地の霊的世界が体系化された知識に基づいて序列化されて、パンテオンが形成され、階層が生まれる。他方で、融通無碍な地元の神霊が下位に貶められ、使役霊となったり、否定性を帯びさせられたりする。しかし、どこかに流動性は残り続ける。例えば、五猖は武将や将軍の色彩を帯びて五方兵馬を駆使するように、戦さの世界に巻き込まれる一方では、地儺とも同一視され、祀られる場所は関（境界）の祟る神霊とも近い。元来は人々にとって身近な地神か地霊であったかもしれない。神遊びの場で人々を熱狂させる雰囲気に巻き込むのは五猖であり、民衆の心を捉えるような状況を作り出す。しかし、その威力を誇示するためには、漢族の世界観を借りて軍隊になぞらえられ皇帝に統率されなければならない。地霊は祟る荒ぶるものであり、その中には白虎や蛇や牛など動物や水死者の霊も混ざり合う。主神よりもそれらが鄭重に慰撫される対象となる。特に死後の魂は白虎となって多くの人々を病気にすると恐れられている。この地霊をいかに鎮めて再生するか、それが儺堂戯の課題である。

主神は多くの困難や危機に対処する儺神の様相をとる。その根本では、男女あるいは兄妹の創世神や始祖神を祀る。断片的に語られる洪水神話を通じて、儺堂戯は原初の時間に立ち返り再生を願う。儺公・儺母は地元の人の説明では生首そのもので、かつては実際に人間を捧げた人身供犠の名残だという語る者もいる。究極のいけにえを捧げることで大きな願いをかなえる意図があったのかもしれない。また、「開紅山」は人間は死後に魂が白虎となると信じ、虎が人間の血を好むので、人間を捧げた名残りで、人血を大地に注いで祖先を祀るという人身供犠説[29]も提示されている。トゥチャ族は老虎を崇拝して家の守護神とし、白虎を山大王とも称して祖先の像と合わせて廟に祀っているという[30]。つまり、白虎は山神でもあり、祖先神でもある身近な守護神なのである。過関の時に、中央に置いた桶の祭壇側に虎頭を書いた紙をはり、それを突き破って出ることもある［田仲　一九九三：一一〇二］。こうした状況を見ていくと、儺堂戯は漢族の影響を受けつつも、次元が異なる独自の宇宙を再創造させる場であったと言える。

儺堂戯の根源には、荒ぶるものの慰撫がある。主神である儺公・儺母という始祖神は悲劇の最後を遂げた男女であり、大地に置かれる地儺もまた非業の死を遂げたと言われる。滑稽な和尚や李龍、梁山土地などは笑いを通じて精神を開放する。儺堂戯の基調は神霊や祖先の祭りにとどまらず、非業の死を遂げた幽霊（孤魂、遊魂）を慰め鎮める様相がある。そうした荒ぶるものたちの慰撫、その甦りに相応しい季節は再生の春であり、春迎えの習俗を入れ込んで変容してきた儺の儀礼とうまく接合する。儺はまた基本的に祟りなすもの、特に鬼を追い祓って復活・再生を祈る儀礼であった。それは陰の気に満ちた冬に陽の気を吹き込んで招き寄せ再生を願う呪術としての性格が強い。しかし、徳江の儺堂戯は、陰陽の均衡を図るという観念よりも、農耕の収穫感謝、個人の人生儀礼など具体的で身近な願いをかなえる儀礼として民衆の想いに適合した。その担い手として信頼されたのは広い意味の巫者であり、憑依には至らないにしても仮面・仮装・舞踏・神託などを通じて、身体ごと神霊と一体化する。民衆には信頼の絆を権威性に求め、徳江の場合の拠り所は師壇図にあった。それは祖師を祀る、言い換えれば人間を神に祀る、つまり人神の崇拝である。儀礼における土老師は、祖師の霊魂の納まった法具の帯を身に付け、祖師の霊魂と同体化する。牌帯という目に見える転換装置は、祭りのたびごとに祖師との絆を更新し、系譜と法脈を確認することで権威性を保証した。これによって原初と同等の強力な力が、儺堂にみなぎり強力な甦りが果たされるのである。

しかし、その所作や法術は鑑賞の対象となる傾向が強まってきているようだ。巫者は芸能者に近い部分を持つ。仮面をつけて神霊になりかわって村人と対話すること、見られることを意識して芸態を整えていくことは、時代を越えた持続的な変化であろう。宗教的職能者は専門的な知識を独占して民衆から遊離する傾向があり、個人の依頼という不安定性に依拠して執行するがゆえに、その逆の方向、つまり人々を魅惑する演劇性の担い手となる可能性も併せて追求する必要があった。社会主義の中国の中で、文化大革命を始めとする強力な政治的な働きかけを受けることによって、儺堂戯は法事の色彩を薄めてきた。今後は、更に演劇性を強めながら、その中で人々の精神を癒す方向性が強まっていくであろう。

三　比較研究のために

儺の世界は、東アジア世界での民衆の多様な思考の表現媒体として、特に仮面を多用する点において人間の認識の多様性を発現する実験場のようでもある。儺の研究には、特定の儺をじっくりと考察し、文化の習合状況を踏まえて比較の観点を見出す試みが必要である。文献の上だけで儺を追い求めても限界があるが、比較研究もよほど周到な論理展開を用意しないと不可能である。以下では、この限界を踏まえた上で、貴州省徳江県の儺堂戯を主体として、試論的に各地の仮面劇や朝鮮・日本の祭祀芸能と比較する観点を述べる。

(1)　衣装と仮面

儺堂戯では祭場で特別の衣装である法衣・法裾・法冠を身に付けることで、神霊との交流を図るという手法が顕著である。法衣を着る、脱ぐという所作の重みがあり、衣装の持つ媒介性が強い。これは漢族の道教儀礼で、法力を駆使する法師のあり方を踏襲したと考えられる。比較の観点から言うと、着脱による変身、見物人の現前における変身を通じて、神々の世界との交流を行う形式は、朝鮮のムーダンに似ている。日本の場合は、南九州の椎葉神楽で、祭場である御神屋《みこうや》で衣装の着替えや面つけをする。担い手の近似性を言えば、かつての対馬の法者《ほさ》、五島の法人《ほうにん》、備後の法者《ほうじゃ》、三河の法太夫、更に法印など男性の巫者の系統に連なってくる[31]。彼らは法を身体化した巫者であり、必ずしも神がかりを伴わない神霊との交流者である。彼らは法事から劇目に変わると、仮面を被ることで神々に変身する。そこで劇という表現を借りて、自由に神霊と交流が出来る。仮面を被ると神霊や登場人物と同等に成るという考えは共通して見られる。しかし、儺堂戯は、仮面を別の世界から招来して祀る（徳江）、開光の儀礼で魂を入れる（徳江、石郵）など始まりの儀礼はきちんと行うが、日本の仮面の扱いに比べる神聖視の度合いは薄い。

(2)　将軍

儺堂戯では仮面戯に将軍が多く登場する。この多くは地方の英雄で、戦さで華々しく活躍して勇敢に戦って死んだりした武将が、死後に祀られる。戦さに功績のあった人物も祀る。歴史上の人物、特に関羽はその代表ともみなされ、地方の武将も多い。武将は刀や槍などの武器を持っており、これで相手を倒すだけでなく、目に見えない魔物や悪霊にも対抗出来ると信じられる。将軍は菩薩と見なされる場合もあるが、その底流には、非業の氏や横死を遂げた人々への恐れ、不幸な死、死者の祟りへの恐れもあり、伝えられる話には悲劇性を内包する。所作や執り物としては、旗を持つ、羽を付けて舞う点は、漢族の地方劇と類似しその影響が濃い。

将軍は朝鮮の巫儀では救国の英雄として神格化されて登場し、ムーダンの守護霊となり、託宣を下す。その服装は中国の儺戯に近い。但し、村の入口に祀られる天下大将軍は避邪の機能を持つとみなされる。日本では陰陽道の祟り神の天大将軍として大きな影響を与えたが、広島県南部（安芸）の十二神祇神楽では、荒平《あらひら》や荒神が大地の霊として出現し、祭りの最後に将軍が登場して、刀と弓を振り回して、神がかりして託宣を下す。弓矢で五方の魔物を追いやってからの神がかりである［鈴木　二〇〇一：一六八―一七二］。南九州の椎葉神楽では武器を使うことから狩猟の守護神になり、正護殿《しょうごんどの》として豊猟の託宣をする。弓正護《ゆみしょうご》や弓八幡では弓を潜り健康を祈る。軍人―猛々しさ―英雄―神がかり―託宣―狩猟神という読み替えは興味深い。

(3)　開山

儺堂戯では劇目の冒頭部に開山が先駆けのようにして登場する。これは貴州、広西、湖南、江西などに広く見られ、南方の特徴かとも見られる。一説では方相氏の末ともいう。仮面は恐ろしげな表情をして牙をむいて角をはやすが、決して悪さをするわけではない。強い力で悪鬼退治を行い、役目を務めたら元の地にお帰りねがう。山で鬼を鎮圧したと伝説は語られることが多く、「山」という空間を力の源泉とする。牙を持ち角をはやし怒りの眼を持つ仮面は、野生の力を内在化させ、それゆえに鬼のような強い力を発揮できるものを駆逐できる。開山は、自らの内に鬼の属性と通底する力を持つがゆえに、鬼を統御出来ると考えるのが自然であろう。したがって、これは鬼神とでも呼ぶべき存在である。江西の儺戯では開山とは別に、大鬼、小鬼、小神（鐘馗が大神であるのに対する呼称）が出て悪さをする鬼を追うという［曾志鞏　一九九七：一二三］。鬼が鬼を追うというのは、相互が共に共通した属性を持ち、内に魔性を秘めるがゆえかと思う。開山と似たものに開路将軍があってやはり鬼を駆逐する。開洞によって仮面がもたらされ、「開」という表現による場面の転換が起こり、その後は一挙に仮面戯に入る。朝鮮や日本には開山にあたるものはなく、悪霊の鎮圧を強調すれば将軍には類似する。仮面戯の冒頭に出現する開山は、日本では先駆けの役割を果たす猿田彦に対応するが、性格は異なる。全体構成を法事と劇目に分ける儺堂戯の発想は、日本に対応させれば、神事と能舞に分ける備後の比婆荒神神楽と類似する。能舞は抽象的な神事を歌舞に具体化して「神楽事」として示すのである。

⑷　判官

最後に登場する判官は、鍾馗とも同一視される。鬼を食べて撃退する鍾馗が最後に儀礼を成就させるところに、儺の文化的連続性を見ることが出来よう。判官の役割は、儀礼で行ったことを全て書き留めて印を押すことで、儀礼が滞りなく終了し願いが全て聞き届けられたことを確証する。鍾馗の位置付けは、劇目の冒頭の開山と対をなす形と見ることが出来よう。つまり鬼を最初と最後に強い力で鎮圧するのであり、儺堂戯の完結にはふさわしい。また、鍾馗や判官は、桃園洞の下洞、つまり魑魅魍魎的な神霊に属し、鬼とも性格が通底する。開山もまた下洞に属し、共通性はここにも見出せる。そして、開山─判官─鍾馗は、鬼を駆逐する地儺や五猖とも性格を共有する。こうした一群のものは、鬼のような野生を抱え込むことで、逆に鬼に対抗して鎮圧することで超越するのである。この地域で、個人の家での厄祓いとして定着した儺の性格は複雑であった。しかし、判官は鬼の鎮圧という以上に儀礼の成就を目的としており、出来事を文字で書面に書き記してその証にするという行為を通じて、文字世界、漢族の社会に結びついている。また、別の伝承では、判官を冥界の閻魔に見立てる所もある。これは仏教の影響で地獄の鬼の統括者、人間の善悪の判定者という位置付けが与えられたのであろう。但し、儺と仏教は深く習合しているとは思えない。判官の位置付けは複雑な構図であり、その設定は地域の個性によって位置付けを変える。

⑸　宗教的職能者

土老師はかなりの専門職で、その資格は特定のイニシエーションの儀礼によって師から認証され、そのあかしとして法具の牌帯を身に付ける。これは一人前という意味もあるようだ。その継承にあたっては系譜の連続性が強く意識され、世襲の所も多い。儺堂戯の特徴は師壇図を崇拝対象として掲げることで、時には神聖視して鶏を供犠して血や羽をなすりつける。代々の師の加護を受け、或いは守護霊とすることで儀礼がうまくいくと考えられている。この代々の祖師は、いわば「巫神」である。師壇図は他の地域には少なく、貴州の独自性が表れている。これを「巫神」と見れば、「巫神図」を祀り、「巫具」の由来と継承を重視する朝鮮の巫者たちと近い。また、土老師の社会的地位はあまり高くないと推定され、一部の人々は芸能者のあり方と通底する。彼らは道教で言う法師のうち紅頭法師の系統かと思われ、道士に比べると地位は低い。彼らの活動を保証するのは法の概念で、仏教や道教の知識に由来するにせよ、修行を経て体得したと観念される呪力を持つと信じられている。その場合、身体の動きの敏捷性と意味性が重視され、イメージ喚起能力をもたらす印の所作が多用される。これが極端な形で現れたのが法術であり、この身体技法を誇示すればするほど、限りなく芸能者に近づく。

比較の観点に立てば、法を根拠に呪術的活動を営む点では、日本の法者、法印、法太夫と共通性がある。日本では継承には世襲と非世襲があるが、後者に属する神子《みこ》やイタコなどの巫女は、師匠から「お大事」という証しを頂く。これは土老師の牌帯と類似する。しかし、牌帯の重要性は、その中に代々の師匠の魂が封じ込められていると信じられていることにある。彼らは師匠や祖師の陰魂を身体に身に付けることで異能が発揮出来る。これは、限りなく折口信夫の言う外来魂に近い。法の継承の上にたって、知識と力が累積された魂を身体につける。これが彼らの法力の究極的源泉であることはほぼ間違いない。

(6) 政治や軍事との関わり

軍事色の強さは、劇目で武力に優れた将軍を登場させて、神霊の住まいする天上世界を武装された王城とし、神霊が五方兵馬、五営兵馬、神兵を使うと観念されることに見られる。祭場は要塞や軍営に見立てられ、政治性を強く出している。中央には皇帝の牌位がある。特に、地面を九洲に見立てることは、古代の王朝の象徴的な領域支配を意味し、最後は天下国家を平定するという政治的意図がある。兵隊・兵馬といった現世の治安維持の発想を霊的世界に持ち込むことは、漢族からの文化的影響が大きい。貴州省西部では、明代以後に江南から送り込まれた漢族の屯田兵の実態がこれと重ね合わされていた。武技は単なる物理的な力というよりも、鬼や魔物など邪悪なものを打ち払う呪力を持つと考えられている。祭りに軍事や政治の類比が使用されることは、広く中国世界に見られるが、朝鮮を経て日本に至ると徐々に弱くなる。日本では弓や剣を執り物とする神楽があり、武器が悪霊祓いに使われたが、中国や朝鮮ほど軍事色は強くない。むしろ武士と儀礼との関わりを見ていくと、弓や剣を使用して死せる者の鎮魂へと向かった気配がある。武家の交代劇で、武士の始祖神話であった平家物語を語る琵琶法師たちが、鎮魂の技として、地神や竈神を鎮め祀り、五方の邪気や悪霊の鎮圧にあたってきたことはその典型であろう。(32) ここには芸能と権力の結びつきもある。

⑺　農耕儀礼の様相

祭壇のしつらえには生産の基盤をなすとうもろこしや米を飾り、それを枡などに入れる。男女の生首に由来する人形を作物、特に米の入った容器に立てて祀る。これは人間の生命力を作物や、大地に感染させるのが目的と推定される。地儺を大地に置くのも同様である。収穫感謝の儀礼であり、かつて田畑で動物を供犠にして、血を注ぎ豊穣を祈った儀礼ともつながる。日本でも古代では動物の犠牲が田畑で行われた形跡があるが（『播磨国風土記』讃容郡《さよのこうり》の條、賀毛郡雲潤里《うるみのさと》の條）、血を禁忌として忌む農耕社会では消えていった。その意味では狩猟、焼畑にたずさわるトゥチャ族の場合、人身供犠は共同体の祭祀での選択肢であったかもしれない。現在の状況では、個人の願掛け願戻しであっても、より大きな社会を基盤とする農作物の豊饒祈願は入り込む。儺神には性的なしぐさを示して豊饒を祈願し、男女一対の神像を祀り、遊ばせる。舞の形式にも豊饒祈願が入り込む。造席の舞では、股に莫蓙を挟んで男根風にして、印を同時に結ぶ。これは祭場を清め座を造る意味があり、日本の出雲や備後の神楽で行われる「七座神事」で演じられる執り物舞の莫蓙舞と類似する。性的なしぐさは作物の豊作祈願につながる。日本の場合も、男女の交合を思わせるような所作が、共同体、個人の事例を問わず、儀礼の中に組み込まれることがあり、共通性がある。

⑻　人生儀礼との習合

儺堂戯の基盤は家にあり、個人の願掛けが主体である。特に過関の場合、関という境界を越えることの意味が大事で、人生儀礼、つまり通過儀礼の色彩を帯びる。これは国家から村落に至る儺の浸透過程が個人の人生にまで及んだ事例であると言える。今回の儺堂戯の十二関という形式は、門を作ることを考えると、朝鮮の済州島でシンバン（神判）が行う十王迎え、日本では対馬の法者が行っていた関（新神《さらかみ》供養）、山口県岩国市行波《ゆかば》の神舞《かんまい》での八関の舞、広島県南部の荒平（関）と類似する［鈴木　二〇〇一：一六五—一六八］。但し、朝鮮や日本では、境界を越えることの意味がかなり異なる。日本では地獄と極楽を区切る場として、二河白道や三途の川といった豊かなイメージ世界があり、賽の河原や墓場がその境に位置し、更に死霊の赴く山があった。生と死の境界を乗り越えることで魂の復活や個人の再生を意図した。仏教に由来する浄土入り、死霊の供養と浄化などが精緻に展開されたのである。死霊を清める、或いは霊魂を浄化する発想は儺堂戯にはなさそうだ。これは仏教との習合の度合いの深浅や定着度の違いと関連する。

(9)　人形遊び

定置された神像が、大游儺では人形として背負われて遊び、再び祭壇に戻されて祀られ、最後に首を抜く形で神送りを行う。神霊がどこか別の世界からやってきたかのような感覚に襲われる。神霊が来訪し、内と外を去来することで、外界の意識が鮮やかに浮かびあがる。儺堂戯では仮面だけでなく人形が併用される独自性がある。東アジアでの人形の位置付けの中で考えるべきであろう。日本の大人形は練り歩きに登場し、オシラサマは家の神の意識をまとう。この点では大きな違いがある。

(10)　大地の位置付け

儺堂戯の軍事的性格を考慮すると、祭場を世界の凝縮としての九洲と見なして、足で踏むことの意味は、支配の確定、領土の設定と考えることも出来る。政治支配の確立、秩序の構築という権力を主題とする。一方、大地そのものに注目して、そこを富の源泉とみて土地神や地儺を鎮める、或いは逆に活性化する。しばしば莫蓙の下に神霊を鎮圧する行為が見られ、善悪を含みこむ神霊の慰撫が意図される。更に、具体的な大地が観念性を帯び、八卦や北斗と見なされ、星座との対応も考えるなど、天上の写しという意識もある。小宇宙（micro cosmos）としての人間が祭場の大地を踏みしめる。その足踏みが、地元の土地から地方、国土へと拡大し、さらに天上の星座にも広がる天地を貫通する動きとなる。天地が感応して大宇宙（macro cosmos）に展開して一体化する。その感応の融通無碍さを引き出すもの、それは足の踏み方である。道教でいう禹歩、ここでいう九洲を踏む所作は、身体を媒介として全宇宙を大地と連続化させ融合させる身体技法である。日本の場合では、奥三河の花祭りでは、大地を踏む反閇《へんばい》を行い、「盤古・大王・堅牢・地神・王」と唱える。大地の神霊を鎮め、活性化させる。五方の重視については、陰陽五行説の影響関係だけでなく、五猖の由来譚が日本の中国地方の土公祭文と類似する。備後の荒神神楽や周防の地神盲僧の儀礼で唱えられる土公祭文は、盤古大王の四人の王子が、大王の死後に生まれた五郎の王子と所領を巡って争うが、最後は陰陽師の問尋博士《もんぜんはかせ》（門尋博士、文撰博士）の調停で、五郎の王子が春夏秋冬の四季の土用、各一八日を得て七二日を相続して、大地の中央に土公神として鎮め祀られるという内容で、地霊鎮めを願う。祭場の大地は宗教的職能者の意識と在地の意識がからみあう解釈の場となっている。儺戯では大地の観念的解釈が複雑化している。

（11）後、裏、下という空間

祭壇の空間配置のうち、表や上や前という正面を意識した場所とは逆の空間に注目することで土地の在地性、或いは外来と土着の習合や重層化の過程が見えてくる。特に壇の下、大地と関わる地儺の存在が大きい。地儺は儺公・儺母と類似した形象化であり、場内を騒然たる雰囲気に巻き込んで活性化し、地霊を慰撫する。こうした配置や意とと繋がる。

味付けは、日本における後戸《うしろど》、後堂《うしろどう》、床下《ゆかした》、縁の下などの負性を帯びた空間が、芸能奉仕の場と考えられていたこ

(12) 船・橋・門の象徴性

現世と他界を繋ぐものは船と橋である。橋は二つの世界を結ぶ様相が顕著である。一方、船は塔橋の図では神々の乗り物、造船では禍禍しいものを追いやる乗り物となり両義的である。門は橋の入口と出口にあると観念される。十二関を越える場合も、門があると観念する。しかし、儀礼全体の構成から見ると、船には邪悪なものを乗せて送るとする否定的要素が強く、乗せられるのは、主として瘟神であり、孤魂として死後に祀られないものを、不幸や病気の原因となるとして追い出す。船・橋・門は境界性を帯び、東アジアだけでなく、多くの地域の儀礼に登場するが、朝鮮や日本では仏教の影響があって、浄土や地獄との接点とする発想が強い。

(13) 女性原理

儺公・儺母を主神にしているが、儺母がミャオ族の儺戯の一部で重視されていたことを除くと、女性を崇拝対象に組み込むことが少ない。これは父系血縁を重視する漢族の影響かもしれない。大地を女性と見るとする観念や、そこを何かを生み出す場とみる発想も薄い。一方、仏教的な要素は少ないとは言え、観音菩薩は受容され、山や石に祀って、子授けの祈願対象とする。村々では奇妙な形の石が、生殖器に見立てられて祀られることも多い。石がものを生みだすと考えられ、女性原理を持つ観音に同定されることもある。観音は女性の信仰を集め、子供の成長祈願、治病息災に止まらず、祈雨など大きな願い事もかなえる。徳江の儺堂戯ではあまり重要性をもたないが、三十三の分身を持つとされる観音は祭祀対象には含まれており、道教とも習合して多様な願いに応えて、女性原理をしのび込ませる。観音は石や岩や水の信仰と習合することも多い。除災招福を願い現世利益を求める民衆の心意

は、各地の女神信仰の読み替えや微妙なせめぎあいなどを通じて、根強い女性原理に支えられている。

（14）鬼の変容

中国、朝鮮、日本を問わず、目に見えない邪悪なものが人々を不幸や病気に陥れ、天変地異を引き起こして、作物を不作にすると信じられることは各地で共通する。この邪悪なものを漢語ではしばしば、鬼と表現してきた。古代以来様々に変化し展開してきた儺の特徴は、邪悪なものを追い祓うことにあり、その対象とされたものの代表は鬼であった。その場合に「浮遊する霊魂」の考え方があり、衰えた身体に魂魄を取り戻すことが同時に行われた。善なる霊魂を身に憑け、悪しき霊魂を追い祓う。その悪しきものが漢族の場合、鬼と表現されたが、形象化されることは少ない。漢族の一部では仮面で表されてもさほど恐ろしげな様相ではないし変化に富んでいるとは言えない。基本的には鬼は眼に見えないものであり、霊的存在というよりも霊力であった。鬼は、漢族の場合は明らかに死者の霊と観念され、負性を強く帯びる。

一方、非漢族の多くは、文字を持たないがゆえに、多様な霊的世界を漢族側からの認識として鬼という言語表現で一元化されてしまう傾向が強い。霊魂の流動性の中から生成された仮面という媒体は、知識や表現の一元化にあらがうものであり、それを通じて自らの世界の複雑性を表わして、現実世界を異化してきた。しかし、儺堂戯は漢字と漢語を儀礼の表現媒体とすることが多いので、多くの霊を鬼と表現せざるを得ない事情もあった。「鬼の世界」は、「解釈の闘争場」なのである。表現媒体としての漢語の限界を知り、知識の一元化との闘いを繰り広げて、流動性と融通性に富む多様・多面の認識を提示する試みとして、儺堂戯を読み替えるべきかもしれない。漢語表現による凝結化や歪曲の深層に分け入って、文化に優劣をつける発想を含む中華思想を乗り越えなければならない。

例えば、トゥチャ族の場合は彼らの信じる神霊を漢語で鬼として儀礼言語に組み込むが、実際にはその内容は善悪の双方にまたがる両義性、或いはそれを越える多様性を持つ。彼らの認識では鬼は善と悪の間を揺れ動く存在である。鬼を退治する能力を持つ者は、自らの内に鬼の性格を分け持っていると言えるのではないか。そのため、状況によっては鬼を追う側も鬼の持つ性格を分有するように見える。例えば、五猖は儺神の部下であるが、血を好む獰猛さを持ち、五方兵馬を駆使して邪悪なものを退治する。道教の高位の神や儺公・儺母は役割や性格が固定しているが、下位に組み込まれた地元の神霊で神兵とされるものは限りなく鬼に近い性格を持つ。漢族による江西の南豊県の儺戯で大鬼が眼に見えない鬼を駆邪する事例［曾志鞏　一九九七］は、これと類似した状況である。漢族と非漢族を問わず、鬼の観念は流動的であった。

儺の源流を古代まで忠実に遡ることは難しいが、かつての四つ目の方相氏の面は鬼頭であり神獣であった。ここには鬼と通底する野生の要素をもつからこそ、悪鬼を追い祓えるという論理がある。神獣としての方相氏は、熊皮を身につけ半人半獣の鬼神となった。神霊が野生の力の引き出しに関わる時、必然的に自らの中に内臓した野生の力をそれに通い合わせる。時間と空間を越えて、鬼は野生の力の体現であり、目に見えないとされる特性は次第に形象や文字を通して善悪に二分化され、悪に固定化されてきた。

日本の場合でも、中世に仮面として形象化された翁は、同時に鬼でもあった可能性を持つ［兵頭　二〇〇〇：二五］。翁即鬼の論理である。中世に五龍王や土公と称され、次第に荒神と習合した地霊は、しばしば後方や後戸に祀られ、神仏を守護して霊威を高め、民衆と神仏を仲介する役割を果たしてきた。荒神は荒ぶる神であり、本来は魑魅魍魎で、世界に遍在する融通無碍なものだったが、宗教的職能者（仏教僧侶、修験、陰陽師）がコウジンと読み変えて宗教儀礼や演劇を構築する中で、崇拝対象として固定化していった。こういう揺らぎの中にある世界を真摯に感じ取るには、善悪二元論を背後に持った両義性の概念を越える試みが必要なのである。

注

（1）鬼や儺戯に関しての日本との比較研究に関しては、［鈴木　二〇〇〇］を参照されたい（本書第七章）。

（2）図録としては、［趙作慈・陳陣（主編）一九九七。薛若鄰（主編）一九九六］などがあり、各地の儺や儺戯に関する報告や図録は大量に出版されている。しかし、近年の出版物は一九五〇年代と一九六〇年代の報告の焼き直しが多く、定形化する傾向があり、現地での変化を丹念に探求することへの関心が薄いという問題点がある。

（3）「世界の文化遺産及び自然遺産の保護に関する条約」（一九七二）に基づく「世界遺産リスト」は一九八七年以来、文化遺産三三件、自然遺産一〇件、複合遺産四件が登録された（二〇一四年時点）。一方、無形文化遺産に関しては、別の動きがあり、二〇〇一年のユネスコによる「人類の口承および無形遺産の傑作」の選定に合わせて、中国国内でも「中華人民共和国非物質文化遺産法」が二〇〇一年二月五日に公布され、同年六月一日に発効した。この法律の下で「非物質文化遺産の代表リスト」制度が始まり、「国家級」と「省級」に分けて選定した。中国芸術研究院の「中国非物質文化遺産」ウェブサイト（**http://www.ihchina.cn/inc/guojiaminglu.jsp**）によると、中国政府は国家級非物質文化遺産の代表リストを二〇〇六、二〇〇八、二〇一一年の三回にわたり合計で一二一九件発表した。そして国家級非物質文化遺産の代表的物件の補足リストを二〇〇八、二〇一一年の二回にわたり合計で三一一件、発表している。ユネスコで二〇〇三年に「無形文化遺産の保護に関する条約」が採択され、二〇〇六年四月に発効し、二〇〇八年以降は二〇〇一年以来の三回にわたる「傑作」も統合され、「人類の無形文化遺産の代表リスト」に登録されることになり、国ごとの申請となって一挙に増加した。

（4）この時点で登録された儺戯は、江西省萬載県の開口儺、湖北省鶴峰県の鶴峰儺戯、恩施市の恩施儺戯であった。

（5）徳江の儺堂戯に関しては一九九〇年九月に穏坪郷深渓村の下寨村（土家族）で行われた「過関煞」の記録が、「堂儺の伝播（上）――黔東土家族の〝過関煞〟」として、［田仲　一九九三：一〇六一―一一〇七］に収録されている。

（6）中国本土での儺に関する報告は、政府の検閲が行われるので、いわゆる「迷信活動」に関する部分は削除され、完全な報告ではないことに留意する必要がある。

（7）徳江儺堂戯の報告と考察については、［度修明・王秋桂　一九九四。《徳江儺堂戯》資料採編組（編）一九九三。顧樸光一九九二。田仲　一九九三。野村　一九九六］などがある。

（8）概況については［徳江県民族志編纂辦公室（編）一九九一：一］を参照した。

（9）約四〇〇〇年前に、現在の地名で言うと、重慶、湖北、四川の境界地にあったとされる。

（10）彼らの出自については諸説あり、湖南の湘西の土着民、江西からの移民、巴人の末裔、貴州の烏蛮（彝族）の末裔などと言われる［侯紹庄　一九八七：三八］。

(11) 河南が発祥の地で、湖北、湖南を経て貴州へ伝わったという。

(12) 梅山についての史料は『宋史』巻一六「神宗紀」に「熙寧五年一一月、…章惇開梅山、置安化縣」とあり、巻四九四「梅山峒蠻」、巻四七一「章惇傳」などに記述があり、開梅山の出来事は、北宋が熙寧五年(一〇七二)が傜蠻に対処した大きな歴史的な史実である[饒宗頤 一九八七:一六〇―一六二]。梅山教はヤオ族のうち大瑤山の山子瑤に信奉され、張天師を祖師として尊敬し、梅山の法主の大聖九郎を教主と仰ぐ。山子瑤が伝える『師公経』の記述や民間伝説では梅山九郎が廬山(江西省九江県)に行って張天師に法を学んだという。

(13) 儺の種類は穏坪郷の報告[度修明・王秋桂 一九九四:六~七]では、大きな願は「衝儺」で三日間以上で、壽願(長寿祝い)、過関願(子供の成長祝い)、子願(子授け)の三種があり、小さな願は二日間以内で、急救儺(星辰のめぐり合わせがよくない時、魂が落ちて病気になった時に行う)、平安儺(人畜平安、五穀豊穣の祈願)、財福儺(豊かになるための祈願)があるという。

(14) 由来譚については現地調査に基づいた[廣田 一九九一:五]を参照した。

(15) 黄帝のことで姓は姫姓、名は軒轅といった。

(16) この伝承の原文は「儺堂戲是昨个興起来的」として[貴州省徳江県民族事務委員会(編) 一九八六:七一―七四]に収録されている。

(17) 伝承は以下の通りである。儺公・儺母は、元は楊公と蘇月英といい、楊公は勇敢な将軍であった。しかし、奸臣に陥れられて、謀反の意思があるとされ、皇帝の命令を受けた牛皐によって斬首された。蘇月英も楊公の傍らで死んだ。牛皐は二人の頭を皇帝に見せて確認させ、洞庭湖に捨てた。この後に、漁師の劉金がこれを筌でとって岸辺に安置した。牛飼いの子供たちがこれを竹竿に挿して洞窟に置き、その前で唱歌し舞をまって遊んだ。しばらくして、飽きてよそへ行くことになり、牛が穀物を食べないようにしてくれれば、明日またきて遊んでやると言った。半日遊んで戻ると、牛は山の斜面で草だけを食べて穀物は食べなかった。これが毎日続いたあと、村里ではこの人頭を神霊とみて、病気直しを祈った。そうすると必ず効果があった。これが朝廷に知れわたって、皇帝の娘の病いを直すのに役立てられた。皇帝はたいへん喜んで金の銅鑼、皮の太鼓、司牌、弓矢を下賜し、人々を救済して災厄から逃れさせた。

(18) 伝承は現地で貴州の民俗に関する研究者や行政官の微妙な変形や解釈も混入し、その検討は外部者からでは難しい。例えば、土家族という名乗りが伝承の中に現れるが、民族識別工作後に確定したのであり、それ以前とは異なる認識での語りとなる。

(19) 伝承の詳細は[《徳江儺堂戲》資料採編組(編) 一九九三:八―九]に記されている。原文は「東山聖公和南山聖母的来歴」と題され[貴州省徳江県民族事務委員会(編) 一九八六:七五―七七]に収録されている。原文には伏羲の名称はなくただの兄妹と記されていて、次第に漢族風の解釈が加えられてきた様相がわかる。二人に瓢箪がもたらされ、大雨で洪水となるが、それに乗って生き残り、兄妹は一緒になる。その子供は最初は肉塊で、これは切り刻まれて、その後に人間が生まれた。兄妹は商人と関って事件に巻き込まれて皇帝に殺されて、人頭となって川を漂い、牛飼いに拾われる。ここで伝承①に接続する。

(20) この演目の別称は「三元和会」といい、仮面は使用せず、化粧だけという[顧樸光　一九八七：五六]。今回は仮面を使用して演じた。

(21) 別の報告[李子和　一九八七：五二]では、上洞は掃地和尚・地盤業祖・唐氏太婆・将軍開路、土地引兵・水路神祇・周倉葬将・仙官点兵、五郎押兵、中洞は甘生八郎・攣生九郎・算命郎君・九洲和尚・王婆買酒・牛皐買薬、下洞は白旗先鋒・勾牙老判、梁山老二、揀斎龍神・開山猛将・糸儿媳婦人・二郎斬鬼・鐘馗戯判である。

(22) 内容や意味付けは[《徳江儺堂戯》資料採編組（編）一九九三：五五―六一]に詳しいが、古代の禹歩に由来するという説は根拠に乏しい。

(23) 徳江の開紅山については、[貴州省徳江県民族事務委員会　一九九二：三一―三五]を参照されたい。

(24) 本伝承の原文は「梁山土地的伝説」として、[貴州省徳江県民族事務委員会（編）一九八六：七八]に収録されている。

(25) 「過関煞」では、茅人を置き、虎頭を桶の出口にはった紙に書く。茅人には霊魂をつけるという意識がある[田仲　一九九三：一〇九八]。「虎頭像」と「茅人像」に雄鶏の血をつけ、縄を編んで子供の頭の上に置く。霊魂を身体に縛りつけ、十二の関を壊して桶を無事に通り抜ける[顧樸光　一九九二：九九]。雄鶏と茅人が霊魂を導くという。

(26) 由来譚は[《徳江儺堂戯》資料採編組（編）一九九三：一〇]を参照した。基礎資料は、[貴州省徳江県民族事務委員会（編）一九八六]である。

(27) 由来譚は[《徳江儺堂戯》資料採編組（編）一九九三：一一]を参照した。基礎資料は、[貴州省徳江県民族事務委員会（編）一九八六]である。

(28) 各々の名称については[度修明・王秋桂　一九九四：四二―四三]の記述に基づくが、異伝も多い。

(29) 人身供犠に関しては古代の巴人の習俗の名残という説もあるが[徳江県民族志編纂辦公室（編）一九九一：三四]、根拠はない。現在でも儀礼の意味付けとして人身供犠に結びつくような要素が見られることは文中で指摘した。

(30) 白虎を山の神とする考え方は道教でも説かれている[窪　一九八六：三四四]。

(31) 日本の神楽における男性巫者の位置付けについては、[鈴木　二〇一一：三五一―三五九]を参照されたい。神楽や修験道、仏教儀礼について論じたものに、[鈴木　二〇〇一]がある。

(32) 語りと儀礼との錯綜した関係性の歴史については、[兵頭　二〇〇〇]が示唆的である。

第六章　福建省の祭祀芸能の古層――「戯神」を中心として

はじめに

中国福建省の漢族は多様な祭祀芸能を伝承し、特に人形戯（木偶戯・傀儡戯）や祭祀演劇が盛んで、その歴史も古い。人形戯は、禳災招福を願う儀礼として展開し、記録も唐代に遡る[1]［葉明生　二〇〇四：七六］。役者が演じる梨園戯も、人形戯と並行して唐代から継続して発達してきた［呉捷秋　一九九四：三一―六八］。福建省の祭祀芸能の特徴は、儀礼と演劇の混淆が基本形態として維持され、演者が篤く信仰してきた「戯神」がその中に組み込まれていることにある。「戯神」は演者が演劇や人形戯の成功と劇団員の無事を祈願する神で、演劇の開始に先立って舞台に勧請され、最後には丁重に神送りをする。「戯神」なくして演劇の成功はありえない。

本章は福建省の「戯神」について、伝承と文献を検討して多角的な視点から実態を明らかにする。歴史的な変遷を考慮した上で、時代的な連続性をとりあえず古層（archaism）と呼び、要素や文脈を提示する。在地の信仰が祭祀芸能に組み込まれ、「戯神」という地域性を濃厚にもつ存在を生成し定着していく過程に注目して、文化の動態を明らかにすることを目的にする[2]。

一　戯神

福建省の「戯神」の名称は、一般には田都元帥といい、田公、田公神、田公師父、田元帥、田府元帥、田相公、相公爺、蘇相公ともよばれ、唐代の宮中楽工の雷海青と同体とされることも多い。「戯神」の信仰は、人形戯（傀儡戯）で糸繰りの「提線木偶戯」（線偶戯、懸絲傀儡戯）や指使いの「布袋木偶戯」の傀儡師の間で根強い。なお、「提線木偶戯」は泉州方言では「嘉禮戯《カーレー》」という。役者が演じる人戯では梨園戯、莆仙戯、大腔戯、四平戯、詞明戯、高甲戯、竹馬戯、福州戯（閩戯）など「南戯」と総称される多くの祭祀芸能が伝わり、劇団や役者は「戯神」を信仰する。[3] なお、広東省の潮州や汕頭、海陸豊の演劇の「戯神」も田都元帥である。[4] 江西省の孟戯や宜黄戯は清源祖師を、浙江省の温州高腔戯は清源妙道真君を、北京の京劇は梨園祖師や老郎君を祀る。ただし、「戯神」を篤く信仰するのは福建省と広東省の祭祀芸能で地域性を色濃く反映し、漢族社会に深く組み込まれている。

「戯神」の名称は一般には、田都元帥や田公など田姓で呼ばれる地域が多いが、泉州周辺の嘉禮戯（傀儡戯）・梨園戯・竹馬戯[5]では相公爺《シンガンヤ》と呼ばれ、田都元帥を俗称とする。相公とは「大臣・宰相」を意味し、「爺」は老年者への敬称、地位の高い人間の尊称で、祖先や祖師を意味する。生誕伝承に基づき、母方の姓をとって「蘇相公」とも呼ばれる。相公爺は泉州の地域性を帯びた「戯神」の尊称である。泉州で活躍する「提線木偶戯」の戯団には、相公爺について独自の由来伝承が伝わる［黄錫鈞　一九八六：一三〇―一三一］。梨園戯の由来伝承は少し異なる［中国戯曲志編集委員会（編）一九九三：五九四］。内容は後で考察するが、後者の概略は以下の通りである。蘇姓の娘が稲穂を食べて孕んで子供を産み捨子にされたが、蟹に育てられた。雷姓の人が拾って育て、雷海青と名付けられた。雷は唖者であったが、音曲の才に勝れ、一八歳で宮中に昇り譜面を詠んで謡い口がきけるようになった。玄宗皇帝（唐明皇）に仕えて楽工（楽士、楽師）として活躍したが、安禄山の乱で戦死した。死後に中空に現われ安禄山を追撃したが、戦旗に書かれた「雷」字が雲に遮られ「田」に見えたので「田元帥」と賜姓されたという。

相公爺は異常出生で、母方の蘇姓、父方の雷姓の双方とも血縁関係がない。死後は田都元帥や田公元帥とも称され、「蘇」「雷」「田」の三つの姓を持ち、歌舞音曲に異様な能力を発揮した特別な存在で一種の霊性を持つ。唐代の宮中楽工として活躍し「唐忠烈楽官」と呼ばれた雷海青との同定は、鄭處誨撰の稗史『明皇雑録補遺』に依拠して語られている。(6) それによると、安禄山の乱で長安が攻められ、文武の朝臣、宮嬪と共に多くの楽工も捕えられ洛陽に送られた。楽工達は宴席で音楽を奏するよう強要されたが、楽工の中にいた雷海青は楽器を地に投げ付け慟哭したので、安禄山の前に引き出され、四肢を馬につながれて八つ裂きにされたという。乱後に死を悼み殉国の意を汲んで神に祀り、戯班（劇団）の芸人は敬って祖師として祀った。雷海青は正史の記録には登場しないので、戯班が稗史に仮託して権威付けをしたと見られる。閩南の各戯班では、雷海青は死後、玄宗皇帝から「天下梨園大総管」に封じられたと伝えられている。(7)

福建各地では田都元帥は廟や宮に祀られることも多いが、主神とする廟は少ない。南安市近郊の羅東鎮振興村坑口宮は生誕地に建つ祖廟とされ、現在は田都元帥廟と称している。莆田市城廂区城南郷拱辰村の瑞雲祖廟、福州市鼓楼区元帥路の元帥廟も名高く、戯班の信仰を集める。廟や宮の系統は葉明生によると〔葉明生　二〇〇二：三二―五六〕、北路と南路に分かれ、前者は閩北と閩東北にあたる邵武・建寧・汀州・延平の「上四府」と江西、後者は閩東・閩南の福州・興化（莆田・仙游）・泉州・漳州の「下四府」である。葉明生は、北路では南平市延平区、永安市青水郷、上杭県を調査し、明代の『三教源流捜神大全』の記録と類似性があり田公信仰が主体だとする。南路では仙游県高陽山区、莆田県城、泉州県城、福州県城の調査に基づいて、「人文神」の雷海青の伝承が濃厚で、清代の初めに田公から雷海青に転換したと推定する。「蟹」の伝承を語るのは興化・泉州・福州に多いという（図6―1）。

図 6-1　福建省の南部

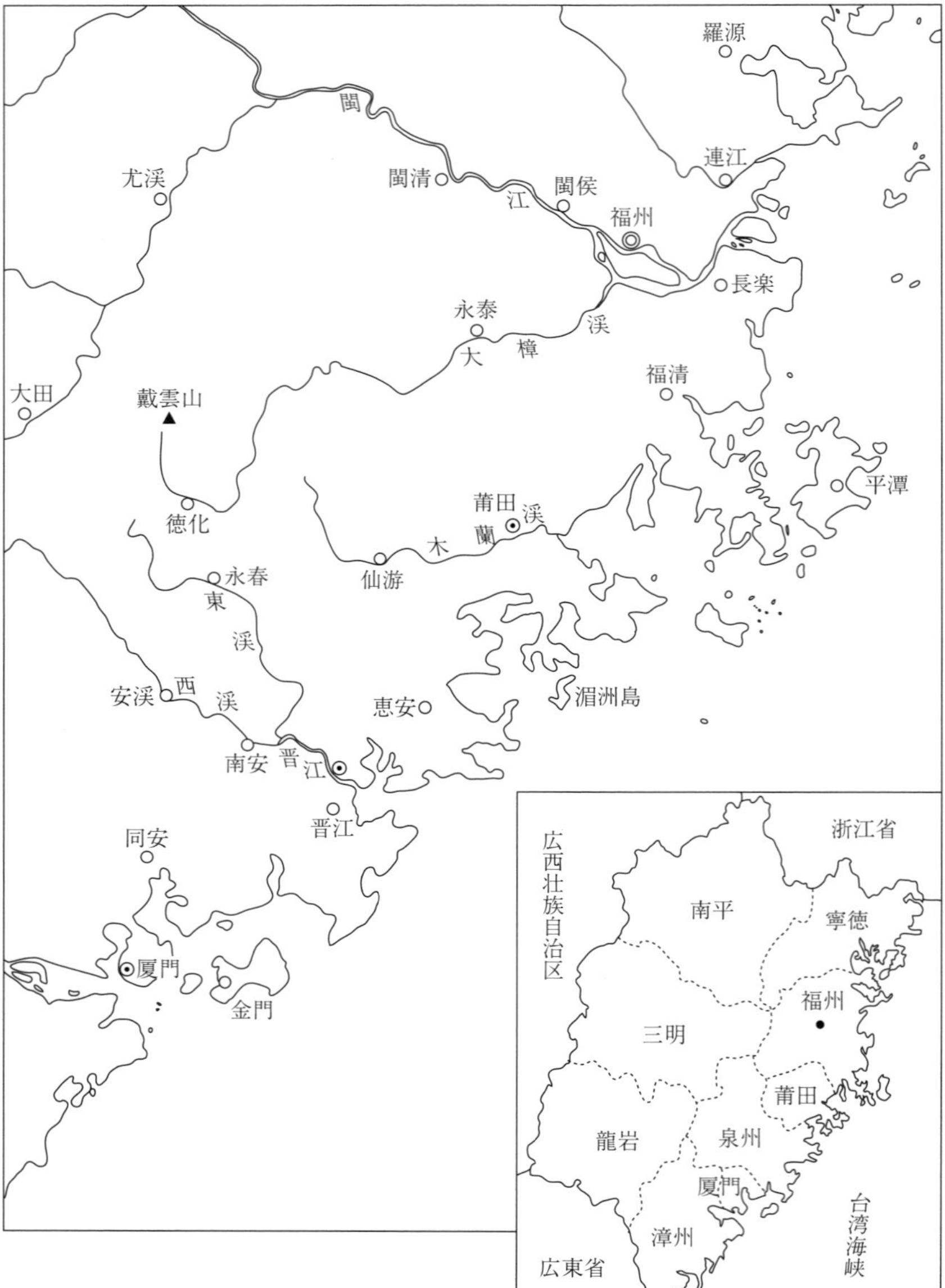
羅源
閩
連江
閩清
閩侯
尤渓
江
福州
長楽
永泰
渓
大
樟
福清
大田
戴雲山
平潭
莆田
渓
徳化
木
蘭
仙游
永春
東
渓
安渓
西
渓
恵安
湄洲島
南安
晋
江
晋江
同安
厦門
金門
広西壮族自治区
浙江省
南平
寧徳
福州
三明
莆田
龍岩
泉州
厦門
漳州
台湾海峡
広東省

一方、大陸で広く行われる京劇では、北京・蘇州・広東などの梨園会館や戯班は「梨園祖師」を祀り、「老郎神」と呼ぶ。[8]「老郎神」は「老爺」とも尊称され、祖師として祀り、祖先神の意味合いがある。北京や江蘇では唐明皇に比定する。台湾では祖師爺とし、髭のあるものを唐明皇、鬚のない童子形を老郎神または翼宿星君とする伝承がある。[9]二十八宿の一つで音楽神とされる九天翼宿星君に比定する伝承は大陸の劇団に広まっている。

台湾では「戯神」は演劇や音曲の流派によって異なる。北方系の漢語を使用する「北管」の場合、西皮派（新路）は田都元帥、福路派（古路、福禄派）は西秦王爺を奉祀し、閩南語を使用する南方系の「南管」は総じて田都元帥を祀る。[10]台湾では田都元帥は雷海青の弟の雷萬春とされることが多い。[11]傀儡戯、[12]歌仔戯（歌劇）、宋江陣[13]（武戯）、布袋戯《ポオテエヒイ》（指使い人形戯）、皮影戯《ペエンビイ》（皮猴戯、影絵）は田都元帥、布袋戯の一部は西秦王爺を「戯神」とする。「田都元帥」と「西秦王爺」を総称で「老爺」「祖師爺」とも呼ぶ。「老爺」は祖師を意味する敬称で、祖先神崇拝でもある［鄭正浩　二〇〇九：一二二］。西秦王爺とは、玄宗皇帝のことで、安禄山の乱後に、西秦で帝位を譲って太上王となったことに由来し、歌舞音曲を好み芸人や楽工を集めて庇護したので演劇の神となったという。[14]別説では五代後唐の荘宗皇帝で、「荘府西秦王」と呼ばれ、演劇を庇護したといわれる。いずれも神像は皇帝の姿であらわされ、「王」として君臨したという経歴が、領土を巡狩して防衛する「王」ともされる台湾の王爺信仰と習合して取り込まれたのであろう。王爺は福建起源だが、台湾に渡来して、王の威厳や畏怖の感情、巡行による悪霊祓いの機能が加わって、独自の位置付けを与えられた。数多くの王爺の一つに「戯神」が組み込まれていると言える。[15]

台湾では廟の主神として田都元帥や西秦王爺を祀るところはさほど多くない［鄭正浩　二〇〇九：一一六］。田都元帥廟は一三か所、西秦王爺廟は一一か所という。台南市西勢村に清代の雍正一三年（一七三五）に創建された元帥廟が最も古いとされる。次に古いのは台湾中部の鹿港鎮東園路二號の玉渠宮で田都元帥を祀り、従者には金鶏と銀狗を連れる。乾隆三〇年（一七六五）に泉州府晉江縣石廈郷の施姓が石獅から分霊したとされ、六月一六日が祭日である。

台北市萬華区には清代の嘉慶四年（一七九九）に田都元帥を祀る紫來宮が建てられたが現存しない。かつては音楽神として信仰され祭日の八月二三日から三日間、大稲埕の芸妓一〇〇名が参加して芸の上達を祈願し、演劇も奉納された〔鈴木清一郎　一九三四：四二四〕。この廟の後裔は西昌街の地藏王廟内に小祠として残る。萬華区雅江街には田都元帥行徳宮があり三田都元帥を祀るが、[16]一九六三年創建と新しく六月一一日が例祭日である。[17]萬華区艋舺にはかつては西秦王爺廟があり、[18]芸人が集まる「会館」を備え、乱弾戯や北管福禄派の弟子が集まっていたが、現存しない。宜蘭や蘇澳にも田都元帥廟があり、八月一八日を祭日とする。瑞芳の週神宮では福州伝来の田都元帥を主神とし、従祀に劉二伯と鄭二媽を祀り、道士は三神を祀るので「三田都」という。田都元帥を三兄弟とする伝承は、「戯神」の記録としては最古の明代の『三教源流捜神大全』巻五「風火院田元帥」[19]に記される古い伝承である。台湾は田元帥は三兄弟とすることも多く、瘟神を追い祓った故事に基づき人形を除邪の儀礼に使う。[20]主神と共に「三太子」[21]を併祀する場合は、田都元帥も三太子も「面白無鬚」の少年像（童子像と青年像）で、三体像の謂れは「喜神」という〔鄭正浩二〇〇九：一二四〕。鄭正浩は、鬚のない童子形は南方系の特色ではないかという説を出している。

戯神を戯班が祀っていた記録は明代の劇作家の湯顕祖（一五五〇—一六一六）が江西省宜黄縣楽平の「清源廟」の由来を萬暦年間（一五七三—一六一九）に書いた『宜黄縣戯神清源師廟記』（一六〇〇年頃）に遡る〔龔重謨・蘿傳奇・周悦文一九八六：一五五〕。「清源祖師」は、「西川の灌口神」つまり「灌口二郎神」と同じだという。灌口の二郎神とは四川の成都郊外に紀元前二五〇年頃に都江堰を建造した秦国の蜀郡太守李《り》冰《ひょう》父子を祀ったとされる。「二郎神」は妖怪退治で知られ、広く民間信仰の神として展開する。[22]また、水神の様相もあり、川に住む怪獣を退治した隋代の嘉州太守の趙煜を祀るという説もある。「戯神」の根源に水神や河神など自然神の性格が宿っているのであろう。現在でも、二郎神を「戯神」の老郎神と同体とする伝承は中国北部で語られている。「戯神」の崇拝は中国南部の福建・広東の戯班や芸人の間で盛んであり、劇団以外の民衆の間に民間信仰として広がりを見せていることが特徴である。

各地の「戯神」の名称を整理すると概略では以下のようになる。(23)

福建全般…田公元帥、田都元帥、田元帥、田公、雷海青

泉州近辺・潮州…相公爺、田都元帥、蘇相公

台湾…田都元帥、西秦王爺、祖師爺、老爺

北京・江蘇・広東の京劇…梨園祖師、老郎神、老爺、二郎神、翼宿星君

江西・浙江…清源祖師、清源妙道真君

「戯神」の名称には歴史的な変遷による差異があり、地域や流派の違いもある。内容に関しても史料が断片的過ぎて筋道を通して考えることは難しい。福建省での伝承と儀礼を中心にして個別に検討を行いながら全容を解明していくことにする。

二　農村の田都元帥廟と由来譚――坑口宮の場合

田都元帥の祖廟は泉州から近い南安の羅東鎮振興村坑口宮（旧埔頭十七都坑口郷）とされ、現在では「田都元帥廟」と呼ばれている（写真6―1）。田都元帥の生誕の地であり、墓もある。坑口宮に伝わる由来譚の概略は以下の通りである。(24)

唐代の半ば、南安に蘇という娘がいて平生から粟乳を食べるのが好きであった。(25)ある日田圃を通りかかって一粒を飲み込むと、南天翼宿が胎に宿り子供を産んだ。父親の蘇員外は怒って子供を田圃に捨てたが、三日たっても子

供は死なない。よく見ると蟹が泡を吹いて養っていた。ショオ族（畲族Shē）の農民が親切にも子供を養うこととし、名前を雷海青とした。平時は父母の仕事を手伝い勉強もよくして大きくなったが、一八歳まで話をすることができなかった。音律をよく知り、琵琶の演奏が巧みであった。開元二年（七一四）に玄宗皇帝の宮中に楽工として選ばれて入った。皇帝が月宮に遊んだ時、楽譜を詠みこなして口を開いた。その時の「霓裳羽衣曲」の演奏を玄宗皇帝が気に入り、御酒を三杯下賜されたが、転倒して侍女に助けられた。天寶一四年（七五五）に安禄山が反乱を起こして長安が陥落し、文武の朝臣、妃嬪や楽工が捕えられて洛陽に移された。洛陽の凝碧池で安禄山から歌舞を求められたが、雷海青は琵琶で安禄山を痛打したので、怒って殺害されたという。死後に、玄宗は殉国の志を讃えて「天下大梨園大総管」に封じ、遺骨を故郷に埋葬して祠を建てた。これが南安県の坑口宮で現在も存在する。雷海青の死後、郭子儀が軍を率いて安禄山を破って長安を回復した時に、雷の神霊が空中に出現し、天兵天将を率いて賊軍を殲滅した。その時「雷」の旗の上半分が煙霧に包まれ「田」に見えたので、唐の粛宗が勲功を讃えて「田都元帥」の賜号を得た。民間では国家と民衆の安泰を齎す神霊として祀る。「天下梨園大総管」に封じられ、閩南や潮州・汕頭の戯班では戯神の「相公爺」として祀られる。

写真 6-1　南安県・坑口宮

田都元帥の出生に関して、粟粒を食べて孕んだという伝承は、大地の生命力を植物を介して受胎したことを意味する。別伝では[26]、「埔頭郷の蘇員外の娘が稲穂を飲み込んで孕んだ」とあり、粟や稲を常食としていた農民の思考の一端が窺える。一方、音楽の神とされる南天翼宿の転生を説くのは、宗教者が民間伝承を脚色した痕跡である。同じ別伝では「未婚の女性の懐胎は大逆非道の醜い行為として、生まれた男子は稲田に遺棄されたが、蟹と雌鶏が食べ物を与えた。坑口村のショオ族の嘉禮戯（提線木偶戯）の戯班『雷家班』が引き取って育てた」とあり、後世の戯神への伏線となる。更なる別伝では、[27]「蘇下村蘇員外の娘が野外の田の畔に出た時に、天上の翼宿が金童を胎入して孕ませ、子供は田に捨てられたが、蟹が食べ物を与えて養い、ショオ族の雷姓の農民が引き取って育てた」とあり、処女懐胎や感精神話を彷彿させる。また、「蘇員外は娘が未婚で子供を産んだので不祥の子として田に捨てるが、雷姓の小作（佃戸）に拾われた。四歳の時、蘇が収税で訪問した時に、手巾で正体がわかり、実家に引き取って育てた。蘇、雷、田の姓を名乗る[28]」とも伝え、蟹の伝承は消えて叔父の下で育つ話になる。別傳の多くはショオ族の出身や生育を説くが、「民族集団」の「畲族《ショオ》」は、解放後の一九五〇年代の民族識別工作によって確定した民族であり、[29]新しい伝承かもしれない。しかし、雷海青はショオ族出身という言説が受容される基盤には雷海青は非漢族という意識が潜在的にあったと見られる。漢族が支配を広げていく過程で先住民の神を土地神として祀り、その後に都市へ進出して戯神に昇華させたと推定される。現在、坑口宮周辺にはショオ族が七〇〇〇人ほど住んでいて、明代に泉州西門から移住してきて廟を建立し、雷海青を祖先神・地域の守護神として祀っているという。[30]

粟粒や稲穂を飲んで孕む異常出生、捨子にされ蟹に助けられて育つ再生過程、唖者として成人まで過ごす試練、宮廷に上がっての才能の開花、皇帝の庇護で地位を確立し人生を逆転するなどの全てにおいて、通常の人間ではないことを示す。また当初から音曲の才が暗示され、芸人の生育を通して、芸の世界に生きる不安定性が示唆される。特殊な霊能を持ち、技芸の才を若くして発揮したが、安禄山の乱に巻き込まれて、残虐に殺害されて夭折した。才能ある者の夭折は、未完の意志によって現世に働きかける力を強化する。死後に戦場に出現した時に、戦旗の「雷」の字の上部が隠れて「田」に見えたと語る。明らかに、「田」は田圃、「雷」は雨乞いとの関連が深く、雨をもたらす農耕神と言えよう。「田」「雷」「蘇」の三つの姓を持ち、特殊な霊能を発揮する。科挙に受かって宮中で官僚（士大夫）まで上りつめた雷海青を、殉国の英雄として語る。田都元帥の「都元帥」とは全てを統括する最高位の武将

写真 6-2　雷海青の墓

の意味である。地域の「小さな出来事」は歴史上の「大きな出来事」と結びつき神話的想像力は現実の政治権力と連関して、権威を高めることになった。

坑口宮の境内には雷海青の遺骨を納めたとされる「相公墓」がある。地元の伝承では雷海青の屍骨は戦乱時に失われたので、生前の使用品を集めて埋めて「衣冠塚」としたが、一般には尊称の相公爺に因んで「相公墓」と呼ばれる。後世に造った墓碑には明代の萬暦庚子年（一六〇〇）重修と記されている[31]。現在は「雷海青之墓」とされている（写真6―2）。土地の人々は「戯神」ではなく、国家に忠義を尽くした偉大な人物として相公爺を祀り、保護と安寧を願った。福建の農村では、田都元帥は「戯神」としてよりも、年々の豊作を願う神として祀る〔中国戯曲志編集委員会（編）一九九三：五九三―五九四〕。演劇や人形戯は、福州・莆田・泉州などの都市で商業民をパトロンとして発達し、「戯神」も都市民の間で生成した可能性が高い。農村では演劇が地主層や巨大な「宗族」に受容され、市場の発展や都市の文化の影響の増大と、経済的な上昇に伴って農民にも広まったと推定される。

坑口宮は、一九四九年の中華人民共和国の成立後、社会主義政策によって宗教活動は制限されたが、一九八〇年代を通じ復興を遂げた。坑口宮からは閩南、潮州、台湾、東南アジアに神霊を分霊しており、華僑・華人の援助を得た。現在では、一般には「田都元帥府」と呼び「戯神」として祀られることが多い。

現在の廟は一九九八年の再建で、内部の祭壇中央に田都元帥を祀り、左右に従者の金鶏と玉犬を従えている。祭日は正月元日と一五日で、厦門、泉州、晋江などから信者がきて賑わうという。伝承も変化して、「貧しく病気のショオ族の女性が山中に遺棄した子供を、戯班の老芸人が拾って育てた」として、蟹の伝承は消滅している。別名を「清源祖師」として、浙江省の戯神と同体とするなど作為が著しい(32)［中国戯曲志編集委員会（編）一九九三：五九七］。南安一帯では戯神としてではなく、あくまでも土地の守護神である「保境神」「境主」の性格が強い。以上を総合すると、①生前に勲功の有ったものを神に祀る人神思想、②山神・風火神・星宿としての自然神、③在地社会での農耕神としての定着、④土地神や先住民の神との習合、⑤芸能神としての「戯神」の展開、⑥境外からの侵入を守る土地の守護神といった六層の観念が混淆しているといえる。

三　都市の田都元帥廟と由来譚――泉州を中心に

泉州市内にはかつて九七の田都元帥（相公爺・雷海青）を祀る廟があったとされる（一説では九九）。九七は実数というよりも数多いという意味で、小区画の特定地域の守護神「境主」と観念され、武神としての性格から各境区の治安を司る「護境保安的神明」と見なされていた。代表的な廟は西街の「奉聖宮」で、明代の嘉靖年間（一五二二―一五六六）の創建と伝え、市内で最も古いとされ、泉州が清代に三十六舗の区画に分けられていた時の西の境の廟であった［呉捷秋一九九四：四二〇］。羅東鎮の坑口宮から早く分霊されたと伝えられ、明代の崇禎年間と清代の乾隆年間に建て替えし、二〇〇二年に修復した（写真6―3）。祭壇中央に相公爺を祀り、俗称を田都元帥、原名を雷海青という。現在では、泉州一体のショオ族の雷姓の家廟ともされている。この地域はショオ族と漢族の雑居地域で双方の人々が信仰しているという。坑口宮の分かれであれば、ショ

写真 6-3　泉州・奉聖宮（2012 年）

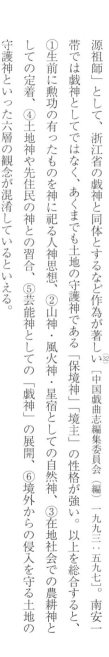

写真 6-4　玉犬（泉州・奉聖宮。2010年）

オ族との関連を説くことも頷ける。毎年陰暦の三月一五日を「放兵」、一〇月一五日を「収兵」として、相公爺が兵を繰り出して境界域を巡り、災害がなく病気がはやらないようにして、平安を保つようにする。現在では土地の守護神の働きをする。また、日を選んで神像を神轎に乗せて町を巡り、田都元帥が天兵天将を配して邪悪なものを排除し、住民の安寧を願う「出煞」の儀礼を行う。一〇月一五日は収穫に感謝して家畜の健康も願うので農耕神の性格を持つ。

「放兵」「収兵」には演劇が行われ、三日・五日・七日続く時もある。正月一五日と八月一六日は祭日として演劇が演じられる。新作公演の場合は、最初に田都元帥、つまり相公爺の前で演じてみせることが約束事である。二〇一一年には再建十周年記念に因み大祭を一〇月一四日に「謁祖進香」として行った[33]。廟内の中央正面の祭壇には、大元帥と二元帥の二人を祀り、総称して「相公爺」という。廟の壁には琵琶や胡琴を持つ音曲の演奏者の姿が四人ほど描かれて「戯神」としての性格を表すが、相公爺は冠を被った武将の姿に整えられている。祭壇の下、向かって右側に「玉犬」の像、左側には「金鶏」と「七兵馬」の像が置かれていた（写真6―4、写真6―5）。玉犬は狗舎爺、金鶏は烏官爺ともいい六月六日が祭日である。双方とも相公爺の従神とされ、かつて雷海青が従者を玉犬と金鶏に変えて右と左の袖の中に入れて舞ったという伝承に因む［黄錫鈞　一九八八］。田都元帥と犬との関連は深く、莆田の忠門鎮の木偶班は白い犬を左足で踏みしめた田公元帥像を祀る。莆田では木偶戯や人戯の莆仙戯では、冒頭に「願」や「田公踏棚」という田公元帥の由来を演じる儀礼的な演目があるが、そこでは霊牙将軍という白い犬が重要な役を演じる。

一方、犬に関してはショオ族側の別解釈もある。ショオ族の先祖は「盤瓠」と呼ばれる神犬（龍犬）で、反乱の討伐に手柄を立て、褒賞として皇帝の娘を与えられたが、山中に追放され、三男一女が生まれ、盤、雷、藍、鐘の四姓がショオ族の祖先になったという。このうちの雷姓の子孫が奉聖宮を篤く信仰してきたとされる。いわゆる犬祖神話はヤオ族と同様で、文献上は『後漢書』「南蛮西南夷」列伝に遡り、後代のヤオ族の伝承へと受け継がれた。また、ショオ族の一部では盤瓠神話や四姓の由来を説明した『祖図』を集落や親族集団が維持し、ヤオ族の犬祖の由来や渡海伝説を記した『過山榜』と同系統で、自らの出自を意識的に伝えてきた(34)。現在でも福建のショオ族の間では雷海青伝説を伝え、『雷氏家譜』に名前が記載され、ショオ族の劇団や木偶戯の戯班は雷海青の塑像を奉じて、「元帥爺」「戯祖宗」として祀る。伝承も様々で閩東北の福鼎県での一九八四年の聞き書きによる雷海青伝承では、出生は語られず、琵琶と笛の名手で唖者、ショオ族の有力者の三女と結婚し、試練を得て後に唐明皇（玄宗皇帝）に認められ、状元に封ぜられ、戯班を起こして、地元の騒動を解決する活躍をして、漢族とショオ族の双方から尊敬されたという［中国民間文学集成全国編輯委員会（編）一九九八：四一―五二］。ショオ族の実態は複雑で地域性があり、一部は漢族の客家とも言語や習俗の共通性があるなど流動的で、近代的な観点から雷海青をショオ族出身といった特定の民族に一元化することは出来ない。ただし、最近になってショオ族の社会の間でも独自に田都元帥の祭りを行う所が現れた。浙江省麗水市景寧畲族自治県では農歴六月二四日を「元帥節」として祭壇に供物を捧げ鶏を供犠して、ラオリーリエンの唱え言で祀る。これは地域起こしと連動した新しい動きである。

写真 6-5　金鶏（泉州・奉聖宮。2010 年）

西街の「奉聖宮」に対して、東側の相公巷には「桂香宮」が祀られ、

写真 6-6　玉犬（泉州・桂香宮。2010 年）

町の西と東にあって、泉州全域を守護する保境神「境主」の性格を持つという。「桂香宮」は田都元帥を主神とし、ここにも黒犬が従神の玉犬として鎮座する（写真6—6）。一般に泉州の戯班では、相公爺を戯神として祀り、俗称を田都元帥、原名を雷海青ということが多い。「桂香宮」の内部には伝説が描かれ、正面に相公爺を田都元帥（雷海青）として祀り、背面に観音が鎮座していて仏教と道教の習合の様相がある。脇にある伴神は向かって左に大哥公、右に土地神の福徳正神を祀り、手前右の入口近くに玉犬を配祀する。「玉犬」は雷海青の従者である。大哥公は黒い鶏の姿で表わされる所もあり、雷海青の従者の鶏が習合しているが、元々は在地の神のようである。都市に組み込まれた民俗神の相公爺は、地域に「平安」を齎す守護神、境界を守る神に変容する。廟で祀られる神になって一定の領域の人々の安寧祈願の対象になると、子供の病いを治す神として崇拝されるようになった。[35] 一九九〇年代の細井尚子による泉州市内の調査では「境主」としての相公爺の性格が強調されているが〔細井一九九七：一四六〕、内容は複雑で重層化している。「戯神」として祭祀芸能に組み込まれると、戯班と共にあって、劇団の団員や、芝居や人形戯の演者が神像や人形に奉仕し儀礼を行う。移動する役者が祀る「遊行性」に富む神となった。

相公爺（田都元帥）を主神とする廟はさほど多くないが、各地で祀られ、莆田と福州の市街地に名高い廟がある。莆田市の場合、城廂区拱辰村頭亭にある瑞雲祖廟は、旧興化府の北門の外に位置し、田公元帥を主神として祀り莆仙戯の芸人が篤く崇拝してきた廟として名高い[36]〔楊榕　二〇〇〇：七—一〇〇〕。明代の洪武年間（一三六八—一三九八）に建立、明代の嘉靖年間（一五二二—一五六六）に倭寇が破壊し、明代の萬暦三年（一五七五）に再建して、名称を田公廟から「瑞雲祖廟」に改称した。戯班が田公元帥を祀り、廟前には立派な「戯台」を作って、新しい戯曲を出す時は必ずここで上演した。清代の康熙五二年（一七一三）に増築と改修を行い、左側に五帝廟、右側に観音殿を建てた。毎年四月九日と八月二三日が田公元帥の祭日で、莆田の戯班は劇を奉納する「弄八仙」の集会を開催し、併せて数座の臨時の舞台を作って演劇を奉納した。一九四九年以後の社会主義政策、特に文化大革命で破壊されたが、一九八二年に復興事業に着手して、一九八七年にほぼ再興した。二〇〇一年には瑞雲祖廟で「田公元帥誕辰一二八五周年慶典紀念大会」が行われ[37]、五月三一日と六月一日に「田公（雷海青）信仰文化学術討論会」が開催されて〔葉明生（主編）・楊榕（副主編）二〇〇二〕、中国大陸と台湾の信仰文化の結びつきが再確認されるなど、学問と政治が一体化した動きが生じてきている。五月三一日は農暦四月九日で、本廟では雷海青の生誕日とされていた[38]。二〇一三年六月一九日には、泉州で開催された「第二回世界閩南文化節」に合わせて「閩臺戯神田都元帥雷海青信仰学術研討会」が開かれ[39]、台湾とも交流して実演も行うなど「文化の資源化」の動きは加速している。

雷海青の名称が、雷から田へ変化した由来について、一般には安禄山討伐に際して天空に出現した時に、雲中の戦旗の「雷」の字を「田」と見間違えたと語られているが、莆田では異伝もある。莆仙戯の芸人によれば、元々は「盤古帝王」を戯神として祀っていた。ある船が海上を航海していた時に嵐に遭遇したが、船上に雷海青の神位を祀っていたので助かった。その時に天を見上げると、雲の中に雷海青の「雷」の字の旗が現れたが、「田」と見誤った。これ以後、生命を助けてくれた神を「田公元帥」として、「盤古帝王」に代えて祀るようになったという〔中国戯曲志編集委員会（編）一九九三：五九三〕。盤瓠[40]（盤古）を始祖とするヤオ族（瑤族）は、始祖の子孫が航海中に大嵐になった時に、盤瓠に祈願して助かったと伝え、この伝承に重なる。『評皇券牒』や『過山榜』に書かれている渡海神話であり、ヤオ族と同系統のショオ族が雷海青であるという伝承とつながってくる。また、南宋時代の末年に端宗が兵に追われて莆田に退却した時に、海上で暴風雨にあった危急の事態に空中に雷海青が天兵を連れて出現し、戦旗の「雷」が「田」に見えたことに因むという伝説もあり、(41)いずれも海と関連が深い莆田の土地に結び付けて語られている。

福州市では鼓楼区元帥路の元帥廟が田都元帥を祀る。旧福州城の内部である。『福建壇廟志』は唐代の建造と記すが、確定は出来ない。福州近辺の人々の信仰を集め復興が著しい。(42)六月二四日は音楽と演劇の「戯神」の「田師」の神誕日で、戯班や傀儡戯の芸人が参拝し、劇の奉納がある。八月二三日は主神の「田元帥」の神誕日で、「師主日」として祀り演劇の奉納が三日間続く。「田師」を戯神として、武将の「田元帥」とは区別して祭日を違えていて［葉明生（主編）・楊榕（副主編）二〇〇二：一九五―二四七］、「戯神」の観念が主神に付随するように見える。

都市では田都元帥は農業神の様相を喪失して、地域の守護神、治安維持の武神、劇団の「戯神」など多様に機能分化した。神像の相貌は地方で土地の有力者（境鋪主）が奉じる相公爺は衣冠を頂くが、戯班が「戯神」に祀ると頭に二つ髷を結う。相公爺は地域で祀られる場合は「武将」の将軍として悪鬼に対抗し鎮圧する武官の性格が強調され、戯班で祀られる場合は永遠の童子で創業神の「戯神」として文官の性格が強調される。文武両道の神の性格を場所と時間で使い分ける。そして、道教儀礼の影響があり、法術を駆使して従者を使役する。これらは儀礼の中での所作・唱言・呪語で実践されることになる。

「戯神」は、「行業神」の一つである。宋代以降の都市の発展や商業の展開に伴い、各業種の専業化が進んで、「行会」と呼ばれる同業種によるギルド組織が形成され、この組織を基盤として、特定の業種の人々を守護する「行業神」を祀る慣行が定着し、演劇に携わる人々は「戯神」として祀った。ある意味で演劇が都市芸能として成熟していく過程で生み出されたと言える。「戯神」は明代清代に経済活動が進展して演劇が民衆に根付いてから一般化したと推定される［李喬　一九九〇：三八二―四三六］。「戯神」は「行会」の守護神であるだけでなく、演劇や音曲の天才で究極の師匠とされ、宮中で芸能者を養成する梨園（宮中の養成所）の創始者であった。「戯神」は演者の舞台の成功を成就させる「守護神」「保護神」として信仰されたが、次第に諸芸の流派の開祖として「祖神」の機能を合わせ持つようになった。いずれも変容は都市の場で展開し、商業民の支持を受け、洗練されていく過程で、徐々に伝承と儀礼が整えられてきた可能性が高い。

四　「戯神」と祭祀芸能

泉州の相公爺は通常は神像として、劇団の本部、常設劇場、公演舞台、劇団の団長の自宅などの祭壇の上に供物をあげて線香を灯して祀られている。泉州で「戯神」を祀るのは、人形を糸で操る「提線木偶戯」、人戯で士太夫をパトロンとしていた「梨園戯」、大衆娯楽の要素をふんだんに取り込んだ民衆演劇の「高甲戯」で、いずれも相公爺を祀る。指遣いの人形戯の「布袋戯」も同様である。一方、音曲から構成される「南音」（御前清曲）は五代十国時代の後蜀（九三四―九六五）の君主で文化人を保護したとされる、孟昶を神として祀り[43]、相公爺とは系統が異なる。また、道士や仏僧が演じる打城戯は人戯で、陰暦七月に行われ超度亡霊を目的とする[44]。傀儡戯は盂蘭盆会の「普渡」では目連戯が演じられ、異常死者の「超度」を行い、併せて悪霊祓いや浄化の意味ももった。

泉州では解放以前は、傀儡戯、特に「提線木偶戯」（嘉禮戯）の位置付けが最も高く、貴賤を問わずに年中行事や通過儀礼で上演され、寺廟の祭祀への奉納も盛んであった。「提線木偶戯」の演者である傀儡師（人形遣い）は世襲の場合が多く、社会的地位も高く、敬称で「先生」と呼ばれて尊敬を集めた。人形に対する信仰が強かったのである。語り物と楽曲で構成される「南音」の場合も演じ手は「先生」と呼ばれ地位は高い。一方、役者が演じる「梨園戯」は士太夫が庇護者（パトロン）となって、演者の高度な演技力と楽工の卓越した演奏技能を維持し、年齢別に特別の教育期間を設定して養成し、財政的に援助して技法を維持してきた［呉捷秋　一九九四：三―六八、五五〇―五七二。細井一九九三：四七―七七〕。一九五〇年代までの梨園戯は、成人が演者となって高度の芸が要求される「大梨園」（老戯）と、少年、特に変声期前の一〇歳から一六、一七歳が演者となり正確さが尊ばれる「小梨園」（七子班）に分かれ、演目や役柄も異なっていた。「大梨園」の演者は小梨園から上がる者や、志願者、役者の子などで、貧困のゆえに役者になったのではない。他方、「小梨園」の演者は身売りされた者も多い。「大梨園」は民間の農民の出自が多く、「小梨園」は支配者層の出自が多かった。[45]「大梨園」は「下南」（外地の意味）と「上路」（本地の意味）に分かれ、「下南」より「上路」が優位であった。一方、「提線木偶戯」の「嘉禮戯」は「小梨園」「大梨園」より優位とされた。泉州では戯班（劇団）が出会った時、「大梨園は小梨園に、大梨園同士なら下南は上路に道を譲らねばならない。全ての梨園戯の戯班は嘉禮に譲らなければならない」〔蘇彦碩　一九九五：三七〕という決まりがあった。同じ場で演じる場合、開演の太鼓は、「提線木偶戯」が「小梨園」よりも先に叩き、「小梨園」が「大梨園」よりも先に叩く。一九五〇年代に「大梨園」と「小梨園」は統合されて、一九五三年には「福建省梨園戯実験劇団」が成立して現在に至る。なお、「提線木偶戯」については、沢山の戯班があったが、一九五二年に「泉州市木偶実験劇団」が成立し、その後「泉州市木偶劇団」に統合された。[46]一方、貴賤を問わずに一般民衆の鑑賞に応える娯楽性の高い演劇の「高甲戯」は、多くの支持があるが、梨園戯の下位で、演者の社会的地位は低かった。総合すると、演劇は高甲戯→大梨園→小梨園→嘉禮戯の順に、格付けが上昇し、「提線木偶戯」が最上位を占めた。演劇における担い手の社会的身分や社会階層は序列化されていたのである。それだけでなく「提線木偶戯」は演劇や娯楽というよりも儀礼そのもので、人々の祈願に密接に結びつき強い「宗教性」を帯びていた。[47]そのために一九四九年の解放後の社会主義化の過程では「迷信活動」や「邪教」として弾圧された。

五　「戯神」の神像と祭壇

「戯神」の祭壇は独特である。「提線木偶戯」の舞台では、相公爺の「神位」を後方中央の祭壇上に置き、人形遣いが相公爺の人形を中央上部に掛けて、左右に花童と小鬼を吊す。祭壇の上部に右から左へ「探花府」[48]、その下に「勅封」、中央には上から下に「九天風火院田都元帥府」と書く。「火」の字は上下逆転である（図6—2）。右端に「十八年前開口笑」、左端に「酔倒金階玉女扶」と対聯を書く［黄錫鈞　一九八六：一三一］。「十八歳で口を開けて笑い、金階で酔い崩れて玉女が助け起こす」という意味で、宮中での相公爺の振舞を由来譚（後出の［伝承Ⅰ］）に基づいて記す。中央の右は「大舎　引調判官　吹簫童子」、中央左は「二舎　来富舎人　舞燦将軍」とし、共に従者で歌舞音曲に携わる。相公爺の由来譚を原初の出来事として再演し、自らの演技の新たな始まりを祈念する。「提線木偶戯」を演じる機会は、道教の廟の例祭日や個人の通過儀礼などが伝統的慣行で、芸としては舞台では演じなかった。元々は舞台（棚）は「八卦棚」といい祭壇であった。三組の一〇本の竹で天井を八角にして八卦を表わし、布を両側に下げて中央に布を垂らした中で、祝事凶事の双方の機会に演じた。「提線木偶戯」では相公爺の容姿や形態は、他の人形と全く異なっている［細井一九九七：一三七］。泉州の場合、顔は暗い赤色で[49]、髪の毛は二本に束ねた少年の装いをなし、口の周りに「毛蟹鬚」をはやす。これは蟹の脚を象ったといわれる。通常の形態の鬚は生やさない。衣装の両袖には銅銭

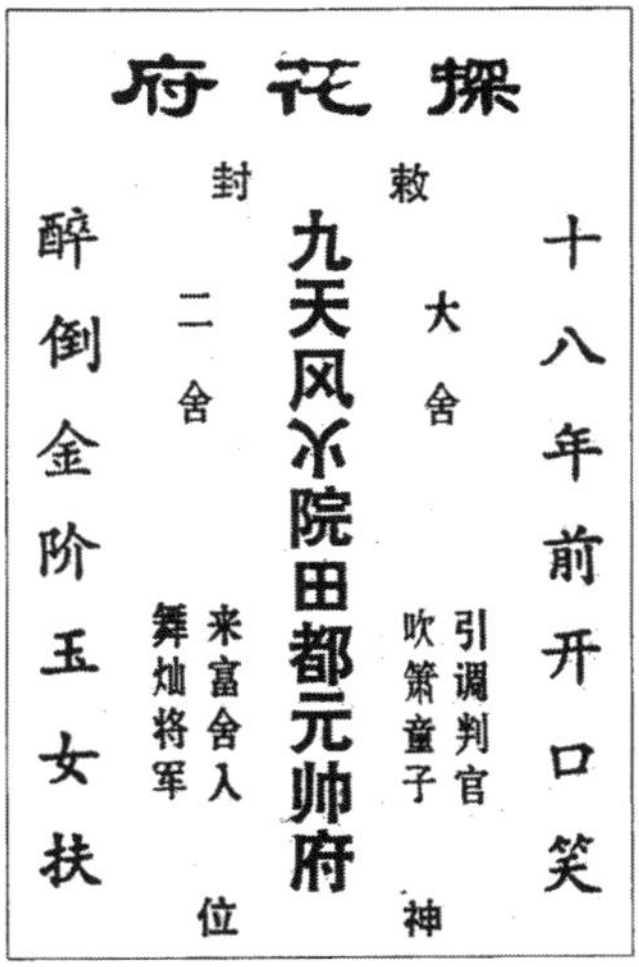
探花府
十八年前开口笑
敕
大舍
引调判官
吹箫童子
神
九天风火院田都元帅府
封
二舍
来富舍人
舞灿将军
位
醉倒金阶玉女扶

図6-2　提線木偶戯での相公爺の神位［黄錫鈞　1986：131］

が縫いこまれ、赤糸で「卍」を縫いつける。両袖の中の右手は人差し指と中指をつけて延ばして、残りの指の三本を握る「剣訣」の形をとり、左手に金宝を持つ。「剣訣」は道教の道士の用法で、魔物を祓う意味があり、空中に符や文字を書く時にも使われる。腹中には五種類の吉祥物として、一尺布・書・鋏・銅鏡・古銭一枚のミニチュアが入れられている。この五種の吉祥物は新しく建物を建築する際の「棟上げ」に際して、梁の上に置く縁起物と同じで、祝意を表すとともにモノに生命を吹き込む祭具であり、相公爺の腹中に置くことは、人形に特別な霊性を祝い籠めると考えられる。相公爺の人形は異形であり、「剣訣」の所作を使い、腹中に吉祥物を籠めるなど、限りなくご神体に近い。ただし、人形の形態は各地で異なり、閩南は袍服を着ており、閩東では甲冑を身に着け、閩西では滑稽な恰好をし、閩北では雉の羽を頭に着け胸や腹を露わにして裸足だという〔葉明生　二〇〇四：九二〕。いずれも「異形の者」であることは共通している。

相公爺の人形の操作は九本の操作線（頭、両脇、後背、両手、腹、両脚、右かかと）を使い、一般の人形の操作線の一六本に比べるとかなり少なく、動きが単純である。(50)祭壇の前で「請神」、終わりには「辞神」を行う。「請神」は、「大出蘇」と呼ばれる特殊な作法で、人形の扱いや音曲の構成も通常の演目とは異なる。「蘇」とは、相公爺の本来の姓で、出現自体を特別な出来事、「聖なる顕現」と考えているのであろう。「請神」では、人形は初めに「呼び覚まされて」生命力を得て、その力で「諸神を招く」という二段階になっていて、神像とは異なる扱いをする〔細井一九九七：一三七〕。動きに合わせて最初の「大嗦吔」に入り、「呪語」のラオリーリエン（嘮哩嗹）を唱える。三つの音の組み合わせが重ならないように変えて抑揚をつけ連続して称える。(51)後述するように、仏教儀礼、特に密教の「真言」に類似する「呪語」と考えられ、傀儡師と傀儡（人形）が一体化する作法と見られる。言葉と所作と音曲が混ざりあって、霊性が顕現し、諸神を招く力が与えられる。神霊の来臨の下で、健康祈願、子授け、五穀豊穣、瘴癘防御、病気直しなど様々な願い事が託された。人形はモノでありながら神霊であり、生命を吹き込まれて神霊を顕現させ、現世と他界、天界と地界、人間と神霊を媒介して、観客を別の世界、不可視の世界へと誘い込む。

梨園戯の場合も開始にあたって相公爺の儀礼が執行される。舞台向かって右手に「翰林院」(52)と表書きされた祭壇が設けられる。雷海青が科挙に合格して宮中で「翰林院」に登用され、最高位の身分で楽曲を演じたという小梨園の由来に因む。戯班が戯場に入る時の行列の先頭の班灯（提灯）にも「翰林院」と書き(53)、戯箱を担う天秤棒には龍と鳳凰が描かれ、担い手が皇族であったことを表わす。祭壇には相公爺の神像を据えて、酒瓶・杯・帛・線香などを供物とする。神位は「提線木偶戯」とほぼ同様で（図6―3）、紅紙に上記のように文字を書く［呉捷秋　一九九四：四二五―四二六］。これは冲天風火院のことで道教経典に記されており、天と地の往来や通信を職掌とする所である。開演の前の起鼓では、七種類の太鼓を用い七回たたく。泉州の木偶戯や梨園戯の特徴は伴奏楽器に「圧脚鼓」を使うことで、両脚の間に太鼓を置き、皮面の上に左足を乗せ、足の位置で音色を変える。この独特の演奏は雷神や鼓神を祀る特別の儀礼という推定が下される。娯楽神や戯神はその後の展開である［葉明生　一九九一：一九三―一九六］。

十八年前開口笑
玉　九　来富舎人
大舎　神
音　天　吹簫童子
聖旨風　田都元帥府
大　火　引調判官
二舎　位
王　院　武燦将軍
酔倒金階玉女扶

図6-3　梨園戯での相公爺の神位
［呉捷秋 1994: 426］

神位には右から左に「九天風火院」と書く。九天翼宿星君に因む。中央の上から下に「聖旨　田都元帥府」、右に大舎と左に二舎、全体の右左に「十八年前開口笑、酔倒金階玉女扶」の対聯がかかる。演者が演技の成功を願い、人々の平安を祈念して、「呪語」を唱えて祈願して「請神」をする「踏棚」と呼ばれる儀礼を行い(54)、妖気を鎮め天地太平を祈る。通常の演目で祝意を表わす時は「加冠」や「弄八仙」の演目が最初に演じられる。梨園戯は、庇護者が士太夫であり、儀礼としての性格を薄め、洗練された演技の鑑賞に焦点が移行した。

泉州の祭祀演劇の特徴は人形操りの「提線木偶戯」、つまり「嘉禮戯」の重要性が高いことで、儀礼としての様相も強く、演じる機会も廟の年中行事の例祭日、個人の一生にわたる通過儀礼、個人の願掛けや祈禱が主体であった。芸態に関しても、言い伝えや各種の文献の記述、演技の手法や技法の実態から判断すると、「提線木偶戯」から梨園戯、そして高甲戯へと伝達され、徐々に演劇化された可能性が濃厚である。演者の一部からは、人間が演じる時の芸態の各所に人形の動きが加わっているという意見が聞かれる。「戯神」の観念も「提線木偶戯」で最も強い。福建の祭祀芸能の基本には「傀儡戯」(木偶戯)があり、人形の動きや意味の読み解き、特に「戯神」の解釈が不可欠である。

六　泉州の「戯神」の儀礼

「提線木偶戯」に留まらず、「傀儡戯」の全てが「禳災招福」を願う民間の人々のための儀礼で、深く民間信仰と結びついていた。従って、道教儀礼の影響が濃厚であることは当然で、特に福建に広まっている民間道教の閭山教と融合して展開した。福建東北部の寿寧県では傀儡戯と巫儀が一体化した「梨園教」という一派も形成され〔葉明生(編)二〇〇七〕、傀儡戯は強い宗教性を帯びていた。一九四九年の解放以前には、道教の廟には、世襲で奉仕する人形遣いの「廟祝」がいて、参拝にきた信者に対して人形で祝福を施し占いをする慣行もあった。泉州の代表的な廟である、元妙観[55](東街)、通淮関嶽廟[56](関嶽廟)、東嶽廟[57]、城隍廟[58]には、「提線木偶戯」の「戯班」があり、参拝者の要請に応えて祈願する儀礼が行われ、民衆にとって人形は馴染み深いものであった。しかし、社会主義化の中で民間信仰は「迷信活動」として弾圧され、解放以前の担い手は老齢化して、現在ではかろうじて東嶽廟の「廟祝」が維持している。二〇一〇年九月の訪問時には、東嶽村在住で人形遣いの「廟祝」を世襲で継承してきた陳文質氏(九〇歳)が健在であった。相公爺の糸繰り人形回しではラオリーリエン(嘮哩嗹)の「呪語」が唱えられる(写真6—7)。「廟祝」の自宅では人形を壁に吊るして供物と香を捧げておくという。人形の相公爺は「戯神」としてだけでなく、廟に参詣する人々の個人的な願い事に応える祈禱の対象でもあった。

泉州の「提線木偶戯」は技法の発達は著しかったが、法事や儀礼など宗教性は徐々に失われてきた。しかし、舞台（棚）での演技の開始と最後に行われる相公爺の儀礼は残り続け、人形の持つ機能を現在まで伝えている。泉州市木偶劇団（一九五二年創立）の本部である嘉禮館では、正月一六日の相公爺の誕生日に祭拝戯神儀式「祖祭」を行う。全体は、敬拝→請出相公爺→安台→請神明→踏棚→敬拝→請神明看戯→辭神という流れで内容は以下の通りである。①班主敬拝。「天壇桌」に布をかけ供物を置く。班主が[59]三炷香に火を灯し、土地公、相公爺、天上諸神明を拝む。班主の朝拝み後に正式に始まる。②請出相公爺。主祭（陳應鴻）が神龕に「戯神」相公爺の神位を置く。中央「九天風火院田都元帥府」、左右に従者の「大舎」と「二舎」と書く。神龕の前には相公爺、大舎、二社の人形が掛けられる。神像は通常の礼拝用で、人形は「相公爺踏棚」の時に使用される。主祭は台上へいき、相公爺の神像に対して跪拝し、酒を捧げて、口の中で「暗呪」を唱えて成功を願う。③安台。主祭は相公爺の人形の傍らで、鶏を捧げて祈念し、剣を鶏冠にあてて象徴的に殺害し、血を台上の柱の根元に塗る（点血）。安台・鎮台の意味であり、象徴的な供犠によって穢れを祓い邪悪なものを追い祓う[60]。④請神明。主祭は紅紙を手にとり、口中で詞書を念じ、「暗呪」によって諸神明が下りて木偶戯を看ることを祈念する。唱え言をして木偶戯「香花燈燭」を始める。香火燈燭の由来を述べる。「地錦襠」で相公爺の姓名や由来を述べる（自報家門）。⑤踏棚。「祖祭」の最も重要な儀礼的な戯である。主祭は「傀儡調」を高唱し、「相公爺踏棚」

写真6-7　人形の相公爺（泉州・東嶽廟。2010年）

に入り、願い事を神明に告げ、嗩吶や盞が鳴り響く中、相公爺の人形は紅布を広げた米篩《こめふるい》の上で、「金木水火土」（五行）を象って踊る。五方を結界し、邪悪なものの侵入を防ぎ妖気を鎮める儀礼である。米篩には一〇八個の銭幣を置き八卦図を象り、祈福の意を表す。⑥敬拝。演者が前に出て正面の相公爺の神像と人形に拝礼を行う。⑦請神明看戯。祭拝の後、引き続き、折子戯として「四海龍王祝壽」を演じて天上の諸神に見て頂く。⑧辞神。神明が見終わると、主祭が簡単な「地錦襠」を唱えて神送りをして、地上の平安を祈る。「暗呪」で唱えられる「呪語」はラオリーリエンで、三つの語の組み合わせを変えて称えられる。全体を「大出蘇」ともいう。「祖祭」は、正月一六日と八月一六日に執行され、天界の神明と交流して一年間の安泰を願う。祭主の陳應鴻は、天上諸神や玉皇大帝への祈願として、道教儀礼に近いと説明する。民間道教の儀礼を木偶戯の儀礼に再構築したと考えられる(61)。

「提線木偶戯」の「大出蘇」の古い伝承については詳細な報告〔陳天保・蔡俊抄　一九八六：一三六―一六〇〕があり、儀礼の内容はほぼ同じで、主祭（請神人）の執行過程は以下の通りである。①打楽器を演奏する（二回）。②請神人（相公爺の遣い手）が祭壇の香、燭、花、酒を美称し、相公爺の神位に書かれた諸神を招く。三六体の人形も諸神とする。③請神人が紙銭を焼く。舞台、道具、楽器を酒で清める。相公爺と諸神に酒を勧める。④請神で「大㖠呾」に入り、ラオリーリエンを唱える、⑤戯班の人々と相公爺がやりとりをする。⑥相公爺の由来を唱えつつ踊る。⑦相公爺が繰り糸を用いて「金」「木」「水」の字を作る。歩罡踏斗の動作である。「火」「金」の字を作る。呪語を唱えて三界の諸神を招く。祭壇前に跪き上体を伏したまま「疏意」を読む。東嶽閻羅天子、城隍神、観音仏祖等を招く。⑧相公爺の唱え事、舞をまって献香、献花、献燈、献蠟を行う。⑨相公爺が三界の高神と諸神のために演目を上演することを述べる。⑩唱と舞で終了する(62)。

全体の流れは以下のようになろう。請神人の相公爺に対する儀礼（①から③）→「大㖠呾」で相公爺と請神人が合体（④から⑤）→相公爺が諸神を招き、疏意を述べ、献供し、上演の趣旨を述べる（⑥から⑨）→終了の唱と舞⑩となる。請神人が相公爺と合体し、「神人交流」を通して、請神人と一体となった相公爺は、「請神」によって諸神を招き、土地神も招くという二段階を経るという。儀礼の中核では、閩北での「変身」（傀儡師が相公爺と一体化する）と同様の儀礼が行われていると見られる。その鍵を握るのは「呪語」のラオリーリエンで、「暗咒」と言われ、密教の「真言」と類似する。[63] 本来は音を組み合わせて一〇八回唱えて、三十六天罡《てんこう》と七十二地煞《ちさつ》で宇宙全体の神霊と天地の結合を表す。人形は身は三十六体、頭は七十二体から構成されるのが正式である。天体と人形、天と地の合体が意図され、法術の力が示される。なお、ラオリーリエンは泉州方言で、莆田や仙游では、ルオリーリエン（囉哩嗹）と唱える。この「呪語」は文献上では宋代の普濟『五燈會元』に遡り、胡楽の梵曲「菩薩蠻」の歌詞が始まりと説かれている。[64] サンスクリット語の陀羅尼（ダラニ dhāraṇī）や伽陀（ガーター、偈頌、諷誦 gāthā）の翻訳である。葉明生は福建の民間道教、特に閭山派では密教の「瑜伽教」の影響が宋代以降に強まり、傀儡戯や女神信仰の陳靖姑に痕跡が認められると考えている［葉明生　二〇〇四：一六九―一七六］。『大日経義釈』（大正大蔵経四三八）等の用例では唐代の密教は「瑜伽宗」と呼ばれていた。ラオリーリエンの「呪語」は、道教の全真教を開いた王重陽（一一一二―一一七〇）が常用していた記録が残り、都市の経済活動が高まった北宋頃から傀儡戯に取り込まれた可能性がある［葉明生　一九八八：一二〇―一二三］。人形における「変身」の技法は「真言」による「入我我入」[65]の修法に由来すると見られ、民間道教に取り込まれて各地のシャーマニズム（巫術）と合体し、傀儡師が傀儡（人形）と一体化する修法として、傀儡戯の中に請神や辞神の儀礼として定着したのではないだろうか。「巫術」を根底に据え、仏教や民間道教の儀礼や思考を取り込み、呪物としての「傀儡」を法術で使役しつつ演技する形態を定着させ、傀儡戯を儀礼として洗練させていった。傀儡戯の本質は、仏教や道教の形式を借りた「巫戯」なのである。

七　福建各地の「戯神」の儀礼

泉州の東、福州の南に位置する、莆田と仙游（旧称は興化）では傀儡戯と人戯が盛んで、莆仙戯と呼ばれる。宋代や明代に遡る歴史を持つとされる〔馬建華　二〇〇四〕。一九五〇年代には傀儡班が一〇〇近くあったという。現在ではかなり減少し、祭日や個人の祝事にあたって、戯班は町の辻で傀儡戯を演じるが、宗教性は失われ、道士が芸人を兼ねることはなくなった。しかし、演技の開始や新年の初舞台、新しい舞台の使い初めに行われる「田公踏棚」や「武魁浄棚」の儀礼は継続しており、「傀儡戯」の持つ意味を伝える〔葉明生　二〇〇四：八九〕。莆田で一部を実見したが、葉明生の説明が詳しい。傀儡師が「請神」の密語を唱え、田相公（田都元帥、相公爺）の人形を出して舞わせ、「上詞」「中詞」「下詞」がつき、田相公の由来を語る一節があり、ラオリーリエンを唱える。霊牙将軍（犬頭）、鉄板将軍、風火二童が舞台で一緒に踊り、妖気を鎮めて境内を平安にする。「田公踏棚」と共に演ずる「武魁浄棚」は、黒鬚で隈取をつけ鎧を纏う人形が登場する。登場に際しては戯班長が舞台前で香と爆竹を焚き、銅鑼や太鼓が激しく打ち鳴らされて威容を高める。五方位の厄祓いをし、紙銭が撒かれ、舞台を浄める。まさしく「出煞」の儀礼で儺戯の系統を受け継ぐと言える〔葉明生　二〇〇四：八九―九〇〕。死霊の超度亡霊を目的とする傀儡戯の「目連戯」の後に演じられる「張公打洞」（莆田）や「観音掃殿」（仙游）も、「出煞」や「浄棚」の意味を持つとされ、「戯神」田相公の儀礼は、広い意味の儺戯の中に位置付けられることがわかる。(66)

閩北の「傀儡戯」では宗教性が一層濃厚である。泉州や興化の「踏台」にあたる儀礼は「封台儀」（遮台）と呼ばれ、法術科儀の「封台法」の中に包摂される。「封台法」では傀儡師は道衣をまとい田公神壇の前で「去穢」「変身」「変台」「安神」などの儀礼を行う。「去穢」は「出煞」で魔物を退け、「変身」は傀儡師が田公と一体化する法術であり、(67)明らかにシャーマニズム（巫術）の修法に他ならない。「変台」は中心となる道法で、傀儡師が舞台を神仙の宮殿や神聖な場所にして、地域の邪鬼が舞台や村を乱さないようにする。「田公訣」をはじめとして様々な秘訣が用いられる。法術による科儀の成就の後に、傀儡師は銅鑼や太鼓を鳴らして「封台儀」を上演し、「太白仙祝保」「福禄寿三星」「奏主」などが演じられるが、「踏棚」に近いものは「田公鎮台」といい、田公の人形のみを舞わせる。その容姿は赤ら顔、頭に二本の雉の羽、(68)胸や腹は露わで裸足で、他の地域と異なるという。家門の後方から現れて「鎮台詞」（田公罵台）を述べて、鬼や魔物、凶神や悪煞を外に退けて人々の平安を祈念する。(69)口詞には、「鏺内打出一朴瓜、収妖滅怪去埋蔵」とあって、「瓢箪」（朴瓜）を法器として使い妖気を鎮め怪物を埋め込む。瓢箪は明代刊本『三教源流捜神大全』に収録の田公元帥の挿絵に描かれていて（図6—4）、瓢箪を呪具・法器とするのは明代以来の慣行である。この図は口元も加工があり、蟹に育てられ泡を吹いている様相とみられる。

閩東の壽寧県の四平木偶戯の場合は「梨園教」ともいい、民間道教の閭山教の分派で傀儡師が道服をまとって秘法を舞台上で行う。重要な科儀の前に「頭時科」（神誕戯の前。傀儡師が舞台の屏風後での科法）、「祭台」（舞台の使い初め。鐘馗の人形による五方の鬼の鎮め）を行い、いずれも最後は「出煞」で終わる。「傀儡戯」の演目の最後の晩に「出煞」を行う決まりで、田公元帥の人形に「田元帥踏四門罡」「拆金橋」「拆彩台」「安田公」などの科儀舞踊を踊らせる［葉明生（編）二〇〇七］。これを「田公掃台」という。

図6-4　田元帥（『三教源流捜神大全』巻五「風火院田元帥」）

このように福建の各地では、傀儡戯と人戯のいずれも、上演の前と後に「戯神」が登場して特別の儀礼を行うことは、通常の慣行であった。文献上でも宋代や明代に遡る歴史的連続性を持ち、福建の祭祀芸能の基盤にある「宗教性」を維持している。傀儡戯全体の儀礼としての様相は失われたが、冒頭と最後の相公爺による「出煞」や「浄棚」は舞台の浄めや邪気祓いに止まらず、病気直しも行い、人々の願掛けに多様に応えてきた。現世利益だけでなく、死者救済の目連戯との連続性も持つ(70)。多くの人々に現当二世の平安を齎す儀礼が傀儡戯で、梨園戯にも要素は受け継がれている。漢族中心に展開してきた儺戯の伝統が民間で継承され、非漢族の神霊観や儀礼を融合させて現在の形に至ったと推測される。

八　泉州の提線木偶戯における「戯神」の由来譚

相公爺の儀礼は一九四九年の解放後は政治・社会の大きな変動によって断絶や中断を余儀なくされ、現在の状況のみでの考察は難しい。そこで相公爺に関する様々な伝承に注目して実像に迫ることにしたい。最初に泉州の戯班に伝わる独自の由来譚を検討する。

〔伝承Ⅰ〕　相公爺に関する由来譚〔黄錫鈞一九八六：一三〇―一三一〕。

唐玄宗の時、浙江の杭州にある鉄板橋のたもとの蘇家の娘が下女を伴い遊びに出かけた。稲田を通り過ぎた時、蘇家の娘は何気なく稲粒を手に取り口に入れて咀嚼した。するととても甘かったので、飲み込んでしまったところ、腹中に奇異な感じがした。数か月後、腹が徐々に大きくなってきたので、父親がこれを疑うと、娘は事の次第を語った。月満ちて男の子が生まれると、父は下女に命じてこの子を捨てさせた。数日して娘がそれを知り、下女に探しに行かせたところ、この子の口の所に毛蟹が上り、泡をふいてこの子に食べさせていた。とても元気で可愛い赤ん坊だったので連れ帰り、蘇家で育てた。この子の姓は「田」とし、母の姓である「蘇」も使った。十八年後、蘇相公は話すことはできなかったが、音律に通じ舞踊を善くした。科挙の試験を受けて、探花になった。

唐の玄宗は夢で月宮に遊び、目が醒めると一部の奇書を得た。これを読んでもその意味がわからず、諸官に見せても分かる者がいない。ある朝臣はその本を読み上げた。「工四、五工六、工六、四五工」そして、これは宮殿建築の工帳だと考えた。その時、相公は側にいて思わず失笑して言った。「これは工尺譜です」と。この時から話せるようになったのだ。唐の玄宗は相公を楽工に召し、指導と譜に従った演奏を命じた。相公が曲に従って舞ったところ、はたして夢の中で見た月宮の仙楽と同じものだった。玄宗は大層悦び、相公に御酒を三杯賜った。相公はそれを飲みほすと顔が真っ赤になり、金殿で眠ってしまった。

そこで玄宗は宮女に命じて後宮の玄宗の寝室で休ませた。

皇后は相公の若々しく聡明そうなのを見て、その凡人でないのを知り、夭折しないようにと眠っている相公の印堂に頭の方から「八十」の二字を書き、八十歳まで生きられるようにとの願いをこめた。相公が醒めて起き上がると、「八十」の字は転倒して「十八」になってしまったので、十八歳で没してしまった。ゆえに相公の神位には、横に「探花府」、縦に両側に「十八年前開口笑」、「酔倒金階玉女扶」とあるのだ。そして、相公の像は顔が真っ赤で、口に毛蟹を配しており、お供えには蟹類が禁止されている。

相公が宮中で、皇帝、皇后に舞踊を披露する以前、宮中で一度火事があった。宮中の宦官も宮女も慌てふためくばかりであったが、相公だけは落ち着いて、御林軍にすぐ消火を命じ、その指揮に当たった。すると風神が降臨し、火を制圧した。それで玄宗は相公を「都元帥」に封じた。ゆえに相公爺の神位の中央には「九天風火院田都元帥府」として、火の字を逆さにして風で火を制圧したことが表わされている。

「九天風火院」の両側の「大舍」「二舍」は相公の門徒だが、その姓氏は不詳である。この二人は、相公がいつも宮中に入るのを見て、皇后の姿を拝みたいのでどうかして連れて行ってくれと頼んだ。あまりにまとわりつくので、相公は大舎を金鶏に変えて右の袖の中に入れ、二舎を玉犬に変えて左の袖の中に入れて宮中に参内し、皇后のために舞踊を献じた。左手を挙げ右袖を垂らすと金鶏が落ちてしまい、慌てて左手で拾おうとして玉犬も落ちてしまった。皇后は金鶏と玉犬にとても興味を持ち、金の輪（金圏）で覆ってしまった。そのため金鶏と玉犬はもう人間に戻れなくなった。相公はそれを憐れみ金鶏に五つの拍板を贈り、金鶏は三つの拍板をとり、梨園戯の楽曲を伝授させ、玉犬に二つの拍板を得て、京戯の楽曲を伝授させた。ゆえに旧制の梨園戯は拍板が三つで鶏声に似た「イイオオ」という唱腔が多く、京戯は拍板が二つで犬の吠えるような「ウウワワ」という唱腔が多い[71]。

相公爺に関わる伝承の特徴を整理してみると以下のようになるだろう。

①稲によって孕む「感精神話」で、処女懐胎で生まれる。超自然力が介在する異常出生譚で、大地からの生成を暗示する。「田」姓を名乗るのは稲の神霊の化身だからであろう。

②異常出生のゆえに捨子となり、拾われて育つ。捨てて拾う、放逐と帰還によって生命力の強化を図り、特別な存在に生まれ変わる。不義の赤ん坊の処理という様相もある。

③捨子の童子は毛蟹によって育てられる。動物の加護で、野生の力を付与されて異常な力や才能を発揮する。蟹によって育てられたので蟹の供物は禁忌である。

④生育は母方居住の形態で、疑似母系社会の社会化を経る。父系を基本とする漢族とは異なることを意識化させる。社会化の過程で女性性を克服し、卓越した能力を発揮する。

⑤父方は「田」、母方は「蘇」で、双方の姓を名乗る。父系と母系のいずれでもない双方制（双系制）社会を想起させ、漢族の父系社会から逸脱し、社会のなかに異人として登場する。

⑥幼少時は音曲に秀でるが唖者というスティグマ（stigma）の刻印を負う。音曲や舞踊に携わる者にとって最も

重要な音声の障害をもつという根本的矛盾、身体的負性を持つ。
⑦漢族社会の科挙に受かって「探花」となり、官僚社会に入って、官吏、士太夫へと世俗の栄達の道をたどり、宮中に仕え皇帝に謁見するに至る。唖者の負性が克服される。
⑧唖者が口をきく契機は、玄宗が夢で得た奇書が譜面であることを明らかにしたことで、負性を克服して音楽の才能が開花した。
⑨才能ある者が栄達し夭折するという人生で、芸能者の特別な能力を際立たせる。夭折は「永遠の童子」という聖性の獲得に至る過程とも言える。
⑩十八歳の時に科挙に受かり宮中に入って口がきけるようになり、演奏と舞踊を演じ、従者に音曲を教えて死ぬ。矛盾の解消と自己の開花が短い人生に凝結する。
⑪八十と十八の寿命の取り違えは、童子にして爺であるという年齢の超越であり、神霊との潜在的交流能力を可能にする原理となる。「さかさま」の力学が寿命を左右する。
⑫容姿は顔が赤く、口元に毛蟹を配する異形で、供物に蟹を禁じるという禁忌がある。役者が梨園戯を演じる場合、額に八十を「さかさま」に書き、その上に「春」の文字も「さかさま」に書く。口元に蟹を描き、由来譚を顔で再現する。異様な相貌になる。
⑬十八は聖数であり全体性を表し現在も使用されている。演技は十八の基本型（十八歩科母）、演目は十八の脚本[72]（十八個棚頭）、十八羅漢の型がある（十八羅漢科）。最初に行う「踏棚」では、途中で十八の文字を地面や空中に書く儀礼があり、重要性を示す。
⑭独自の神位を持ち、夭折の由来と歌舞音曲の神であることを記すだけでなく、「火」の文字を逆転して風を鎮める法力を示す。「さかさま」の力学による異常な力の発揮を表わす。

写真 6-8　田公元帥の神像（台湾彰化県鹿港市・玉渠宮。2012 年）［提供：野村伸一］

写真 6-9　田公元帥の神像（寿寧県坑底橋・元帥宮。2000 年）［提供：野村伸一］

⑮神位には、従者の大舎は「引調判官」「吹簫童子」、二舎は「来富舎人」「舞燦将軍」と記して、音と舞を司ることを表わし、芸の継承が確実であることを伝える(73)。
⑯神位の「探花府」とは科挙の位だけでなく、宮中の後宮を暗示し、皇后という高位の女性の加護のもとに演技の技量が発揮される。「花」の持つ幻想性が加わる。
⑰女性が寿命を決定できると考えている。生殺与奪の力を持ち、未来を決定するのは女性であるという考え方には、巫女の介在が見え隠れする。
⑱長寿の願いの文字が逆さになることで意図せざる一八歳の夭折に転換する。パロディに近いが、文字のもつ「司命」の力が示される。道教での符や文字の重視との関連性があろう。
⑲十八歳で夭折し、永遠の童子神として神と人の間に立つ。天界との近接性がある。
⑳童子であって将軍でもある。童子で無鬚であるときと大人で鬚をはやす場合がある。
㉑相公爺の神位は由来譚の伝承の核心部を取り込んでおり、現在も「生きた神話」のようにして可視化されている。
㉒風神を降臨させて火事を消すなど自然現象を操作する。「風火院」の称

図6-5　田都元帥を演じる役者［『中国戯曲志　福建巻』1993］

号は、自然の力を統御するとされる「法師」や「巫師」を想起させる。「火」を統御する力の誇示である。

㉓風火二童は野生の力・自然の力の統御に関わる。二人の従者を使役して人間を犬と金鶏に変えるなど法術を駆使し、野生の力を統御する。

㉔歌舞音曲の巧者として人々の心持を変える身体技法を持つ。

㉕梨園戯と京戯での楽器と楽曲の伝授によって創業神の性格を帯びる。

㉖芝居での音声の謂われを鶏と犬の声に類似していると語り、野生の力を介在させると共に、由来譚の出来事と現在を繋げる伝承として機能させる。

田都元帥（相公爺）の神像は蟹を額に描くものがあり（写真6―8）、口の両脇に蟹が吹く泡が描かれているのが通常で台湾でも福建と同様である（写真6―9）。福建では役者が演じる時には口の周囲に瞼譜（隈取）をして額の「春」の字を転倒させることもある[74]（図6―5）。伝説を造形することが特徴で、まさしく異形の相を表す。福建では父系血縁集団のクラン（氏族 clan）「宗族」が大きな力を持ち祖先祭祀を丁寧に行い、演劇の内容も父系重視や儒教の道徳倫理を説く場も多い。相公爺は「宗族」の世界から距離を置き、現実の社会とは対極にある外来者・異人として表象され、社会から逸脱した独特の存在感を示す。実生活とはかけ離れた演劇という別の次元を、もう一つの現実として提示し、相対的に見る位置を獲得したと言える。

九 「戯神」の特色

伝承Ⅰは楽曲演奏や舞踊の由来に特化して演劇の創業神の性格を語る。相公爺の性格はトリックスター（trickster）で、越境、敏捷、媒介、笑い、異能、異形、唖者、童子など特別な才能を持ち、社会の秩序をひっくりかえすいたずら者である。それゆえに神霊と人間のはざまにあって媒介者となる象徴的で両義性を持つ存在である。「童子」と「爺」という、若さの活力と老練な能力の両極を結合し、「対極の一致」を翁童で具現する。伝承Ⅰは夭折した由来を語り、安禄山に惨殺された伝承は語られない。全く異なる二面性を併せ持つ。

特色の第一は、泉州では「蘇」姓の名称へのこだわりが強いことで、「提線木偶戯」に顕著である。演技の開始に先立つ相公爺の「請神」の儀礼が、特別に「大出蘇」として重視される。生誕地とされる南安の坑口宮の場合、娘や父の名前が「蘇」、土地名も「蘇」（蘇下村）で、「蘇」の大地から育った粟や稲を食べて孕む。土地と強く結びつき、土地の神霊の胎入の様相がある。泉州とその周辺の「戯神」の「蘇」姓へのこだわりは、地域との強い結合によるのであろう。しかし、全く別の見方も出来る。泉州は海上交易の拠点として栄え、経済の中心地で、ムスリム（回族）の商人の拠点であった。市内には中国最古のモスク、清浄寺（北宋・大中祥符二年（一〇〇九）創建）があり、現在も多くのムスリムがいる。ムスリムには「蘇」を名乗る商人が多いので、演劇の世界の「異人」表象の極として「蘇」姓の「戯神」を登場させた可能性もある。都市の商業民は外部性の受容や連携に比較的寛容である。「相公爺」や「蘇相公」の名称は泉州とその周辺で使われ、地域性が顕著である。

第二は、相公爺の「異人」の表象への非漢族系の要素の混入の推定である。従者の犬や鶏は相公爺によって変身させられた姿であるが、従者は相公爺の分身とも言える。由来譚で人間を犬と鶏に変えたということは、民間道教の法術を駆使して従者を使役したことに他ならない。重要なのは玉犬や金鶏と呼ばれる使役霊の正体で、しばしば在地の神霊や先住民の守護霊が取り込まれる。泉州市内の相公爺の廟のうち「奉聖宮」はショオ族と関わりが深いとされ、「雷」姓の家廟という。ショオ族やヤオ族は犬祖神話を持ち、田都元帥は漢化によって犬を従者にしたのかもしれない。また、ミャオ族・ヤオ族などを初め、中国南部の非漢族社会では、「雷神」はオンドリ（公鶏）の姿で現われるという伝承が見られる［百田　一九九九：九二―一〇六］。田都元帥は「雷神」と習合しており、オンドリとも深い繋がりがある。従者の犬と鶏は非漢族社会の文化要素の取り込みか、田都元帥の非漢族出自の顕現ではないか。

第三は、犬と鶏の鳴き声の違いに合わせて流派の違いを際立たせることである。南方系の梨園戯は拍板三つで鶏の声に、北方系の京戯は拍板二つで犬の鳴き声に喩える。「提線木偶戯」の由来譚なので梨園戯の由来を語ることは本来はおかしいのだが、北方系への対抗意識があるのだろう。歌声の高低や長短を鶏と犬の鳴き声に喩える伝承は台湾にも伝わっている。鄭正浩は、鶏と犬の従者の伝説について、「一つは、この鶏と犬はもともと福建の二つの山の妖怪であったが、田都元帥が音楽・歌舞をもってそれを感化し、部下にしたものであると言い、もう一つは、福路派音楽では歌声が甲高くて長いので、それは鶏の啼き声をまねたものだとして、鶏を将軍爺と称して西秦王爺の従祀とし、西皮派の歌い方は低くて短いので、犬の吠え方をまねたものだと見て、犬を将軍爺として田都元帥の従祀にしたのだ」［鄭正浩　二〇〇九：一二八―一二九］という。双方とも「北管」であるが、福路派の戯神は西秦王爺、西皮派の戯神は田都元帥で、各々の声の出し方を従者の鶏と犬の声にあてはめる説明である。(75) 田都元帥と犬の繋がりが強調されることも興味深い。

第四は、犬と鶏は元々は福建の「山の妖怪」という伝承への着目である。山の神霊が、戯神の従者となり、演者の演技と重ねあわされるという経緯を辿った。元々、地方文献記載の「田公」の記事で最も古い『仙游県志』「壇廟」（乾隆三六年・一七七一）によれば、「元帥廟在宝幢山、祀田公」［福建省戯曲研究所（編）一九八三：六］とあり山の神の様相を帯びていた。田都元帥は鶏よりも犬との結びつきが強く、犬を活用して山地で暮らす狩猟民の性格を彷彿とさせる。莆田や仙游では、田公と共に犬頭人身の「霊牙将軍」を祀ることが古い形態で、田公が犬の神像という廟もある。莆田の演劇の「踏棚」では田相公（相公爺）の御伴として風火二童と、霊牙将軍・鉄板将軍が現れる［葉明生二〇〇四：八九］。

在地の神は統御されつつもどこかに本来の姿を留めて発現する。「山の妖怪」を歌舞音曲で従属させたという伝承は、「漢化」の過程で福建の山地民で先住民でもあったヤオ族やショオ族の神霊を取り込み下位に組み入れたことを意味する。莆田では田公は雷姓のショオ族の首長の子で、神像が背中に弓を背負い「鷹」を従える理由は、狩猟と音楽を共に好んだことに由来するという伝承がある(76)［中国戯曲志編集委員会（編）一九九三：五九三］。一方、福建では葬式や「破台戯」で、厄祓いのために白鶏を供犠する。鶏の従祀は供犠で祀れば願い事を叶えてもらえるとされる土地の神霊への高い信頼度の現われであり、在地の神観念と儀礼実践が溶け込んでいる。漢族とショオ族は相互に文化を浸透させて変容してきたと言える。

第五は、勅封で「九天風火院」と呼ばれるようになった由来で、この名称から連想されるように天体の運行と連動し、水や雷や雲や風を呼ぶ力を持つ。坑口宮での生誕伝承に、二十八宿の南天翼宿の入胎を説くのは根拠があった。音楽神で天文神だからである。田都元帥は自然の力を呼び覚まし統御するのであり、古層には自然との繋がりがある。神位を置く祭壇は科挙の第三位の合格に因んで「探花府」と名づけられているが、「探花」という言葉から民衆が連想するのは女性シャーマンの巫術である。中国南部のシャーマニズム（巫術）では神霊との交流に際して、花が重要な役割を持つ。巫師や師公は、神がかりの脱魂によって天上界に昇り、天上の花園に咲く生者の運命を表わす花を探して、依頼者の状況を判断し(77)、地上界に戻って、花の様子に基づいて託宣する。「探花府」は巫術の祭壇に似ている。人形（傀儡）を儀礼として受容している泉州の人々にとって、演劇の場で繰り広げられる世界は、民間道教や民間巫術と繋がっているのではないだろうか。

第六は、本名を雷海青という説が登場しないことである。田圃で育ったから「田」姓を名乗ったという伝承は極めて自然であり、農耕神としての性格を伝えている。この由来譚では、皇后が寝ている間に額に長寿を願って書かれた文字の「八十」が、起きた途端に「さかさま」の「十八」となったので、「十八歳」で夭折したと語られ、文字のもつ力が強調されている。音曲の才能がある有能な若者が夭折することで、「永遠の童子」として崇拝対象になった。安禄山による惨殺による死後の殉国精神の強調や、死後に天空に現れた時の戦旗の文字を「雷」から「田」に見間違えたという作為ある伝承は登場しない。農耕神と戯神の結合、そういう単純性が本伝承の基調で、雷海青との結合は後世の付会であろう。

第七は、本伝承を通じて多様な担い手の関与が推定されることである。山地民と平地民、農民と都市民、内陸の民と沿岸部の民、一般民衆と宮中の官僚、非漢族と漢族など異なる文化や階層の融合や対立がある。そして、人を神に祀るという形式を取って、道教の廟の神や屋内の神に変容し、「境主」として地域の守護神になり、各地の土地神とも習合する。その後は、生業から遊離した戯班や劇場の「戯神」に変貌するが、「田」姓の名乗りによって、農業を基盤とする社会からの継続性は維持される。「相公」という尊称、科挙殿試での「探花」による官僚への出世、宮中入りによる皇帝の寵愛授受など異能を発揮する天才的な童子は、「呪語」によってしか統御できない大いなる力を持つ。「戯神」は多様な担い手による文化の融合の上に成立したのであり、その基盤には複雑な文化の錯綜がある。

一〇　泉州の梨園戯における「戯神」の由来譚

泉州では「提線木偶戯」とは別に梨園戯の芸人の間で語られる由来譚がある。泉州の伝承では一般に芸態は「提線木偶戯」から梨園戯へ、人形戯から人戯へ移行したと言われる。梨園戯の由来譚は、「木偶戯」の由来譚をもとに展開した部分も含むと予想される。

［伝承Ⅱ］　梨園戯の由来譚［中国戯曲志編集委員会（編）一九九三：五九四］。

梨園戯の戯班は相公爺と尊称する。唐明皇（玄宗皇帝）の頃、蘇某という丞相に年頃の娘がいた。ある日、下女と乳母とともに花園で涼んでいると、見慣れない草があった。実がたわわになっている。不思議に思った娘は一つ手折って口の中に含み、うっかり噛み破って粒の中の液を飲み込んでしまった。一月余りすると、腰のあたりが次第に張り、体の具合がおかしくなってきた。蘇丞相はこの不祥事を怒り、娘に死を与えようとする。しかし、乳母が実情を述べ、令嬢の出府を願い出たので、これを承知した。十箇月の後、男の赤ん坊が生まれ、娘は乳母にその子を野に捨て去るように命じ、自らは縊死して果てた。乳母は藁で編んだ袋に赤ん坊を入れて、夜通しで郊外へむかったが、突然激しい雷雨に襲われたため田の畦道に捨てて急ぎ帰り、翌日戻って丞相に報告した。丞相は人を遣わして赤ん坊の様子を見に行かせる。すると藁袋の中にいる赤ん坊の口元に蟹がおり、泡を出して食べさせていたために不思議なこととして連れ帰った。蘇丞相は、その子の境遇の非凡さに感じ入り、手許に留めて雷海青と名付けた。赤ん坊は田圃に捨てられて終夜泣き続け、蟹の唾液を食べていたので唖であった。

唐明皇（玄宗皇帝）が月宮に遊んだ時、「天書」の二冊の本を持ち帰ったが、臣下にそれを読める者はいなかった。蘇丞相に命じて賢識者を募ったが、期日になっても誰も届けがない。蘇丞相が二冊の本をかかえて嘆息していると、それを見た雷が口を開いて大笑した。声は洪鐘のようであった。その時、十八歳であった。蘇丞相は不思議に思いその笑いの訳を尋ねると、雷は啓蒙書であると答えた。蘇丞相は大いに喜んで雷を宮殿の前まで連れて行く。雷は唐明皇の面前で「天書」を広げて本の中の句を吟詠し始めた。以前の月宮に遊んだ時に聞いたのと同じ曲を耳にした唐明皇は大いに喜び、雷に状元の及第を賜り、翰林院大学士に封じ、宮殿で御酒三杯を与えた。この後、雷は翰林院で曲譜に「断眼」（朱筆で拍をつけること）をし、宮中で楽工に演奏を教え、唐明皇と妃及び諸大臣とともに劇を演じた。唐明皇は小生に、楊貴妃は大旦に、葛明霞は貼に、雷海青は丑に、安禄山は浄に、郭子儀は外に、鐘景期は末に扮した[78]。

雷海青には二人の親友がいた。雷に対して何度も一緒に宮中に連れていってぜひ楊貴妃の姿を拝みたいと願った。ある日、唐明皇が雷海青を謁見することになり、雷は法を使って親友を鶏と犬に変えて袂に入れて宮中に参内した。豈はからずも、唐明皇から酒を賜ることになり、雷海青が興にのって袖を翻して舞うと、鶏と犬が袖から外にこぼれ落ちてしまった。皇帝は何物かと問う。雷は跪いて拾い上げ、奏上して曰く「これは私が身に付けている玩具の金鶏と玉犬です」。そこで玩具を掴んで机の上に置いたが、二人の友人を元の人間に戻すことが出来なかった。

後に安禄山の謀反が起こり、唐明皇は雷海青に命じて兵隊を統率させた。雷海青が戦死すると、空中に黒雲が立ち込め、雷鳴が鳴り響き、天上から〝雷〟の字が現れた。ただし、黒雲に遮られて上半分は隠れ、下半分の〝田〟の字しか見えなかった。そこで人々は田元帥と称したのである[79]。

「提線木偶戯」と梨園戯では「戯神」の位置付けは微妙に異なっている。以下、相互の差異に留意して伝承Ⅱの幾つかの要点を指摘する。

第一は、姓の多重化によって特別な能力を持つ人間として強調することである。伝承Ⅰは「蘇」姓へのこだわりが強く、「田」姓も合わせ名乗っていたのに対して、伝承Ⅱは娘の父の「蘇」丞相が、「雷」と名付け、死後の賜号の「田」の由来も加わり、「蘇」「田」「雷」の三姓を名乗る多重的自己として異能を発揮する。複数の姓を使い分け、特定の姓を名乗ることへの根本的懐疑を表わす。複数の人格と属性を生きる自由な人間像を描き出す。

第二は、神話的思考の弱体化である。超自然的な出産に関しては、伝承Ⅱでは蘇丞相の娘が変わった草を食べて孕むとあり、抽象的な植物の描写に留まる。伝承Iでは粟乳や稲穂など農民の日常生活に結びつく穀物であったのと対照的である。超自然的な懐胎は不義と見なされ、父親の怒りを蒙って娘は死を命じられた。娘は乳母に命じて子供は郊外に捨てさせ、自らは縊死するという悲劇となる。しかし、子供が田圃に遺棄されると雷電が閃き大雨になり、蟹が子供を養育するのを不思議に思って拾いあげられ、天候に因んで「雷」姓とするなど神話的思考は残る。

第三は、基盤となる社会が農民社会から貴族社会に転換したことである。貴族の最高位の蘇丞相が最初から最後まで、大きな役割を演じる。家父長的な儒教的な倫理が底流にあり、高位高官の家族に起こった不祥事として女性の立場が弱く設定される。丞相の登場は当初から政治の世界に身を委ねることを暗示する。梨園戯の由来譚として、庇護者であった士太夫の儒教的礼節を重んじる意識が投影されているように見える。(80)

第四は、「蘇」姓へのこだわりで、伝承Iよりも強いと見られる側面がある。成人に至るまで母方の父、つまり祖父である蘇丞相の庇護のもとで育つ。宮中での譜面の解読、楽工としての登用など出世の契機を作るのは蘇丞相である。土地を離れ宮中に登用されても母方の実家が強い働きかけを持つ。生誕地とのつながりが強く意識されるといえる。

第五は、宮中での芝居の描写があり、梨園の発生の根拠となっていることである。「天書」を譜面として読み解いた後、宮中の皇帝、皇后、大臣、武将に至る重臣たちが、劇のなかの人物の役割を割り振られて芝居をする。宮中で演劇や舞踊を学ぶ「梨園」を開始したとされる玄宗の宮中が、「梨園戯」の発祥の場であったという、演劇の起源譚を述べる。

第六は、宮中での地位の高さを反映して、神位が「提線木偶戯」の科挙第三位を表わす「探花府」から、梨園戯では首席の状元が登用される「翰林院」へと上昇する。権威が高まり、祭壇の場も「田都元帥府」と称号の名づけへ移行する。「梨園」を支えていたのは皇帝や宮中の官僚であり、彼らの庇護のもとで育成されたという歴史的経緯が感じられる。

第七は、従者の犬と鶏の位置付けの変化で、伝承Ⅱは人間を変身させる法術の威力を説くが、元に戻すことが出来ないという自己の能力の限界も示す。伝承Ⅰのように、皇后が気に入って戻さないとか、犬と鶏に同情して拍板を与え楽曲を伝授して、各々の鳴き声が劇の違いを表わすなどの意味は語らない。民間の人々への意味世界に深入りしない様相がある。

第八は、十八歳で夭折する語りがないことである。酒を賜った後にひっくりかえって侍女に助けられる「酔倒金階玉女扶」の情景もない。また、「風火院」の由来になった、火を鎮める行為も語られず、「火」を逆さに書く神位もない。異常な行動は記述しないので、相公爺のトリックスターとしての面白さが消えてしまう。

第九は、安禄山の乱後の雷海青の運命についてで、安禄山の演奏要請に応えず琵琶を投げつけ、惨殺されたなどの残酷さは描写せず、単なる戦死とする。その後の空中に現れた時に、「雷」を「田」に見間違えられて「田元帥」と呼ばれた経緯を淡々と述べる。伝承Ⅰは田圃で育ったので「田」とするという自然な名づけであるのに対して、あくまでも権力者側からの命名という作為がある。殉国の英雄、宮中に仕える忠臣、勇敢な武将であり、同時に歌舞音曲の優れた演者として表象されている。

雷海青について、葉明生は田公に雷海青の名前が付けられるのは明代末か清代初期とし〔葉明生　二〇〇四：四九一―四九二〕、王朝交代の激動の時代に合わせて、歴史上の人物に仮託して支配の正統性を主張する言説だと主張している。後世の人々は、唐代の鄭處誨撰『明皇雑録補遺』に、琵琶の名手の雷海青（六九六―七五六）が安禄山に抵抗して演奏せず惨殺されたという事績の記録を根拠にしている。[81] しかし、記録に従えば、雷海青は六十歳で死亡しており、伝承Ⅰの「十八歳」で夭折するという説と全く合わない。歴史上の人物に「戯神」としての権威を持たせようとしたのだが、実際には食い違うのである。他方、清代の史家、施鴻保の『閩雑記』「五代元帥」（咸豊八年（一八五八）

中報館刊印）によれば、閩南語では「蟹」は「海」と同音であるという説を説いている。「蟹」によって生育された人という伝承を、歴史上の人物に仮託するために、漢字の音に「蟹」の意味を籠めた人物として雷海青は好都合の人物だったとも言える。民間伝承は稗史に巧みに組み込まれた。ただし、「雷」は単なる人名に留まらず、雷雨との連想が働く。雷は田と雨の結合で相互に関連が深い。農民にとっては雨は耕作に必須であり、「田」を潤すことで豊作に恵まれる。その意味では田圃で拾われた子供に「雷」の姓を与えることは雨乞いにも繋がる。一般に、田都元帥・田公元帥の祭日は六月二四日が最も多く、次いで八月二三日、一部では六月一一日である。六月二四日は雷神生誕日であることが多く、収穫を前に最も雨が必要な季節に祀られ、雷海青には雷神（雷公）が習合しているとも言える。[82] 神位の「勅封九天風火院元帥神位」は明らかに雷神と同義である。農耕神を基盤とし、水神・雷神・天神・星神など自然現象の神格を合わせ持つ、混淆と重層の神観念である。また、雷姓はショオ族の有力な姓で現在の伝承では雷海青はショオ族とされ、泉州の相公爺を祀る奉聖宮は雷姓の家廟ともされる。また、ショオ族には雷神は雄鶏の形で出現するという伝承があり、雷海青が使役する鶏と雷姓が結び付く。伝承Iでは、梨園戯は拍板が三つで「鶏声」に似た「イイオオ」という唱腔が多いと伝えられ鶏との関係が深い。

祭日に関しては、月齢との関係もあろう。泉州の「提線木偶戯」は正月一六日と八月一六日に「祖祭」を行い、梨園戯は六月一六日である。相公爺や田都元帥の祭日を一六日にこだわるのは、満月を考慮した自然の運行との連動がある。二四日も月齢で言えば「二十三夜」で月の運行に合わせている。雷海青という歴史上の人物の生誕日といいながらも、季節の動き、月の満ち欠け、雨や水など自然の力への畏怖が祭りの根源にある。犬や金鶏を統御し、蟹によって生命力を与えられ、動物・野生・自然との近縁性が示される。

梨園戯の由来譚には夭折、暫死、戦死など死後に孤魂になる様相がまとわりつき、中国南部の演劇の根底にある孤魂の慰撫の要素を組み込んでいるようにも見える。女性の悲劇性が演じられることも多い。音曲にせよ演劇にせよ、現世ではない異界との交流が基本で、演者は別の者に変身して異界に没入する。演劇と巫術は異界との交流という過程では近接した技法を駆使する。現世と異界の相互を媒介するのは、歌舞音曲や人形である。福建では演劇は廟の祭日の神霊への奉納によって現世利益を願うだけでなく、死後の霊魂の救済儀礼としての性格を強く持つ。「提線木偶戯」の人形が重視され、その洗練の極は死者の霊魂を救済する目連戯であった。「提線木偶戯」は、祝事の廟の祭事や人生儀礼だけでなく、瘴気祓いや超度亡霊にも関わる。木偶戯と人戯を比べた場合、傀儡による「提線木偶戯」にこそ真骨頂があった。「戯神」の田都元帥は、冒頭の「出煞」で魔物を退け妖気を鎮め、演劇や音曲の成功を約束する。そして、原初の記憶を呼び覚まし、演劇の「祖神」であることを確証させる。「戯神」は儀礼を主宰する「巫祖神」の様相も帯びることになったと言えるのではないか。

二　文献の中の「戯神」の由来譚（1）——明代の史料

相公爺や田公元師について現在の状況をもとに検討してきたが、歴史的変遷も考察しておきたい。相公爺の文献上の初出は不明だが、「田元帥」の文献上の初出は、明刊本『三教源流捜神大全』巻五「風火院田元帥」の条まで遡る。清代末の宣統元年（一九〇九）に翻刻重刊した『三教源流捜神大全』（以下『大全』と略す）の葉徳輝による「序」によれば、元板の汲古閣旧蔵の『捜神廣記』（元代の秦子晉撰）の異本で、内容には差異がないと述べる[83]。元代まで遡る可能性もあるが、通説では成立年代は明代初期と推定されている。原文の内容を検討する。

文献1　『三教源流捜神大全』巻五「冲天風火院田元帥」（明代）

帥兄弟三人、孟田苟留、仲田洪義、季田智彪。父諱鐫、母姓刁、諱春喜、乃太平天国人氏。唐玄宗善音律。開元時、帥承詔楽師、典音律、猶善于歌舞。鼓一撃而桃李甲、笛一弄而响遏流雲、韻一唱而紅梅破綻、狿一調而庶明風起。以教玉奴、花奴、盡善歌舞。後侍御宴以酣、帝墨塗其面、令其歌舞、大悦帝顔而去、不知所出。復縁帝母感恙、瞑目間、則帥三人翩然歌舞、鼙笳交競、琵琶絃索手、已而神爽形怡、汗焉而醒、其疴起矣。帝悦。有〝海棠春醒、高燭照紅〟之句、而封之侯爵。至漢天帥因治龍宮海蔵、疫鬼徜徉、作法治之不得、乃請教于帥。帥作神舟、統百萬児郎、為鼓競奪錦之戯。京中譃噪、疫鬼出現、助天師法断而送之、疫患盡銷。至今正月有遺俗焉。天師見其神異、故立定法差、以佐玄壇、勅和合二仙助顕道法。無和以不合、無頤恙不解。天師保奏。

唐明皇、帝封冲天風火院田太尉昭烈侯

田二尉昭佑侯、田三尉昭寧侯

聖父嘉済侯、聖母刁氏縣君

三伯公昭済侯、三伯婆今夫人、竇、郭、賀、三太尉

金花小姐、梅花小姐、勝金小娘

萬回聖僧、和事老人、何公三九承士

都和合潘元帥、天和合梓元帥、地和合柳元帥

闘中槝、耿二仙使者、送夢、報梦、孫喜、青衣童子

十蓮橋上橋下、棚上棚下、歓喜要咲、歌舞紅娘粉郎聖衆、嶽陽三部児郎、百万聖衆云云。

帥の兄弟三人、孟は田荀留、仲は田洪義、季は田智彪。父は鐫《せん》を諱とし、母は刁《てう》を姓とし、春喜を諱とす、乃ち太平天国［時代名でなく地名］の人氏なり。唐の玄宗は音律を善くす。開元の時、帥は詔を承けて楽師たり、音律を典り、猶ほ歌舞を善くす。鼓すること一撃にして桃李は甲□（一字脱落か）たり、笛すること一弄《る》にして响《きやう》は流雲を遏《とど》む、

韻すること一唱にして紅梅は破綻し、䝐《ずい》すること一調にして庶明（群賢の意味）に風起る。以つて玉奴、花奴を教へ、盡く歌舞を善くせしむ。後、御宴に侍して以つて酣なり、帝、墨もて其面に塗り、其れをして歌舞せ令む、大いに帝顔を悦ばしめて去り、出づる所を知らず（どこへ行ったかわからない）。復た帝母の恙《やまひ》を感ぜるに縁《よ》り、瞑目の間に、則ち帥三人、翩然として歌舞す、鼙《つづみ》と笳《け》と交々競ひ、琵琶と絃索と手もて□［争］ぐ（一字脱落か）、已にして神は爽かに形は怡ぶ、焉《ここ》に汗して醒む、其の疴《やまひ》より起れり。帝、悦び、〝海棠に春は醒め、高燭は照らすこと紅なり〟之句あり、而して之を侯爵に封ず。漢天師（の時）に至り、龍宮海蔵を治むるに、疫鬼は徜徉（そぞろ歩き）して、法を作《な》すも之を治むるを得ざるに因り、乃ち教を帥に請ふ。帥、神舟を作り、百萬の児郎（兵隊の意味）を統べ、鼓にて競ひて錦を奪ふの戯を為す。京中　謔噪《ぎゃくさう》し、疫鬼出現す、天師を助けて法もて断じて之を送らしむ、疫患盡く銷ゆ。今に至るも正月に遺俗有り。天師其の神異を見て、故に立ちどころに法を定めて差はし、以つて玄壇を佐けしむ、和合二仙に勅して道法を顕はすを助けしむ。和として以つて合はざる無く、頤恙として解けざる無し。天師は唐明皇に保奏す。帝は封じて冲天風火院田太尉を昭烈侯とし、田二尉を昭佑侯とし、田三尉を昭寧侯とし、聖父を嘉済侯とし、聖母刁氏を縣君とし、三伯公を昭済侯とし、三伯婆を今［令］夫人とす。竇、郭、賀三太尉、金花小姐、梅花小姐、勝金小娘、萬回聖僧、和事老人、何公三九承士、都和合潘元帥、天和合梓元帥、地和合柳元帥、闘中楊、耿二仙使者、送夢・報梦、孫喜・青衣童子は、十蓮橋上橋下、棚上棚下にて、歓喜して咲はんことを要め、歌舞紅娘粉郎の聖衆、嶽陽三部の児郎、百万の聖衆云云。[84]

『大全』から読み取れるのは以下のことである。

①「田」姓の単独構成で雷海青は登場しない。「田」姓と「雷」姓は別伝承である。

②「田」は三人兄弟とされ、三位一体の様相もある。ただし、童形という記述はない。

③顔に墨を塗られる滑稽譚は異形性を暗示する。顔の色や造形が焦点となる。
④容貌の特徴は挿絵の図像では口元に風変りな鬚があり、蟹をかたどる鬚と考えられる。
⑤歌舞音曲に優れ、人間だけでなく、雲・花・風などを動かす卓越した力を持つ。
⑥優れた歌舞音曲の力で玄宗に認められて、宮中に奉仕するが、科挙の栄達はない。
⑦皇后の病気を歌舞音曲で治療する。病気治しの治癒神で巫者の役割も担う。
⑧漢天師が龍宮海蔵を統治した時に疫鬼が出現し、天師を助け神舟を出して流して鎮めた。
⑨漢天師は優れた法力を認めて、朝廷に対して封勅を奏上した。
⑩功績で「風火院」の封号を得る。風と火の鎮めに託して能力が認められる。
⑪世俗の栄誉が与えられ、父母親戚にまで恩恵に預かる「田」は夭折も自殺もしない。
⑫「元帥」号の由来は語られず、武官としての性格は弱い。

福建での現在の「提線木偶戯」と梨園戯の由来譚（伝承Ⅰと伝承Ⅱ）を意識に留めつつ、明代以降の文献上の記述と照合し、大雑把で暫定的な変化の過程や個々の特徴を検討した。仮説的に要点を整理すると、以下のようになる。

①「田」姓の伝承に別系統の「雷」が加わった。母方の姓を刁とする伝承は消滅する。
②三兄弟の伝承は残るが、後には田元帥一人か、二人の従者を連れた田元帥にもなる。
③三兄弟から二兄弟へと変容すると、雷海青と雷萬春、文官と武官に機能が分化する。
④三兄弟は三体として残り続けることもある。香港の潮州系劇団は三体の田元帥を祀る。
⑤歌舞音曲の神で文官の性格が中核にあり、後に武官（元帥・将軍）の要素が加わる。

⑥「風火院」の封号は残るが、勅封は田三兄弟と父母親戚の受封から、田元帥単独となる。
⑦当初は年齢不詳であったが、後に「童形」になり顔の形容も「白皙少年」と明記される。
⑧寿命は当初は言及なしだが、夭折・憤死・塹死・自殺など、異常死へと展開する。
⑨鬼撃退、厄祓い、病気治しの能力が、人間を変身させる法力や演戯の達成力に変容する。
⑩唖者のような身体の不具は見出せない。後世に身体にスティグマ（stigma）が付与された。
⑪科挙を受けて官僚となり、皇帝の庇護下で能力を示し、後に「戯神」「楽神」となる。
⑫異常出生と不自然な死が語られることで、非日常性を強く帯びることになる。
⑬農耕神を初めとする民間信仰の神霊と多様な習合が展開する。

田元帥の特徴と変化、その後の展開の道筋は以上であるが、『大全』の原本に載る図像について触れておきたい（前掲図6—4）。特色としては、第一には四人の従者がおり、田兄弟の他の二人と父と母と解すればよいのだろうが、現行の田元帥は三体と一体とがあり、非連続の面がある。第二は顔面の口の周囲に墨を塗られたような形状が描かれていることで、後世の伝承の蟹による養育に由来する「毛蟹鬚」の前身とみられ、異形性が表現されている。蟹は脱皮するので再生力を付与するとも見られる。第三は右手に瓢箪（朴瓜）の執り物を持つことで、四平木偶戯[85]や大腔木偶戯[86]の田公元帥が「手に朴瓜を持ち太平を定む」（手持朴瓜定太平）とされ、魔物や怪物を追い祓う所作を行う時に使用する呪具で、瓢箪は子沢山を意味し豊饒多産の象徴であり、生産活動を盛んにする意味もあった。また、非漢族の伝承では、瓢箪は洪水を生き残る道具、人類の再生を齎す植物、人類創世の源泉など多様な意味を持つ。瓢箪を呪具として使う慣行は明代まで遡る連続性を持つ。

以上のような大きな見通しは立つものの、『大全』を原型や祖形として、その後の田公の年代の変化を想定することは危険である。『大全』の他に文献があった可能性があるし、伝承自体が一方向的な道筋で解き明かせるとは限らない。文献の多くは偶然に残ったものであり、年代順にしても道筋が立つとは限らない。また、『大全』の成立した場所は明示されないので、福建の文脈に即して解釈することが妥当かどうかは判断し難い。現在の伝承と、「戯神」についての余り多くない文献を接合して、変化の道筋の可能性を示したに止まる。

一方、「戯神」に関する資料の初出は、明代の著名な劇作家の湯顕祖（一五五〇—一六一六）が萬暦年間（一五七三—一六一九）に江西省宜黄縣楽平の「清源廟」の由来を書いた『宜黄縣戯神清源師廟記』（一六〇〇年頃）で、役者が創建した廟の記録である。以下のように記されている。

文献2　『宜黄縣戯神清源師廟記』（明代）

奇哉清源師、演古先聖八能千唱之節、而為此道。…予聞清源、西川灌口神也、為人美好、以遊戯得道、流此於人間。訖無祠者、子弟開呵一醪之、唱囉哩嗹而已。予毎為恨。諸生誦法孔子、所在有祠、佛老氏弟子各有其祠、清源師号為得道、弟子盈天下、不滅二氏、而無祠者、豈非非楽之徒、以其道相詬病耶。此道有南北、南即崑山、之次為海塩、呉浙也。…

我宜黄譚大司馬綸…自喜得治兵於浙、以浙人帰教其郷子弟、能為海塩声。大司馬死二十余年牟、食其技者殆十余人。…予問倘大司馬従祠乎。曰、不敢、止以田竇二将軍配食也。[87]

従者の神として「田竇二将軍」が挙げられ、『大全』の「田元帥」の項にある勅封を得た「竇、郭、賀、三太尉」と呼応する。ここでも三兄弟を祀るという共通要素は維持されている。時代は下るが、『玉匣記』（光緒八年・一八八二。白雲観本）には「一切響器祖師」として「竇元帥・田元帥」の名称が見える。[88] また、文中の「囉哩嗹」、ラオリーリエンの唱え言は、現在でも莆田や仙游の田公元帥や相公爺の儀礼で唱えられる「呪語」で、「戯神」に特有の唱え言が明代の萬暦年間には使用されていたことがわかる。泉州では「嘮哩嗹」、ルオリーリエンという。

「戯神」の清源祖師は、「西川の灌口神」つまり「灌口二郎神」と同体とする。二郎神とは四川省成都郊外の灌口の都江堰を建造した李冰《りひょう》親子（二郎は子供）とされるが、民間では都江堰の水神・河神や、都江近くの道教の聖地、青城山の山神ともいう。また、四川の先住民で狩猟牧畜を営んでいた羌族や氏族の守護神とか、氏族の「年の王」が鶏と犬を連れて逃走する伝説と関連するという推定もある［吉田　一九七五］。犬は狩猟には必須の獣であった。羌族や氏族には「縦目人」の信仰があり、豎目で鷹と犬を従者にする「二郎真君」の原型ともみなしうる。田都元帥に付き従う犬や鶏には在地の生活体験の記憶や在地の神観念が溶け込んでいるのであろう。明代には二郎神は音楽神の性格を持ち、次第に「戯神」の性格を帯びてきたようである。清代の戯曲家の李漁『比目魚伝奇』第七齣「入班」には「二郎神是倣戯的祖宗」とあり、清代には二郎神は演劇の「祖宗」の地位を得ていた(89)。蘇英哲によれば［蘇英哲　一九七八］、二郎神は、灌口二郎や灌江二郎、清源妙道真君、顕聖二郎真君と言われ、『西遊記』（明代。一六世紀）に登場するという(90)。『封神演義』（明代。一六世紀）の悪役、「二郎真君楊戩《ようせん》」と混同されることもある。第三の眼、豎《じゅ》眼《がん》をもち（三只眼ともいう）、従者に「鷹」と「犬」を連れて、七二変化の神通力で「梅山七怪」などの妖魔や鬼怪を三尖両刃刀で退治する童子である(91)。袖の中に神犬の哮天犬《こうてんけん》を潜ませることが、田都元帥の玉犬と似ている。鶏と二郎神は深く繋がっていて、清代の顧禄撰の蘇州の歳時記『清嘉録』(92)（道光一〇年・一八三〇）は、北京の二郎廟の生誕日に、患傷者は二郎神に白い雄鶏を捧げる慣行があったと記している。神通力を持つ二郎神が歌舞音曲で妖怪を退治統御する姿を、「戯神」の相公爺や田都元帥と重ね合わせているのであろう。田都元帥が犬と鶏を従者とする伝承をたどっていくと、明代まで遡る連続性があったことがわかる。

一二　文献の中の「戯神」の由来譚（2）——清代以降の史料

清代以降になると、福建での田公元帥や相公爺に関する文献は膨大である。清代から中華民国の代表的な史料を『福建戯史録』〔福建省戯曲研究所（編）一九八三：六—九〕から引用して、他の史料も取り込みながら内容を検討してみたい。主として廟に祀られている事例が記されている。必ずしも年代順ではないが、文献を整理して検討する。

文献3　『福建通史』『壇廟志』巻一「侯官」（民国刊）

田元帥廟在定遠橋河墘。『三教捜神大全』云。帥兄弟三人、孟田苟留、仲田洪義、季田智彪。父諱鐫、母姓刁、諱春喜、乃太平天国人氏。唐玄宗善音律。開元時、帥承詔楽師、典音律、善于歌舞。後侍御宴酣、帝墨其面、令其歌舞、大悦帝顔、封之侯爵。至天師因治龍宮海蔵、疫鬼徜徉、作法治之不得、請教于帥。作神舟、統百万児郎、為鼓競奪錦之戯、疫鬼出観、助天師法、断而送之、疫患尽銷。天師故定法差、以佐玄壇、勅和合二仙助顕道法、保奏唐明皇。帝封冲天風火院田太尉昭烈侯、田二尉昭佑侯、田三尉昭寧侯、聖父嘉済侯、聖母刁氏縣君、竇、郭、賀三太尉、金花小妲、梅花小娘、勝金小娘、萬回聖僧、和事老人、都和合潘元帥、天和合梓元帥、地和合柳元帥、闘中楊、耿二仙使者、送夢、報夢、孫喜、青衣童子、十運橋上橋下、棚上棚下、歓喜要笑、歌舞紅娘扮郎聖衆、嶽陽三部児郎、百万聖衆云云。一説田元帥為天上翼宿星君、故其神頭挿双鶏羽、象翼之両羽、田姓象翼之腹、共字象両手両足、故其神壇技撃。羽又為五音之一、故其神通音楽、俗又謂之〝会楽宗師〟。故又有以為雷海青歿而為者。

定遠橋に祀られる「田元帥廟」の由来譚として、『大全』巻五「風火院田元帥」の条を引くが、完全な引用を行わず、田元帥の由緒を簡略化して述べる。その後で異説を付け加えて、『大全』にはない雷海青の実名が登場する。一説では、田元帥は天上の「翼宿星君」と同じで、頭部に鶏羽を二枚挿して、翼の双方をかたどり、「田」姓は翼の腹、「共」字は両手両足をかたどり、その故に神壇は「技撃」となるという。「羽」は五音（角《かく》・徴《ち》・宮・商・羽の五音階）の一つで音階に通ずるので、俗称を「会楽宗師」といい、雷海青の没後名としたという。この伝承は翼宿星君が天文神で音楽神である由来を、「翼」の文字の意味を解くことで拡大解釈する説で、「田」姓の由来に説き及ぶ。廟の祭壇に祀る田公元帥の神像の脇に雉の尾を配したり、金鶏を従者に連れるなど鶏との関連は深い。「翼」にこだわり音曲との関わりを強調する伝承と言える。一方、「戯神」を「翼宿星君」とする伝承は史料に散見する。清の楊掌生の『京塵劇録』（『清曲苑』所収）は「戯神」を列挙して、二郎神、唐明皇、老郎神、後唐荘宗などを挙げるが、神位は「祖師九天翼宿星神位者」とする。斉如山は役者の家に祀られる神の神牌と扁額には殆ど「翼宿星君」と書くという。[93]『玉匣記』（光緒八年　白雲観本）は、「一切響器祖師」として「南方翼宿星君、宝田帥、勅封冲天風火院老郎祖師・・・」と記す。泉州の「提線木偶戯」では相公爺の神位は「九天風火院田都元帥府」で、「火」の文字は「さかさま」に逆転させて統御する力を示す。老郎神と神位は共通する。翼宿星君・老郎神・田都元帥は連続性を持ち、星宿として自然の運行と連動し、風雨を起こして火事を消す（伝承Ⅰ）。風火院として自然現象を統御すると共に、自然の力を体現・形象することから、「自然神」ということも出来よう。

文献4　施鴻保『閩雑記』巻五「雷海青廟」（清・咸豊八年・一八五八年、申報館刊印）

興・泉等処、皆有唐楽工雷海青廟。在興化者、俗称元帥廟。有碑記唐粛宗封太常寺卿、宋高宗時加封大元帥。此不見伝載、殆里俗附会之説。在泉州者、俗称相公廟、凡嬰孩瘡癤輙禱之。上元前後、香火尤盛。

興化（莆田・仙游）と泉州に唐代の楽工、雷海青を祀る廟が多いとあり、本名についても同じである。ただし、興化では「元帥廟」といい、碑文には唐の粛宗の時に太常寺卿に封じられ、宋の高宗の時に大元帥に加封と記されるなど「武官」としての性格が強いが、民間の俗説と見なして否定気味である。他方、泉州では「相公廟」として、子供の腫物の病いを治すという「治癒神」、子供の守護神として民間信仰に連続する。地域性に言及して、興化は「田都元帥」、泉州は「相公爺」を祀るとあり、「雷海青」は双方に共通する。この記述は雷海青を楽工とするが、唐の玄宗皇帝は登場しない。

上元前後に祭日がある。民国期の記録だが、莆田では元宵節（正月一五日）の前夜三日間の夜、村々で「行儺跳火」を行い、「田公元帥」と「白牙将軍」の神像を担いで火を踏む、火を飛ぶ、火を巡るなどの行事を行ったという〔葉郭立誠　一九六七：一二五―一二六〕。正月終了時の「儺」では、火で魔物を追い祓う「儺神」となると言える。(94) 「厄祓いの神」の機能が受け継がれ、民間信仰と接合する。火の統御に着目すれば、福建各地と広東で火神とされ、粤劇団の「戯神」でもある「華光大帝」と類似する。華光大帝は広東では「火神醮」で祀られる。伝説によれば、華光大帝は火を使って独死鬼を焼死させたので、如来から豎目の「天眼」を賜って中下界へ転生し、中界の風火二判官を降服させて、火部兵馬大元帥となったといい(95)、田公元帥や二郎神と重なる要素が多い。香港新界の粤劇団では、華光大帝と田竇元帥を合祀したとあり、田竇二元帥を戯神とする江西の弋陽戯の流れと推定される〔田仲一九八一：五四七〕。華光大帝に関しては、火の統御に関わる広東系と福建系の地方神として有力で、その力のゆえに「戯神」や「廟神」として取り込まれたと見るべきかもしれない。

文献5　『廈門志』巻二「祠廟」（清　道光十九年（一八三九）刊）

相公宮在廟仔溪尾、祀唐忠烈楽官雷海青。唐粛帝追封為太常寺倆、宋高宗追封大元帥、見莆田廟碑。嬰孩生瘡毒、祈禱屢効、上元前後香火尤盛。

泉州と同じ閩南文化圏に所属する廈門の仔溪尾にある「相公宮」の由緒を記す。俗名は雷海青、「忠烈楽官」とあり、安禄山に抵抗して慙死した伝承を踏まえている。ただし、玄宗皇帝は登場せず、唐粛帝と宋高宗による勅封と、子供の腫物を治す病気の「治癒神」の様相が強調される。文献三の泉州の事例と同じである。祭りは上元前後で、新たな年の始まりに、穢れを祓って清浄になる、「厄祓いの神」であった。文献4とも共通する。

文献6　兪樾『茶香室叢鈔』[96]（清　光緒十七年（一八九一）刊）

習梨園者、共構相公廟、自閩人始。旧説為雷海青而祀、去雨存田、称田相公。此雖不可考、然以海青之忠、廟食固宜、伶人祖之亦未謬。若祀老郎神者、以老郎為唐明皇、実為軽褻、甚所不取。

梨園戯に携わる者は「相公廟」を建てて祀るという習俗は閩人から始まったという。古い説では「雷海青」を祀るというが、雷から雨をとって田とし、「田相公」としたという。雷海青は皇帝の「忠臣」という伝承を伝える。また、伶人の中には老郎神を祀る者があり、唐明皇と同じであるというが、これについては疑義を呈している。

芸人が相公を「戯神」に祀る慣行は閩人の創始とする「戯神」の発生を明示した起源伝承である。「雷」が「田」に変わる過程も伝える。この文献は、神名を「田相公」として、相公爺と田公元帥を結合する。「戯神」の伝承を総合化し、相公爺＝雷海青＝田相公とする結合の試みである。一方、老郎神や唐明皇を「戯神」とする説は福建外の伝承という意識がある。閩人の役者が相公廟を建立したとあるが、若干語句の異なる汪鵬『袖海篇』によると、相公爺の伝承を語り始めたのは閩人の役者で、創建は東瀛（琉球）在住の人々によるという。

文献7　施鴻保『閩雑記』「五代元帥」（清・咸豊八年（一八五八）申報館刊印）

福州俗敬五代元帥、或塑像、或画像、皆作白皙少年、額上画一蟹、頭左右挿柳枝、或挿両雉尾、侍者男女四人、分執琵琶、三弦、胡琴、鼓板。相傳神五代時人、在塾読書、一日午睡、同輩戯為作此形、及醒恚甚、遂不食死。死而為神甚威歷、常降童、無敢牾者、或并傳其姓名、俗但称五代元帥。予疑即興、泉所祀雷海青也。閩音蟹与海近、柳枝則寓青字、本楽工、故侍者皆執楽器。興化俗称元帥、遂附此説耳。

福州で祀られる「五代元帥」の伝承で、神像や画像は肌の白い少年で、額に蟹、頭の左右に柳枝か雉の尾を挿す。従者は男女四人で各人が四つの楽器（琵琶、三弦、胡琴、鼓板）を持つ。五代の時代の人とされ、読書をしていて眠ってしまい、その間に同輩が顔にいたずらをしたので、目が醒めてうらみを持ち、絶食して自殺した。死んで後に神威を示し、常に降童（神がかり）して現われた。姓名は不明で「五代元帥」としたが、泉州では「雷海青」として祀る。閩南語では「蟹」と「海」の音が近く、柳枝が「青」の字を象徴するとして、伝承と人物名との対応を「音通」で説明する、こじつけめいた解釈を提示する。恐らく、「田」姓と「雷」姓の伝承が食い違うことを調整しようと試みたのであろう。一方、興化（莆田・仙游）では「元帥」と呼ばれる。楽師（楽工）の守護神であり、従者は楽器を持つ姿で表わされる。

この伝承は福州の「戯神」に対して「五代」という時代名が使用される独自の伝承である。泉州では清代の老芸人たちの間では五代の王審知が「提線木偶戯」をもたらしたという伝承があり根拠がないわけではない[97]。一方、塑像や容貌の形容は蟹が額にあるとして、口元ではないことが特徴である。柳枝と雉尾を挿していることは後世の神像と同じである。「元帥」号は、泉州と興化（莆田・仙游）一帯に多く、広範囲で流通する名称であった。画像や塑像は、肌の白い「童子神」で描かれ、夭折や怨恨をもって死んだ孤魂を慰撫して守護神に転換する様相がある。神がかりの「降童」での出現はタンキー（童乩）の憑依を想起させる。民間で祀られる神霊との共通性を強くもつ「両義的な守護神」であり、「憑依神」の性格があって、巫師の関与が濃厚な伝承である。

文献８　鄭麗生『福州風土詩』「元帥誕」
会楽宗師取少年、打拳唱戯各精専。如何当日雷供奉、統領天兵易姓田。
注：学習拳曲者、祀田元帥、尊之為〝会楽宗師〟。聞神為雷海青、去雨存田。見汪鵬〈袖海篇〉。八月二十三日為元帥誕、優伶觴祝甚盛。廟在会潮橋西偏、俗称曰元帥廟河沿。

「会楽宗師」は少年の姿で、唱戯を演じることを専門とする。雷に供奉し天兵を統率し姓を「田」という。拳曲を学習する者は田元帥を祀って、「会楽宗師」と尊称する。雷海青の実名の由来を訊ねられ、「雷」から雨の字を取って「田」、即ち田元帥とした経緯が述べられる。八月二三日が元帥の生誕日で、会潮橋の西で行われる廟会は盛大で、俗称を河岸の元帥廟という。

歌舞音曲の神としての「戯神」の伝承で、「会楽宗師」という独自の尊称が与えられ、「童子神」でもある。雷から田への姓字変更は記述するが、元帥号の封与についての言及はない。元帥廟が橋の袂の西端にあると記され、水辺の水神の要素もあるかもしれない。水神は二郎神との共通要素になるが、福建では二郎神は「戯神」としてはさほど顕著でない。

文献9 『仙游県志』巻十「壇廟」（清 乾隆三六年（一七七一）刊）

元帥廟在宝幢山、祀田公。（神司音楽、即雷海青也。今世不人曰雷、而曰田、其言頗幻。幢山之神、能湿威御寇、郷人感之、至今香火不断）

福建の雷海青について記した地方文献では最も古い。興化に属する仙游にある「元帥廟」の由来であり、仙游にある宝幢山で祀られる「田公」の由来が語られる。音楽の神で雷海青と同じだが、一般には「田」姓である。「山神」の様相があり、郷人の信仰を集めている。

音楽神「田公」として広く受容され、廟に祀られ、元々は山神という身近な「自然神」であった。

文献10 『長楽県志』巻十八「祠祀」「里祀」（民国六年（一九一七）重刊）

英烈廟在国公廟之右。按：神為唐天宝間楽都雷海青、遭安禄山乱、抗節不屈死。俗称田元帥、改武装、実属相沿之悞。邑人林瓊蕤元帥廟対云、〝意気厳然今学者、風流原是古忠臣〟。

長楽県では国公廟の右に並祀される英烈廟の神で、唐代の楽工の雷海青が安禄山の乱で敵の要求に屈せず、抵抗して殺された忠臣であったことが強調されている。田元帥と俗称されているが、武装を解いて学者の神となったとする。

雷海青が安禄山のために楽を演奏することを拒絶して殉節した忠臣であるとする伝承は、「雷」姓に関する最も古い文献である唐代の鄭處誨撰『明皇雑録補遺』（『新唐書』巻一九二、列伝一一七）に記述されている。これは稗史であるが爾来、多くの文献に転用されて「戯神」の根拠付けとなった。長楽県では英烈廟に祀られた由来に結び付けられている。実際には「元帥」と呼ばれて、武官から文官への転換が語られる。

文献11　『閩百三十人詩存』巻七「何昆士」「雷海青琵琶」

胡儿鼙鼓乱中原、献媚多従将相門。独有伶官名足傳、欲殲賊師何言。浙離撃筑功堪并、子幼弾箏歿共恩、省字為田雷変姓、霊神或説報忠魂。

琵琶や太鼓などの楽器を巧みに演奏し、「伶官」として名声を得た。幼くして箏を弾じて歿すという表現には夭折の様相が窺える。雷海青の雷が田に変わったことを述べ、最後に「霊神」「報忠魂」と呼ばれる「英雄神」になる。

文献12　莆田江口鳳来宮・田公諭文碑文(98)（清・辛未十一月四日）

探花府忠烈元帥　田

百神降真顕聖造福、于民之時者也。本師風流慷慨、傳陽春于後世；文武全才、奪秋闈之及第。宮花挿鬢、御酒飲三杯。安史作乱、憂国憂民；為安社稷、尽職尽力。擲琵琶以刺叛國賊、著忠烈而壮唐代也。以身殉国、自足千古；功成劫満、白日飛升。超凡入聖、上天為神。玉封昊天帝子。…

「忠烈元帥」の名称があり、文武に優れ、科挙に受かって宮中に入り、花を鬢に挿して酒を三杯飲んだという。通常通りの田公の逸話が語られる。安禄山の叛乱に際して、民に尽し、社稷を守り、自らの職に専念した。謀反を起こした国賊のためには琵琶を弾ずることなく国のために殉じたのであり、死後に天上に上って神となって、昊天帝子に封じられた。この碑文は「田」の伝承のみで雷海青の記述はない。

以上で文献の検討を終了して若干のまとめに入る。文献1の『大全』はどこの伝承か特定できず、文献2の碑文は江西省宜黄県楽平と特定できるが福建ではない。文献3以下は福建の事例で文献12までに関して、構成要素と神観念を整理した（表6—1）。神観念については「戯神」以外の特徴を示すものを考慮する。

福建の清代から民国期に至る「戯神」の特徴を、限られた文献から取り出して検討することは慎重になる必要があるが、要点は以下のように整理できよう。

①「戯神」「楽神」を表わす表現として、楽工、忠烈楽官、伶人之祖、伶官が使われる。
②「戯神」の他に「自然神」（星、雷、山、風）、「治癒神」（病気治し、厄祓い、正月の儺）、「童子神」（夭折、白晳、少年）、「英雄神」（忠臣、忠烈楽官、英烈）、「遊戯神」（遊戯得道）の五種の観念がある。
③神名と地域との対応は、泉州は相公、興化は元帥・田公、福州は五代元帥・田元帥・会楽宗師で、実名の雷海青はほぼ共通する。その他の神名には翼星宿君、田相公がある。
④田姓三人兄弟の説が一人説よりも古い。ただし、三人兄弟説は福建以外の伝承の可能性が高い。
⑤田姓と雷姓とは別で、田姓が古層かもしれない。
⑥福建では雷から田への変化が説かれ、田から雷への移行はない。
⑦皇帝に仕えた忠臣であったという伝承があり、霊神や報忠魂とも表現される。
⑧祭日は上元の正月一五日（興化、泉州、廈門）と八月二三日生誕祭（福州）がある。
⑨上元の祭では新たな年の始まりにあたっての「厄祓いの神」の様相がある。
⑩田公を「戯神」とする慣行は、閩（福建）で生み出されたという言説が一部にある。

表 6-1　文献の中の「戯神」

文献	場所	廟の名称	構成要素	神観念
1	―――	―――	田姓の三人兄弟。蟹鬚、風火院、巫者、疫鬼退治	治癒神
2	宜黄県	清源廟	田姓の三人兄弟、囉哩嗹、遊戯得道、灌口神同体	遊戯神
3	定遠橋	田元帥廟	翼星宿君、鶏、羽、会楽宗師、田元帥＝雷海青	自然神
4	興化 泉州	元帥廟（興） 相公廟（泉）	楽工、雷、儺神、上元祭	治癒神
5	廈門	相公宮	忠烈楽官、儺神、上元祭	治癒神
6	閩人	相公廟	梨園、忠臣、田相公、伶人之祖、雷から田へ	英雄神
7	福州 興化	五代元帥廟 元帥廟	五代元帥、白皙少年、蟹＝海（閩南語）、柳枝→青、雉尾、夭折、降童、元帥（興化）	童子神
8	福州	元帥廟？	会楽宗師、8 月 23 日廟会、元帥誕、雷から田へ	童子神
9	仙游	元帥廟	宝幢山、山神、田公、雷から田へ	自然神
10	長楽	英烈廟	忠臣、雷から田へ	英雄神
11	閩	―――	伶官、雷海青琵琶、雷から田へ、霊神、報忠魂	英雄神
12	莆田	江口・鳳来宮	文武全才、琵琶で国賊を刺す、殉国、昊天帝子	英雄神

明代の『大全』に記された田元帥の記録以降、民国に至るまでの主な文献を検討してきた。田都元帥・相公爺の伝承の連続性と変化については検討したので、非連続性に関して指摘する。第一は雷海青の名称は清代以降にならないと出現しないということである。葉明生によれば、田公に雷海青の名前が付けられるのは清代初期かそれ以降で、明代には民間の社、地域を守護する「保境神」であって、官祀の廟には祀られていなかったという〔葉明生　二〇〇四：四九一―四九二〕。唐代の武将が、明代までは祀られず、清代に出現する理由は、漢族と満州族の矛盾対立があり、閩南人は「反清復明」の思想が強く、清朝に対する鬱積があって、その心情を雷海青が安禄山に屈せずに慙死したことに仮託(99)したのではないかという〔葉明生　二〇〇二：五四〕。雷海青の名称と、雷を田に見間違えるという伝承は清代にならないと記録に現れない(100)。政治変動が民間の神々の権威付けを齎し「人文神」に変容させた可能性がある。

第二は二郎神についてで、清代以降の文献には「戯神」としては現れない。二郎神を「戯神」とする伝承は清代以降は老郎神に変化して、急速に広まったようである。清の楊掌生の『京塵劇録』（『清曲苑』所収）によれば〔鄭正浩　二〇〇九：一二二―一二三〕、「二郎神霊異、非伶人所祀也。伶人所祀、乃老郎神（粤東省城梨園会館、世俗呼為老郎廟）」とあり、芸人は二郎神ではなく老郎神を祀るとして、広東の潮州系の梨園会館の事例を紹介し、神位は「有書祖師九天翼宿星神君神位者」とある。[101] この名称は、泉州の「提線木偶戯」の相公爺の神位「九天風火院田都元帥府」と九天が共通し、『玉匣記』（光緒八年（一八八二）白雲観本）の「一切響器祖師」の「南方翼宿星君、宝田帥、勅封冲天風火院老郎祖師…」と翼宿星君は重なる。根源には共通する「星宿」信仰があり、「風火」にこだわる。また、容貌の特徴は、『京塵劇録』は「余毎伶人家、諦視其所祀老郎神像、皆高僅尺許、作白皙小児状貌、黄袍被体、祀之最虔。其拈香必以丑脚。云、昔荘宗与諸伶官串戯、自為丑脚、故今丑脚最」[102]と記し、肌の白い小児で黄色の皇帝服を着る高貴な「童子神」である。老郎神と田公元帥は、共に宮中に仕える「童子神」の性格を持つ。若々しい童子に仮託した強い生命力が演劇の守護の源泉となるとも言える。ただし、福建では老郎神を戯神とする伝承は薄い。江西以北の伝承は福建においてはふるい分けられ、目に見えぬ文化の障壁によって遮られて、田公元帥・田都元帥・相公爺・雷海青をめぐる地域性の色濃い伝承として展開したと言える。

おわりに

「戯神」の系譜や記述は錯綜し、神名は多様であっても、在地の生活の記憶や神観念をどこかに受け継いできたのではないか。「戯神」はトリックスター（trickster）のいたずら者であり、秩序を攪乱して再構築する。「提線木偶戯」の神位で文字を転倒させる「さかさま」の言説や表象はその一つの顕れである。神壇図の下方に「さかさま」に描かれる両義的な神霊で障礙神の五猖ともどこかで繋がっているのかもしれない。「戯神」は土地神・農耕神・天文神・大地神・地主神・先住神・人文神などが複雑に絡まり合う中から生成された。演劇や音曲が、戯台や廟の前庭で演じられる時に、最初と最後に「戯神」が祀られ在地の本来の霊力の発現を期待されるのは、在地の神こそが全ての物事に対応できる万能性を持つからかもしれない。福建や広東では今でも演劇や音曲が盛んである。しかし、成功と失敗は紙一重であり不安定な状況を乗り越える粘り強い努力と能力が人間に求められる。土地の自然の力や野生の力を宿し、人間の力では統御し難いものを守護の力に転換させるもの、それが「戯神」であった。「戯神」は演劇という異界で、想像と創造に生きる虚構の世界を構築する力を与えるのである。

福建の場合、「戯神」の特別な儀礼を執行することで、演劇の技法に関わる霊威を一層高めたと言えるかもしれない。演劇の中で最も高位に位置づけられる傀儡戯は、民間道教の儀礼と近接性を持つ。民間道教の儀礼では、主神が在地の神霊を統御し使役して地域に平安を齎すことが多い。「戯神」の場合も田都元帥は従者に金鶏や兵馬を連れており、道教の法術で五方兵馬を使役する技法を想起させる。使役霊の天兵・神兵は武力によって魔物から防御する。人形と使役霊は同等の存在で、「提線木偶戯」でも「戯神」は冒頭で五方結界を行っていた。傀儡戯であれ人戯であれ、「戯神」は、演劇の最初に登場して魔物を掃討して舞台を清める。福建では悪さをする猖や鬼を追い祓う「出煞」の機能を持つ人形の除魔の効果が期待され、演劇の中では最高位の位置にあった。人戯の梨園戯はその次に置かれる。傀儡戯は解放前は儀礼の場でのみ行われていた。泉州の研究者によれば、敬天酬神（神霊への奉納）・吉祥喜慶（個人の通過儀礼）・除凶納吉（厄祓い）・超度亡霊（死霊の供養）の四種の目的で行われていたという［山本　二〇〇六：二六］。現在では娯楽や鑑賞の対象とされることが多くなったが、どこかに人形を畏れる心情は残る。

台湾では除災の機能は顕著で、可児弘明は妊娠中は見るなとか糸をお守りにするなど、人形に関わる民間信仰や禁忌を伝え[103]、道士が執行している謝神や家禮戯の事例を紹介している[104]。傀儡戯は、道教儀礼の「祭煞」と同じで、「煞は殺と同じであり、祭って妖気や悪煞を押送するのが祭煞である」と説明し、「火災、縊死、溺死、事故死、交通事故、あるいは病人や死者が重なった時などに、その場所の妖気を祓うのに家禮戯が招かれるのである」［可児　二〇〇四：七二］と説く。「煞」とは、異常死（火災・縊死・溺死・事故死）や不幸なことが起きた時に生じる障りで、それを鎮めることが傀儡の役割だという。また、シッペール（K.M.Shipper）は「古代の『儺』では、打鼓によって瘟神を追い散らしたが、田都元帥の和瘟法では、打鼓と歌舞はあくまで瘟神をおびき出すのが目的である。おびき出された後で退治されるのである。滑稽に除邪の能力があるとされるのはこのためである」と述べている［Shipper 1966］。[105] 現在でも、福建・台湾の双方で傀儡師は人形の「出煞」の機能を強調する。人形の機能は、「鎮煞祈福」、妖気を祓い瘟神を退け、魔物を追い祓い、幸福を願うことにある。その意味では傀儡戯は「儺戯」に近い。荒々しい在地の神は、農耕の守護神から特定の地域を守護する「境主」へ、そして「戯神」へと展開し、根底には「儺神」としての性格を継続するという幅広い機能を獲得した。

　福建の「戯神」を中心として祭祀芸能に関わる歌舞音曲の神の在り方を検討し、儀礼・伝承・文献を通して、民衆の基盤にある思想や行動の特徴について考察を試みてきた。可能であれば日本の「戯神」とでもいうべき翁や摩多羅神との比較の可能性についても考えてみたいが、かなりの難題である。翁は能の最高神で、演能にあたり最初に仮面をつけて登場し、笛・小鼓に合わせてトウトウタラリ（ドウドウタラリ）と「呪語」を唱え、人々を祝福し大地を踏み締める。「呪語」の起源については陀羅尼（ダラニ）の呪文とする説と声歌《しょうが》（楽の譜）とする説がある［天野 一九九五：二三］。奈良の興福寺や薬師寺で四方結界と除魔を行う呪師《しゅし》の作法で唱える「大金剛輪陀羅尼」で類似の語句が唱えられた。また、『八帖花伝書』は「底哩耶吒囉哩、吒囉哩囉、吒囉哩囉雅哩羅羅哩皷皷」と表記し、「チリヤタラリ、タラリラ、タラリタガリララリトト」と読む。ラオリーリエンと近い音が含まれている。

　一方、摩多羅神《またらじん》は天台宗の常行堂（常行三昧堂）の護法神で、玄旨帰命壇灌頂の本尊として祀られ、修正会、引声念仏、勧請儀礼などの仏教儀礼の場で祀られるが、同時に歌舞音曲などの芸能守護神であった［鈴木 二〇〇一：二六三―三三七］。後戸《うしろど》や鬼門に祀られ、障礙神や行疫神の様相があり、禍々しきもの、荒ぶるものを鎮め祀ってきた系譜の中にある。「後戸の神」は、在地の荒ぶる自然の力を統御して、寺院内の後方や脇、祭壇の下などに祀り籠めたられた神霊である。土地や大地の神霊、先住の神も混淆する。摩多羅神の画像は、北斗七星の下に烏帽子・狩衣で描かれ鼓を打つ姿である。二童子を従え、左脇侍の丁禮多《ちょうれいた》童子は小鼓を持ち、右脇侍の儞子多《にした》童子が舞う形で、姿は唐様と和様の折衷である。前者は茗荷を持ってシシリシニシシリシ（指指利子儞子子利指）と歌い、後者は竹の葉を持ってソソロソニソソロソ（蘇蘇呂蘇儞蘇蘇呂蘇）と歌う。梵語の「理体物持」「智慧持」の意味というが〔鈴木　二〇〇一：二七二〕、秘密の口傳では男女合体の「呪語」で、「男子女子童男童女ノ振舞ヲ、舞ニ舞フ也」とする。摩多羅神の二人の童子が、相公爺に従う大舎の「引調判官」「吹簫童子」、二舎の「来富舎人」「舞燦将軍」を彷彿させることは言うまでもない。翁と摩多羅神、この両者は大和猿楽が勤仕していた多武峰の修正会延年では重なり合う〔天野　一九九五：二八—三三〕。いずれも仏教儀礼の場で使われる「呪語」の言葉の力によって在地の神霊と一体化する。「戯神」のラオリーリエンは真言かもしれないが、意味は謎である。ただし、「南戯」ではこの「呪語」が「男女情」「男女隠晦」の隠語として使われるという説もあり〔葉明生　一九八八：一二〇—一二二〕、摩多羅神の男女合体の「呪語」に近づく。日本の密教儀礼では金剛界と胎蔵界を男性原理と女性原理として金胎合一を説く。『理趣経』を重視する密教の世界が根源にあれば相互に類似しても不思議はない。一般の民衆には意味不明であっても、仏教儀礼とそれを受け継ぐ民間道教の儀礼を、豊饒多産の祈願に読み替えれば農民の願いに応えることになる。

歌舞音曲と深い関連を示す「戯神」を探求していくと、一回限りの身体性や視聴覚の世界に一瞬一瞬を賭けていく芸の世界の奥義に迫るための複雑な技法や奥深い意味の世界が顕れてくる。社会主義国家の中国が懸命に消去しようとしたものは、実は確実に受け継がれてきた。しかし、現代社会は長い歴史を通して維持してきた意味世界を崩壊させようとしている。連続性を「古層」とか「基層」と呼ぶことが正しいのかどうか、それはわからない。言語化出来ない連続性の心意や感覚こそが祭祀芸能を支えてきた原動力であった。急速に進む「文化の資源化」の中で、文化の連続性の深みや芸の原質に改めて向き合うことの意味が問われている。

注

（1）福建での傀儡戯の文献上の初出は、唐の会昌年間（八四一―八四六）に活躍した進士の林滋が書いた『木人賦』だという［葉明生　二〇〇四：七六］。傀儡戯の変遷と現状についても詳しく論じられている。

（2）東京国立文化財研究所芸能部は、一九九五年と一九九六年に泉州の傀儡戯、特に「提線木偶戯」に関して総合的調査を行い、報告書を［日本「目連」傀儡研究会（編）一九九七］として公表し、詳細な記録が残された。本稿はその後の変化の様相や新しい成果を組み込み、「戯神」に特化した考察を行う。「戯神」に関しては、細井尚子［細井一九九三、一九九七、一九九八、一九九九］や山本宏子［山本　一九九七、二〇〇六］の論考を踏まえて考察している。

（3）泉州では「国家級非物質文化遺産」に以下が指定されている（二〇一三年八月現在）。「南音」、「泉州北管」、「泉州拍胸舞」、「梨園戯」、「高甲戯」（柯派）、「泉州提線木偶戯」、「晋江布袋木偶戯」、「打城戯」。

（4）広東の潮州戯、白字戯、正音戯、西秦戯、陸豊皮影戯、広東漢劇などである。香港・広東の潮州系劇団では「田元帥」は童形の三太子とする［田仲　一九八一：第四章註一一］。三太子は哪吒太子と二人の兄弟の金吒・木吒からなる三体と類似する。中央の田元帥を太子にして陪神を童形に造る。

（5）閩南語による歌が入り、せりふは白話を用い、竹製の馬を道具とする。元は閩南の漳浦や華安の民間歌舞で、初期は弄小戯（女役と道化役の二人芝居）だったが、他の劇の形式や曲調を受容して発展した。

（6）原文「天寶末、群賊陷兩京、大掠文武朝臣、及黃門宮嬪、樂工、騎士。每獲數百人、以兵仗嚴衛、送於洛陽。至有逃於山谷者、而卒能羅捕追、脅授以冠帶。祿山尤致意樂工、求訪頗切。於旬日、獲梨園子弟數百人、群賊因相與大會於凝碧池宴、偽官數十人大陳御庫珍寶、羅列於前後、樂既作、梨園舊人不覺歔欷、相對泣下。群逆皆露刃持、滿以脅之、而悲不能已。有樂工雷海青者、投樂器於地、西向慟哭、逆黨乃縛海青於戲馬殿、支解以示眾。聞之者、莫不傷痛。王維、時為賊拘於菩提寺中、聞之賦詩、曰、萬戶傷心生野煙、百官何日更朝天、秋槐葉落空宮裡、凝碧池頭奏管弦。原本は散逸して残らず、後世の人が類書に引かれている断片を収集して、『補遺』を作った。本文献に関しては田仲一成氏の教示を得た。

（7）傀儡戯には、漢代の陳平を「戯神」とする伝承もある［黄少龍　一九九六：二］。唐代の段安節『楽府雑録』「傀儡子」によれば、漢高祖が平城で匈奴の冒頓單于に包囲された。城の一面に單于の妻の閼氏がいた。陳平は美女の形状の傀儡を作らせて城頭で舞わせた。閼氏は望見して漢は匈奴に沢山の妓女を与えて講和を試みると考え、自分への寵愛がなくなるのを恐れて冒頓單于に兵を引くように頼んだ。匈奴の軍は撤退して、漢高祖は助かった。陳平はこの軍功で「元帥」となり、後に「戯神」とされた。「陳」と「田」は共に古代では同音だったので、一般の人々は「田都元帥」として尊敬した［葉明生　一九九一：一九六］。

(8) 昆曲の場合は、老郎神を祖師爺とし、蘇州に乾隆四八年（一七八三）に建てられた碑文に「翼宿之神」、或いは「九天翼宿星君」、俗称を老郎菩薩と刻まれているという。演劇の初めに老郎神を祀る儀礼がある。昆山文化発展研究中心 http://www.kswhyj.com/E_ReadNews.asp?NewsID=404。

(9) 台湾の劇協藝協会理事長の金素琴の談話として「梨園界供奉的『祖師爺』一共有兩位。一位帯鬚的是唐明皇。另一位無鬚的是老朗神。…大抵北派供奉有鬚的唐明皇。南派供奉無鬚的老郎神」「台湾梨園界目前供奉的祖師爺，是翼宿星君。據考據亦就是老郎神」［葉郭立誠　一九六七：一四二］と伝える。

(10) 北管は一五世紀に福建に入り、一七世紀以降は台湾にも伝えられた。北管の西皮派は楽器に「吊規仔」（京胡）を使い、組織を「堂」「軒」、福路派は「殼仔弦」（椰胡）か「提弦」（弦楽器）を使い、組織を「社」という［鄭正浩　二〇〇九：一一八］。楽団は寺廟の祭りや婚礼・葬儀で音楽を演奏して小規模な劇を演出し、プロの劇団は歌仔戯、布袋戯、皮猴戯（影絵）、宋江陣を演出する。

(11) 殉難後に神に祀られた。『隋唐演義』第九三回に「凝碧池雷海青殉節」の一節があり、鄭處晦撰の稗史『明皇雑録補遺』を敷衍する。同書第八九回に「雷萬春都下尋兄」として、雷海青の弟の雷萬春が張巡の武将として活躍し、敵の矢を六本受けても倒れず、直立不動で、張巡と許遠の二人共々殉節したとある（『新唐書』巻一九二、列伝一一七）［鄭正浩　二〇〇九：一一九―一二〇］。この三人は民間では大使爺として祀られている。

(12) 多くの論考があるが簡略に全容を伝えるのは［邱坤良　一九八三］である。『民俗曲藝』二三・二四合刊（一九八三）は「傀儡戯専号」で参考になる記録や論考が載っている。

(13) 閩南語の「相公」と「宋江」は音が近いので、台湾中南部で「宋江陣」を行う廟が田都元帥を祀る。

(14) 福路派が西秦王爺を祖神とする理由は、北方系の演劇の西秦腔や梆子腔の系統に属することに由来するのではないかと鄭正浩は考えている［鄭正浩　二〇〇九：一三一―一三五、一三九］。

(15) 戯神の伝説は「台湾地方戯戯神傳説」［民俗曲藝編集部　一九八五・一九八六］に報告が多数載る。

(16) 三兄弟の表示である。また、雷の漢字は古くは下に「田」を三つ書いたので三体が古く、雷海青が「田」姓を名乗るのはそのためだという説もある［鄭麗生　二〇〇二：二五八］。

(17) 嘉義市の南管系の廟も六月一一日を祭日とする。

(18) 武安王と保儀尊王を併祀し、各々を雷萬春と南霽雲にあて、主神と共に三田都とする。「三田公元帥」ともいう。

(19) 風火院は道教経典に記されていて、天と地の往来と通信を可能にする所である。

(20) 「田都元帥三人兄弟は三人とも聖なる音楽家であり、音楽の愛好者であった唐明皇から梨園の音楽主任を命ぜられた。音楽だけでなく、歌や舞踊もよくした。ある時、三兄弟は張天師を助けて海をさすらう瘟神を退治した。その方法は、一そうの船をつくり鬼卒に命じ都中響きわたれとばかりに太鼓を叩かせ、歌舞を演じて陽気に騒がせた。その騒ぎをのぞきに瘟神が出たところを計って、張天師とともに瘟神のかくれ家を封じて捉えたのである」[可児　二〇〇四：八四]。張天師は三兄弟を除邪の大神の正一玄檀趙光明（趙元帥）の部下とし、この報告を張天師から受けた唐明皇は、長兄（田都元帥）に対して、冲天風火院田太尉昭烈侯、次男に二尉昭佑侯、三男に三尉昭寧侯の称号を贈った。これ以後、趙元帥と田都元帥の合作が始まり、この二神（和合神）による「和瘟法」を道教儀礼の中に重要なものとして取り込んだ。打鼓と歌舞で瘟神をおびき出し、その後に退治する。原文は[Shipper 1966]を参照されたい。

(21) 哪吒太子、金吒太子、木吒太子の三兄弟である。

(22) 老郎神については二郎神との関連を含めて[蘇英哲　一九七八]が詳細に検討している。

(23) 記述にあたっては、[鄭麗生　二〇〇二]と各地の伝承を参照した。

(24) 原文。「雷海青、唐代中葉南安羅東振興村人。相傳唐時南安有位蘇小姐、平生愛吃粟乳、有一天路過一丘田、吃了一粒、逢南天翼宿轉世之後便身懷六甲、生下孩子。其父蘇員外極為震怒、一把將孩子扔到田中。不想孩子三天不死、只見田中螃蟹紛紛吐出涎液餵養著他。有一位好心的畲家農民抱養了他、取名雷海青。雷海青從小就聰穎過人、平時幫助父母做農事、也偷閒到私塾聽課、看書過眼不忘、但長到十八歲還不會說話、卻通曉音律、尤善琵琶人稱『琵琶聖手』。開元二年（七一四）、唐玄宗置教坊、選樂工、雷海青應選入梨園。時玄宗夢遊月宮、得仙樂無人識譜、海青開口説話了、他識得此乃《霓裳羽衣曲》、並按譜演奏了一番。玄宗大喜、賜他御酒三杯、結果海青當場醉倒。故有「十八年後開口笑、醉倒金階玉女扶」之說。天寶十四年（七五五）、安史之亂爆發。翌年六月、玄宗奔蜀、安祿山攻陷長安。叛軍大掠文武朝臣及妃嬪樂工、雷海青陷於賊。是年八月初、叛賊大宴於洛陽凝碧池、逼所俘梨園弟子百餘人歌舞為慶。雷海青以琵琶擊賊、不中被捉、當即被斬於戲馬殿、以身殉國。安史之亂平定後、玄宗優恤有加、誥封「天下梨園大總管」、賜還屍骨回鄉安葬、築祠祀之。墓與祠在今南安市羅東振興坑口村前小溪旁、祠俗稱「坑口宮」、至今猶存。相傳郭子儀反攻長安叛軍時、雷海青顯靈助戰、天空出現「雷」字旗號、因上半部被雲霧所遮、僅見「田」字。郭子儀據此向朝廷請功、唐肅宗加封「田都大元帥」。民間尊其為保國安民的神靈。因他生前原為梨園樂師、死後加封「天下梨園大總管」、故閩南、潮汕各劇種戲班又奉其為戲神、稱「相公爺」」[南清宮建廟沿革與田都元帥聖紀。http://www.wretch.cc/blog/allan2000/31435363　二月九日記]（典拠。泉州掌故 作者：李輝良）。

(25) 甘味のあるもち粟のことかと思われる。

(26) 原文。「南安埔頭鄉蘇員外愛女 蘇小姐、因私出郊遊嚼咽稻田穀漿而懷孕。在禮教森嚴的封建社會、少女『未婚先孕』是一件大逆不道、傷風敗俗之醜事、因而 蘇小姐生下的男嬰被乳娘抱出家門丟棄稻田。據說、田中的毛蟹和母鴨用涎液哺育嬰兒、因此有些『相公廟』不能用螃蟹和母鴨作祭品。雷海青神像的額上或嘴角兩側繪有螃蟹的圖案、其源蓋出於此。又傳埔頭鄉對面的坑口村、有一家畲族的嘉禮（傀儡）戲班叫『雷家班』、這天受聘外出演戲路過稲田、見田中棄嬰、遂抱回家中撫養並起名『雷海青』」。

(27) 原文。「蘇女是福建南安蘇下村蘇員外的女兒、蘇女偶至野外田埂間時、偶感天上翼宿由金童投胎入懷而有孕。蘇女父親的不見諒、乃以未嫁而有孕且無父之子、有辱門楣。於是蘇女產後將嬰遂棄於田間、幸賴田邊的青色螃蟹唾著涎沫餵食、不久被附近畲族的佃農姓雷名過撿回家扶養、取名雷海青。兩年過後、蘇員外到佃農戶雷過家裡收租、遇見一孩身著熟悉的肚兜。認係己家物。始憶此童己外孫。乃與雷翁商之。攜歸撫養。…」

(28) 原文。「蘇員外之外孫、因其母未嫁就懐孕、蘇員外認不祥、棄嬰田野、被一姓雷佃戸抱養。至四歳時、蘇来収租、偶然従手巾上認出是當年棄嬰、遂帯回収養。由是此児或説姓蘇、或説姓雷、或以従田間広養、謂其姓田。…」［呉捷秋　一九九四：四一七］。

(29) 「畲」（ショオ）は湖南・貴州の山地から広東へ、そして福建から浙江省で焼畑耕作で移動した。元々漢語の「畲」は焼畑耕作の意味で、自称はシャンハー（山哈）といい、ハー（哈）は原語の意味は「客人」を意味する。「山に居るよそ者」のことである［《畲族簡史》編写組　一九八〇：七］。

(30) 南安の碼頭には坑内、豊連、豊聯、豊美、鋪前の四つの村があり、ショオ族の人口は七〇〇〇人、全人口の一割で、多くは雷姓だという。明代に泉州から移って武徳宮を建て、清代に円慶堂とした。雷海青は祖先神と考えている。

(31) 年号は湯顕祖が明代の萬暦年間に書いた『宜黄縣戲神清源師廟記』に合わせて創作された可能性もある。

(32) 原文。「舊時南安戲曲班社所奉戲神為田都元帥、又稱清源祖師。據傳田都元帥為南安縣羅東十七都坑口鄉人、是畲族人、原名叫雷海青。唐時、有個畲族婦女貧病交加、躺倒在山間、手中抱一嬰孩。當她即將斷氣時、一位過路的傀儡戲班老藝人收養了這孩子。長大後、學會了表演和演奏樂器、尤其善於吹簫。唐明皇游月宮時聽到仙樂、後命樂官製作《霓裳羽衣曲》、演奏中缺一個會吹簫的人。後來從福建泉州覓得一個神童雷海青、他吹奏的簫聲清麗嘹亮、唐明皇甚為讚賞、賜予進士、外加翰林院供奉。安史之亂、唐明皇逃蜀。安祿山攻陷兩京、在凝碧池設宴慶功、命雷海青演奏。雷海青不從、並以琵琶擊之、不中、後被殺害。其屍骨由福建鄉親收拾、輾轉運回南安十六都坑口鄉埋葬。當郭子儀率軍收復長安時、雷海青神靈也前往參戰、戰場上有人看見〝雷〟字旗上半被煙霧遮住、僅現〝田〟字。後來、唐明皇追贈雷海青為唐忠烈樂官、天下梨園都總管。唐肅宗加封為〝田都元帥〟、〝太常寺卿〟。南安一帶敬奉田都元帥、不但作為戲神、而且由於雷海青的忠烈、故把他當成地方上護境保安的神明」。

(33) 年間の祭事は「五節」で、相公生、放兵巡境、仏誕、収兵進香灶火、嗦啰嗹をいう。近年は文物保護の観点から廟の階上に「田都元帥民間信仰陳列室」が設置され、展示へと重点が移りつつある。

(34) 一九五〇年代の民族識別工作の過程では、こうした伝承・図像・伝承が重視された。

(35) 『廈門志』（清道光版）巻二祠廟には、田都元帥の祈願を「嬰孩生瘡毒、祈禱屢效」と記載している。

(36) 二〇〇二年五月、台湾に所属する馬祖列島の北竿島に位置する橋仔村の探花府元帥廟から六〇人以上の村人が、田都元帥の神輿を担いで、海を渡って瑞雲祖廟に進香を行い、これ以後、台湾との交流が始まった。

(37) 雷海青が一八歳で宮中に上って楽工となったとされる開元二年(七一四)を起点とするのであろう。

(38) 莆田・仙游では生誕日を四月一六日、忌日を八月二三日とする所もある。

(39) 泉州芸術学校、泉州市新海路の閩南文化保護中心、泉州市奉聖宮文物保護委員会が協力して開催した。

(40) 『三五暦記』に記される盤古と、『後漢書』「南蛮夷西南夷」に描かれる龍犬の盤瓠は本来は異なるが、しばしば混同される。ヤオ族は皇族の系統とされ「盤王」と尊称する。

(41) 海上での出現は以下のように語られている。「福王南逃閩中、海上遇難時、雷海青率領天兵天将、前来救駕。一時風平浪静。福王生神稍定時、抬頭看見云里有一隊天兵、團着一位天将、帰旗上的〝雷〟字被云霧遮了一半、只露出个〝田〟字。福王誤識為是姓田的将軍在護駕。于是頒旨天下、塑像供奉、幷賜名〝田公元帥〟、香火祭祀」[莆田民間文学集成編輯委員会(編) 一九九一:一七五—一七六]。

(42) 福州市では二〇〇六年一二月に馬尾区の亭江鎮に九天元帥府が建てられ、福建最大の元帥廟となった。

(43) 台湾では「南管」といい、戯神は「孟郎君」、鹿港の龍山寺の聚英社が所持する『泉南指譜』に拠れば、孟昶と同じという[鄭正浩 二〇〇九:一一七]。台湾では、歌仔戯、布袋戯、傀儡戯などで「南管」が用いられるが、アマチュア団体が主体で、泉州の南音が洗練されたプロの団体であるのとは大きく異なる。

(44) 道士による師公戯と仏僧による和尚戯から発展し、一九世紀中葉に独立した。

(45) 小梨園は宋代に「南外宗正司皇室」が泉州に難を逃れて移住した時に連れてきた家班(家つきの戯班)を源とする説がある[呉捷秋 一九九四:二二一—二二三]。官臣の家班という説もある。

(46) 泉州の木偶戯の歴史と現状に関しては、[陳瑞統(編) 一九八六]に論考と報告が収められている。

(47) 傀儡に関わる宗教性や祭儀文化については、[葉明生 二〇〇三](日文)によくまとめられている。現地の様相を伝える写真集としては[葉明生 二〇〇五]が詳細である。

(48) 一八歳で科挙に及第したという伝承に因む。科挙の殿試での首席を「状元」、次席を「榜眼」、三席を「探花」といい、進士及第の祝宴を「探花宴」と呼ぶ。長安の名園で牡丹を探す役「探花使」に由来する[宮崎 一九六三]。

(49) 相公爺の顔の色については酒に酔ったことを表す赤が多いが、一部には黒もある。

(50) 台湾の泉州派の「提線木偶戯」では、更に少なく、前胸、両手、両脚、両肩の七本という[郭端鎮 一九八三:三四—四七]。

(51) 「嘮嗹哩、(啊)哩嘮嗹、嘮嗹嘮哩、(啊)哩嘮嗹、嘮嘮嗹嘮哩、(啊)哩嘮嗹、嘮嗹嘮哩、(啊)哩嘮嗹、嘮嘮嗹、嘮嗹嘮哩、(啊)

……」と続いていく［陳天保・蔡俊抄　一九八六：一三八—一三九］。

(52) 雷海青が翰林院に採用された故事に因む。玄宗が開元二六年（七三八）に設けた翰林学士院が起源で、高名な儒学者や学士に詔勅の起草などに当たらせた役所である。科挙の殿試の首席合格は「状元」と呼ばれ翰林院修撰、第二位の「榜眼」と第三位の「探花」は「第一甲」といい翰林院編集の書記に無条件で採用された。

(53) 雷海青が唐代の翰林院学士であったことに因むとされるが、清代初期には泉州地方に同名の戯曲研究機関があった。明代末の弋陽腔の系統をひく福建の「儒林班」に基づくという説もある［鄭正浩　二〇〇九：一三二］。

(54) 莆仙戯では、開演の前後に祭神と禳災の短い演目を行う。その一つは「願」という演目で田都元帥の由来譚を劇として演じる［楊榕　二〇〇〇：三九—四二］。また、儀礼の中の儀式劇は「田相公踏棚」（田相公踏筵）で、田相公は「生」、霊牙将軍は「丑」、風火二童は「貼生」と「貼旦」を演じ、「哩囉嗹、囉哩嗹、囉囉哩哩嗹、囉囉囉哩哩哩嗹、嗹嗹…」と唱える。この演目が莆仙戯では最も重視される［葉明生　二〇〇七：三四〇—三四一］。

(55) 西晋の創建と伝える。宋の大中祥符年間（一〇〇八—一〇一六）に天慶観、その後に玄妙観と改名された。清朝では「玄」の字を避け元妙観となった。中心は三清、脇に東華帝君と西王母を祀る。

(56) 涂門街にあり、元々は関帝廟で、民国期に関帝に岳飛を併祀した。創建年代は不明で、明の嘉靖年間に重修された。

(57) 東嶽行宮とも呼ぶ。宋代に創建、明代の万暦年間に重修、「青帝」が東嶽大帝と習合したともいう。

(58) 府城隍廟と県城隍廟があって城隍神を祀る。ここは府城隍廟のことである。

(59) 現在は、午前九時三〇分に王景賢團長（元は戯班の班主）が行う。

(60) 道教儀礼と全く同じで、「祭煞」を意図する。

(61) 映像記録として「泉州木偶劇團祭拜戯神儀式」が公開されている。http://tw.myblog.yahoo.com/jw!Rd6wyyeHxSQaPYcbcGGdA--/article?mid=11080　泉州歴史網。最終アクセス。二〇一三年八月一一日。

(62) 「大出蘇」については、ルイゼンダールの詳細な記述と解釈があり［Ruizendaal 2006, 285-338］、台湾南部との比較研究も行われている［Ruizendaal 1994, 2000］。

(63) 唐代の密教僧、不空が毎年七月一三日に唱えていた秘密の真言という説もある［潘継生　一九八七：九五］。

(64) 「囉哩嗹」の最も古い文献は宋の普濟『五燈會元』巻一三「欽山文邃禪師」で「有麼有麼?如無、欽山唱菩薩蠻去也、囉囉哩哩」とし、胡楽の「菩薩蠻」の歌詞に遡るという［饒宗頤　一九八五：八六］。明の楊愼『丹鉛錄』は「樂曲羊優夷、伊何那、若今之囉哩嗹、唵唵吽也。楊雄『方言』云：周晋之鄙曰讕牢、南楚曰謰謱。謰謱之於囉嗹、猶来羅之於囉唻」とし、梵曲の「羅梨羅＝囉哩嗹」は晋代には伝わっていたとする。菩薩蛮とは唐代の開元・天宝の記録、唐・崔令欽『教坊記』に菩薩蠻を含む三六五曲の楽曲名が記され、安禄山の乱以前に長安で奏されていたという［越野　一九九四：一］。源流は唐代が上限かと考える。

（65）如来の三密、身口意が自己に入り身口意で起された自己の三業が如来に入り、両者が一体の境地になる。

（66）海外の華僑社会でも儺の伝統は維持されている。シンガポールの閩南系集団の寺廟の開廟では「大出蘇」を行う（伏木香織の二〇一一年の調査）。田都元帥（相公爺）の人形を火と線香と白鶏の血で清め、結界して血で呪を描き鏡と刀で悪鬼を封じる「開台請神」の後、人形を八卦棚の前に置き「囉哩嗹」と唱え、四方固めをする。内部、裏手、前庭の三か所で舞わせ、鬼に施食をする。

（67）「変身法呪」は「本師変吾身、祖師化吾身、先師二郎変吾身、吾身不是非凡身、吾身為田公身、見出正神及現形、吾奉田公元帥勅令。…吾奉田公急急如律令勅」（南平市塔前鎮龍坪村。清末・袁道林抄本『遮台秘法』一七頁［葉明生　二〇〇四：九一］という修法で、閩東北や閩北に残る。

（68）「翼星宿君」は頭部に鶏羽を二枚挿しており、これとの同体説に基づく。

（69）「上定住風火院、保佑合郷寧安東、梓里和平保安康、…鏺内打出一朴瓜、収妖滅怪去埋蔵…唱鬼鬼滅亡。唱得万里邪魔不敢当、凶神悪煞送外法」南平市延平区虎山村新福興台、紀鵬炳・丁丑年過録本『請神科』（『木偶拠通用』に改題）三二―三五頁［葉明生　二〇〇四：九二］。

（70）目連が劇中で超度亡霊を行い、地獄から死者を救出する［野村（編）二〇〇七。鈴木　二〇〇七］。

（71）原文。「相傳唐明皇時、浙江杭州鉄板橋頭有一蘇家小姐同女婢出門游玩、路過稲田、适値稲穂灌漿、蘇小姐信手拈了一粒稲穀、放入口中咀嚼、稲穀乳漿味甘、遂咽下。忽覚腹中奇異、数月後腹浙隆起。其父疑之、小姐乃告由。至期蘇小姐産下一男孩、蘇父密令女婢抱出弃之。女婢抱至原来稲田、放在田中而返。数日後、小姐不忍、復遣女婢前往探視。女婢至稲田、見毛蟹爬在嬰儿口上、吐出唾沫譲其吮、嬰儿活潑可愛、大異、乃抱返家撫養。以田為姓、又從母姓蘇。小姐食稲穂受孕而生、後被甦員外拋棄田間、被毛蟹吐沫養活、以田為姓、又從母姓甦：又說相公爺遭遺棄後、被當時雷姓戯班收養、取名雷海青。據傳唐明皇時期、相公爺常奉召入宮為皇上、娘娘舞蹈。一次皇宮失火、衆人驚慌失措、惟相公急令御林軍滅火、又降神風、壓下烈火、因此被唐明皇封為〝都元帥〟。故相公爺神位正中大書〝九天風火院田都元帥府〟、火字倒寫、取以風壓火之意。〝九天風火院〟両傍、右写〝大舎〟、左写〝二舎〟。据説大舎、二舎是相公門徒、姓氏不詳。両人見相公常入宮内、乃求其入宮、以覩皇后豊姿。相公被纏不過、遂使大舎化金鶏、納入右袖中、二舎変作玉犬、蔵在左袖中。相公入宮為娘娘舞踏、左手上挙、右袖下垂、金鶏落地、急以左手捉之、玉犬又落下。皇后見金鶏玉犬甚是有趣、取金圈覆住、従此金鶏玉犬不能復原人形。相公回府後、憐其不幸、乃将五塊拍板、分贈金鶏玉犬。金鶏得到三塊拍板、往梨園戯傳授楽曲、玉犬得二塊、後往京戯傳授楽曲。因此、梨園戯旧制拍板為三塊、唱腔多〝咿咿喔喔〟如鶏鳴、京戯為二塊、唱腔多〝嗚嗚哇哇〟犬吠」（張素萍 潘登）。

(72) 大梨園の上路・下南、小梨園ともに演目を「十八棚頭」という。

(73) 日本の芸能守護神の摩多羅神の二人の従者が、各々の採り物をもつことを想起させる。

(74) 蟹は顔面の瞼や額の上に描くこともある。蟹を食べないという禁忌を守る者も多い。

(75) 鄭正浩によれば、台湾の廟では田都元帥の神像の足元に従祀者として鶏と犬の像があり、廟の門扉に門神として「金雞玉犬」、つまり冠の上に鶏と犬を描くこともあるという。田都元帥を祀る基隆の覚修宮、台北の万和宮、瑞芳の週神宮（福州伝来）、西秦王爺を祀る瑞芳の同安宮などである［鄭正浩　二〇〇九：一三六—一三七］。

(76) 原文。「田公是莆仙山区雷姓酋長的儿子、因為他喜爰音楽兼好行猟、因此被祀為戯神」。

(77) 湖南の苗族、広西の壮族などで漢化過程に登場する巫師の儀礼の特徴である［鈴木　二〇一二：二九九—三二九］。シンガポールに渡った閩南系の漢族でも同様である。

(78) 演劇の役柄は七種で、「生」は男役、「旦」は女役、「浄」は敵役、「丑」は道化役、「末」は老人、「外」は端役で外旦、外末、外浄など、「貼」は貼旦の略で活発な旦である。この由来譚は全ての役柄を皇帝・皇后・大臣・主要な家臣にあてはめている。

(79) 「梨園戯班尊称相公爺。据傳唐明皇時、丞相蘇某之女、年巳及笄、待字閨中。蘇小姐偕同乳娘、丫環在花園中消暑、見草従中有一異草、結穂累累。乳娘告訴她這是稲禾、小姐随手摘下一顆、含在口里、不慎咬破、漿液随口咽下。一个月後、覚身体不适、腰腹漸寛、蘇丞相怒甚、即賜女死。乳娘乃将花園中事回稟、并懇姐領出府外、以掩人耳目、丞相許之。十個月後、生下一男孩子、小姐令乳娘夤夜棄嬰郊外。待乳娘出門、小姐自縊。乳娘将嬰児放在草袋中、至城外田間、突然雷電交加、風雨大作、遂棄置田埂間怱怱帰。翌日乳娘将詳情報告丞相、蘇丞相遣家人去郊外察看、仍見嬰児在草袋中、有一螃蟹爬在嬰児嘴辺、以沫喂之、尚能成活、乃抱回。蘇丞相以其境遇非凡、取名雷海青。可是、嬰児因棄在田間終夜啼哭、又吃上螃蟹的涎液、成了唖巴。唐明皇夢游月宮時、帯回〝天書〟兩本、征詢群臣、無人認得、即下旨蘇丞相告示天下招賢辨識天書。可是期限已到、還無人応招。一日朝罷、心中煩躁、手棒兩〝天書〟長吁短嘆。雷海青見状、不覚開口大笑不已、其声如洪鐘、時年十八歳。蘇丞相甚為惊訝、急問何故失笑？　雷海青答此二書是其開蒙的課本。蘇丞相大喜、帯雷入朝面君。雷海青在唐明皇面前展讀〝天書〟、吟唱了一段曲子。唐明皇聴了與他游月宮時聴到的一様、大喜、賜其状元及第、并封為翰林院大学士、当場賜御酒三杯。此後、雷海青就在翰林院為曲譜〟断眼〟（即点撩、判断板眼和撩拍）、并教楽工演奏、有時伴唐明皇和諸臣装扮脚色演戯作楽。唐明皇装小生、楊貴妃装大旦、葛明霞装貼、雷海青装丑、安禄山装浄、郭子儀装外、鐘景期装末。雷海青有両摯友、多次求雷海青携之入官偷看楊貴妃。一日、唐明皇召見雷海青、雷海青作法使兩摯友変成了鶏與犬、藏在袖里、混入宮中。豈知唐明皇賜酒、雷海青趁興翩翻起舞、把鶏與犬科出袖外。帝問何物？雷海青忙跪下拾起、奏曰：〝是我随身玩物金鶏和玉犬〟。于是、把玩物擱在案頭、二友從此不能再復原人形。後安禄山叛乱、唐明皇令雷海青率兵御敵。雷海青被戦死、空中烏雲亮滾滾、雷声大作、天上現一〝雷〟字、但被烏雲云遮歿了上半部、只看見一個〝田〟字、従此称他為田元帥」。
(80) 儒教と演劇の関連については、福建には明代末期の弋陽腔の系統を引いた「儒林班」があったとされ、その名残が台湾の西皮劇団・楽団の「儒林殿」という扁額に残るという説もある［鄭正浩 二〇〇九：一三二］。
(81) 「田」姓の由来や「田元帥」の賜号についての記述はないので、民間伝承が加わった可能性が高い。
(82) 『清嘉録』［顧禄 一九八八］によれば、火神誕は六月二三日で二郎誕と雷尊誕は六月二四日であり、相互に関連した可能性はある。
(83) 『三教源流捜神大全』（外二種）の「序」による［作者不詳 一九九〇：三―四］。定本はこれを使用した。台湾で出版された『三教源流捜神大全・附捜神記』［作者不詳 一九八〇］の内容も同様である。
(84) 訓読に関しては田仲一成氏のご協力を得た。
(85) 福建東北部の壽寧、政和、松渓などの高腔系の傀儡戯である。
(86) 福建北部の延平、卲武、建寧などの傀儡戯である。現在は大部分が南平市に所属する。
(87) 詳細は［龔重謨・羅傳奇・周悦文 一九八六］。詩文集の『玉芳堂全集』に所収されている。
(88) 原文は「一百二十行手藝祖師」の項に、「南方翼宿星君、竇田帥、勅封冲天風火院老郎祖師、清音童子、鼓板郎君、三百公公、八百婆婆、一切響器祖師」とある［葉郭立誠 一九六七：九―一〇］。「竇」は「竇」が正字と見れば、『三教源流捜神大全』の「田竇三大尉」と一致し［鄭正浩 二〇〇九：一二〇―一二二］、田竇二元帥を祀る江西の弋陽戯との連続性が想定できる。
(89) 民国時代には楽器店が「二郎爺爺、祺永、金花娘娘、伯魚」を祀っていた［葉郭立誠一九六七：八九―九〇］。金花娘娘は広東省で祀られ、「金花者神之諱也、本巫女、五月観競渡、溺於湖」と龍船競渡の溺死と結びつけ、田元帥とは「田元帥為龍舟奪錦之戯、舟中奏楽歌舞以逐疫鬼、金花娘當是舟中揚桴拊鼓緩節安舞之女巫、故楽器店奉之、巫者端公亦祀之也」という伝承を載せる。田元帥が演技し歌舞奏楽で疫鬼を駆逐する。金花の記述は既に明代の『大全』「風火院田元帥」に出ており、田公とは深い関連がある。
(90) 蹴鞠家は「清源妙道真君」を祭神とする記録があり、孟元老『東京夢華録』（南宋、紹興一七年・一一四七）に遡る。
(91) 第三の目である豎目に注目すれば、哪吒太子や華光大帝と共通する。
(92) 『清嘉録』の原文。巻六「二郎神生日」条、「是日、又為二郎生日、患傷者、拝禱于葑門内之廟、祀之必以白雞」。
(93) 『国劇藝術彙考』による。宋の陳暘の『楽書』に引く『春秋元命苞』には、「翼星主南宮之羽儀、為楽庫、為天倡」とあり、祖神爺にしたと推定する。
(94) 雷を田に見間違えたという伝承の初出は宋代の岳珂『程史』巻十「萬春伶語」で、雷萬春が田萬春になった由来を語る［田仲一九八一：八七六］。既に宋代に田と雷の転換があるとすれば葉明生の清代初期に雷海青伝説が登場したという説は再考を迫られる。『大全』が説く三兄弟説は古い伝承で雷萬春が重要であった。

(95) 余象斗等『四遊記』（明代）の中の「南遊記」に登場する英雄で、「五顕霊官大帝華光大王」という。「我這火相、火之霊、火之徳、火之起、你焉能焼我」と名乗り、金磚と風火輪条と火鴉を武器とする。広東では「火神」として祀られていた。『大全』では「霊官馬元帥」に相当する。元は妙吉祥という如来の化身であったが、火鬼を焼き焦がしたので、三眼を賜って、馬氏を父、金氏を母として投胎した。東海竜王を斬って、妙楽天尊を師とし金刀で金磚を縛り、「風火之神」を服従させて「風輪火輪之使」となる。人を食う鬼子母神に投胎し、五つ子の一人として転生し、五顕の称号を賜った。田都元帥の称号の「風火院」とも類似する。

(96) 兪樾（一八二一—一九〇七）は浙江の徳清の人で清道光年間に進士となる。著書に『春在堂全集』など五〇〇巻余がある。王錫祺編『小方壺齋輿地叢鈔』が引く汪鵬『袖海篇』に同様の内容がある［葉明生　二〇〇四：四九〇］。

(97) 王審治が中原から泉州にきて王を名乗り、宮殿を造営して名士や学生を中州から招聘し、提線傀儡戯の道具一式を持ち込んで宮中の娯楽にしたと伝える。「提線傀儡戯」の言語には「中州音」が残ることが例証とされる［陳徳聲　一九八六：一七—一八］。泉州は温州との交流もあり、そこからの伝播の可能性もある。

(98) 「〇歳辛未」とあるので、清代初期か清代中期のいずれかと推定されている。碑文の引用は、［葉明生（上巻）　二〇〇四：四九三—四九四］による。丁荷生の提供に基づく写真版の解読である。

(99) 莆田の芸人は田公元帥を明の武宗（正徳）に付会する者もいるという［葉明生　二〇〇四：四九二］。原史料は李喬『中国行業神崇拝』が引く『莆仙戯史淡屑』による［李喬　一九九〇：四〇四］。

(100) 葉明生は、文献上では雷萬春が古く、名前が「田萬春」になった由来を、宋代の岳珂『程史』巻十「萬春伶語」に遡り［葉明生　二〇〇四：四九五］、考試官の愚昧なさまを「有雨頭也得、無雨頭以得」と悲観する文言が、初見だという。原文には「萬春之姓雷、歴考牒、未有以雷為田者」とあり雷萬春を田萬春と呼ぶ地方があった。田元帥が、「張巡、許遠、田萬春」の三太子であった原型が、誤伝の積み重ねで田姓三兄弟になった状況が推定される［田仲　一九八一：八七六］。

(101) 老郎神は、「安次香曰、伶人所祀神、乃後唐荘宗、非明皇也」、後唐の荘宗であり唐明皇ではないという。

(102) 老郎神は、「耿姓、名夢、昔童子従教師学歌舞」とあり、実名は「耿夢」という。

(103) 「妊娠中に糸あやつり人形芝居を見ると、生まれてくる子供が『軟骨児』になるという迷信がある。また人形を操る糸をもらってきて、子供の手首にしばると順調に育つという」［可児　二〇〇四：六九］。

(104) 謝神の場合は烏頭道士、家禮戯の場合は紅頭道士がおこなうという［可児　二〇〇四：六九］。

(105) 田都元帥は戯神であると共に、和合神として滑稽によって道教儀礼の和瘟を助け、天と地を結ぶ媒体として人間の願いを神明に伝えるのだという。

第七章　追儺の系譜――鬼の変容をめぐって

はじめに

中国大陸の各地において儺と呼ばれる儀礼が漢族と少数民族の双方を担い手として各地に展開している。儺は人々の生活を脅かす病い、不作、火事、天変地異などの原因を神霊や鬼、死霊の祟りや作用に求め、それを慰撫、鎮送、或いは駆逐し、豊穣や生活の安寧を祈願する広い意味での悪疫退散の儀礼である。儺という名称や祭祀の形式は古代中国に源流が求められ、東アジア各地の祭祀芸能に大きな影響を与えた。近年になって中国大陸の調査が進んで、儺の現状が明らかになってきた。この背景には、改革開放の結果、多くの祭祀や儀礼が儺《ヌオ》や儺戯《ヌオシ》という名称の下で復活してきたという事情もある。儺については多くの研究があり、中国、朝鮮、日本の比較研究も試みられ、[1]中国国内の研究も進んできた。[2]現在の中国各地に伝わる儺やこれに類する儀礼を、周辺地域、特に日本と比較して把握することは東アジアの宗教文化史の重要な課題である。しかし、中国大陸では長期にわたる変遷があり、地域ごとの差異が大きく、政治的影響を大きく受けているので儺の研究には多大の困難が伴う。本章では、先行研究に基づいて古代中国に淵源を持つ儺の変遷過程と朝鮮への受容の歴史を概観した後に、日本での儺の受容の歴史をたどり、鬼の変容の様相を考察する。これは儺を東アジアの祭祀の中に位置付ける野心的試みの一環でもある。

一　中国古代の儺

古代中国の儺は宮廷や官府で行われていた。しかし、文献上の記載はないものの、その基盤は作物の豊饒や健康祈願、子孫繁栄などを祈願する村落社会の儀礼に求められるであろう。政治を司る権力者は、村落や地域の儀礼を広範に摂取して、国土の安寧秩序を維持し疫病や悪霊を駆逐する儺を、秩序の再構築を目指す儀礼として整えていったと考えられる。周代の礼制について記したといわれる『周禮』巻三一「夏官・司馬」方相氏の条によれば、方相氏が熊皮を被り、四つ目の黄金面をつけ、黒衣に朱の裳を着て、手に戈と盾を持って、儺を行ったとある〔本田　一九七九：一一四〕。原文には「時に儺す」とあり、後漢の鄭玄の注では一年の特定の時期に疫鬼を追い出したと説明する。また、『周禮』巻二六「男巫」に男巫が「冬に堂贈する」とあり〔本田　一九七九：七八五〕、杜子春の注では堂贈とは「駆逐」の意味で儀礼の担い手は男巫であった。儺は『禮記』巻六「月令」には「三時儺」として、季春三月、仲秋八月、季冬一二月の三回執行とある〔竹内　一九七一：二三八、二五四、二六八〕。鄭玄はこれに注して、陰陽の均衡が失われると厲鬼が活動して害をもたらす（季春と季冬は陰が大きく、仲秋は陽が大きい）ので、方相氏に命じて疫を逐い出すと説明し、陰陽概念で意味付けられていた。特に季冬の儺は宮中では「大儺」と呼ばれて、その後も長く行われた。つまり、寒気を祓って災難を除くこと、陰を陽に転じることは、季節としては冬から春への移行の時期に適合し、これが儺を迎春、つまり春迎えの行事として定着させることになった。現在の儺戯にもその基本的な意図は受け継がれたと見られる。春秋・戦国時代の記録では、『論語』郷党第一〇、『呂氏春秋』一二（季冬紀）一二月、高誘の『呂氏春秋』への注、などがあり同様の内容を伝える。

時代が下り、『後漢書』一五（礼儀志）には詳細な記述が残され、儀礼として整備された様相が伺える。それによると臘に先立つ一日前に「大儺」を行い、方相氏を主に十二神獣が囲んで一二〇人の侲子が随行して悪鬼を逐う。ここでは音曲と歌舞が儀礼と一体化して大規模化した状況が描写されている。『漢旧儀』（『後漢書』礼儀志注所引）には、侲子が桃弧、棘矢、土鼓を持って鬼を射るとあり、後世にもこの組み合わせは引き継がれる。晋代の『荊楚歳時記』（七世紀初頭）には一二月八日に村人が胡頭を載せ、金剛力士を作って疫を祓うとあって仏教の影響が見られ、個々の家々を巡って駆疫し、饗応や報酬をもらうという郷儺の色彩もある。『文選』三（六世紀前半）の張衡の「東京賦」には、巫覡が方相氏と共に魑魅を駆逐し、最後に鬱壘と神荼という辟邪の神を配して平穏を祈ると記し、儺の担い手は巫覡との認識がある。

その後、北魏の「大儺」は『魏書』百八（礼志）、北斉の「大儺」は『隋書』八（礼儀志）に記載され、後者によれば「季冬晦」に行われ、後漢の制度をほぼ踏襲している。隋代は「三時儺」であったが、唐代に至って儺は年末に一回行われるようになる。記録は『大唐開元礼』九〇（軍礼）、『新唐書』一六（礼楽志）、『捜神記』一六などがあり、唐末の『楽府雑録』駆儺の記述を最後に方相氏は記録から消滅する。日本では唐代の『金谷園記』が『年中行事秘抄』（鎌倉時代初期）に引用されており、唐代の儺が大きな影響を及ぼしたと考えられる。当時の宮廷の儺では方相氏は四名となり、「儺儺」と叫んで巫師を連れて呪文を唱え、十二獣に替わって執事が十二神に扮し赤布を着用して陽の気を体現して鞭を打って疫鬼を駆逐した。一緒に一二歳から一六歳の五百名の童子が赤い衣装をまとって仮面を被り疫病を祓った。仮面の様相は獰猛な様相が薄れ、これに優雅な舞踊隊がつくなど見せる芸態に変貌する。一方、唐代の李淖の『秦中歳時記』「除夕」には、陝西では大晦日に儺を行い、その中に登場する鬼神に老人夫婦の姿があり「儺公儺母」と呼んだといい神観念の変化が窺える。邪気を祓う主神が老人の形象をなし、男女一対の形式をとることは、その後の儺の展開にあたって示唆的である。男女二体の神の主神化は、中国の地方農村の現行の儺で、貴州、湖南、江西などに見られる儺公と儺母を祀る形態との共通性がある。しかし、唐代から現在に至る儺の連続と非連続の跡付けは難しく、幾つかある可能性のルートの一つに過ぎない。

二　中国の儺の変容

「大儺」は宋代以降は形式が崩れて大きく変化する。既に指摘されているように〔中村　一九九〇：二三八〕、民衆に馴染みの深い神々が主体となっており、宮廷から民間への拡散現象が進んだと見られる。孟元老『東京夢華録』十「除夕」（一一四七年）では、方相氏、十二神、侲子が消えて、将軍、門神、判官、鍾馗、小妹、土地、竈神といった神霊が主体となっている。呉自牧『夢粱録』（一二七〇年前後）では駆疫神に将軍、符使、判官、鍾馗、六丁、六甲、神兵、五方鬼使、竈君、土地、門戸、神尉などが登場して多彩であり、現行の儺戯とかなり重なる。明らかに仮面が多様化、機能分化し、人々の求めに応じて多彩に展開した事情が推定出来る。その後、明清代には地方志での儺の記述が少なくなるが、これは儺の衰退ではなく、記録する側のいわゆる知識人たちの民間祭祀への低評価によるものであろう。

現行の儺は、恐らく宋代以降の民衆の経済的上昇に支えられて大きく展開し、明代清代に地方化・局地化して変容し現在見られるものの原型を形成し、更に「劇」との組合せで民衆の娯楽や鑑賞に応ずる儺戯として独自の発展と変容を遂げた。そして、現在、貴州や広西などの少数民族地帯に残る儺は、宋代に漢族が南下して江南に深く広く進出し、これに押し出されるようにして非漢族である苗族や瑤族の祖先たちが山岳地帯に入り込んだ際に、影響を受けて成立したと推定され、古代の「生きた化石」とは言えない。儺には道教、仏教、儒教、民間信仰などが混淆し、それらの体系的な知識や儀礼の構成が文字を持たない民衆の口頭伝承と結びつき、地域性を独自に表現する場や形態を生成して民衆の世界観を再編成する契機を与えた。その再創造の担い手たちは、漢字や特別の文字の知識を持った宗教的職能者であり、少数民族地帯では特定の知識を効果的に独占し得たのであろう。その定着過程で、儒教の習俗、民間信仰と習合し、道教や仏教を取り入れて複雑な「法事」を生成することになった。

儺の特徴をまとめると、以下の点を指摘出来る。①唐代以前の「大儺」と現在との関連は明確には辿れないが一部の連続性を断片的に指摘出来る、②執行時期は冬から春に収斂し、迎春の様相があり再生や蘇りを齎す、③季節や年の変わり目という不安定な時間に邪悪なものを駆逐して健康や平安を祈願する意図が強い、④駆逐の対象となる鬼は基本的には目に見えない存在に止まり形象化されない、⑤儀礼が軍隊の編成に喩えられ、神兵を駆使する法術が重視される、⑥儀礼の担い手は巫覡と認識されることがあり、特に男性が多い、⑦思想的には陰陽の均衡の維持を目的とし、この発想は現代でも赤衣を着用して陽の気を呼び込む紅頭法師に受け継がれている、⑧文献上では、宋代以降に方相氏が消滅して仮面が多様化し、祈願の目的や意図の分化に対応して神観念の変容を齎したと見られる、⑨宮中や官府で行われた公の「大儺」と、村落や郷の民間の儀礼である「郷儺」が多様な形で交流して複雑化した、⑩儀礼の執行者とこれを支える人々の地縁や血縁など社会関係に応じて儀礼の性格に多彩な状況が生じた、⑪儒教、道教、仏教は儺に対して教義面での影響に止まらず、儀礼に形式を与えて民衆の思想表現の場を醸成した、⑫貴州や広西の非漢族への影響は宋代の漢族による南方への展開によることが多い、などの点を指摘出来る。古代の儺の原型を現在の少数民族の儺に求める試みは無謀であり、地域社会のあり方や担い手の性格の変容を考慮して、連続性を踏まえつつも、習合状況の中での独自な展開を見るべきであろう。

三　朝鮮の儺

儺は古代中国から東アジアの各地へ伝播したが、そのうち朝鮮の状況を簡単に見ておきたい。朝鮮での儺の展開については、多くの研究がある［野村　一九八五、一九九四。李杜鉉　一九九〇。田耕旭　一九九九、二〇〇四］。朝鮮では儺は駆儺や儺礼と呼ばれ、高麗時代の靖宗六年（一〇四〇）の儺礼が記録上の初見である。しかし、五―六世紀の王族の墓からは方相氏と見られる木心漆面が出土し、儺の受容は実際には新羅時代に遡る。方相氏は、中国大陸や朝鮮半島では日常生活を脅かす悪鬼を祓うだけでなく、葬送儀礼に関与し、葬列を先導して悪鬼を駆逐する役（開路）をつとめ、墓穴では邪鬼を駆逐した。方相氏は漢代の墓室内に鎮宅獣や墓室獣として描かれ、悪鬼を祓う役目をもっていた。中国では、葬送儀礼への方相氏が関与は宋代まで続いた。朝鮮では一八八八年に慶尚北道で行われた儒学者の葬儀に方相氏が登場し［野村　一九九四］、近代まで継続していた。

仮面については時代は下るが『三国史記』三二「楽志」（一一四三―一一四五年）に収載された崔致遠「郷楽雑詠」に歌われている「大面」は黄金面で、儺の情景の詩と考えられ、新羅末期頃と推定されている。『高麗史』六四「礼志」（一四五一年）の「季冬大儺儀」には、季冬の一二月三〇日（除夕）に行われた詳細な記述がある。その内容は、中国の『大唐開元礼』（七三二年）や『新唐書』（一〇六〇年）の記載と類似するが、朝鮮の独自性もある。高麗末（一四世紀末）の漢詩『駆儺行』には、儀式終了後、五方鬼舞、獅子舞、胡人戯、處容舞、吐火、歩索、呑刀、人形劇、百獣戯が行われたとあり、余興としての雑戯が拡大している。この動きは中国の宋代以降に展開した民衆化の動きと類似しており、個別に見れば陰陽五行思想や五方の重視につながる五方鬼舞は、宋代の五方鬼使に対応する。朝鮮では後世の仮面戯の五方神将舞に影響を与えた可能性がある。また、儺と関連するとされる處容舞は、新羅時代の『三国遺事』二（一二八〇年頃成立）に記載があり、妻に憑依した疫神を祓う。處容は鍾馗と同一という説があり、高麗末の記録では赤い仮面をつけ桃の木を頭に挿したとあって儺との連続性が見られる。

一方、李氏朝鮮の時代には駆儺が中国の使臣を迎える時にも山台戯《サンデノリ》として演じられ、季節性を離れて演劇化、芸能化する「儺礼戯」の方向性が強まった。これは朝鮮の特色であろう。但し、宮中の儺礼は一五世紀の文録の役[3]（一五九二年）以後に翳りがみえ、一七世紀の清朝の侵入などもあり、仁祖（一六二三―一六四九年）以後は公的な年中行事としては廃止される。これは儒教文化の民間への浸透が強まり、中国の冊封体制下に堅固に組み込まれたことの影響であろう。かくして、宮中から出された儺礼の担い手（泮人《パンイン》）が民間を巡り始め、「本山戯《ポンサンノリ》」の遊び（ノリ）のような仮面戯《タルチュム》の母体となったものに大きな影響を与えたらしい。儺礼と仮面戯の関わりについて、田耕旭は登場人物の性格と形式から相互の影響を整理して述べている〔田耕旭　一九九九：一〇七―一一二〕。それによると、仮面戯との関連では、成俔『慵斎叢話』（李氏朝鮮前期、一五世紀）の儺礼に判官、竈王神、小梅が出るとあるが、小梅《ソメ》（小妹とも）とは鍾馗の妹である。これは楊州別山台戯などの仮面戯の「小巫《ソム》」や「閣氏」に繋がるという。儺礼には「笑謔之戯」の僧広大が登場していたが、これも仮面戯の中に組み入れられ、鳳山の場合、鬼面の八墨僧が桃や柳の木の枝で追い祓われる（老長《ノジャン》科場）。田耕旭はかつての處容も儺神の祭祀として巫がこれを行ったと考え、ムーダンの行う駆疫、駆儺の行為も儺礼の一部を引き継いだと見る。この発想を展開すれば、現在のムーダン（巫）は殆ど仮面を使用しないが、クッや別神祭《ピョルシンク》にも儺の影響が及んだと考えられる。その中の駆除押煞儀礼、特に煞の除去には儺と同様の発想がある。

儺と民間習俗との習合は村々での正月行事に見られる。邪気を祓う神獣としての獅子舞は当然だが、農楽にも影響がある。正月の新春行事は春迎えであり、朝鮮南部では正月一四・一五日頃に、杖鼓と鉦を叩いて舞い、地神を踏み、悪鬼や祟りなすものを祓って、家と部落の安寧と平安を祈願し豊年を招く。これは現在では農楽と総称されるが、本来は「埋鬼《メグ》」や「埋鬼打ち《メグチギ》」「地神踏み《ジシンバブキ》」と呼ばれ、水死者の霊を和めたり悪霊を祓い鎮める様相が見られ、クッとも称され、広い意味の駆疫である。中国では、南宋時代の『夢粱録』（一二七四年）には、「大儺」を行って、最後に門外から神々が祟りを龍池湾に転じて「埋祟」をしたという記事がある。「埋鬼」の考え方が中国の文献では明示されていた。

総じて、朝鮮では、中国からの儺の受容は主として宮中で行われ、仏教と儺の習合は弱く、演劇として自立化する方向性もあった。儺は次第に宮中から民間に拡散し、儺礼の演じ手が仮面戯の担い手となり、農楽を形成する媒介項ともなった。追いやらわれる仮面のモノは多様性（不具者、僧侶、道化など）に富み、鬼の形象を一元化することはない。日本とは異なり、儺の民衆化に際して仏教と習合することはなく、鬼を強く形象化する方向性は希薄である。鬼神は基本的には不可視なのではないか。一方、民衆の間に浸透した儒教は祖先祭祀中心で、『論語』に「怪力乱神を語らず」「鬼神を敬して遠ざく」とあるように、儺とは別の思想や実践を形成して、民衆の民俗と棲み分けたとも言える。

四　儺の日本的受容

日本での儺の記録は朝鮮よりも古く、『続日本紀』慶雲三年（七〇六）一二月大晦日の「天下諸国疫疾。百姓多死。始作土牛大儺」の記述が初出とされる。文武天皇（六九七―七〇七年）の時代である。儺と関連する方相は『令集解』（八三三）に登場し、中国と同様に葬列を先導して悪鬼を駆逐する役を果たしていた。『続日本紀』では天平勝宝八年（七五六）の聖武天皇の崩御、天応元年（七八一）の光仁天皇の崩御に「葬司」として「作方相司」という官人を任命していた。しかし、元慶四年（八八〇）の清和天皇の崩御以後は、葬送儀礼に方相氏が加わることはなくなる。これは八世紀末から九世紀にかけて貴族層の間で触穢思想が展開して、ケガレへの禁忌意識が急速に広まった結果、方相氏は死穢との結びつきが強いので排除されたのではないかという［神野　一九八二］。日本では和製漢語の「追儺」という考え方が生まれ、方相氏は鬼と見なされて追い祓われる鬼とされた。『貞観儀式』が記す儺の祭文では「穢久悪伎疫鬼」という形容語がつき、「疫鬼」として追放された(4)［三宅　一九九五：二四五］。ハライの概念はケガレ概念と表裏一体で、鬼と見なされた方相氏はケガレハライの対象と解釈された。これは日本独自の変容である。かくして大陸伝来の「大儺」に関連した方相氏の性格が日本では大きく転換し、追うものから追われるものへと逆転した。方相氏は九世紀半ばから一〇世紀初めには葬列からは姿を消す［瀧川　一九六〇：九］。

『続日本紀』の慶雲三年の「大儺」の初見記録は疫病退散が目的で、「土牛」も疫鬼退散が意図され、年末の大祓と関連していたのではないかという［三宅　一九九五：二四六］。また、『令義解』では「謂、穢悪者、不汚之物、鬼神所悪也」として鬼を「穢悪《けがらあし》」とする独自の見解がある。『内裏式』（八二一年）以降には記述が具体性を帯び、『貞観儀式』（貞観年間、八五九―八七七年）では、陰陽師が方相氏が侲子《はらはへ》と共に列席し、呪文が読まれ、方相氏が儺声（鬼を祓う声か）を作り戈で楯を三遍撃ち、悪鬼を門の外に追い出す。[5] この形式は中国の隋や唐の儺よりも後漢や北斉の形式に近いと三宅和朗は指摘する［三宅　一九九五：二四六］。中国との差異は、犠牲を使わない、儺者のうち侲子の数が少ない、十二獣（鬼を食べる）は登場しない。ただし、呪文の内容が道教風になっているという。中国とは異なり陰陽思想が言及されない。日本の独自性はケガレ（穢）やハラへ（祓へ）の強調で、儺と大祓との習合である。大祓は大晦日の行事で、「大儺」は伝統的に晦前日で習合に適合的であった。日本が儺を受容した外的要因は、国家の自立化を進める政治状況下での独自の儀礼の確立の要請があったためであろうとされる。

儺の内容は複雑である。九条家本『延喜式』（九二七）大舎人寮の儺の記述には「儺祭《なのまつり》」「儺《はらひ》」「侲子《こおに》」などふりがながあり、祭りと儺、儺と祓い、小鬼を祓う儀礼が混淆している。日本では、本来は目に見えない鬼を追って疫鬼を追う方相氏が、ある時期から鬼と見做されて可視化され追われる側になるという立場の転換が起こった。『小右記』永観二年（九八四）一二月三〇日条の儺の記録には「亥ノ刻追儺ス。是ヨリ先ヅ節折ノ事有リ。儺ノ事了リテ退出ス。主上密々ニ南殿ニ出御シ、儺ノ儀ヲ覧ズ」とあり、大晦日の儺には天皇が公式に出御せず、天皇はケガレに関わる儺から退出した。一〇世紀後半にはケガレ意識の増大の様相が垣間見られる。[6]『中右記』永久五年（一一一七）

一二月三〇日条では「宮中上下衆人、追儺ヲ常ノ如シ。京中人家、相追ヒテ、之ノ声遠ク及ブ」とあり、大晦日の儺が民衆の間に広まっていたことがわかる。『伊呂波字類抄』（一一七七―一一八一）では「ハウサウシ　鬼名也」と方相を鬼とする記述があらわれ、源高明（九一四―九八二）編『西宮記』などの儺では方相氏を追い祓う様相が描かれ、『北山抄』（一〇一二―一〇二〇）や『江家次第』（一一一一）では方相氏は矢で射かけられて追いやられる。(7)追儺のハライの様相が強まった。

追儺の表記の初出は、『三代実録』貞観一二年（八七〇）一二月条の「大祓於朱雀門前。併追儺如常」で〔山中一九七二：二六二―二七一。嵐　一九八〇〕、大祓と結びついていた。これに先立ち、『文徳天皇実録』（八七九）の天安二年（八五八）四月二四日条に「追儺の方相の装束」が保管されていた大舎人寮の火事で「滅却」したと記され〔山口二〇〇二〕、追儺の史料上の初見である。(8)「追儺」とは日本独自の概念で、祓いの思考を含む。日本では「大儺」が変質して「追儺」となり、疫鬼を追い祓う、ケガレを祓う行事となった。追われるものは鬼として可視化された。『類聚名義抄』（一一世紀末から一二世紀初め）には追儺に「オニヤラヒ」（鬼遣らひ、儺遣らひ）の訓を当てている。日本語のオニの語源は「隠《おん》」で目に見えないものの意味であったが、漢字の「鬼」をあてたことで中国の死霊の恐ろしげな様相が加わって負性を帯びた。仮面の方相氏は可視化され追われる鬼の代表となった。儺の儀礼は「大儺」から「追儺」へと転換して、日本に土着化した。

追儺の内容は複雑化し、鬼は仏教の護法神の鬼神、地獄の鬼、菩薩に踏まれる天邪鬼など様相が複雑化した。小正月や霜月にやってきて人々を祝福する山の神などの来訪神、いわゆるマレビトも鬼と習合した。荒ぶる山の神は鬼と観念されやすかったのであろう。仏教化されると、鬼は貪瞋癡《とんじんち》の三毒（衆生を迷わせる根本的な煩悩）を表すとも言われる。しかし、『万葉集』の中で「鬼」の文字がモノと訓じられていたように、モノ、タマ、カミ、オニなど多義的な霊魂・神霊・悪霊が混淆し、時には転換するなど流動化した。仏教に帰依し統御される鬼の中にも善悪に区分できない在地の流動的なオニが含まれていた。しかし、和語に「鬼」という漢字が充てられ、死霊の様相を持つ負性が加わることで鬼の観念は変質した。中国から伝来した信仰と日本の在地の信仰、そこに仏教や陰陽道の知識が加わり、善悪の様々な諸相の表現媒体となった。鬼は次第に追儺の場で追われるモノ、つまりハライの対象に一元化され、秩序の強調や制御の動きが一〇世紀後半には顕著になった。

方相氏は死穢と関わり触穢思想の展開で鬼と見なされるようになった〔神野　一九八二〕。一連の変化や日本的受容については、大山喬平や高取正男が指摘した八世紀末から九世紀にかけて生じた禁忌意識の増大、特にケガレ意識の変容〔大山　一九七八。高取　一九七九。山本　一九九二〕が影響したと推定されている。ケガレは「王都」という秩序を重視する空間では強く顕在化し、年頭の修正会や二月の修二会という鎮護国家の仏教儀礼の終結部に魔物を追い祓う儺として強固に組み込まれた。一方、方相氏はケガレとして強く忌避され、恐ろしい形相や形姿が醜悪と見なされ、四つ目が邪視とされるなど、負のイメージが押しつけられた。邪悪なものが形象を与えられ排除されるケガレ・ハライの儀礼の肥大化は、日本的特徴と言える。以上、ハライやケガレを媒介とする習合状況に焦点をあて、従来の研究に私見を加えて日本での儺の展開を見てきた。中国の儺との比較にはこれ以後の展開が重要である。

五　儺と修正会

日本の儺は国家や王権と密接に関連する修正会と結びついて大きく変貌した。修正会の文献上の初見は天禄元年（九七〇）の天台座主良源の「二十一箇条起請文」であるが、その前身は奈良時代に東大寺、法隆寺、薬師寺など奈良の諸大寺で始まった悔過《けか》法要に求められる〔山岸　一九八四。酒井　一九八〇。佐藤　二〇〇二〕。悔過とは一年間に犯した過ちを悔いて本尊の観音、薬師、吉祥天などに懺悔し、自己の咎による災いを除いて生命力を蘇らせ、国家安穏や萬民快楽、つまり人々の幸福や平安を祈念する行事で、仏教による鎮護国家の様相を強く持っていた(9)。その根底には大乗仏教の教義に由来する戒律の遵守や自己省察、更には代受苦《だいじゅく》などの思想的背景があり、国家の安寧の維持を究極の目的とした。悔過の法会は日本の古代で特別に発達し、年頭の年中行事と習合した。仏菩薩が守護神仏のように見なされることで、在来の神祇信仰と巧みに習合して仏教化されたのである。

悔過は平安時代に至って徐々に変質し、官制の法会からより生活に身近な儀礼である正月と二月の修正会・修二会に再編成された〔鈴木 一九八九：二二一―二二三〕。この動きは一〇世紀後半から徐々に始まり、修正会・修二会は一一世紀初め頃に、京都における藤原摂関家の御寺であった法成寺や、皇室の御願寺であった円宗寺・円融寺・六勝寺（法勝寺、尊勝寺、最勝寺、円勝寺、成勝寺、延勝寺）などで盛行を極めた。その目的は正月や新春という年頭に一年の安泰と幸せを祈願し、心身の浄化と甦りを願うことにあり、春迎えの様相が顕著になる。修正会・修二会には方相氏は出現せず、その管轄も陰陽道から仏教へと移り道教の影響は薄れてくる。修正会には二系統あり〔酒井 一九八五：二五一―二六八〕、奈良・京都の諸大寺は正月元日から七日、京都の摂関家の寺（法勝寺、法成寺など）は八日から一四日であった。一二世紀前半からは修正会・修二会の最後の結願に儺が「追儺」として取り入れられたが、修正会の鬼の文献上での初出は『中右記』大治五年（一一三〇）正月十四日条の円宗寺修正会の結願で、「次第如常、龍天毘沙門鬼走廻之後、受牛玉印」とある。儺の影響の下に鬼が負性を帯びて可視化され排除される儀礼が年頭の法会に組み込まれ、牛玉宝印《ごおうほういん》という護符が授与されるなどケガレの追放や悪疫退散を感性に訴える方向性が強まった。追儺（鬼追い）には鬼面が使用された。各地の面は多様であるが、角を出して逆髪・獣耳・牙が特徴で、動物の様相に加えて、仏教の影響で天邪鬼や地獄の鬼の風貌を取り込んだ。

鬼を追う者は仏教の僧侶でも特別の呪力を持つとされた呪師《しゅし》のうち、「法呪師《ほずし》」が、鈴を振って鎮魔除魔を行ったと推定されるが、記録上では「猿楽呪師」の方が早い。呪師の文献上の初出は『小右記』永延元年（九八七）正月六日条の京都円融寺の記事に遡るが、「有音楽・呪師・啄木舞・雑芸等」とあり、江州法師という散楽系の芸能者が演じたらしい。その後、『小右記』寛仁五年（一〇二一）正月六日条の無量寿院（法成寺の前身）の記録に呪師が「走り」を行ったとある。『為房卿記』延久五年（一〇七三）の正月八日条の円宗寺修正会では「仏後打敷、法呪師出」と出て、後方を打つ所作が入る。更に、『兵範記』の仁安三年（一一六八）正月一一日条の円勝寺修正会では、「次龍天、在乱声、次毘沙門、次鬼手、法呪師副廻之」とあり、法呪師が結界作法や鎮壇作法で鬼を鎮めたと推定される。また、『兵範記』仁平二年（一一五二）正月一四日条「法勝寺修正会」では、「龍天手、自東西出舞、次毘沙門手、自東出舞、次鬼」とあり、「手」や「舞」の所作で、自らが毘沙門天や龍天など天部になりかわって鬼を追った。かくして仏教儀礼の中では、方相氏に関与していた陰陽師《おんみょうじ》や呪禁師《じゅごんし》は呪師《しゅし》に変わり、鬼を追う主役は方相氏から毘沙門天（多聞天）や龍天になる。毘沙門天は、元来、四天王のひとつで、悪霊の統率者として北方を守護する天部であり、蝦夷の鎮圧、王都の守護（鞍馬山）に関わり強力な呪力を持つと信じられた。天部は在地の神霊に通じ、それを統御機能として活用することで、目に見えない大地や山川大海の神霊を仏教のパンテオンの中に組み入れていったのであろう。毘沙門天と龍天は、男性原理と女性原理のセットかもしれない。天野文雄は、播磨の書写山円教寺の修正会では、鬼は毘沙門天の化身であり、『風姿花伝』（一四〇〇年）によれば翁を舞い始めたという秦河勝は毘沙門天の化身、鎌倉時代末期の円満井座では棟梁の名乗りは「毘沙王」であったと指摘する［天野　一九九五：五三］。鬼と翁は性格を通底させ、毘沙門天もそれを仲介し、時には重なる。そして鬼面や翁面として仮面が造形され、神霊も仏像の影響を受けて神像として形象化されると、その中に善悪の両義性以上のものが含みこまれる。以上のように、日本での儺は、中国では余り盛行をみなかった正月の仏教儀礼と結びつき、特に最後のケガレの祓いでは鬼を駆逐し疫病を退散させ現世利益に結び付く。宇宙を再生する過程で在地の神霊を様々に習合させ、独自の造形を生成して、演劇化への歩みを踏み出したのである。

六　追儺の変容

修正会の呪師は猿楽と組をなす記録が多く見られる。これについて能勢朝次は、当初は僧侶である「法呪師」が鎮魔除魔の作法として鬼追いを行っていたが、次第に猿楽者が行法の外想を代替したと考えた［能勢　一九三八：九四—一六三］。つまり、呪師は走りや手や舞など独自の所作ないしは芸態を持ち、猿楽がこれを「物まね」でわかりやすく演じて、結界鎮壇の作法を取り入れた。彼らは地霊を鎮める方堅《ほうがため》（太刀、鉾で四方を祓う）［天野　一九九五：二〇—二二］を行い、次第に呪術と芸能を一体化させ、同時に演劇化の道を歩み始めた。この過程で滑稽さも付加されたかもしれない。担い手の主体は法呪師→猿楽呪師→能楽衆と変化し、仮面の表象を新たに造り変えつつ能が形成されてきたという。翁もまた仏教儀礼を母胎として鬼や魔との対抗関係の中で登場したと考えられ、能勢朝次らは当初は呪師が翁を演じた可能性を示唆している。

鎌倉時代になると、鬼の演じ手に賤民が関与したと思われる記録が浮かび上がる。延慶元年（一三〇八）に護国寺修正会結願として「正月十四日夜達魔以下、境内散所法師等、如旧可致其沙汰也」『石清水八幡宮文書』とあり、達魔という鬼役を散所の賤民が務めていた［森末　一九七一］。記録では殿上人が鬼をうつ（『明月記』承知元年・一二〇七、正月一五日法勝寺修正会）、龍天が鉾で鬼三匹を追う（『勘仲記』正應二年・一二八九、正月一八日条蓮華王院修正会）などと見える。鬼役に扮した者が全て被差別民とは言えないが、不可視のオニの人格化が同時に鬼を演じるものを被差別民として浮かび上がらせたとも言える。更にケガレ観念の増大に伴い排除される鬼役にケガレの属性を付与して追放するという意味付けが加わった。そして、被差別民を統括する検非違使は、警察機能という世俗の秩序維持のみならず宇宙の秩序を脅かすケガレも統御する役割を果たした［丹生谷　一九八六］。検非違使は賤民を監督するだけでなく、本尊の後ろの空間である「後戸《うしろど》」を管轄しており、そこには芸能者の楽屋があり神霊に奉仕する芸能も行われたと見られる。このように儺は、年末のケガレハライと儺、大晦日の大祓と儺、年頭のハライキヨメと儺、新春の修正会と儺など、ハライやケガレの概念を中核に取り込み境界の時間を介して民間の習俗と融合した。一方、宮中の儺は『建武年中行事』（一三三四―一三三六）の頃を境に退転して記録が途絶え、痕跡は僅かとなる。方相氏の出現する行事は、現在では、京都吉田神社や東京上野の五条天神の節分に見られるに過ぎない。

修正会は正月行事と重なって受容されたが、各行事の区切りは元日前後（元旦～四日頃）、六・七日、一一日、一五日前後（一三日～一六日）、二〇日の五種類くらいで、修正会の最終日の結願が重なることもある。特に、年神を迎えて生命を更新する正月の終わりにあたる、正月七日、一四日、二〇日などに追儺や延年が組み込まれている。正月一四日は小正月の晩でもあった。正月二〇日に毛越寺の常行堂で行われる延年は、「摩多羅神祭」ともいい、「祝詞《のっと》」では鼻高面が登場して神の由来を述べる。翁ではないが、神秘さをまとう面が登場する。送迎する神霊には小正月の訪問者も含まれる。室町時代になると、時間的に正月からずれた季節にも広がり、立春の前日にあたる節分に儺が接合し、豆撒きの習俗と融合する。豆と鬼と節分が結びついた理由は二つあり、一つは豆で身をぬぐってケガレや罪穢を移し川へ持っていって流し、もう一つは豆を打ってその強い呪力で悪しきものを撃退してハライをする。当然のことながら、その基盤には作物の豊作を祈願し農耕を予祝する農耕儀礼との習合があり、二月の祈年祭とも重なる。現在でも法会の場は餅や造花で荘厳され、牛玉宝印の御札を柳の枝に挟んで配り田畑に挿すなど、予祝の性格が濃い。牛玉杖には神仏の強い力が宿るとされる。毛越寺の正月二〇日の延年では種籾を奉納し祈願して持ちかえると豊作になるという信仰がある［鈴木　一九八七］。

中世には追儺は節分の豆まきへと変容した。室町時代の京都での豆まきの記録の初見は『花営三代記』應永三二年（一四二五）正月八日の条で「節分大豆役、昭心、カチグリ打、アキノ方、申トヽ酉ノアヒ也。アキノ方ヨリウチテ、アキノ方ニテ止」とあり、特定の方位に勝栗を打った。鬼に対して豆をまくのではなかった。豆で鬼を打つ記事は『看聞御記』應永三二年(一四二五)正月八日条の「抑鬼大豆行事」が初見である。一方、『臥雲日件禄』文安四年(一四四七)には一二月二二日に「鬼外福内」と唱えて鬼を祓ったとあり、現行に近くなる。しかし、当時は正月明けの日と一二月の年越行事であって、大晦日や立春の前日の行事ではなかった。鬼追いはその後、徐々に二月三日、立春の前日へと移行し、翌日から春になる前日、年変わりの「節分」に定着した。中国由来の暦である二十四節季の知識が民間の行事として展開した。セツは供え物をして祭りをする折り目で、節分の夜に限らない。しかし、小正月の夜や大晦日が境界の時間として浮かび上がり、異界との交流が活発化する時間として認識されていた。また年越しの意識が強く、現在では豆を自分の歳の数に一つ足して食べて「歳を重ねる」。節分の豆まきが「豆年越」と呼ばれたのはこれに由来する。また、節分の夜は囲炉裏の炉灰に豆を一二粒ならべて、焼け具合で年間十二の天気や作柄を占う豆占いをした。この行事は正月の筒粥占いと類似している。

豆は神霊への供物であり、雷よけや病気直しにも使う。一方、豆に息を吹きかけ、体をこすって白紙に包み四角や村境に置いて罪穢れを祓う習俗もあった。これは年間二度(六月三〇日と大晦日)の大祓いと類似する。節分の夜は魔物が出現するので、イワシの頭を大豆や柊の小枝に串刺しにして、火で炙って家の入口に挿し、臭気で魔物が近づかないようにする。近畿以西は鬼の眼ツキと称して柊の葉を戸口に挿す。関東はオニオドシといい目籠を立てる。沢山の眼でにらんで鬼を撃退するのである。コト八日(二月八日)にも鬼やらいをする。九州では正月六・七日の鬼火焚きで、災厄を焼き尽くす。節分は異界から何かが現れ交流する日という意識が強い。

現在の節分は鬼を祓う豆まきの日として年中行事として広く定着している。(10) しかし、鬼の演じ手の源流は修正会や修二会の呪師の芸に遡る。鬼は災難や疫厄の象徴とされ、悪霊祓いや厄祓いの修法で対応した。しかし、鬼は必ずしも悪いものに限定されない。毎年、定められた日に来訪して祝福を授ける地域もある。鬼は善悪の両義性を残して土着化した。

七　鬼と翁

儺を取り込んだ修正会・修二会は、鬼を顕在化し、その一方でこれに対峙し鎮圧する神霊を浮上させ、仏教の法会の枠組みで神仏混淆を推し進めていく。これは平安時代後期に成立した神仏混淆の別の動きである修験道と連動しているかもしれない。平地の法会は内陣を女人禁制とし、修験道は山岳で女人結界を山中に設定し、いずれも禁忌の再編成があった［鈴木　二〇〇二］。こうした現象は王朝の空間を防御するために、ケガレが意識化されて肥大化したこと、境界の儀礼が展開して禁忌意識が増大したこと、神道の自覚化などの動きと並行していた［高取一九七九］。山岳で激しい修行をした修験の行者は、鬼を使役する「験力」を持つと信じられ、修験者の一部は鬼の子孫と称するなど、鬼との関連を当初から持っていた。今でも、大峯山麓の天川村では節分の豆撒きに、「鬼は内」と唱えるし、吉野でも「鬼は外」とは言わない。鬼とは修験者が山で遭遇した神秘的な体験や先住民への畏れの記憶を伝える一方、観念化されて使役霊や眷属となった。鬼は先住民、山の民、山の神など、様々なものの形象化であり、畏怖と恐れの両義性を含みこむ。鬼は必ずしも悪いものではない。伝承には山の民と平地の民との歴史的出会いの記憶が語られ、精霊の統御者としての修験には長い歴史を踏まえた思想と実践が融合している。

かくして聖域であると同時に鬼の住まうとされた山岳空間を介して神霊と仏菩薩が混淆し、その中から大峯山の蔵王権現のような儀軌にない荒々しさを体現した仏菩薩が生成されるなど、新しい動きが起こってきた。本地を仏菩薩、垂迹を権現とする本地垂迹説が平安時代後期に成立し、仏教を主導とした神仏混淆が明治元年（一八六八）の神仏分離に至るまで続いてきた。神や鬼を使役する修験は密教を取り入れて山岳修行を行い、鬼でも天狗など荒ぶる山の力を体得し統御すると見なされた。そして、神霊と一体化する人神的存在として超自然力を駆使し、自らが鬼と共有する属性を自覚して、人々の根源的な悪や不幸を除くために、悪霊祓いや調伏、憑き物落としなどを行った。その過程で鬼との交流が儀礼や図像などで様々に可視的に表現されることにもなった。

一方、演じ手にも変化が生じた。それは差別の形象化ともからんでいる。鎌倉時代になると、鬼は参詣者である殿上人等に杖で追われる存在となり、賎民たる散所法師などに鬼役を課して飛礫で打つということがあった。鬼の担い手や表象は、ケガレに対抗しそれを統制出来る賎民に委ねられる。言い換えれば、ケガレキヨメに特化した散所《さんじょ》の民などが鬼を演じて排除されるものとして可視化される。これらの人々は忌避されると共に普通人とは異なる呪力を持つと見做されて両義性を持ち、賎視と差別が神聖視とないまぜになっていた。山岳で修行して特別な霊力である験を身につける修験は鬼の子孫とされることが多い(11)。大峯山中の前鬼は平安時代に遡る集落とされ、五つの坊が全て鬼を姓としていた(12)。日本各地の山の麓には鬼の子孫とされる修験の集落があり、大峯山の洞川《どろがわ》、比叡山の八瀬《やせ》、日光山の古峰ケ原などである［鈴木　二〇一五：二九］。彼らは修験者に仕える人々で、山人の子孫とされて特別視された。修験の一部は、山の民に繋がる者として差別視される場合もあった［井上　一九八二］。丹生谷哲一は、大峯山麓の天川村の人々が警固衆と呼ばれ(13)、山中の堂社や祠を維持し、山伏の先達からもらう報賽料がツブテや鬼供養と呼ばれていたことに注目し、修正会の祭祀で非人がツブテと関わることと関連付けている［丹生谷　一九八六：二四六］。このように鬼の子孫と称する人々や鬼を体現したり演じたりする人々を担い手として、仮面を多用する能が発生し、差別の構図を引きずりつつ鬼の物語を抱え込んだのではないだろうか。異形の仮面は表象を凝結させて想像力を刺激し、両義性を越える多様な力を伝達するだけでなく、ケガレの可視化を促進する表現媒体となった。

翁の発生は謎に包まれているが、仏教の定着過程で生じた鬼の変容に拮抗する神霊の形象化の流れの中で生まれたのであろう。これは日本のカミが仏像の影響を受けて神像として形を持って表現され始めた経緯と並行する。翁の文献上の初出は大治元年（一一二六）奥書の伝忠尋『法華五部九巻書』（永徳三年・一三八三の写本もある）と言われてきたが、偽書の可能性が高いとされている。実際には、翁面の遺品は鎌倉時代に遡り［中村保雄　一九八七：三一七］、文献上で確実なのは「児・翁面・三番猿楽・冠者・父允」と記された弘安六年（一二八三）の『春日若宮臨時祭礼記』であるという。翁の生成には奈良の春日社や興福寺が関与していると考えられ、興福寺の修二会の二月五日、春日神社社頭の薪猿楽[14]において大和四座の長《おさ》の立合いで奉納されていた翁が「呪師《しゅし》走り」と呼ばれていた（『大乗院寺社雑事記』文明一六年二月六日条など）ことで、呪師がその演じ手と推定されてきた。翁の発生の場は、仏教儀礼、特に修正会・修二会であることはほぼ確実であろう［能勢　一九三八。服部　一九七三。山路　一九九〇。天野　一九九五］。また、興福寺と関係の深かった多武峰の延年に関する記録は、室町時代中期に下るが、翁が修正会に現われていたことを記す［表　一九七四。福原　一九九五］。多武峰は中世では天台宗に属し、常行堂《じょうぎょうどう》（常行三昧堂）修正会の三日目と五日目に摩多羅神（宿神）が出現し、僧侶が翁面をかけて翁を演じた［福原　一九九五：四五七］。天野文雄は、翁を摩多羅神の表徴、仏菩薩の表徴と考え、猿楽の祝禱を演じる翁に先行すると位置付けた［天野　一九九五：三一］。この問題は微妙でありまだ定説には至っていない。

注目すべきは阿弥陀信仰である。常行堂は念仏道場で、その本尊は阿弥陀如来、守護神は摩多羅神で御神体は翁面であった。金春禅竹の『明宿集』（一四六五年頃）は翁は宿神で阿弥陀であると説くが摩多羅神にはふれておらず、その連続性は断続的にたどれるだけである。観世新九郎家伝書では、「宿神トイッバ、コレ仏法守護神ナリ。（中略）摩多羅神トハ此御事ナリ。（中略）ソノ本尊ハ翁ノ面ナリ」という［中村　一九八七：三一九］。平安時代の京都での修正会の多くは、阿弥陀悔過を行っていたとされ［佐藤　一九九〇：一八二］、常行堂との連続性を推定できる。しかし、翁は漂泊者の面影もあり、平安時代以降、山は阿弥陀の極楽浄土や弥勒の兜率天浄土と考えられ、死霊は山に止まると考えられたから、「里の修正会」と「山の修正会」は接点があった。悔過を権修するのは、真言宗、天台宗、南都六宗に限定されており、南都や京都での修正会を山岳仏教が変容させ、「山の修正会」を母胎として、修験が関与して山中の鬼や天狗や荒ぶる神霊を統御する様を芸能化したと見られる。関東でも古来からの修験の霊場であった日光山の延年で守護神として摩多羅神を祀る行事があり〔山路　一九九〇〕、これと関わる星宿の北斗七星を表す面もあった。天文神が芸能守護神となることは福建の戯神（第六章）と共通する。「里の修正会」の変容は、呪師の役職を代行するようになった猿楽者が、法の使い手として大社寺の法会や神事に参勤し、鬼を駆逐する役を担うことで起こったと言えよう。法呪師や猿楽呪師は、力の獲得を山での修行に求めた修験と限りなく近い。呪師が奉仕した寺院の中の須弥壇は山に見立てられた。大峯山など多くの修験の山では中央や最高所は仏教の世界観での世界の中心に聳える須弥山（弥山）に見立てられたように、儀礼の場の中核でも山が意識されていた。山での修行で獲得される験力は、自然と一体になることで得られるが、験力は法力と極めて類似していた。仏教の僧侶も多くは呪力の源泉とされる山岳修行をしており、祟りなす悪霊を駆逐し荒ぶる神霊を統御する法力を持つと信じられた。

　追儺では追い手が毘沙門天や龍天という仏教の護法善神で、これが鬼を追うという形式が成立したが、天部を仏教化する手法は、在地の神霊を守護霊として取り込む修験の手法と類似している。特に毘沙門天は北方にあって夜叉を統率する天部で、京都の鞍馬山に祀られ魔的な様相もあり、土地の神霊から守護霊への橋渡しの役割を持つ。翁という中世の最高神が生成され、毘沙門天の影は薄くなるが、その過程は明らかではない。しかし、外来の神霊を日本化し、神霊の民衆化の中で在地の神霊を究極的に統合する祖神が翁であり、鬼と対極に位置するようになっていった。性や齢を超越した年長者を仮面に表象する形式は、恐らくは芸能者の作為によるものであろう。世阿弥の『風姿花伝』第四「神儀」は、大和猿楽や多武峯《とうのみね》の伝承を踏まえて祇園精舎で釈迦が説法をした時に、提婆が一万の外道を連れて、「木の枝・篠の葉」を付けて踊り叫んだので、弟子たちが仏力を受けて、後戸で「六十六番の物真似」をして鎮めたとある。この猿楽の起源伝承は、後戸という空間、歌舞音曲の奉納、摩多羅神の祭祀、「魔縁を退け福祐を招く」という目的を語っているが、それは芸能者こそが在地の荒ぶる神霊を和め鎮める役割を根源的に担ってきたことを意味している。多武峯では摩多羅神の形象が翁であった可能性が高い。重要なのは出現の場所である。多武峯では「翁面を寺内の倉から持って来て」時部屋や剋部屋の天井裏に祀った［福原　一九九五：五〇三］とされ、毛越寺の常行堂でも穀部屋が、日光山の常行堂ではコク部屋が後方にあり、共に丑寅に摩多羅神を祀るなど、祭祀の場には共通性がある。コク部屋、トキ部屋と呼ばれる天井裏、後方、丑寅に関わる場所は、神霊が出現する所であり、コク部屋のコクを「穀」ないしは「御供」、トキ部屋のトキを「斎」と解すれば、富の源泉の場、穀物の豊穣、福を齎す空間とも考えられる［鈴木　二〇〇一：三一四―三一六］。ここは福徳円満の翁やそれに類する形象の出現に適合する場であり、そこに当時の儀礼や芸能に携わった人々の根源的な願いが託されていたように思われる。

翁と鬼は相互に対立するようでいて、根底では連続性を持つ。いずれも在地の神霊を形象化し、正月前後に現われる来訪神の様相があり、仏教と習合して本尊の守護神霊となる。その出現の場は、後や裏や脇、戌亥や丑寅、或いは天井裏に求められる。元来は古い土地神で大地の豊饒の源泉であるような根源的な霊でもある。多武峯の場合、常行堂の北西には神聖視される岩があり、水が湧き出し龍神が祀られ、恐らく古くからの信仰の場所と習合したと思われる。摩多羅神の祭祀は出御に際して戌亥（北西）から移動して出現した。戌亥はタマ風が吹く神霊出現の方位であり、鬼の出現する丑寅という中国思想に由来する鬼門と対立する方位である。多武峯では摩多羅神が翁であれば、翁対鬼という構図は、戌亥と丑寅という方位の違いに対応する。毛越寺や日光山では、丑寅、つまり鬼門に摩多羅神が祀られていた。つまり、ここでは鬼と摩多羅神が重なるのである。このような錯綜した流動的な状況はどのように見ればよいか。その場合に参考になるのは、能の宗家は翁面を神聖視する一方でしばしば鬼面を御神体として祀るという事例があることである。現在、観世宗家には阿吽一対の鬼面（赤鬼、黒鬼）が伝えられ、制作時期は南北朝と推定される。『風姿花伝』第四「神儀」には、聖徳太子作と伝える鬼面が円満井座にあり、これは「根本の面」（『申楽談義』二三）とされ、『明宿集』では翁面と一対とされる鬼面であったという〔天野　一九九五：七二〕。伊勢猿楽の和谷家旧蔵文書でも[15]、方堅《ほうがため》の鬼面が翁面と同格に扱われていた。このように鬼と翁には相互浸透があり、翁即鬼の可能性もある。摩多羅神は翁と鬼を結びつけ、相互を仲介する〔鈴木　二〇〇一：二六三―三三七〕。翁と鬼に神を加えることで、不可視のものの形象化としての仮面の登場によって、善悪を越えた意識の変容や表現の転機を迫られたのであろう。いずれにしても根本は地主神や土地神霊が仏教儀礼に組み込まれてその霊力を引き出される中で、翁や鬼が可視化されるようになった。その過程における対抗の葛藤が能を生成する源泉の一つとなったと見られる。神も翁も鬼も根底にはタマと呼ばれる見えざる力への信仰に根ざしており、カミ・オニ・タマは未分化で、モノとも通底し、時に分化し、時に融合する。天台本覚論はこれを仏教化して「山川草木悉皆成仏」という思想に生まれ変わらせて、仏教と民俗を接合した。こうした対立するものの一致、流動的な神・鬼・翁の相互浸透、これは日本人の神霊観の根源に関わる。善悪二元論を越える発想はより広い視野で考える必要がある[16]。

　翁を担う者、その演じ手はいかなる人々であったか。中世の能では翁の演者は長《おさ》や権守《ごんのかみ》（江戸時代は年預《ねんよ》衆）と呼ばれる特別な芸能者がおり、一般の演劇的な能を演じる演能集団とは異なっていたことがわかってきた〔表　一九七六、一九七七、一九七八〕。当時の記録としては山城の禅定寺での文永元年（一二六四）の執行記録があり、この頃にはこうした意識は明確になっていた。最高神の翁を祀る人々は特定の系譜をたどって維持され、演能集団としての能楽衆は賤民視されるというように、演じ手の内部は複雑に異化されていったのである。猿楽の系統に連なる演能集団はかつての鬼役としての散所民の系譜を一部引継いでいたのかもしれない。祝禱芸として翁を舞うことが特別視され、こうした神霊観の違いや儀礼の性格の差異が演じ手を分離させたと見られる。呪師《しゅし》は四方の結界や鎮壇に関わり、陰陽五行の思想の影響が色濃い。その系譜を引く猿楽者は、呪的な所作で四方の悪霊を防御し退散させる結界や鎮魔の作法、方堅《ほうがため》や法堅を行った。「方」はまさしく方位であり、法は法力に関連する。これは、方相氏が持っていた陰陽の均衡を図る時間秩序の維持機能を空間秩序に読み替え、仏教的解釈を加える試みであった。彼らは広義の法の使い手で法呪師の流れを引くと推定され、仏教の教義を大幅に読み替えた地点に成立する「法」という特別な呪力がその存在を支えていた。

方堅は「呪師《しゅし》」の結界作法として伊勢猿楽で伝承され、室町後期に遡ると推定される『方堅神祭秘文之巻』[17]（和谷《わや》家旧蔵文書）は「五郎の王子」の物語を語ることで、四方・五方の結界が行われていた［天野　一九九五：四一〇］。五郎の王子は、土公祭文と同一であり、備後・備中の神楽では陰陽五行思想に基づく五龍王や王子舞として演じられる。中世後期の担い手は「法者《ほうじゃ》」で、後に太夫と呼ばれ、次第に神職に変わっていった。

一方、土公祭の文献上の初見は『小右記』正暦元年（九九〇）で、『伊呂波字類抄』（一一四四―一一八一）諸社部にも記載がある。陰陽師が行っていた五龍祭の文献上の初見は『日本紀略』延喜二年（九〇二）の記事で、安倍晴明編とされる『簠簋内伝』（一四世紀半ば）にも記述がある。密教、特に真言宗の雨乞いの龍王勧請とも関連があると見られる。土公祭と五龍祭は中世に習合した。『風姿花伝』（巻二）の記述や『五形さいもん』（一四九〇、備後）が当時の様相を伝える。王子と龍王が同一視された。伊勢神楽の方堅、地神盲僧の五郎の王子、神楽祭文の五龍王はいずれも同系統である［鈴木　二〇〇一：一七八―一八二］。

現在でも土公《どくう》祭文は神がかりに先立って地霊を鎮めるとされて、備後や備中の荒神神楽や、石見の大元神楽で演じられる[18]。備後の上下町では弓神楽で土公祭文を弓の弦に合わせて唱えていた。内容は天地を創造した盤古大王の四人の王子が父の生前に東西南北・春夏秋冬の所務を与えられたが、大王の死後に妃から生まれた末子の五郎の王子が所務を求めて兄たちと争う。問尋博士《もんぜんはかせ》が仲介にたって四季の土用から一八日ずつ総計七二日を五郎が譲り受けて和解し、中央に土公神として鎮まるという話である〔鈴木 二〇〇一：一七七—一八三〕。調停の争論では陰陽五行の知識を詳しく説く。盤古大王は『三五歴記』（三世紀）に宇宙開闢の巨人として記されている盤古と類似する。中国の古代神話の日本への伝播経緯は不明だが、書籍の知識を通して日本に伝えられたと推定される(19)。盤古はヤオ族の犬祖の盤瓠と同音で表記上は混同されることもある。四季の運行、陰陽五行などの漢族の知識が日本に伝えられ、仏教儀礼や祭祀芸能の中に土着化した様相が見て取れる。

八　鬼の変容

概括的に述べたように、日本では儺が仏教と強く結びついて、神仏の関係を微細に変化させ、その中から鬼や翁などを仮面という形として表象して在地の想像力を引き出した。その背景に平安時代から鎌倉時代へという政治・経済の大きな転換による秩序の動揺があり、更には南北朝を境として大きく転換した差別意識の変容がある。芸能者の社会的位置の変化に伴い、儺の日本的変容も複雑化する。特に戦乱の打ち続く殺伐たる精神状況が現出した時期に表現形式の大きな変貌が生じたことがある。従来の社会秩序が崩壊し、既製秩序が崩壊して流動化・複雑化し、鬼に対抗する翁も生まれてくる。

儺が鬼の発生基盤であるとしても、中国との大きな差異は鬼の観念の違いにあろう。漢族の場合には鬼観念は人間の死後の霊魂、いわゆる死霊であり、陰間（陰界）で生活していると信じられ、日本語では幽霊に近い。漢族が恐れたのは死後に祭祀する人のいない孤魂であり、祀られない鬼は禍禍しきものである。それは反秩序の存在で、人間界から常に祭祀を受け供物を提供される無名の集合霊でもあり、異人のイメージも強い。日本の場合、鬼は決して悪の形象に一元化できない。オニという概念は漢語の鬼にあてられて負の様相を帯びて単純化されたが、元来見えないものである。これに類似する流動性は、中国では台湾の漢族の場合には見られ、陰間に住むものが祖先に、野に住む鬼は野の神に、祀り上げられることで鬼神にもなるという〔渡邊　一九九一：一七八〕。漢族の鬼は陰界のものとして否定的存在であり、日本のように生と死のはざまを縦横無尽に動くものではない。但し、こうした儀礼に関与したのが法師と呼ばれる人々であったことは、法概念をめぐる共通性として注目してよい。

日本のオニは多義的で、大地や山川大海に満ちる祖霊や死霊、怨霊や悪霊などを含み込む。荒ぶるカミでもあり祀り上げて守護霊に転化する。祀られぬことで怨霊や妖怪になるなど流動性は高い。日本各地の祭りの鬼は多様であるが、太陽の力が最も弱まる冬至に近い一一月（霜月）頃に身体の力を神々との交流で甦らせ、収穫に感謝する霜月神楽に登場する鬼は祝福を齎す鬼として知られている。奥三河の東栄町や豊根村で一一月に行われる花祭りの主役の榊鬼は山の神霊で、家々を回って病人を足で踏んで直し、真夜中過ぎに祭場に現われて反閇を踏んで大地を鎮める。閏年には山から下りてくる。素性については、自らは荒天狗と名乗り、荒みさきであると語り、問答の末に太夫に屈服して榊を渡す。鬼の持ち物は斧、太刀、槌で、荒ぶる神霊である。問答によって言い負かされて、野生の力の象徴の榊を神主に渡して去る来訪神である。祭りでは翁も登場し、滑稽味を帯びた漂泊神の様相を語る。一方、中国地方の備後神楽の荒神や荒平《あらひら》、池川神楽の大蛮《だいばん》など、鬼と重なる神霊はいずれも荒々しさを持ち、祀れば守護するが、祀らなければ祟る両義性や野生の力を持つ土地神で地主神である。備後の荒神神楽や石見の大元神楽の神がかりに先立ち土公神祭文に由来する王子舞や五龍王を舞うが、これは地霊の鎮めで、かつては修験道や陰陽道の影響を受けた「法者」や「神子《みこ》」が行っていた〔鈴木　二〇〇一：七二〕。更に長門・周防や九州では地神盲僧が琵琶で地霊や荒神を鎮めた。その中核にある祭文は興福寺修二会の呪師の秘法や伊勢猿楽（和谷家）の方堅〔天野　一九九五：二〇―二一、六三〕と類似している。

荒神と同様に安芸や備後の神楽で出現する荒平は、大面をつけ派手な舞姿で杖を持って現れ、杖は死反生《しはんじょう》の杖などと呼ばれ、死者を蘇らせる再生の力を持つ。その様相は来訪神でもある。来訪神が鎮圧されたり守護霊化する様相は、追儺とは印象がやや異なるが一連のものであろう。南九州の神楽に出現する宿借《やどか》り、山人《やまびと》、門問《かどとおい》、山守《やまもり》など問答を通じて山の神が迎え入れられる演目も同系統である。一方、荒平《あらひら》は、関、鬼返、柴荒神、世鬼などと呼ばれ、提婆《だいば》や大蕃《だいばん》ともいう。提婆とは仏典に説かれる、釈迦に逆らって殺そうとしたが、後に帰依して弟子となったデーヴァダッタ（提婆達多。サンスクリット語 Devadatta）に由来すると推定される。反仏教の様相は、逆に土地神が仏教に帰依する過程で、荒ぶる神の統御の様相がある。世阿弥の『風姿花伝』に提婆の調伏が猿楽の初めとあるのは、荒神を鎮める行為と見られる。これは仏教の影響で在地の神霊が護法善神となって取り込まれたことを意味し、混沌の力を秩序化や制御へと転換する法力が作用したのである。

オニとは要するに、荒ぶる神霊、野生の力であり、来訪神や護法善神となる。時として、オニは全てを混沌に戻し言語表現を無化する状況を引き起こす悪神にもなった。恐怖とか安らぎを超越した根源にあって、活力を生み出す一方で悪や暴力を顕現させるものがオニと表現されたのであろう。実体と観念のはざまにあっては、タマと言われ、身体へ付着したり離脱する霊魂としても考えられた。一一月の中の寅日に宮中で行われていた鎮魂祭に神楽の源流を求める折口信夫の説［折口　一九九五（一九二八）：一九〇―一九一］によれば、鎮魂とは外来魂の付着や分割、身体への鎮めなど、広い意味の霊魂の動態的運動で、タマフリのフリは振り動かす、増殖するという意味である。霊魂が増殖・分割する魂殖ゆに、大陸伝来の招魂法であるタマシズメが導入されたと説く。タマの活性化だけでなく、タマを振り祓う、悪霊祓いと考えれば、儺との共通性もある。能は修正会に取り込まれた追儺を踏まえて、神霊、つまり広義のタマが躍動する鎮魂の演劇として生成され、仮面を通じて現世と他界を縦横に行き来する神霊を形象化させた。そこに登場する翁と鬼は渾沌未分の力の現われで、相反する方向への運動を共存させるが、根源は同じなのである。

追儺は現在では日本全国にわたり多くの寺院や神社で行われ、神仏を問わず、また仏教では宗派を越えて執行される年中行事として根付いている。追儺は節分に集中し、厄除けや豆撒きが強調される。鬼の撒く餅は福をもたらすとも言い、基本は鬼追いだが、単純な悪鬼退散ではなく、鬼は幸せを齎らし、悪霊を祓う両義性を持つ。福は内、鬼は外と言って豆を撒く節分の習俗と追儺が結びついたのは、実際には室町時代で、『看聞御記』應永三二年（一四二五）正月八日条が記録上の初見だが、定着度は高い。一方、大規模な修正会や修二会は現在でも近畿の奈良や京都で行われ、九州の国東の六郷満山の修正鬼会では民間の行事と習合した[20]。最後の結願に鬼が出ることも多い［鈴木　一九八九］。近畿では修正会は、オコナイという名称で村堂や神社の正月行事として民間で行われ、宮座や若者組（青年団）が担い手になり、厄祓いも行われるが、全国的な広まりはない。総じて日本に受容された儺は、追儺として、当初は年越しという境界の時間に強く結びつき、次第に「春迎え」の習俗として冬から春へ（年末、正月、小正月、節分）と移り変わる移行の時間と適合し、厄祓いや邪気祓いとして生活に溶け込んだ。そこでは神送りもあり、神迎えも行われる。春の行事として、そこには様々な表象が凝結し、仮装来訪者、鬼火焚き、道祖神、蘇民将来、牛玉《ごおう》宝印、牛玉杖（田圃や畑に立てて虫封じや豊作祈願）、松明、焚火、弓矢、杖の呪力、呪的な音、足踏み、餅や粥の振舞、豆などの呪物、裸祭りなど多彩である。そしてこの時期には、五感を刺激し想像力をはばたかせるような、異形のもの、大きな音（乱声《らんじょう》）、化粧や仮面が用いられる。とりわけ仮面は別の人格になりかわる多様な表現媒体で、人間の感性に訴え、異様、恐怖、滑稽、誇張、道化、厳粛など多くの印象作用を拡張させ、それが儺の定着を強力に推進したと思われる。儺は春以外の行事で類似したもの、例えば、六月の夏越し（大祓）、夏の虫送り、大念仏、奄美の新節《アラセツ》（八月）、八重山の節《シッ》（六、九月）などとの結びつきは弱い[21]。盆行事の祖先祭祀との連関も強くない。儺は選択的に習合していると言える。いずれにしても儺の主役はオニであり、災いを祓い幸せを齎すという二方向性を越えて、人々に世界のありようを考えさせる根源的なメッセージを送り続ける。

以上、中国の儺がどのように日本で変容して歴史的に展開してきたかを要点を押さえながら述べてきた。現在の日本の修正会や追儺と中国の儺は、歴史的連続性はたどれるものの、相互の比較は地域と時代の掛け離れたもの同士を俎上に乗せることになり、大きな困難が付きまとう。しかし、祭祀や演劇は文字化されない口頭伝承による継承に負うことも多く、時空間を越えた根本的な類似と差異を儀礼だけでなく、仮面の形態や演劇の様式などを含めて、現時点での共時の比較として考えたいという誘惑はある。それは日本の神楽や能と中国の儺戯について、おおまかな比較の視点を提示するだけに終わるかもしれないし、方法論的な難点も数多く残されている。しかし、あまりに細分化し個別化した考察では認識の枠組みが狭すぎる。歴史的連続性を踏まえて、東アジアという大きな視野の中での共時的な考察を組み込み、相互の位置付けを深めることが課題である。[22]

注

（1）日本と中国の比較には、[小林　一九四七：一一七—一一八。上田　一九八八。熊田　一九八六：一六八—一七三。榎村　一九八七]など、中国については、[中村喬　一九九〇：二三一—二五八。田仲　一九九三：一一五—一三三。廣田　一九九七。黄・鈴木・野村（編）　一九九九]などがある。

（2）一九九〇年代になって、解放後の記録が公開され、儺に関する研究が急速に進んだ。主なものに[顧朴光・潘朝霖・柏果成（編）　一九九二。度修明・顧朴光・潘朝霖（編）　一九八七。銅仁儺文化博物館（編）　一九九三]があり、図録としては[趙作慈・陳陣（主編）　一九九七。薛若鄰（主編）　一九九六]が公刊された。儺戯学会の成立や、その後の国際学会の開催によって、中国各地に止まらず、日本や韓国との比較も試みられた。貴州省徳江のトウチャ族（土家族）の儺戯（儺堂戯）については本書第五章を参照されたい。

（3）日本では文禄の役と呼ぶ。引き続き行われた慶長の役（一五九八）と共に朝鮮出兵である。朝鮮では各々を「壬辰倭乱」「丁酉倭乱」と称する。

（4）方相氏は「儺長大舎人、方相の面・緋衣・皀裳ヲ着シテ、楯・槍ヲ持チテ」とある。

（5）『江家次第』では方相は「儺声」を発して射られる。「方相、先ニ儺声ヲ作ツテ、以ツテ矛ヲ楯ニ三箇度叩ク。群臣相承ニ和シテ之ヲ追フ。方相明義・仙華門ヲ経テ北廊カラ出ヅ。上卿以下、方相氏ノ後ニ随ヒテ御前ヲ度ル。瀧口戸ヨリ出テ、殿上人、長橋ノ内ニ於イテ方相ヲ射ル」と記す。

（6）天皇が直接に追儺に参加しなくなり、天皇の命令を下す「宣命」の読み上げに変わった。『延喜式』では「祭文」であったが、『西宮記』では方相氏の前で「宣命」を読むことに変わった。このことは眼に見えない疫鬼に対して謙る姿勢から、退去を命じる姿勢への変化で、方相氏がケガレたと見なされることと対応するという［大日方　一九九三：二一〇］。

（7）『雲図抄』（一一一五）にも同様の記述がある。『建武年中行事』（一三三〇年代）では、「追儺　卅日。今日は儺遣《や》らふ夜なれば、大舎人寮、鬼を務め、陰陽寮の祭文をもて、南殿の辺につきて読む。上卿以下これを追ふ。殿上人ども、御殿の方に立ちて、桃の弓葦の矢にて射る。追儺といふは年中の疫気を祓ふ心也」と具体的である。

（8）「大儺」から「追儺」への変化に関しては、［アレクサンドル・グラ　二〇〇四］の考察が詳しい。

（9）悔過については、［佐藤　一九九〇、一九九一、二〇〇二］、その変化については、［山路　一九八八：四五―九二］が詳しい。観音悔過を中核とする東大寺修二会の儀礼空間におけるケガレの除去については［鈴木　一九八二］を参照されたい。

（10）京都市では、平安神宮、吉田神社、鞍馬寺では節分行事で方相氏によるオニヤライが行われている。平安神宮の行事は、近代において宮中の追儺を記録に基づいて再現したのであり、『江家次第』の記述に近い形で行われている。東京・上野の五条天神社の節分では、ウケラ（朮）の神事で臭気を出して魔物を祓うと共に四つ眼の方相氏が出現して鬼を退散させる。

（11）鎌倉時代後期になって修験道の始祖とされるようになった役行者（役小角）は、自己の弟子である前鬼には大峯山の南を、後鬼には北の差配を命じたとされ、洞川には後鬼の子孫が住み、龍泉寺の初代住職は「後鬼妙道《ごきみょうどう》」だと伝える。役行者の朝鮮・中国への渡来説もある。

（12）『修験修要秘決集』では、前鬼は女、後鬼は男で、二人の間に鬼童《おにわら》・鬼熊《おにくま》・鬼継《おにつぐ》・鬼助《おにすけ》・鬼上《おにうえ》の五人の子供がいて五鬼とある。前鬼集落の不動坊・行者坊・森本坊・小仲坊・中之坊は鬼の子孫とされ、各々苗字に鬼の字を入れていた。現在もこの地を管理する小仲坊《おなかぼう》の住職は五鬼助義之《ごきすけよしゆき》氏である。古くからの山人の子孫と見られる。

（13）天川村の弥山の山麓にある天河大弁財天社の社家の柿沼家は前鬼の子孫とされ、節分の前晩の二月二日に「鬼の宿」の神事で、鬼を神や先祖として迎え入れる。蠟燭の灯の中で、祝詞・経文・真言を唱えて招く。祭壇の前に布団を二枚敷き、井戸水を桶に入れて朝まで置く。朝になって桶の中に石や砂が入っていたら、鬼が訪問したと見なして、節分祭を行うことが許される。節分の夜には社で、「鬼は内、福は内」と言って豆をまき、自宅でも同様な文言を繰り返して先祖を招き入れて供物を捧げて祀る。節分は先祖の鬼の祭りである。

（14）二月五日になるのは永享年間（一四二九―一四四〇）以後という［天野　一九九五：一六］。

（15）原文は［植木・森・山路（責任編集）　一九七四：二一三］に所収されている。

(16) 翁と鬼の関係は善悪の対立ではなく、相互ともに性格を共有するという発想が必要かもしれない。文化圏は全く異なるが、インドネシアのバリ島(Bali)の村落、プラダレムの寺院(Pura Dalem)でおこなわれるチャロナラン劇(Calonarang)で演じられる神獣バロン(Barong)と魔女ランダ(Rangda)の戦いは、同様な主題を根源にもつ。バリはヒンドゥーが卓越しているが、中国系の文化が混入しており、バロンには南中国の獅子の影響がある。大人形の二体のバロン・ランドゥン(Barong Lndung)はバリの王(黒色)と中国の王妃(白色)を表すとされる。バリでの数多くの中国由来とされる儀礼の検討については[皆川 二〇一四]に詳しい。元々、島の北部のシンガラージャ(Singarāja)は交易港で多くのムスリム商人だけでなく中国人商人もきていた。福建で流通していた中国貨幣(穴あき中国銭 uang kepeng)はオランダの植民地になる以前は決済手段として使われていた。現在でも葬送儀礼や寺院のオダラン(odalan)の祭の儀礼には中国貨幣は欠くことのできない儀礼通貨、ケペン(kepen)貨幣として使われている。ただし、バリ風に変容を遂げて、貨幣それ自体が神秘的価値を宿す生命体のようになって受容されている。

(17) 原文は[植木・森・山路(責任編集) 一九七四:二一三]に所収されている。

(18) 土公祭文や五龍王の詳細については、[岩田 一九八三。鈴木 二〇〇一]を参照されたい。

(19) 廣田律子も盤古(盤瓠)神話の日本への流入について考察しているが、結論は出ていない[廣田 二〇一一:三八七—四〇六]。伝播に関しては、中国の陰陽五行思想を取り込んだ陰陽道に関わる知識人が媒介した可能性は高い。

(20) 国東は平安時代には天台宗寺院を中心に六郷満山として栄えた。修正鬼会、通称オニヨは、成仏寺(隔年・偶数)は陰暦正月五日、岩戸寺(隔年・奇数)と天念寺(毎年)は正月七日に行う。精進潔斎したテイレシ(介錯)が松明に火をともす。鬼役の僧侶を迎え入れ、鬼と盃を酌み交わす。鬼は仏の化身でオンサマと親しげに呼びかけられ、幸せをもたらすとされる。鬼は僧侶によって演じられ、男女二体の鈴鬼が香水棒(削りかけ)を持って床を叩いて大きな音をだし、主役の三人の鬼を誘い出す。音によって悪霊を鎮めると共に大地の生命力を喚起する。三人の災払鬼、鎮鬼、荒鬼が登場して儀礼の執行の後、各家を巡り、仏壇の先祖を拝みお祓いをする。早朝に寺に戻る。荒々しい所作で躍り込み、最後は寺の僧侶が鏡餅を鬼の顔に当てがって鎮め、後鬼呪の儀礼を行って終了する。

(21) 日本と朝鮮との比較では対馬の研究、琉球と中国との比較では奄美・沖縄の研究は興味深い課題となる。ある程度の展望を与える論考を、[鈴木 二〇〇四]に収録している。

(22) 中国との比較については、[鈴木 二〇〇〇](本書第五章に再録)で論じている。

第八章　目連の変容——仏教と民俗のはざまで

はじめに

仏陀の弟子に関する伝承の中で広く東アジア各地に広がったのは、神通第一とされた目連の話である。目連の伝承はインドを発祥の地として中央アジアを経て中国へ、朝鮮や日本へと伝わってきた。その伝播経路の途上では様々に変容し、地域の特色と融合して増殖し変容した。特に中国大陸の漢族の間では親に孝行するという儒教的な倫理観と結合して目連の伝承が広く深く浸透し、語り物としてだけではなく、祭祀演劇や操り人形劇として演じられてきた。目連の伝承は盂蘭盆会の由来譚であり、仏教や民間道教の儀礼に組み込まれて、「父母の恩」に報いること、死者供養や極楽往生、女性救済など、人々の多様な信仰対象となった。漢族の文化の影響を受けた少数民族の間では、目連は儺戯の中に取り込まれ、死者供養や異常死者の救済主とされてきた。

日本での盂蘭盆会の文献上の初出は斉明天皇三年（六五七）に遡る。[1] 目連の伝承は平安時代以降、特に中世には語り物として様々な形で展開した。しかし、近世以降には目連は影が薄くなり、現在は日本各地で語られ演じられることは殆どない。その最大の理由は室町時代以降に急速に展開した地蔵信仰が民衆の間に定着し、地蔵と類似した性格を持つ目連はその中に呑み込まれたためではないかと思われる。夭折した子供は親より先に亡くなったことで親不孝の罪を犯したとされ、賽の河原で鬼の責め苦にあうと説かれ、地蔵が救済者として現れる話は、和讃や演劇として民衆の間に深く浸透した。多機能の地蔵は現当二世の様々な願いに応えたのである。

本章では、中国での目連の伝承を概観した後に、日本における目連の伝承の受容と展開を史資料や口頭伝承、儀礼や演劇から検討して、伝承の受容と変容を通して中国とは異なる形での土着化を果たした様相を考察する。[2] 特に備後の『目連の能』に注目して中国とは異なる演劇化の様相を検討した上で、再び中国の福建省の目連戯の考察を行い、日中相互の共通性と差異を明らかにする。

一　目連の由来

目連とは仏陀（釈迦）の十大弟子の一人で、サンスクリット語ではマハーマウドゥガリヤーヤナ（Mahāmaudgalyāyana、パーリ語ではモッガラーナ Moggallāna）という。漢字音訳では大目犍連（大目乾連）と表記され、略語が目連である。目連は神通第一で、智慧第一の舎利弗と並んで仏陀の二大弟子とされた。舎利弗はサンスクリット語でシャーリプトラ（Śāriputra）、パーリ語でサーリプッタ（Sāriputta）である。スリランカでは現在でも仏教寺院では目連と舎利弗の像が仏陀の脇侍に置かれて礼拝の対象とされることが多い。

目連の伝承は中国に伝来して大きく変容し、盂蘭盆会の始まりと関連付けられる。西晋の竺法護《じくほうご》訳『仏説盂蘭盆《うらぼん》経《きょう》』（以下『盂蘭盆経』）、東晋には異訳とされる『仏説報恩奉盆経《ほうおんぶぼんきょう》』が成立した。[3] 中国での初めての盂蘭盆会は梁代の大同四年（五三八）で、皇帝が同泰寺で催した。盂蘭盆会は中国で広く展開し、それに伴い目連の伝承は深く根付いた。さらに、日本に伝播して「盆行事」の由来譚として受容され大きく変容して現在に至る。『盂蘭盆経』はサンスクリット原典やチベット語訳はなく中国で作成された「偽経」の可能性が高いとされる［岡部　一九六四。岩本　一九六七］。ただし、その中にはインド起源の習俗が紛れ込んでいる。七月一五日はインドで雨季の間に修行僧が定住修行する三か月にわたる夏安居《げあんご》（雨安居《うあんご》）[4]が明ける自恣《じし》の日で、供される食事を鉢和羅《ばわら》飯という。これはプラヴァーラ（pavārana,paravāvanā）の音訳で、インドの施食の慣行を引き継いでいる。[5]

『盂蘭盆経』が説く目連伝承は以下の通りである。[6]釈迦が祇園精舎に在住の時、弟子の目連は修行で神通力を得たので、父母を救済して自分を育ててくれた恩（乳哺《にゅうほ》の恩）に報いようとした。不思議な眼力（天眼通）で死後の世界を見渡すと、亡き母は地獄の餓鬼道に生まれ、飲食することができず、骨と皮だけになって苦しんでいるのを見つけた。これを悲しんだ目連は、神通力で鉢に飯を盛って母に送った。しかし、母が飯を口に入れようとすると、炎をあげ炭となって食べる事が出来なかった。目連は嘆き悲しんで釈迦の所に行って事情を説明して救いを求めた。釈迦は「汝の母は罪深く、あなた一人ではどうすることもできない。しかし、多くの僧の威信の力を借りれば母を苦しみから救うことできるであろう。十方の僧が集まる七月一五日の自恣《じし》の時に、七代に遡る父母と現在の苦難に苦しむ父母のために、百味飲食《ひゃくみおんじき》と飯、棗・梨・柘榴など五種の果実、沐浴具、物を載せる盆器、香油・燈明・床敷・寝具などを用意し、甘美な食物を盆に盛って、十方の大徳や衆僧に供養しなさい。そうすればその功徳で現在の父母や七代遡った先祖や親族に至るまで苦しみから逃れて救済できる」と告げた。釈迦の教示を受けて教えられた通りにすると、亡き母は即日に餓鬼の苦しみから脱出することができた。ここまでが前段で以下後段に移る。

目連は釈迦に対して、仏弟子を生んだ母は三宝の功徳の力を受けた。これは衆僧の威神の力によるので、もし未来世の人々も親孝行をしようとする者は「盂蘭盆」を奉って現在の父母及び七世の父母を救済すべきであると告げた。釈迦は答えて「親に孝行する心のある者は、現在の父母、過去七世の父母のために、七月一五日の仏歓喜の日、僧自恣《じし》の日に百味飲食を盆器に盛り十方の衆僧に布施しなさい。現在の父母の寿命が百歳になっても病なく、一切の苦悩する煩いもないように、また七世の父母は餓鬼の苦しみから離れ、天人の世界に生まれることを得て、極まりない福楽を受けますように」と告げた。毎年の七月一五日に常に親孝行する慈しみの心を持って、自分を生んでくれた現在の父母、また七世の父母を憶い、そのために盂蘭盆をなして、仏と僧に施し、長く養育してくれた恩、自愛の恩に報いなさい。一切の仏弟子はまさにこの法を持ち奉るべきである。

　前段は目連が餓鬼道で苦しむ母を救済するという「目連救母」を説き、後段は目連の母の救済を受けて盂蘭盆は自分一人の親孝行だけでなく全ての仏弟子が行う法会の実施を勧める。全体的に父母の恩に報いることや「孝順（孝行）」が強調されている。現在の研究では『盂蘭盆経』は五世紀から六世紀に中国で成立した偽経と推定されている〔岡部　一九九七〕。目連救母の説話はインドに源流があるが、中国では儒教の孝行倫理が影響して『盂蘭盆経』が成立し、上元・中元・下元という三元思想と結びつき、中元の七月一五日の道教の祭祀(7)、さらには中国北部の麦作地帯で季節の運行と連関する七月の畑作儀礼と結合して民衆に受容されたと推定されている(8)。日本の盆行事は『盂蘭盆経』の内容とはかなり異なり、亡き父母や先祖を祀り合わせて無縁の霊や餓鬼を供養して救済する。先祖の霊魂をあの世からこの世に迎え祀り、再びあの世に送り返すという先祖との交流の時空間で、祖先祭祀と仏教儀礼の独自の結合による「魂祭《たままつ》り」として定着している。墓参りをして先祖の霊を迎え火で家に招き入れ、丁重にもてなして送り火でまた来年もとお帰りいただく。死者を慰撫し楽しませる盆踊りや大念仏、鹿踊《ししおど》りや鬼剣舞《おにけんばい》など様々な芸能も発達した。『盂蘭盆経』にも先祖供養の様相はあるが精霊の送迎は説かれない。また、日本では先祖と一緒にやってくる無縁の精霊への施しとしての施餓鬼会が重要である。餓鬼の供養と救済に、死者や先祖の供養が結合している。本来は「盂蘭盆会」と「施餓鬼会」は別の儀礼で、施餓鬼会の典拠は唐代の実叉難陀訳『仏説救面然餓鬼陀羅尼神《くめんねんがきだらにじん》呪経《しゅうきょう》』や不空訳『仏説救抜焔口餓鬼陀羅尼経《くばつえんくがきだらにきょう》』『瑜伽集焔口施食起教阿難陀縁由《ゆがしゅうえんくせじききょうあなんだえんゆ》』などに求められ(9)、期日を定めない施食法会であった。中国南部の福建の中元節では「瑜伽焔口」が中心で、孤魂を救済する行事が仏教寺院や道教の廟で行われる。元々は期日を定めずに臨時に行っていたが、七月一五日の盂蘭盆会と習合した。日本では、施餓鬼棚を本堂の外陣や外縁に設けて、「三界萬霊」の牌を安置して五如来の施餓鬼幡を掛けて供養する。有縁・無縁の諸霊の餓鬼を集め五如来の力の下で飲食を施して仏弟子とし、菩提心を起こして成仏するように回向《えこう》する。盂蘭盆会は餓鬼を救済して回向する功徳を、父母などの霊位に向けて回施供養する独自の展開となった。

一方、盂蘭盆の原義については唐代の貞観年間（六二六―六四九）に学僧の玄応が勅命を受けて撰述したとされる『一切経音義』一三で、「盂蘭盆、この言は訛なり。まさに烏藍婆拏《うらんばな》と言う。この訳を倒懸という」とあり、[10] サンスクリット語のウッランバナ（ullambana）の音写という説が定説化している。「倒懸」（逆さまに吊るされた）とは目連が自分の母親が地獄で逆さ吊りの責め苦を受けている状態を神通で見て、釈迦の指示を受けて僧侶を供養し、その功徳で救出した故事に因むと説明されてきた。一方、唐の慧浄（五七八―六四五）は『盂蘭盆経讃述』で「盂蘭盆は、すなわち成食の器なり。…盆内にありて仏に奉じ僧に施し、もって倒懸の苦を救う。故に盆というなり」[11] として「盆器」と解釈する。盆には「倒懸」と「盆器」の二つの説があり、さらに「霊魂」説が加わる。つまり、盂蘭盆の原語を古代イラン語で霊魂を意味するウルヴァン **uruuan**（urvan は旧式転写）などに求める説が提示された。[12] このように、インドから西域を経て中国に至るシルクロード地帯では、盂蘭盆の思想や儀礼が多様に展開して人々の移動を通じて広がり、中国で仏教が儒教や道教などと混淆して父母や先祖への報恩となり、日本では先祖や死者の供養や交流の場と解され、施餓鬼を取り込んで独自の展開を遂げた。[13]

二　中国での目連の展開

中国の仏教では個人の修行よりも死者供養や浄土往生の願いが強化され、唐代以降、目連は孝子として儒教の教説の中に融解して民衆の間に根付いた〔朱恒夫　一九九三〕。仏教法会の盂蘭盆会も先祖を供養し女性の救済を図る仏事として定着した〔岩本　一九六八。Teiser　1988; 小南　二〇〇三〕。一方、中国起原説もあり、盆は供物を盛る容器の「盆盂」の意味で釈迦から盆を授って死者や先祖の供養の器としたことが由来であるという〔小南　二〇〇三〕。中国北部では陰暦七月は麦の収穫期にあたり基盤にある生業の農耕儀礼と習合し祖先祭祀と接合して広がったと推定されている。日本独自の発生を説くのは柳田國男である。日本では盆がボンと音読される以前の言葉としてホーカイやホカイがある。ホカイは漢字では「行器」にあて食物を家から外に運ぶ木製容器であった。中世以前は「瓫」の字をあててホトキと読ませていて、後にホトケに転化した。ホトケという日本語は「仏」ではなかった。死者の神霊をホトキと呼ぶ容器に食物を入れて祀る行事があり、後に盂蘭盆の法会と行事が習合して盆と呼ぶようになり、ホトケに「仏」の漢語があてられて神霊や先祖の祭りが仏教化したのだという[14]〔柳田　一九四六〕。日本の盆行事は、先祖や死者の霊魂との交流が色濃くなり、無縁の供養も結合した。柳田説は仮説であるが、日本の盆行事が仏教と民俗のはざまで巧みな習合が展開した実態をよく説明している。

一方、中国のその後の大きな展開は唐代初期に『浄土盂蘭盆経』という偽経が出現して、目連の俗名を羅卜、母を青提とする中国風の名称が登場し、以後は広く使われるようになったことである[15]〔岡部　一九六六〕。羅卜とは大根の意味で、目犍連は萊茯根（蘿茯根）に由来し、青提（清提）も野菜を連想させるなど〔小南　二〇〇三：一〇八〕、畑作の収穫儀礼の様相がある。一方、悪道に堕ちた母親を目連が救済するという地獄巡りの物語は、唐代中期には講経文や縁起となり、「変文」[16]を生み出して絵解きで説かれるなど民衆に親炙して民間説話の様相が色濃くなった〔金岡　一九五九、一九九〇。小南　二〇〇三、二〇〇四〕。演劇としての目連戯は南宋の『東京夢華録』（紹興一七年・一一四七）巻八の「中元節」に七月七日から一五日まで雑劇の目連救母が演じられたとあるが、脚本は伝わらない。当時は、手摺り本『目連経』が売られ民衆の演劇や語り物へ展開していた。

元代には偽経の『目連救母経』（一二五一）が変文の影響を受けて作られ[17]、『盂蘭盆経』にとって代わるようになる。変文の登場以後は目連救母の様相が色濃くなり、親に対する子の「孝養」が強調され、母親への報恩を説く話になる。『目連救母経』は目連の母を傅相長者の妻の青提夫人、劉氏の第四女とした初見で、下僕の益利、下女の金奴も登場する。更に朝鮮では李朝時代に『仏説目連経』（一五八四）が作られた。明代の『目連救母出離地獄昇天宝巻』（現在は前半部は欠）は広く浸透した。宝巻は亡霊の超度を目的として死者に回向する内容で、仏事の中で説唱される語り物として宣唱され（宣巻）、功徳を幽冥界に及ぼして死者の罪障消滅と浄土への超昇を願ったという［澤田　一九九一：一五九、一六二］。整備された物語としては、安徽省出身の鄭之珍の『目連救母行孝戯文』（一五八三）が最も古いとされる。劉氏の弟の劉賈、目連の許嫁の曹氏が登場し、目連は西天に旅立つなど『西遊記』の玄奘三蔵に擬せられる展開になる［岡部　一九九七］。

中国の各地、特に漢族の居住地域には、現在、数多くの目連戯が伝えられ、安徽、湖南、浙江、江西、福建、四川などの報告が出ている[18]。四川省の射洪青堤郷には、「劉氏青堤之墓」と「唐聖僧目連故里」の石碑（光緒二八年・一九〇二）があるという［劉禎　一九九七］。目連戯の実態は複雑で、仏教だけでなく、道教儀礼の中元節や儒教の孝の思想と結合して変容し、地域の民間信仰や伝承を取り込んで民衆の支持を得てきた[19]。目連戯は農村の祭祀と結びつき、祭祀演劇として発展し、現世と他界を自由に往来する巫俗（シャーマニズム）を基盤として生成・維持されてきた。ただし、一九四九年の中華人民共和国成立後の中国大陸では、目連戯は迷信の塊と見なされて受難の歴史を歩み、弾圧の波に曝された。大躍進（一九五八―一九六〇）や文化大革命（一九六六―一九七六）などの政治変動の荒波を乗り越えて、一九七八年一二月の中国共産党第一一期三中全会から始まった改革開放以後、一九八〇年代に復活して、大陸の各地で演じられる機会も増えてきた。しかし、演劇の中の宗教性は大幅に減じることになった。ただし、傀儡戯は民間信仰と強く結びついている。福建省の莆田と仙遊の目連戯は民間信仰に支えられて復活し[20]、祭祀演劇として生活に溶け込んでいる。目連戯は香港・シンガポールなど華僑華人社会にも伝わり、伝統的な形式を維持してきたが〔田仲　一九八九、一九九三、一九九八〕、現在は代替わりが進み大きく変化した。シンガポールでは、莆田の移民が住む九鯉洞で一〇年に一度、普度（盂蘭盆）に際して同郷会による「逢甲大普度」を行い目連戯を奉納した。演者は一九九四年までは移民の子孫が奉仕していたが、二〇〇四年から全て大陸出身者となり内容は変化した。ただし、目連戯に伴って行われるタンキーによる神がかりは従来の手法に基づいている。二〇一四年八月一一日（陰暦七月一六日）に再び上演された。目連の伝承や目連戯は東アジアの各地に展開し現在も変容し続けている。

三　日本での目連の展開

日本での盂蘭盆会の文献上の初見は推古天皇一四年（六〇六）と古く、経典の『盂蘭盆経』は『日本書紀』斉明天皇五年（六五九）条に出る。目連の事蹟を記した最古の記録は平安時代の『三宝絵詞』（九八四年）下巻の盂蘭盆条で[21]、『宝物集』（一一八〇年頃）、『源氏物語』鈴虫の巻、曹源寺旧蔵『餓鬼草紙』（京都国立博物館蔵。一二世紀末）詞書、『私聚百因縁集』（一二五七）三巻などに所収する話は経典の内容に即している〔吉川　一九八九：一五〕。『宝物集』には目連の母を青提女としており変文以後の中国の影響を止める。

目連伝承の転換は『三国伝記』巻第九「目連尊者救母事」（一四〇七年編述）によってもたらされた。内容は中国の偽経『目連救母経』の翻訳に近く、中国での目連の芸能の筋と近似して登場人物も増加した。偽経であるにも拘わらず『目連救母経』は後世に大きな影響を与え、これ以後の目連譚は多様化した〔宮　一九六八、石破　一九九二。渡二〇〇二〕。お伽草子『もくれんのさうし』や説経正本『目連記』もこの影響下にあり、『目連救母経』の筋書を踏襲している。説経節は江戸時代中期以降は人形浄瑠璃に取って代わられる。浄瑠璃では目連は登場しない。廃曲の能『目蓮』や和讃の『目蓮の讃』[22]（表記は目蓮）も、近世以降の広がりはない。

図像は『六道絵』において地獄を詳細に描く動きが一般化して、目連の地獄巡り、特に母との再会の場面が取り込まれた[23]。出光美術館本の『六道絵』（一四世紀）では目連と母の地獄での再会や二十四孝が描かれている。中世後期から近世初頭にかけて熊野比丘尼が各地を持ち歩き唱導の絵解きに使用したと思われる『熊野観心十界曼荼羅』には、目連救母の説話が描かれて[24]、地獄巡りの後の救済が示され、民衆、特に女性の教化に大きな影響を与えたと見られる。江戸時代中期以降に絵解きに使われた立山[25]の『御絵伝』（一般には『立山曼荼羅』）では山中の阿鼻地獄に目連と串刺しの母、賽の河原に地蔵、血の池地獄に如意輪観音の姿が描かれ、女人救済への願いが籠められていた［福江　一九九八：一四三―一四四］。石川県の白山山麓と富山県の立山山麓では、盆踊りと盆踊り歌の「目連」が伝わり[26]、立山や白山など山岳信仰に基づく地獄・極楽の思想や、節談説教、あるいは浄土真宗の影響かと思われる。現代の目連伝承は、あまり多くないが宮城県北部や岩手県南部の巫女であるオカミサンたちが巫女の始祖や「口寄せ」の由来として語っている［川島　二〇〇〇、二〇〇七］。現在は絶えたが見世物で演じられていたのぞきからくりの『地獄極楽』の語りでも目連の伝承は中心主題であった［関山　一九七三b］。しかし、現在の日本各地での目連の伝承や芸能はさほど多いとは言えず、目連は忘れ去られた人物になっている。近世半ば以降、日本では目連の影が薄くなり、民間に根づかなかった。

現在の盂蘭盆は、目連との関連よりは、先祖の霊を招いて僧侶の読経で供養すると共に功徳を積んで先祖に回向する祖先祭祀や死霊供養として定着し、太陽暦では七月一三日から一五日、一般には月遅れの八月一三日から一五日、あるいは一六日までで、地蔵盆の二三日・二四日を最後の送り盆とする地域もある。盆行事には僧侶が「施餓鬼」を行い、三界万霊に回向する。施餓鬼は悪道に堕ちて飢えに苦しむ餓鬼に飲食を施す法要で、空海など入唐僧によって中国から請来され、鎌倉期に各宗派に取り込まれ、室町時代に盂蘭盆と結びついたとされる。日本では中国南部の中元節のように異常死者を含む孤魂への恐れはさほど強くない。盂蘭盆は仏教的な様相を示しながらも、正月と盆の一年に二度、先祖の霊が子孫のもとを来訪するという観念に基づき、先祖供養と合わせて三界萬霊を祀り、無縁仏の供養も行う「魂祭り《たままつ》」として根付いた。日本各地では法要だけでなく、念仏踊りや大念仏、盆踊り、盆綱引きなど芸能や祭祀を伴って隆盛を極めることになった。しかし、その基盤には生産暦がある。盂蘭盆の時期は麦の収穫期にあたり、盆の供物に素麺や胡瓜・茄子などの畑作物を供える慣行がある。南方系の稲作文化とは異なる北方系の畑作文化が、日本で定着したと考えられる。[27]

四　備後の『目連の能』

日本各地で数多く伝わる神楽の中で目連を演じることは現在では行われていない。しかし、広島県北部の備後東城（庄原市）戸宇の社家である栃木家に伝来する寛文四年（一六六四）の『神楽能本』には、演目として「目連の能」が記されている。この『神楽能本』は吉田神道の影響を被る前の中世後期の様相を伝えると推定されている。[28] 以下に掲げるのが、『目連の能』の全文である[29]（表記は原文のまま）。ただし、現在では演じられることのない演目である。

モクレンノ能　ガラントモ云

一　抑御前ニ罷立ヽル物ヲ何成物トヤヲボシメス　コレハ直天竺ノ内フダイ国田相長者ノヒトリ子ニラフク太子トハソレカシカ事ニテ候　サレハチヤクソンハ天竺バツダイカワノキタノツラシヤラシヤウシユノコノ本ニ御セボウニイスレノ仏　人ゲン　チヤウルイ　チクルイ　キクサニイタルマデ参候ホトニ　ソレガシ母ノシヤウタイフ女モ　参タ玉へ　御ソウニハトキリヤウモ入玉へ　テノ内ノコヽロザシヲモトリ天ニアゲ

玉ヘト　アサユウニキヤウケ申ハ　ノタモウヨウハ　チヤウモンニ参リタトテ　四方ノクラカ八万ニナルベキカ　ソレ参ズトキヤウリリヤウリヤウヲモ　入ルトテ四方クラガウセベキカヤトノタ玉イテ　アク人トナリ　ソレ仏神ニニクマレ　大リガ八《ヤツ》ニワ　イマワ母ヒモウワ八万チゴク太郎ガカマニニヱウキシンクヲヘタモウ事ヲ　ジンズウヲモッテサトリ候ヘハ　ソレカシシヤクゾンノミデシニ参テ　母ノホダイフニヨヲヒトタビトウリ天ニ舞ウカベテ　本ノスガタヲヒトメヲガマハヤトゾンジ候　○シヤウキヤウムチヤウノ春ル花トワヒラケシガ　ゼシヤウメツボウノナツノ日ニラツクワシテ　シヤウメツメツイノ秋月トワテラシツレドモ　ヂヤクメツイラクノ冬ノクモニカクル　コノ四ツウタヨム　又地水火風空ノ五リンノウタ　又ツギニこくらくの　あけすのもんがなんてあく

なむわみたふつの六ノ字であく

コレハ太郎ガカマニツイタトゾンシ候　太郎ガカマヲワレテシバヤトゾン候　文ニイワク　ヲンベイシラマンタヤ　ソワカ　○ソノトキ太郎ガカマヲアケタモウランヒトワイカナル物ヤラン　○サンゾウロウ　モクレンソンチヤノヒトリ子ニラブク太イシトワソレガシコトナリ　サレバソレガシカ母シヤウダイフ女ハ太郎ノカマニウキシンコウヲヘサセ玉ホドニ　トウリ天ニマイウカベントゾンジ候　○ソレヲモイモヨラン事ナンジガ母ハ大コウニンニテソヲラヱハ　八万コウサイヲヘサセントヲモイシ所ニ　イマダ一万コウヲモヘサセテ　舞ウカベントハヲモイモヨラヌ事ナリ　○サンゾウロウ　モットモノギニテハ候カ　法ケ経ノ一字ノボシハカワルトモヲヤト子ノ字ハカワラント申ス　鬼ノ目カラモナミタトヨ　ゼツビ舞ウカベテ玉ワレノアルジ　○ゲヽニキケバアワレナリ　一ヂヽノボジカワラントヨ　ヲニノ目カラモナミタトヨトノヲウセカヤ　○サンゾウロ　○シカラハ　ヲウゴガタワ八ケンニ神ドノヲタテ　三方ヘミツナヲハヱ　ゴヲウヤゴヲウヤト舞アソビ玉ヘ　シカラハ文ヲヲヱベシ　トクダツサンガイシユノウクケン　コノモンヲモッテウカベ

玉へ　シカラハワレヲハゼンボウトウノウシロトニガラン荒神トイワイ玉へ　〇サンソウロウ　ヲウセノゴトクアカメ申ニテ候　〇シカラハソレカシモホウラクヲ一番舞ヲサメハヤトゾンジ候

一　ヤラメテタノ御事ヤ　タヽイマノアルジノヲシヱノコトク　母ギミシヤウタイフニヨヲハ　トウリン天ニ舞ウカベテ　ソクシンチヤウフツノスガタヲガマバヤトゾンジ候

一　ヲヤサマノ佛（ニ）ナルトウチキケバ　ウレシナカラモヌレルソデカナシダイニウタカスニテ舞出可申

五　『目連の能』の内容

寛文四年（一六六四）の『神楽能本』を伝える備後東城の栃木家は、中世から近世にかけて法者《ほうじゃ》と呼ばれた神仏混淆の宗教的職能者の家筋で、女性の神子《みこ》と組んで神楽の担い手であった。内容は祈禱が主体で、修験道や陰陽道と民間信仰が混ざり合っている。『目連の能』に関して岩田勝は、当時の文献に断片的に現れる「浄土神楽」で使用された台本と推定して死霊の鎮魂や悪霊の鎮圧に関わったと考えた〔岩田　一九八三：三五五〕。『神楽能本』のうち、『松の能』『文殊菩薩能』『身売りの能』『目連の能』を浄土神楽と推定する。浄土神楽の全貌は明らかではないが、基本的には死霊の鎮めを意図したとみられる。法者が死霊を梓弓の調べにのせて死者の世界から呼び出し、神子を舞わせて憑霊させ、死霊の語りと対話によって人々の想いを鎮め、最後は経文の功力で浄土に送り込んで成仏させる神楽であったと見られる〔鈴木　二〇〇一：八〇―一二二〕。現在の神道風の神楽とは全く異なる様相で演じられているが、現行の広島県北部の比婆荒神神楽[30]の最後に行われる、神柱《しんばしら》と呼ばれる神職による荒神の舞納めという神がかりの託宣にかつての面影を止める。また、備後上下町では、若宮として神職を死後に神に祀り上げて、死霊を鎮めることが行われていた。ただし、浄土神楽の実態は依然として不明である。「浄土神楽」の初見は、恵蘇郡本郷の艮《うしとら》神社の社家・児玉家に伝わる『神祇太夫詫状』（一六一二）〔広島県（編）一九八七：九八〇〕である。当時は法者を担い手とし、湯立・浄土神楽・荒神舞の三種で構成されていた[31]。現在の荒神神楽は、湯立を取込み、浄土神楽を断片化して、荒神舞を再編成したと考えられる。岩田勝は浄土神楽に関して唯一の恵蘇郡の史料を備後東城の栃木家の寛文四年（一六六四）の神楽台本と対応させ、「六道十三仏のカン文」（用途不明だが死霊との対面を果たす祭文）で補って、死霊を現世に舞い浮かべて浄土に送り込む浄土神楽とした。あくまでも仮説の設定である。浄土神楽をキーワードにして、日本全体を視野に入れて他の地域の神楽と比較すること、中国との比較を試みることは慎重さを要する。奥三河で安政三年（一八五六）まで行われていた白山の浄土入りとの関連性はない。当時の比婆郡や恵蘇郡は吉田神道の影響を被る前の状況で、神楽には死霊祭祀や悪霊の攘却が託され、複雑な霊との交渉の場を基盤として成立していた。この点については、研究者の間の共通認識になっている〔岩田　一九八三。牛尾　一九八五。鈴木　二〇〇一〕。しかし、吉田神道の祭式の導入、国学の影響、明治の神仏分離、神道の近代化を経た状況から、過去との連続性を辿ることは難しい。

『目連の能』では、主人公は目連とは名乗らず、傳相長者の一人子の羅卜《らふく》太子である。法者が羅卜として現れて次第を語る。羅卜が母に、朝夕仏法を信じるように教化したのに、これに従わない。青提夫女「聴聞に参りたとて四方の蔵が八方になるべきか、それ参ず、読経料をも入るとて、四方の蔵が失せべきかや」という。母は悪人となり仏神に憎まれて地獄に落ちる。羅卜「八万地獄太郎が釜に煮へ浮き、辛苦をへ給う事を神通を以って覚り給へば、某、釈尊の御弟子に参りて、母青提夫女をひとたび忉利天に舞浮かべて、本の姿を一目拝まばやと存じ候」と語って冥途の旅に出る。そこで六道を経巡る舞歌を歌う。羅卜「諸行無常の春花とは開けしが、是生滅法の夏の日に落花して、生滅滅已の秋の月とは照らしつれども、寂滅為楽の冬の雲に隠る。この四つの歌よむ。又、地水火風空の五輪の歌。又、次に、極楽のあけずの門が何であく、南無阿弥陀仏の六の字であく」。羅卜は舞歌をうたいつつ地獄に至り、太郎が釜に到達すると、母が煮え立つ釜で辛苦を経て苦しんでいるので、助けようとして釜を割ろうと経文を唱える。そこに地獄の主が現れて、「それ思ひもよらん事、汝が母は大業人にて候へば、八万劫歳を経させんと思ひし所に、未だ一万劫をも経させいで、舞浮かべんとは思ひもよらぬ事なり」と妨げる。羅卜は「尤もの儀にて候が、法華経の一字の梵字は変はるとも、親と子の字は変はらんと申す。鬼の目からも涙とよ、是非舞浮かべて給はれの、主《あるじ》」と訴える。「げに聞けば哀れなり。一字の梵字変らんとよ。鬼の目からも涙とよとの仰せかや」「サン候」。地獄の主は青提夫女を忉利天に舞浮かべる手立てを教える。地獄の主「しからば、ヲウゴガタワ、八間の神殿《こうどの》を建て、三方へ御綱をはえ、ゴヲウヤゴヲウヤと舞遊び給へ。しからば、文を教へべし。得脱三界、修羅苦患、この文を以って浮かべ給へ。しからば、我をば善法堂の後戸に伽藍荒神と祝い給へ」。羅卜「仰せの如くあがめ申にて候」。地獄の主は舞い納める。羅卜「やれめでたやの御事や。只今青提夫女をば忉利天に舞浮かべて、即身成仏の姿を拝まばやと存じ候」。法華経を唱えて地獄の主を善法堂（無常堂）の後戸《うしろど》に伽藍荒神として祀り、舞歌で囃して母の「即身成仏」の姿を拝むのである。おそらくは神子が舞によって憑依して神がかり状態で死霊が出現したと思われる。舞歌「親様の仏になるとうち聞けば、嬉しながらも濡れる袖かな」「次第に歌数にて舞出可申」。親族の前で舞浮かべられた死霊の姿を目の当たりにして、死者の浄土入りを確証させホトケとして成仏させた。

現在の式年の荒神神楽（大神事）では、死霊の鎮めや浄化は消滅したが、最後に神柱の憑依による荒神の舞納め（神がかり）や荒神送りがあり、寛文四年の『神楽能本』の神がかりの部分が変容した様相を見せる。荒神とは荒ぶる霊であり、神楽によって「遊ばせ」、託宣を聞き、最後に荒神祠まで送って行き鎮め祀る。荒神の祠は、先祖の古い墓に近接して祠があることも多く、神仏混淆の時代には、死霊の性格を強く持っていたと推定される。

六　『目連の能』の特徴

目連の能は、現在では行われていないので、神楽太夫の説明を求めることは出来ない。文献上からその特徴を検討して列記すると以下のようになる。

①地獄の主の変貌

羅卜が地獄巡りで出会う地獄の主（閻魔とは呼ばれない）は鬼と表現されているが、神楽の進行に伴って、罪の告発者から慈悲に満ちた救済者に変貌する。能本原本に『目連の能』は「ガラントモ云」と注記され、地獄の主から祀り上げられた伽藍荒神の霊威によって死霊の浄化や鎮魂が果たされることに意義があった。伽藍とは寺院の鎮守神であり、地元の土地の神や先祖の霊も混淆して守護神に変貌した。地獄の主は閻魔王に固定しておらず、救済者としての性格には地蔵の様相を見せる。閻魔の本地は地蔵という根拠もある。

②来訪神の性格

目連の名乗りはなく、羅卜太子で一貫しており、遊行する来訪神の姿が「太子」に投影されていた可能性がある。神殿《こうどの》を建てて「遊び」をする、つまり神霊の出現の場であるヲウゴガタワのヲウゴは、神の使わしめの尊称としての「大子《おうご》」に通じる。栃木家に伝わる慶安四年（一六五一）『手草祭文』では、山に棲む宝蔵太子は杖を持って山から下り富を齎すと観念され、元をたどれば荒平《あらひら》と呼ばれる来訪神と同じだとされている。時を定めて来訪する神霊の祭祀の性格がある。

③神がかりと死霊の舞遊び

神楽のクライマックスは、法者の太鼓で神子が舞歌で神がかり、死霊を呼び出して舞遊ぶ状況の中で、子孫たちと対話し、自らの想いを語ることであった。仏教の言い方を借りて神子の状態を「即身成仏」と言い表す。「経の文」を唱え、八間の神殿で神楽を演じ、歌(四ツ歌、五輪の歌)で死霊を舞遊ばせて鎮め祀り、経文の功力や舞歌で忉利天に舞浮かべて成仏させることが目的であった。そして、目連の地獄巡りのような他界遍歴の様相があり、浄土神楽と呼べるような状況が色濃く表れていた。

④法華経の功力

法華経の功力《くりき》の効力が強調されている。言葉に力があり、神霊を操作できるという「言霊《ことだま》」により死霊を成仏に導く。『松の能』でも法華経の力で成仏し、地獄の主を宮や寺の裏や後方に守護神霊である荒神に祀り上げる。『文殊菩薩能』では死霊の蛇女の苦しみを逃れさせるために、『法華経』巻五の文と「三世諸仏以為母十方如来、初発心皆是文殊教化力」の文を与え、舞歌「仏とは何を云らんこけ衣ただ慈悲心を説けとわや」「仏にはなることそやすしなりにくや姿はならで心こそなれ」で遊ばせて成仏させる。経文と舞歌を組み合わせて祀り上げがより確実になる。同時に悪霊の踏み鎮めも行ったとみられる。

⑤女人救済と蛇体

『目連の能』では女性の救済が意図されるが、蛇体は現れない。しかし、法華経の龍女成仏の思想の影響はあると見られる。『目連の能』と類似する内容を持つ『松の能』『文殊菩薩能』『身売りの能』など他の能では蛇体の身を逃れることで成仏するとされていた。『松の能』では蛇体の宇佐の神主の母、『文殊菩薩能』では蛇体で苦しむ龍女、『身売りの能』では女体の五色の大蛇（後に竹生嶋の弁才天の後戸に蛇王権現と斎われる）など、蛇体が死霊、特に成仏出来ない女性の苦しみの様態として表現される。『松の能』では池の端に八間の神殿を建てて、六道を白布で引いて柱松を立て三方に御綱をはって、蛇体に苦しむ母の死霊を鎮めて忉利天に舞浮かべる。現行の神楽で言えば、藁で蛇や龍《たつ》を作り、鱗打ちで清めてから神柱に寄りかからせて神がかりする状況に通じている。

⑥墓所と神楽

神楽の場は現世と他界の境界に設定されるが、特に意識されるのが墓所である。舞い遊びをするヲウゴガタワは、栃木家に所蔵され死霊の呼び出しと鎮めに使われたと想われる『六道十三仏のカン文』にも描かれているが、その場所は五輪塔の塔婆が立つ墓所《ムソ》である。また、慶安四年（一六五一）の『手草祭文』には、ヲウゴガタワに八間の神殿を建てて打ち綱をはえて六六人の神子と法者をなですえて、七日七夜の韓神《からかみ》神楽で、山の神と龍王の娘のお産で生じた産穢《シラ》による天地のけがれを清めたとある。神楽を演じる場は、墓所と観念されて死霊を舞浮かべるだけでなく、神霊が生成するけがれ清めの場でもあり、生と死が交錯する祭祀空間であった。死穢と産穢の清めという主題が基調にある。

⑦後戸の守護霊

神楽では伽藍荒神が善法堂の後戸《うしろど》に祀り込められる。善法堂とは『六道十三仏のカン文』では、六道のうち三途川を渡って到達する餓鬼道にあって、着せ替えのない亡者の爪で葺いた無常堂だという。須弥山の頂の帝釈天に忉利天の諸天が集まって人中の善悪を論じる場所が善法堂で、『大唐西域記』には釈迦が天上の善法堂で母の為に説法して母を救ったとある。後戸という背後に祀り籠められた空間には、地元の神霊と死霊が混淆している。餓鬼道の強調は、『盂蘭盆経』の影響が民間に浸透したことの表れであろう。

⑧『血盆経』の影響の有無

『目連の能』には、室町時代中期の一五世紀に中国から伝わったとされる『血盆経』の影響はない。女人救済は、あくまで死霊を舞い浮かべることで達成される。従って、女性の穢れや五障三従[32]を説くことはなく、法者と神子は同列か、あるいは「神子法者にのりうつり」とあるように、女性の神子を男性の法者に対して優位とする。近世初期まで、備後の神楽では血穢は禁忌の対象とはされず、『血盆経』の影響はなかったと見られる。他方、女人救済で名高い立山の場合は、山中に地獄があり、岩峅寺の僧侶が七月一五日に血の池地獄に『血盆経』を投じて供養を行った。近世中期以降に、女人救済の布橋大灌頂を行っていた芦峅寺に残る『血盆経略縁言』では、目連の母が血の池へ堕ちた話を述べ、『懺法施我経』と『血盆経』で女人は地獄の苦しみから救われると説く。目連と『血盆経』の結びつきには地域差があり、女性の焦点化という共通性はあるものの常に結びついているわけではない。

⑨独自の目連の解釈

『目連の能』では女人救済と死霊の鎮めと死霊の浄土への往生が大きな主題で、施餓鬼や孤魂の祭祀への広がりはない。自恣の日に僧侶への布施や供養を行ってその功徳で母を救済するという『盂蘭盆経』に描かれる目連像とはかなり異なる姿が提示されている。

七　『目連の能』の時代的背景

『目連の能』の成立にあたって、先行する目連の伝承を検討し、どのような流れと時代背景のもとで生成されたかを考察しておく必要があろう。栃木家の『目連の能』では目連の父親の傅相《ふそう》が、傳相《でんそう》(伝相・田相)として誤写され、『三国伝記』(一四〇七年編述)と同様の誤りを犯している。また、経典の『盂蘭盆経』には羅卜の名は登場せず、平安期以降の文献もそれを踏襲したが、『三国伝記』に至って、目連の本名を羅卜、傅相長者の妻は「青堤夫人」[33]、姓は「劉氏」と記しているので、『目連の能』は、少なくとも『三国伝記』の成立以後に出来たと推定される。『三国伝記』は中国の『目連救母経』(一二五一)の影響が強い[吉川　一九八九：三三]。そのあらすじを以下に紹介する[34]。羅卜は父を傳相《でんそう》といい王舎城に生まれる。父の死後、遺産を三分して、母の財産、僧侶の三宝供養、羅卜の商売にあてる。羅卜が商いの旅に出ると、母は僧侶を撲殺し、肉食をなす。羅卜の帰郷後、母の悪行がばれ、母は死亡する。羅卜は三年の服喪の後、耆闍崛山《ぎしゃくつせん》で釈迦の下で出家して大目犍連と名乗る。母の救済のために地獄に赴き、仏から借りた錫杖を持ち、獄主に母の名を告げると鉄刃で挟み貫かれた母が差し出される。斎を出すが慳貪《けんどん》の心が直らず飯が口に入ると猛火になる。諸菩薩を請うて大乗経典を転読するが効がなく、放生と神幡の造立を勧められる。母は既に牝犬(狗身)に化していた。仏の指導で七月一五日に盂蘭盆会を催すと、母は牝犬から脱して忉利天宮に生まれ変わった。『盂蘭盆経』の系列の説話が餓鬼道に堕ちた目連の母の救済に限定するのとは異なり、『目連救母経』の系列に属する『三国伝記』は目連の母が地獄や様々の悪道を巡歴するという中国の明代以降の説話の展開を踏襲して、日本化の様相は限定的である。但し、一三世紀から一四世紀の六道絵や十王図の図像に中国の影響が見られる[鷹巣　一九九二、一九九三]。『三国伝記』も六道絵・十王図も目連による地獄巡りを描かないという点は日本化と見ることも出来よう。『三国伝記』の筋は、『目連の能』と比較しても異質であると言える。しかし、母を地獄から救済する主題は変わらない。

『目連の能』に直接的に影響した目連の伝承は語り物の流れであったと見られる。一六世紀以降は、お伽草子や説経、あるいは浄瑠璃で日本独自の展開がある。これには唱導文学としての発展の影響もあろう。そこでは目連が一度死んで地獄に赴き、母を救済した後に甦るという「地獄巡り」の話となり、冥界遍歴が強調され、再生や蘇生が重視される。お伽草子の『もくれんのさうし』(享禄四年・一五三一奥書)によれば[35]、主人公は甘露飯王の子で、釈迦の従兄弟とし、初めは太子、出家後は目連と呼び、羅卜は使わない。ひたすら母と子の関係を強調する語りで、前半は母が最愛の子の「一子」を出家させたことを強調し、後半では子の母に対する真摯な想いを語る。目連は頓死して地獄巡りへ出かけ、三途川の姥(鬼女)に出会い、閻魔によって黒縄地獄に導かれ、鉾で刺し抜かれた母を見せられて後、法華経を書写して羅漢を供養することを教えられて現世に甦る。七月一五日に百味飲食を調え、三世の諸仏を招き、過去七世の父母に手向け、僧を供養し、母の出離生死・頓証菩提を願うと、母は無上の格位に昇ったとあり、経文の功力を強調する。三途川の姥との出会い、冥界遍歴、法華経の功力、母子関係の描写など、従来のものとは大きく異なる展開になる。『目連の能』の場合は、羅卜という俗名を使い、太子とも呼び、「一人子」として、母子関係を軸とする話が展開し、最後には法華経の転写が成仏を齎す。形式上では、中国風の『三国伝記』の羅卜の話だが、実質上は日本化した『もくれんのさうし』の目連と類似しており、双方の伝承の流れが微妙に融合した可能性がある。

一方、説経正本には『目連記』(八文字屋本。寛文元年・一六六一)と『目蓮記』(鱗形屋本。貞享四年・一六八七)がある[36](表記は目蓮)。八文字屋本『目連記』では、かくまん太子が釈迦の弟子となり、羅卜尊者、後に目連尊者と称するとある。羅卜は頓死して冥界に赴き、賽の河原の地蔵や三途の川の奪衣婆に導かれて閻魔大王に会い、八大地獄で鉾で串刺しになった母（じゃうだいぶにん）と出会い、法華経の読経を示唆され現世に甦る。七月一五日に百味飲食を供えて施餓鬼をして法華経を読むと、母は成仏して、他の衆生も救われた。これが施餓鬼の始まりであると説く。鱗形屋本『目蓮記』の内容は類似しているが、細部に差異がある。それによると、目連が釈迦に母（せいたいふ人）の救済を頼むと、地蔵を召して、共に閻魔宮へいき、血の池地獄で宝棒に差しぬかれた母と再会する。釈迦から大施餓鬼会の開催を勧められ、閻魔王の協力で挙行すると、母の青提夫人は血盆池に影向した五智如来の弔いを受けて菩薩と現じる。母が血盆地獄の苦しみを語ると女人たちが救済された。釈迦が『血盆経』に説かれる女人の罪と救済を説くと、母子の対面が実現し、母は忉利天に上る。釈迦は霊鷲山に帰り、目連は『血盆経』『盂蘭盆経』『施餓鬼経』を説き広めた。七月一四日に施餓鬼を行い、一六日までの盆三日に精霊を祀る。釈迦は弟子に法華経を説くと宝塔が出現し、法華経の経王たることを述べる。この時期の説経は人形操りと結びついて語られ説経浄瑠璃へと展開したと推定され、メリハリの効く役柄と演出効果が期待されていたようである。この版の特徴は、盂蘭盆と施餓鬼の結合で、血盆地獄や施餓鬼供養が登場するなど、民衆の救済観が強く現れることにあろう。冥界の救済者で子供の守護を司る地蔵菩薩は、お伽草子の『もくれんのさうし』に登場し、説経正本『目連記』『目蓮《ママ》記』でも役割を果たし、時代は下るが、古浄瑠璃風の盆踊歌唄の正本『目連尊者地獄めぐり』(37)にもあり、説経節から浄瑠璃や盆踊りに移行する際に地蔵の役割の重要性が増したとも見られる。盆踊り唄の起源譚でもあり、筋書は救母が基本である。

宮次男は図像学の観点から［宮　一九六八］、目連は釈迦から十二環錫杖と袈裟と鉢盂を与えられて、阿鼻地獄の門を破る。その姿は錫杖を持ち頭光を頂き、地蔵菩薩の形をとり、地蔵と目連が混同されたと述べる(38)。現在の福建省の莆田や仙游などで行われる目連戯では、目連が地獄から死者を救済する時に大きな力を発揮する法具は錫杖で、経文の文字を錫杖で描きその法力によって地獄の門を開ける。地獄の救済者の地蔵は目連と二重写しになっている。日本と中国の民間での目連受容の共通性はここにあるが、日本では地蔵の比重が高まる。

八　近世の目連伝承

盆踊り唄『目連尊者地獄めぐり』の筋書きは以下の通りである。目連はようぼん大王と青提夫人の子で、釈迦の弟子となり、亡き父と母の消息を釈迦に尋ねると、父は善行を積んで極楽にいるが、母は慳貪邪慳で嫉妬深く悪行を重ねたので地獄を巡り、八万地獄の釜の底にいると告げられる。目連は地獄巡りのための暇を乞い、三途の川にやってくる。流れてきた大蛇に対して法華経を読誦すると船に変じたので、それに乗って向こう岸へ渡り、奪衣婆と地蔵に道を教えられて八万地獄に行く。閻魔大王の部下である八面大王が扉を開け、大王は釜の中から黒焦げになって金棒につないだ母を見せる。母は八面大王の呪文で娑婆の姿になるが、救うことが出来ず、再び釜底に投げ込まれる。釈迦が助けて千部施餓鬼の供養を行い、多数の経を渡して、八万地獄で経を釜に投げ込むと、釜が割れて八葉蓮華となり、母もそれに乗って浮かばれ、百三十六地獄・餓鬼道の亡者まで救われた。母は他の罪人が浮かんだことを妬むので、「そねみが強きゆえ」釈迦によって地獄に堕とされそうになるが、目連が母の代わりになると申し出たので許され、釈迦は母を大和の壺坂寺の如意輪観音に封じて衆生を守らせることにした。七月一六日の午の刻に寺に入ったので、この日を盂蘭盆と名付けて祝いの踊りを始めたという。本地物の様相があるが、母の性格が容易に改まらず、観音に封じて救済への転換を期待するという両義性を持つ。観音の役割は日本の目連の説話では大きくないが、中国では観音が女神の容貌を帯びて救済に現れる。なお、「地獄巡り」は、富山の立山山麓の盆踊り歌として定着した〔川口　一九五六〕。恐らくは近世には『血盆経』や地蔵の救済を説いた立山地獄の話が、山麓の芦峅寺や岩峅寺の衆徒による『御絵伝』（立山曼荼羅）の絵解きなどを通して農村に広がって民衆化したと推定される。白山山麓に残る盆踊りの「目連」は真宗地帯の節談説経の名残であろう。[39]

一方、成立年代は不詳であるが、廃曲の能『目蓮』[40]（表記は目蓮・）が伝わる。「三途川の姥」が前ジテ、地獄の悪鬼が後ジテ、目連は僧侶姿のワキという演出である。前シテの姥は罪によって無間地獄に堕ちた母を尋ねる目連に対して、母の命日の七月一五日に僧侶に百味飲食を調えて供養すれば、成仏すると告げる。目連は母との対面を求めて、閻魔王の許しを得る。地獄の焔の中に躍り込むと、焦げた人の形を串刺しにして母だと見せられるが、母を袂に受けて「妙成《たえなる》御法《みのり》」を唱えると、金色の仏体と変じた。悪鬼も悪心を変じて、目連を礼拝し、虚空に消えた。能『目蓮』の特徴は母の子を想う気持が強すぎて地獄に堕ちたとし、目連も五逆の罪人としたことであり、全体の筋は姥と目連の対話が主体で、供養も母の命日としているように、女性の役割が大きく、母子関係が主軸になるなど『もくれんのさうし』と同様に日本化しており、説経浄瑠璃と重なる部分もある。神楽の『目連の能』は、説経、浄瑠璃、能などの仏教民俗芸能との影響関係があることがわかってくる。

目連の説話では、起源伝承とも言える『盂蘭盆経』の影響が後世にも持続した。その持続理由は、経典の説く内容が死者救済だけでなく、法会の功徳により現在の父母の長寿を保証し、過去七世の祖先まで餓鬼の苦しみから逃れ、亡者や死者の後生善処だけでなく、現世に生きる供養者の生活の安穏を祈るという、現世と他界の双方に関わる「現当二世」の祈願であったことにあろう。法会や芸能はこの願いによって安定性を保証されたのであり、中国と日本の目連の説話の受容の共通点と言えよう。中国の場合、『盂蘭盆経』では目連は主役ではなく、供養を受けた僧侶の力（三か月の修行後の夏安居明けに備わった神通力）や仏の力が救済を齎すのに対し、『目連救母経』では孝行息子の目連が困難を乗り越えて成長して母を救うのであり、目連が主役の救済者で、盂蘭盆の供養と切り離して目連の説話が展開し、父性の優位が保たれる。日本と中国の差異を考える場合、母と子のどちらに強調点を置くかが、目連の説話の受容の違いになる点を強調したい。日本の目連の説話の多くは、母のあり方を強調し、母の罪を「慳《けん》貪《どん》」と記して、中国のように僧侶の撲殺や肉食などの具体的な悪行という具体的な行いよりは、精神的な要素を強く持っていた〔吉川　一九八九：一五〕。その結果、罪のあり方が抽象化されて、女性に関する多様で流動的な解釈を可能にしたとも言える。日本的な展開としては、『目連救母経』やその影響下にある『三国伝記』に見られるような「孝行息子が母を救う物語」よりは、『もくれんのさうし』のように、「息子に救われる母の物語」となり〔鷹巣　一九九二、一九九三〕、母子関係の強さや、母親と息子の劇的な再会を強調して〔渡　二〇〇三〕、救われる母性が焦点になった。『もくれんのさうし』以降は、母の子への想いや子の母を救う真摯な気持ちが強調され、それゆえに母子対面の折に差し出される串刺しの母は強いショックを与えるのである。

目連が描き込まれた図像にも変化があり、鷹巣純は六道絵や十王図に描かれた地獄巡りが、母子再会の強調へ、そして『血盆経』に因む血の池地獄の図像を取り込むなどの動きによって、『熊野観心十界曼荼羅』のように女性を焦点化する運動へと展開したことを示唆する〔鷹巣　一九九三〕。そして中世から近世にかけて熊野比丘尼の絵解きが民間の女性救済に大きな影響を与え、目連も一旦死んで他界遍歴と地獄巡りを行って甦るという劇的な筋書きが日本化された形で語られ、演じられるようになった。説経や語り物、人形浄瑠璃の受容にはこの動きは欠かせない。こうした動きの背景には社会関係の大きな変化もあった。恐らくは、中国の目連の説話を支えた儒教の「孝」の要素が、日本の民間では薄められて受容され、家族倫理に読み替えられて身近に受け止められたのであろう。『熊野観心十界曼荼羅』では、追善供養としての盂蘭盆会が中央部に描かれて、串刺しにされながらも目連に助けを求める母の姿が印象深く登場する〔黒田　一九八九〕。不産女《うまずめ》地獄や賽の河原の地蔵、首枷をつけた母子など、新たな要素が付加されている。目連の説話は、「熊野の本地」という母の再生と救済の物語と合わさっていたのである。(41) そして、『熊野観心十界曼荼羅』の成立時期も、近世のイエの成立によって、子を産むことで自らの地位を安定化し、祖先崇拝に基づく先祖供養・追善供養を営む、いわゆる葬式仏教の展開以後ではないかとされる。しかし、目連の役割は次第に小さくなる。恐らくはイエの繁栄と存続を願う母の救済が焦点となる時、目連の役割が次第に地蔵に取って代わられたのではないだろうか。出家した目連にはイエの継続を託すことが出来ず、子供の救済者の様相を強く持ち普遍性が高い地蔵が重要性を増してくる。中世から近世への変化を考慮した仮説を提示しておく。備後の神楽で演じられた『目連の能』もまた、熊野信仰の担い手たる修験の影響を色濃くもつ法者が維持していたのであり、ここで述べたような変容過程の中にあって、近世初期の社会基盤の確立を背景として生み出されてきたのであろう。

九　対馬との比較の可能性

『目連の能』は日本各地の祭文や語りの比較を通じて、その位置付けが鮮明になる。最も有力な比較の地域は対馬である。対馬では、法者が近世後期まで死者供養や加持祈禱を行っていて、膨大な祭文類が残り、中世の神楽の実態、本地物や説話などの考察に示唆的である。[42] 祭文や祈禱の内容から江戸時代初期から法者が行っていたと推定される「新神《さらかみ》供養」は、「かみ」「かみ祭り」ともいい、先祖祭りの年忌供養で、六道、四十九願、五戒などの祭文を弓を打ちつつ称えて、死霊の鎮めを行った。「六道」は迎え六道、野返し、送り六道、逆修からなり、死霊を浄土から現世に請じ導く祭文で、「四十九願」は七日忌の死出の山から三十三回忌を経て浄土に至る祭文であり、その間に死霊が越える苦患を「関」に喩え、各々を十三仏の経文で通過する「関渡し」である。そこでは、仏法を聴問して、神の綱を渡して早々に退けようとする「綱の教化」（綱供）があり、「提婆」と呼ばれる荒平《あらひら》風の鬼との問答があった。提婆とは『法華経』提婆達多品などに説くデーヴァダッタに由来する名称で、対馬の「関渡し」では、提婆は初七日から四十九日までの忌日や、三十三回忌までの年忌ごとに現れ、死霊を地獄にせめおとそうとする障礙なすもので、鬼・荒平・翁であると名乗る。「願物《がんもの》」（国分家蔵・宝永五年。蔵瀬家蔵・文政八年）という説経風の祭文も新神供養で読まれた。目連が自分の母の浄台女御《じょうだいにょうご》を地獄から救い出して浄土入りを果たさせる内容で、目連の父は盤古大王とされる。母が悪阻と堕胎の為に様々の願いを出すので、目連はこれを救う手立てを地獄巡りをして尋ね歩き、釈迦に巡り合って、星の小神子《こみこ》に新神供養を頼むのがよいと教えられる。目連は夕顔のつるを伝って星巡りをして、「朝日の御門」で神子と出会い、暁の小神子の打つ鼓で、穢れを祓う「しけがり」（神気狩）をして救い出す。以下では、その特徴を列記しておきたい。

①死者供養

対馬の目連は盤古大王を父としており、備後・備中に伝わる地霊の鎮めを意図する土公祭文（五龍王、五行）の主人公である五郎の王子と重なってくる。土公祭文は備後・備中では神がかりに先立って読まれる祭文で、舞にも仕組まれた。陰陽五行の思想を基本として、盤古大王の死後、太郎・二浪・三郎・四郎に分けられた処務（財産）を巡って、末子の五郎の王子が生前に受け取らなかった自分の所務を要求して争う。最後は問尋博士の調停で、四季の春・夏・秋・冬、四方の東・南・西・北に分けられていた所務のうち、四季の土用一八日をそれぞれとって集めて七二日とし中央に五郎の王子、土公神として納まることで決着がつく。土公神は荒ぶる神である荒神であり、三宝荒神としてカマドの神と結びつき、大地の神霊でもある。対馬の特色は、目連が五郎の王子と重なり、最後は星巡りに展開して、目連は神子による供養で穢れを祓って母を救って成仏させる。供養で読まれる祭文に登場する来訪神風の荒平が鬼であり、翁にもなるという両義性や、「関」で障礙なすという性格は、『目連の能』の地獄の主と類似する。但し、あくまでも忌日や年忌という個人の死者供養に関わり、共同体全体に脅威を及ぼすような危機的状況の下での荒ぶる霊魂や孤魂の供養には展開しない。目的は現世に死霊を呼び出して穢れを祓い成仏を願うことにあり、親族と対面させて想いを述べさせて供養としたと思われる。中国貴州省徳江県の儺堂戯の「過関」の障礙なすものを打ち破るという主題（本書第五章）と類似するが、『目連の能』は死者供養が中心主題である。

②荒平

対馬の「関渡し」に登場する提婆は備後や周防などで神楽に登場する荒平《あらひら》に対応する。荒平は両義的な神霊で、最も古い記録は、広島県山県郡千代田町壬生の井上家蔵の天正一六年（一五八八）の『荒平舞詞』に遡る。[43] 法者による一人称の語りで山から訪れ、死繁昌の杖（死反生の杖）で人々の命を再生させ、鬼の宝物を授けて去っていく来訪神の様相を持つ。その名の通り荒ぶる神であると同時に幸せを齎し平らぐ神でもある。荒平は、関、世鬼、鬼返し、柴鬼神、提婆《だいば》、大蛮と同系統である〔岩田　一九八三：二一—九四。鈴木　二〇〇一：一五八—一六八〕。具体的には、安芸十二神祇の「荒平」、山県郡筒賀坂原の「荒平舞」、広島市阿佐南区祇園町西山本の「鬼返し」、岩国市行波《ゆかば》の「柴鬼神」、島根県美濃郡匹見町三葛《みかづら》の「貴返し」、山口県美祢郡秋芳町八代柏木の「鬼の舞」、石見神楽八調子系・芸北神楽の「道反《ちがえ》し」などで演じられ、「関」「世鬼」「鬼神」とも呼ばれる。出雲地方での佐陀神能系の「山の神」（柴叟、柴双が榊をとり、山の神が悪切りをする）、石見神楽や大元神楽の「山の大王」、四国土佐の「山探し」、九州日向の米良の「柴荒神」なども同系統である。また、「提婆」「大蕃」の表現も使われ、仏教に対する敵対者としてのデーヴァダッタの漢訳で、在地の神霊が仏教化されて組み込まれたのであろう。大きく言えば、先住民の屈服、山の野生の力の導入による活性化の諸相がある。伽藍荒神とも同じ性格を持つ。

③法者

神楽や供養の担い手は法者であり、巫女の神子《みこ》、内侍《ないし》、命婦《みょうぶ》と組む場合もある。巫女の方が法者より重視されていた気配が濃厚で、出雲でも巫女神楽が重視されていたが、次第に女性は退潮する。法者の文献上での古いものは康永元年（一三四二）付けで備前一宮の吉備津彦神社に伝わる『一宮社法』に大祭の神人《じにん》として「ミコ・法者」総勢六〇人が参集して「神楽事」を行ったとある。同神社の文明二年（一四七〇）の文書では、「御子・さほ」とある。いずれも、女性の神子を優先しており、神子による死霊の口寄せが大きな比重を占めた。備後では女人救済は強調されず、『血盆経』は言及されない。

備後だけでなく九州にも女性を優越視する儀礼が多々行われていた。筑前の宗像大社の應安八年（一三七五）の『応安神事次第』に「ミコ・ホサ」と見える。対馬では最近まで法者はホサドンとして活躍し、女性の命婦と組んで村落の祭祀を司っていた［鈴木　二〇〇四：一六一―一六五］。豊後や高千穂では男性で神楽を舞う者をホサといい、男性の執物舞を「法者舞」「法者神楽」という。対馬の法者の起源について、平山棐（東山）編集の『津島紀事』（文化六年・一八〇九）では、対馬の法者の先祖は三善清行の八男の浄蔵貴所の子供の布施と伊能が流罪となって、御薗籠《みそのごもり》に上陸して、その子孫が「保佐或は法者と号して、陰陽の徒となる」と伝える［平山（編）　一九七三：三三二］。法者が陰陽師の流れを汲むという伝承は壱岐にもあり、箱崎の旧社家吉野家の『旧記』では土御門家から免許を受けて陰陽師となり、祭りには神楽師となるとある。陰陽師に伝わった中国思想の一部（陰陽五行思想）が流入した可能性がある。死霊の浄化や鎮魂に関わる西日本の神楽の事例は、比婆荒神神楽の他は、隠岐の八重注連《やえしめ》神楽の橋経、安芸の六道開きや荒平、土佐イザナギ流の巫神《みこがみ》取り上げ神楽、薩摩の神舞《かんまい》の六道舞・朝倉・三途などである。東日本は宮古の権現舞の位牌祭祀、菩提神楽、鮫の墓獅子、鬼剣舞などだが、いずれも目連の伝承は伝わっていない。

一〇　日本各地との比較

目連の一般民衆への普及は地獄絵、特に十王図や六道絵に描かれて伝わったと推定され、『地獄草紙』（一二世紀末）や『北野天神縁起』（一三世紀前半）、聖衆来迎寺本『六道絵』（一三世紀後半）などに遡る。目連に関しては兵庫の極楽寺本『六道絵』（一三世紀）が『仏説目連救母経』に基づいて詳しく描いている。熊野信仰の場合、『熊野観心十界曼荼羅』の地獄に救済者として地蔵や目連が描かれ、仏に至る十界の階梯のうち、六道輪廻が強調され、地獄の描写も詳細である〔鷹巣　一九九二、一九九三〕。中世後期に熊野の御師や熊野比丘尼などが全国を巡って信仰を広めていく時に、地獄巡りの絵解きで目連の話を説いた可能性はある。しかし、目連と地蔵が習合して、徐々に地蔵に収斂していった。

立山は平安時代には山中に地獄がある所として都に知られ、『今昔物語』をはじめとして霊験譚が語られてきた。江戸時代には立山の衆徒は、『御絵伝』（現在では「立山曼荼羅」と呼ばれる）を製作して、山中の伝説や霊験の絵解きを行って各地を勧進して回った。特に芦峅寺の衆徒は、各地に出かけて経帷子や御札を配りながら積極的に絵解きを行い、女人往生や立山禅定の功徳を説いた。芦峅寺は岩峅寺とは異なって山中の財政的基盤が弱く経済的な理由から勧進は生活の手段でもあった。ただし、『御絵伝』の製作時期は江戸時代後期が大半で近世以降の民衆の経済的上昇と関連があると思われる。

絵画史の観点では、『御絵伝』は地獄図の系譜の最後の段階に位置する。『御絵伝』では山中の阿鼻《あび》地獄に現れた目連と串刺しの母が対面する姿が描かれ、『血盆経』の血の池地獄への投入や施餓鬼法要が表現されている〔福江　二〇〇六：一三八―一四〇〕。芦峅寺の『御絵伝』では、山麓での布橋大灌頂の描写が重要であった。秋彼岸に女性が閻魔堂を出て、布橋を渡って、此岸から彼岸に至り、姥堂に入って経文を唱え、最後に崇高な立山の浄土世界を拝んで極楽往生を確証させた様子が描かれている。

布橋大灌頂の起源は中世には遡らず、「布橋」の文献上の初出は慶長一九年（一六一四）、儀礼への言及は享保七年（一七二二）が初見である〔福江　二〇〇六：一四二―一四三〕。布橋大灌頂は明治の神仏分離で廃絶したが、一九七〇年の「風土記の丘」設置の際に布橋を復元し、一九九六年の国民文化祭に合わせて布橋大灌頂会を一三六年ぶりに復活して、「創られた伝統」（invention of tradition）として甦りを果たした(44)。布橋大灌頂は江戸時代の半ばに芦峅寺衆徒によって経済的基盤の強化策として開始されたと推定され目連との関連はない。立山の山中での地獄からの救済者は地蔵であり、山麓での布橋灌頂の救済者は姥神で、原型は山の神と推定される。古い記録では、『今昔物語』には、立山地獄で苦しむ女性たちが、帝釈天の住処とされる忉利天に転生する話が伝わり、「天帝釈冥官ノ集ヒ給テ、衆生ノ善悪ノ業ヲ勘ヘ定ムル所也」と記す。立山連峰の別山を帝釈岳といい、山頂に帝釈天像を奉祀したと推定されている。これが現存の「銅造男神立像」（銘文。寛喜二年・一二三〇、立山博物館蔵、重要文化財）である。別山では七月下旬から八月中旬に雪解け水を湛えた「硯ケ池」が出現する。山麓の芦峅寺・岩峅寺では、立山大権現の護符である牛玉札《ごおうふだ》を始め多様な木版摺札や真言を連ねた木版を押した経帷子《きょうかたびら》などを頒布したが、これらを摺る墨の水は、硯ケ池の水を使う習いであったらしい。女人救済の切実な願いは帝釈天が祀られる山頂の水によって成就されると考えられていた。目連は中世には登場していない。

日本各地への目連の伝承・儀礼・演劇の伝播と定着に関して、諏訪春雄は奥三河の「大神楽《おおかぐら》」、立山の芦峅寺の布橋大灌頂、千葉の虫生《むしょう》広済寺の鬼来迎《きらいごう》と目連との関連を説いたが、いずれも推測に止まり決定的な証左はない。奥三河の「大神楽」は安政三年（一八五六）を最後に中断したが早川孝太郎の報告［早川　一九七二］で広く知られることになった。その目的は多様だが頂点は白山《しらやま》への「浄土入り」で、生者の人生三度の通過儀礼の最後で［山本　一九九三］、「生まれ子」「生まれ清まり」の次の段階に設定され、生前のうちに極楽往生を確証することを目的としていた。「大神楽」は地域社会の飢饉など危機的な状況に行われ、共同体の救済の願掛けの様相を帯びていた［小林　一九九〇］。現在の花祭りは江戸時代初期に「大神楽」を豊根村古真立の曽川在住の修験・万蔵院鈴木氏とその弟子の林蔵院・守屋氏が再編成したと推定され［武井　一九七七、一九八〇］、擬死再生の思想を中軸に展開させた行事で、最古の記録は『御神楽日記』（天正九年・一五八一）に遡り、[45] 山本ひろ子の詳細な検討［山本　一九九三］がある。「大神楽」に関する早川孝太郎の調査以後、この地で多くの次第書や祭文や詞章が発見され、[46] 近年は名古屋大学による現地での祭文や史料の収集が続いているが、目連に関する記述は発見されていない。諏訪春雄は白山への「浄土入り」を目連の「地獄破り」、つまり「打城」「打地獄」であるとした〔諏訪　一九九四：一四七―一五九〕。その根拠は中国大陸で改革開放以後に復活した「目連戯」の要素を「橋・花・獅子・鬼・五方五色」のセットとし、「浄土入り」には全てが揃っているとした。しかし、断片的な資料しかない「浄土入り」を日本の中世に遡らせて「本御神楽の成立した時期、中世の日本人が、目連戯の存在を知っていたであろう」〔諏訪　一九九四：一五九〕と推測し、中世後期から近世初期の『お伽草子』や説経浄瑠璃の目連の語りを傍証として、「大神楽」に結びつけるという時空間を飛び越える推論（現代中国→中世日本→現代日本）は成り立たない。五つの要素は目連戯に固有とはいえず、要素自体も各地で複雑な変容と土着化を遂げた。一九九〇年一一月二三日に一三四年ぶりに豊根村下黒川で行われた「三河大神楽」は武井正弘が精力を注いだ復元であったが、生前に武井は失敗だと語っていた[47]。また、五来重は奥三河の「浄土入り」を古戸の近くの白山での「聖の舞」を根拠に修験の芸能への関与を示唆し、立山の布橋大灌頂や白山信仰との関連を説き、擬死再生の様相を比較検討した〔五来　一九七七〕。しかし、「浄土入り」の拡大解釈は危険である。推定や想像に止まり論証はできていない。

盆行事では地獄の亡者の救済が演じられる鬼来迎が千葉県に伝わっている。千葉県匝瑳郡光町虫生（現在は山武郡横芝光町）の広済寺の送り盆、八月一六日（古くは七月一六日）に行われる地獄の演劇「鬼来迎」について、吉川良和は「日本化した目連救母芸能」だと主張したが〔吉川　一九八九：二五〕、根拠を示さず単なる想像に過ぎない。諏訪春雄は、「亡者地獄堕ち、裁判、責め苦、地獄破りから救済とつづく構成は、前に述べた福建省泉州の打城戯と完全に一致する。舞台下手の造り物にまで類似性がある」〔諏訪　一九九四：二一一〕として、「地蔵菩薩と観音菩薩に目連の面影がある」〔同　二一〇〕という。しかし、鬼来迎に関する縁起譚や地方誌の記事には目連への言及はない。鬼来迎に関する最も古い縁起は嘉永五年（一八五二）、広済寺の寺号の初見は天保九年（一八三八）で、いずれも江戸時代後期で中世には遡らない［生方　二〇〇〇：一一〇―一一三］。従って、目連戯との類似を説くのは主観的見解で、地蔵が目連と同一視される他の事例からの憶測に過ぎない。

備後や対馬の事例は朝鮮文化圏との類似性がある。韓国では、済州島の巫者シンバンによる「十王招き」（シワンマジ）、朝鮮半島南部のムーダンによる死霊浄化のシッキムクッ、東海岸のタンゴルによるオグクッ、北部のムーダンやマンシン（万神）のタリクッなど死霊の浄化や成仏を目的とする祭祀や供養が盛んに行われてきた。しかし、目連の伝承は希薄である。朝鮮半島では盂蘭盆齋会は受容されたが、目連の講唱や目連戯はあまり根付かず、目連戯の受容もうまくいかなかった［李京燁　二〇〇七。野村　二〇〇七：一六八―一七三］。朝鮮文化圏で目連伝承がなぜ希薄なのかは深く論じるべき課題である。

一一　目連戯とその特徴

日本での目連の変容を踏まえて、再び中国に目を転じて改めて目連戯の特徴を論じることにしたい。中国西南部の貴州省の漢族文化流入地帯では悪霊を祓い五穀豊穣、子孫繁栄を祈る儺戯が盛んで、「過関」の儀礼で障害や苦難を乗り切ろうとする［鈴木　二〇〇〇a。本書第五章］。布・橋・関を現世と他界の境界に設定し、その上を往来する神霊祭祀では、霊魂との劇的な交流の場が作り上げられる。超度の儀礼では目連伝承が唱えられることも多い。死者の祟り霊である鬼は漢族世界では恐るべき死霊であり、その祟りを畏れて儺戯が発達した。中国では、鬼に関する観念が漢族と非漢族では根本的に異なり、漢族の場合はマイナスの要素が強く、非漢族の場合は流動的である。その混淆の様相は貴州省北部で漢族の影響を強く受けたトウチャ族（土家族）、トン族（侗族）、ミャオ族（苗族）の儺戯に現れている。重慶地区の酉陽に住むミャオ族も独自の死者供養を行って目連伝承を儀礼の中に組み込んで唱える［胡天成（主編）一九九九］。しかし、演劇に仕組むのは漢族が主体で、目連戯は基本的には死者の霊としての「鬼」を鎮送する様相が強く、儺戯と重なりあい、部分的には取って代わりながら、儒教が説く孝の思想を軸として展開した。漢族を中心に官僚や富裕層の日常生活を描く世俗劇として娯楽性を取り込んで民衆世界に広がり、宗教面では女性の救済や異常死者の供養に特化するかたちで広まった。

二〇〇一年九月の福建省莆田の中元節と同年一一月二七日（陰暦一〇月一三日）仙游県楓亭鎮北斗大浦の目連戯、二〇〇二年一〇月の南安市霞美鎮四黄村草亭寺での目連戯の見聞に基づき私見を比較展望を交えて目連戯の特徴を述べてみたい。

第一には、日本と比べると、中国、特に南部の福建省では、孤魂や鬼など祀り手のない死霊に対する畏れが大きい。演劇や人形を通じて目に見えない霊魂を可視化させて、怨恨を抱いて亡くなった霊魂を慰撫して救済する。人形の一部には畏敬の念が感じられるが、仏教儀礼や道教儀礼の内容を演劇的に組み直して民俗化し、民衆にわかりやすく救済の意図を伝える芸能として定着したと思われる。莆田では目連戯は鬼月とされる陰暦七月だけでなく、陰暦一〇月に多く行われる。これは、上元、中元、下元が天地水三官の祭りで、下元の一〇月一五日の水官の祭りに合わせたと見られる。水は溺死者や産死者と関連が深く、仏教の水陸会とも繋がる。また、この頃は稲作の収穫期にあたり南部中国では祭りの季節であったことで定着したのではないだろうか。莆田の人戯による「肉身目連戯」では目連が第三殿に到達した所で、一旦は劇を中断して超度を行う。祈願者は生前の死者の衣類を地面に置いて跪き涙にくれる中で死霊の救済を祈願していた。産死者、自殺者、溺死者、未婚の女性死者など（死後に鬼となって彷徨する）が大半で、目連は名前が読み上げられるたびごとに錫杖で地面に呪文の文字を書き、地獄の門を叩いて開けて死者を救い出す。女性の場合は血盆湖（血の池地獄）が用意され、目連はそこから女性を助けだす。現地では「戯中超度」と呼ばれ、目連が地獄の亡霊を救い出す筋書に託して、女性や異常死者を救出するのである［馬建華　二〇〇七］。女性の場合、第三殿の血の池地獄で「懐胎十月の歌」が歌われてお産の苦難が強調される。女性だけでなく、子孫に祀り手のないまま亡くなった人々の霊魂の救済も切実な願いである。

女性が血の池地獄に堕ちる由来は、仏教では『血盆経』、道教では『血湖経』『血湖宝懺』などに説かれており、その内容は女性は月経と出産の血穢、産死や堕胎の罪で血の池地獄に堕ちるが、目連は釈迦から女性を救済する方法を教えられて救い出すというものである。『血盆経』は中国で一〇世紀頃に作成され、日本には一五世紀頃に伝来したと考えられている。(48) 罪多き女性の穢れを浄化して救済出来るのは目連である。一方、目連戯には孤魂や鬼が集まるとされ、上演に際して紙銭が撒かれて、供物を上げておく。死霊が充満するので女性や子供は取り憑かれやすく見てはいけないという禁忌がある地域もあり、莆田では目連戯は男性のみが演じる決まりであった。但し、楓亭鎮の万人墓で行われた傀儡目連戯には多数の女性観客がいた。目連戯のような鬼や霊魂、或は人形に関わる宗教的職能者については、現在の中国では大きく変化してきた。一方、台湾の漢人社会の類似の事例をみていくと、民間道教や法教で活躍する法師という「精霊統御型」のシャーマン的な職能者の存在が重要である［浅野 二〇〇五。古家 一九九九］。法力を持つとされる法師は、韓国の法師やポサル（菩薩）や、日本の法者や修験など法力や霊力で霊魂を操作したり対抗するような存在で、道教や仏教を民間化した人々なのである。一方、霊魂の救済を受容する側にとって大切なことは、日常生活の道徳や倫理を自覚させて日々の暮らしを見つめ直すことである。莆田では劉夫人の弟である劉賈の悪役ぶりを強調するが、羅卜の「母の兄弟」、母方オジという頼りになる保護者の役割を逆転させて、日常性をパロディ化する意図があるのではないだろうか。開葷という肉食、つまり精進を破る行為の罪の強調は、肉食を日常化している人々には異様にさえ見える。何気ない日常生活に自省作用を及ぼすことで人々の倫理の根源的な見直しを迫ったと思われる。

第二には、南安の場合は、寺院での普度（普渡。瑜伽焔口）にあわせて行われたが、莆田に比べると宗教色が薄く、目連戯を楽しむ姿勢が強い。西天に向かう目連を守護するのは観音であり、人々の苦難や困難を救済し、時には人の心を試す人間的な観音こそが救済者という印象がある。主人公は目連（羅卜）であるが、劉夫人の役割が大きく、大筋では彼女の動きが主体である。特に現世と離別する望郷台での別れの絶叫、地獄でのグロテスクな責め苦の数々、第六殿での母子再会は、民衆の涙をそそったことだろう。女性の救済対象の代表者としての劉夫人を救うのは、女性化した観音である。宋末か元代初めに観音の女性化が進んだといわれるが[49]（劇中でも娘の妙善が観音になる由来が語られる。『観世音菩薩傳略』に依拠）、この地では「観音娘娘」としての女神信仰に変貌している。奉納日も観音の出家日（九月一九日）であり、演劇を観音に見てもらい自らの活躍で喜ばせるのである。前座の形で経文を取りに西天に赴く話として『西遊記』が演じられたが、ここでも観音信仰が中核で、同じく前座の地獄めぐりの『李世民遊地府』にも観音信仰が認められる。鬼や亡霊も憎悪の対象に一元化しない。特に、この世とあの世を行き来する白無常の服装や演出が個性的でトリックスターの働きに近く人々を楽しませる。劉夫人を引導する青鬼も憎めない性格で、鬼が一方的に悪いとは決められない。観音の対極にある地獄の十殿の閻魔や鬼どもも決して非情ではなく、感情に突き動かされるなさけのある者たちである。漢族の鬼の観念は南部中国については再考を要する要素が含まれている。晋江市陽春提線木偶劇団によって演じられた泉州の木偶戯は極めて洗練された技能を持つ人々によって担われ、藝術性豊かに表現されているが、儀礼との関連性が弱いことは否めない[50]。特に、泉州の目連戯は迷信の塊として中華人民共和国成立以来、様々に政治の圧力を受けており、現行の形式も宗教性を消去して、再構築された新版である。宗教性を色濃く残す莆田の木偶の目連戯との鮮やかな違いは、大躍進や文化大革命、その後の改革開放政策との対応の差異によるのか、社会や文化の差異によるのか、泉州の都市性に由来するものか、更なる検討を要する。

第三には、目連戯は世俗劇の性格が強く、日本でいう「世話物」のような雰囲気があることを指摘できる。母に孝を尽くす息子との関係が主軸になり、善玉悪玉が明確で因果応報に基づき、死後の世界では閻魔大王による裁きが待っているので、自斎や善行、布施や精進の勧めともなる。漢族的な人間関係や生活様態が描かれ、父性の強さ、官僚への憧れ、豊かな生活、道徳と倫理、など多方面にわたり暮らしの理想形が語られる。儒教的な社会倫理、特に孝が説かれ、在家仏教徒は五戒や菜食を守り僧侶への布施で功徳を積んで死後は極楽へ行くことを理想とした。地獄の閻魔でさえ玉皇大帝からの命令で動かされる官僚の世界、こうした現世と他界を貫く社会の秩序化は人々の暮らしに安心感を齎した。一方、会話には金銭のやり取りをめぐる話が多く、羅卜は商人となり、登場人物の名前も商人風である（益利、金奴など。劉賈の賈はあきなう意味）。目連戯の発生は江南という説（『東京夢華録』紹興一七年・一一四七）から考えて、宋代に漢族が南方に展開して、都市社会が成熟し、商人文化が花開く中で発生したと考えられる。各地への伝播に際しては、宗族（父系親族集団）がパトロンとして大きな働きをしたと予想される。変文のような絵解き台本や説経風の宝巻として目連説話が語られていたことの背景には民衆の根強い支持があったと見られる。近年になって民衆の演劇に関する社会・経済史的観点からの研究も公刊された［Teiser 1988］。

目連戯は、儒教が説く孝の思想を軸として、官僚や富裕層の日常生活を描く世俗劇に展開する娯楽性を持って民衆世界に広がり、宗教面では、女性の救済や異常死者の供養に特化するかたちで広まったと考えられる。目連戯の発生は都市に求められるが、農村に広がる場合には、漢族が作り出した政治・経済の拠点の町で再編成され、各地の個性ある儀礼や説話を取り込んで展開した。儀礼としては儺戯に代表される悪霊駆逐の儀礼や非漢族の習俗を大幅に吸収し、ある地域では儺戯に取って代わる儀礼を創造して深化した。機能は異なるかもしれないが、漢族文化圏の民衆の間では、目連戯はインドのヒンドゥー文化圏における『ラーマーヤナ』（*Rāmāyaṇa*）のような役割を担い［鈴木　二〇〇六］、漢族意識の共通性を作り出す土壌となったかと思われる。非漢族には目連戯は完全には浸透しないことの理由は様々であろうが、何らかの民族的境界・文化的境界が存在した可能性は高い（福建でも北東部では行わないし、貴州・雲南・広西の非漢族地域には余り広がらない）。しかし、漢族内でも受容しない所がある（広東人、客家、潮州人、福佬人）ことに関しては、社会構造の違いや歴史的経緯などの理由を検討しなければならない。目連戯は普度や超度など死霊の鎮魂や供養、病気や不幸を齎す煞の祓い、死霊の祟りに対する人々の恐怖や畏怖を解消するなどの負の儀礼に特化して、各地で個性的な展開を遂げた。

第四には、他界との関係性の構築にあたって、死霊の救済者として中国では目連、日本では地蔵の役割が大きく、他界観に差異が認められる。地蔵は目連と似た姿態で錫杖を持って死霊を救済するが（地蔵には宝冠はない）、子供の救済に関わることが特性である。日本では鎌倉時代の偽経『地蔵十王経』（地蔵菩薩発心因縁十王経）や解脱上人（貞慶）作とされる『地蔵和讃』が民衆の間に広がり、江戸時代の『賽の河原地蔵和讃』で地蔵信仰が高まった[51]。十にも足らない幼き亡者が賽の河原で親の供養のために小石を積んで塔を造ろうとするが、鬼が蹴散らかす。試練にあっている幼子を救済する地蔵の存在は、子供を幼くして失うことが多かった女性の間に強い共感を以て取り込まれたと推定される。また、地蔵は観音と並んで多機能で民衆の信仰の拠り所となったのであり、目連のように女性救済に特化しただけでは支持が広がらなかったようである。

また、日本では閻魔の本地が地蔵とされ、閻魔や鬼が両義的で性格転換がある。村落や街中の身近な所に閻魔堂や十王堂、地蔵堂があり、六道図・十王図・地獄絵などの図像や、仏教思想の影響で死後世界での六道輪廻の考えが民間に浸透し、地獄のイメージは普及していた。その原点には仏教の浄土教、特に源信の『往生要集』（寛和元年・九八五）の精細な記述があった。しかし、共同体による孤魂の救済は施餓鬼の形で盆行事に組み込まれて仏教の管轄に入り、個別の霊魂の救済は民間巫者に委ねられた。日本では身体の中に三尸虫がいて、庚申の日にこの世の罪業を天上世界に報告するという民間道教の習俗は大きく変形した。寿命が帳簿に記されて予め決まっており、異常死者は決められた寿命に足りないために別の肉体を求めてさ迷うなどの考えもない。鬼の観念も日本では死霊に特化せず両義性を帯びて善悪の相互転換を特徴とする。漢族の死後世界は世俗的で、あの世でも人間界と同じ暮らしが続くという具体性が特色で、イメージと想像力によって豊かに膨らますことが出来ない。

一二　日本での土着化

日本では山岳での山中他界観が仏教化して地獄や極楽があると観念され、山岳信仰を基盤として山中で修行する修験の活動や、祖先祭祀・死者供養の展開などを通じて豊かな他界や異界のイメージが形成された［鈴木二〇一五］。多機能的な念仏での救済や、地蔵や観音や阿弥陀に祈願を託すことに個性的な展開が見られ、中国とは大きく異なる他界観が生成された。盂蘭盆は正月と並ぶ祖霊との交流の機会となり、施餓鬼の習俗も日本化して組み込まれた。盂蘭盆の由来としての目連説話は仏教の僧侶の間では早くから知られていたであろう。しかし、日本の民衆社会には目連説話、特に傅相長者や劉夫人の話は深く入り込めなかった。その理由は漢族的な思考が横溢する目連説話や目連戯に違和感を感じて馴染めなかったからではないだろうか。特に不殺生戒に背き理不尽に母親が地獄に堕ちるという思想や、孝子として母親にとことん尽くす姿にも家族観の異なる日本では受け入れがたいものを感じたのではないだろうか。

それでも、室町時代中期の一五世紀頃に、『血盆経』が受容されると、釈迦に女性の救済を教示されたとされる目連の説話が徐々に民衆の中に浸透した。『血盆経』の伝播には熊野比丘尼を始めとする遊行宗教者や修験の関与も推定される。説経『目蓮記』（貞享四年・一六八七。鱗形屋本）では目連救母と『血盆経』が結び付いて語られている。越中・能登・加賀では浄土真宗地帯の盆踊り歌の中に目連説話が歌い込まれる地域があるのは立山信仰との関連が推定される。立山の『御絵伝』（立山曼荼羅）には目連救母譚が描かれ、岩峅寺は七月一五日に施餓鬼を行い、一七日に『血盆経』を山中の血の池地獄に投入して破地獄供養と観音（如意輪）の行道を行っている。岩峅寺の檀那場がこの北陸の三か国で、各地で配札活動や如意輪観音の出開帳をしており、その影響も大きい。一方、備後では目連の地獄巡りを巫女や法者を担い手とする神楽の中で神がかりや他界遍歴の実践を演じて、日本的なシャーマニズムの世界に読み替えた［鈴木　二〇一二］。対馬では法者の年忌供養の中で多様な祭文や加持祈禱を目連に関連付けて受容してきた。備後や対馬では、『血盆経』との関連を説かずに目連の説話の演劇化や儀礼化が行われていた。

このように、日本と中国の目連説話や目連戯の広がりや受容の違い、歴史的変化などを見て行くと、生と死の文化をめぐる異文化の交流と相互の創造力の共通性と差異性を読み取ることが出来る。仏教と民俗のはざまで目連は多様な意味付けを与えられたのである。東アジアでの目連の位置付けは各地で個性的に展開したが、異常死者を成仏させ、死霊の想いや生者の心残りを解きほぐし、人々の精神をなごめる役割を担う点では共通性がある。現世と他界が縦横無尽に交錯するシャーマニズムの世界を根底に持つことで、目連の説話・儀礼・演劇は、人々の世界認識を深め多様化した。しかし、日本では、目連の説話は漢族の世界観や死生観が色濃く投影されているために、違和感をもって受け止められてきた形跡がある。今後もこの違和感を核として、中国の目連戯と日本の神楽や祭文、仏教芸能を比較の観点から見直して、相互理解を深める方向へと歩みを進めていく必要がある。東アジア全体を視野に入れた祭祀芸能の研究は今後の課題である。

注

（1）『日本書紀』斉明天皇三年（六五七）に「辛丑の日（十五日）に、須弥山の像を飛鳥の寺の西に作る。また、盂蘭盆会設く《をがみまう》」とある。同五年（六五九）に「庚寅の日（十五日）に、群臣に詔して、京内の諸寺に盂蘭盆経を勧講かしめて、七世の父母を報いしむ」とあり経文の趣旨を明確に伝える。推古天皇一四年（六〇六）の「この年より初めて寺毎に、四月八日・七月の十五日に設斎《をがみ》す」とある記事を盂蘭盆の初出と解釈することも出来る。

（2）本稿は［鈴木　二〇〇七］を基本としつつも史資料を追加し再検討して構成し直した。

(3)『報恩奉盆経』は一般には「失訳」（訳者不明）とされている。『盂蘭盆経』の原文は『大正大蔵経』巻一六巻七七九頁b、『報恩奉盆経』は七八〇頁aに収録されている。

(4) 中国や日本では一夏《いちげ》九旬《くじゅん》という。僧侶が寺に籠って修行する四月一六日から七月一五日までの九〇日間を指す。インドでは乾季には遊行して頭陀の修行を行い、雨季には僧院や洞窟で一か所に在住して修行した。雨季の籠りの修行を夏安居や雨安居、安居の最終日を「自恣」といい、安居期間中の罪過を懺悔した。

(5)『日本書紀』天武一四年（六八五）の条には、鎮護国家を目的として奈良の十五大寺で毎年四月一六日から七月一五日まで仁王般若経と最勝王経の講義を行ったとある。盂蘭法会の法会や夏安居の慣行はこの時代に定着していた。

(6) 原典としては大正大蔵経巻一六に所載の『佛説盂蘭盆経』を参照されたい。日本のお盆の概要については［柴崎　二〇〇六。蒲池　二〇一二］に詳しい。

(7) 道教との関係については［吉岡　一九七〇。田中　一九九四］に詳しい。

(8)『盂蘭盆経』についての研究は数多い。概観的には［蒲池　二〇一二］がわかりやすい。

(9)『仏説救抜焔口餓鬼陀羅尼経』の内容は以下の通りである。仏弟子の阿難陀の前に焔口餓鬼が現われ、三日後に阿難陀の生命が終わって、自分と同じ餓鬼道に堕ちると告げる。阿難陀は驚いて逃れる方法を尋ねると「無数の餓鬼に一斛の飲食を施し、仏法僧の三宝を供養すれば命が伸び、焔口も餓鬼の苦しみから救われる」と教えられる。阿難陀は、仏陀から陀羅尼を授かり施食の法を受けて施餓鬼会を修すると、その功徳で焔口は餓鬼の苦しみから脱して阿難陀も福徳と寿命を得ることができた。この話が餓鬼への施食の由来である。

(10) 本書は慧林（七八三―八〇七）の『一切経音義』に再録された。『大正大蔵経』第五四巻五三五頁bに収録されている。

(11)『大正大蔵経』第八五巻、五四〇頁aに収録されている。

(12) 霊魂を意味する言葉として、岩本裕は『アヴェスター』記載の古代イラン語のウルヴァン **uruuan**（**urvan** は旧式転写）［岩本　一九六六］、伊藤義教はフルワン **Hu-ruvan**、フフラワル **Hu-frawahr**［伊藤　一九七五］を原語と考えた。井本英一はアルターワン **artāvan** からウラーヴァーン／ウラーヴォン（東イラン語）になったと説く［井本　一九六五、一九六六］。青木健氏からのご教示では各々難点があるという。岩本説のウルヴァンの発音は間違いで、アヴェスター語の語頭の **u-** は発音しない予示記号である。伊藤説はイラン語学では可能だが単語としての実在が證明できない。岩本氏はソグド語起源説に切り替えた［岩本　一九六七］。ソグド語が母音表記をせずに、**rw'n** とするので語頭の **u-** が取れることに気付いたからだろうという。しかし、**u-** がない推定発音ルヴァーンというソグド語が盂蘭盆の語源かどうかは不明である。井本説の発音変化は、「正義」を意味する **rta** が、**arta** そして **rda** に変化した状況を考慮すると成り立たない。中世の東イラン語として実証可能なのはソグド語だけで、架空言語の上に立った議論は難しい。

(13)　盂蘭盆会の変遷については［岡部　一九九七、二〇〇七］に詳しい。

(14)　柳田説には有賀喜左衛門が批判を加えた［有賀　一九七四、一九七五］。『日本書紀』欽明一三年（五五二）の条には「仏」に「蕃神」（あだしくにのかみ）とふりがながあり、推古二年（五九四）春二月の仏足石歌はホトケ、『万葉集』巻第一六の歌もホトケに言及する。ホトケという言葉は奈良時代中期に成立し、ホトケはホトキの転用ではない。有賀は仏教が日本で先祖祭祀と結合したのは、有力な「氏」が仏像を外来のカミとして氏寺に祀り、身近な死者である先祖を氏寺で供養したからであるとする。『竹取物語』には先祖を「我子の仏」（わがこのほとけ）、「あが仏」と呼んでおり、ホトケと仏の結合が確認できるという。

(15)　『盂蘭盆経』では父は吉懺師子《きっせんしし》、母は青提女《しょうだいにょ》と呼ばれていた。

(16)　変文とは唐代の中期から北宋の初頭（九世紀初―一一世紀初）に、寺院や都市の盛場で行われた「俗講」という仏教教化の講釈の台本や記録作品をいう。敦煌の石窟寺院で大量の変文が発見されて研究が飛躍的に進んだ［金岡　一九七二］。僧侶は聴衆の前で経典内容を描いた変相図などを掛けて散文と韻文を組合せて説いた。日本での絵解きの源流とされる。二〇世紀初めに敦煌の石窟から当時の写本が大量に発見されて研究が進んだ。目連説話に関して、経典と変文の類似と異同については［渋谷　二〇〇四］を参照されたい。

(17)　『目連救母経』は中国では失われ、宮次男が日本の京都の金光寺で発見した。元の憲宗元年（一二五一）初版、日本での復刊は貞和二年（一三四六）である［宮　一九六八］。絵入りで地獄巡りを描いている。

(18)　台湾の財団法人施合鄭民俗文化基金會（台北）刊行の報告書『民俗曲藝叢書』や、雑誌『民俗曲藝』に沢山の目連関係の資料がある。近年は英文の報告や研究も多い［Guo 2005. Teiser 1988, Ruizendaal 2000］。

(19)　中華民国時代については、魯迅が幼児期に見た浙江省の目連戯の実態が『朝花夕拾』（一九二六）で報告されている（「無常」「五猖会」［魯迅　一九八五］）。魯迅は自分も「鬼卒」として舞台にたって、鬼王に率いられて郊外の無縁墓地に孤魂を迎えに行ったという（「女吊」『且介亭雑文末篇附集』（一九三六）［魯迅　一九八四］）。

(20)　歴史的にも宋代に遡る可能性があり、鄭子珍の台本よりも古型を残す内容が伝えられるなど［馬建華　二〇〇四］、研究者も注目している。

(21)　空海の『三教指帰』には目連の俗名の羅卜《らぼく》が登場し、死後の苦しみの母を救ったという。ただし、典拠は不明で後世の付加とも見られている。

(22)　いずれも「目連」ではなく、「目蓮」と表記する。成立は一六世紀頃とされ、『日本歌謡集』四「補遺」に収録されている［石破　一九九二］。

(23) 六道絵の変遷については［鷹巣　二〇〇〇］が詳細である。目連の長大な物語のうち、現世と他界を往還する目連と、生前の悪業から悪道へと転生する母が二つの筋の本流で、目連の母子の出会いの場面はこの二つの話が合流する所だという独創的な示唆をした［鷹巣　二〇〇〇：二〇］。

(24) 黒田日出男は、獄卒が鉾で刺しぬいた人物を目連の母、対面する僧侶を目連とし、母子の再会を描いたのだろうと推論した［黒田　一九八九］。図録としては［国立歴史民俗博物館（篇）　一九九九］参照。

(25) 現存最古と思われる「坪井龍童氏本」でも、天保元年（一八三〇）から数十年前の製作と推定され、古くても一八世紀後半になる［福江　一九九八：九四］。

(26) 目連の盆踊りや盆踊り唄は、石川、富山、島根、香川、大分の各県に残っているが［中村　一九九七］、民衆の間に根付いているとは言えない。

(27) 盆行事の比較民俗学的考察は、筆者の修士論文の主題であった［鈴木　一九七六］。本稿では長い間暖めてきた本主題に対して新たな考察を試みている。

(28) 寛文五年（一六六五）の『諸社禰宜神主法度』の実施以後、幕府による上からの宗教統制が強まって変化が加速した。吉田神道の村落への浸透で、村々の祭りでは許状の有無が重視され、清浄観が重視されて女性の神子が祭祀から遠のき、男性の法者や棹が主体になる。死霊の呼び出しや浄化（あら口・着せ替え）も好ましくないとされた。

(29) 原文は、「戸宇栃木家蔵神楽関係文書」（解説・校注　岩田勝）［東城町教育委員会（編）　一九八二、五六二―五六四］に翻刻されている。

(30) 荒神神楽は地元の名称ではない。大神事や大神楽、神殿《こうどの》神楽と呼ばれていたが、広島県無形文化財指定に際して、行政側から総称として提示された新しい名称である。比婆荒神神楽の四〇年にわたる変化については別稿で検討した［鈴木　二〇一四a］。

(31) 慶長一三年（一六〇八）付けの恵蘇郡本郷の艮《うしとら》神社の社家・児玉家に伝わる『連署起請文』によれば［広島県（編）　一九八七：九八〇］「小ほう者衆、芸をたしなみ、くかいの時は、老衆へ慇懃仕ふ可き事」とある。網野善彦の指摘した中世における「公界《くがい》」の中で、「小法者」は老若の年齢秩序に支えられて芸を営み、独自の規律と自由を保持する公界の人々とみられる［網野　一九七八］。

(32) 五障とは女性は修行しても、梵天王・帝釈天・魔王・転輪聖王・仏になれないという説で、三従とは女性は結婚前は父に、結婚後は夫に、夫の死後は子に従うという女性差別を含む言辞である。

(33) ここでは「青提」と記されている。『宝物集』には孝子の目連の母を「成臺」とし、「青提」と同音である。伝本に問題があり、後世の挿入の可能性があるが、これ以後、目連の母には「青提」が使われてきた。

(34) 原文は、『三国伝記』三弥井書店（池上洵一校注）一九八二、参照。

(35) 天理図書館蔵本が唯一の伝本という。要約は、［岩本　一九七六。石破　一九九二。渡　二〇〇三］参照。翻刻は『室町時代物語集』［藤井（編）　二〇〇三］に掲載されている。

(36) 翻刻は、横山重編『説経正本集』二、大岡山書店、一九三七、所収（角川書店で再刊、一九六八）。要約は、［石破　一九九二。渡　二〇〇三］を参照。

(37) 宇留藤太夫直伝とされる盆踊り唄で［岩本　一九六八］に掲載されている。早稲田大学演劇博物館には、稿本『目連尊者地獄めぐり』が所蔵され、五段構成で江戸初期に形成された説教の五段法（讃題、法説、譬喩、因縁、結縁）の形式を踏襲している［関山　一九七三b：三一二］。説経浄瑠璃は六段構成になる。吉川良和は早稲田大学所蔵本を紹介している［吉川　一九八九：二一二］。『目連尊者地獄めぐり』は江戸時代末期から明治時代の初めに多く出版された。

(38) 『目連救母幽冥宝伝』（一八八一）では、目連が「幽冥教主地蔵菩薩」の称号を受けている。扉絵の目連は錫杖を持つという。

(39) 説経正本の流れとされてきたが、川口久雄は石川県白峰村桑島の盆踊り唄「じょうかべ」は、敦煌の「大目乾連冥間救母変文」と一致点が多く、宇留藤太夫直伝の説経浄瑠璃正本とも類似していると主張する［川口　一九五六］。

(40) 天理大学所蔵で、下村家旧蔵本である。『未刊謡曲集』二四所収（古典文庫三四〇）。翻刻がある［渡　二〇〇三：二三六―二三七］。

(41) 「熊野本地絵巻」（武久家本）の詞書には、『仏説盂蘭盆経』に基づく供養の由来が説かれている（大島・渡（校注・訳）二〇〇二、に翻刻）。

(42) 対馬の史料は、早稲田大学演劇博物館開催の『対馬の芸能資料展』（一九九七年三月～五月）に基づく。渡辺伸夫の調査による法者関係の祭文や祈禱書は貴重だが、現在も資料集が刊行されず、考察も不十分なものに止まらざるを得ない。

(43) 「芸北神楽能本集」『日本庶民文化史料集成』［上田・本田・三隅（編）　一九七四：二七一―二七二］。

(44) 復活した布橋灌頂は不定期に行われてきたが、近年では三年に一回に固定し、最近では二〇一四年（平成二六年）九月二一日に行われた。

(45) 五来重によって『新訂増補　史籍集覧　宗教部雑部　補遺』（二）（一九六八）で紹介され『神楽の伝承と記録』［豊根村教育委員会（編）　一九八五］に武井正弘の解題と共に収録された。

(46) 史料や報告としては、［本田　一九四二。武井　一九七七、一九八〇。武井（編）　二〇一〇］、『三河大神楽』［豊根村教育委員会（編）一九九〇］など数多い。

(47) 三日三夜にわたる行事を断片的に史料に基づいて一晩に集約する復元は新たな創造とも言え、生前の武井正弘は多くの疑問点を指摘した。「浄土入り」での地獄からの救済者は目連でも地蔵でもなく修験らしき僧侶であると考えていた。報告書の『三河大神楽』[豊根村教育委員会(編) 一九九〇]にはその逡巡する様子が投影されている。

(48) 『血盆経』を巡る議論は錯綜している[松岡 一九九一。高達 一九九七]。女人結界から女人禁制へという女性の排除の強化にも『血盆経』の影響が大きい[鈴木 二〇〇二:一八三]。

(49) 漢族の女神信仰については、媽祖に関する三尾裕子の論考が参考になる[三尾 一九九八]。

(50) 泉州の木偶戲については、[日本「目連傀儡」研究会(編) 一九九七。山本 二〇〇六]を参照。目連戲の台本も公刊されている。『泉州傳統戲曲叢書』第一〇巻(目連戲)[泉州地方戲曲研究社(編) 一九九九]。福建の目連戲に関する論文集『福建目連戲研究論文集』[福建省藝術研究所(編) 一九九一]も参考になる。

(51) 地蔵については民間信仰との関連では[石川 一九九五。渡 二〇一一]などを参照されたい。

あとがき

本書は『ミャオ族の歴史と文化の動態——中国南部山地民の想像力の変容』（風響社、二〇一二年）に続く中国の少数民族の研究を中核とした論文集である。今回は中国南部の少数民族については、特定の民族に限定せず、トン族、ヤオ族、スイ族、トゥチャ族へと研究対象を広げた。そして、少数民族と漢族との関係性や文化の相互変容、少数民族の展開と漢族の変容、そして漢族文化の日本への伝播と日本での再創造などへ視野を拡大した。場所も貴州、広西、湖南、福建、日本と多岐に亘る。基礎になったのは、一九八一年以来の中国での断続的なフィールドワークで収集した資料で、ミャオ族の調査と並行して行ったものである。幸いにもミャオ族に関する前著は「第一一回木村重信民族藝術学会賞」の受賞という栄誉を頂いた。授賞式は国立民族学博物館で開催された民族藝術学会創立三〇周年記念大会の総会で二〇一四年九月二一日に行われた。恩師の岩田慶治先生に縁の深い民博での受賞式というのも何かの縁で、少しは恩返しができたのかもしれない。岩田先生は二〇一三年二月一七日に亡くなり、生前に本書をご覧頂けなかったことは残念である。一九七九年四月に東京工業大学工学部の文化人類学研究室に奉職させて頂いたことが現在に繋がっている。

本書の成立にあたっては多くの方々の援助を得た。特にお世話になったのは一九八八年に広西壮族自治区の金秀大瑤山でお会いして以来、御教示を賜っている範禹先生（元貴州省黔南藝術文学研究室研究員）で、学問上での協力に止まらず、翻訳や現地での諸手続き、困難な旅への同行など多くの援助を得た。深く感謝申し上げたい。範禹先生は二〇一六年一一月一六日に九二歳で亡くなられ、本書をお見せすることはかなわなかった。誠に残念なことである。貴州省では李廷貴氏や潘朝霖氏をはじめとする貴州民族学院の先生方、広西では広西博物館の覃義生氏、湖南では文学学術界聯合会の林河氏、福建省では福建省藝術研究院の葉明生氏と馬建華氏など多くの方々にお世話になった。近年では貴州大学の楊志強氏や山東大学の陶冶氏からも学恩を受けている。楊氏は貴州省の黄平のミャオ族、陶氏は湖南省の湘西のミャオ族である。旧稿に全面的に手を入れて時代の大きな推移を明らかにし得たことは、現在活躍中の研究者の方々からの援助に負うことが多い。また、同行者としてご一緒した萩原秀三郎氏や百田弥栄子氏にも多くの御教示を得ていることは言うまでもない。

慶應義塾大学では一九八六年以来、文学部社会学専攻に所属して文化人類学・宗教学・民俗学を講じて来た。併せて一九九三年から地域研究センターの副所長を一〇年間ほど務め、その後も二〇〇三年に東アジア研究所に改称して以後、一一年余り副所長を継続してきた。この間に多くのプロジェクトを企画し、共同研究の成果を刊行して、研究所講座を主宰した。慶應義塾大学人類学研究会や木曜会（民俗学の研究会）での出会いも大切であった。実に恵まれた研究教育環境にあったといえる。私事になるが、二〇一五年三月を以て大学を定年で退職し、本書の刊行は人生の中仕切りの仕事となる。

私の研究は、松本信廣先生の比較神話学、可児弘明先生の中国社会史、伊藤清司先生の中国神話研究、宮家準先生の宗教民俗学、池田彌三郎先生の芸能史などが交錯する部分を原点としている。改めて学恩に感謝申し上げたい。こうした方々のご縁で前嶋信次、国分直一、馬淵東一、直江廣治、西脇順三郎、江藤淳などの諸先生とも繋がりを持つことが出来た。そして、学部生・大学院生との刺激に満ちた対話、入れ替わり立ち代わりやってきた海外からの若い留学生との討論や共同調査は大きな糧となった。まさしく、教えることは教わることなのである。

本書に収録した各章の初出は以下の通りであるが、大幅な加筆と修正が施されている。

第一章　「女神信仰の現代的変容――貴州省侗族の薩瑪節をめぐって」野村伸一（編）『東アジアの女神信仰と女性生活』東京：慶應義塾大学出版会、二〇九―二七三頁、二〇〇四年一月。「少数民族の伝統文化の変容と創造――中国貴州省トン族の場合」国際宗教研究所（編）『現代宗教二〇一二』（特集　現代文化の中の宗教伝統）東京：秋田書店、二五八―二八二頁、二〇一二年五月。

第二章　「神話から伝説へ、そして史実へ――西南中国のヤオ族の場合」鈴木正崇（編）『森羅万象のささやき――民俗宗教研究の諸相』風響社、二五五―二七九頁、二〇一五年三月。「瑤族の民族動態に関する諸考察――中国・広西大瑤山の調査から」《金子量重先生古稀記念論集》刊行委員会（編）『アジアの民族造形文化』東京：徴蔵館、九四―一一三頁、一九九六年一月。「山住みの民――広西壮族自治区の瑤族」『季刊　民族学』四五号、大阪：千里文化財団、一〇四―一一一頁、一九八八年七月。

第三章　「漢族と瑤族の交流による文化表象――湖南省の女文字『女書』を中心として」吉原和男・鈴木正崇（編）『拡大する中国世界と文化創造――アジア・太平洋の底流』東京：弘文堂、五五―八七頁、二〇〇二年一一月。

第四章　「中国貴州省・水族の民族文化に関する一考察――端節・銅鼓・水書を中心に」『史学』第八四巻一・二・三・四号（文学部創設一二五年記念号・第一分冊）、三田史学会（慶應義塾大学文学部）、二一一―二四九頁、二〇一五年四月。「銅鼓と魚と馬――水族の端節にみる世界観」『季刊　自然と文化』三七号、東京：日本ナショナルトラスト、一四―二七頁、一九九二年六月。「洞窟葬のムラ――青瑤の婚姻と葬制」『春秋』三二八号、一九―二三頁、東京：春秋社、一九九一年四月。「小さな少数民族――白褲瑤再訪」『春秋』三三一号、一七―

二一頁、東京：春秋社、一九九一年八月。

第五章 「中国貴州省の祭祀と仮面――徳江儺堂戯の考察」石田秀実（編）『東アジアの身体技法』東京：勉誠出版、三一七―三九三頁、二〇〇〇年一〇月。

第六章 「福建省の祭祀芸能の古層――『戯神』を中心として」『国際常民文化研究叢書』七号（アジア祭祀芸能の比較研究）、横浜：神奈川大学国際常民文化研究所、二三一―二七二頁、二〇一五年一月。

第七章 「追儺の系譜――鬼の変容をめぐって」松岡心平（編）『鬼と芸能――東アジアの演劇形成』東京：森話社、八七―一二一頁、二〇〇〇年七月。

第八章 「神楽の中の目連とその比較」野村伸一（編）『東アジアの祭祀伝承と女性救済――目連救母と芸能の諸相』東京：風響社、四六九―五〇三頁、二〇〇七年八月。

慶應義塾大学での地域研究についての概要は「地域研究と慶應義塾――人文社会科学の視野から」『三田評論』一一八二号（慶應義塾、二〇一四年一〇月、三三―三七頁）、研究の軌跡については「シルクロードから学んだもの――私の研究小史」篠田知和基（編）『神話・象徴・儀礼』（楽瑯書院、二〇一四年一二月、二四五―三二六頁）、「東アジアと南アジアのはざまで――地域研究の行方を探る」慶應義塾大学東アジア研究所（編）『アジア・アフリカ研究――現在と過去の対話』（慶應義塾大学出版会、二〇一五年二月、一二一―一五二頁）としてまとめた。

全ての始まりは登山であった。小学校四年（一九五九年）以来の山登りが、日本各地への山行や山スキーとなり、大島亮吉・冠松次郎・田辺重治・串田孫一・深田久弥などが著した山岳書の耽読へと導いた。ヒマーラヤやカラコルムをはじめ海外の山への想いや探検への憧れが強まり、特に中央アジアの探検記が好きで、スウェン・ヘディンの『トランス・ヒマラヤ』や『チベットの冒険』、あるいは河口慧海の『西蔵旅行記』やハラー『チベットの七年』を読んでチベットに憧れた。ヘディンの『さまよえる湖』を読んで感動し、敦煌、楼蘭、ロプノールなど西域への夢が広がった。一九七一年にシルクロードへの旅に出たのは若き日の夢の実現であった。アフガニスターンでの真っ青な空の下での遊牧民との出会いや、インド・ネパールでの聖地巡礼や放浪が人生を決定的に変えた。そして、霊長類学者の今西錦司や生態学者の梅棹忠夫に憧れて、次第に探検や登山から脱却して文化人類学に近づいていった。私の研究の根源に山があり、行動のどこかに探検の要素が残り、パイオニアワークを求め歩いているのはこの時に培った好奇心の賜物かもしれない。川喜田二郎先生の紹介で入った日本山岳会は現在も会員を継続している。二〇一六年一二月三日には日本山岳会の第一八回秩父宮記念山岳賞を受賞した。「日本の山岳信仰と修験道に関する宗教学的研究」の業績に対してである。幸いにも記念講演と晩餐会には皇太子殿下の御臨席を賜りよい想い出になった。学界関係では日本山岳修験学会の会長を務めている。中国南部の山地民の民族の探求も山とのつきあいの一貫した流れの中にあった。初心忘るべからず。愚直なまでに継続していけば、いつの日か集大成の日はくる。三〇年もの歳月を費やして達成できたことはわずかだが、充実感はある。

本書の刊行にあたっては、ミャオ族に関する前著に引き続き、風響社社長の石井雅氏の多大なご尽力をいただいた。ここに深く感謝の意を表したい。

二〇一七年二月一五日

参考文献

序章

〈日文〉

愛知大学国際中国学研究センター（編）

二〇〇七『漢族・少数民族研究の接合―クロスオーバー的視点からみる漢族と少数民族の社会と文化』（愛知大学二一世紀COEプログラム　国際シンポジウム報告書）、豊橋：愛知大学国際中国学研究センター。

可児弘明・国分良成・鈴木正崇・関根政美（編）

一九九八『民族で読む中国』東京：朝日新聞社。

鈴木正崇（編）

二〇一〇『東アジアにおける宗教文化の再構築』東京、風響社。

鈴木正崇

二〇一二『ミャオ族の歴史と文化の動態―中国南部山地民の変容』東京：風響社。

竹村卓二

一九八三「少数民族の歴史と文化」橋本萬太郎（編）『漢民族と中国社会』（民族の世界史五）東京：山川出版社、三二五―三六四頁。

吉開将人

二〇〇九「苗族史の近代（続篇）」『北海道大学文学研究科紀要』一二七号、札幌：北海道大学、八一―一二一頁。

二〇一〇「苗族史の近代（六）」『北海道大学文学研究科紀要』一三一号、札幌：北海道大学、四九―一三八頁。

吉原和男・鈴木正崇（編）

二〇〇二『拡大する中国世界と文化創造―アジア太平洋の底流』東京：弘文堂。

〈外文〉
費　孝通（編）
一九八九『中華民族多元一体格局』北京：中央民族学院出版社（西澤治彦他訳『中華民族の多元一体構造』東京：風響社、二〇〇八）。
楊　思機
二〇〇九「国民革命与少数民族問題」『学術研究』二〇〇九年第一二期、一一五―一六〇頁。

第一章

〈日文〉
浅川滋男
一九九四「住まいにみる貴州トン族の漢化とエスニシティ」『住まいの民族建築学―江南漢族と華南少数民族の住居論』東京：建築資料研究社、三三〇―三八四頁。
エンゲルス、F
一九七一「家族・私有財産および国家の起源」『マルクス＝エンゲルス全集』第二一巻（村田陽一訳）東京：大月書店。Engels, Friedrich. Der Ursprung der Familie, des Privateigenthums und des Staats, Hottingen-Zürich, Verlag der Schweizerischen Volksbuchhandlung.1884.
兼重　努
一九九八「エスニック・シンボルの創成―西南中国の少数民族トン族の事例から」『東南アジア研究』三五巻四号、一三二―一五二頁。
二〇〇〇「老人たちが再生させた橋修理―中国の少数民族トン族の民間公益活動における近所づきあい」福井勝義（編）『近所づきあいの風景―つながりを再考する』京都：昭和堂、一九〇―二一三頁。
二〇〇五「トン族」末成道男・曽士才（編）『東アジア』（講座　世界の先住民族――ファースト・ピープルズの現在　一）東京：明石書店、三三三―三五一頁。
二〇〇七「集落地形の風水判断――西南中国、トン族の村落風水の事例から」『滋賀医科大学基礎学研究』一三号、一九―四四

頁。†
二〇〇八「県級『民族誌』における民族表象―広西三江トン族自治県の事例から」塚田誠之（編）『民族表象のポリティックス―中国南部の人類学・歴史学的研究』東京：風響社、八九―一二五頁。
二〇〇九「西南中国における功徳の観念と積徳行―トン族の橋づくりの事例から」林行夫（編）『〈境域〉の実践宗教―大陸部東南アジアと宗教のトポロジー』京都：京都大学学術出版会、六三一―六七六頁。

牛　承彪
二〇一三「中国トン族『鼓楼』の文化的機能について―堂安寨と岩洞寨の事例から」『関西外国語大学　研究論集』第九七号、六九―八八頁。
二〇一四「中国トン族における空間意識と歌をめぐって―貴州省黎平県岩洞寨を中心として」『関西外国語大学　研究論集』第一〇〇号、一一五―一三四頁。

貴州トン族住居調査委員会
一九九三「蘇洞：貴州トン族の村と生活―中国・貴州の高床式住居と集落（その二）」『住宅建築』東京：建築資料研究社、第二一七号、四―一〇七頁。

國學院大學二一世紀COEプログラム（編）
二〇〇五『薩歳の祭り―中国貴州省南部侗族の祭祀及び神観念に関する研究調査報告書』東京：國學院大學。

鈴木正崇
一九九二「銅鼓と魚と馬―水族の端節にみる世界観」『自然と文化』三七号、東京：日本ナショナルトラスト、一四―二七頁。
一九九四「苗族の来訪神―中国・広西融水苗族の春節」宮家準・鈴木正崇（編）『東アジアのシャーマニズムと民俗』東京：勁草書房、三六一―三九一頁。
一九九六「瑤族の民族動態に関する諸考察―中国・広西大瑤山の調査から」《金子量重先生古稀記念論集》刊行委員会編『アジアの民族造形文化』東京：徴蔵館、九四―一一三頁。
二〇〇二「死者と生者―中国貴州省苗族の祖先祭祀」『日吉紀要　言語・文化・コミュニケーション』二九号、慶應義塾大学日吉紀要刊行委員会、五五―一〇二頁。
二〇一二『ミャオ族の歴史と文化の動態―中国南部山地民の想像力の変容』東京：風響社。

鈴木正崇（編）
二〇一五『アジアの文化遺産―過去・現在・未来』東京：慶應義塾大学出版会。

覃　光広等（編）
一九九三『中国少数民族の信仰と習俗』下巻（伊藤清司監訳、林雅子訳）東京：第一書房。
ド・セルトー、ミッシュエル
一九八七『日常実践のポエティーク』（山田登世子訳）東京：国文社。De Certeau,Michel.*Art de Faire*,Union Général d'Éditions.1980.
長谷川清
一九八九「始源の祖母—トン族の女神崇拝と社会的結合」君島久子編『東アジアの創世神話』東京：弘文堂、一〇二—一二三頁。
薛　羅軍
二〇〇一「中国少数民族の優雅な口承伝統文化—トン族の事例から」『ユネスコアジア文化ニュース』東京：ユネスコアジア文化センター、三二〇号、二—三頁。
二〇〇三「中国の少数民族・侗族の祖母神『薩歳』」『文化科学研究』名古屋：中京大学文化科学研究所、一四巻二号、三三—三八頁。
松本嘉久・辻本雄紀
一九九九「中国におけるツーリズムの発展と政策」『東アジア研究』東京：東アジア学会、第二六号、一五—三八頁。
三尾裕子
一九九八「『一人前の女性』になれなかった女神たち—漢人社会における宗教とジェンダー」田中雅一（編）『女神—聖と性の人類学』東京：平凡社、三一—六三頁。
百田弥栄子
一九九九『中国の伝承曼荼羅』東京：三弥井書店。
モーガン、L・H
一九六一『古代社会』上・下（青山道夫訳）東京：岩波書店。Morgan,Lewis Henry,*Ancient Society*,New York:Holt,1877.
〈外文〉
戴　文年・楊民生・冒国安
二〇〇二『貴州民族風情図鑑』貴陽：貴州人民出版社。
過　偉
一九九三『侗族民間叙事文学』南寧：広西人民出版社。

貴州省文化庁（編）
二〇〇二『侗族鼓楼―図像人類学視野中的』貴陽：貴州民族出版社。
劉 鋒・龍耀宏（編）
二〇〇四『侗族―貴州黎平県九龍村調査』昆明：雲南大学出版社。
孟 雲
二〇〇二『村寨古風―従三宝侗寨到短裙苗郷』（劉照恵訳）貴陽：貴州人民出版社。
黔東南州文化局（編）
一九八九『貴州侗戯』（李瑞岐主編）貴陽：貴州民族出版社。
黔東南苗族侗族自治州文藝研究室・貴州省民間文藝研究会（編）
一九八一『侗族祖先哪里来（侗族古歌）』（楊国仁・呉定国等整理）貴陽：貴州人民出版社。
石 開忠
二〇〇一『侗族鼓楼』貴陽：華夏文化藝術出版社。
石 干成
二〇〇二『走進肇興―南侗社区文化考察筆記』北京：中国文聯出版社。
《侗族簡史》編写組
一九八五『侗族簡史』貴陽：貴州民族出版社。
《侗族文学史》編写組
一九八八『侗族文学史』貴陽：貴州民族出版社。
王 勝先
一九八七「鼓楼文化―当今典型的越文化」『黔東南社会科学』一九八七年一期、四五―四九頁。
一九八九『侗族文化与習俗』貴陽：貴州民族出版社。
王 興瑞
一九八四『洪夫人与馮氏家族』北京：中華書局。
徐 松石
一九六三『粤江流域人民史』香港：香港世界書局。
楊 国仁

楊　国仁・呉定国（編）
　一九八四「前言」楊国仁・呉定国（編）『侗族礼俗歌』貴陽：貴州人民出版社。
　一九八六「珠郎娘美」楊国仁編『侗族叙事歌』貴陽：貴州人民出版社。
　一九八九「侗族社交習俗」羅廷華・王勝先主編『侗族歴史文化習俗』貴陽：貴州人民出版社、一四九―一六九頁。
楊　国仁（編）
　一九八八『侗族坐夜歌』貴陽：貴州人民出版社。
楊　国仁・呉定国（編）
　一九八四『侗族礼俗歌』貴陽：貴州人民出版社。
楊　保願
　一九八六『嘎茫奔道時嘉（侗族遠祖歌）』北京：中国民間文芸出版社。
楊　永明・呉珂全・楊方舟
　二〇〇八『中国侗族鼓楼』南寧：広西民族出版社。
楊　庭碩・藩盛之
　二〇〇四『百苗図抄本匯編』貴陽：貴州民族出版社。
余　未人
　二〇〇一『走近鼓楼―侗族南部社区文化口述史』貴陽：貴州人民出版社。
張　人位・石開忠
　一九九二『貴州民族人口』貴陽：貴州民族出版社。
張　民
　一九八二「薩歳考略」『貴州民族研究』一九八二年三期、一二六―一三四頁。
　一九八六「侗族〝鼓楼〟探」『中央民族学院学報』一九八六年二月、九二―九四頁。
　一九九〇「関于榕江県車江的『薩歳』調査」『貴州民族調査』（七）貴州民族研究所、二二一―二三〇頁。
　一九九一ａ「試探〝薩歳〟神壇源流」『貴州民族研究』一九九一年四期、二七―五八頁。
　一九九一ｂ「続『従祭祖歌探討侗族遷徙』」侗学研究会編『侗学研究』貴陽：貴州民族出版社、三八―五八頁。
張　民（主編）
　一九九一『貴州少数民族』貴陽：貴州民族出版社。
張　世珊・楊昌嗣（編）

一九九二　『侗族文化概論』貴陽：貴州民族出版社。

張　勇・鄧敏文（撰編）
二〇〇五　『侗族大歌』貴陽：貴州民族出版社。

呉　定国・鄧敏文（撰編）
二〇〇五　『侗族大歌拾零』貴陽：貴州民族出版社。

Berlie,Jean
1998　*Sinisation:A la Limite Trois Provinces de Chine,une Minorité de plus en plus Chinoise: Les Locuteurs Kam, Officiellemant Appels Dong.*. Édition.Guy Trédaniel, Paris.

Curien,Annie
2000　*Littératures Enchantées des Dong: Récits de Zhang Zezhong Pan Nianying: Chants et Légendes*, Bleu de Chine. Paris.

Geary, D.Norman, Geary, Ruth. B, Ou Chaoquan（欧潮泉）, Long Yaohong（龍耀宏）, Jiang Daren（姜大仁）, Wang Jiying（王継英）.
2003　*The Kam People of China.*. London: Routledge Curzon.

Ou Chaoquan（欧潮泉）
2007　*Life in Kam Village in Southwest China, 1930-1949*（trans by D.Norman Geary）,Leiden: E. J. Brill.

第二章

〈日文〉

伊藤清司
一九九六　『中国の神話・伝説』東京：東方書店。

岩田慶治
一九六〇　「北部ラオスの少数民族―特にヤオ族について」『史林』第四三巻一号、七〇―一〇三頁。

岡田宏二
一九九三　『中国華南民族社会史研究』東京：汲古書院。

菊池一雅

一九八九　『インドシナの少数民族社会誌』東京：大明堂。
君島久子
一九七七　「龍神（龍女）説話と龍舟祭（一）」『国立民族学博物館研究報告』二巻一号、大阪：国立民族学博物館、三四―六二頁。
饒　宗頤
一九八七　「タイの『瑤人文書』読後記」『東方學』第七三輯（百田弥栄子訳）、東京：東方學會、一五六―一六五頁。
窪　徳忠
一九七七　『道教史』東京：山川出版社。
鈴木正崇
一九八五　『中国南部少数民族誌―海南島・雲南・貴州』東京：三和書房。
一九八八　「山住みの民―広西壮族自治区の瑤族」『季刊　民族学』大阪：千里財団、四五号、一〇四―一一一頁。
一九九三　「創られた民族―中国の少数民族と国家形成」飯島茂（編）『せめぎあう「民族」と国家』京都：アカデミア出版会、二一一―二三八頁。
一九九六　「瑤族の民族動態に関する諸考察―中国・広西大瑤山の調査から」《金子量重先生古稀記念論集》刊行委員会（編）『アジアの民族造形文化』東京：徴蔵館、九四―一一三頁。
二〇一二　『ミャオ族の歴史と文化の動態―中国南部山地民の想像力の変容』東京：風響社。
二〇一五a　「神話から伝説へ、そして史実へ―西南中国のヤオ族の場合」鈴木正崇（編）『森羅万象のささやき―民俗宗教研究の諸相』東京：風響社、二五五―二七九頁。
二〇一五b　「創世神話と王権神話―アジアの視点から」『古事記學』第1号（國學院大學21世紀研究教育計画委員会研究事業成果報告論集）國學院大學研究開発推進機構・研究開発推進センター、一一三―二一四頁。
白鳥芳郎（編）
一九七五　『瑤人文書』東京：講談社。
一九七八　『東南アジア山地民族誌―ヤオとその隣接種族』東京：講談社。
竹村卓二
一九八一　『ヤオ族の歴史と文化―華南・東南アジア山地民族の社会人類学的研究』東京：弘文堂。
竹村卓二（編）
一九九四　『儀礼・民族・境界―華南諸民族「漢化」の諸相』東京：風響社。

田畑久夫・金丸良子
　一九九五　『中国少数民族誌―雲貴高原のヤオ族』東京：ゆまに書房。
張　国明
　一九九二　「瑤族の度戒行事次第」（星野紘訳）『自然と文化』三七号（儀礼と生命原理）東京：観光資源保護財団、三三―四五頁。
廣田律子
　二〇〇七　「中国湖南省のヤオ族の儀礼に見出す道教の影響―馮家実施の還家愿儀礼調査から」『東方宗教』一一〇号、東京：日本道教学会、五七―八一頁。
星野　紘
　一九八八　「中国ヤオ族の盤王祭の舞踊―神楽との異同」『民俗芸能研究』東京：民俗芸能学会、第七号、六五―八七頁。
松本信廣
　一九四一　「盤瓠伝説の一資料」『加藤博士還暦記念　東洋史集説』東京：冨山房、七六九―七八四頁。
　一九四三　「河内仏国極東学院所蔵安南本書目」『史学』東京：慶應義塾大学史学会、一三巻四号、一一七―二〇四頁。
百田弥栄子
　一九九九　『中国の伝承曼荼羅』東京：三弥井書店。
　二〇〇四　『中国神話の構造』東京：三弥井書店。
山本達郎
　一九五五　「マン族の山関簿―特に古伝説と移住経路について」『東京大学東洋文化研究所紀要』第七号、一九一―二七〇頁。
吉野　晃
　一九九四　「タイ北部のミエン・ヤオ族の儀礼・総体的祭司制・漢字使用―儀礼に見られるヤオ族の「漢化」の一側面」竹村卓二編『儀礼・民族・境界―華南諸民族「漢化」の諸相』東京：風響社、五一―七七頁。
　二〇〇五　「中国におけるユーミエンの民族間関係に関する調査報告：広東省北江瑤山と広西壮族自治区金秀大瑤山におけるユーミエンの事例」山路勝彦編『中国少数民族のエスニック・アイデンティティの人類学的研究』（平成一四年度―一六年度科学研究費補助金研究成果報告書）関西学院大学、三八―五五頁。

〈外文〉
柏　果成・史継忠・石海波

一九九〇『貴州瑤族』貴陽：貴州民族出版社。

岱年・世杰（主編）・黔南文学藝術研究室（編）

一九八四『水族民間故事』貴陽：貴州人民出版社。

干　寶

一九七九『捜神記』（汪紹楹校注）北京：中華書局（『捜神記』（竹田晃訳）東京：平凡社、一九六四）。

広西壮族自治区編輯組（編）

一九八四『広西瑤族社会歴史調査』第一冊、南寧：広西民族出版社。

一九八五『広西瑤族社会歴史調査』第八冊、南寧：広西民族出版社。

《過山榜》編輯組（編）

一九八四『瑤族《過山榜》選編』長沙：湖南人民出版社。

胡　耐安

一九六八「説瑤」張其昀（珠編）『辺疆論文集』第一冊、北京：国際研究院・中華大典編印会、五六八—五八七頁。

胡　起望・范　宏貴

一九八三『盤村瑤族』北京：民族出版社。

湖南少数民族古籍辨公室（主編）

一九八八『盤王大歌』上・下（鄭徳宏・李本高　整理訳釈）長沙：岳麓書社。

黄　海・邢淑芳

二〇〇六『盤王大歌—瑤族図騰信仰与祭祀経典研究』貴陽：貴州人民出版社。

黄　革（編）

一九八五『広西少数民族民間故事』南寧：広西民族出版社。

黄　鈺

一九八八「瑤族評皇券牒初探」喬健・謝剣・胡起望（編）『瑤族研究論文集』北京：民族出版社、四六—六二頁。

一九九〇『評皇券牒集編』南寧：広西人民出版社。

藍　懐昌・藍書京・蒙通順　捜集翻訳整理

一九八八『密洛陀』北京：中国民間文藝出版社。

藍　克寛・金瑞榮

李　国文
一九八七「茶山瑤〝做功徳〟習俗初探」広西瑤族研究学会（編）『瑤族研究論文集』南寧：広西出版社、二六六―二八〇頁。
一九九〇「瑤族」宋恩常（主編）『雲南の少数民族』東京：日本放送出版協会、一六六―一七五頁。
林　河
一九九七「古夜郎国的竹王祭」『古儺尋踪』長沙：湖南美術出版社、四八七―五〇五頁。
劉　錫蕃
一九三四『嶺表紀蛮』上海：商務印書館。
譚　子美・李宜仁
一九九一「〝漫水龍歌〟与〝盤瓠崇拝〟」『貴州民族研究』一九九一年第四期、貴陽：貴州民族学院、五三―五六頁。
馬　学良・今旦（編）
一九八三『苗族史詩 HXAK HMUB』北京：中国民間文藝出版社。
連南瑤族自治県地方志編委員会（編）
一九九六『連南瑤族自治県志』広州：広東人民出版社。
《畲族簡史》編写組
一九八〇『畲族簡史』福州：福建人民出版社。
蘇　勝興
一九九〇「歓楽的盤王節」胡徳才・蘇勝興（編）『大瑤山風情』南寧：広西民族出版社、二二五―二二九頁。
唐　兆民
一九四八『傜山散記』上海：文化供応社。
王　同恵
一九三六『花籃猺社会組織――廣西省象縣東南郷』廣西省政府特約研究専刊。
弋　良俊
二〇〇一『夜郎探秘――古夜郎・今貴陽』貴陽：貴州民族出版社。
《瑤族簡史》編写組
一九八三『瑤族簡史』南寧：広西民族出版社。
姚　舜安

一九九一『瑤族民俗』長春：吉林教育出版社。
張　震声（主編）
一九九四『広西融水埋岩規』南寧：人民出版社。
張　有雋
一九八六『瑤族宗教論集』南寧：広西瑤族研究学会。
一九八八「十萬大山瑤族道教信仰浅釈」喬健・謝剣・胡起望（編）『瑤族研究論文集』北京：民族出版社、七五―九〇頁。
尤　中
一九八三「夜郎民族源流考」『夜郎考』貴陽：貴州人民出版社、一三二―一八七頁。
周　隆淵（主編）・黔南文学藝術研究室（編）
一九八七「射天狗」『射岩箭』（瑤族民間故事選）貴陽：貴州人民出版社。
祖岱年・　周隆淵（編）
一九八八『水族民間故事選』上海：上海文藝出版社。
Lemoine, J.
1982 *Yao Ceremonial Paintings*, Bangkok, White Lotus Co. Ltd.

第三章

〈日文〉

遠藤織枝
一九九六『中国の女文字―伝承する中国女性たち』東京：三一書房。

一九九七「中国女文字と女性文化」『ことば』一八号、東京：大修館書店、一二七―一二九頁。

二〇〇二『中国女文字研究』東京：明治書院。

二〇〇五「２００４中国女文字調査報告」『文教大学文学部紀要』第一八巻二号、六九―九〇頁。

ＨＰ「女書の現況と女書シンポジウムの報告」「中国『女書習俗』保護シンポジウム」「中国女文字が音楽になりました」『女書の世界』http://homepage3.nifty.com/nushu/symposiumJ.htm。

遠藤織枝・黄雪貞（編）
　二〇〇九『消えゆく文字―中国女文字の世界』東京：三元社。
岡田宏二
　一九九三『中国華南民族社会史研究』東京：汲古書院。
河原正博
　一九八四『漢民族華南発展史研究』東京：吉川弘文館。
白鳥芳郎（編）
　一九七五『瑤人文書』東京：講談社。
　一九七八『東南アジア山地民族誌―ヤオとその隣接諸種族』東京：講談社。
白鳥芳郎
　一九八五『華南文化史研究』東京：六興出版。
周　星
　二〇〇一「漢族とその経済生活」佐々木信彰（編）『現代中国の民族と経済』京都：世界思想社。
鈴木正崇
　一九九六「瑤族の民族動態に関する諸考察―中国・広西大瑤山の調査から」金子量重先生古稀記念論集刊行委員会（編）『アジアの民族造形文化』東京：徴蔵館、九四―一一三頁。
　二〇一二『ミャオ族の歴史と文化の動態―中国南部山地民の想像力の変容』東京：風響社。
鈴木正崇（編）
　二〇一五『アジアの文化遺産―過去・現在・未来』東京：慶應義塾大学出版会。
瀬川昌久
　一九九六『族譜―華南漢族の宗族・風水・移住』東京：風響社。
竹村卓二
　一九八一『ヤオ族の歴史と文化―華南・東南アジア山地民族の社会人類学的研究』東京：弘文堂。
　一九九一「ヤオ族の《家先単》とその運用―漢族との境界維持の視点から」竹村卓二（編）『漢族と隣接諸族―民族のアイデンティティの諸動態』（国立民族学博物館研究報告別冊一四号、四二三―四五九頁）。『儀礼・民族・境界』東京：風響社、一九九四、一二三―一五〇頁に再録。

丁　育華
　二〇〇七　「文化は誰のものか―中国湖南省における『女書』の伝承をめぐって」『白山人類学』一〇号、四一―六七頁。
牧野　巽
　一九八五　『牧野巽著作集』第五巻（中国の移住伝説・広東原住民考）東京：御茶の水書房。
百田弥栄子
　二〇〇〇　「千家峒と『女書』の里―湖南省江永県上江墟郷の民俗」『歴史と民族における結婚と家族』（江守五夫先生古稀記念論文集）東京：第一書房。
吉野　晃
　一九九四　「タイ北部のミエン・ヤオ族の儀礼・総体的祭司制・漢字使用―儀礼に見られるヤオ族の「漢化」の一側面」竹村卓二（編）『儀礼・民族・境界―華南諸民族「漢化」の諸相』東京：風響社、五一―七七頁。
劉　穎
　二〇〇〇　「女書作品の表現形式における非定形詩句について―何艶新の作品を中心に」『成城文藝』一六九号、七三―八七頁。
　二〇〇一　「女書創作作品のメロディとリズムについて―何艶新と何静華の歌を中心に」『成城文藝』一七三頁、六〇―八一頁。
　二〇〇五　「女書伝承作品のメロディについて―創作作品との比較を中心に」『成城文藝』一八九号、五六―六七頁。
　二〇〇七　「『女書旋法』と城関土話の声調との関係における考察」『成城文藝』一九八号、一四〇―一六〇頁。
　二〇〇九　「女書歌メロディの恣意性における考察―何艶新との比較を中心に」『成城文藝』二〇八号、一四六―一六六頁。
　二〇一〇　「女書文化伝承における言語的条件―方言の官話化問題をめぐって」『成城文藝』二一三号、一一九―一五三頁。

〈外文〉
白　庚勝・向雲駒
　二〇〇五　『閨中奇跡―中国女書』哈爾濱：黒龍江人民出版社。
費　孝通（編）
　一九八九　『中華民族多元一体格局』北京：中央民族学院出版社（西澤治彦他訳『中華民族の多元一体構造』東京：風響社、二〇〇八）。
広西壮族自治区編輯組
　一九八五　『広西瑤族社会歴史調査』第八冊、南寧：広西民族出版社。

一九八六　『湖南瑤族社会歴史調査』南寧：広西民族出版社。
宮　哲兵
一九八三　「関于一種特殊文字的調査報告」『中南民族学院学報』一九八三年第三期、武漢：中南民族学院、一二二―一二八頁。
一九九二　「女書興衰的社会原因」『求索』一号、六九―七三頁。
一九九五　『女性文字與女性社会』烏魯木斉：新疆人民出版社。
二〇〇一　『千家峒運動与瑤族発祥地』武漢：武漢出版社。
宮　哲兵（編）
一九八六　『婦女文字和瑤族千家峒』北京：中国展望出版社。
一九九一　『女書―世界唯一的女性文字』台北：婦女新知基金会出版部。
二〇〇三　『搶救世界文化遺産―女書二〇〇二年江永女書国際研討会論文集』長春：時代文藝出版社。
《過山榜》編輯組
一九八四　『瑤族《過山榜》選編』長沙：湖南人民出版社。
黄　雪貞
一九九三　『江永方言研究』北京：社会科学文献出版社。
黄　鈺
一九九〇　『評皇券牒集編』南寧：広西人民出版社。
湖南省江永県誌編纂委員会
一九九五　『江永県史』北京：方志出版社。
湖南少数民族古籍辨公室（主編）
一九八八　『盤王大歌』下巻（鄭徳宏・李本高整理翻訳）、長沙：岳麓書社。
政治協商江永県文史委員会
一九九一　『江永瑤族史』（楊仁里責任編集）（政協文史第二輯）、江永：政治協商江永県文史委員会。
李　本高
一九九五　『「評皇券牒」研究』長沙：岳麓書社。
謝　志民
一九八七　「江永〝女書〟概述」『中央民族学院学報』一九八七年第一期、北京：中央民族学院、六七―七四頁。

一九九一『江永〝女書〟之謎』上・中・下巻、鄭州：河南人民出版社。

楊 仁里・陳其光・周硯沂（編）
一九九五『永明女書』長沙：岳麓書社。

楊 漢先
一九八〇「貴州省威寧県苗族古史伝説」『貴州民族研究』一九八〇年一期（胡起望・李廷貴（編）『苗族研究論叢』貴陽：貴州民族出版社、一九八八に再録）。

遠藤織枝・黄雪貞（主編）
二〇〇五『女書的歴史与現状—解析女書的新視点』北京：中国社会科学出版社。

趙 麗明
一九八九「『女書』的文字学価値」『華中師範大学学報』六号、六八—七六頁。
一九九四『奇特的女書』北京：北京語言学院出版社。

趙 麗明（主編）
一九九二『中国女書集成』北京：清華大学出版社。

趙 麗明・宮哲兵（編）
一九九〇『女書——一個驚人的発現』武漢：華中師範大学出版社。

周 硯沂（編）
二〇〇二『女書字典』長沙：岳麓書社。

江永県民族調査組
一九八六『瑤族古籍資料選編』江永：江永県民族調査組。

Linton, Ralph and Hallowell, A. Irving.
1943 "Nativistic movements" ,*American Anthropologist* New Series, Vol. 45, No. 2, pp. 230-240.

Lisa, See
2005 *Snow Flower and the Secret Fan* ,New York:Random House

Silber, Cathy
1994 'From Daughter to Daughter-in-Law in the Women's Script of Southern Hunan',. *Engendering China:Women,Culture and the State,*

Harvard University Press.
Wallace, Anthony, F. C.
1956 "Rivitalization Movements"., *American Anthropologist* New Series, Vol. 58, No. 2, pp. 264-281.
Wolf, Margery
1972 *Women and Family in Rural Taiwan*, Stanford University Press, Stanford,California

第四章

〈日文〉

大橋健一・松平誠
一九九二　「祭りと文化変容（一）―中国広西壮族自治区壮族の螞拐節」『応用社会学研究』三四号、東京：立教大学社会学部、二五七―二六六頁。
霍　巍
一九九九　「蜀と滇の間の考古学―考古学から見た古代西南中国」ダニエルス・C、渡部武（編）『四川の考古と民俗』東京：慶友社、六一―五七頁。
ギアツ、クリフォード
一九八七　『文化の解釈学Ⅰ・Ⅱ』（吉田禎吾他訳）東京：岩波書店。
Geertz, Clifford. *The interpretation of Cultures: Selected Essays*, New York : Basic Books.1973
二〇〇二　『解釈人類学と反＝反相対主義』（小泉潤二訳）東京：みすず書房。
Geertz,Clifford."Distinguished Lecture:Anti Anti-Relativism",*American Anthropologist* 86:263-278.1984
繁原　央
二〇〇四　「貴州省黔南水族調査」（「貴州省黔南水族の村訪問記」『常葉学園短期大学紀要』二四号、六九―八〇頁、一九九三年として初出）『日中説話の比較研究』東京：汲古書院、二九七―三一三頁。
鈴木正崇
一九八五　『中国南部少数民族誌―海南島・雲南・貴州』東京：三和書房。
一九九二　「銅鼓と魚と馬―水族の端節にみる世界観」『季刊　自然と文化』三七号（特集　儀礼と生命原理）東京：日本ナショ

ナルトラスト、一四―二七頁。

一九九五「銅鼓の儀礼と世界観についての一考察―中国・広西壮族自治区の白褲瑤の事例から」『史学』東京：三田史学会、第六四巻三・四号、一三―三一頁。

二〇一一「少数民族の伝統文化の変容と創造―中国貴州省トン族の場合」国際宗教研究所（編）『現代宗教 二〇一一』東京：秋山書店、二五八―二八二頁。

二〇一二『ミャオ族の歴史と文化の動態―中国南部山地民の想像力の変容』東京：風響社。

二〇一五「神話と儀礼の海洋性―中国ミャオ族の場合」野村伸一（編）『東アジア海域文化の生成と展開―〈東方地中海〉としての理解』東京：風響社、六九九―七三二頁。

田畑久夫・金丸良子
一九九五『中国少数民族誌―雲貴高原のヤオ族』東京：ゆまに書房。

長谷千代子
二〇〇七『文化の政治と生活の詩学―中国雲南省徳宏タイ族の日常的実践』東京：風響社。

西田龍雄
一九八〇「水文字暦の解読」『言語』一九八〇年八月号、東京：大修館書店、八八―九五、一〇六頁。

百田弥栄子
一九九一a「竜鳳文化を求めて」（竜の住む地―中国貴州の少数民族三―『春秋』三二九号、東京：春秋社、一七―二一頁。

一九九一b「銅鼓と鳥と雷神と」（竜の住む地―中国貴州の少数民族六―『春秋』三三二号、東京：春秋社、二四―二八頁。

一九九九『中国の伝承曼荼羅』東京：三弥井書店。

二〇〇四『中国神話の構造』東京：三弥井書店。

〈外文〉

柏 果成・史継忠・石海波
一九九〇『貴州瑤族』貴陽：貴州民族出版社。

陳 明芳
一九九二『中国懸崖葬』重慶：重慶出版社。

岱年・世杰（主編）・黔南文学藝術研究室（編）

一九八四『水族民間故事』貴陽：貴州人民出版社。
範　禹（主編）
一九八七『水族文学史』貴陽：貴州人民出版社。
貴州民族学院・貴州水書文化研究院（編）
二〇〇九『水族学者　潘一志文集』成都：四川出版集団巴蜀書社。
郭　輔相修・王世鑫等纂
一九六八『貴州省八塞県志稿』（中国方志叢書第一五六号）台北：成文出版社。
黄　海
一九九七『瑤山研究』貴陽：貴州人民出版社。
一九九七『瑤山研究』貴陽：貴州人民出版者社。
一九九八『瑤麓婚碑的変遷』貴陽：貴州民族出版社。
藍　懐昌・藍書京・蒙通順　捜集翻訳整理
一九八八『密洛陀』南寧：広西民族出版社。
劉　之俠・石国義
一九九九『水族文化研究』貴陽：貴州人民出版社。
羅　春寒
二〇〇九「水族、水書和水書研究」潘朝霖・唐建榮（主編）『水書文化研究』貴陽：貴州民族出版社、二八〇―二九三頁。
馬　学良・今旦（編）
一九八三『苗族史詩 HXAK HMUB』北京：中国民間文藝出版社。
梅　華全
一九八八「武夷山懸棺葬族属再探―兼論東南築懸棺葬属干〝七閩〟族」『広西民族研究』一九八八年第一期、南寧：広西民族学院、六一―六五頁。
潘　一志（編）
一九八一『水族社会歴史資料稿』三都：三都水族自治県民族文史研究組。
潘　朝霖
一九九一「水族〝蘇寧喜〟節」貴州省文化廳群文處・貴州省群衆文化学会（編）『貴州少数民族節日大観』貴陽：貴州民族出版

社、二八二―二八四頁。
二〇〇九「水書古籍搶救概況及版本鑑定定級宙視」潘朝霖・唐建榮（主編）『水書文化研究』貴陽：貴州民族出版社、三四九―三五六頁。
岱 年・世 杰（主編）・黔南文学藝術研究室（編）
一九八四『水族民間故事』貴陽：貴州人民出版社。
潘 朝霖・韋宗林（主編）
二〇〇四『中国水族文化研究』貴陽：貴州人民出版社。
潘 朝霖・唐建榮（主編）
二〇〇九『水書文化研究』貴陽：貴州民族出版社。
彭 兆榮・牟小磊・劉朝暉
一九九七『文化特例―黔南瑤麓社区的人類学研究』貴陽：貴州人民出版社。
覃 剣萍
一九八八「壮族蛙婆節初探」『広西民族研究』一九八八年第一期、南寧：広西民族学院、七〇―七三頁。
芮 逸夫
一九三八「苗族洪水故事与伏羲女媧伝説」『人類学集刊』第一巻一号、国立中央研究院歴史語言研究所（『中国民族及其文化論稿』下冊、台北：台北藝文印書館、一九七二、一〇二九―一〇七七頁に再録）。
三都水族自治県志編纂委員会（編）
一九九二『三都水族自治県志』貴陽：貴州人民出版社。
石 啓貴
一九八六『湘西苗族実地調査報告』長沙：湖南人民出版社。
石 国義・韋仕通・石昌安
二〇〇七「恪守倫常家族凝聚的水昂村―水昂村社会調査」石国義（編）『水族村落家族文化』貴陽：貴州民族出版社。
石 鍾健
一九八二「四川懸棺葬」中国民族学会（編）『民族学研究』第四号、北京：民族出版社、一〇〇―一一八頁。
《水族民俗探幽》編集委員会
一九九二『水族民俗探幽』成都：四川民族出版社。

《水族簡史》編写組
一九八五 『水族簡史』貴陽：貴州民族出版社。

王 品魁
二〇〇九 「水書源流初探」潘朝霖・唐建榮（主編）『水書文化研究』貴陽：貴州民族出版社、五三〜五九頁（初出「《水書》探源」『貴州文史叢刊』一九九一年三期、一三七―一四〇頁）。

王 品魁（訳注）
一九九四 『水書・壬辰巻・正七巻』貴陽：貴州民族出版社。

王 品魁・潘朝霖（訳注）
二〇〇五 『水書・喪葬巻』貴陽：貴州民族出版社。

席 克定
一九九〇 『霊魂安息的地方―貴州民族墓葬文化』貴陽：貴州人民出版社。

韋 章炳
二〇〇七 『中国水書探析』北京：中国文史出版社。

韋 標亮（主編）
二〇〇三 『布努瑤歴史文化研究文集』貴陽：貴州民族出版社。

韋 忠仕
一九九一 「水族天文暦法試探」『黔南教育学院学報』一九九一年四期、四一―四八頁。

祖 岱年・周隆淵（編）
一九八八 『水族民間故事選』上海：上海文藝出版社。

第五章

〈日文〉

折口信夫
一九九五（一九二八）「大嘗祭の本義」『折口信夫全集』第三巻（古代研究［民俗篇二］）東京：中央公論新社、一六八―二二九頁。
一九九六（一九四四）「日本芸能史六講」『折口信夫全集』第二一巻、東京：中央公論新社、一三―八九頁。

黄　強

一九九八『中国の祭祀儀礼と信仰』上巻・下巻、東京：第一書房。

窪　徳忠

一九八六『道教の神々』東京：平河出版社。

後藤淑・廣田律子（編）

一九九一『中国少数民族の仮面劇』東京：木耳社。

鈴木正崇

二〇〇〇「追儺の系譜―鬼の変容を中心として」松岡心平（編）『鬼と芸能』東京：森話社、八七―一二一頁。

二〇〇一『神と仏の民俗』東京：吉川弘文館。

二〇一二「神楽の中の巫者」菅原壽清（編）『木曾御嶽信仰とアジアの憑霊文化』東京：岩田書院、三五一―三七六頁。

諏訪春雄

一九九四『日中比較芸能史』東京：吉川弘文館。

曾　志鞏

一九九七「南豊県石郵村の追儺行事」『中国漢民族の仮面劇―江西省の仮面戯を追って』東京：木耳社。

田仲一成

一九八九『中国郷村祭祀研究』東京：東京大学出版会。

一九九三『中国巫系演劇研究』東京：東京大学出版会。

一九九八『中国演劇史』東京：東京大学出版会

日本ナショナルトラスト（編）

一九九六『自然と文化』五二号（特集　東アジアの追儺［鬼やらい］）東京：日本ナショナルトラスト。

度　修明

一九九一「貴州省徳江県トゥチャ族の仮面劇」『中国少数民族の仮面劇』東京：木耳社。

野村伸一

一九九六「中国貴州省徳江の儺戯」『自然と文化』五二号、東京：日本ナショナルトラスト。

廣田律子

一九九一「中国宗教職能者の法器」『民具マンスリー』第二四巻三号、日本民具学会。

一九九七　『鬼の来た道―中国の仮面と祭り』東京：玉川大学出版部。
廣田律子・余大喜（編）
一九九七　『中国漢民族の仮面劇―江西省の仮面戯を追って』東京：木耳社。
兵頭裕己
二〇〇〇　『平家物語の歴史と芸能』東京：吉川弘文館。
本田二郎
一九七九　『周禮通釋』下巻、東京：汲古書院。
饒　宗頤
一九八七　「タイの『瑤人文書』読後記」『東方學』第七三輯（百田弥栄子訳）、東京：東方學會、一五六―一六五頁。

〈外文〉
《徳江儺堂戲》資料採編組（編）
一九九三　『徳江儺堂戲』貴陽：貴州民族出版社。
貴州省徳江県民族事務委員会
一九九二「儺壇〝開紅山〟与〝扎茅人〟的調査」顧樸光・潘朝霖・柏果成（編）『中国儺戲調査報告』貴陽：貴州人民出版社。
貴州省徳江県民族事務委員会（編）
一九八六　『徳江県土家族文藝資料』貴陽：貴州省徳江県民族事務委員会・貴州民族学院民族研究所。
徳江県民族志編纂辦公室（編）
一九九一　『徳江県民族志』貴陽：貴州民族出版社。
度　修明
一九八七　「古朴的戲劇、有趣的面具―貴州省徳江土家族地区的儺堂戲」『儺戲論文選』貴陽：貴州民族出版社、一九三―二一〇頁。
度　修明・顧樸光・潘朝霖（編）
一九八七　『儺戲論文選』貴陽：貴州民族出版社。
度　修明・王秋桂
高　倫
一九九四　『貴州省徳江縣穩坪鄉黃土村土家族衛壽儺調查報告』（民俗曲芸叢書八二）台北：財団法人施合鄭民俗文化基金會。

一九八七『貴州儺戯』貴陽：貴州人民出版社。

顧　樸光

一九八七「〈三元和會〉与儺堂戯」『儺戯論文選』貴陽：貴州民族出版社、五五—七一頁。

一九九二「貴州少数民族的儺堂祭儀〝過関煞〟」田仲一成（編）『東亜農村祭祀戯劇比較研究』東京：東京大学東洋文化研究所、一九九二、八三—一〇九頁。

顧　樸光・潘朝霖・柏果成（編）

一九七二『中国儺戯調査報告』貴陽：貴州人民出版社。

侯　紹庄

一九八七「徳江儺堂戯源流試探」『儺戯論文選』貴陽：貴州民族出版社、二九—四四頁。

潘　朝霖

一九九二「儺壇〝開紅山〟与〝扎茅人〟的調査」貴州省徳江県民族事務委員会（編）『中国儺戯調査報告』貴陽：貴州人民出版社。

李　子和

一九八七「貴州儺戯談片」『儺戯論文選』貴陽：貴州民族出版社、四五—五四頁。

銅仁儺文化博物館（編）

一九九三『銅仁儺文化文集』（第一集）銅仁：銅仁儺文化博物館。

汪　育江

一九九三「思南儺文化考察紀実」『儺文化文集』貴州省銅仁儺文化博物館、八五—一〇四頁。

趙　作慈・陳陣（主編）

一九九七『中国面具芸術』北京：北京美術撮影出版社。

薛　若鄰（主編）

一九九六『中国巫儺面具芸術』南昌：江西美術出版社。

第六章

〈日文〉

天野文雄

一九九五 「翁猿楽の変遷—詞章と演式をめぐって」『翁猿楽研究』大阪：和泉書院、七六—一二四頁。

可児弘明
二〇〇四 「人形芝居と道教」『民衆道教の周辺』東京：風響社、六一—九九頁（初出「人形芝居と道教—民衆道教の周辺（その二）」『史学』三田史学会、第四五巻二号、五三—八二頁、一九七三）。

越野美紀
一九九四 「菩薩蛮考」『お茶ノ水女子大学中国文学会報』一三号、一—一四頁。

顧　禄
一九八八 『清嘉録—蘇州年中行事記』（中村喬訳注）東京：平凡社（東洋文庫四九一）。

鈴木清一郎
一九三四 『臺灣舊慣—冠婚葬祭と年中行事』台北：臺灣日日新報社（南天書局・再刊、一九九五）。

鈴木正崇
二〇〇一 「摩多羅神」『神と仏の民俗』東京：吉川弘文館、二六三—三四〇頁。
二〇〇七 「神楽の中の目連とその比較」野村伸一（編）『東アジアの祭祀伝承と女性救済—目連救母と芸能の諸相』東京：風響社、四六九—五〇三頁。
二〇一二 「ミャオ族の巫女さんたち—湖南省麻陽県苗族自治県の場合」『ミャオ族の歴史と文化の動態—中国南部山地民の想像力の変容』東京：風響社、二九九—三三九頁。

瀬川昌久
二〇〇五 「ショオ—東南中国丘陵の民」末成道男・曽士才（編）『講座　世界の先住民族』一巻（東アジア）東京：明石書店、二九〇—二九九頁。

蘇　彦碩
一九九五 「梨園戯演出習俗私見」『東アジアにおける民俗と芸能』（国際シンポジウム論集）東京：早稲田大学演劇博物館、三七—四三頁。

蘇　英哲
一九七八 「戯神について—老郎神説・二郎神説・其他　The God of the Theatre」『芸能』第二〇巻五号、八—二〇頁。八号、九—二三頁。九号、一一—二〇頁、東京：芸能学会。

田仲一成

鄭　正浩
一九八一　『中国祭祀演劇研究』東京：東京大学出版会。
一九八五　『中国の宗族と演劇』東京：東京大学出版会。
二〇〇九　「楽神田都元帥と西秦王爺の信仰をめぐって」『漢人社会の礼楽文化と宗教―神々の足音』東京：風響社、一一五―一四〇頁（初出「楽神考一考―台湾における田都元帥と西秦王爺の信仰について」『東方宗教』第六一号、二四―四八頁、日本道教学会、一九八三）。
日本「目連」傀儡研究会（編）
一九九七　『泉州目連傀儡に基づく日中文化の諸相』東京：東京国立文化財研究所。
野村伸一（編）
二〇〇七　『東アジアの祭祀伝承と女性救済―目連救母と芸能の諸相』東京：風響社。
細井尚子
一九九三　「中国福建省泉州の嘉禮戯と梨園戯の『請神』」『演劇学』第三四号、東京：早稲田大学演劇学会、四七―七七頁。
一九九七　「泉州提線木偶戯の戯神相公爺の霊性について」「泉州目連傀儡にもとづく日中文化の諸相」日本「目連傀儡」研究会、東京：東京国立文化財研究所、一三七―一五二頁。
一九九八　「廟宇・廟祝・人形戯―中国泉州東嶽廟・城隍廟」『芸能の科学』二五号、東京：東京国立文化財研究所、一三九―一六一頁。
一九九九　「泉州（中国福建省）提線木偶戯とその戯神」『自然と文化』五五号（特集　東アジアの人形戯）東京：日本ナショナルトラスト、五四―六三頁。
宮崎市定
一九六三　『科挙―中国の試験地獄』東京：中央公論社。
百田弥栄子
一九九九　『中国の伝承曼荼羅』東京：三弥井書店。
山本宏子
一九九七　「泉州（中国福建省）提線木偶戯の伝承」『自然と文化』五五号（特集　東アジアの人形戯）東京：日本ナショナルトラスト、六四―七一頁。

葉　明生
二〇〇六　『中国泉州「目連」木偶戯の研究』東京：春秋社。
二〇〇三　「福建民間傀儡戯における祭儀文化の特質について」『日吉紀要　言語・文化・コミュニケーション』横浜：慶應義塾大学（日吉）、七五―一〇四頁。
二〇〇四　「女神陳靖姑の儀礼と芸能伝承」野村伸一（編）『東アジアの女神信仰と女性生活』東京：慶應義塾大学出版会、一三九―二〇七頁。
吉田隆英
一九七五　「二郎神攷」『集刊　東洋学』三三号、仙台：東北大学、四四―六二頁。

〈外文〉
陳　天保・蔡　俊抄
一九八六　「泉州提線木偶戯伝統劇本―大出蘇」『泉州地方戯曲』第一期、泉州：泉州地方戯曲研究社、一三六―一六〇頁。
陳　徳馨
一九八六　「泉州提線的傳入和発展」（一九八〇）陳瑞統（編）『泉州木偶藝術』廈門：鷺江出版社、六―一七頁。
陳　瑞統（編）
一九八六　『泉州木偶藝術』廈門：鷺江出版社。
莆田民間文学集成編輯委員会（編）
一九九一　「田公元帥」（李慶爵講述・黄秀峰整理）『中国民間故事集成・莆田県分巻』（中国民間故事集成　福建巻）。
福建省戯曲研究所（編）
一九八三　『福建戯史録』福州：福建人民出版社。
一九八八　『南戯論集』北京：中国戯曲出版社。
龔　重謨、羅傳奇、周悦文
一九八六　『湯顕祖傳』南昌：江西人民出版社。
郭　端鎮
一九八三　「揚開傀儡戯偶的外衣――談傀儡的構造」『民俗曲藝』第二三・二四期合刊（傀儡戯専輯）台北：財団法人民俗文化基金会、三四―三二七頁。

黄　少龍
一九九六　『泉州傀儡藝術概述』北京：中国戯劇出版社。
黄　錫鈞
一九八六　「泉州提線木偶戯神相公爺」『泉州地方戯曲』第一期、泉州：泉州地方戯曲研究社、一三〇―一三五頁（『南戯論集』北京：中国戯曲出版社、一九八八、四六九―四七九に再録）。
李　喬
一九九〇　『中国行業神崇拝』北京：中国華僑出版公司。
馬　建華
二〇〇四　『莆仙戯与宋元南戯、明清傳奇』北京：中国戯曲出版社。
民俗曲藝編集部
一九八五・一九八六　「台灣地方戯戯神傳説」『民俗曲藝』台北：財団法人施合鄭民俗文化基金會、第三四期二〇―三六頁、第三五期一〇八―一一三頁、第三六期一三六―一四四頁、第三八期一二三―一二五頁、第四〇期一三五―一三九頁。
邱　坤良
一九八三　「台湾的傀儡戯」『民俗曲藝』第二三・二四期合刊（傀儡戯専号）台北：財団法人施合鄭民俗文化基金會、一―二四頁。
饒　宗頤
一九八五　「南戯戯神神咒『囉哩嗹』之謎―答何昌林先生」『明月』（香港）、八五―八八頁。
《畲族簡史》編写組
一九八〇　『畲族簡史』福州：福建人民出版社。
瀋　継生
一九八七　「泉州傀儡戯中的〝嘮哩嗹〟―南戯戯神咒探源」『泉州地方戯曲』第二期、泉州：泉州地方戯曲研究社、九三―九六頁。
蘇　彦碩
一九九一　「梨園戯基本表演程式―十八歩科母分解」『南戯遺響』北京：中国戯劇出版社、一二八―一四〇頁。
呉　捷秋
一九九四　『梨園戯藝術史論』上巻・下巻（民俗曲藝叢書／王秋桂主編）台北：財団法人施合鄭民俗文化基金會（『梨園戯藝術史論』北京：中国戯劇出版社、一九九六再刊）。
楊　榕

二〇〇〇「莆田市瑞雲祖廟之田公信仰、祭儀與戯劇」『福建民間儀式與戯劇』（民俗曲藝・第一二二・一二三期）台北：財団法人施合鄭民俗文化基金會、七一—一〇〇頁。

葉　明生

一九八八「試論宗教文化在南戯発生学中的地位」『南戯論集』北京：中国戯劇出版社、一一三—一三五頁。

一九九一「一把打開戯神田公迷宮的鑰匙—『大出蘇』」『南戯遺響』北京：中国戯劇出版社、一八一—一九七頁。

二〇〇二「福建北南兩路田公戯神信仰述考」葉　明生（主編）・楊　榕（副主編）『福建戯曲行業神信仰研究』〈田公信仰文化学術討論會文集〉編纂委員会（福州）、三一—五六頁。

二〇〇四『福建傀儡戯史論』上巻・下巻、北京：中国戯劇出版社。

二〇〇五『古愿傀儡—悠遠神奇傀儡戯』福州：海潮撮影藝術出版社。

二〇〇七『莆仙戯劇文化生態研究』厦門：厦門大学出版社。

葉　明生（編）

二〇〇七『福建省壽寧県閭山梨園教科儀彙編』台北：新文豊出版股份有限公司。

葉　明生（主編）・楊榕（副主編）

二〇〇二『福建戯曲行業神信仰研究』福州：〈田公信仰文化学術討論會文集〉編纂委員会（福州）。

二〇〇二『福州元帥廟田公信仰與民俗儀式調査』葉明生（主編）・楊榕（副主編）『福建戯曲行業神信仰研究』福州：〈田公信仰文化学術討論会文集〉編纂委員会、一九五—二四七頁。

葉　徳輝

一九九〇「序」『繪圖三教源流捜神大全』（重刊）上海：上海古籍出版社。

葉郭立誠

一九六七『行神研究』（国立歴史博物館歴史文物叢刊、第一輯三）台北：中華叢書編審委員會。

鄭　麗生

二〇〇二「戯曲祖師考」葉明生（主編）・楊榕（副主編）『福建戯曲行業神信仰研究』〈田公信仰文化学術討論會文集〉編纂委員会（福州）、二四八—二六一頁。

中国戯曲志編集委員会（編）

一九九三『中国戯曲志　福建巻』北京：文化藝術出版社。

中国民間文学集成全国編輯委員会（編）

一九九八「戯状元雷海青」『中国民間故事集成・福建巻』北京：中国ＩＳＢＮ中心出版。
作者不詳
一九九〇『繪圖三教源流捜神大全』（外二種）上海：上海古籍出版社。
作者不詳
一九八〇『繪圖三教源流捜神大全・附捜神記』（資料提供・王秋桂）、台北：聯経出版事業公司。

Ruizendaal, Robin, E.
1994 "Performance as Ritual; The Performance Practice of the Marionette Theatre in Southern Taiwan". In Ajimer & Boholm eds. *Images and Enactments: Possible Worlds in Dramatic Performance.* Gouthenburg: IASSA, 135-178.
2000 *Ritual Text and Performance in the Marionette Theater of Southern Fujian and Taiwan*, *Linked Faith, Essays on Chinese Religion & Traditional Culture* in Honour of Kristofer Scipper, Leiden: Brill.
2006 *Marionette Theatre in Quanzhou*, Leiden : Brill, 2006
Shipper, K. M.
1966 "The Divine Jester: Some Remarks on the Gods of the Chinese Marionette Theatre", *Bulletin of the Institute of Ethnology, Academia Sinica*, No.21, 81-96.

第七章

〈日文〉

天野文雄
一九九五『翁猿楽研究』京都：和泉書院。
アレクサンドル・グラ（Alexandre,Gras）
二〇〇四「追儺における呪文の名称と方相氏の役割の変化について」『言葉と文化』五号、名古屋：名古屋大学大学院国際言語文化研究所・日本言語文化専攻、三五―五三頁。
嵐　義人
一九八〇「儺儀改称年代考」『國學院大學日本文化研究所紀要』四六号、八一―一〇二頁。

井上鋭夫
一九八一『山の民・川の民』東京：平凡社。
岩田　勝
一九八三『神楽源流考』東京：名著出版。
植木行宣・森修・山路興造（責任編集）
一九七四「伊勢猿楽座記録」『日本庶民文化史料集成』第二巻（田楽・猿楽）東京：三一書房。
上田早苗
一九八八「方相氏の諸相」『橿原考古学研究所論集』一〇号、東京：吉川弘文館、三四五―三七七頁。
榎村寛之
一九八七「『儺の祭』についての基礎的考察」『古代史論叢』上、東京：創元社、一〇一八―一〇二〇頁。
大日方克己
一九九三「大晦日の大儺」『古代国家と年中行事』東京：吉川弘文館、一八四―二二〇頁。
大山喬平
一九七八「中世の身分制と国家」『日本中世農村史の研究』東京：岩波書店。
表　章
一九七四「多武峰の猿楽」『能楽研究』一号、東京：法政大学能楽研究所、二五―一二二頁。
一九七六「大和猿楽の『長』の性格の変遷（上）」『能楽研究』二号、東京：法政大学能楽研究所、一―四〇頁。
一九七七「大和猿楽の『長』の性格の変遷（中）」『能楽研究』三号、東京：法政大学能楽研究所、一―七二頁。
一九七八「大和猿楽の『長』の性格の変遷（下）」『能楽研究』四号、東京：法政大学能楽研究所、一―九二頁。
折口信夫
一九九五（一九三〇）「大嘗祭の本義」『折口信夫全集』第三巻（古代研究・民俗学篇二）中央公論新社、一六八―二二九頁。
神野清一
一九八二「日本古代社会と賎民」『歴史評論』三九二号、東京：雄山閣出版、二―一二頁。
熊田亮介
一九八六『東北古代史の研究』東京：吉川弘文館。
黄　強

一九九八　『中国の祭祀儀礼と信仰』上巻・下巻、東京：第一書房。
小林太市郎
一九四七　「葬送の方相」「方相の土偶」『漢唐古俗と明器土偶』京都：一条書房、一八三―一九八頁。
酒井信彦
一九八〇　「修正会の起源と『修正月』の出現」『風俗』一九巻一号、一―一二頁。
一九八五　「法成寺ならびに六勝寺の修正会」『風俗』二四巻一号、二五―三八頁。
佐藤道子
一九九〇　「悔過法要の形式―成立と展開―その一」『芸能の科学』一八号、東京国立文化財研究所、一三九―一九三頁。
一九九一　「悔過法要の形式―成立と展開―その二」『芸能の科学』一九号、東京国立文化財研究所、一二三―一八四頁。
二〇〇二　『悔過会と芸能』京都：法蔵館。
鈴木正崇
一九八二　「東大寺修二会の儀礼空間」『民族学研究』東京：日本民族学会、四七巻一号、七一―一〇〇頁。
一九八七　「祭祀空間の中の性―後戸の神をめぐって」『文化人類学』京都：アカデミア出版会、四号、二三二―二四九頁。
一九八九　「修正会」『日本思想二』（岩波講座　東洋思想　第一五巻）東京：岩波書店、一一六―一五二頁。
二〇〇〇　「中国貴州省の仮面と祭祀―徳江儺堂戯についての考察」石田秀美編『東アジアの身体技法』東京：勉誠出版、三一七―三九三頁。
二〇〇一　『神と仏の民俗』東京：吉川弘文館。
二〇〇二　『女人禁制』東京：吉川弘文館。
二〇〇四　『祭祀と空間のコスモロジー―対馬と沖縄』東京：春秋社。
二〇一五　『山岳信仰―日本文化の根底を探る』東京：中央公論新社。
鈴木正崇・野村伸一（編）
一九九九　『仮面と巫俗の研究―日本と韓国』東京：第一書房。
諏訪春雄
一九九四　「日中韓の仮面劇」『日中比較芸能史』東京：吉川弘文館。
高取正男
一九七九　『神道の成立』東京：平凡社。

瀧川政次郎
一九六〇「令の葬制と方相氏」『日本上古史研究』東京：日本上古史研究会、四巻一号、一―一二頁。
竹内照夫
一九七一『禮記』上巻（新釈漢文大系二七）東京：明治書院。
田仲一成
一九九三「郷儺の沿革」『中国巫系演劇研究』東京：東京大学出版会、一一五―一五二頁。
田　耕旭
一九九九「韓国仮面戯と儺礼の関連諸相」鈴木正崇・野村伸一（編）『仮面と巫俗の研究―日本と韓国』東京：第一書房、九七―一二五頁。
二〇〇四『韓国仮面劇―その歴史と原理』（李美江・野村伸一訳）東京：法政大学出版局。
中村　喬
一九九〇『続・中国の年中行事』東京：平凡社。
中村保雄
一九八七「翁の性格と翁面の形成」『祭りは神々のパフォーマンス―芸能をめぐる日本と東アジア』東京：力富書房、三三三―三五九頁。
丹生谷哲一
一九八六『検非違使―中世のケガレと権力』東京：平凡社。
日本ナショナルトラスト（編）
一九九六『自然と文化』五二号（東アジアの追儺［鬼やらい］）東京：日本ナショナルトラスト。
能勢朝次
一九三八「呪師考」『能楽源流考』東京：岩波書店、九四―一六三頁。
野村伸一
一九八五『仮面戯と放浪芸人』東京：ありな書房。
一九九四「儺と仮面戯の諸相」宮家準・鈴木正崇（編）『東アジアのシャーマニズムと民俗』東京：勁草書房、二六八―二九一頁。
服部幸雄
一九七三「後戸の神―芸能神信仰に関する一考察」『文学』東京：岩波書店、第四一巻七号、七三―八五頁。

二〇〇九　『宿神論―日本芸能民信仰の研究』東京：岩波書店。
廣田律子
一九九七　『鬼の来た道―中国の仮面と祭り』東京：玉川大学出版部。
二〇一一　「盤古神と神事芸能―日本における展開」『中国民間祭祀芸能の研究』東京：風響社、三八七―四〇六頁。
福原敏男
一九九五　『祭礼文化史の研究』東京：法政大学出版局。
本田二郎
一九七六　『周禮通釋』上巻・下巻、東京：秀英出版。
皆川厚一
二〇一四　「インドネシア、バリ社会において中国由来とされるいくつかの文化事例について」『国際常民文化研究叢書』第七巻（アジア祭祀芸能の比較研究）、神奈川大学国際常民文化研究機構、一一五―一三八頁
三宅和朗
一九九五　「古代大儺儀の史的考察」『古代国家の神祇と祭祀』東京：吉川弘文館、二三八―二七三頁。
森末義彰
一九七一　「呪師と丹波猿楽」『中世芸能史論考』東京：東京堂出版、三―六八頁。
李　杜鉉
一九九〇　『朝鮮芸能史』東京、東京大学出版会。
山口建治
二〇〇一　「オニ（於瀰）の由来と『儺』」『文学』二巻六号（特集　増殖する異界）、東京：岩波書店、七一―八四頁。
山岸常人
一九八四　「悔過から修正・修二会へ―平安時代前期悔過会の変容」『南都仏教』五二号、奈良：南都仏教研究会（東大寺）、二七―四九頁。
山路興造
一九八八　「修正会の変容と地方伝播」『芸能と鎮魂』東京：春秋社、四五―九二頁。
一九九〇　「常行堂修正会と芸能」『翁の座』東京：平凡社、一八〇―二〇一頁。
山中　裕

一九七二『平安朝の年中行事』東京：塙書房。
山本幸司
一九九二『穢と大祓』東京：平凡社。
渡邊欣雄
一九九一『漢民族の宗教―社会人類学的研究』東京：第一書房。

〈外文〉
度　修明・顧朴光・潘朝霖（編）
一九八七『儺戯論文選』貴陽：貴州民族出版社。
顧　朴光・潘朝霖・柏果成（編）
一九九二『中国儺戯調査報告』貴陽：貴州人民出版社。
銅仁儺文化博物館（編）
一九九三『銅仁儺文化文集』第一集、銅仁：銅仁儺文化博物館。
趙　作慈・陳仁（主編）
一九九七『中国面具芸術』北京：北京美術撮影出版社。
薛　若鄰（主編）
一九九六『中国巫儺面具芸術』南昌：江西美術出版社。

第八章

〈日文〉
浅野春二
二〇〇五『台湾における道教儀礼の研究』東京：笠間書院。
網野善彦
一九七八『無縁・公界・楽―日本中世の自由と平和』東京：平凡社。
有賀喜左衛門

一九七四　「ホトケという言葉について―日本仏教史の一側面」『心』第二七巻一〇号、東京：平凡社、二―一六頁（『一つの日本文化論―柳田國男に関連して』東京：未来社、一九七六に再録）。
一九七五　「盆とほかひ―日本仏教史の一側面」『心』第二八巻二号、東京：平凡社、二―一四頁（『一つの日本文化論―柳田國男に関連して』東京：未来社、一九七六に再録）。

石川純一郎
一九九五　『地蔵の世界』東京：時事通信社。

石破　裕
一九九二　『地獄絵と文学―絵解きの世界』徳島：教育出版センター。

伊藤義教
一九七五　「盂蘭盆・修二会（一）」『アジア文化』第一二巻一三号、東洋哲学研究所、東京：佼成出版社。

井本英一
一九六五　「Old Iranian Artavan」『インド学試論集』第六・七合併号、京都大学梵語・梵文学研究室、二六―三七頁（『神話と民俗のかたち』東京：東洋書林、二〇〇七に再録）。
一九六六　「盂蘭盆の諸問題」『オリエント』第九巻一号、日本オリエント学会、四一―六六頁。

岩田　勝
一九八三　『神楽源流考』東京：名著出版。

岩本　裕
一九六六　「『盂蘭盆』の原義について」『印度学仏教学論集―金倉博士古稀記念』京都：平楽寺書店、三八―四〇〇頁。
一九六七　「目連『地獄めぐり』説話の源流」『仏教文学研究』第一巻五号、四三―五〇頁（『佛教説話の源流と展開』（佛教説話研究・第二巻）東京：開明書院、一九七八に再録）。
一九六八　『目連伝説と盂蘭盆』京都：法蔵館（『地獄巡りの文学』（佛教説話研究・第四巻）東京：開明書院、一九七九に再録）。
一九七六　「『もくれんのさうし』の背景（お伽草子）」『文学』四四巻九号、一二〇六―一二一七頁、東京：岩波書店（『佛教説話の源流と展開』（佛教説話研究・第二巻）東京：開明書院、一九七八に再録）。

上田正昭・本田安次・三隅治雄（編）
一九七四　一九七四　「芸北神楽能本集」『日本庶民文化史料集成』第一巻（神楽・舞楽）東京：三一書房。

牛尾三千夫

二〇〇〇　『神楽と神がかり』東京：名著出版。
生方徹夫
一九八五　『鬼来迎―日本唯一の地獄芝居』千葉・柏：麗澤大学出版会。
大島建彦・渡浩一（校注・訳）
一九八五　『室町物語草子集』（新編日本古典文学全集六三）東京：小学館。
岡部和雄
一九六四　「盂蘭盆経類の訳経史的考察」『宗教研究』第三七巻三号、日本宗教学会、五九―七八頁。
一九六六　「『浄土盂蘭盆経』の成立とその背景」『鈴木学術団研究年報』第二号、五九―七一頁。
一九九七　「民衆仏教の位相―偽経の命運をたどって」高崎直道・木村清孝編『仏教の東漸』（東アジア仏教・第四巻）東京：春秋社。
二〇〇七　「『盂蘭盆経』の現在―回顧と展望」『宗教学論集』二六集、駒沢宗教学研究会、二一一―二三三頁。
金岡照光
一九五九　「中国民間における目連説話の性格」『仏教史学』第七巻四号、仏教史学会、京都：平楽寺書店、一六―三七頁（坂本要（編）『地獄の世界』廣島：渓水社、三一四―三三七頁に再録）。
一九七二　『敦煌の民衆―その生活と思想』東京：評論社。
蒲池勢至
二〇一二　『お盆のはなし』京都：法蔵館。
川口久雄
一九五六　「敦煌変文の素材と日本文学」『金沢大学法文学部論集 文学編』第三号、一六―三〇頁（『敦煌よりの風』一（敦煌と日本文学）東京：明治書院、一九九九に再録）。
川島秀一
二〇〇〇　「東北の巫祖伝承」『東北民俗』第三四輯、東北民俗の会、九―一八頁（『憑霊の民俗』東京：三弥井書店、二〇〇三に再録）。
二〇〇七　「巫女が伝える目連救母伝説―陸前北部の『口寄せ』縁起」野村伸一（編）『東アジアの祭祀伝承と女性救済―目連救母と芸能の諸相』東京：風響社、四四七―四六七頁。
黒田日出男

一九八九　「熊野観心十界曼荼羅の宇宙」『性と身分』（大系仏教と日本人・第八巻）東京：春秋社、二〇七―二七二頁。

高達奈緒美
一九九七　「血盆経霊場としての立山」『山岳修験』第二〇号、日本山岳修験学会、七五―八五頁。

国立歴史民俗博物館（編）
一九九九　『異界万華鏡』佐倉：国立歴史民俗博物館。

小林康正
一九九〇　「奥三河の大神楽考（一）　神の子と呼ばれた人々の世界―『神子人数並びに諸色覚帳』を中心として」『民俗宗教』第三集、東京：東京堂出版、一九五―二三〇頁。

小南一郎
二〇〇三　「『盂蘭盆經』から『目連變文』へ―講經と語り物文藝のあいだ―（上）」『東方学報』（京都）第七五冊、京都大学人文科学研究所、八一―一二二頁。
二〇〇四　「『盂蘭盆經』から『目連變文』へ―講經と語り物文藝のあいだ―（下）」『東方学報』（京都）第七六冊、京都大学人文科学研究所、一―八四頁。

五来　重
一九七七　「布橋大灌頂と白山行事」高瀬重雄（編）『白山・立山と北陸修験道』（山岳宗教史叢書一〇）東京：名著出版、一五三―一七六頁。

澤田瑞穂
一九九一　『修訂　地獄変―中国の冥界説』東京：平河出版社（初版は一九六八年、法蔵館）。

柴﨑照和
二〇〇六　『お盆と盂蘭盆経』東京：大東出版社。

澁谷誉一郎
二〇〇四　「敦煌変文所見目連説話と『仏説目連救母経』について―そのモチーフとディテールを中心として」『藝文研究』第八七号、慶應義塾大学藝文学会、一四九―一六一頁。

鈴木正崇
一九七六　『盆行事をめぐる民俗学的考察試論―琉球波照間島の事例を中心として』慶應義塾大学大学院文学研究科修士論文。
二〇〇〇ａ　「中国貴州省の祭祀と仮面―徳江儺堂戯の考察」石田秀実（編）『東アジアの身体技法』東京：勉誠出版、三一七―

三九三頁。
二〇〇〇b 「追儺の系譜—鬼の変容をめぐって」松岡心平（編）『鬼と芸能—東アジアの演劇形成』東京：森話社、八七—一二一頁。
二〇〇一 『神と仏の民俗』東京：吉川弘文館。
二〇〇二 『女人禁制』東京：吉川弘文館。
二〇〇四 『祭祀と空間のコスモロジー—対馬と沖縄』東京：春秋社。
二〇〇六 「流転するラーマーヤナ—叙事詩と説話と芸能」『説話・伝承学』第一四号、説話・伝承学会、二三二—二五三頁。
二〇〇七 「神楽の中の目連とその比較」野村伸一（編）『東アジアの祭祀伝承と女性救済—目連救母と芸能の諸相』東京：風響社、四六九—五〇三頁。
二〇一二 『ミャオ族の歴史と文化の動態—中国南部山地民の想像力の変容』東京：風響社。
二〇一二 「神楽の中の巫者」菅原壽清（編）『木曾御嶽信仰とアジアの憑霊文化』東京：岩田書院、三五一—三七六頁。
二〇一四a 「伝承を持続させるものとは何か—比婆荒神神楽の場合」『国立歴史民俗博物館研究報告』第一八六集、一—一九頁。
二〇一四b 「中国福建省の祭祀芸能の古層—『戯神』を中心として」『国際常民文化研究叢書七』（アジア祭祀芸能の比較研究）、神奈川大学国際常民文化研究機構、二三一—二七二頁。
諏訪春雄
一九九四 『日中比較芸能史』東京：吉川弘文館。
関山和夫
一九七三a 『説教の歴史的研究』京都：法蔵館。
一九七三b 『話芸の系譜—大衆話芸の歴史をさぐる』東京：創元社。
鷹巣 純
一九九二 「目連救母説話図像と六道十王図」『仏教藝術』第二〇三号、仏教藝術学会、四一—七〇頁。
一九九三 「悪道の母子—日中における図像と意味内容の変遷」立川武蔵（編）『曼荼羅と輪廻—その思想と美術』東京：佼成出版社、二九七—三二〇頁。
二〇〇〇 『六道絵の図像構成に関する研究—六道・立山・山中他界』富山：立山博物館。
武井正弘
一九七七 「花祭りの世界」三隅治男・坪井洋文（編）『日本祭祀研究集成』第四巻（祭りの諸形態Ⅱ 中部・近畿篇）、東京：

名著出版、一八二―二五五頁。
一九八〇 「奥三河の神楽・花祭考」五来重（編）『修験道の美術・芸能・文学（I）』東京：名著出版、四四九―四九〇頁。
武井正弘（編）
二〇一〇 『奥三河花祭り祭文集』東京：岩田書院。
田仲一成
一九八九 『中国郷村祭祀研究―地方劇の環境』東京：東京大学出版会。
一九九三 『中国巫系演劇研究』東京：東京大学出版会。
一九九八 『中国演劇史』東京：東京大学出版会。
田中文雄
一九九四 「盂蘭盆・語義解釈考」道教文化研究会（編）『道教文化への展望―道教文化研究論文集』東京：平河出版社。
東城町教育委員会（編）
一九八二 『比婆荒神神楽』東城町教育委員会。
豊根村教育委員会（編）
一九八五 『神楽の伝承と記録』豊根村教育委員会。
一九九〇 『三河大神楽』豊根村教育委員会。
中村茂子
一九九七 「盆踊り『目連尊者地獄巡り』の伝承」日本「目連傀儡」研究会（編）『泉州目連傀儡戯にもとづく日中文化の諸相』、東京：東京文化財研究所、一八一―一九一頁。
日本「目連傀儡」研究会（編）
一九九七 『泉州目連傀儡戯にもとづく日中文化の諸相』東京：東京文化財研究所。
野村伸一
二〇〇七 「東アジアの目連救母伝承とその周辺の祭儀」野村伸一（編）『東アジアの祭祀伝承と女性救済―目連救母と芸能の諸相』東京：風響社、一四一―一七八頁。
早川孝太郎
一九七二 「花祭後編」『早川孝太郎全集』第二巻（民俗芸能II）、東京：未来社（初版、東京：岡書院、一九三〇）。
平山　棐（編）

一九七三　『津島紀事』中巻（自筆本、オフセット版）、東京：東京堂出版。
広島県（編）
一九七二　『広島県史　古代中世資料編Ⅳ』広島県。
福江　充
一九九八　『立山信仰と立山曼荼羅』東京：岩田書院。
二〇〇六　『立山信仰と布橋大灌頂法会―加賀藩芦峅寺衆徒の宗教儀礼と立山曼荼羅』富山：桂書房。
藤井　隆（編）
二〇〇三　『室町時代物語集』二、東京：クレス出版。
古家信平
一九九九　『台湾漢人社会における民間信仰の研究』東京：東京堂出版。
本田安次
一九四二　『霜月神樂之研究』東京：明善堂（『本田安次著作集』第六巻〈神楽Ⅵ〉、東京：錦正社、一九九五に再録）。
松岡秀明
一九九一　「我が国における血盆経信仰についての一考察」『東京大学宗教学年報』六号、八五―一〇〇頁。
馬　建華
二〇〇七　「女性の救済―莆仙目連戯と『血盆経』」（道上知弘訳）野村伸一（編）『東アジアの祭祀伝承と女性救済―目連救母と芸能の諸相』東京：風響社、三五三―四〇七頁。
三尾裕子
一九九八　「『一人前の女性』になれなかった女神たち―漢人社会における宗教とジェンダー」田中雅一（編）『女神―聖と性の人類学』東京：平凡社、三一―六三頁。
宮　次男
一九六八　「目連救母説話とその絵画―目連救母経絵の出現に因んで」『美術研究』第二五五号、東京：東京文化財研究所、一―二四頁。
山本ひろ子
一九九三　「大神楽『浄土入り』―奥三河の霜月神楽をめぐって」『変成譜―中世神仏習合の世界』東京：春秋社、九五―二二四頁。
山本宏子

二〇〇六　『中国泉州「目連」木偶戲の研究』東京：春秋社。
柳田國男
一九四六　『先祖の話』東京：筑摩書房（『柳田國男全集』第一五巻、東京：筑摩書房、一九九八に再録）。
吉岡義豊
一九七〇　「中元盂蘭盆の道教的考察」『道教と仏教』第二、東京：国書刊行会。
吉川良和
一九八九　「目連救母芸能初探」『人文学研究所所報』第二二号、神奈川大学人文学研究所、一三～四五頁。
李　京燁
二〇〇七　「韓国の目連伝承と盂蘭盆齋」（道上知弘訳）野村伸一（編）『東アジアの祭祀伝承と女性救済—目連救母と芸能の諸相』東京：風響社、四四七—四六七頁。
魯　迅
一九八四　『魯迅全集』第八巻（今村与志雄他訳）東京：学習研究社。
一九八五　『魯迅全集』第三巻（立間祥介他訳）東京：学習研究社。
渡　浩一
二〇〇三　「串刺しの母—地獄図と目連救母説話」林雅彦（編）『生と死の図像学—アジアにおける生と死のコスモロジー』東京：至文堂、一九三～二四二頁。
二〇一一　『お地蔵さんの世界—救済の説話・歴史・民俗』東京：慶友社。

〈外文〉
福建省藝術研究所（編）
一九九一　『福建目連戲研究論文集』福州：福建省藝術研究所。
胡　天成（主編）
一九九九　『民間祭祀與儀式戲劇』貴陽：貴州民族出版社。
劉　禎
一九九七　『中国民間目連文化』成都：巴蜀書社。
馬　建華

二〇〇四　『甫仙戯與宋元南戯、明清傳奇』北京：中国戯劇出版社。
泉州地方戯曲研究社（編）
一九九九　『泉州傳統戯曲叢書』第一〇巻（目連戯）、北京：中国戯劇出版社。
朱　恒夫
一九九三　『目連戯研究』南京：南京大学出版社。

Guo, Qitao
2005　*Ritual Opera and Mercantile Lineage: The Confucian Transformation of Popular Culture in Late Imperial Huizhou,* California: Stanford University Press.
Ruizendaal, Robin, E.
2000　*Ritual Text and Performance in the Marionette Theater of Southern Fujian and Taiwan,, Linked Faith,Essays on Chinese Religion & Traditional Culture* in Honour of Kristofer Scipper, Leiden: Brill.
Teiser,Stephen,F.
1988　*The Ghost Festival in Medieval China.* Princeton, N.J. :Princeton University Press.

写真・図表一覧

写真・図表一覧

ワ

ヤ

マ

ハ

ナ

タ

サ

カ

索引

著者紹介
鈴木正崇（すずき・まさたか）
1949年、東京都生まれ。慶應義塾大学大学院博士課程修了。文学博士。
慶應義塾大学名誉教授。日本宗教学会常務理事、日本山岳修験学会会長、
著書：『中国南部少数民族誌―海南島・雲南・貴州』（三和書房、1985年）、『山と神と人―山岳信仰と修験道の世界』（淡交社、2001年）、『スリランカの宗教と社会―文化人類学的考察』（春秋社、1996年）、『神と仏の民俗』（吉川弘文館、2001年）、『女人禁制』（吉川弘文館。2002年）、『祭祀と空間のコスモロジー―対馬と沖縄』（春秋社、2004年）、『ミャオ族の歴史と文化の動態―中国南部山地民の想像力の変容』（風響社、2012年）、『山岳信仰―日本文化の根底を探る』（中央公論新社、2015）。
共著：『スリランカの祭』（工作舎、1982年）、『西南中国の少数民族―貴州省苗族民俗誌』（古今書院、1985年）。
編著：『大地と神々の共生』（昭和堂、1999年）、『東アジアの近代と日本』（慶應義塾大学出版会, 2007年）、『神話と芸能のインド―神々を演じる人々』（山川出版社、2008年）、『東アジアの民衆文化と祝祭空間』（慶應義塾大学出版会、2009年）、『南アジアの文化と社会を読み解く』（慶應義塾大学出版会、2011年）、『アジアの文化遺産―過去・現在・未来』（慶應義塾大学出版会、2015年）、『森羅万象のささやき―民俗宗教研究の諸相』（風響社、2015年）。
共編著：『東アジアのシャーマニズムと民俗』（勁草書房,1994年）、『民族で読む中国』（朝日新聞社,1998年）、『ラーマーヤナの宇宙―伝承と民族造形』（春秋社,1998年）、『仮面と巫俗の研究－日本と韓国』（第一書房,1999年）、『〈血縁〉の再構築―東アジアにおける父系出自と同姓結合』（風響社,2000年）、『拡大する中国世界と文化創造―アジア太平洋の底流』（弘文堂,2002年）。
監修：『祭・芸能・行事大辞典』（朝倉書店、2009）、『日本の山岳信仰』（宝島社、2015）
受賞歴：1997年に『スリランカの宗教と社会』で慶應義塾賞、2014年に『ミャオ族の歴史と文化の動態』で第11回木村重信民族藝術学会賞（民族藝術学会）、2016年に「日本の山岳信仰と修験道に関する宗教学的研究」の業績により、第18回秩父宮記念山岳賞を受賞（日本山岳会）。

東アジアの民族と文化の変貌　少数民族と漢族、中国と日本

2017年7月28日　印刷
2017年8月10日　発行

著　者　鈴木正崇
発行者　石井　雅
発行所　株式会社　風響社

東京都北区田端 4-14-9（〒114-0014）
Tel 03(3828)9249　振替 00110-0-553554
印刷　モリモト印刷

ISBN978-4-89489-229-3 C3039